머리말

이 책은 엑셀의 길을 안내하는 책으로서 엑셀에 전반적인 실전 기능을 다룬 기본서로 보면 됩니다. 현재(2017년 3월)까지 최신 엑셀 버전은 2016입니다.

책에 그림의 대부분은 엑셀2016으로 달았지만 내용은 2007, 2010, 2013, 2016을 대상으로 집필했으므로 엑셀2007 이상 버전 사용자는 누구나 읽을 수 있고, 또 컴퓨터 앞에서 엑셀을 켜놓고 시험할 수 있습니다.

이 책의 큰 구성은 다음 5가지입니다.

첫번째는 초보자를 위한 4부에 따라하기입니다. 실전 양식의 문서를 새로 만들거나, 남이 만들어 놓은 비합리적인 문서를 편집하여 탈바꿈 시키는 내용입니다. 또한 데이터 구조도 중요한데 그런 데이터 구조화에 대한 것도 다룹니다. 한마디로 엑셀에 유용한 기능 사용에 적합한 표를 만들고 활용하는 것을 보여줍니다. 실제로 이 4부는 중, 고급자 들에게도 통하는 내용이므로 꼭 읽으시기를 당부합니다.

두번째는 엑셀 리본 메뉴에 홈탭, 삽입탭, 페이지 레이아웃탭, 수식탭 등 탭별로 주요한 단추의 기능을 설명합니다. 리본 메뉴에 해당 단추가 어떤 기능을 하는지 알고 싶을 때 유용합니다.

세번째는 엑셀의 업무에 실용적인 기능, 예컨대 필터나 피벗 테이블 등의 자주 사용하지만 제대로 모르는 기능의 원리와 전반적인 활용성에 촛점을 맞춘 내용입니다.

네번째는 엑셀의 꽃인 함수나 수식을 다룹니다. 엑셀을 세계화시킨 장본인이 바로 이 기능이라고 생각합니다. 이 수식의 매력은 참조 값이 바뀌면 함수 결과가 자동으로 업데이트 된다는 것이죠. 실무에서 이 함수의 필요성은 두말하면 잔소리죠. 중, 고급자 분들은 대부분 엑셀 업무시 이 수식의 요구가 매우 많을 것이고 또 어려워들 하죠.

다섯번째는 엑셀 사용중에 발생하는 예기치 않은 상황이죠. 일명 '엑셀119'인데 이 때의 원인과 해결책을 제시합니다.

이 책에 주요 사항은 다음과 같습니다.

먼저, 엑셀의 수많은 단축키를 제시합니다. 키패드 사이 구분자로 +(플러스)와 ,(쉼표)가 있는데 +(플러스) 앞 뒤에 키패드는 서로 같이 누르는 것이고 ,(쉼표)가 나오면 두 손을 모두 키패드에서 떼는 것을 의미합니다. 예컨대 시트 삭제 단축키는 〈Alt+E, L〉 인데, Alt를 누른 채 E를 누르고 손을 다 떼고 L을 누르는 것입니다.

그 다음에는 눈이 나쁘신 분 들을 위해 그림을 크게하려고 했습니다.

예제 파일은 CD롬이 아닌 다운로드하여 구할 수 있습니다. 디지털북스 홈페이지나 저자의 네이버 카페 '엑셀 장인의 공부방' (http://cafe.naver.com/xlwhy/36204)으로 오세요.

수식 내용에는 모두 밑줄을 달았습니다.

입력 글자 또는 엑셀에서 사용하는 고유한 이름은 《 》기호로 감쌌습니다. 이 책을 정독하고 연습하면서 저자의 뜻을 실무에 적용하려고 노력한다면 빠르고 오류가 적은 업무 처리를 할 수 있습니다.

끝으로 아내와 "놀아줘"가 입에 밴 내 아들 명진이, 디지털북스 이강원 사장님, 기획자 양종엽 차장님과 김혜인님, 편집자 이기숙님에게 감사합니다.

저자 장 기 영

CONTENTS

1부 엑셀 시작과 종료, 엑셀 버전 • 10

Chapter 01 엑셀 프로그램 열기 ········· 12
Chapter 02 엑셀 버전과 엑셀2016의 분류 및 구매 ········· 16
Chapter 03 엑셀 문서 열기 ········· 18
Chapter 04 엑셀 문서 닫기 ········· 20
Chapter 05 엑셀 문서 경로 ········· 21
Chapter 06 엑셀 강제 종료 ········· 22

2부 엑셀 화면과 용어, 한계 • 24

Chapter 01 엑셀 화면 ········· 26
Chapter 02 표 용어 ········· 27
Chapter 03 주요 용어 ········· 29
Chapter 04 일반 용어 ········· 34
Chapter 05 엑셀 사양과 제한 ········· 36

3부 엑셀 2016의 새로운 점 • 40

Chapter 01 새로 추가된 기능 ········· 42
Chapter 02 오피스365에 새로 추가된 함수 6개 ········· 46
Chapter 03 새로운 차트 6개 ········· 50
Chapter 04 달라진 디자인 ········· 53
Chapter 05 엑셀 업데이트 또는 구매 ········· 55

엑셀장인의 엑셀 2016 마스터링 북

4부 실전 양식으로 무작정 표 만들기 • 56

Chapter 01 구구단 편집 ········ 58
Chapter 02 간편장부 (일반표) 만들기 ········ 64
Chapter 03 간편장부 (Excel표)로 편집 ········ 72
Chapter 04 거래명세서 ········ 75
Chapter 05 자금일보(일지) 편집 ········ 81
Chapter 06 가계부 ········ 86
Chapter 07 발주 관리 ········ 94
Chapter 08 재고 관리 ········ 104

5부 리본 메뉴의 주요 단추 • 112

Chapter 01 《홈》 탭 ········ 114
Chapter 02 《삽입》 탭 ········ 129
Chapter 03 《페이지 레이아웃》 탭 ········ 135
Chapter 04 《수식》 탭 ········ 140
Chapter 05 《데이터》 탭 ········ 145
Chapter 06 《검토》 탭 ········ 161
Chapter 07 《보기》 탭 ········ 166

6부 실전 기능 정리 • 172

Chapter 01 고급 필터 ········ 174
Chapter 02 그룹 ········ 179
Chapter 03 그림/도형 ········ 183

CONTENTS

Chapter 04 녹색 세모 189

Chapter 05 데이터 유효성 검사 194

Chapter 06 리본 메뉴와 빠른 실행 도구 모음 204

Chapter 07 매크로 208

Chapter 08 메모 216

Chapter 09 바꾸기 219

Chapter 10 병합 225

Chapter 11 복사, 붙여넣기 228

Chapter 12 부분합 232

Chapter 13 선택하여 붙여넣기 235

Chapter 14 셀 선택 240

Chapter 15 셀 입력 243

Chapter 16 와일드카드 문자 255

Chapter 17 이동 256

Chapter 18 이동 옵션 258

Chapter 19 이름 264

Chapter 20 인쇄 268

Chapter 21 정렬 275

Chapter 22 조건부 서식 280

Chapter 23 중복/고유 289

Chapter 24 차트 (그래프) 295

Chapter 25 찾기 314

Chapter 26 채우기 핸들 320

Chapter 27 첫 글자에 작은따옴표(') 326

Chapter 28 텍스트 나누기 (엑셀 효자 기능) 328

Chapter 29 통합 ·· 337
Chapter 30 틀 고정 ·· 342
Chapter 31 표 《Excel표》 ··· 343
Chapter 32 표시 형식 ··· 350
Chapter 33 피벗 테이블 ·· 366
Chapter 34 필터 ·· 385
Chapter 35 하이퍼링크 ··· 391
Chapter 36 행/열 ··· 398
Chapter 37 기타 기능 ··· 403

7부 엑셀 함수와 수식 · 412

Chapter 01 함수와 수식의 차이 ··· 414
Chapter 02 함수 입력 순서 ··· 415
Chapter 03 함수 입력 순서(다른 시트 참조)와 인수 ························· 416
Chapter 04 마우스로 수식 내용 선택 ·· 417
Chapter 05 키보드로 수식 내용 선택 ·· 419
Chapter 06 자동 합계 수식과 총합계 아이디어 ······························ 420
Chapter 07 수식 수정 시의 F2 ·· 421
Chapter 08 Alt + I 로 함수명이나 인수 수정 ································ 422
Chapter 09 함수 도움말 쉽게 보기 ··· 423
Chapter 10 F9로 수식 분석 (중요) ··· 425
Chapter 11 논리 값 (TRUE / FALSE) ··· 426
Chapter 12 연결 ·· 427
Chapter 13 수식 오류 ··· 430

CONTENTS

Chapter 14 참조 유형 ·· 434

Chapter 15 참조 스타일 ·· 436

Chapter 16 참조되는 셀의 수정 문제 ··· 437

Chapter 17 참조 셀 고정 & 값만 남기기 ······································· 438

Chapter 18 비교 연산자 ··· 439

Chapter 19 결합 연산자 (합치기 &) ··· 441

Chapter 20 산술 연산자 ··· 443

Chapter 21 참조 연산자 ··· 445

Chapter 22 연산자 우선순위 ·· 446

Chapter 23 수식 결과 값이 예상했던 값과 다른 이유 ················ 447

Chapter 24 외부 프로그램에서 엑셀로 다운로드한 데이터 문제 ········· 449

Chapter 25 휘발성 (가변성) 함수 ·· 451

Chapter 26 부동 소수점 (浮動小數點, Floating point) 오류 ········ 453

Chapter 27 숫자의 문자화 또 그 반대 ·· 456

Chapter 28 인수에 쉼표(,)만 있다면 ··· 458

Chapter 29 색깔 참조 함수는 없음 ··· 460

Chapter 30 문자열 식 계산하기 ·· 462

Chapter 31 함수를 사용자가 직접 만들기 ···································· 463

Chapter 32 배열 (Array) ·· 465

Chapter 33 실전 함수 ·· 474

Chapter 34 실전 수식 ·· 525

 엑셀 119 긴급 사태 • 576

Chapter 01 기타 ··· 578

Chapter 02 리본 메뉴의 단추 ········· 579
Chapter 03 셀 ········· 580
Chapter 04 수식 ········· 587
Chapter 05 시트 ········· 590
Chapter 06 인쇄 ········· 592
Chapter 07 처리 속도나 리소스 ········· 593
Chapter 08 통합 문서 ········· 595
Chapter 09 피벗 테이블 ········· 601
Chapter 10 행/열 ········· 603

9부 부록 • 604

Chapter 01 기호 ········· 606
Chapter 02 키보드 주요 키 이름 ········· 608
Chapter 03 아스키코드 (ASCII) ········· 609
Chapter 04 셀의 작은 단추들 ········· 610
Chapter 05 엑셀 단축키 ········· 612
Chapter 06 오피스365의 엑셀 2016 함수 목록 ········· 622
Chapter 07 빠르게 작동하는 엑셀 2003 단축키 목록 ········· 627

인덱스 • 636

1부

엑셀 시작과 종료, 엑셀 버전

Chapter 01 | 엑셀 프로그램 열기

Chapter 02 | 엑셀 버전과 엑셀2016의 분류 및 구매

Chapter 03 | 엑셀 문서 열기

Chapter 04 | 엑셀 문서 닫기

Chapter 05 | 엑셀 문서 경로

Chapter 06 | 엑셀 강제 종료

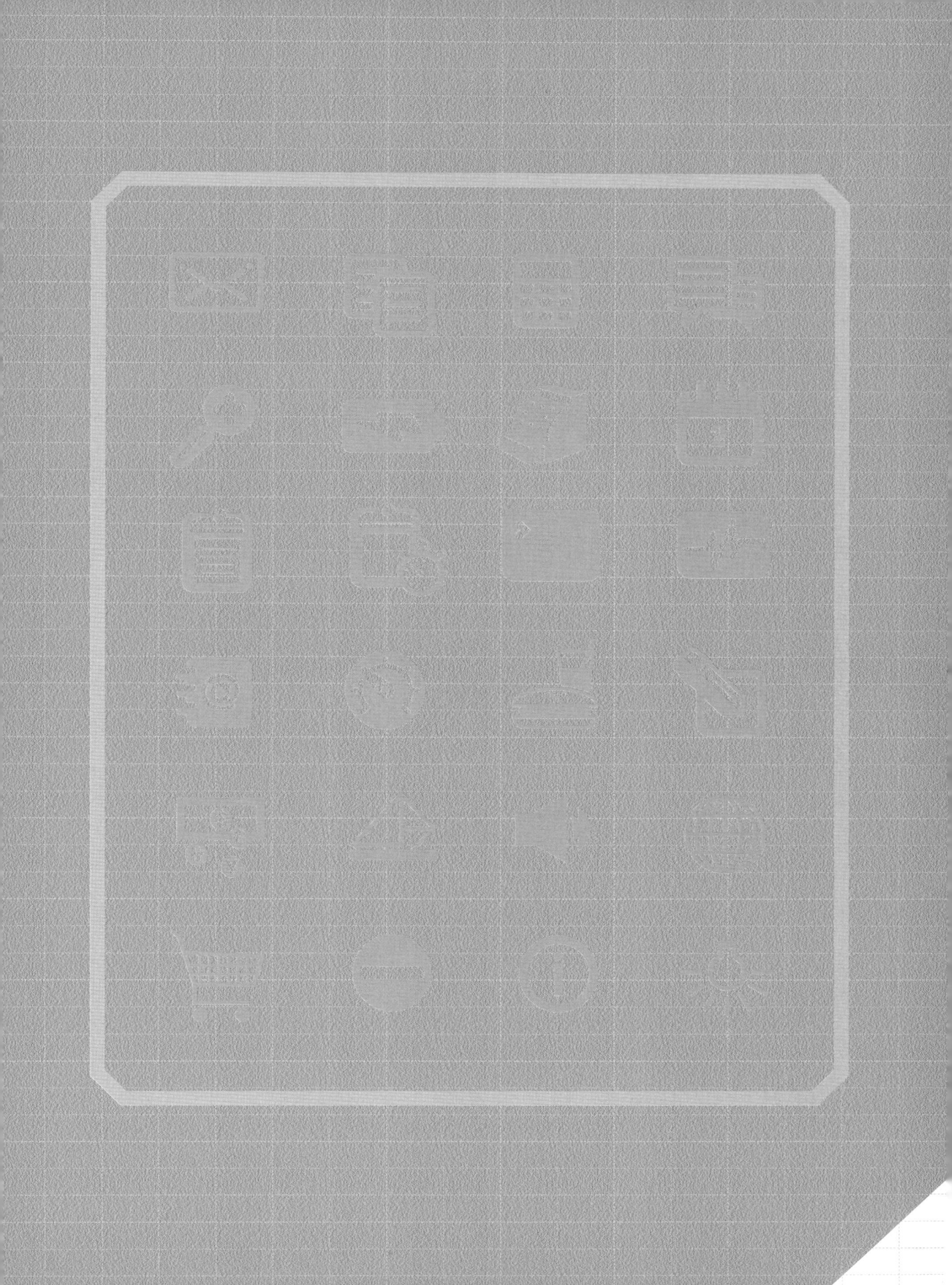

01 CHAPTER 엑셀 프로그램 열기

윈도우 바탕화면이나 시작 메뉴에 엑셀 아이콘을 클릭하여 엑셀을 실행합니다.

UNIT 01 응용프로그램(앱)과 인스턴스

- **응용프로그램(Application)** : 컴퓨터에서 특정 기능을 수행하는 소프트웨어
- 인터넷 익스플로러, 한글, 엑셀, 워드, 파워포인트, 액세스, 포토샵, 캐드 등이 그 예가 될 수 있으며, 스마트폰에 《앱(App)》이 이것의 준말.
- **유틸리티(Utility)** : 응용프로그램보다 작은 프로그램으로서 핵심 기능만 있어서 작고 빠릅니다. 예를 들어 윈도우 탐색기나 메모장, 그림판, 계산기 등

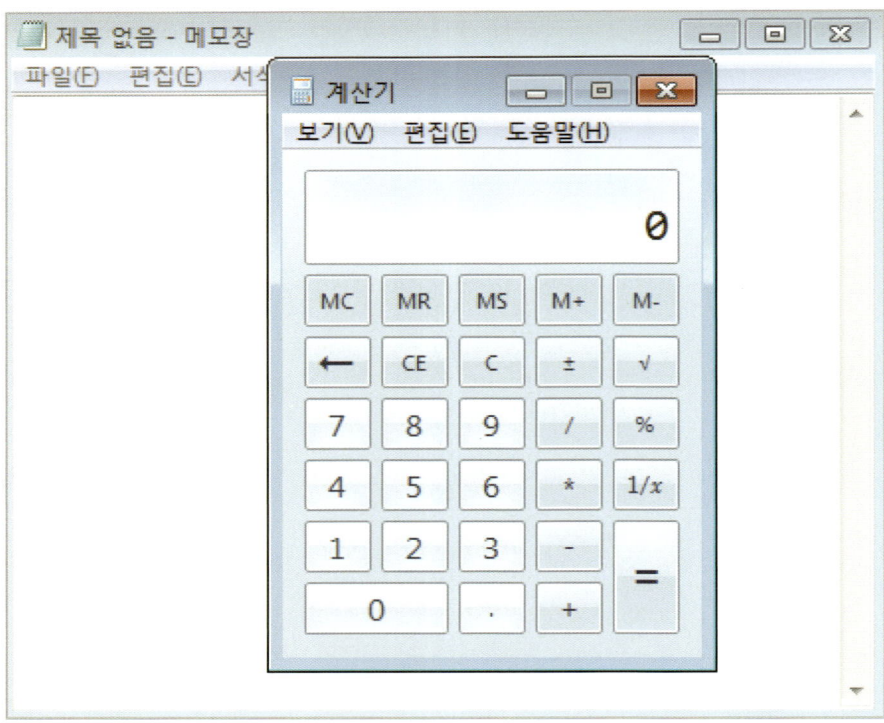

▲ 메모장과 계산기 유틸리티

- **인스턴스(Instance)** : 프로그램을 실행하여 열린 프로세스

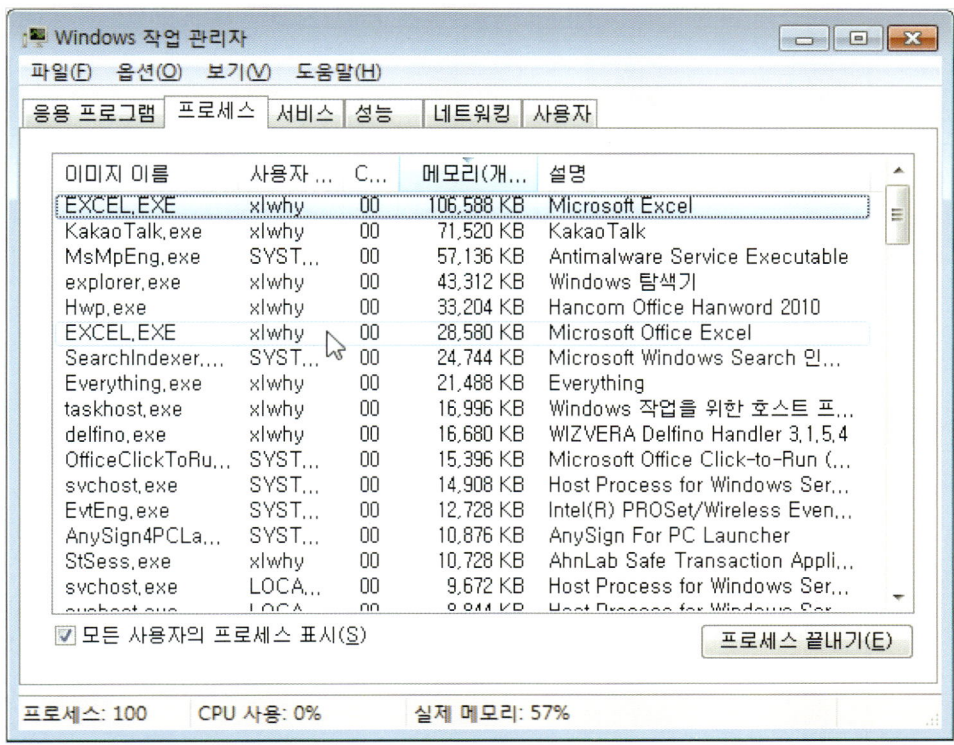

▲ Ctrl + Shift + Esc 로 엑셀 인스턴스 확인 (위에 엑셀2016, 아래에 엑셀2007)

– 엑셀2013 이상 버전부터는 인스턴스 하나에 문서 파일이 각기 다른 창으로 열려서 문서 간 비교가 쉽지만, 엑셀2010 이하 버전에서는 엑셀 인스턴스 하나에 문서 파일이 열리는 식이라서 비교하는 것이 조금 불편합니다. 하지만 후자가 상황에 따라서 더 편할 때도 있습니다. 책 맨 뒤 색인에서 《엑셀 창 두 개 열기》를 참고하세요.

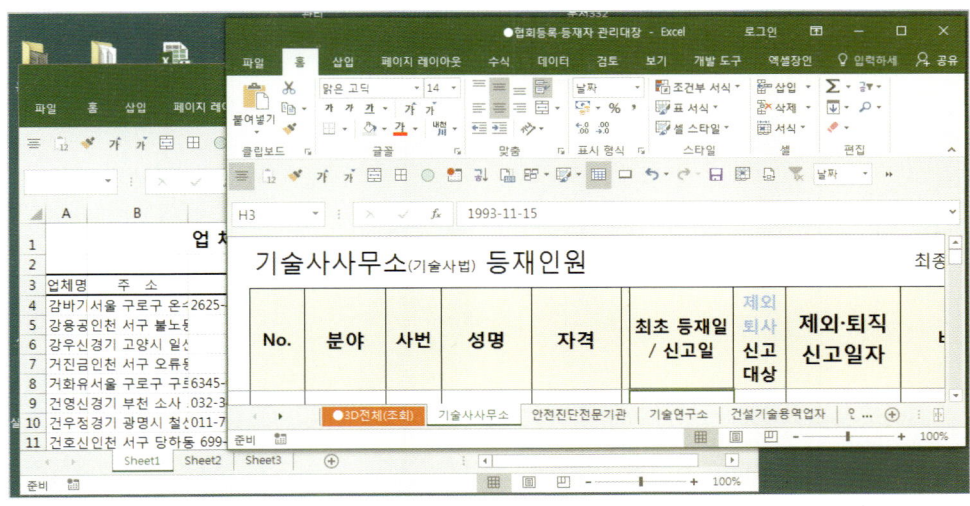

▲ 엑셀2016 버전의 문서 비교 화면

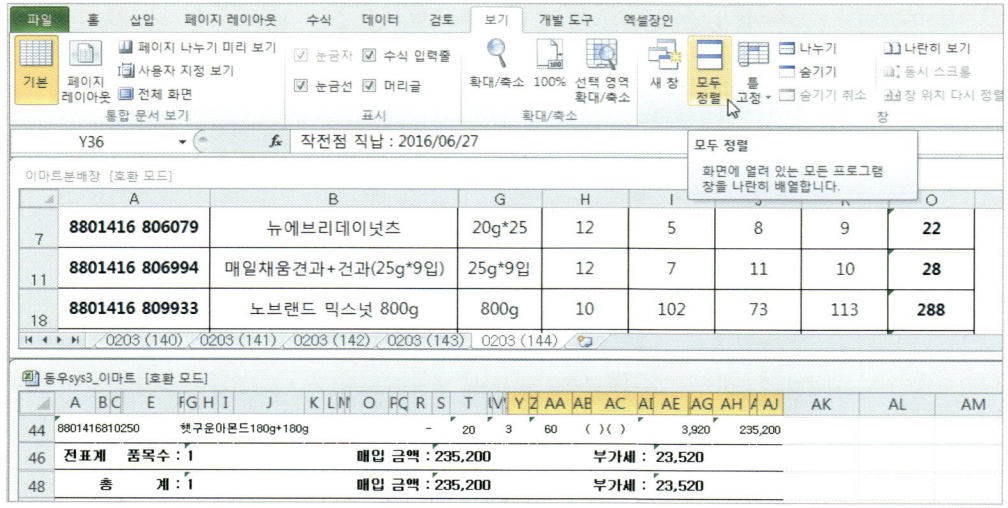

▲ 엑셀2010 버전의 문서 비교 화면

UNIT 02 윈도우 작업 표시줄에 엑셀 고정/제거

- **고정 방법** : 작업 표시줄은 기본적으로 윈도우 하단에 있으며, 윈도우 시작 단추 → 엑셀 아이콘에 마우스 우측 버튼 →《작업 표시줄에 고정》.
- 엑셀2016 버전은 설치하면 자동으로 작업 표시줄에 고정됨

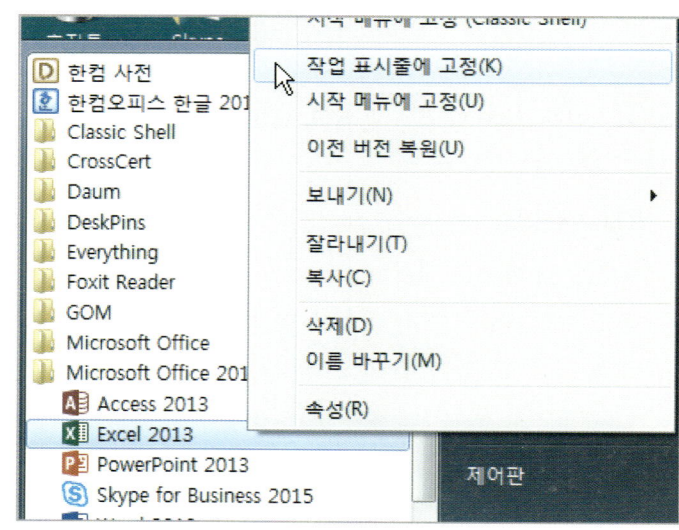

▲ 엑셀을 작업 표시줄에 고정

- **제거 방법** : 이 줄 특정 아이콘에 마우스 우측 버튼 →《이 프로그램을 작업 표시줄에서 제거》

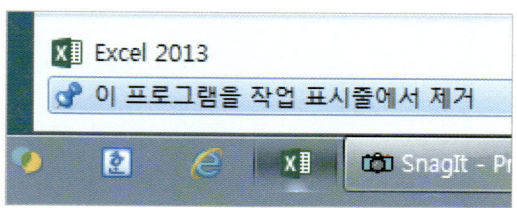

▲ 엑셀을 작업 표시줄에서 제거

UNIT 03 윈도우 작업 표시줄에 엑셀을 단축키로 열기

작업 표시줄 상에 엑셀 아이콘이 두 번째에 있으면 [⊞]+[2].
- 10 번째에 있다면 [⊞]+[0].
- 엑셀 인스턴스를 여러 개 열려면 [Shift]를 누른 채 엑셀 아이콘 클릭 또는 [⊞]+[Shift]+[2].

UNIT 04 엑셀을 최대화 창으로 열도록 설정

- **방법** : 윈도우 작업 표시줄, 엑셀 아이콘에 마우스 우측 버튼 → 아래쪽 엑셀 아이콘에 다시 마우스 우측 버튼 →《속성》→《실행》→《최대화》→《확인》

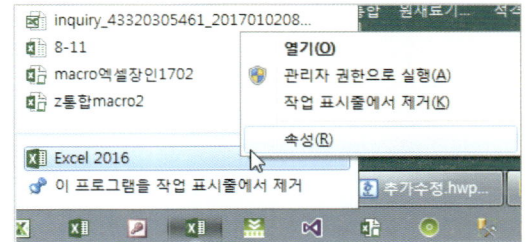

UNIT 05 엑셀을 초기화 상태로 열도록 설정

엑셀을 오래 사용하다보면 사용자가 여러 설정을 하면서 기본 기능이나 상태가 바뀌는데, 이때 최초 엑셀을 설치한 상태로 열 수 있습니다.

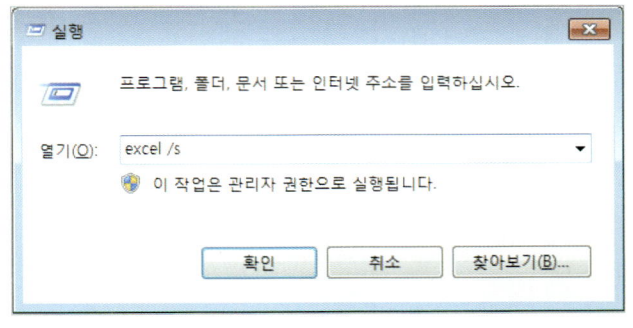

- **방법** : [⊞]+[R] → excel /s → [Enter]
- 여러 엑셀 버전이 설치되어 있다면 엑셀 파일(excel.exe)의 경로까지 입력합니다.
  예) C:\Program Files\Microsoft Office2010\Office14\EXCEL.EXE /S

02장 엑셀 버전과 엑셀2016의 분류 및 구매

이 책은 엑셀2007, 2010, 2013, 2016 버전 사용자가 볼 수 있습니다.

UNIT 01 엑셀 버전 확인

엑셀 창 맨 위 왼쪽에 동그란 Office 단추는 엑셀2007이고 녹색《파일》탭이 있으면 엑셀2010, 2013, 2016 중의 하나입니다. 특히, 2016은 제목 표시줄 기본색이 녹색이고 리본 메뉴 배경이 회색입니다.

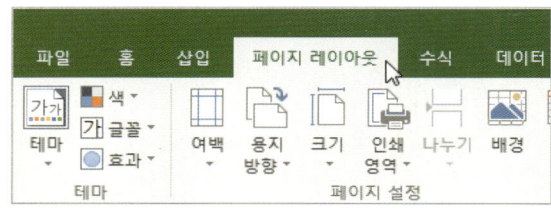
▲ 2016 화면

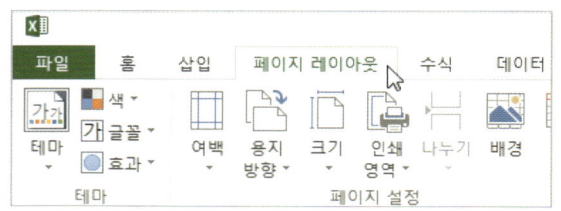
▲ 2013 화면

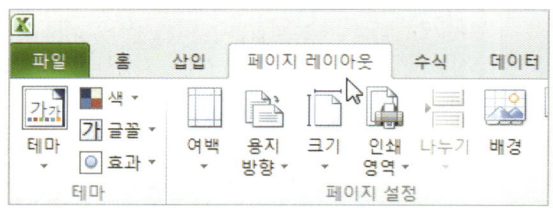
▲ 2010 화면

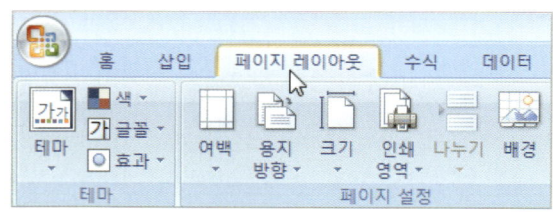
▲ 2007 화면

- 엑셀 창의 색깔은 변경할 수 있습니다. 예컨대 엑셀 2016에서 Alt + T , O 로《Excel 옵션》창을 열고 《일반》→《Office 테마》에서《색상형》을《흰색》으로 설정하면 엑셀2013 버전 모양으로 바꿀 수 있습니다.

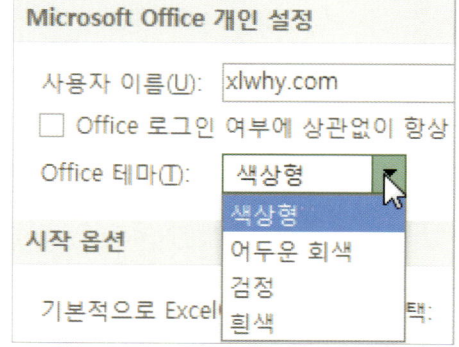

- 정확한 엑셀 버전은 다음과 같이 확인할 수 있습니다.
  - 엑셀2016 : 《파일》 탭 → 《계정》 → 《Excel 정보》

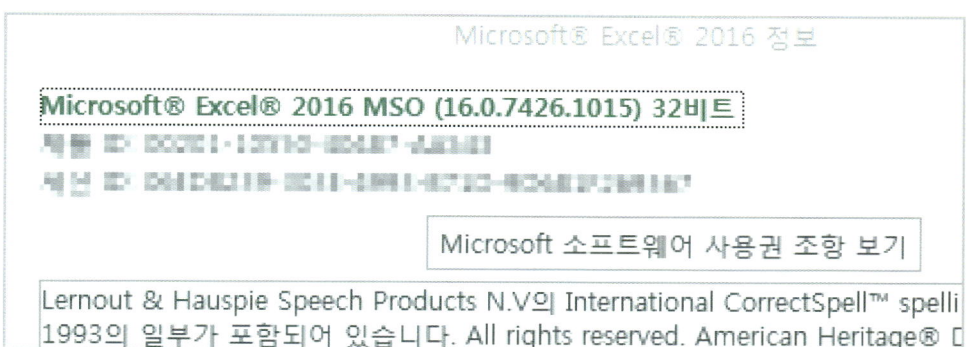

▲ 엑셀2016의 녹색 부분 (16.0.7426.1015) 32비트

  - 엑셀2013 : 《파일》 탭 → 《계정》 → 《Excel 정보》
  - 엑셀2010 : 《파일》 탭 → 《도움말》
  - 엑셀2007 : 동그란 《Office 단추》 → 《Excel 옵션》 → 《리소스》 → 《정보》
- 《파일》 탭이나 《Office 단추》 단축키 : Alt + F

UNIT 02 엑셀2016 분류와 구매

엑셀만 구매하지는 못하고 패키지 단위로 구매 가능하며, 크게 오피스365와 오피스2016으로 나뉩니다.

- **오피스365** : 기간 단위로 사용료를 지불하며 지속적인 업데이트를 지원합니다.
- **오피스2016** : 한 번 구매로 계속 사용할 수 있으나 업데이트는 없습니다.
  - 유용한 신규 함수(IFS, CONCAT, TEXTJOIN 등)나 일부 신규 차트 등이 누락되어 있습니다.
- **오피스 제품 비교/구매 웹페이지** : http://me2.do/5d6cRTSJ
  - 《전문가에게 문의》를 클릭하면 빠르게 의사소통(전화, 채팅)할 수 있습니다.

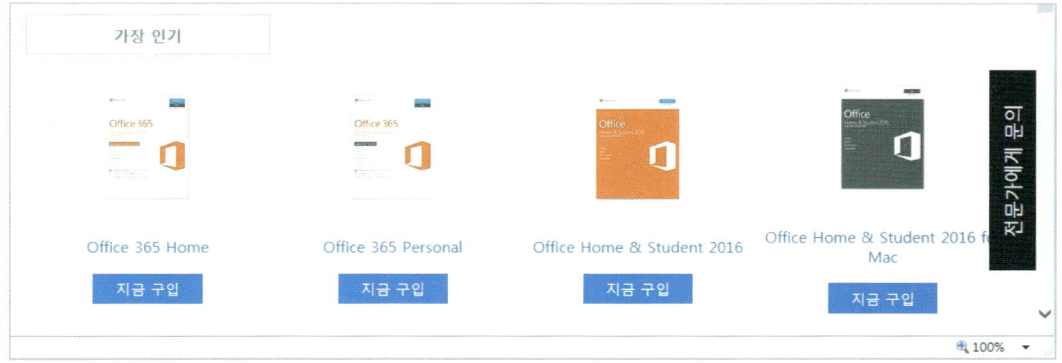

03 CHAPTER 엑셀 문서 열기

엑셀에 문서 파일을 열어봅니다.

UNIT 01 윈도우 탐색기에서 문서 열기
보통은 윈도우 탐색기에서 문서 파일을 더블 클릭 또는 Enter 로 파일을 엽니다.
- 탐색기의 파일을 마우스로 클릭한 채 엑셀에 끌어다 놓아도 됩니다.

UNIT 02 엑셀 버전별 열기
- **엑셀2016** : 엑셀을 열면 처음에 《시작 화면》이 뜨고 맨 아래 《다른 통합 문서 열기》 → 《찾아보기》
- **엑셀2013** : 엑셀을 열면 처음에 《시작 화면》이 뜨고 맨 아래 《다른 통합 문서 열기》 → 《컴퓨터》 → 《찾아보기》
- **엑셀2007, 2010** : 《파일》 탭(엑셀2007은 동그란 Office 단추) → 《열기》

UNIT 03 엑셀2013, 2016의 《시작 화면》 없애기
엑셀 실행 시 이전 버전같이 새 문서가 바로 열리게 해보죠.
- **방법** : 《파일》 탭 → 《옵션》 → 맨 아래 《이 응용 프로그램을 시작할 때 시작 화면 표시》 체크 해제

UNIT 04 엑셀2013, 2016에서 쉽게 문서 열기
문서를 열 때 바로 《열기》 창이 나오게 해보죠.
- **방법** : 《파일》 탭 → 《옵션》 → 《저장》 → 《파일을 열거나 저장할 때 Backstage 표시 안함》 체크 → 《확인》 → 《빠른 실행 도구 모음》 끝에 세모 단추를 눌러 《열기》를 누르면 빠른 실행 도구 모음에 《열기》 단추가 추가되고 그 단추를 클릭하여 《열기》 창을 열 수 있습니다.
- 이렇게 Backstage를 표시 안하면 Ctrl + O 로 《열기》 창을 열 수 있습니다.

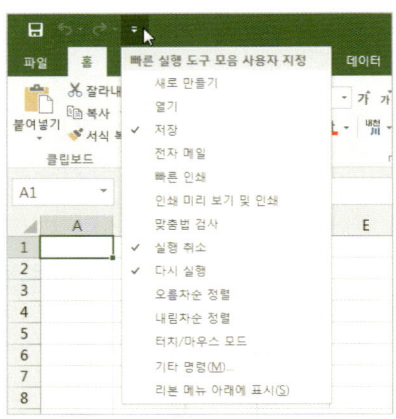

UNIT 05   여러 문서를 한 번에 모두 열기

윈도우 탐색기에서 문서 파일들을 선택하고 `Enter`.
- **불연속 파일 선택법** : `Ctrl`을 누른 채 파일들을 클릭.
- **연속 파일 선택법** : 첫 파일 선택 → `Shift`를 누른 채 마지막 파일 클릭.
- 마우스 드래그로도 연속 선택이 가능합니다.

UNIT 06   백스테이지(Backstage)에 최근 문서 열기

백스테이지는 엑셀2010 이상에서 《파일》 탭을 눌렀을 때 나오는 화면이고, 그 탭을 눌러 최근 열었던 문서를 바로 열 수 있습니다.
- **엑셀2013, 2016** : 《파일》 탭 → 《옵션》 → 《고급》 → 《표시》 범주에 《빠르게 액세스할 최근 통합 문서 수》
- **엑셀2010** : 《파일》 탭 → 맨 아래에 《빠르게 액세스할 최근 통합 문서 수》.
- **엑셀2007** : 《Office 단추》를 누르면 최근 문서가 바로 보입니다.
- **최근 통합 문서 수 설정** : 《파일》 탭(엑셀2007은 동그란 Office 단추) → 《옵션》 → 《고급》 → 《표시》 범주 → 《표시할 최근 통합 문서 수》
- 최근 문서 개수는 50개까지 가능하며, 《표시할 최근 통합 문서 수》 이하 값으로 지정해야 합니다.
- 컴퓨터 해상도가 매우 작으면 이 개수만큼 표시되지 않을 수 있습니다.
- 단축키 법
- 엑셀2010 이상 : `Alt`+`F` → `R` → 해당 숫자로 열기.
- 엑셀2007 : `Alt`+`F` → 해당 숫자로 열기.

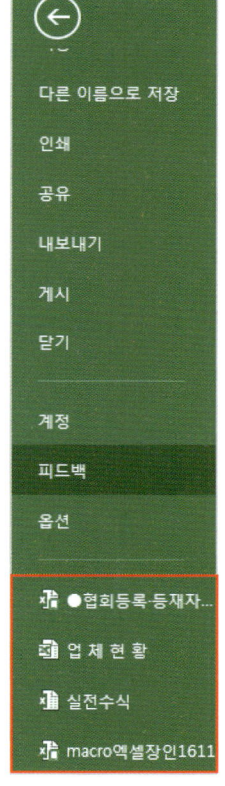

▲ 엑셀2016의 최근 열었던 문서 4개

UNIT 07   문서 파일을 열 때 특정 엑셀 버전으로 열기

여러 엑셀 버전이 설치된 컴퓨터에서 윈도우 탐색기에 있는 문서 파일을 열 때 원하는 버전으로 열 수 있습니다.
- **방법** : 윈도우 제어판 → 《프로그램 제거》 → 특정 버전의 Microsoft Office에 마우스 우측 버튼 → 변경 → 《복구》
- 이 과정 없이 특정 엑셀 버전을 열고 문서 파일을 그 엑셀로 드래그해도 됨.

04장 엑셀 문서 닫기

문서를 닫는 데에는 몇 가지 방법이 있습니다.
- 엑셀 창 우측 상단의 《X》 단추
- 엑셀2010 이하 버전은 위에서 두 번째 《X》
- 《파일》 탭(엑셀 2007은 동그란 《Office 단추》) → 《닫기》
- **단축키** : Ctrl + W 또는 Ctrl + F4
- 엑셀2016은 엑셀 창 맨 위 왼쪽 꼭짓점을, 엑셀2010과 2013은 맨 위 왼쪽에 엑셀 아이콘, 엑셀 2007은 Office 단추를 각각 더블 클릭
- 엑셀 맨 위 《제목 표시줄》에 마우스 우측 버튼 → 《닫기》

한 번에 모든 문서와 엑셀 창까지 닫기

현재 엑셀에 열려있는 모든 문서와 엑셀까지 완전히 닫을 수 있습니다.
- **방법** : Shift 를 누른 채 엑셀 창 우측 상단의 《X》 단추 → 한 문서라도 바뀐 내용이 있다면 저장 여부 메시지 창이 뜹니다. 이때 《모두 저장》 → 모든 문서를 저장하고 엑셀 종료.
- 《모두 저장》 단추가 안 보일 수 있습니다. 이때는 《저장》을 눌러 동일하게 일괄 저장하고 엑셀 종료.
- Shift 를 누른 채 《저장 안함》을 클릭하면 저장 없이 모두 닫히므로 조심하세요.

CHAPTER 05 엑셀 문서 경로

열린 문서가 있는 탐색기의 해당 폴더로 이동하는 등의 작업을 해보죠.

UNIT 01 현재 통합 문서의 폴더 확인

현재 열린 통합 문서의 경로를 알려면《다른 이름으로 저장》F12 창을 띄우고 상단 표시줄로 확인.
– 이 창에서 Alt + D 로 그 표시줄을 선택하면 실제 경로가 나옵니다.

UNIT 02 현재 통합 문서의 폴더 열기

저장된 임의의 통합 문서를 열고 버전별로 그 파일을 포함한 폴더를 열 수 있습니다.

- **엑셀2010 이상** :《파일》탭 → 왼쪽에《정보》→ 우측 맨 아래에《파일 위치 열기》.

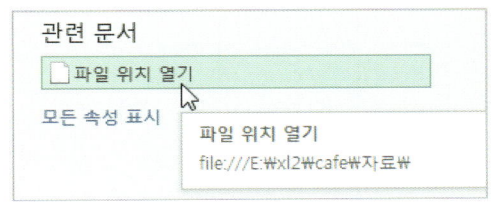

- **엑셀2007** : 동그란 Office 단추 →《준비》→《속성》→《위치》란을 세 번 클릭하여 전체 선택하고 Ctrl + C → ⊞ + E 로 윈도우 탐색기 열기 → Alt + D 로 상단 주소 표시줄 선택 → Ctrl + V 하고 끝에 파일명을 지운 뒤 → Enter

UNIT 03 통합 문서의 전체 경로 복사

이것은 그 문서의 Full Name으로서 경로와 파일명을 모두 포함합니다.

- **엑셀2016** :《파일》탭 →《열기》→ 바로 우측에《최근 항목》→ 최근 문서 목록의 한 항목에 마우스 우측 버튼 →《클립보드에 경로 복사》
- **엑셀2013** :《최근 항목》대신《최근에 사용한 통합 문서》로 이름이 다릅니다.
- **엑셀2010** : 이 버전이 제일 쉽습니다.《파일》탭 →《정보》→ 가운데 맨 위의 Full Name을 클릭하여 전체를 선택 → Ctrl + C
- **엑셀2007** : 동그란 Office 단추 →《준비》→《속성》→《위치》란을 세 번 클릭하여 전체 선택 → Ctrl + C

06장

엑셀 강제 종료

엑셀 사용 중에 예기치 않은 오류로 엑셀이 강제 종료되어 화면이 비교적 오랜 시간 멈춰져 있는 경우가 있는데, 이때 엑셀을 빠르게 종료하는 방법을 소개합니다.

- **방법** : Ctrl + Shift + Esc 로 《Windows 작업 관리자》→《프로세스》→《EXCEL.EXE》선택 → 《프로세스 끝내기》
- 여러 엑셀 버전이 열린 상태라면 《프로세스》 탭의 《설명》 열에 엑셀2010 이상은 모두 《Microsoft Excel》로, 엑셀2007은 《Microsoft Office Excel》로 나옵니다.
- 《프로세스》 탭의 해당 엑셀 항목에 마우스 우측 버튼 →《속성》으로 정확한 엑셀 버전을 확인할 수 있습니다.

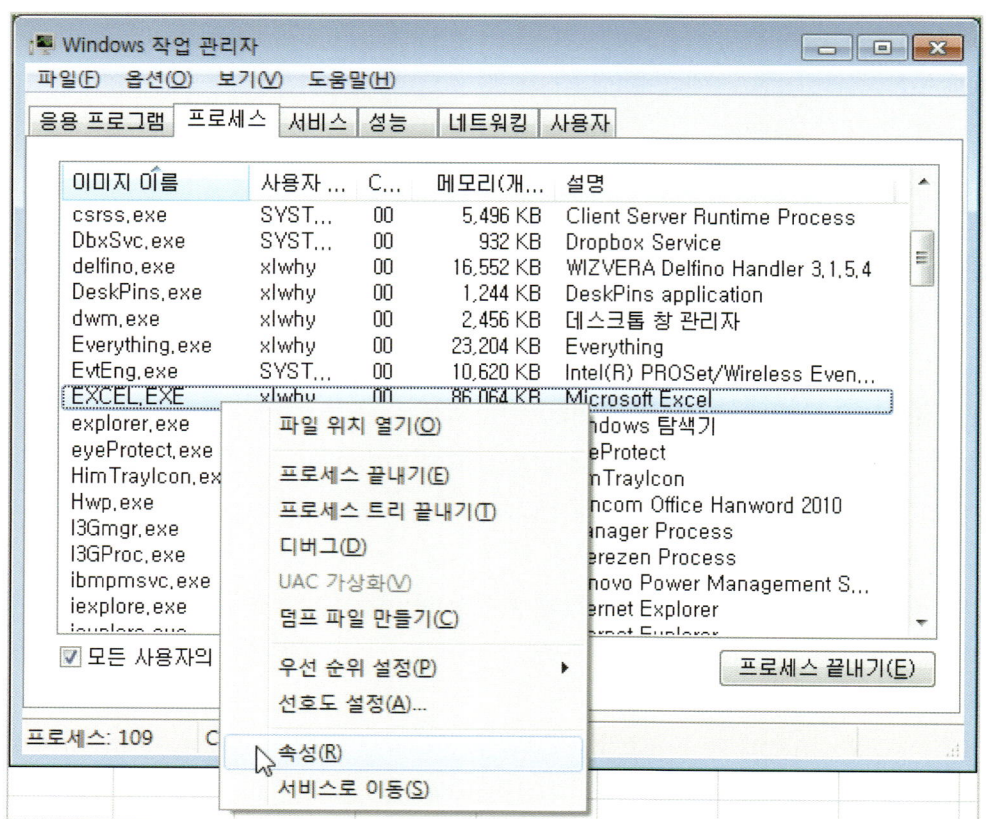

MEMO

2부

엑셀 화면과 용어, 한계

Chapter 01 | 엑셀 화면

Chapter 02 | 표 용어

Chapter 03 | 주요 용어

Chapter 04 | 일반 용어

Chapter 05 | 엑셀 사양과 제한

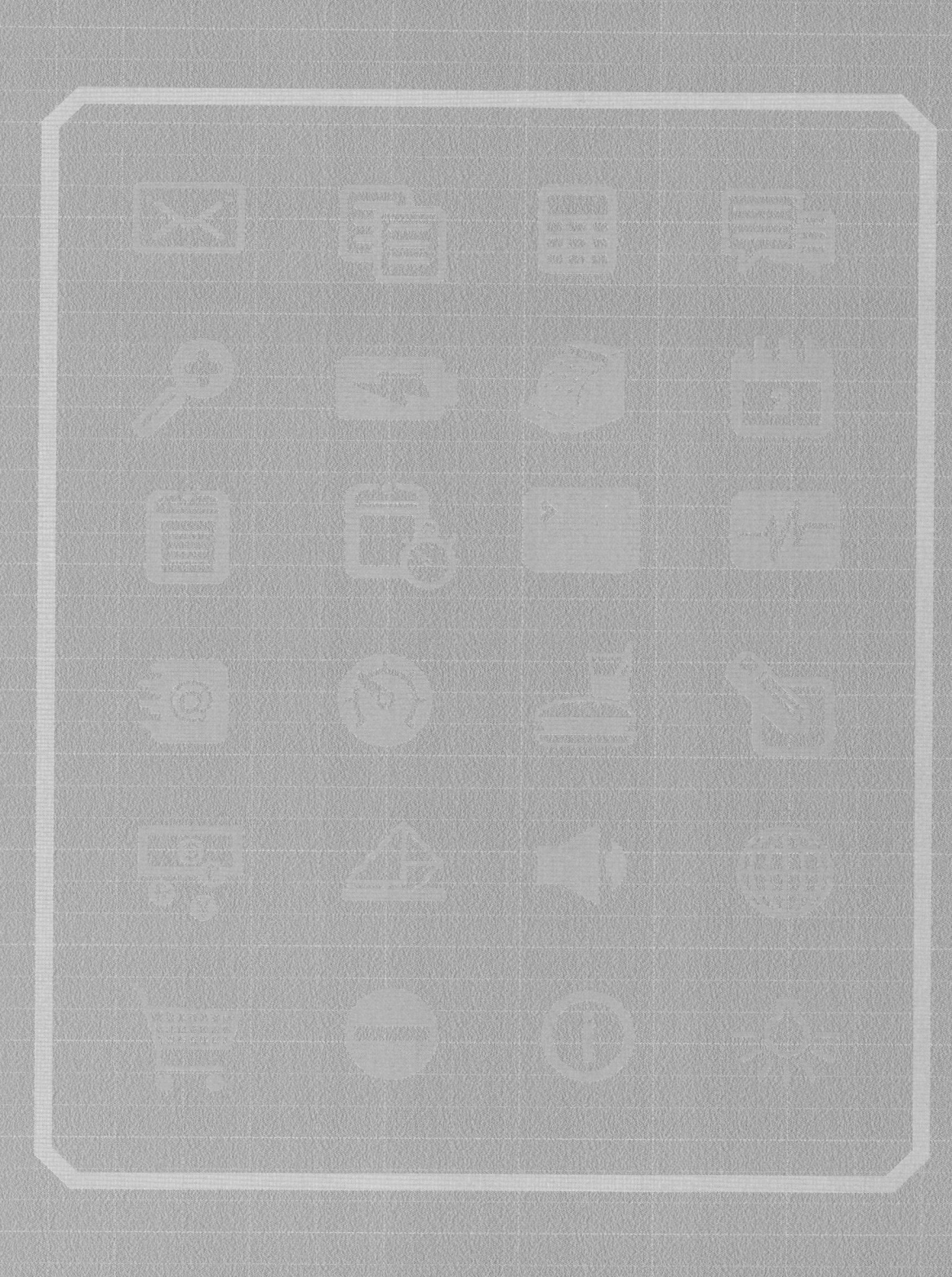

01장

01 엑셀 화면
CHAPTER

- **리본 메뉴** : 상단의 탭과 단추를 합친 메뉴
1. **이름상자 크기** : 이름상자의 너비 조정 기능
2. **수식 모음** : 왼쪽부터 수식 취소, 수식 완료, 함수 마법사
3. **수식 입력줄 확장** : 수식 입력줄의 높이 조정 기능
4. **모두 선택** : 모든 셀 선택
5. **시트 탭 스크롤** : 시트 탭이 많을 때 차례대로 스크롤
6. **수평 스크롤바 크기** : 우측에 있는 수평 스크롤바 너비 조정 기능
7. **시트 보기 모음** : 왼쪽부터 기본, 페이지 레이아웃, 페이지 나누기 미리 보기

02장 표 용어

표는 행과 열에 가지런히 입력한 정보입니다. 표의 용어를 이해하는 것은 전문가와 대화를 하거나 글을 읽는데 선행되어야 하는 필수 지식입니다.

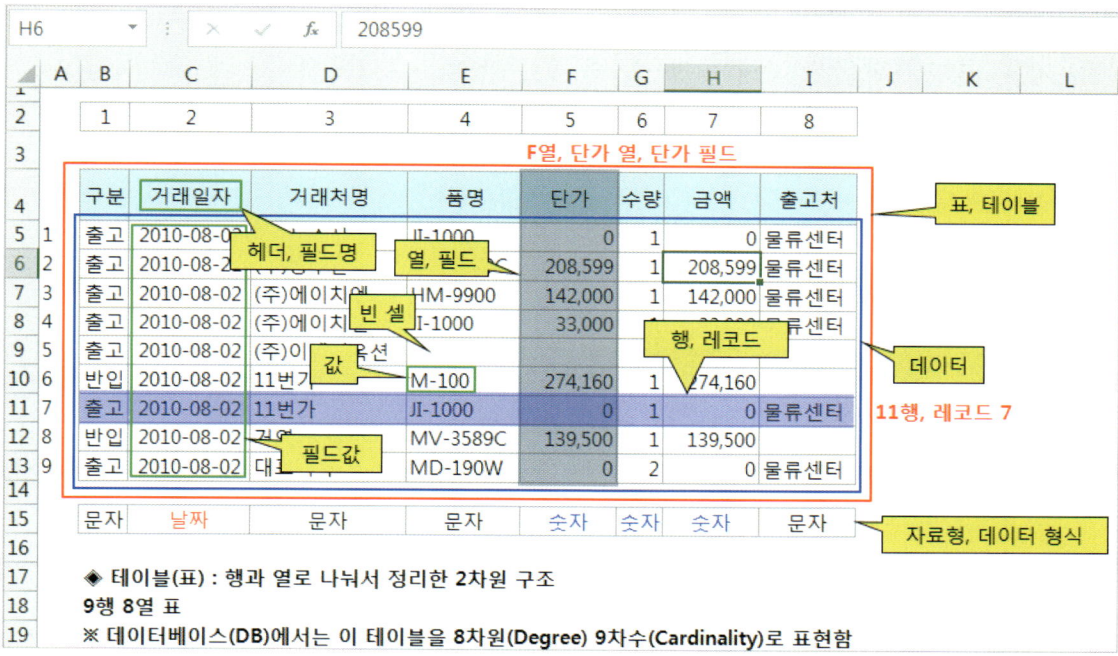

- 데이터(data)를 표의 의미로 표현하기도 합니다.

— 《Excel표》는 《삽입》 탭의 《표》 그룹의 《표》를 뜻하는 고급 기능의 표입니다.

	A	B	C	D	E	F	G	H	I
1		일반표							
2		구분	거래일자	거래처명	품명	단가	수량	금액	출고처
3		출고	2010-08-02	(주)농수산	JI-1000	0	1	0	물류센터
4		출고	2010-08-21	(주)농수산	MV-3589C	208,599	1	208,599	물류센터
5		출고	2010-08-02	(주)이베이옥션					
6		반입	2010-08-02	거영	MV-3589C	139,500	1	139,500	
7		출고	2010-08-02	대표이사	MD-190W	0	2	0	물류센터
8									
9		Excel표							
10		구분▼	거래일자▼	거래처명▼	품명▼	단가▼	수량▼	금액▼	출고처▼
11		출고	2010-08-02	(주)농수산	JI-1000	0	1	0	물류센터
12		출고	2010-08-21	(주)농수산	MV-3589C	208,599	1	208,599	물류센터
13		출고	2010-08-02	(주)이베이옥션					
14		반입	2010-08-02	거영	MV-3589C	139,500	1	139,500	
15		출고	2010-08-02	대표이사	MD-190W	0	2	0	물류센터

▲ 일반표와 기본 설정한 Excel표

- **특수한 구조의 표**
  — 세로에도 헤더가 있는 표

과일	1월	2월	3월	4월	5월
사과	171	151	385	155	114
배	260	365	412	174	375
바나나	325	257	153	429	184
수박	307	166	370	431	137

— 행 헤더가 여러 줄

제품군	제품군	모델명	세부명칭	구매 실례가		
(대분류)	(중분류)	(장비명)		A	구매가	
					최고가	최저가
		aaa			333	100
		ccc			666	111
		AAA			200	12

— 다중 표

	엑셀장인의 마스터링북	엑셀장인의 매크로VBA 책
출간일	2013-06-25	2014-06-25
저자	장기영	장기영
출판사	디지털북스	디지털북스
	엑셀장인의 함수 책	엑셀장인의 다음 서적
출간일	2015-03-05	미정: 2017년 초
저자	장기영	장기영
출판사	디지털북스	디지털북스

03 주요 용어

이곳은 이름순으로 정렬하여 설명합니다.

◻ 개체 (Object)

엑셀을 이루는 구성 요소로서 셀, 시트, 그림, 도형, 피벗 테이블, 조건부 서식, 데이터 유효성 검사, 이름 등이 해당합니다. 이것은 매크로VBA를 학습할 때 중요한 용어가 됩니다.

- 참고로 《삽입》 탭 → 《텍스트》 그룹에 《개체》는 엑셀 구성 요소가 아닌 OLE로서 다른 프로그램을 연결하거나 삽입한 개체입니다. 예를 들어 파워포인트 파일을 한 개체로 만들어 엑셀에 포함시킬 수 있습니다.
- OLE (Object Linking and Embedding) : 프로그램 간 정보를 공유하는 기술로서 모든 Office 프로그램은 OLE를 지원하므로 개체를 연결 또는 포함시켜 외부 프로그램 파일 열람 가능.

◻ 그룹 아이콘

리본 메뉴 그룹명 우측에 아이콘으로서, 예컨대 《홈》 탭 → 《클립보드》 그룹 아이콘을 누르면 창이 생기고 다시 누르면 창은 사라집니다.

- 그룹 아이콘이 모든 그룹에 있는 것은 아닙니다.

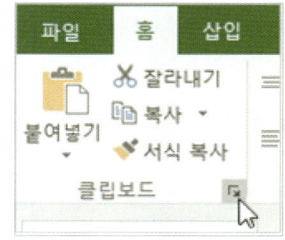

◻ 기호 (Symbol)

이것은 《특수 문자》와는 구별되는데 ★나 ※ 등을 뜻합니다. 입력법은 다음의 두 가지며 보통 두 번째 방법으로 입력합니다.

1. 리본 메뉴에서 접근하려면 《삽입》 탭, 맨 우측에 《기호》.
2. 셀에 자음(예: ㅁ) 입력 후, 커서가 깜박일 때 [한자] 키를 누르고 [Tab]을 눌러 확장시켜서 선택 입력.

- 기호의 별표(＊)와 특수 문자의 별표(*)는 서로 다른 문자입니다. 예컨대 A1 셀에는 기호로 별표(＊)를 입력하고, B1 셀에는 키보드 상에 특수 문자로 별표(*)를 입력하여 C1 셀에 CODE 함수로

비교하면 다르다는 것을 확인할 수 있습니다.
- C1 셀 수식 : =CODE(A1)=CODE(B1)

🔲 리본 메뉴

엑셀 창 위에 있는 탭과 그 아래 단추입니다.

▲ 《홈》 탭과 그 안에 여러 단추.

🔲 미니 도구 모음

셀에서 마우스 우측 버튼 누르면 나오는 팝업 메뉴의 위 또는 아래에 나타나는 도구 모음입니다.

- 여기에 있는 단추들은 모두 셀 서식 설정과 관련되며, 단추에 마우스를 대면 말풍선이 나오는데 엑셀2007에는 나오지 않습니다.
- ☰ 또는 Shift + F10 으로는 이 도구 모음이 나오지 않습니다.
- 《Excel 옵션》→《일반》에 《선택 영역에 미니 도구 모음 표시》 체크 의미 : 셀 값에 일부를 마우스로 선택하면 자동으로 이 도구 모음이 표시.

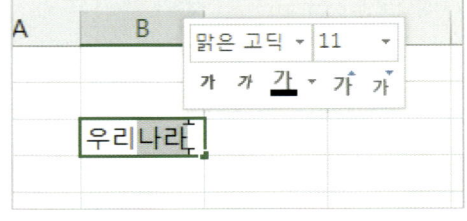

▲ 셀 값에 《나라》만 마우스로 선택한 상태

🔲 백스테이지 (Backstage)

엑셀2010 이상 버전에서 《파일》 탭을 눌렀을 때 보이는 화면.

🔲 빈 문자 (="")

수식의 결과로 빈 문자를 입력하면 빈 셀처럼 보입니다. 예컨대 새 문서를 열고 A2 셀에 ="" 수식을 넣고, B1 셀에 =ISBLANK(A1), B2 셀에 =ISBLANK(A2)로 하면 전자는 TRUE가 나오지만 후자는 FALSE가 나옵니다.

🟩 빠른 실행 도구 모음

기본적으로 엑셀 창 맨 위에 있는 단추들입니다.

- 저자는 이 단추를 리본 메뉴 아래에 위치시켜 사용합니다.
- **위에 있는 이 도구 모음을 아래에 위치시키는 방법** : 도구 모음, 임의의 단추에 마우스 우측 버튼
  →《리본 메뉴 아래에 빠른 실행 도구 모음 표시》

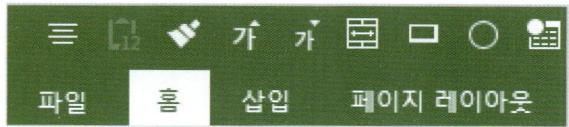

▲ 빠른 실행 도구 모음 단추들과 그 아래《홈》탭 활성화 상태

🟩 서식과 수식

- **서식** : 보통《셀 서식》의 의미로 사용하며 셀의 여러 속성(글꼴, 셀 색, 테두리 등).
- 특정 문서 양식의 의미로 쓰이기도 합니다. (예: 거래명세서, 이력서 등)
- **수식** : 셀 내용은《=》로 시작하고 결과는 값으로 나오는 계산식.
- 수식을 서식으로 말하지 마세요. 수식은 수식입니다.

🟩 셀 (Cell)

엑셀을 열었을 때 시트에 있는 흰색의 네모 칸.

- 이 셀에 글자를 입력하고 셀 색이나 글자 색 등을 넣을 수 있습니다.

🟩 셀 포인터 (Cell Pointer)

한 셀을 선택했을 때 외곽에 진한 네모.

- 이 셀 포인터는 기본적으로 밑에서 Enter 를 칠 때마다 아래로 내려갑니다. 이것을 오른쪽으로 가게 하려면 Alt + T , O 로《Excel 옵션》창을 열고《고급》→ 우측에 맨 위 Enter 키를 누른 후 다음 셀로 이동》에《방향》을《오른쪽》으로 바꿉니다.

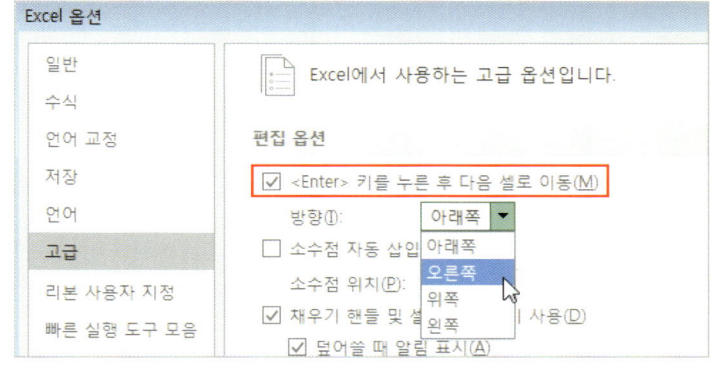

- 엑셀2010 버전까지 이 포인터 색은 검정, 엑셀2013 버전부터는 녹색.

🔲 시트 (Sheet)

통합 문서를 열었을 때 보이는 한 장의 작업 공간.

- **시트의 종류는** 네 개지만 보통 워크시트(Worksheet)만 사용합니다.
- **종류 확인법** : 시트 하단의 시트 탭에 마우스 우측 버튼 →《삽입》

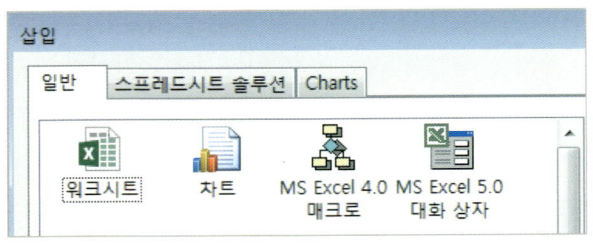

🔲 창 축소/확장 단추

셀을 마우스로 드래그하여 참조시킬 때 누르는 흰 상자 우측의 아이콘.

- 클릭하면 창이 축소되고, 다시 클릭하거나 Enter 를 치면 창이 원래크기로 확장됩니다.
- 이곳을 클릭하고 타자하여 입력하다가 〈화살표〉 키로 커서를 이동시키려면 F2 를 한 번 누릅니다. 다시 F2 를 누르면 키보드로 셀을 참조할 수 있습니다.
- 참고로 F2 를 누를 때마다 엑셀 하단 좌측에 상태표시줄을 확인하면 편집, 입력으로 토글됩니다.

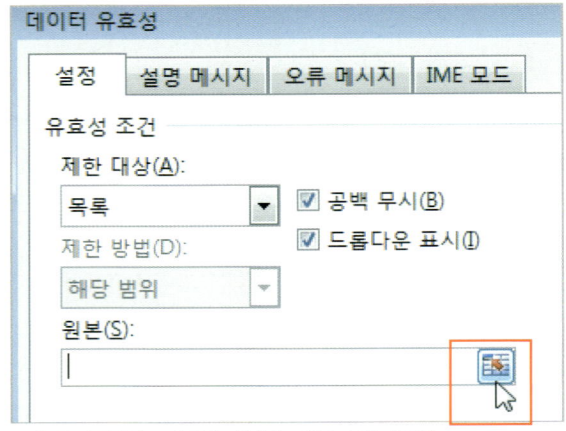

▲ Alt + D , L →《목록》선택하고 빨간 영역에 단추

🔲 참조

참조란 수식에서 의미가 있으며, 셀이나《수식》탭에《이름》등을 의미합니다. 예컨대 A1 셀에 =B1 수식을 입력했을 때에, 수식 결과는 B1 셀을 참조한다고 말합니다.

🔲 채우기 핸들 (Fill Handle)

셀의 우측 하단에 사각 점.

- 이 핸들을 상하좌우 방향으로 끌어서 값을 채우거나 순번 생성, 수식을 복사하는 등의 유용한 작업을 합니다.

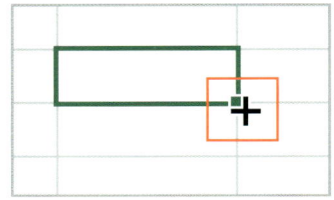

🔲 클립 (Clip)

《홈》탭 →《클립보드》그룹 아이콘을 누르면 시트 좌측에《클립보드》작업창이 생기고, 현재 떠 있는 모든 프로그램에서 복사 또는 잘라내기 할 때마다 그곳에 생기는 항목을 뜻합니다.

📗 통합 문서 (Workbook)

여러 시트의 모임 또는 한 파일.

- 보통 파일로 부르며 일반 문서, 매크로 문서, 바이너리 문서 등이 있습니다.
- 종류 확인법 : F12 → 《파일 형식》, 위에서 세 개가 그것임

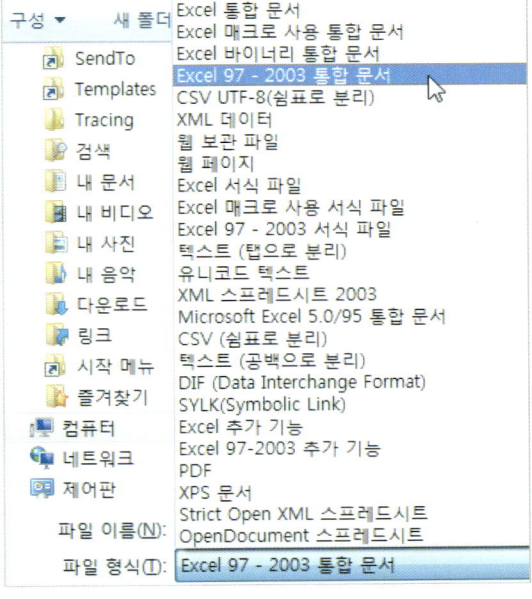

📗 특수 문자

이것은 《기호》와는 구별되는데 일반 키보드 상에 있는 쉼표(,)나 느낌표(!), 샵(#), 쌍점(:), 작은 따옴표(') 등을 말합니다.

- 특수 문자 별표(＊)와 기호 별표(＊)는 서로 다른 문자로써 예컨대 A1 셀에는 키보드 상에 특수 문자로 별표(＊)를 입력하고, B1 셀에는 기호로 별표(＊)를 입력하여 C1 셀에 CODE 함수로 비교하면 다르다는 것을 확인할 수 있습니다.

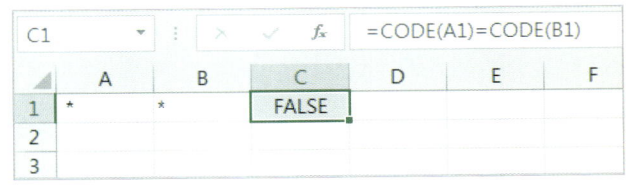

- C1 셀 수식 : =CODE(A1)=CODE(B1)

📗 활성 셀 (ActiveCell)

선택한 셀 범위 안에서 Enter 나 Tab 으로 이동시키는 한 셀.

- 한 셀만 선택했을 때는 그 셀이 활성 셀이 됩니다.
- 엑셀 처리에 매우 중요한 의미를 가집니다.

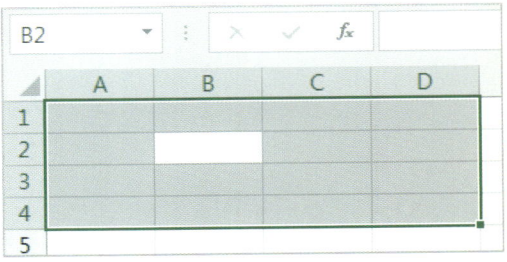

▲ 활성 셀은 B2 셀

04 일반 용어

■ 글자

- **글자** : 문자 또는 숫자를 통칭.
- **숫자** : 정수(0, 1, -1 등)와 소수(0.7, -2.1, 333.5 등), 날짜(2016-3-15 등), 시간(17:30 등)을 의미합니다.
- **문자** : 숫자를 제외한 거의 모든 글자를 말하며 텍스트라고도 합니다.
  - 엑셀에서는 셀에 숫자가 있어도 셀 좌상단에 작은 녹색 세모가 있다면 텍스트형 숫자로 인식합니다. 어떤 처리(예: 함수 작업) 시 원치 않는 결과를 초래할 수 있음에 유의하세요.
  - 엑셀에서는 논리 값(TRUE, FALSE)이나 오류 값(#N/A, #VALUE! 등)이 있는데, 이것은 숫자도 문자도 아닌 특수한 글자입니다.

■ 말풍선

영어로 툴팁(Tooltip) 또는 엑셀에서는 스크린팁(Screentip)이라고도 합니다. 마우스로 가리켰을 때 나오는 설명 상자.
예) 리본 메뉴의 임의의 단추에 마우스를 대면 나오는 단추 이름과 그 설명.

- 엑셀2007 버전에 《Excel 옵션》 Alt + T , O → 《일반》에 《스크린 팁 스타일》이 나오고 그 이후 버전은 《화면 설명 스타일》로 나옴.

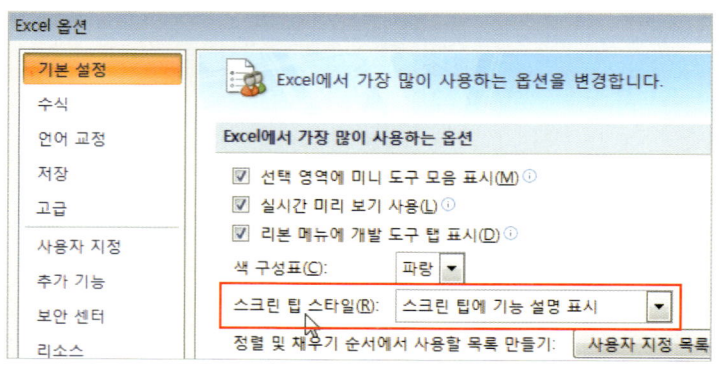

■ 모서리와 꼭짓점

- **모서리** : 다각형 또는 다면체의 직선을 뜻하며 변으로 부르기도 합니다.
- **꼭짓점** : 뾰족한 곳으로서 모서리와 모서리가 만나는 점을 뜻합니다.

◼ 스크롤바 (Scroll bar), 스크롤 박스 (Scroll box)

화면을 이동시키는 컨트롤로서 시트에는 수직 스크롤바와 수평 스크롤바가 있으며, 그 안에 상자가 있는데 그것이 스크롤 박스입니다.

– 시트에서 [PageDown]을 계속 누르면 수직 스크롤 박스가 작아지며, [Alt]+[PageDown]을 계속 누르면 수평 스크롤 박스가 작아집니다.

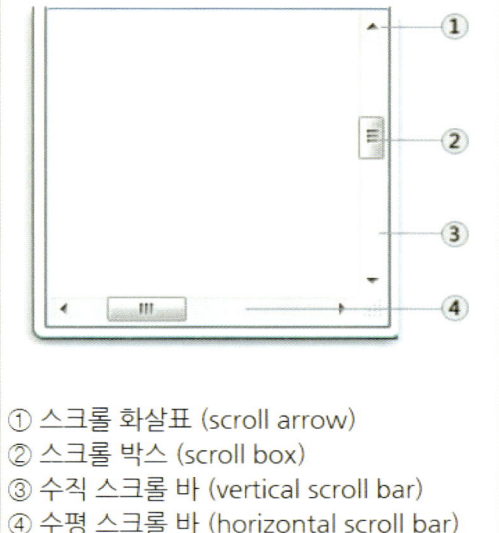

① 스크롤 화살표 (scroll arrow)
② 스크롤 박스 (scroll box)
③ 수직 스크롤 바 (vertical scroll bar)
④ 수평 스크롤 바 (horizontal scroll bar)

◼ 워터마크 (Watermark)

불법 복제를 막거나 홍보를 위해 인쇄물에 흐리게 입히는 마크.
예) 회사 로고나 상징 글자

◼ 조견표 (Quick reference)

구간별 금액이나 등급, 제품별 자재목록 등을 정리한 기본 정보 표.

◼ 토글 (Toggle)

토글은 스위치 on/off 의 개념으로서 한 번 누르면 켜지고, 다시 누르면 꺼지는 개념.

◼ 토큰 (Token)

구분자 사이에 추출 단위. 예컨대, "한국/미국/베트남"에서 빗금(/) 구분자로 한국, 미국, 베트남이 바로 토큰.

◼ 팝업 (Pop-up) 메뉴

마우스 우측 버튼을 눌렀을 때 나타나는 단축 메뉴.

– **단축키** : [≡]나 [Shift]+[F10]인데 [≡]키는 키보드 맨 아래 우측에 네모 모양의 키로서 이것이 없는 키보드도 있습니다.
– 셀 선택 후, [≡]키를 누르면 《미니 도구 모음》은 나타나지 않습니다.

05 CHAPTER 엑셀 사양과 제한

엑셀 버전 간 상세한 사양은 F1 으로 도움말 창을 열고 《사양》으로 검색하여 《Excel 사양 및 제한》을 읽어보세요.
- 단, 엑셀2010 버전은 이 방식으로 찾을 수 없으니, 다음 웹페이지의 검색란에 《사양》을 입력하세요. https://support.office.com/ko-kr
- 도움말의 기본 옵션은 온라인(Office.com의 Excel 도움말)이라서 인터넷이 안 되는 컴퓨터에서는 볼 수 없으므로 엑셀2010 이하 버전은 도움말 창 우측 하단, 엑셀2013 버전은 도움말 창 좌측 상단의 역삼각형을 각각 클릭하여 옵션을 바꾸는 것이 좋습니다. 엑셀2016 버전은 애석하게도 온라인 밖에 없습니다.

다음은 엑셀2007 이상 버전에서 공통인 엑셀의 주요 한계를 정리한 겁니다. 참고로, 내용 중에 《무제한》은 컴퓨터의 메모리나 성능에 의존함을 뜻합니다.

일반 사양

- **한 셀에 입력 가능한 글자 수** : 32,767개
- **머리글/바닥글의 글자 수** : 255개
- **페이지 나누기 구분선 수** : 가로와 세로 각각 1,023개
- 엑셀 도움말에는 이 구분선 수가 1,026개로 나오지만 저자의 컴퓨터에서는 1,023개로 나오고 있습니다.

워크시트 사양

- **크기** : 2의 20제곱인 1,048,576행과 2의 14제곱인 16,384열
- **이름 글자 수** : 31자
- **열 너비** : 255자
- **행 높이** : 409포인트
- **하이퍼링크 수** : 66,530개

🟩 통합 문서 사양

- 열 수 있는 수 : 무제한
- 글꼴 수 : 512개
- 시트 개수 : 무제한
- 색 수 : 1,600만 개
- 셀 서식의 조합 수 : 64,000개
- 셀 스타일 수 : 64,000개
- 글꼴 개수 : 512개
- 셀 서식 중에 표시 형식 : 200~250개

🟩 수식 사양

- 수식에 사용할 수 있는 가장 큰 양수 : 1.7976931348623158E+308
- 수식에 사용할 수 있는 가장 큰 음수 : -1.7976931348623158E+308
- 수식 내용의 최대 길이 : 8,192자
- 함수의 인수 개수 : 255개
- 함수의 중첩 개수 : 64개
- 사용자 정의 함수 범주의 수 : 255개
- 사용 가능한 워크시트 함수의 수 : 341개

🟩 피벗 테이블 사양

- 시트에 피벗 테이블 개수 : 무제한
- 《값》 필드 수 : 256개
- 《보고서 필터》(엑셀2013 이상은 《필터》) 필드 수 : 256개 (메모리에 따라 제한)
- 각 필드별 고유 항목 수 : 1,048,576개
- 필터 드롭다운 목록에 표시되는 항목 수 : 10,000개

🟩 차트 사양

- 데이터 계열 수 : 255개
- 데이터 계열 내 요소 수 : 무제한
- 참조하는 워크시트 수 : 255개

🟩 공유 통합 문서 사양

- 동시에 공유할 수 있는 사용자 수 : 256개
  - 시트에 《Excel표》 Ctrl + T 가 하나라도 있는 통합 문서는 공유 불가.

🔲 기타 사양

- **확대/축소 범위** : 10% ~ 400%
- **실행 취소 개수** : 100개
- **정렬 기준 열의 개수** : 64개
- **필터 드롭다운에 표시되는 항목 수** : 10,000개
  사실은 9,995개만 나오기도 함. 또한 엑셀2010 이상은 일부 항목이 표시되지 않는다고 나오지만, 엑셀2007은 아무 내용이 나오지 않음을 유의하세요.

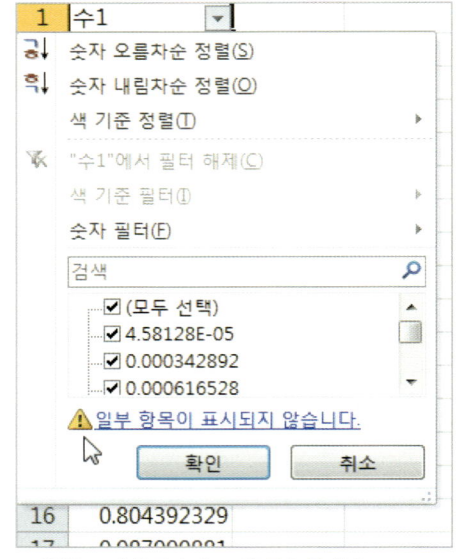

▲ 엑셀2010에서 필터 세모 단추를 누른 상태

- **숫자 정밀도** : 15자리 (예를 들면 《0.0000000000000012》는 1.2E-15로 표현)
- **가장 작은 음수** : -2.2251E-308 (E 다음의 수는 10의 -308제곱)
- **가장 작은 양수** : 2.2251E-308
- **가장 큰 양수** : 9.99999999999999E+307
- **가장 큰 음수** : -9.99999999999999E+307
- **계산 가능한 가장 빠른 날짜** : 1900-01-01 (1904 날짜 체계면 1904-01-01)
- **계산 가능한 가장 늦은 날짜** : 9999-12-31
- **입력할 수 있는 가장 큰 시각** : 9999:59:59

MEMO

3부
엑셀 2016의 새로운 점

Chapter 01 | 새로 추가된 기능

Chapter 02 | 오피스365에 새로 추가된 함수 6개

Chapter 03 | 새로운 차트 6개

Chapter 04 | 달라진 디자인

Chapter 05 | 엑셀 업데이트 또는 구매

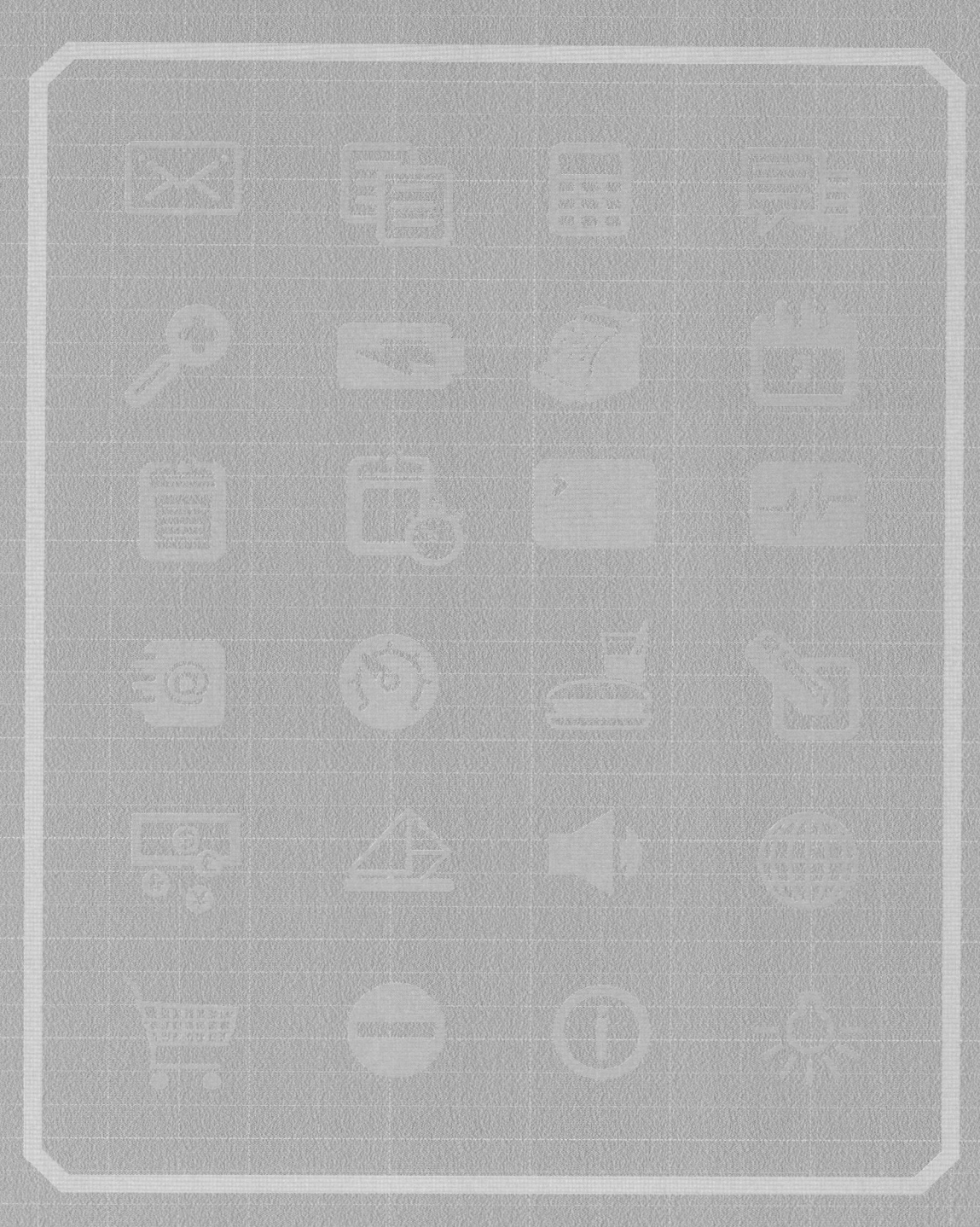

01 CHAPTER 새로 추가된 기능

01장

UNIT 01 알려 주세요 (Tell me)

작업할 내용을 입력하여 관련 항목이 나오면 선택하여 실행.

■ 메뉴 위치
엑셀 상단 마지막 탭 다음 꼬마전구 아이콘 옆.

■ 단축키
Alt + Q

■ 사용법
- 수행할 작업의 일부 글자를 입력 → 관련 목록들이 뜨면 선택하여 바로 실행.
- 한글 단어 검색 시 마지막에 Spacebar 를 한 번 치면 관련 목록이 뜸.
- 목록에 《~도움말》이나 《~스마트 조회》만 뜬다면 띄어쓰기 문제.
- 《~스마트 조회》를 누르면 우측에 창이 생기면서 인터넷 자료 검색.
- 입력 시 뜨는 목록 중의 한 항목에 마우스 우측 버튼 → 《빠른 실행 도구 모음에 추가》를 누르면 해당 단추를 이 도구 모음에 올릴 수 있습니다.
- 《Tell me》에 마우스 우측 버튼을 누르면 최근 실행한 목록이 나옵니다.

UNIT 02　스마트 조회

셀 내용을 인터넷에서 검색하여 엑셀 우측에 보여줍니다.

🔲 메뉴 위치
- 《검토》 탭 → 《정보 활용》 그룹에 《스마트 조회》.

🔲 사용법
- 내용이 있는 셀 또는 일부 글자만 선택하고 마우스 우측 버튼 → 《스마트 조회》
- 일부 글자를 선택하려면 더블 클릭 또는 F2 하고 마우스로 선택하거나 Shift +〈화살표〉키를 누릅니다.

UNIT 03　슬라이서에서 단순 클릭으로 다중 항목 선택

슬라이서는 《피벗 테이블》에서 특정 항목을 쉽게 필터하는 기능으로서 엑셀2010 버전부터 지원되는 기능이고, 엑셀2013 버전부터는 《Excel표》에서도 이것이 지원되었습니다. 하지만 조합키인 Ctrl 이나 Shift 를 누른 채 클릭해야 다중 선택이 가능했습니다. 《피벗 테이블》도 마찬가지고요. 엑셀2016 버전에서는 슬라이서에 《다중 선택》 단추가 기본으로 활성화되어 조합키를 누르지 않고 단순 클릭만으로 여러 개를 필터할 수 있게 되었습니다.

🔲 위치
- 《피벗 테이블》 안의 셀을 선택 → 《분석》 탭 → 《필터》 그룹에 《슬라이서 삽입》.
- 《Excel표》도 동일하게 셀 선택 → 《디자인》 탭 → 《도구》 그룹에 《슬라이서 삽입》.

	A	B	C	D	E	F	G
1	구분	구성품코드	영문코드		구분		
2	가방	곤색가방	MKBS015_NA		가디건		
3	가방	자주가방	MKBS015_WN				
4	가방	자주가방_대	MKBB015_WN		가방		
11	바지	곤색일자바지_울	MKWPSB004_NA		리본타이		
12	바지	레드라인곤색바지	MKWPS3800_RL				
13	바지	밤색일자바지_울	MKWPSB003_BR		바지		
14	바지	베이지바지	MKWPSB012_BE				
15	바지	베이지바지_울	MKWPSB013_BE				
16	바지	베이지체크일자바지	MKWPSB002_BE				
17	바지	베이지체크카브라바지	MKWPSB001_BE				
18	바지	블랙체크바지	MKWPSB008_BL				
19	바지	블루체크바지	MKWPSB007_BU				

▲ 《다중 선택》 활성화 상태에서 두 개 항목 필터

UNIT 04 **시계열(time series) 데이터 예측**

시간 흐름에 따른 값의 변화를 추정하여 새 시트에 꺾은선이나 막대 차트로 표현.

위치

《데이터》 탭 → 《예측》 그룹에 《예측 시트》

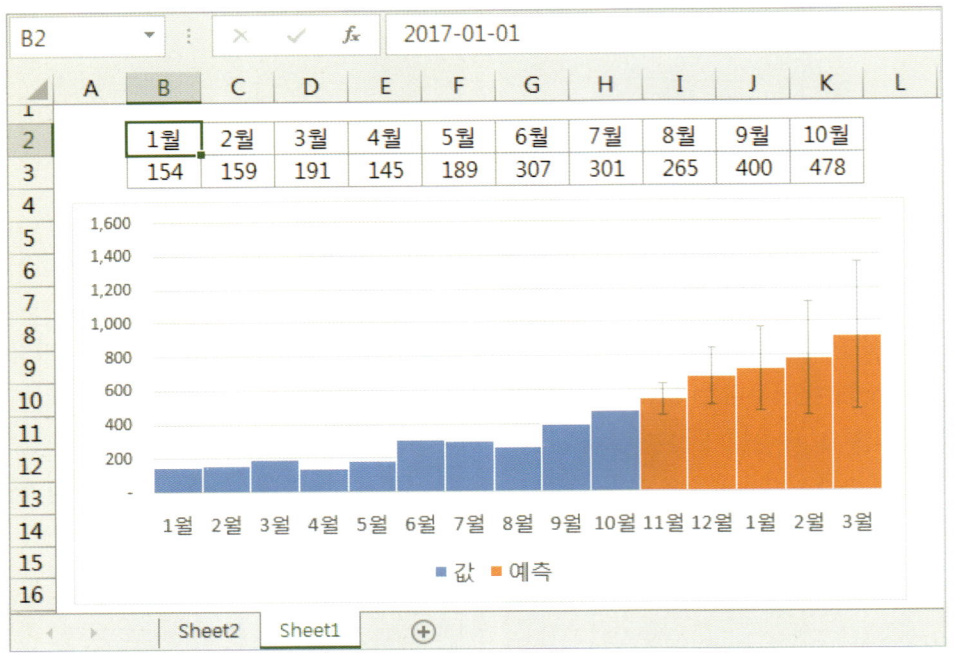

▲ 10개월 치로부터 5개월 치를 추정한 막대 차트

사용법

- **제한 조건** : 동일 간격의 날짜나 시간 데이터와 값.
- 표의 한 셀을 선택 → 《예측 시트》 → 창에서 《만들기》 누르면 시트가 앞에 삽입되면서 《Excel표》와 차트가 생성됩니다.

UNIT 05 《잉크 수식》

복잡한 수학식 등을 펜으로 종이에 쓰듯이 입력하는 기능.

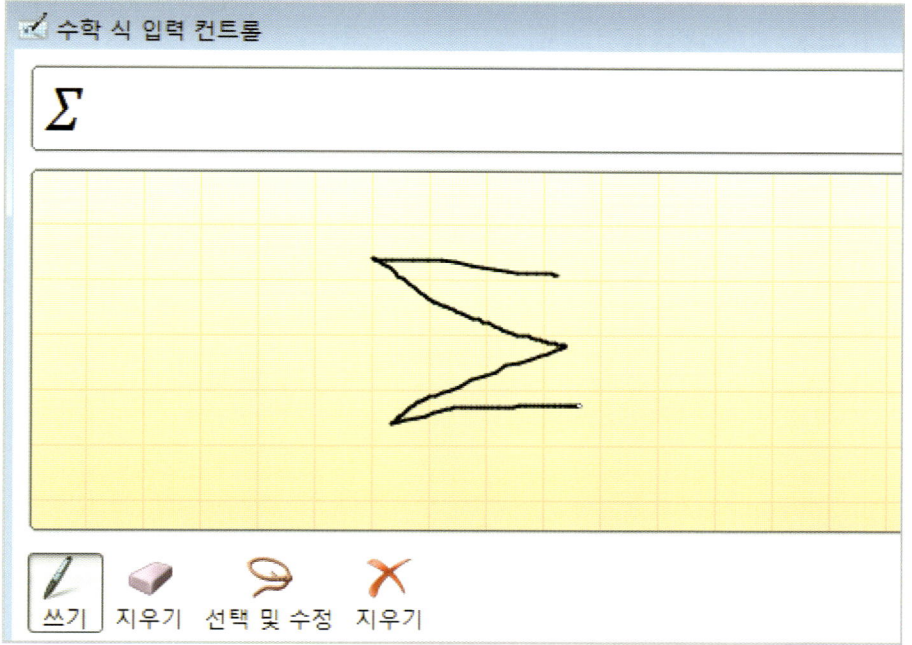

위치

《삽입》 탭 → 《기호》 그룹에 《수식》 역삼각형 → 《잉크 수식》.

02 CHAPTER
오피스365에 새로 추가된 함수 6개

3부\엑셀2016함수.xlsx

- 유용한 함수 6개(CONCAT, IFS, MAXIFS, MINIFS, TEXTJOIN, SWITCH)가 추가되었고, 쓰기 쉽고 이해하기도 쉽습니다.
- 함수 입력 시 3글자부터는 그 글자들을 포함하는 함수 목록이 보입니다.

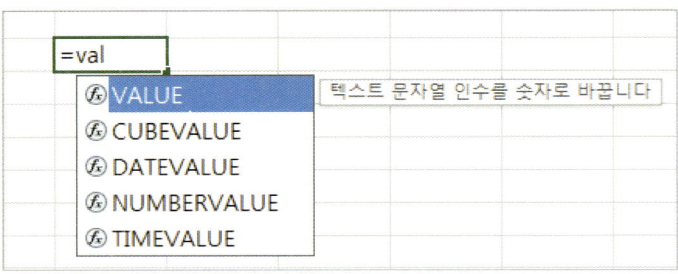

1. CONCAT
각 셀의 내용을 결합.

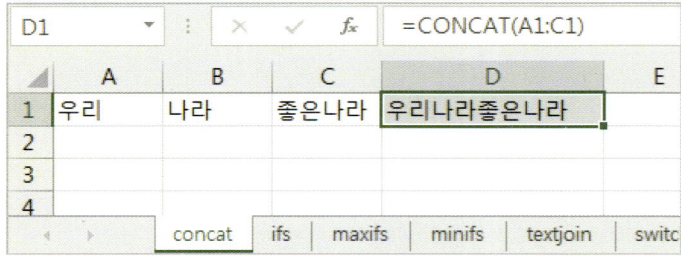

《concat》 시트의 D1 셀 수식 : =CONCAT(A1:C1)

설명) [A1:C1]의 각 셀의 값을 결합.

2. IFS

기존 IF 함수를 진화시킨 함수로서 중첩 IF 함수 작성 시 작성이 쉽고 읽기가 쉽습니다. 기존 IF 함수는 그대로 존재합니다.

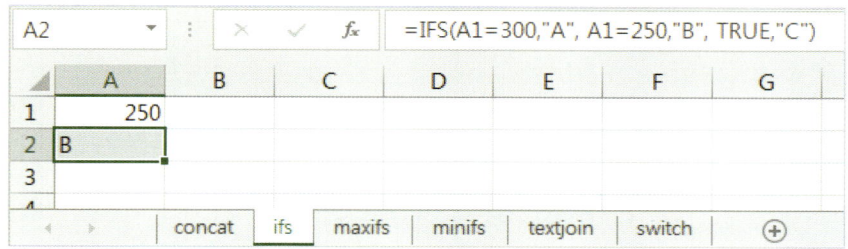

《ifs》 시트의 A2 셀 수식 : =IFS(A1=300,"A", A1=250,"B", TRUE,"C")

설명) A1 셀의 값이 300이면《A》, 250이면《B》, 그 외는《C》
– 이 함수는 127개 조건까지 가능합니다.

3. MAXIFS

다중 조건에 맞는 최대값.

《maxifs》 시트의 E1 셀 수식 : =MAXIFS(A2:A5,B2:B5,">=100",C2:C5,"입금")
설명) [B2:B5]가 100 이상이면서 [C2:C5]가《입금》인 [A2:A5]에서의 최대값.

4. MINIFS

다중 조건에 맞는 최소값.

	A	B	C	D	E	F	G	H
			fx	=MINIFS(A2:A5,B2:B5,">=100",C2:C5,"입금")				
	금액	단가	비고					
1					1000			
2	1000	250	입금					
3	5000	50	출금					
4	3000	180	출금					
5	2500	100	입금					

《minifs》 시트의 E1 셀 수식 : =MINIFS(A2:A5,B2:B5,">=100",C2:C5,"입금")
설명) [B2:B5]가 100 이상이면서 [C2:C5]가 《입금》인 [A2:A5]에서의 최소값.

5. TEXTJOIN

각 셀의 내용을 결합할 때 사용하며 구분자를 포함할 수 있습니다.

	A	B	C	D	E
			fx	=TEXTJOIN(" ",TRUE,A1:C1)	
1	우리	나라	좋은나라	우리 나라 좋은나라	

《textjoin》 시트의 D1 셀 수식 : =TEXTJOIN(" ",TRUE,A1:C1)
설명) [A1:C1]에 각 값을 공백문자(" ") 구분으로 결합.

6. SWITCH

해당 값에 일치하는 항목 반환.

	A	B	C	D	E	F	G
			fx	=SWITCH(A1,300,"A",250,"B","C")			
1	250						
2	B						

《switch》 시트의 A2 셀 수식 : =SWITCH(A1,300,"A",250,"B","C")
설명) A1 셀 값이 300이면 《A》, 250이면 《B》, 그 외는 《C》 표시
- 이 함수에서 조건에 맞는 반환 값은 126개까지 가능합니다.

■ 신규 추가 함수와 호환되지 않는 엑셀 버전

오피스365 버전의 이들 6개 함수는 엑셀2013 이하 버전이나 오피스2016 버전에서는 작동하지 않지만 파일을 열었을 때 기존 수식 셀 값은 유지가 되며, 단지 참조 셀이 바뀌었을 때 수식 갱신은 되지 않는 것입니다.
- 신규 함수가 들어간 수식 셀에서 F2 → Enter 치면 수식이 갱신되면서 오류 값으로 ####이 표시됩니다. 함수명도 예컨대 《IFS》라면 《_xlfn.IFS》 이렇게 보입니다.

■ 함수명을 입력할 때 뜨는 목록

셀에 《=》를 입력하고 함수명을 입력하면 해당 첫 글자로 시작하는 모든 함수명이 뜹니다. 3글자부터는 그 글자들을 포함하는 모든 함수명이 뜹니다.
- 부분 함수명만 기억하고 있을 때 유용함. 예를 들면 《WEEKDAY》를 넣으려는데 《day》만 기억날 때 《day》만 치면 자동으로 day를 포함하는 모든 함수명이 떠서 선택 가능.

CHAPTER 03 새로운 차트 6개

신규 차트가 6개 추가되었습니다.
– 이 차트는 오피스365 버전에만 있고, 오피스2016 버전에는 없습니다.

1. 트리맵

브랜드명	월	주문수량
모델리스트	1	10
로보	1	3
	2	5
	3	2
어스앤뎀	2	2
스튜디오보니	2	4
	3	14
앤보니	2	3
	3	1
뱅뱅	1	1
	2	5
	3	5
	4	7

2. 선버스트

월	브랜드명	주문수량
1	모델리스트	9
1	로보	3
1	뱅뱅	2
2	로보	5
2	어스앤뎀	2
2	스튜디오보니	4
2	앤보니	3
2	뱅뱅	5
3	로보	2
3	스튜디오보니	11
3	앤보니	2
3	뱅뱅	5
4	뱅뱅	7

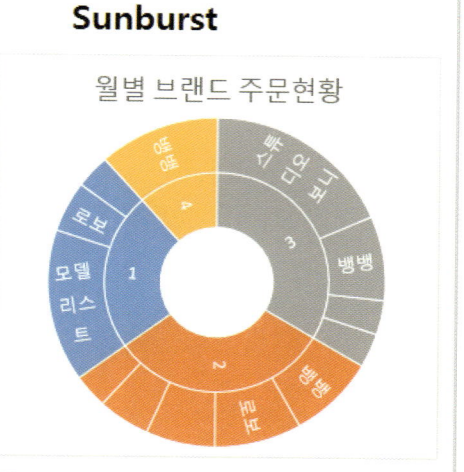

3. 히스토그램 (파레토 포함)

브랜드명	주문수량
모델리스트	9
로보	3
뱅뱅	2
로보	5
어스앤뎀	2
스튜디오보니	4
앤보니	3
뱅뱅	5
로보	2
스튜디오보니	11
앤보니	2
뱅뱅	5
뱅뱅	7

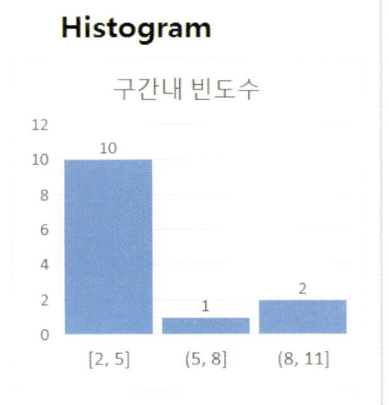

브랜드명	주문수량
모델리스트	9
로보	3
뱅뱅	2
로보	5
어스앤뎀	2
스튜디오보니	4
앤보니	3
뱅뱅	5
로보	2
스튜디오보니	11
앤보니	2
뱅뱅	5
뱅뱅	7

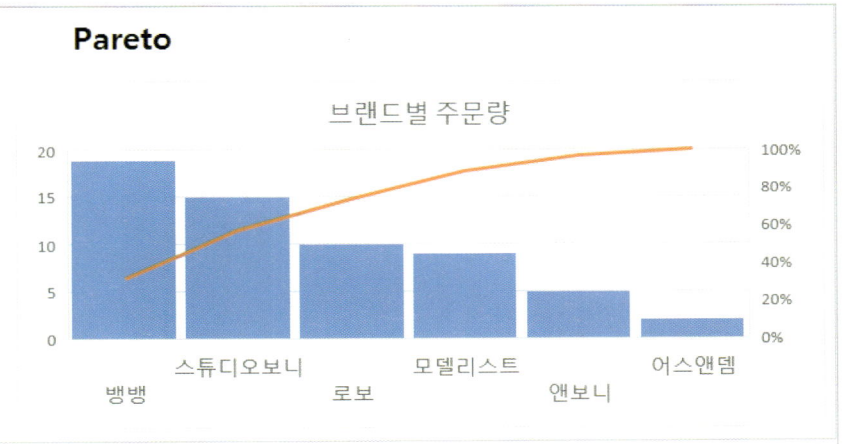

4. 상자 수염 그림

브랜드명	주문수량
모델리스트	9
로보	3
뱅뱅	2
로보	5
어스앤뎀	2
스튜디오보니	4
앤보니	3
뱅뱅	5
로보	2
스튜디오보니	11
앤보니	2
뱅뱅	5
뱅뱅	7

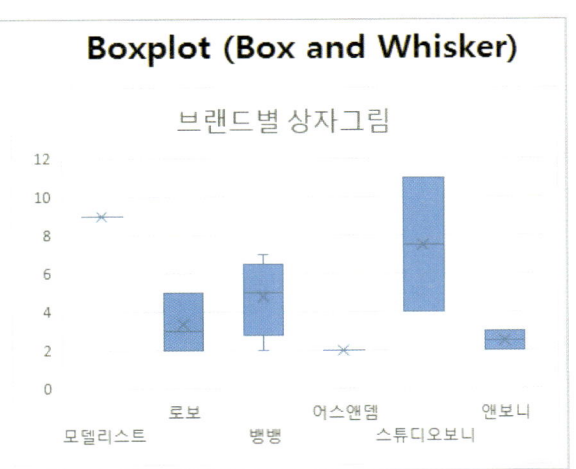

5. 폭포

수량	연도	차이
50	2010	50
90	2011	40
124	2012	34
82	2013	-42
326	2014	244
237	2015	-89

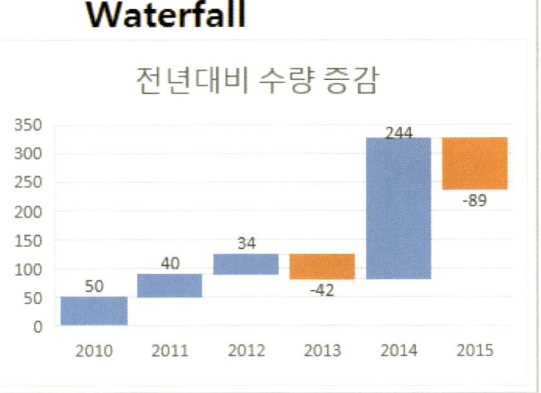

6. 깔대기

2015년 9월

기술등급	시간평균
기술사	51,455
특급기술자	46,699
고급기술자	34,520
중급기술자	27,672
초급기술자	23,848

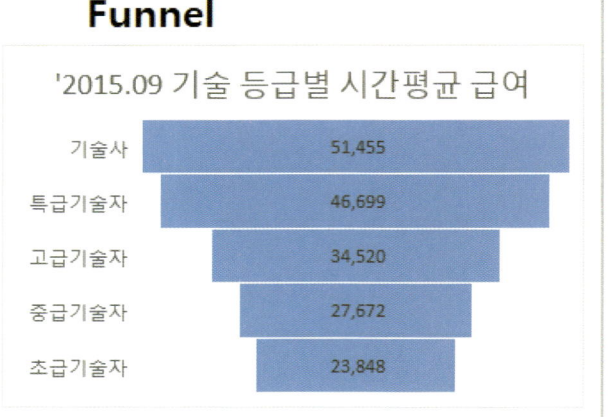

달라진 디자인

UNIT 01 엑셀 창의 테마

엑셀의 테마가 네 개로 늘어났습니다.

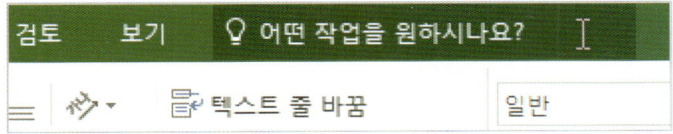

▢ 테마

《파일》 탭 → 《옵션》 → 《일반》 → 《Office 테마》
– 《흰색》으로 설정하면 엑셀2013 버전의 모양으로 바뀝니다.

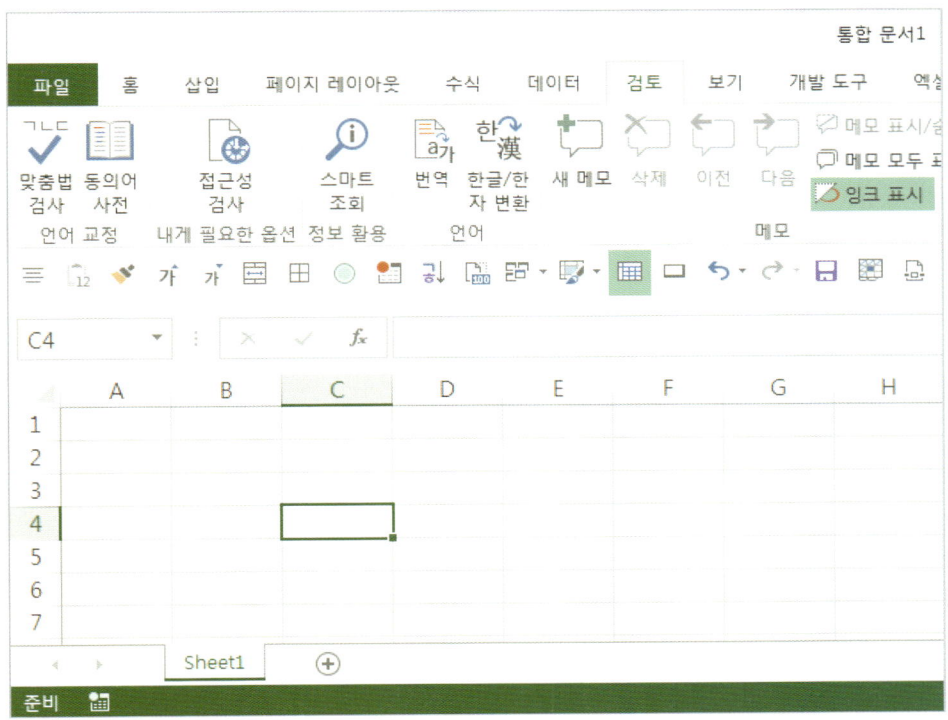

▲ 《흰색》으로 바꾼 후의 화면 모양

UNIT 02 《찾기 및 선택》 단추 모양 변화

이 단추는 엑셀2007, 2010, 2013 버전에서는 쌍안경이었으나 엑셀2016 버전에서 돋보기로 바뀌었습니다.

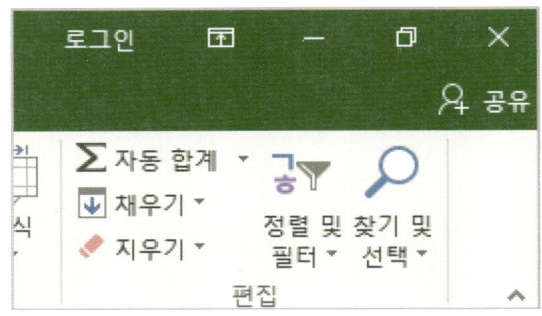
▲ 엑셀2016 버전의 돋보기 단추

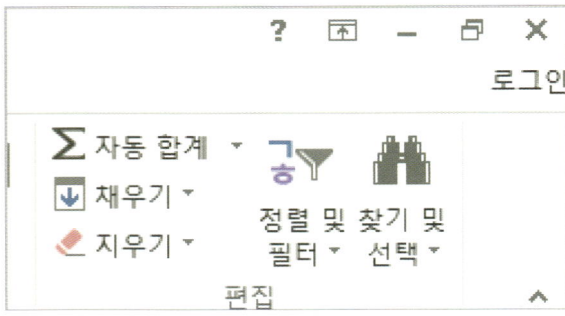
▲ 엑셀2013 버전의 쌍안경 단추

위치

《홈》 탭 → 《편집》 그룹에 《찾기 및 선택》.

엑셀 업데이트 또는 구매

UNIT 01 엑셀 업데이트 또는 구매

《오피스365》 버전은 항상 최신 상태로 유지되지만, 영구적 구매인《오피스2016》은 최신 상태로 업데이트할 수 없습니다.
- 오피스365 버전 : 정기적(매월, 매년 등)으로 비용을 지불하여 사용

업데이트 위치

《파일》탭 →《계정》→《Office 업데이트》

엑셀 구매 및 문의

- 웹페이지 : http://me2.do/FTj6BIeq

이 웹 사이트에는 MS오피스에 대한 전반적인 사항이 나오고 특히《전문가에게 문의》를 누르면 궁금한 것을 채팅이나 무료 전화로 MS 전문가와 쉽게 얘기할 수 있고 원격지원도 해줍니다.

UNIT 02 오피스365의 지속적인 기능 업데이트

새로운 엑셀 기능이 추가되면 오피스365에 반영되어 엑셀을 열면 그림과 같은 창이 뜹니다.

▶ 2016-11-21에 갱신된 엑셀 기능

4부
실전 양식으로 무작정 표 만들기

특정 양식의 표를 처음부터 만들거나, 만들어진 표를 편집하면서 엑셀의 기능을 익혀봅니다. 이곳은 기능 설명보다는 따라하면서 결과를 내는 것에 더 주안점을 맞췄습니다.

Chapter 01 | 구구단 편집

Chapter 02 | 간편장부 (일반표) 만들기

Chapter 03 | 간편장부 (Excel표)로 편집

Chapter 04 | 거래명세서

Chapter 05 | 자금일보(일지) 편집

Chapter 06 | 가계부

Chapter 07 | 발주 관리

Chapter 08 | 재고 관리

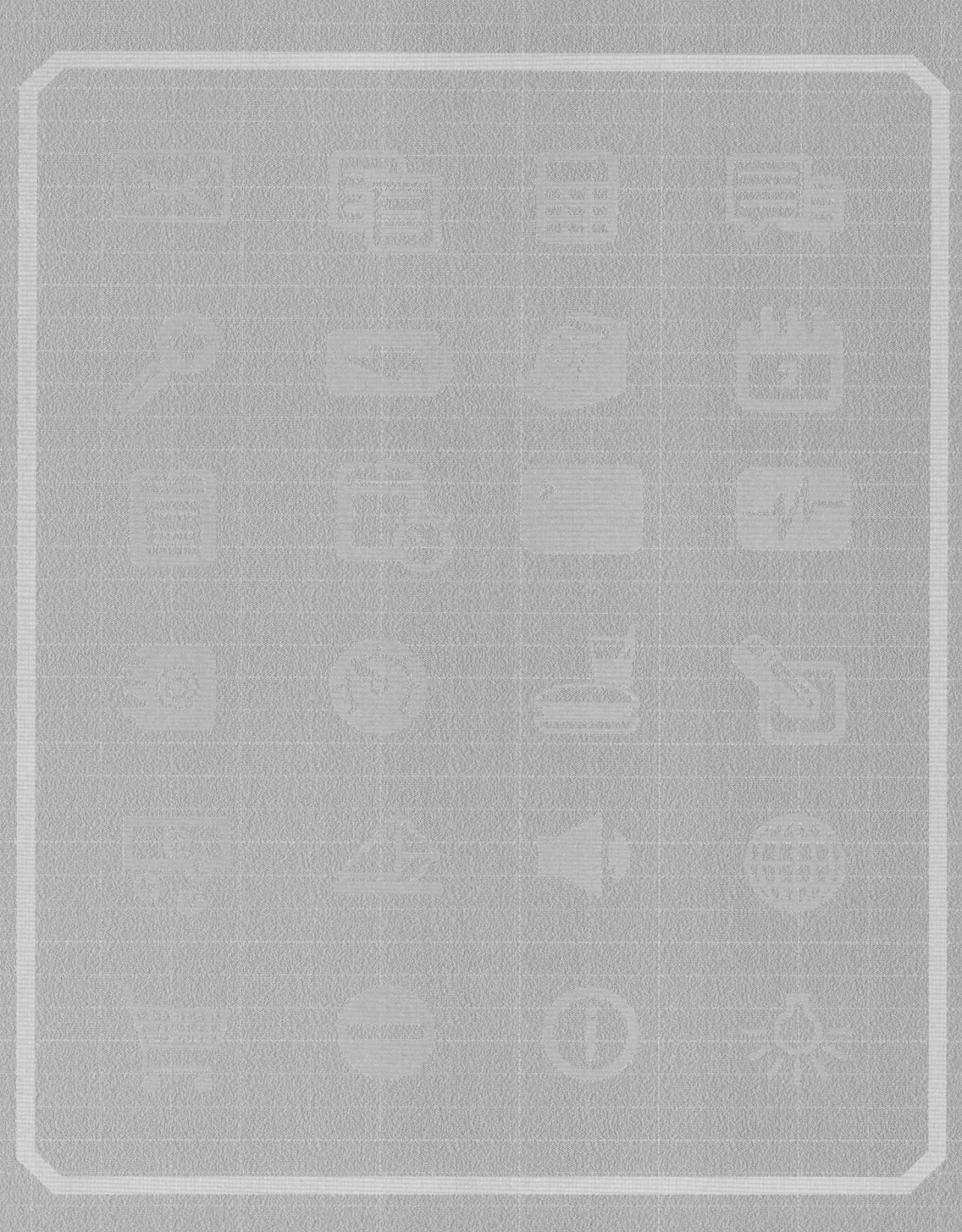

CHAPTER 01 구구단 편집

원본 파일 4부\구구단_원본.xlsx
결과 파일 4부\구구단_결과.xlsx

업무의 상당수는 남이 만든 것을 수정하는 것이므로 간단한 구구단 표를 수정하면서 실전 기능을 익혀보겠습니다.

원본 시트

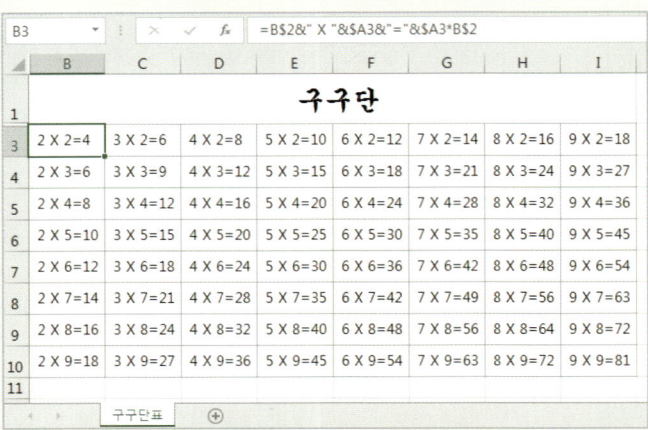

결과 시트

01 《X》를 《x》로 일괄 수정

《구구단표》 시트에 임의의 한 셀 선택 → Ctrl + F 로 《찾기 및 바꾸기》 창 띄우기 → X → 《바꾸기》 Alt + P → x → 《옵션》 → 《대/소문자 구분》 체크 → 《모두 바꾸기》 Alt + A 로 시트 내에서 모두 바꾸기.

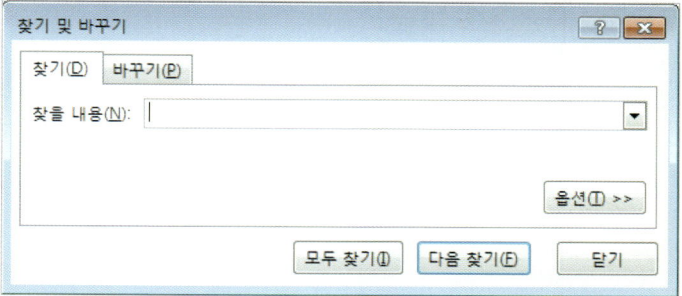

- 《찾기 및 바꾸기》 창을 보면 단추마다 알파벳 아래에 밑줄이 있는데 이것은 Alt 를 눌러서 접근할 수 있다는 뜻입니다. 예컨대 Alt + T 를 누르면 《옵션》을 누른 효과를 냅니다.

02 행 삭제

2행에 마우스 대고 마우스 우측 버튼 → 팝업 메뉴에서 《삭제》.

03 행 삽입

다시 2행에서 마우스 우측 버튼 → 팝업 메뉴에서 《삽입》.

04 셀 아래 테두리 지우기

B1 셀에 마우스 우측 버튼 → 《셀 서식》 → 《테두리》 → 아래 선 클릭으로 선 없애고 《확인》.

05 셀에 입력

B2 셀에 《2》를 입력하고 Enter .

06 텍스트형 숫자 셀을 진정한 숫자로 변환

B2 셀 좌상단에 녹색 세모를 볼 수 있고, B2 셀 선택 → 근처에 《오류 단추》 클릭 → 《숫자로 변환》.

- 이 녹색 세모가 나타나지 않는다면 《Excel 옵션》 → 《수식》에 《오류 표시 색》이 녹색인지 확인하고 《다른 작업을 수행하면서 오류 검사》와 《앞에 아포스트로피가 있거나 텍스트로 서식이 지정된 숫자》를 각각 체크하세요.

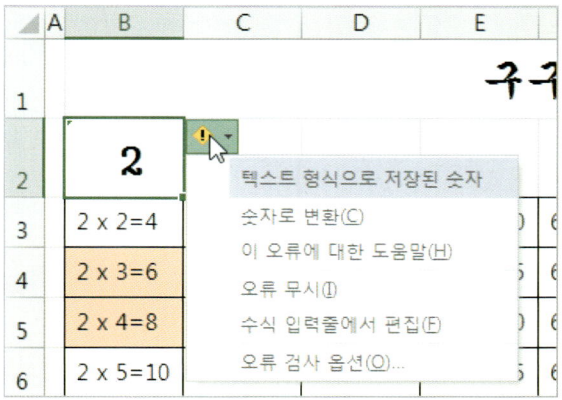

07 기본 셀 서식 설정

B2 셀 선택 → 《홈》 탭 → 《스타일》 그룹에 《셀 스타일》 → 《표준》.

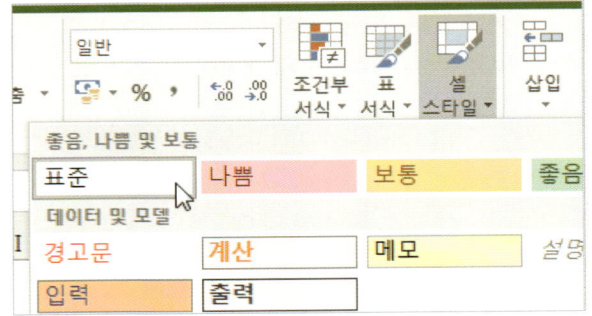

08 B2 셀부터 우측으로 순번 생성

B2 셀에 채우기 핸들을 I2 셀까지 끌기 → 《자동 채우기 옵션》 단추 클릭 → 《연속 데이터 채우기》.

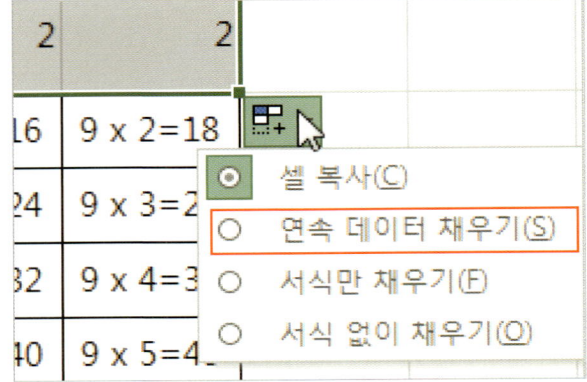

09 [B2:I2]를 굵은 글꼴 및 가운데 맞춤

[B2:I2] 범위 선택 → 범위 안에서 마우스 우측 버튼 → 미니 도구 모음에 《굵게》 단추와 그 옆에 《가운데 맞춤》 단추를 각각 클릭.

10 A열 너비 늘리기

A열 머리글의 우측 세로선을 우측으로 끌어 《5.88》로 설정.

11 A2 셀에 글자 넣고 대각선 넣기

A2 셀에 마우스 우측 버튼 → 《셀 서식》 → 《테두리》 → 대각선(좌에서 우로) → 《확인》 → 그 셀에 《열》 입력 → Alt + Enter → 《행》 입력 → F2로 커서 깜박임 → 《열》 앞에 커서를 두고 Spacebar 를 적당히 누르고 Enter .

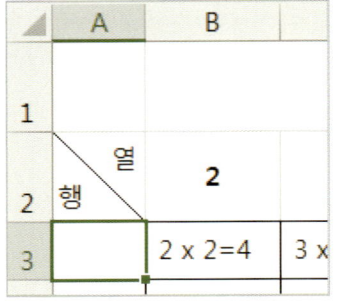

12 [B2:I2] 범위 값을 [A3:A10] 범위에 복사

[B2:I2] 범위를 Ctrl + C → A3 셀에서 마우스 우측 버튼 → 《선택하여 붙여넣기》 클릭 → 《행/열 바꿈》 체크 → 《확인》

13 B1 셀의 병합 해제

B1 셀에 마우스 우측 버튼 → 미니 도구 모음에 활성화된 《병합하고 가운데 맞춤》을 눌러 병합을 해제.

14 B1 셀 값을 [B1:I1] 범위의 가운데 위치하기

[B1:I1] 셀 범위 선택 → 《홈》 탭 → 《맞춤》 그룹 아이콘 → 《가로》 란에 《선택 영역의 가운데로》.
- 병합 대신 이렇게 셀 서식으로 병합 모양의 효과를 낼 수 있습니다.

15 [B3:I10] 범위의 검은 테두리를 회색으로 변경

[B3:I10]에 마우스 우측 버튼 → 《셀 서식》 → 《테두리》 → 《색》에 《테마 색》의 맨 왼쪽 열 아래에서 두 번째 회색 클릭 → 《윤곽선》, 《안쪽》 각각 클릭 → Enter
- 검은 테두리로 하면 셀 포인터가 잘 보이지 않기 때문입니다.

16 [B3:I10] 범위의 값 지우기

[B3:I10] 선택 → 마우스 우측 버튼 → 《내용 지우기》
- 셀 범위 선택 후, 바로 Delete 를 눌러도 같은 결과를 냅니다.

17 [B3:I10] 범위의 표시 형식을 《일반》으로 설정

[B3:I10] 선택 → 마우스 우측 버튼 → 《셀 서식》 → 《표시 형식》 → 《범주》 란에 《일반》을 더블 클릭.

18 B3 셀에 수식 넣기

B3 셀에 《=》 입력 → ← → 《*》 → ↑ → Enter

- B3 셀 수식 : =A3 * B2

이 수식을 넣고 Enter 를 치면 2 곱하기 2한 결과로서 4가 나옵니다.

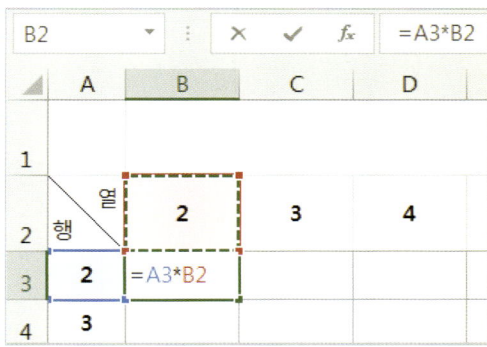

19 B3 셀에서 채우기 핸들링

B3 셀 선택 → 채우기 핸들을 아래로 끌기 → 바로 이어서 B10 셀의 채우기 핸들을 우측으로 I10 셀까지 끌기.

B3			fx	=A3*B2				
	A	B	C	D	E	F	G	H	I

구구단

	열 행	2	3	4	5	6	7	8	9
3	2	4	12	48	240	1440	10080	80640	725760
4	3	12	144	6912	1658880	2.39E+09	2.41E+13	1.94E+18	1.41E+24
5	4	48	6912	47775744	7.93E+13	1.89E+23	4.56E+36	8.85E+54	1.25E+79
6	5	240	1658880	7.93E+13	6.28E+27	1.19E+51	5.42E+87	4.8E+142	6E+221
7	6	1440	2.39E+09	1.89E+23	1.19E+51	1.4E+102	7.7E+189	#NUM!	#NUM!
8	7	10080	2.41E+13	4.56E+36	5.42E+87	7.7E+189	#NUM!	#NUM!	#NUM!
9	8	80640	1.94E+18	8.85E+54	4.8E+142	#NUM!	#NUM!	#NUM!	#NUM!
10	9	725760	1.41E+24	1.25E+79	6E+221	#NUM!	#NUM!	#NUM!	#NUM!

20 수식 수정하기

B3 셀 선택 → F2 → 깜박이는 커서를 《A3》 근처에 위치시키고 F4를 세 번 눌러 《$A3》으로 바꾸고, 《B2》 근처에서도 두 번 눌러 《B$2》로 바꿈 → Enter → 이전 작업과 같이 B3 셀의 채우기 핸들을 아래로 옆으로 각각 끌기.

- B3 셀 수식 : =$A3 * B$2

B3			fx	=$A3*B$2				
	A	B	C	D	E	F	G	H	I

구구단

	열 행	2	3	4	5	6	7	8	9
3	2	4	6	8	10	12	14	16	18
4	3	6	9	12	15	18	21	24	27
5	4	8	12	16	20	24	28	32	36
6	5	10	15	20	25	30	35	40	45
7	6	12	18	24	30	36	42	48	54
8	7	14	21	28	35	42	49	56	63
9	8	16	24	32	40	48	56	64	72
10	9	18	27	36	45	54	63	72	81

21 수식을 더 수정하기

• B3 셀 수식 : =B$2&" X "&$A3&"="&$A3 * B$2

마찬가지로 B3 셀을 아래, 오른쪽으로 각각 채우기 핸들링.

22 셀 왼쪽에 여백 주기

[B3:B10] 선택 → 《홈》 탭 → 《표시 형식》 그룹에 쉼표(,) 단추로 《쉼표 스타일》 → [C3:I10] 선택 → F4 로 최근 작업을 다시 실행하여 쉼표 형식 재적용.

– 이 스타일은 문자 셀 왼쪽에 여백을 조금 줌

23 I열 너비 조정

쉼표 스타일 적용 후 I열에 우측 선이 사라집니다.

I열 머리글에 마우스 우측 버튼 → 《열 너비》 → 《9》 입력 후, Enter → [B:H] 선택 → F4 로 재실행.

24 행/열 숨기기

2행 머리글에 마우스 우측 버튼 → 《숨기기》 → A열에 마우스 우측 버튼 → 《숨기기》.

25 인쇄용 페이지 설정

《페이지 레이아웃》 탭 → 《페이지 설정》 그룹에 《인쇄 제목》 → 《페이지》 탭에 《가로》 체크, 《여백》 탭에 《가로》 와 《세로》에 체크 → 《인쇄 미리 보기》.

– 이 창을 닫으려면 Esc 누르거나 엑셀2010 이상은 《파일》 탭을 누릅니다.

02 CHAPTER 간편장부 (일반표) 만들기

원본 파일 4부\간편장부_일반표.xlsm

입출금 장부를 처음부터 만들면서 기능과 수식(함수)을 익혀보죠.

결과 시트

날짜	입금액	계정과목	적요	출금액	부가세	지출계	잔액	비고
2015-01-01	3,400,000		전년 이월		-	-	3,400,000	
2015-01-05		사무용품비	편지지	1,000		1,000	3,399,000	
2015-01-12		접대비	홍길동 장남혼	100,000		100,000	3,299,000	
2015-01-16		여비교통비	울산출장 버스	7,000		7,000	3,292,000	
2015-01-20		소모품비	동복 3벌	171,000	17,100	188,100	3,103,900	
2015-01-27		사무용품비	계산기외	24,000		24,000	3,079,900	
2015-02-05		복리후생비	명절선물	2,627,273	262,727	2,890,000	189,900	
2015-02-06	2,890,000		우리 이체			-	3,079,900	
2015-02-11		여비교통비	심야근무	33,800		33,800	3,046,100	
2015-02-15		복리후생비	조식 9회	28,930		28,930	3,017,170	
2015-03-06		자기계발비	도서 구입	18,000		18,000	2,999,170	
2015-03-20		교육훈련비	세미나	50,000		50,000	2,949,170	
2015-03-31		사무용품비	스프링노트	4,000		4,000	2,945,170	
2015-04-02		복리후생비	특근식비	23,300		23,300	2,921,870	
2015-04-09		복리후생비	부서회식비	55,000		55,000	2,866,870	
2015-04-22		차량유지비	세차	7,000		7,000	2,859,870	
2015-04-23		복리후생비	점심식비	12,000		12,000	2,847,870	
2015-04-29		교육훈련비	포럼 연회비	200,000		200,000	2,647,870	

01 필드명 입력과 가운데 맞추기

Ctrl+N으로 새 통합 문서 열기 → B5 셀에 《날짜》 입력 → Tab으로 셀 포인터를 오른쪽으로 이동시키면서 순서대로 나머지 필드명(입금액,계정과목,적요,출금액,부가세,지출계,잔액,비고)을 입력하고 5행 머리글에 마우스 우측 버튼 → 미니 도구 모음에 《가운데 맞춤》.

02 필드마다 표시 형식 지정하기

B6 셀 선택 → Ctrl+Shift+↓ → Ctrl+1 → 《표시 형식》에 《날짜》 → 《확인》 → [C6:I6] 선택 → Ctrl+Shift+↓ → 《홈》 탭 → 《표시 형식》 그룹에 쉼표(,) 단추 클릭.

03 날짜와 금액 자료 입력

B6 셀에 《15-1-1》 입력 후, Tab을 누르면 날짜가 표시됩니다. 우측 입금액 셀에 《3400000》 입력하면 천 단위 구분 쉼표가 자동으로 표시됩니다.

04 시트명을 《입출금》으로 하고, 《기본》 시트 추가

시트 아래 탭(《Sheet1》로 쓰여 있는 곳)을 더블 클릭하면 시트명이 선택되고 《입출금》 입력 → 시트 탭 우측에 《+》 단추로 새 시트 추가 → 시트명은 《기본》.
– 엑셀2010 이하 버전은 기본 시트 개수가 3개이므로 《Sheet2》의 이름을 《기본》으로 입력.

05 《기본》 시트에 계정과목 입력

A1 셀 선택 후, 《계정과목》 입력하고 Enter를 치고 다시 A1 셀 선택 → Ctrl+B를 눌러 진하게 하고, 《가운데 맞춤》 → A2 셀 이하에 다음의 자료 입력하고 열 너비를 조금 늘리기.

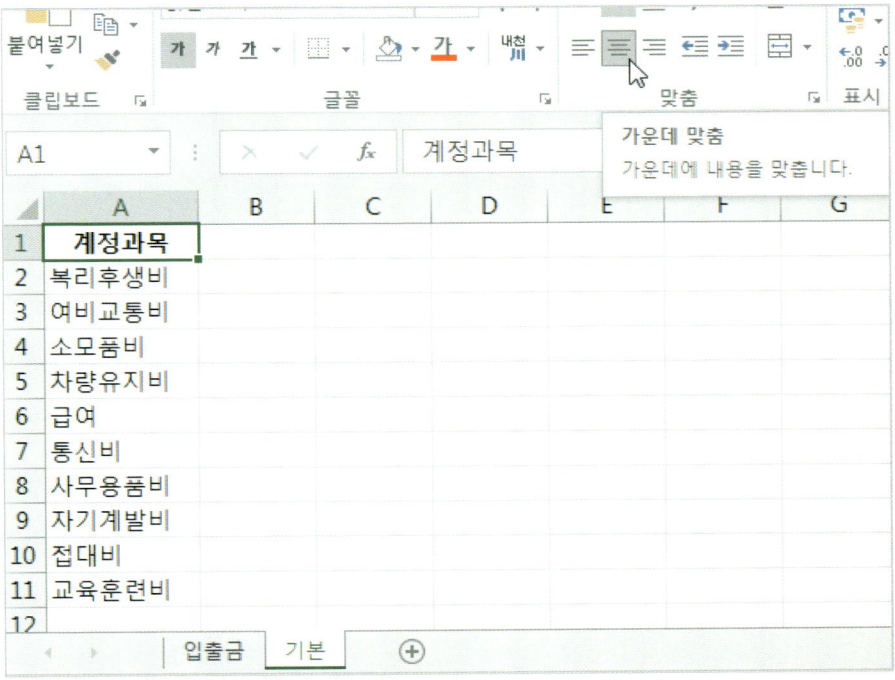

06 《기본》 시트, [A2:A11] 범위를 이름 정의

[A1:A11]을 선택하고 《수식》 탭 → 《정의된 이름》 그룹에 《선택영역에서 만들기》 → 《첫 행》만 체크 → 《확인》 눌러 이름 생성.
- Ctrl + F3 으로 《이름 관리자》 창에서 확인 가능.

07 입출금 시트의 D열에 제한된 자료만 입력

D6 셀 선택 → 《데이터》 탭 → 《데이터 도구》 그룹에 《데이터 유효성 검사》 → 《제한 대상》은 《목록》, 《원본》에 《=계정과목》 입력 후, Enter → Ctrl + Shift + ↓ 로 [D6:D1048576] 범위 선택하고, 다시 《데이터 유효성 검사》를 누르면 메시지 창이 뜹니다. 《예》하고 《확인》을 누르면 그 범위에 유효성 검사 기능이 모두 적용됩니다.

08 부가세 수식

G6 셀 수식 : =F6 * 0.1
- 수식 결과가 0인 셀은 《표시 형식》때문에 하이픈(-)으로 보입니다.

09 지출계 수식

H6 셀 수식 : =SUM(F6:G6)

10 잔액 수식

I6 셀 수식 : =IF(AND(C6=0,H6=0), 0, SUM(I5,C6,-H6))
- 수식 의미 : C6 셀이 0이고 H6 셀이 0이면 0, 그렇지 않으면 SUM(I5,C6,-H6)
- 결과가 #이 여러 개 나오는 것은 열 너비가 좁아서 그런 것입니다.
- SUM(I5,C6,-H6) 대신 I5+C6-H6을 쓰면 #VALUE!(오류 값)이 나오는 데 그 이유가 I5 셀 값이 문자이기 때문입니다.

11 7행에 자료 넣고 날짜는 2015-01-05 입력

[B7:I7] 선택 → Ctrl + D → B7 셀에서 F2 → Backspace → 《5》 입력 → Tab → Delete .

12 8행 이하에 자료 넣기

[H7:I7] 범위 선택 후, 채우기 핸들은 적당히 I20 셀까지 아래로 끌기.
- 맨 마지막 행인 1048576행까지 수식을 복사하면 파일 용량이 많이 늘어나고 처리 속도도 느려집니다.

13 《입출금》 시트에서 데이터, 동적 이름 정의

《수식》 탭 → 《정의된 이름》 그룹에 《이름 정의》 → 이름을 《입출금_자료》 → 범위는 《통합 문서》, 《참조 대상》은 다음 수식을 넣고 《확인》.
=OFFSET(입출금!$B$5,0,0,COUNTA(입출금!$B:$B),COUNTA(입출금!$5:$5))

- 수식 의미: B5 셀로부터 B열에 값이 있는 셀 개수만큼 아래로 확장, 오른쪽으로는 5행에 값이 있는 셀 개수만큼 확장한 셀 범위 참조.

14 《입출금》 시트에 데이터 넣기

예제 파일의 데이터를 복사해서 가져오는 것이 쉬우므로 예제 파일의 《입출금》 시트에 [B5:J23] 범위를 복사 [Ctrl]+[C] 하여 현재 파일의 《입출금》 시트 B5 셀에 붙여넣기 [Ctrl]+[V] → 이때 《계정과목》 이름 충돌 메시지 창이 뜨는데 《예》를 누릅니다.

날짜	입금액	계정과목	적요	출금액	부가세	지출계	잔액	비고
2015-01-01	3,400,000		전년 이월		-	-	3,400,000	
2015-01-05		사무용품비	편지지	1,000		1,000	3,399,000	
2015-01-12		접대비	홍길동 장남혼	100,000		100,000	3,299,000	
2015-01-16		여비교통비	울산출장 버스	7,000		7,000	3,292,000	
2015-01-20		소모품비	동복 3벌	171,000	17,100	188,100	3,103,900	
2015-01-27		사무용품비	계산기외	24,000		24,000	3,079,900	
2015-02-05		복리후생비	명절선물	2,627,273	262,727	2,890,000	189,900	
2015-02-06	2,890,000		우리 이체			-	3,079,900	
2015-02-11		여비교통비	심야근무	33,800		33,800	3,046,100	
2015-02-15		복리후생비	조식 9회	28,930		28,930	3,017,170	
2015-03-06		자기계발비	도서 구입	18,000		18,000	2,999,170	
2015-03-20		교육훈련비	세미나	50,000		50,000	2,949,170	
2015-03-31		사무용품비	스프링노트	4,000		4,000	2,945,170	

15 《기간》 시트 추가하여 조건 지정

새 시트 추가하고 시트명은 《기간》으로 지정 → 그림과 같이 기간 시트에 [B1:C1] 범위에는 기간 《시작일》, 《종료일》을 각각 넣기 → [B2:C2] 범위에는 날짜 값을 《15-1-1》, 《15-3-31》로 각각 넣기 → [E1:F1] 범위에는 《날짜》를 각각 넣기 → [E2:F2] 범위는 조건 셀로서 다음의 수식을 넣어 기간 셀 참조.

E2 셀 수식 : =">="&B2
F2 셀 수식 : ="<="&C2

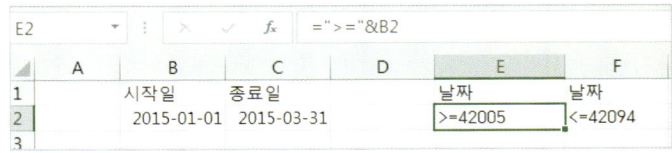

16 《고급 필터》로 기간 조회

《기간》 시트의 B5 셀 선택하고 《데이터》 탭 → 《정렬 및 필터》 그룹에 《고급》 → 《고급 필터》 창의 《목록 범위》는 이름 정의한 《입출금_자료》 입력 → 《조건 범위》는 [E1:F2] 범위를 마우스로 선택하여 《기간!$E$1:$F$2》로 완성 → 《다른 장소에 복사》 선택하여 《복사 위치》를 활성화하고 B5 셀을 클릭하여 《기간!$B$5》으로 완성하고 《확인》.

17 《기간》 시트에서 데이터, 동적 이름 정의

《수식》 탭 → 《정의된 이름》 그룹에 《이름 정의》 → 이름을 《기간_자료》 → 범위는 《통합 문서》, 《참조 대상》은 다음 수식을 넣고 《확인》.
=OFFSET(기간!$B$5,0,0,COUNTA(기간!$B:$B)−2,COUNTA(기간!$5:$5))
- 수식 의미: B5 셀로부터 B열의 값이 있는 셀 개수에서 2를 뺀(2를 뺀 이유는 [B1:B2] 셀 범위에 값이 있기 때문) 만큼 아래로 확장, 오른쪽으로는 5행에 값이 있는 셀 개수만큼 확장한 범위 참조.

18 《고급 필터》로 지출만 조회

G1 셀에 《입금액》 → G2 셀에 《=》 → Enter → 《데이터》 탭 → 《정렬 및 필터》 그룹에 《고급》 눌러 《목록 범위》에 《입출금_자료》 입력 → 《조건 범위》 기존 입력 내용을 모두 지우고 마우스로 선택하여 《기간!$G$1:$G$2》 입력, 《다른 장소에 복사》 선택하면 《복사 위치》는 자동 《$B$5:$J$5》 이렇게 완성되어 있으며, 바로 《확인》 누르면 기존 데이터를 자동으로 지우면서 갱신되어 조회됩니다.
- 《=》는 빈 셀을 의미하며 반대는 《〈 〉》 즉, 내용이 있는 셀.

19 지출계 합계 수식

H3 셀 수식 : =SUM(H6:H1048576)

20 《피벗》 시트 추가하여 피벗 테이블 만들기

기간 시트에서 B6 셀 선택 → 《삽입》 탭 → 《표》 그룹에 《피벗 테이블》 → 《확인》.
그러면 새 시트가 생기고 우측에 피벗 테이블 필드 목록 창이 생김(이 창이 사라질 때는 피벗 테이블 영역의 셀을 선택하면 다시 나타남). 그리고 시트명은 《피벗》으로 합니다.
– 피벗 테이블 영역의 셀을 선택하면 리본 메뉴에 《분석》(엑셀2010 이하는 《옵션》) 탭과 《디자인》 탭이 표시됩니다.

21 《피벗 테이블》 구성

《계정과목》과 《적요》를 클릭한 채 《행》 영역(엑셀2010 이하는 《행 레이블》)에 드래그 → 《지출계》는 《값》 영역에 드래그합니다.

22 피벗 테이블의 원본 데이터 설정

《분석》(엑셀2010 이하는 《옵션》) 탭 → 《데이터》 그룹에 《데이터 원본 변경》 → 《표/범위》란에 《기간_자료》 넣고 《확인》.

23 금액을 《회계》 형식으로 표시

《지출계》 필드의 아무 셀에 마우스 우측 버튼 → 《필드 표시 형식》 → 범주 《숫자》, 《1000 단위 구분 기호(,) 사용》 체크 → 《확인》.

24 피벗 테이블 레이아웃 변경

피벗 테이블 내 임의의 셀 선택 → 《디자인》 탭 → 《레이아웃》 그룹에 《보고서 레이아웃》 → 《테이블 형식으로 표시》.

25 피벗 테이블 레이블 설정

[A3:C3] 선택 → 마우스 우측 버튼 → 미니 도구 모음에 《가운데 맞춤》 → C3 셀 값은 《지출액》으로 수정.

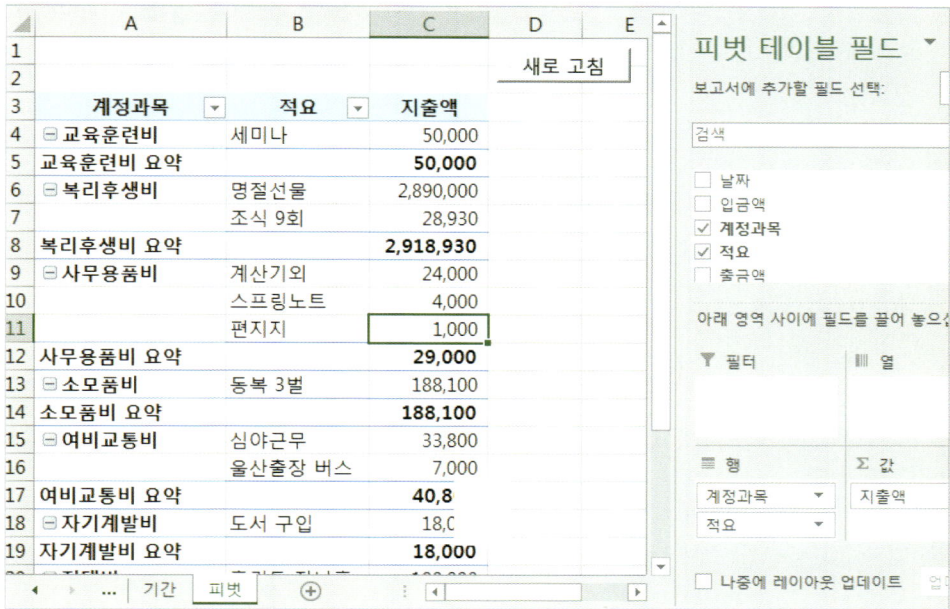

26 피벗 테이블 스타일 설정

《피벗》 시트의 피벗 테이블 임의의 셀을 선택 → 《디자인》 탭 → 《피벗 테이블 스타일》 우측에 윗줄 역삼각형 《자세히》 단추를 눌러 그룹을 펼치고 맨 아래 《피벗 테이블 스타일 새로 만들기》 → 《이름》은 《지출서식》으로 하고 《전체 표》 → 서식 → 《테두리》에 《윤곽선》과 세로선을 클릭하고 《확인》 → 《머리글 행》 → 서식 → 《테두리》에 아랫선을 클릭하고 《확인》 → 《부분합 행 1》 → 서식 → 《테두리》에 아랫선을 클릭하고 《확인》 → 《새 피벗 테이블 스타일》 창에서 《확인》.

27 《결과》 시트 만들어 피벗 테이블 내용 가져오기

《결과》 시트 추가 → 《피벗》 시트에 A3 셀 선택 → Ctrl + A → 《복사》 Ctrl + C → 《결과》 시트에 B4 셀 선택 → 《선택하여 붙여넣기》 Ctrl + Alt + V → 《값》 → 《확인》 → 《선택하여 붙여넣기》 Ctrl + Alt + V → 《서식》 → 《확인》 → 《선택하여 붙여넣기》 Ctrl + Alt + V → 《열 너비》 → 《확인》 → Ctrl + H → 찾을 내용은 《* 요약》, 바꿀 내용은 《소계》 → 《모두 바꾸기》 Alt + A → 《닫기》 → 《보기》 탭 → 《표시》 그룹에 《눈금선》 체크 해제.

- 피벗 테이블은 고급 기능이라서 복잡한 처리는 못하지만 처리 속도는 빠르므로, 주요 데이터만 처리 후 다른 시트에 복사해서 깔끔하게 마무리하는 것이 좋습니다.

28 《개발 도구》 탭 추가하기
- 엑셀2010 이상 : 《파일》 탭(녹색) → 《옵션》 → 《리본 사용자 지정》 → 우측의 목록 중 《개발 도구》 체크.
- 엑셀2007 : 엑셀 좌상단에 동그란 Office 단추 → 《Excel 옵션》 → 《기본 설정》 → 《리본 메뉴에 개발 도구 탭 표시》 체크.

29 《고급 필터》 매크로
매크로를 기록해 봅니다. 기록 중에 실수를 한다면 《보기》 탭에 《매크로》 그룹에 《매크로》 세모 단추 → 《기록 중지》(이 이름은 기록 중에만 생김) → 《매크로》 세모 단추 → 《매크로 보기》 → 해당 매크로 명을 선택 → 《편집》 → 창이 하나 열리면서 커서가 깜박이는 줄 바로 윗줄 《Sub》부터 《End Sub》 줄까지를 지우고 창을 닫고 다시 기록하면 됩니다. 자, 이제 기록해보죠.

《기간》 시트 선택 → 《보기》 탭 → 《매크로》 그룹에 《매크로》 세모 단추 → 《매크로 기록》 → 《매크로 이름》은 《고급필터_하기》 → 《확인》 → 《데이터》 탭 → 《정렬 및 필터》 그룹에 《고급》 → 목록 범위에 《입출금_자료》 입력, 조건 범위 입력란은 모두 지우고 마우스로 선택하여 《기간!$E$1:$F$2》 입력, 《다른 장소에 복사》 선택 → 복사 위치는 《$B$5:$J$5》 → 《확인》 → 《보기》 탭 → 《매크로》 그룹에 《매크로》 세모 단추 → 《기록 중지》 → 《개발 도구》 탭의 《컨트롤》 그룹에 《삽입》 → 《양식 컨트롤》 모음에 네모 《단추》 → H1 셀 위치에 클릭 후, 《매크로 지정》 창에서 《고급필터_하기》 선택 → 《확인》 → 바로 이어서 《고급필터》로 입력하고 단추 크기를 늘리고 아무 셀 선택.

- 사용법 : 《입출금》 시트에 내용을 넣고 《기간》 시트의 [B2:C2]를 수정하고 단추를 누르면 자동 조회.

30 매크로 보기
단추에 마우스 우측 버튼 → 《매크로 지정》 → 《편집》을 누르면 VBE 창이 열리면서 매크로 코드가 보이고, 창 위에 툴바에 좌상단 엑셀 아이콘을 누르면 엑셀 창으로 돌아갑니다.
— 코드 상에 《E1:F2》를 《G1:G2》로 수정하고 고급필터 매크로 단추를 누르면 지출만 조회됩니다.

31 매크로 파일로 저장
F12 → 《파일 형식》란을 《Excel 매크로 사용 통합 문서》로 선택 → 파일 이름은 《간편장부_일반표》로 하고 《저장》 눌러 매크로가 포함된 파일로 저장합니다.

32 파일 닫고 다시 열기
파일을 닫고, 다시 열면 메시지 표시줄에 《보안 경고》가 나오고 《콘텐츠 사용》을 눌러(엑셀2007은 《옵션》 → 《이 콘텐츠 사용》 체크) 매크로 사용 가능하도록 합니다.
— 최초에 한 번만 《콘텐츠 사용》을 누르면 이후에는 나타나지 않습니다. 단, 엑셀2007은 계속 나옵니다.
— 엑셀2007에서 매크로 문서 열때 《보안 경고》 안 나오게 설정하는 방법 : 보안 경고 메시지 표시줄에 《옵션》 → 《보안 센터 열기》 → 《모든 매크로 포함》 체크

33 피벗 테이블 《새로 고침》 매크로
《피벗》 시트 선택 → 《보기》 탭 끝에 《매크로》 세모 단추 → 《매크로 기록》 → 《매크로 이름》은 《피벗_새로고침》 → 《확인》 → 피벗 테이블의 임의의 셀에서 마우스 우측 버튼 → 《새로 고침》 → 《보기》 탭에 《매크로》 세모 단추

→《기록 중지》→《개발 도구》탭의《삽입》→《양식 컨트롤》모음에《단추》→ E2 셀 위치에 클릭 후,《매크로 지정》창에서《피벗_새로고침》선택 →《확인》→ 바로 이어서《새로 고침》으로 입력하고 단추 크기를 늘리고 아무 셀 선택.
- 사용법 :《기간》시트에서 자료 조회 후, 단추를 누르면 실시간 피벗팅.

34 피벗 자료를 《결과》 시트로 가져오는 매크로
《피벗》시트에 4행 이하만 복사하여《결과》시트에 붙이는 매크로를 만듭니다.

《결과》시트 선택 →《개발 도구》탭 →《코드》그룹에《매크로 기록》단추 →《매크로 이름》은《피벗자료_가져오기》→《확인》→ B3 셀 선택 →《홈》탭 →《편집》그룹에《찾기 및 선택》→《이동 옵션》→《현재 셀이 있는 영역》→《확인》→《홈》탭 →《편집》그룹에《지우기》→《모두 지우기》→《피벗》시트 선택 → B4 셀 선택 →《홈》탭 →《편집》그룹에《찾기 및 선택》→《이동 옵션》→《현재 셀이 있는 영역》→《확인》→《복사》[Ctrl]+[C] →《결과》시트 선택 → B3 셀 선택 →《선택하여 붙여넣기》[Ctrl]+[Alt]+[V] →《값》→《확인》→《선택하여 붙여넣기》[Ctrl]+[Alt]+[V] →《서식》→《확인》→《선택하여 붙여넣기》[Ctrl]+[Alt]+[V] →《열 너비》→《확인》→ [Ctrl]+[H] → 찾을 내용은《* 요약》, 바꿀 내용은《소계》→《모두 바꾸기》[Alt]+[A] →《닫기》→《보기》탭에《매크로》세모 단추 →《기록 중지》→《개발 도구》탭의《삽입》→《양식 컨트롤》모음에《단추》→ F2 셀 위치에 클릭 후,《피벗자료 가져오기》매크로 선택 →《확인》→ 단추 크기를 늘리고 단추 외곽선에 마우스 우측 버튼 →《텍스트 편집》→《피벗자료 가져오기》로 입력하고 아무 셀 선택.

35 시트 순서 배치
시트 순서를 입출금, 기본, 기간, 피벗, 결과 순으로 합니다.
- 시트 이동법 : 시트 탭을 클릭한 채 원하는 위치로 끌어다 놓습니다.

36 파일 저장
마지막으로 [Ctrl]+[S]를 눌러 문서를 저장합니다.

03장

간편장부 (Excel표)로 편집

원본 파일 4부\간편장부_Excel표.xlsm

이전 일반표를 《Excel표》로 수정하여 입출금 장부를 작성하는 내용입니다.
- 《삽입》 탭 → 《표》 그룹에 《표》가 바로 《Excel표》입니다.

결과 시트

	A	B	C	D	E	F	G	H	I	J
4										
5		날짜	입금액	계정과목	적요	출금액	부가세	지출계	잔액	비고
6		2015-01-01	3,400,000		전년 이월		-	-	3,400,000	
7		2015-01-05		사무용품비	편지지	1,000		1,000	3,399,000	
8		2015-01-12		접대비	홍길동 장남혼	100,000		100,000	3,299,000	
9		2015-01-16		여비교통비	울산출장 버스	7,000		7,000	3,292,000	
10		2015-01-20		소모품비	동복 3벌	171,000	17,100	188,100	3,103,900	
11		2015-01-27		사무용품비	계산기외	24,000		24,000	3,079,900	
12		2015-02-05		복리후생비	명절선물	2,627,273	262,727	2,890,000	189,900	
13		2015-02-06	2,890,000		우리 이체			-	3,079,900	
14		2015-02-11		여비교통비	심야근무	33,800		33,800	3,046,100	
15		2015-02-15		복리후생비	조식 9회	28,930		28,930	3,017,170	
16		2015-03-06		자기계발비	도서 구입	18,000		18,000	2,999,170	
17		2015-03-20		교육훈련비	세미나	50,000		50,000	2,949,170	
18		2015-03-31		사무용품비	스프링노트	4,000		4,000	2,945,170	
19		2015-04-02		복리후생비	특근식비	23,300		23,300	2,921,870	
20		2015-04-09		복리후생비	부서회식비	55,000		55,000	2,866,870	

01 새 파일로 저장

《간편장부_일반표》 파일 열기 → F12로 《다른 이름으로 저장》 창을 띄우고 파일명을 《간편장부_Excel표》로 하여 저장.

02 《기간_자료》를 제외한 연결된 이름들 삭제

Ctrl + F3 눌러 맨 위에 《Criteria》 이름 선택 → Shift 누른 채 《계정과목》 선택 → Ctrl 누른 채 《입출금_자료》 선택 → 《삭제》를 눌러 4개의 이름 삭제 → 《닫기》.

03 입출금 데이터를 《표》로 설정

《입출금》 시트 데이터에 셀 하나를 선택하고 《삽입》 탭 → 《표》 그룹에 《표》 → 《표 만들기》 창이 뜨고 《머리글 포함》이 체크된 상태에서 《확인》.

04 《표》의 이름 수정

《표》 안에 임의의 셀을 선택 → 《디자인》 탭 → 《속성》 그룹에 《표 이름》을 《입출금표》로 수정 후 Enter.
– 《수식》 탭 → 《정의된 이름》 그룹에 《이름 관리자》에서 확인 가능합니다.

05 수식 재설정

H6 셀 수식 : =SUM(입출금표[@[출금액]:[부가세]])
I6 셀 수식 : =SUM(I5,[@입금액],–[@지출계])
– 수식 작성을 일반 표에서 하듯이 하면 셀 주소 대신 저렇게 이름으로 들어갑니다.
– 한 셀에 수식을 넣으면 그 열의 모든 셀에 수식이 자동 적용됩니다.
– 부가세 필드는 셀마다 수식이 선택적이므로 기존 수식을 유지합니다.

	A	B	C	D	E	F	G	H	I	J
5		날짜	입금액	계정과목	적요	출금액	부가세	지출계	잔액	비고
6		2015-01-01	3,400,000		전년 이월		-	-	3,400,000	
7		2015-01-05		사무용품비	편지지	1,000		1,000	3,399,000	
8		2015-01-12		접대비	홍길동 장남혼	100,000		100,000	3,299,000	
9		2015-01-16		여비교통비	울산출장 버스	7,000		7,000	3,292,000	
10		2015-01-20		소모품비	동복 3벌	171,000	17,100	188,100	3,103,900	
11		2015-01-27		사무용품비	계산기외	24,000		24,000	3,079,900	
12		2015-02-05		복리후생비	명절선물	2,627,273	262,727	2,890,000	189,900	
13		2015-02-06	2,890,000		우리 이체			-	3,079,900	
14		2015-02-11		여비교통비	심야근무	33,800		33,800	3,046,100	
15		2015-02-15		복리후생비	조식 9회	28,930		28,930	3,017,170	
16		2015-03-06		자기계발비	도서 구입	18,000		18,000	2,999,170	
17		2015-03-20		교육훈련비	세미나	50,000		50,000	2,949,170	
18		2015-03-31		사무용품비	스프링노트	4,000		4,000	2,945,170	
19		2015-04-02		복리후생비	특근식비	23,300		23,300	2,921,870	
20		2015-04-09		복리후생비	부서회식비	55,000		55,000	2,866,870	

06 기본 데이터를 《표》로 설정

《기본》 시트 선택 → 데이터에 한 셀만 선택하고 Ctrl + T → 《머리글 포함》 체크를 확인하고 Enter .

07 《표》의 이름 수정

- 《표》 안의 임의의 셀을 선택 → 《디자인》 탭 → 《속성》 그룹에 《표 이름》을 《계정과목표》로 수정 후 Enter .
- 표 이름을 《계정과목》으로 하면 이름이 이미 있다고 나오며, 그것은 《입출금》 시트의 계정과목 열에 《데이터 유효성 검사》로 그 이름이 있기 때문입니다. 유효성 검사를 제거하고 파일을 닫고 다시 열면 표를 그 《계정과목》 이름으로 설정 가능합니다.

08 《입출금》 시트의 《계정과목》 열에 《데이터 유효성 검사》

《입출금》 시트의 D6 셀 선택 → 《데이터》 탭 → 《데이터 도구》 그룹에 《데이터 유효성 검사》 → 《설정》 탭에 《제한 대상》을 《목록》, 《원본》은 =INDIRECT("계정과목표[계정과목]") → 《변경 내용을 설정이 같은 모든 셀에 적용》 체크하면 그 열의 값 셀이 모두 선택되고 《확인》.

09 《입출금》 시트에서 한 줄 추가

《입출금표》의 마지막 값인 J23 셀에서 Tab 을 누르면 한 행이 자동 추가됩니다.
- 이때 수식 셀은 자동 생성되니 나머지 셀에 입력하면 됩니다.

10 《기간》 시트에서 고급 필터 실행

《기간》 시트에서 G2 셀에 《=》 대신 《< >》 입력 → Enter → 《데이터》 탭 → 《정렬 및 필터》 그룹에 《고급》 → 《목록 범위》가 반전되면 이때 《입출금》 시트 탭을 누르고 표 안에 값 셀(예를 들어 B6 셀)을 선택하고 Ctrl + A + A 로 표 전체를 선택 → 《입출금표[#모두]》로 나오고 《조건 범위》 입력란 선택 후 마우스로 [G1:G2] 범위를 선택하여 《기간!$G$1:$G$2》로 하고 《다른 장소에 복사》를 선택 후, 《복사 위치》는 마찬가지로 《기간!$B$5:$J$5》로 하고 《확인》을 눌러 《입출금표》의 《입금액》 필드에 값이 있는 행만 가져옵니다.

11 《기간》 시트에서 《고급필터》 단추에 연결된 매크로 수정

단추에 마우스 우측 버튼 → 《매크로 지정》 → 《편집》 → 《입출금_자료》를 《입출금표[#All]》로 수정 → 창 닫기 → 임의의 셀 선택.
- 나머지 《피벗》과 《결과》 시트는 종전 내용과 동일합니다.

12 파일 저장 후 닫기

Ctrl + S → Ctrl + W

04장

04 거래명세서
CHAPTER

원본 파일 4부\거래명세서.xlsx

거래명세서 양식을 만들어봅니다.

원본 시트

01 특정 파일명으로 저장

엑셀을 열고 《새 통합 문서》(엑셀2010 이하 버전은 엑셀을 열면 바로 《새 통합 문서》가 열림) → F12 → 파일명은 《거래명세서》, 파일 형식은 《Excel 통합 문서》로 저장.

02 셀 전체에 같은 열 너비

Ctrl + A 로 셀 전체를 선택 → 《홈》 탭 → 《셀》 그룹에 《서식》 → 《열 너비》에 4 입력하고, Enter → A열 머리글에 마우스 우측 버튼 → 《열 너비》에 《1》 입력하고, Enter .
- 엑셀은 셀 너비가 행마다 다르게 지정이 안 되므로 우선 열을 모두 좁히는 것입니다.

03 날짜 입력과 병합

B2 셀 선택 → Ctrl + ; 로 오늘날짜 입력 → [B2:D2] 선택 → 마우스 우측 버튼 → 미니 도구 모음에 《병합하고 가운데 맞춤》 → 《홈》 탭 → 《맞춤》 그룹에 《왼쪽 맞춤》(엑셀2010 이하 버전은 《텍스트 왼쪽 맞춤》)

04 1행 높이 지정

1행 머리글에 마우스 우측 버튼 → 《행 높이》에 《11》 입력하고 Enter .

05. 제목 글자 크게 하기

K2 셀 선택 → 《홈》 탭 → 《글꼴》 그룹에 《글꼴 크기 크게》 단추를 눌러 《22》로 맞추고 K2 셀에 《거래명세서》 입력.

06 제목 글자 중간 여백 설정

[K2:P2] 선택 → 마우스 우측 버튼 → 미니 도구 모음에 《병합하고 가운데 맞춤》 → Ctrl + 1 → 《맞춤》 → 《가로》 범주에 《균등 분할 (들여쓰기)》 → 《확인》.

07 공급자 셀 값을 세로 표시

[B4:B7] 선택 → 《홈》 탭 → 《맞춤》 그룹에 《방향》 단추 → 《세로 쓰기》 → 《맞춤》 그룹 아이콘 → 《세로》 범주에 《균등 분할 (들여쓰기)》 → 《셀 병합》 체크 → 《확인》 → B4 셀에 《공급자》 입력.

08 [C4:D7] 셀 서식 설정

[C4:D7] 선택 → 《홈》 탭 → 《맞춤》 그룹에 《병합하고 가운데 맞춤》 역삼각형 → 《전체 병합》 → 《맞춤》 그룹 아이콘 → 《가로》에 《균등 분할 (들여쓰기)》 → 《균등 분할 맞춤》 체크 → 《확인》 → C4 셀에 《등록번호》, C5 셀에 《상호》, C6 셀에 《주소》, C7 셀에 《업태》 각각 입력.

09 셀 서식만 복사

[E4:M4] 선택 → 《홈》 탭 → 《맞춤》 그룹에 《병합하고 가운데 맞춤》 역삼각형 → 《전체 병합》 → 《표시 형식》 그

룹에 쉼표(,) 단추 → 《클립보드》 그룹에 《서식 복사》(빗자루) 더블 클릭 → 마우스로 [E5:H5] 선택 → [J5:M5] 선택 → [E6:M6] 선택 → [E7:H7] 선택 → [J7:M7] 선택 → Esc → E4 셀에 《123-45-67890》, E5 셀에 《엑셀장인》, I5 셀에 《성명》, J5 셀에 《아무개》, E6 셀에 《경기 성남시 분당구 홍길동 555-9 국제개발단지 2층 나-202》, I7 셀에 《종목》을 각각 입력.
- 쉼표(,) 단추 의미 : 셀에 문자 입력 시 왼쪽에 여백을 조금 두기 위함이죠.

10 주소는 자동 줄 바꿈 서식

E6 셀 선택 → 《홈》 탭 → 《맞춤》 그룹에 《텍스트 줄 바꿈》.
- 의미 : 셀 너비를 넘치는 긴 주소 내용은 자동 줄 바꿈.

11 좌측 서식을 우측에 복사

[B4:M7] 선택 → 마우스 우측 버튼 → 미니 도구 모음에 빗자루 단추 클릭 → N4 셀 선택 → 4행부터 7행까지 행 머리글 선택하고 마우스 우측 버튼 → 《행 높이》를 28, 확인 → 6행의 《행 높이》는 33, 확인 → [C4:D7] 복사 Ctrl + C → O4 셀에 붙여넣기 Ctrl + V → N4 셀에 《공급받는자》, U5 셀에 《성명》, U7 셀에 《종목》을 각각 입력.

12 필드 셀 서식

[B8:Y18] 범위에 셀 서식을 설정합니다.
[B8:Y9] 선택 → 마우스 우측 버튼 → 미니 도구 모음에 《가운데 맞춤》 → [B8:C8] 선택 → 《홈》 탭 → 《맞춤》 그룹에 《병합하고 가운데 맞춤》 → B8 셀에 《합계금액》 → [D8:Y8] 선택 → 《홈》 탭 → 《맞춤》 그룹에 《병합하고 가운데 맞춤》 역삼각형 → 《전체 병합》 → [D9:G18] 선택 → 《홈》 탭 → 《맞춤》 그룹에 《병합하고 가운데 맞춤》 옆에 역삼각형 → 《전체 병합》 → [H9:J18] 선택 → F4 로 다시 실행 → [L9:M18] 선택 → F4 → [N9:O18] 선택 → F4 → [P9:R18] 선택 → F4 → [S9:U18] 선택 → F4 → [V9:Y18] 선택 → F4 → [B10:Y18] 선택 → 《홈》 탭에 쉼표(,) 단추 클릭 → B9 셀에 《월》, C9 셀에 《일》, D9 셀에 《품명》, H9 셀에 《규격》, K9 셀에 《단위》, L9 셀에 《수량》, N9 셀에 《단가》, P9 셀에 《공급가액》, S9 셀에 《세액》, V9 셀에 《비고》 각각 입력.

13 맨 아래 행의 셀 서식

8행 머리글에 마우스 우측 버튼 → 《행 높이》는 27, 확인 → 19행 머리글 선택하고 F4 → [B19:C19] 선택 → Ctrl 누른 채 [D19:F19], [H19:J19], [L19:N19], [O19:P19], [Q19:S19], [T19:U19], [V19:Y19] 각각 선택 → 《홈》 탭에 《병합하고 가운데 맞춤》 → B19 셀에 《공급가액》, G19 셀에 《세액》, K19 셀에 《합계》, O19 셀에 《미수금》, T19 셀에 《인수자》 각각 입력 → D19 셀에 =SUM(P10:R18) 수식입력 → H19 셀에 =SUM(S10:U18) 수식입력 → L19 셀에 =D19+H19 수식입력 → D19 셀 선택 후, Ctrl 누른 채 H19 셀, L19 셀 클릭 → 《홈》 탭에 쉼표(,) 단추 클릭.

14 나머지 수식 입력

P10 셀에 =IF(L10=0,0,L10*N10) 수식입력 → S10 셀에 =IF(L10=0,0,P10*0.1) 수식입력 → [P10:U10] 선택하고 아래 18행까지 채우기 핸들 끌기 → D8 셀 ="일금 "&NUMBERSTRING(L19,1)&"원정" 수식입력하면 《일금 영원정》으로 나옵니다.
- D8 셀의 다음 수식은 숫자도 나옴 ="일금 "&NUMBERSTRING(L19,1)&"원정 ("&TEXT(L19,"₩ #,##0")&")"

15 소수점 처리

만일 수량 필드 [L10:L18] 범위에 소수점이 있다면 반올림된 정수로 표시되므로 《홈》 탭 → 《표시 형식》 그룹에 《자릿수 늘림》을 누릅니다.

- 이때 P열에 공급가액은 정수만 나와야 한다면 P10 셀 수식은 =IF(L10=0,0,ROUND(L10 * N10,0))로 하여 소수점 첫째자리에서 반올림함. 소수점 이하 값을 없애려면 ROUND 대신 ROUNDDOWN을 사용하고, 원단위 절사 즉 원단위 값은 무조건 0으로 하려면 ROUNDDOWN(L10 * N10,-1)로 합니다.

16 테두리 설정

[B2:Y19] 선택 → Ctrl + 1 → 테두리 → 《색》에 《테마 색》의 첫 열 아래서 두 번째 회색 선택 → 《윤곽선》 누르고 《확인》 → [B4:Y19] 선택 → Ctrl + 1 → 테두리 → 《윤곽선》, 《안쪽》 각각 클릭하고 《확인》.

17 눈금선 숨기기

《보기》 탭 → 《표시》 그룹에 《눈금선》 체크 해제.
- 이것을 모르면 셀 색을 흰색으로 칠할 수 있습니다.

18 표를 아래에 복사

[B2:Y19] 선택 → Shift + Spacebar 를 눌러 행 전체 선택 → 《복사》 Ctrl + C → A21 셀 선택 후, Enter .
- 행 전체를 선택하는 이유: 행 높이까지 복사하기 위해서입니다.
- 행 전체 복사 시 《그림이 너무 커서 그림의 일부분이 잘립니다.》 메시지는 범위가 너무 클 때 나오는 메시지입니다.

19 연결 수식 넣기

B21 셀에 《=》하고 B2 셀을 클릭하여 《=B2》 수식입력 → E23 셀에 《=E4》 수식입력, 나머지 공급자 입력란도 같은 방식으로 수식입력 → Q23 셀 선택하고 [Ctrl] 누른 채 Q24, V24, Q25, Q26, V26 셀 선택 → [Enter] 눌러 Q23 셀 활성화 → 《=》하고 Q4 셀을 클릭 → [Ctrl]+[Enter]로 나머지 선택 셀에도 수식 복사 → B29 셀에 《=B10》 수식입력 → [B29:Y29] 선택하고 B29 셀 활성상태에서 [F2] → [Ctrl]+[Enter] → [B29:Y29] 선택 → 《복사》[Ctrl]+[C] → [B30:B37] 선택 후, [Enter].
- B2 셀에 값이 없을 때, B21 셀은 날짜 형식이므로 《1900-01-00》으로 나오며, 이 값은 실제로는 0입니다.

20 0값 없애기

《파일》 탭(엑셀 2007은 동그란 Office 단추) → (엑셀 2007은 《Excel》) 《옵션》 → 《고급》 → 《이 워크시트의 표시 옵션》 → 《0 값이 있는 셀에 0 표시》 체크 해제하면 해당 시트의 셀 값이 《0》이면 모두 표시되지 않습니다.

21 표의 바깥쪽 테두리 색

상단 표의 외곽선은 파랑, 그 아래 표는 빨강으로 해봅니다.
[B2:Y19] 선택 → [Ctrl]+[1] → 《테두리》 → 《색》 → 《다른 색》 → 《사용자 지정》 → 《색 모델》 → 《RGB》 → 빨강 =0, 녹색=0, 파랑=255 → 《확인》 → 《윤곽선》 → 《확인》 → B22 셀 선택 → [Ctrl]+[A] → [Ctrl]+[1] → 《테두리》 → 《색》 → 《표준 색》 란에 빨강 → 《윤곽선》 → 《확인》.

22 용도 넣기

B3, B22 셀에 각각 《공급받는자 용》, 《공급자 용》 입력.

23 페이지 설정

[B2:Y38] 선택 → 《페이지 레이아웃》 탭 → 《페이지 설정》 그룹에 《인쇄 영역》 → 《인쇄 영역 설정》 → 《페이지 레이아웃》 탭 → 《인쇄 제목》 → 여백 → 《왼쪽》, 《오른쪽》을 각각 0.3으로 하고 《가로》 체크 → 《인쇄 미리 보기》.
- 한 장짜리가 여러 장으로 인쇄됨을 확인할 수 있습니다.

24 페이지 너비

《페이지 레이아웃》 탭 → 《크기 조정》 그룹에 《너비》 → 《1 페이지》.
- 이렇게 하면 너비를 한 페이지로 맞춰서 인쇄할 수 있습니다.

05장

자금일보(일지) 편집

원본 파일 4부\자금일보_원본.xlsx
결과 파일 4부\자금일보_결과.xlsx

기존 자금일보를 더 개선시킵니다. 또한 실전 수식과 그 수식을 보호해 봅니다.
2016년 9월 1일 일보를 작성하려고 하며 9월의 근무 시작일(월요일)은 1일이므로 《01》 시트에 전월(8월) 자료가 이월되어 입력되고 2일부터 전일을 받아서 처리하는 방식입니다.

원본 시트

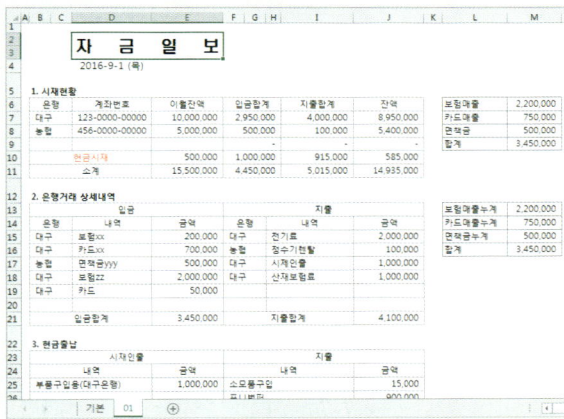

결과 시트

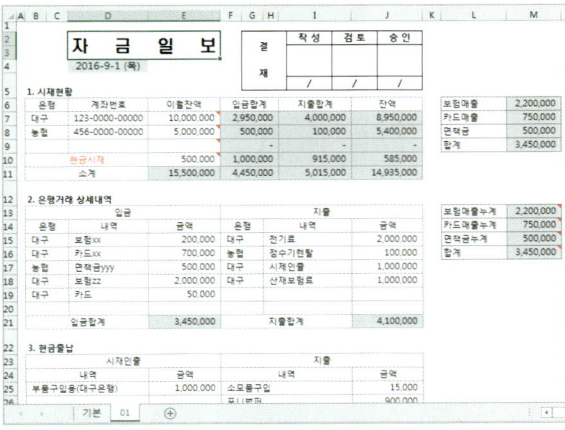

01 《01》 시트에서 특정 셀에 메모 달고 색 지우기

《01》 시트의 E7 셀에 마우스 우측 버튼 → 《메모 삽입》 → E7 셀 선택 → 《복사》 Ctrl + C → [E8:E10] 선택 → 《선택하여 붙여넣기》 Ctrl + Alt + V → 《메모》 선택 후 Enter → [M13:M16] 선택하고 F4
- 빨간 표식의 메모 셀은 전일 시트가 참조됨을 알려주기 위합니다.

02 《01》 시트에서 수식 셀을 회색으로 칠하기

《01》 시트의 아무 셀 하나만 선택 → 《홈》 탭 → 《편집》 그룹에 《찾기 및 선택》 → 《수식》 눌러 수식 셀을 모두 선택 → 《홈》 탭 → 《글꼴》 그룹에 《채우기 색》 단추 옆에 삼각형 → 《테마 색》 맨 왼쪽 회색 열에 맨 위에서 세 번째 단추 선택.

03 주요 수식 보기

- 시트명을 참조한 날짜 수식.

D4 셀 수식 : =DATE(기본!$B$1, 기본!$B$2, RIGHT(CELL("filename",D4),2))

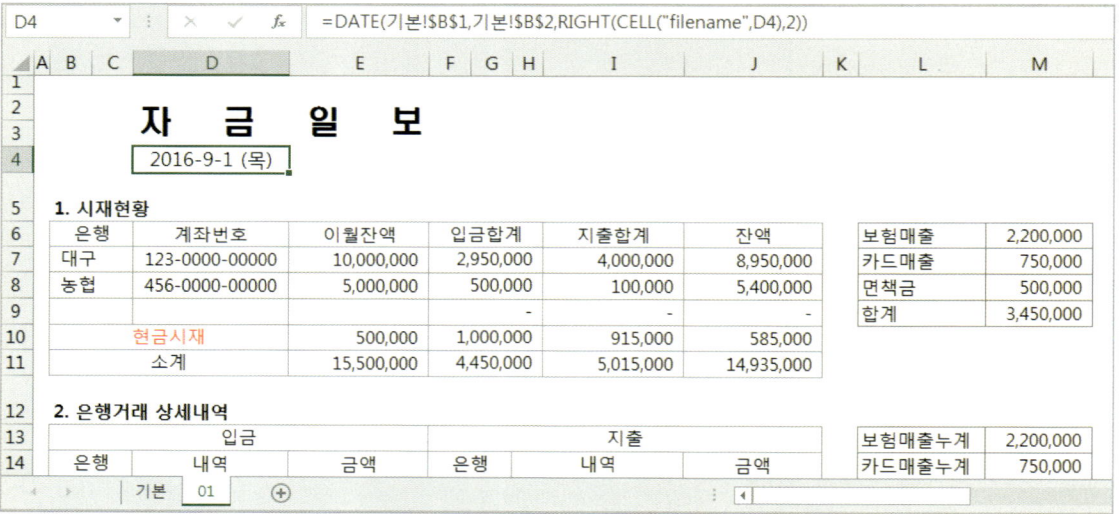

- 입금합계 수식

F7 셀 수식 : =SUMIFS($E$15:$E$20, $B$15:$B$20, B7)

- 연결 수식

F10 셀 수식 : =E29

- 보험매출 수식

M6 셀 수식 : =SUMIF($D$15:$D$20, "보험*", $E$15:$E$20)

04 결재란 만들기

4부\결재란.xlsx

Ctrl+N으로 새 통합 문서 열기 → [B2:E2] 범위에 《결 재》, 《작 성》, 《검 토》, 《승 인》을 차례대로 입력 → C4 셀에 작은따옴표(') 입력 후 《/》 입력 → C4 셀의 채우기 핸들을 E4 셀까지 끌기 → 3행 높이는 40 → [B2:E4] 선택하고 마우스 우측 버튼 → 미니 도구 모음에 《굵게》 → 《가운데 맞춤》 → 《아래쪽 테두리》 세모 → 《모든 테두리》 → [B2:B4] 선택 후 《홈》 탭 → 《맞춤》 그룹에 《병합하고 가운데 맞춤》 → 이어서 그 좌측 위에 《방향》 단추 → 《세로 쓰기》 → B열 머리글에 마우스 우측 버튼.

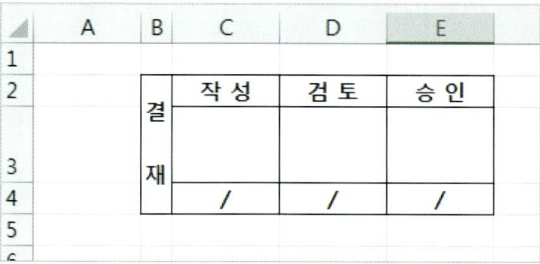

05 결재란 그림으로 복사

결재란 파일의 Sheet1에 [B2:E4] 범위를 《복사》 Ctrl+C → Ctrl+Tab 눌러 《01》 시트의 G2 셀 선택 후, 《홈》 탭 → 《클립보드》 그룹에 《붙여넣기》 아래 세모 → 《기타 붙여넣기 옵션》란의 《그림》 단추.
– 엑셀2007은 《붙여넣기》 아래 세모 → 《그림 형식》 → 《그림으로 붙여넣기》
– 결재란 그림 내부에 셀 눈금선이 보이는데 이것을 없애려면 [B2:E4] 범위를 흰색으로 설정하고 복사해야 합니다.

06 《01》 시트에 페이지 설정

《01》 시트의 [B2:J29] 선택하고 《페이지 레이아웃》 탭 → 《페이지 설정》 그룹에 《인쇄 영역》 → 《인쇄 영역 설정》 → 《페이지 설정》 그룹에 《인쇄 제목》 → 여백 → 왼쪽, 오른쪽 각각 1, 《페이지 가운데 맞춤》란에 《가로》 체크 → 《확인》.

07 인쇄할 때 색이나 테두리(선) 지우기

《01》 시트 인쇄 시 셀 색은 무색, 글꼴 색은 검정으로 하기.
《페이지 레이아웃》 탭 → 《페이지 설정》 그룹에 《인쇄 제목》 → 《흑백으로》 체크하고 《확인》.
– 페이지 설정 창에 《간단하게 인쇄》는 도형, 그림, 차트, Excel표 등을 인쇄하지 않고 셀 서식에 테두리나 셀 색도 인쇄하지 않습니다. 조건부 서식도 동일 적용합니다.

08 수식 셀 보호
수식 셀을 남이 건드리지 못하도록 수식을 보호할 필요가 있습니다.
《01》 시트의 《모두 선택》 단추에 마우스 우측 버튼 → 《셀 서식》 → 《보호》에 《잠금》 체크 해제하고 《확인》 → 임의의 한 셀 선택 → 《홈》 탭 → 《편집》 그룹에 《찾기 및 선택》 → 《수식》 → 《홈》 탭 → 《셀》 그룹에 《서식》 → 《셀 잠금》 → 《검토》 탭 → 《변경 내용》 그룹에 《시트 보호》 → 《확인》.
- 시트에 모든 수식 셀만 한 번에 선택하는 법 : 임의의 한 셀 선택 → 《홈》 탭 → 《편집》 그룹에 《찾기 및 선택》 → 《이동 옵션》 → 《수식》 → 《확인》.

09 시트 복사하고 시트 보호 풀기
《01》 시트 탭을 Ctrl 을 누른 채 클릭하여 우측으로 약간 끌어 놓으면 시트명 《01 (2)》로 시트가 복사됨. 그 시트 탭에 마우스 우측 버튼 → 이름 바꾸기 → 《02》로 수정 → 《검토》 탭 → 《변경 내용》 그룹에 《시트 보호 해제》.

10 《02》 시트에 전일 시트명 표기
《02》 시트의 L3 셀에 《전일 시트명》 입력하고 M3 셀에 다음 수식 입력.
M3 셀 수식 : =TEXT(DAY(D4-1),"00")
- 수식 의미 : D4셀 날짜에서 1을 빼면 전일이며 DAY 함수로 《일》만 취하고 그 값을 TEXT 함수를 이용, 표시 형식을 2자리 숫자("00")로 반환.

11 《02》 시트에서 이월잔액 수식
E7 셀 수식: =INDIRECT($M$3&"IJ"&ROW())
《02》 시트의 E7 셀에 채우기 핸들을 E10 셀까지 끌기 → [E7:E10] 범위 선택 → 범위에 마우스 우측 버튼 → 《셀 서식》 → 《보호》 란에 《잠금》 체크 후, 《확인》으로 녹색 세모를 사라지게 합니다.

12 지울 영역에 이름 정의
《02》 시트에 [B7:D9]를 선택 → Ctrl 을 누른 채 마우스로 [B15:J20], [B25:J28]을 각각 선택 → 《수식》 탭 → 《정의된 이름》 그룹에 《이름 정의》 → 《이름》 란에 《지울범위》, 《범위》 란은 《02》 → Tab 을 두 번 눌러 《참조 대상》 란을 가리키면 시트에 점선이 생기고 맞으면 《확인》 → 셀 선택

13 지우기
《수식 입력줄》 좌측에 《이름 상자》의 세모를 눌러 《지울범위》 이름 선택하고 Delete .

14 지우기 매크로 생성
《02》 시트에서 《삽입》 탭 → 《일러스트레이션》 그룹에 《도형》 → 《사각형》 범주에 《직사각형》 → 시트의 적당한 위치(L1 셀 정도)에 배치하고 마우스 우측 버튼 → 텍스트 편집 → 《지우기》 입력 후, Esc → 《홈》 탭 → 《맞춤》 그룹에 세로 방향 《가운데 맞춤》, 가로 방향 《가운데 맞춤》 클릭(엑셀2007은 입력시 자동으로 《가운데 맞춤》되므

로 생략) → 《상태 표시줄》 좌측의 《준비》 우측 아이콘 클릭 → 《매크로 이름》 란에 《지우기》 입력 후, 《확인》 눌러 《매크로 기록》 상태로 들어감 → 《이름 상자》 세모를 눌러 《지울범위》 이름 선택하고 [Delete] → 다시 《상태 표시줄》에 그 아이콘(네모) 눌러 《기록 중지》 → 《직사각형》에 다시 마우스 우측 버튼 → 매크로 지정 → 《지우기》 항목 선택 후, 《확인》.

15 매크로 실행
《지우기》 단추를 누르면 이름 《지울범위》에 내용을 지우는 매크로가 실행됩니다.

16 매크로 문서로 저장
[F12] → 《파일 이름》은 《자금일보_결과》, 《파일 형식》은 《매크로 사용 통합 문서》로 하고 《저장》.
- 이렇게 해야 문서에 매크로 코드가 삭제되지 않습니다.
- 혹시라도 기본 파일 형식으로 저장했다면 파일을 닫지 말고 다시 《매크로 사용 통합 문서》로 저장하면 코드를 살릴 수 있습니다.

17 시트 복사
이제 《02》 시트를 우측 옆으로 시트 복사하여 시트명과 데이터만 달리하는 식으로 매일 하나씩 만드세요. 예를 들면 오늘이 3일이면 [Ctrl]을 누른 채 마우스로 《02》 시트 탭을 약간 우측으로 끌어 놓으면 《02 (2)》 시트가 생기고 그 탭을 더블 클릭하여 《03》 시트명으로 만드는 것이죠.

06 가계부

06장 CHAPTER

원본 파일 4부\가계부_원본.xlsx
결과 파일 4부\가계부_결과.xlsx

가계부는 그날의 수입과 지출을 관리하기 위한 양식입니다.

원본 시트

일자	수지	대분류	소분류	결제구분	금액	내용	비고

수 / 지 / 결 / **장부**

결과 시트

2016-01-20

일자	수지	대분류	소분류	결제구분	금액	내용	비고
01-05	지출	공과금	관리비	비씨카드	100,000		
01-20	지출	보험	산재보험	계좌이체	29,160		
01-22	지출	보험	고용보험	비씨카드	41,850		
01-30	지출	보험	건강보험	계좌이체	172,300		
01-31	수입	근로	급여	현금	4,000,000		
01-31	수입	근로	상여금	현금	900,000		
02-01	지출	식비	부식비	체크카드	40,000	시골풍경	
02-05	지출	식비	외식비	체크카드	400,000	한마음김밥	
03-06	지출	식비	외식비	체크카드	24,500	건영마트	
03-11	지출	식비	주식비	현금	56,700	월중급식	
03-15	지출	보험	건강보험	계좌이체	172,300		
04-19	지출	통신	휴대폰	현금	140,000		
05-10	지출	차량	주유비	비씨카드	60,000		
05-11	지출	차량	수리비	비씨카드	150,000		

수 / 지 / 결 / **장부** / 피벗1 / 피벗2 / 피벗3 / 차트1

01 《수》 시트에 수입 기본정보 입력 후, 표 생성

그림과 같이 입력하고 B3 셀 선택 → 《삽입》 탭 → 《표》 그룹에 《표》 → 《머리글 포함》 체크 → 《확인》 → 《디자인》 탭에 《속성》 그룹에 《표 이름:》 아래에 《수입표》로 수정.
- 《표》 생성 단축키 : Ctrl + T
- 《디자인》 탭은 《표》 안에 임의의 셀을 선택해야 나옵니다.

	A	B	C	D
1	수입			
2				
3		근로	그외수입	
4		급여	개발비	
5		상여금	부업	
6		수당	연금	
7			퇴직금	
8				
9				
10				

02 《지》 시트에 지출 기본정보 입력 후, 표 생성

《수》 시트와 같은 방식으로 표를 만들고 표 이름은 《지출표》로 합니다.

	A	B	C	D	E	F	G	H	I	J
1	지출									
2										
3		공과금	교통	보험	생필품	식비	건강/미용	차량	통신	그외지출
4		가스요금	버스비	건강보험	문구	부식비	병원비	소모품비	인터넷	신문대금
5		관리비	전철비	산재보험	세제	외식비	약값	수리비	일반전화	이발비
6		대출금	주유비	고용보험	세탁비	주식비	운동	주유비	휴대폰	임차료
7			택시비	운전자보험	신발			주차비		전자제품
8					화장품			할부		저축
9										
10										

03 《결》 시트에 기본정보 입력 후, 표 생성

마찬가지로 표를 만들고 표 이름은 《결제구분표》로 합니다.

	A	B	C
1			
2		결제구분	
3		비씨카드	
4		신한카드	
5		KB카드	
6		계좌이체	
7		체크카드	
8		현금	
9		SC은행	
10			

04 《장부》 시트에 필드명 입력 후, 표 생성

그림과 같이 필드명 입력 → B2 셀 선택 → [Ctrl]+[T] → 《머리글 포함》 체크 → 《확인》 → 표 이름은 《장부표》로 합니다.

	A	B	C	D	E	F	G	H	I
1									
2		일자	수지	대분류	소분류	결제구분	금액	내용	비고
3									
4									
5									
6									

시트 탭: 수 | 지 | 결 | 장부

05 표 안에 3행 선택하고 가운데 맞춤

《장부》 시트의 B3 셀 좌측 외곽선에서 약간 안쪽으로 마우스 대면 진한 화살표 커서가 생기고 클릭하여 값 행 선택 → 마우스 우측 버튼 → 미니 도구 모음에 《가운데 맞춤》
- 표의 행 선택 단축키 : [Shift]+[Spacebar]

06 《일자》 필드 값에 표시 형식 설정

《장부》 시트의 B3 셀에서 [Ctrl]+[1] → 《표시 형식》 → 사용자 지정 → 《형식》 란에 《mm-dd》 입력 → 《확인》을 누르면 월 2자리, 일 2자리로 표시됩니다.
- 날짜 입력은 월-일 또는 월/일 형식으로 입력합니다.

07 《금액》 필드 값에 표시 형식 설정

《장부》 시트의 G2 셀 선택 → 《홈》 탭 → 《표시 형식》 그룹에 쉼표(,) 단추.

08 《수지》 필드에 유효성 검사

《장부》 시트의 C3 셀에서 《데이터》 탭 → 《데이터 도구》 그룹에 《데이터 유효성 검사》 → 설정 → 《제한 대상》은 《목록》 → 《원본》 란에 《수입, 지출》 입력 → 《확인》.
- 쉼표(,) 다음에 공백문자는 무시되고, [Alt]+[↓]로 선택 입력.

09 《대분류》 필드에 이중 유효성 검사

《장부》 시트의 《수지》 필드 유효성 검사와 똑같고 단지 《원본》 란에 다음 수식을 입력하고 《확인》 누르면 오류 상태라고 메시지가 나옵니다. 무시하고 《예》를 누릅니다.
=INDIRECT(C3&"표[#머리글]")
- 이렇게 하면 수지 필드 값에 따라 유효성 목록이 바뀝니다.

10 《소분류》 필드에 삼중 유효성 검사

《장부》 시트의 《수지》 필드와 마찬가지며 《원본》 란 수식은 다음과 같습니다.

=OFFSET(INDIRECT(C3&"표["&D3&"]"),0,0,COUNTA(INDIRECT(C3&"표["&D3&"]")))
- 이렇게 하면 수지, 대분류 필드 값에 따라 유효성 목록이 바뀝니다.

11 《결제구분》 필드에 유효성 검사

《장부》 시트의 《수지》 필드와 마찬가지며 단지 《원본》 수식만 다음과 같습니다.
=INDIRECT("결제구분표[결제구분]")

12 《수입》 행 전체를 노랑

《장부》 시트의 표 안에 3행 전체를 선택 (활성 셀은 B3 셀이어야 함) → 《홈》 탭 → 《스타일》 그룹에 《조건부 서식》 → 《새 규칙》 → 《수식을 사용하여 서식을 지정할 셀 결정》 → 그 아래 입력란에 =$C3="수입" 수식 입력 → 《서식》 → 《채우기》 → 노랑 선택 → 《확인》 → 《확인》.
- 이렇게 하면 수지 필드에 값이 《수입》일 때 그 행 전체가 자동으로 노랑이 됩니다.

13 첫 번째 행 입력

《장부》 시트의 B3 셀에 《16-1-5》 입력 → Tab → Alt+↓ → 《지출》 선택하고 Enter → Tab → 대분류는 《공과금》을 마우스로 선택 → Tab → 《관리비》 마우스로 선택 → Tab → 《비씨카드》 마우스로 선택 → Tab → 《100000》 입력합니다.

14 두 번째 행 입력

《장부》 시트의 I3 셀에서 Tab을 눌러 한 행 추가.

15 자료 입력

4부\가계부_자료.xlsx

《가계부_자료》 파일 열기 → A1 셀 선택 → Ctrl+A → 《복사》Ctrl+C → Ctrl+Tab으로 본 파일로 오고 《장부》 시트의 B4 셀 선택 → Alt+E, S, V → Enter로 값만 붙여 넣습니다.

	A	B	C	D	E	F	G	H	I
1									
2		일자	수지	대분류	소분류	결제구분	금액	내용	비고
3		01-05	지출	공과금	관리비	비씨카드	100,000		
4		01-20	지출	보험	산재보험	계좌이체	29,160		
5		01-22	지출	보험	고용보험	비씨카드	41,850		
6		01-30	지출	보험	건강보험	계좌이체	172,300		
7		01-31	수입	근로	급여	현금	4,000,000		
8		01-31	수입	근로	상여금	현금	900,000		
9		02-01	지출	식비	부식비	체크카드	40,000	시골풍경	
10		02-05	지출	식비	외식비	체크카드	400,000	한마음김밥	
11		03-06	지출	식비	외식비	체크카드	24,500	건영마트	
12		03-11	지출	식비	주식비	현금	56,700	월중급식	
13		03-15	지출	보험	건강보험	계좌이체	172,300		
14		04-19	지출	통신	휴대폰	현금	140,000		
15		05-10	지출	차량	주유비	비씨카드	60,000		
16		05-11	지출	차량	수리비	비씨카드	150,000		

16 피벗 테이블 생성

《장부》 시트의 표 안에 임의의 셀 선택 → 《삽입》 탭 → 《표》 그룹에 《피벗 테이블》 → 《확인》 → 새 시트명은 《피벗1》 → 이 시트를 《장부》 시트 우측으로 이동 → 우측에 《피벗 테이블 필드》 → 《일자》를 체크하면 《행》에 《월》, 《일자》 추가됨 → 《대분류》, 《소분류》도 각각 체크 → 《금액》을 《값》 영역으로 드래그하면 합계 단위로 집계됨 → A4 셀에 마우스 우측 버튼 → 《확장/축소》 → 《전체 필드 확장》 → 다시 마우스 우측 버튼 → 《"월" 부분합》 → B3 셀에 마우스 우측 버튼 → 《필드 표시 형식》 → 《사용자 지정》 우측에 4번째 항목인 《#,##0》 선택하고 《확인》 → 《디자인》 탭 → 《레이아웃》 그룹에 《보고서 레이아웃》 → 《테이블 형식으로 표시》 → 다시 《보고서 레이아웃》 → (엑셀2010 이상 가능, 엑셀2007은 이 부분 생략) 《모든 항목 레이블 반복》 → 피벗 테이블의 한 셀에 마우스 우측 버튼 → 《피벗 테이블 옵션》에 《레이블이 있는 셀 병합 및 가운데 맞춤》 체크하고 《확인》 → E3 셀을 수정하는데 《금액》만 입력할 수 없고 앞이나 뒤에 공백 문자를 입력함(예: 《금액》) → 《수지》 항목은 《필터》 영역으로 드래그 → B1 셀에 세모 단추 눌러 《지출》 선택하고 《확인》을 눌러 지출 내역만 집계함. → 《행》 영역에 《일자》 클릭 → 《필드 제거》.

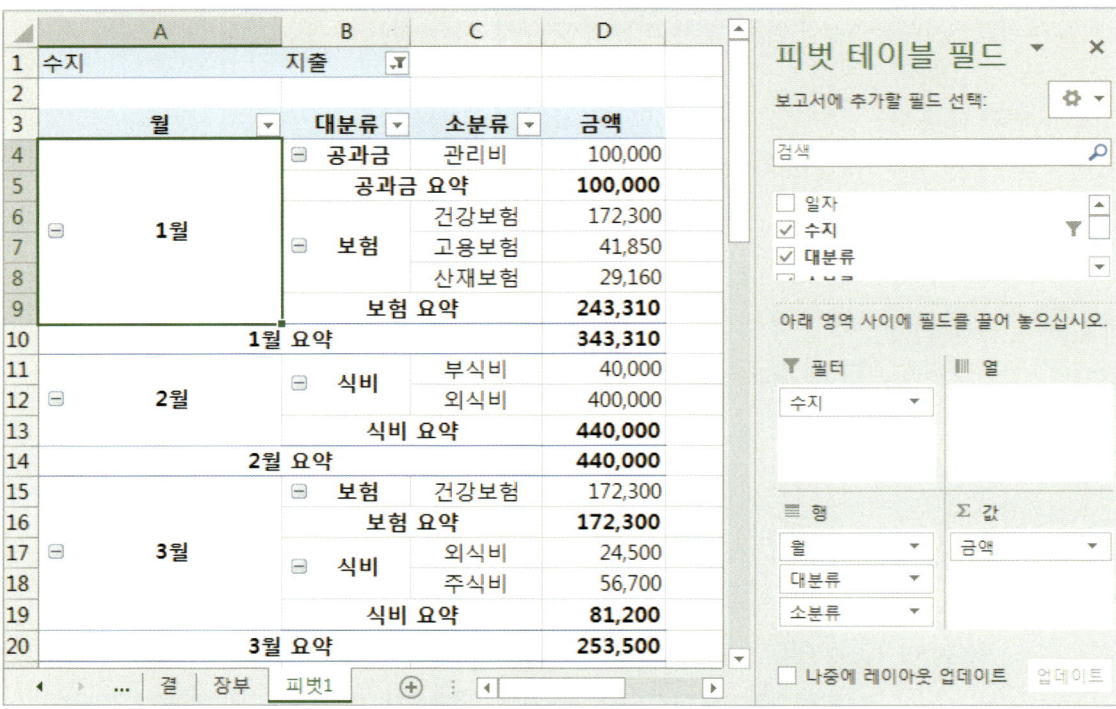

- 엑셀2016 버전과는 다른 피벗 테이블 용어
- 《피벗 테이블 필드》: 엑셀2010 이하는 《피벗 테이블 필드 목록》
- 《행》: 엑셀2010 이하는 《행 레이블》
- 《필터》: 엑셀2010 이하는 《보고서 필터》
- 엑셀2013 이하는 피벗 테이블의 일자 필드를 《행》 영역에 놓고 피벗 테이블의 임의의 일자 셀에 마우스 우측 버튼 → 《그룹》 → 《확인》을 눌러 월을 표현합니다.

17 두 번째 피벗 테이블 생성

새 시트 생성 → 시트명은 《피벗2》 → A1 셀 선택 상태에서 《삽입》 탭 → 《표》 그룹에 《피벗 테이블》 → 《장부》 시트 선택 → 표 안에 임의의 셀 선택 후, Ctrl + A 누르면 《장부표》로 바뀌고, 《확인》 → 《피벗 테이블 필드》에 《일자》 체크 → 《수지》는 《필터》 영역으로 드래그 → 《대분류》는 《열》 영역으로 드래그 → 《금액》 체크 → B1 셀은 《지출》로 선택하고 《확인》 → B5 셀에 마우스 우측 버튼 → 《필드 표시 형식》 → 《사용자 지정》 우측에 4번째 항목인 《#,##0》 선택하고 《확인》 → 《디자인》 탭 → 《피벗 테이블 스타일 옵션》 그룹 → 《줄무늬 열》.

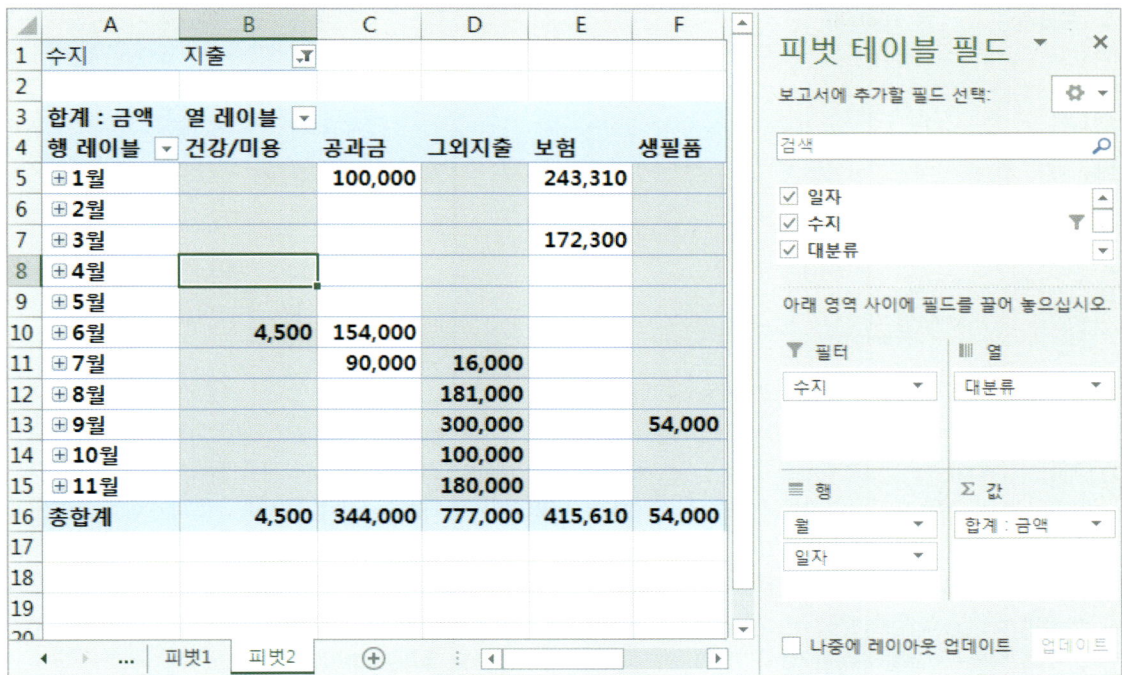

18 세 번째 피벗 테이블 생성과 피벗 차트 생성

새 시트 생성 → 시트명은 《피벗3》 → A1 셀 선택 상태에서 《삽입》 탭 → 《표》 그룹에 《피벗 테이블》 → 《장부》 시트 선택 → 표 안에 임의의 셀 선택 후, Ctrl + A 누르면 《장부표》로 바뀌고, 《확인》 → 《피벗 테이블 필드》에 《대분류》 체크, 《일자》 체크, 《금액》 체크 → 《수지》에 마우스 우측 버튼 → 《보고서 필터에 추가》 → 《행》 영역에 《월》(엑셀2013 이하 버전은 월이 없으므로 아래 참고)은 《필터》 영역의 《수지》 아래로 드래그 → B1 셀은 《지출》로 선택하고 《확인》 → B2 셀은 《7월》로 선택하고 《확인》 → 《행》 영역에 《일자》를 밖으로 드래그하여 제거 → 《분석》(엑셀2010 이하는 《옵션》) 탭 → 《도구》 그룹에 《피벗 차트》 누르고 기본 차트형인 세로 막대형을 보고 바로 《확인》 → 엑셀2007 버전은 여기서 끝나고 그 이후 버전은 이어서 《분석》 탭 → 《표시/숨기기》 그룹에 《필드 단추》 글자 위에 그림을 눌러 차트 안에 회색 내용을 숨기거나 표시 → 《요약》 제목과 우측에 《요약》 범례 각각 클릭하고 Delete → 차트 크기 줄이기.

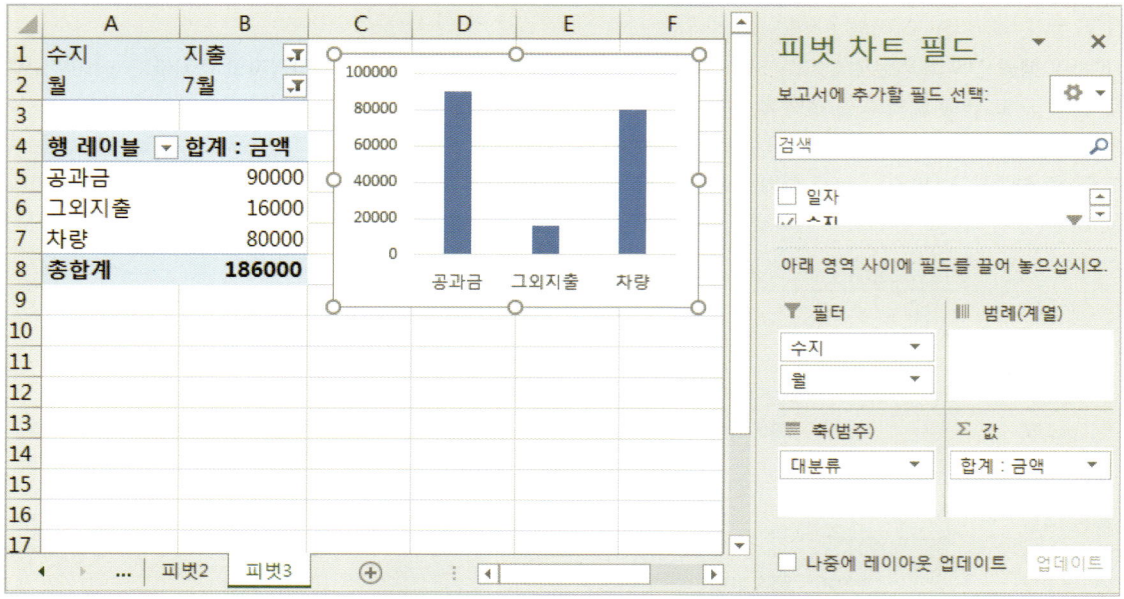

- 엑셀2013 이하 버전에서 특정 월만 보는 두 가지 방법
- 행 필드를 필터하는 방식 : 《일자》를 《행》 영역에 놓고 피벗 테이블의 임의의 일자 셀에 마우스 우측 버튼 → 그룹 → 《확인》 → A3 셀에 세모 클릭 → 맨 위에 《필드 선택》을 《일자》로 하고 아래를 필터하는 방식입니다.
- 데이터에 임시 열 추가하여 이용하는 방식 : 《장부》 시트의 B2 셀 선택 → 마우스 우측 버튼 → 삽입 → 《왼쪽에 표 열 삽입》 → B3 셀에 《=》 입력 후에 C3 셀 클릭하고 Enter 하면 =[@일자]로 B열 전체에 수식이 생성 → B2 셀 값을 《보조일》로 수정 → B열에 마우스 우측 버튼 → 《숨기기》 → 《피벗3》 시트 선택 → 피벗 테이블의 한 셀에서 마우스 우측 버튼 → 《새로 고침》 → 《보조일》 필드 체크 → 피벗 테이블의 이 필드의 한 셀에 마우스 우측 버튼 → 그룹 → 《확인》한 뒤, 이 필드를 《필터》 영역으로 올리는 방식입니다.

19 막대 차트 생성

맨 끝에 새 시트 추가하여 시트명은 《차트1》로 하고, 《피벗1》 시트의 A3셀 선택 → 옆에 세모 단추 클릭 → 1월, 2월, 3월만 체크하고 《확인》 → 《디자인》 탭 → 《레이아웃》 그룹에 《부분합》 → 《부분합 표시 안함》 → 《디자인》 탭 → 《레이아웃》 그룹에 《총합계》 → 《행 및 열의 총합계 해제》 → Ctrl+A → 《복사》Ctrl+C → 《홈》 탭 → 《클립보드》 그룹 아이콘 → Ctrl+Z를 여러 번 눌러 피벗 테이블은 원래대로 모든 월로 되돌리고 《차트》 시트의 A1 셀 선택하고 좌측 《클립보드》 작업창에 한 클립을 클릭하여 붙여넣기 → 《클립보드》 작업창 닫기 → 《삽입》 탭 → 《차트》 그룹 → 세로 막대형 → 2차원 세로 막대형의 처음 것 선택 → 《서식》 탭 → 《크기》 그룹에 너비 조정 단추의 화살표 단추를 눌러 계속 넓히면 가로축 레이블의 세워진 글자가 가로로 바뀝니다.
- 엑셀2013 이상 버전은 차트에 범례가 나타나지 않았는데 그 아래 버전은 차트 생성 시 범례가 생기므로 엑셀2010 이하 버전은 《서식》 탭 → 《현재 선택 영역》 그룹에 세모 단추 → 《범례》 → Delete 를 눌러 차트 범례를 지웁니다.

20 1월 차트 보기

6행~10행을 선택하고 마우스 우측 버튼 → 《숨기기》하면 2,3 월 자료가 차트에서 사라지면서 차트의 높이도 작아짐 → Ctrl + Z 로 다시 행을 보이게 하고 차트 크기 고정하기 위해 차트 선택 → 《서식》 탭 → 《크기》 그룹 아이콘 → 《속성》에 《변하지 않음》.

- 행/열 숨겨도 차트 표시 유지 : 차트 속성에 크기를 《변하지 않음》으로 하지 않고 행/열 숨겨도 차트 내용을 그대로 보이게 하려면 차트에 마우스 우측 버튼 → 《데이터 선택》 → 《숨겨진 셀/빈 셀》 → 《숨겨진 행 및 열에 데이터 표시》 체크 → 《확인》 → 《확인》.

21 계열 값 표시

차트의 아무 막대에 마우스 우측 버튼 → 《데이터 레이블 추가》.

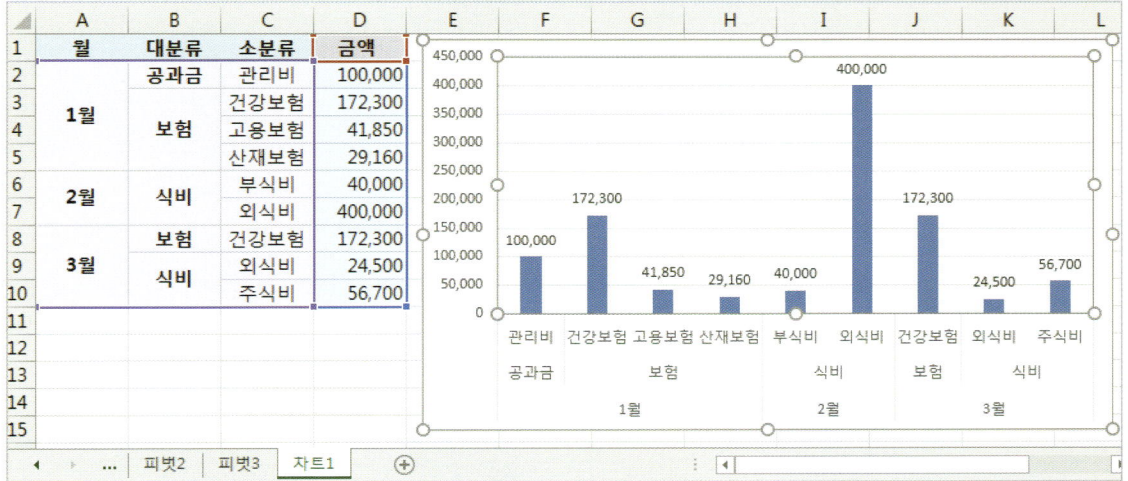

- 레이블 서식을 바꾸려면 다시 마우스 우측 버튼 → 《데이터 레이블 서식》.

22 가로 눈금선 지우기

우선 차트를 선택 후에 버전별 차이를 보세요.
- 엑셀2013 이상 : 차트 우측 상단 바깥에 《+》 단추 → 《눈금선》 세모 → 《기본 주 가로》 체크 해제.
- 엑셀2010 이하 : 《레이아웃》 탭 → 《눈금선》 → 《기본 가로 눈금선》 → 《없음》.
- 쉬운 방법 : 임의의 눈금선 클릭하면 모두 선택되고 이어서 Delete .

23 빈 셀 선택 후, 파일 저장

F12 를 눌러 저장할 특정 폴더를 선택하고 파일 이름 입력란에 《가계부_결과》로 입력하고 저장 후, 닫기.

07장

발주 관리

원본파일 4부\발주관리_원본.xlsx
결과파일 4부\발주관리_결과.xlsm

매입처에 주문을 넣기 위해 발주서를 작성하고 그 자료를 대장에 누적시켜서 필요할 때 보려고 합니다.

원본 시트

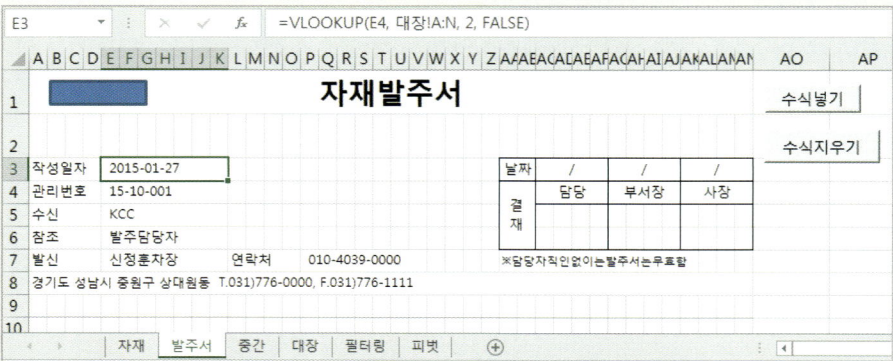

결과 시트

01 《자재》 시트에 품목 정보 입력 후 표 생성

《자재》 시트, A3 셀 선택 → 《삽입》 탭 → 《표》 그룹에 《표》 → 《머리글 포함》 체크 → 《확인》 → 《디자인》 탭 《속성》 그룹에 《표 이름:》 아래에 《자재표》로 수정

- 《표》 생성 단축키 : Ctrl + T.
- 《디자인》 탭은 《표》 안에 임의의 셀을 선택해야 나옵니다.
- 표 이름 알기 : 표 안에 임의의 값 셀 선택 → Ctrl + A → 《이름 상자》에 표 이름이 나옵니다.

02 단가 필드 표시 형식 설정

《자재표》의 B1 셀 외곽선 위에서 약간 아래로 마우스 대면 진한 화살표 커서가 생기고 클릭하여 값 행 선택 → 《홈》 탭 → 《표시 형식》 그룹에 쉼표(,) 단추.

03 《발주서》 시트의 특정 범위에 공백문자 지우기

《발주서》 시트, [A3:A7] 선택 → Ctrl 을 누른 채 L7 셀, [A25:A30] 셀 범위 각각 선택 → Ctrl + H → 《찾을 내용》에 공백 하나 넣고 《모두 바꾸기》 → 《확인》. 다시 《찾을 내용》에 《:》 넣고 《바꿀 내용》은 비운 채 《모두 바꾸기》 → 《확인》 → 《닫기》.

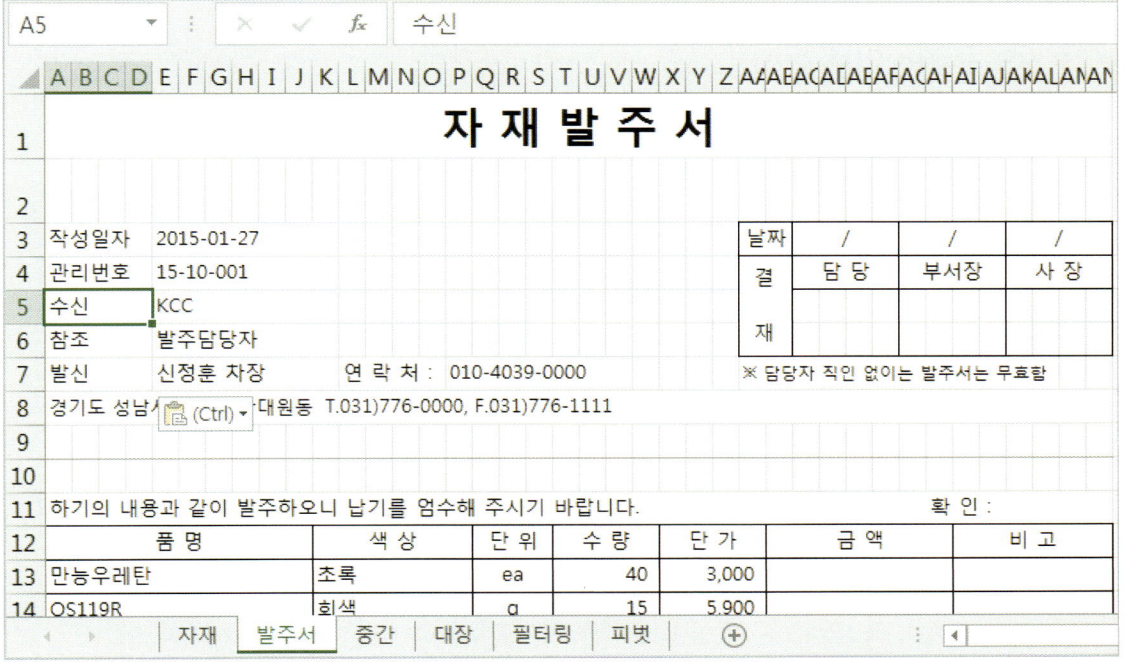

04 품명 값 필드에 유효성 검사 적용

《발주서》 시트, [A13:A22] 선택 → 《데이터》 탭 → 《데이터 도구》 그룹에 《데이터 유효성 검사》 → 《제한 대상》을 목록 → 《원본》 입력란에 =INDIRECT("자재표[자재명]") 입력하고 《확인》.

05 단가 필드에 수식 넣기

《발주서》 시트, X13 셀에 =IFERROR(VLOOKUP(A13,자재표,2,FALSE),0) 수식 입력 → 이 셀의 채우기 핸들을 아래 22행까지 끌어 수식 복사.
- 수식 의미 : 품명을 자재 시트에서 찾아 그 옆에 셀을 가져오고 찾는 값이 없으면 오류 값(#N/A)이 나오는데 이 때는 0 값을 반환하도록 합니다.

06 금액 필드에 수식 넣기

《발주서》 시트, AB13 셀에 =T13*X13 수식 입력 → 이 셀의 채우기 핸들을 아래 22행까지 끌어 수식 복사.

07 합계 셀에 수식 넣기

《발주서》 시트, AB23 셀 선택 → 《홈》 탭 → 《편집》 그룹에 《자동 합계》 → [Enter].

08 셀에 작은 왼쪽 여백

《발주서》 시트, E3 셀에서 [Ctrl]+[1] → 《표시 형식》 → 《사용자 지정》 → 《형식》 란에 《_-yyyy-mm-dd》 입력 → 《확인》 → [E4:E7] 셀 범위 선택 → 《홈》 탭 → 《표시 형식》 그룹에 쉼표(,) 단추 → 방금 실행을 반복하기위해 P7 셀 선택 후, [F4] 키 누름 → [F25:F29] 셀 범위 선택 → [F4] 키 누릅니다.

09 《중간》 시트의 노랑필드에 연결 수식(절대 주소) 넣기

《중간》 시트, A4 셀에서 《=》 입력하고 《발주서》 시트의 E4 셀을 선택 → [F4] 키 눌러 절대 주소로 바꾸고 [Tab] 치면 =발주서!$E$4 입력 → B4, C4, D4 셀에도 《발주서》 시트를 참조한 연결 수식을 입력 → B4 셀 선택하고 [Ctrl]+[1] → 《표시 형식》에서 《범주》를 《날짜》 → 《확인》 → [A4:D13] 선택하고 [Ctrl]+[D] 눌러 복사.

10 《중간》 시트의 녹색필드에 연결 수식(상대 주소) 넣고 《바꾸기》 활용

《중간》 시트, K4 셀에 연결 수식을 상대 주소 =발주서!F27 입력 → L4, M4, N4 셀에도 상대주소 생성 → [K4:N4] 범위 선택 → Ctrl + F → 《f》 입력 → Alt + P → 《f》 입력 → Alt + A 로 모두 바꿈 → 《확인》 → [K4:N4] 선택 → 채우기 핸들을 아래 13행까지 끌기.

− 바꾸기 할 때는 《찾기 및 바꾸기》 창의 《옵션》 → 《전체 셀 내용 일치》와 《대/소문자 구분》은 체크가 해제되어 있어야 합니다.

11 《중간》 시트의 주황 필드에 수식 넣기

이 필드에 연결 수식을 넣을 때 참조 셀이 비었으면 《0》이 나오므로 《중간》 시트, E4 셀 선택 → =IF(발주서!A13=0,"",발주서!A13) → F4 셀 선택 → =IF(발주서!K13=0,"",발주서!K13) → G4 셀 선택 → =IF(발주서!Q13=0,"",발주서!Q13) → 다음은 연결 수식 입력. H4 셀 선택 → =발주서!T13 → I4 셀 선택 → =발주서!X13 → J4 셀 선택 → =발주서!AB13 → [E4:J4] 선택 → 채우기 핸들을 아래 13행까지 끌기.

12 《중간》 시트 복사하여 《대장》 시트에 값만 넣기

《중간》 시트에 《품명》 필드를 기준으로 자료가 있는 [A4:N7]을 선택하고 Ctrl + C → 《대장》 시트의 A4 셀 선택 → Alt + E, S, V → Enter 하여 《값》만 넣습니다.

13 앞에 작업을 매크로로 자동화 하기

《중간》 시트의 E2 셀에 =COUNTA(E4:E13)−COUNTBLANK(E4:E13) 수식 입력.

수식 설명 : 범위에 빈 셀이 아닌 값이 있는 셀 개수 세기.

《보기》 탭 → 《매크로》 그룹에 《매크로》 세모 단추 → 《매크로 기록》 → 《매크로 이름》란에 《중간to대장》 입력하고 《확인》 → [A4:N7]에서 Ctrl + C → 《대장》 시트의 A4 셀 선택 → Alt + E, S, V 하고 《확인》 → 《보기》 탭 → 《매크로》 그룹에 《매크로》 세모 단추 → 《기록 중지》 → 《삽입》 탭 → 《일러스트레이션》 그룹에 《도형》 → 《직사각형》 → 《중간》 시트 B1 셀 정도에 도형을 넣고 마우스 우측 버튼 → 매크로 지정 → 《중간to대장》 선택하고 《확인》 → 매크로를 복사하여 다음과 같이 수정합니다.

《Sub 중간to대장()》부터 《End Sub》까지를 선택하고 Ctrl + C → 《End Sub》 아래 줄에 Ctrl + V 하고 붙여넣은 곳의 첫줄을 《Sub 중간to대장_수정후()》로 바꾸고 그 안에 내용을 다음과 같이 수정하고 VBE 창을 닫기.

기존: *Range("A4:N7").Select*
수정후: *Range("A4:N4").Resize(Range("E2").Value).Select*
뜻: [A4:N4] 범위부터 E2 셀 값만큼 아래로 확장한 범위를 선택.

기존: *Range("A4").Select*
수정후: *Range("A999").End(xlUp).Offset(1).Select*
뜻: 적당히 A999셀 선택하고 Ctrl + ↑ 를 누르면 그 위로 맨 처음 값이 있는 셀을 선택하는데 그 셀 바로 아래 셀을 선택.

→ 다시 도형에 마우스 우측 버튼 → 매크로 지정 → 《중간to대장_수정후》 선택하고 《확인》.

− 이 매크로는 《발주서》 시트에 신규 자료를 입력하고 《중간》 시트에 이 도형을 클릭하여 자료를 《대장》 시트에 차곡차곡 채울 수 있습니다.

14 《대장》 시트에 《표시 형식》 설정

《대장》 시트, [A4:N4] 선택 → Ctrl+Shift+↓ 2번 눌러 [A4:N1048576] 범위 선택 → 마우스 우측 버튼 → 미니 도구 모음에 《가운데 맞춤》 → 마찬가지로 [I4:J1048576] 범위 선택 → 《홈》 탭 → 《표시 형식》 그룹에 쉼표(,) 단추 → [B4:B1048576] 선택 → Ctrl+Shift+# 눌러 날짜 형식으로 설정 → B열 너비는 11 정도로 늘립니다.

15 《C:\엑셀문서\발주서》 폴더 만들기

C드라이브에 《새 폴더》 만들고 이름은 《엑셀문서》 → 그 안에 《발주서》 폴더까지 생성하고 다시 기존 엑셀 문서로 돌아갑니다.

16 《발주서》 시트, 새 파일에 내보내기

《발주서》 시트를 파일로 저장하기 위해 《발주서》 시트 탭에 마우스 우측 버튼 → 이동/복사 → 《대상 통합 문서》란에 《(새 통합 문서)》 → 《복사본 만들기》 체크 → Enter → E4 셀 선택 → F2 → Ctrl+Home → 《복사》Ctrl+C → F12 → C:\엑셀문서\발주서로 이동 후, 《파일 이름》 입력란 클릭 → 《붙여넣기》Ctrl+V → 《저장》.

17 앞에 작업을 매크로로 자동화 하기

원본 파일의 《발주서》 시트 선택 → 엑셀 하단 《상태 표시줄》의 매크로 기록 단추 클릭 → 《매크로 이름》란에 《발주서_내보내기》 → 《확인》 → Alt+E, M → Alt+T → Home → Enter → Alt+C → Enter → F12 → 《발주서》 폴더로 가고 《파일 이름》 입력란에 《ddd》로 넣고 Enter → 《상태 표시줄》의 네모로 바뀐 매크로 중지 단추 클릭 → Ctrl+Tab → 《보기》 탭 → 《매크로》 그룹에 《매크로》 단추 → 《발주서_내보내기》 → 《편집》 누르면 VBE 창이 열리고 다음 내용을 수정하세요.
기존: "C:\엑셀문서\발주서\ddd.xlsx"
수정후: "C:\엑셀문서\발주서\발주" & Range("E4").Value & ".xlsx"
뜻: E4 셀의 값을 파일명으로 하기.

그리고 《삽입》 탭의 임의의 《도형》을 발주서 시트의 B1 셀 정도에 넣고 도형에 마우스 우측 버튼 → 《매크로 지정》 → 《발주서_내보내기》 → 《확인》 하여 그 도형을 클릭하면 현재 발주서 시트에 E4 셀 값을 파일명으로 발주서 폴더에 저장되도록 합니다.

18 《대장》 시트 자료를 《발주서》로 가져오기

《발주서》 시트, E4 셀에 《=》 입력 후, 《대장》 시트 선택 A4 셀 클릭하고 Enter 쳐서 =대장!A4 로 입력 → E3 셀에 =VLOOKUP(E4, 대장!A:N, 2, FALSE) 입력 → E5 셀도 =VLOOKUP(E4, 대장!A:N, 3, FALSE) 입력, F25, F26, F27, F28, F29 셀들도 VLOOKUP 함수로 수식을 넣고 세 번째 인수만 바꿔주면 됨. 예를 들면 F26 셀 수식은 E5 셀 수식의 세 번째 인수인 《3》 대신 《12》를 넣습니다.

이번에는 표에 수식을 작성해 보죠.
《발주서》 시트, A13 셀 선택 → Alt+D, L→《오류 메시지》→《유효하지 않은 데이터를 입력하면 오류 메시지 표시》를 체크 해제하여 수식 작성을 가능케 하고 → 《설정》 → 《변경 내용을 설정이 같은 모든 셀에 적용》 체크 → 《확인》 → [AQ13:AQ22]에 0부터 9까지 순번을 입력합니다.

《발주서》 시트, 특정 셀에 다음과 같이 수식을 넣습니다.

AR12 셀 수식 : =MATCH(E4, 대장!A:A, 0)

AR13 셀 수식 : =$E$4=INDEX(대장!A:A, $AR$12+AQ13)
이 셀의 채우기 핸들을 AR22까지 끌기.

A13 셀 수식(품명) : =IF(AR13=TRUE, INDEX(대장!E:E, $AR$12+AQ13),"")
K13 셀 수식(색상) : =IF(AR13=TRUE, INDEX(대장!F:F, $AR$12+AQ13),"")
Q13 셀 수식(단위) : =IF(AR13=TRUE, INDEX(대장!G:G, $AR$12+AQ13),0)
T13 셀 수식(수량) : =IF(AR13=TRUE, INDEX(대장!H:H, $AR$12+AQ13),0)
X13 셀 수식(단가) : =IF(AR13=TRUE, INDEX(대장!I:I, $AR$12+AQ13),"")

19 발주서에 특정 범위를 이름 정의

발주서에는 수기 입력도 하고, 대장 자료를 가져올 수식도 넣어야 하므로 매크로를 꼭 써야 하죠. 우선 매크로를 간결하게 하기위해, 셀 범위를 이름 정의합니다.

발주서 시트에 [E3:E5] 선택 → Ctrl 누른 채 [A13:X22], [F25:F29] 선택 → 《수식》 탭 → 《정의된 이름》 그룹에 《이름 정의》 → 《이름》란에 《na발주서》로 적고 Enter → F30 셀도 그 이름 범위에 포함시키기 위해 《이름 관리자》 Ctrl + F3 → 《na발주서》 항목 선택하고 《편집》 → 《참조 대상》 입력란 클릭 → F2 눌러 편집 모드로 바꾸고 End 를 눌러 맨 뒤로 커서 이동 → 쉼표(,) 입력하고 F30 셀 선택 → Enter → 닫기.

20 수식 입력 및 복사 매크로
이제 수식을 자동 입력해주는 매크로를 기록해보죠.
《발주서》 시트 선택 → 매크로 기록 → 매크로 이름은 《발주서_수식_일괄입력》 입력 후 Enter → E3 셀 선택 → F2 → Enter → E5 셀 선택 → F2 → Enter 이런 식으로 [F25:F29] 셀마다 하나씩 선택하고 F2 → Enter 를 치고, A13 셀 선택 → F2 → Tab , K13, Q13, T13, X13 셀에서도 동일하게 셀 선택 후, F2 → Tab 을 함 → [A13:X13] 복사 Ctrl + C → [A14:X22] 선택 → Enter → 《기록 중지》.

21 발주서 초기화 매크로
《발주서》 시트 선택 → 매크로 기록 → 매크로 이름은 《발주서_입력란_지우기》 입력 후 Enter → 《이름 상자》를 클릭하여 《na발주서》를 선택하고 Delete 하면 병합된 셀에서는 실행할 수 없다는 경고 창이 뜨고 《확인》 → 다시 Delete 누르면 지워짐 → X13 셀에 수식 =IFERROR(VLOOKUP(A13,자재!$A:$B,2,),) 넣고 이 셀의 채우기 핸들을 22행까지 끌고 《기록 중지》.
매크로를 수정하기 위해 Alt + F8 → 《발주서_입력란_지우기》 선택 후, 《편집》 → 매크로 코드 중에 Selection. ClearContents 를 Selection="" 로 수정하고 VBE 창 닫기.

22 발주서 시트에 매크로 단추 사용법
《발주서》 시트 선택 → 《개발 도구》 탭 → 《컨트롤》 그룹에 《삽입》 → 《양식 컨트롤》 모음의 《단추》 → 《발주서》 시트, AO1 셀 근처에 드래그하여 단추를 올리고 《발주서_수식_일괄입력》 항목을 선택 → 《확인》 → 바로 《수식넣기》를 입력하고 단추 크기를 조정 → 마찬가지로 또 다른 《단추》를 《발주서》 시트, AO2 셀에 올리고 《발주서_입력란_지우기》 항목을 선택 → 《확인》 → 바로 《수식지우기》를 입력하고 단추 크기를 조정 → 《대장》 시트에 특정 《관리번호》 값을 《발주서》 시트의 E4 셀에 입력하고 《수식넣기》 클릭.

23 《대장》 시트에 데이터 이름 정의
《대장》 시트 선택 후, 《수식》 탭 → 《정의된 이름》 그룹에 《이름 정의》 → 《이름》 란에 《na대장》으로 하고 《참조 대상》 란에는 다음 수식을 입력하고 《확인》.
수식: =OFFSET($A$3,,,COUNTA($A$3:$A$1048576),14)
수식 의미 : 《대장》 시트의 A3셀로부터 [A3:A1048576] 범위에 값이 있는 셀 개수만큼 행을, 14개만큼 열을 각각 늘린 범위를 참조.

24 고급필터로 특정 연월 자료 조회

대장 데이터를 《고급 필터》를 써서 해당 연월 자료만 추출.

《필터링》 시트 선택하고 A2 셀에 《2015》 입력, B2 셀에 《1》월 입력 후 다음 수식 작성.
G2 셀 수식: =">="&DATE(A2,B2,1)
H2 셀 수식: ="<="&DATE(A2,B2+1,0)
- 날짜는 원래 값이 숫자이므로 4만 대의 숫자로 나옵니다.

《필터링》 시트, A4 셀 선택 → 《상태 표시줄》 좌측의 매크로 기록 → 매크로 이름은 《고급필터》 → Enter → 《데이터》 탭 → 《정렬 및 필터》 그룹에 《고급》 → 《대장》 시트 선택 → 《목록 범위》에 《na대장》 입력 → Tab → 《조건 범위》는 필터링 시트의 [G1:H2] 선택 → 《다른 장소에 복사》 누르고 《복사 위치》란에 커서를 두고 [A4:N4] 범위 선택 → 《확인》 → 《기록 중지》.

25 《필터링》 시트에 데이터 이름 정의

《필터링》 시트 선택 후, 《수식》 탭 → 《정의된 이름》 그룹에 《이름 정의》 → 《이름》 란에 《na필터링》으로 하고 《참조 대상》 란에는 다음 수식을 입력하고 《확인》.
수식: =OFFSET($A$4,,,COUNTA($A$4:$A$1048576),14)

26 피벗 테이블로 특정 연월의 현장별 품목별 보고서

고급 필터 결과로부터 피벗 테이블로 출력물 뽑기.

《피벗》시트의 A4 셀 선택 → 《삽입》탭 → 《표》그룹에 《피벗 테이블》→ 《표/범위》란에 《na필터링》넣고 《확인》 → 우측 피벗 테이블 필드에 《공사현장명》,《품명》,《금액》각각 체크 → 《디자인》탭 → 《레이아웃》그룹에 《보고서 레이아웃》→ 《테이블 형식으로 표시》→ C1 셀에 =필터링!A1 수식 입력 → D1 셀 선택하고 Ctrl+R 로 좌측 셀 복사 → [C2:D2] 범위 선택 후, Ctrl+D 로 위 두 개의 셀 범위 복사.

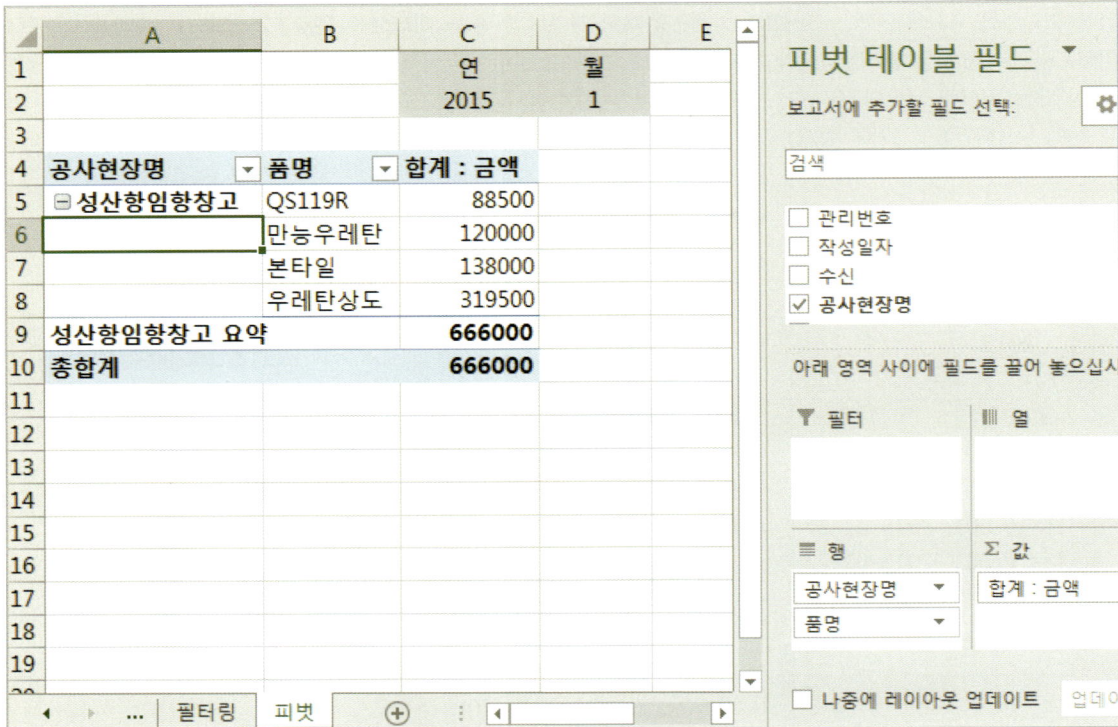

27 피벗 테이블 새로 고침 매크로

피벗 테이블 안에 임의의 셀 선택 → 매크로 기록 → 매크로 이름은 《피벗_새로고침》→ Enter → 마우스 우측 버튼 → 《새로 고침》→ 《기록 중지》.

28 《필터링》 시트에 전체 매크로

《필터링》 시트에서 《개발 도구》 탭 → 《컨트롤》 그룹에 《삽입》 → 《양식 컨트롤》에 《단추》 → D1 셀 정도에서 드래그하여 단추 넣고 《매크로 지정》 창이 뜨면 《이름》 란에 《연월조회》라고 입력하고 《새로 만들기》 → 다음의 문장을 입력.

Sub 연월조회()
고급필터
Sheets("피벗").Select
피벗_새로고침
End Sub

– 《연월조회》 매크로 의미 : 《고급필터》 매크로 실행 후 《피벗》 시트 선택하고 《피벗_새로고침》 매크로 실행 후 완료.

29 매크로 시험

《필터링》 시트의 B2 셀에 8 입력 후, 단추를 클릭하면 1004 런타임 오류 창이 뜨고 《디버그》 누르면 VBE에 노란 줄이 생김(이유는 8월 자료가 없기 때문). 일단 노란 줄을 없애기 위해 VBE 메뉴에 《실행》 → 《재설정》하고 《고급필터》 매크로를 다음과 같이 수정 합니다.

《고급필터》 매크로의 맨 아래 코드 *End Sub* 위에 줄을 삽입하고 그 줄에 다음 코드 추가.
If Range("A5") = "" Then MsgBox "해당 연월에 자료 없음": End

CHAPTER 08 재고 관리

원본 파일 4부\재고관리_원본.xlsx
결과 파일 4부\재고관리_결과.xlsm

입출고 자료로부터 재고, 기간별 입출고, 제품별 현황을 집계합니다.

원본 시트

▲ 아무 내용도 없는 《수불》 시트

결과 시트

A3 : =YEAR([@일자])

연	월	일	일자	제품명	규격	작업자	입고량	출고량
2016	1	1	2016-01-01	QS0030	베1		1000	
2016	1	1	2016-01-01	QS0030	밤2		1500	
2016	1	1	2016-01-01	QS0030	밤1		900	
2016	1	1	2016-01-01	QS0030	베봉1		800	
2016	1	1	2016-01-01	QS10-100	베1		1200	
2016	1	1	2016-01-01	QS10-100	밤1		1400	
2016	1	1	2016-01-01	QS10-100	밤2		1200	
2016	1	1	2016-01-01	QS10-100	베봉1		1300	
2016	1	1	2016-01-01	QS10-101	베1		800	

01 《수불》 시트에 기존 데이터 가져오고 표 생성

《재고관리_결과》 파일의 《수불》 시트, A1 셀 선택 → Ctrl+A → 《복사》Ctrl+C → 《재고관리_원본》 파일의 《수불》 시트, A1 셀 선택 → Alt+E, S, V → Enter → 《삽입》 탭 → 《표》 그룹에 《표》 → 《머리글 포함》 체크 → 《확인》 → 《디자인》 탭에 《속성》 그룹에 《표 이름:》 아래에 《수불표》로 수정.

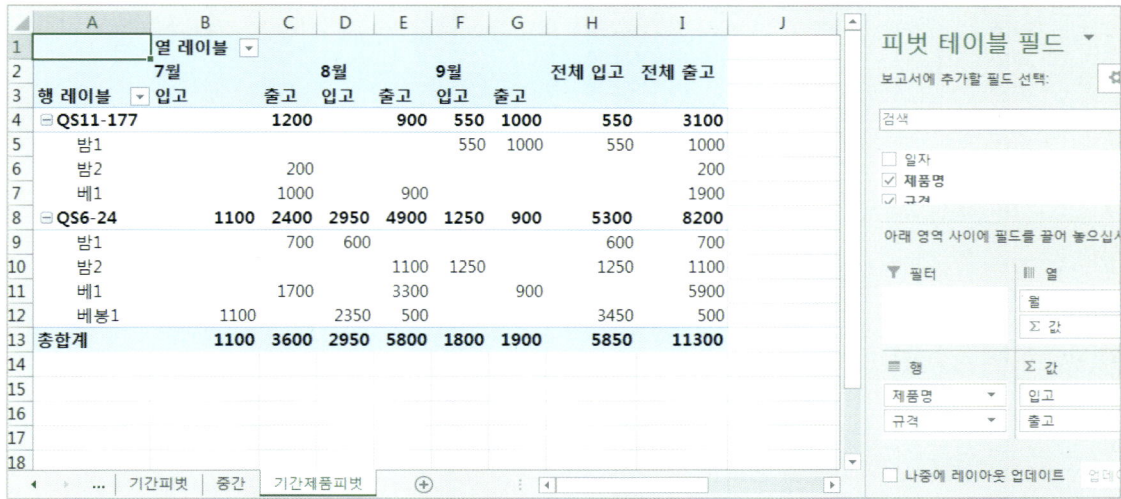

- 《표》 생성 단축키 : Ctrl+T
- 《디자인》 탭은 《표》 안에 임의의 셀을 선택해야 나옵니다.

02 《수불》 시트에 표시 형식과 수식 입력

《수불표》의 D1 셀 외곽선 위에서 약간 아래로 마우스 대면 진한 화살표 커서가 생기고 클릭하여 값 행 선택 → Ctrl+Shift+# 으로 날짜 형식화 → A2 셀에 《=year(》 입력하고 D2 셀 선택 → Tab 치면 =YEAR([@일자]) 로 입력되고(엑셀2007에서는 인수를 《[일자]》나 《D2》로 해야 함). 나머지 월, 일도 이런 식으로 다음과 같이 수식 입력.
B2 셀 수식: =MONTH([@일자])
C2 셀 수식: =DAY([@일자])
→ [A2:C2] 범위 선택하고 채우기 핸들을 더블 클릭하여 아래를 모두 채웁니다.
- 한 날짜(2016-1-1)로 창고에 있는 모든 제품의 초기 재고를 입력합니다.

03 《재고》 시트에서 고급필터와 수식 넣기

《재고》 시트, C5 셀 선택 → 《데이터》 탭 → 《정렬 및 필터》 그룹에 《고급》 → 《목록 범위》는 《수불》시트의 [E:F] 열 → 《다른 장소에 복사》 선택 → 복사 위치》에 《재고》 시트의 [A3:B3] 범위 선택 → 《동일한 레코드는 하나만》 체크 → 《확인》.

04 《재고》 시트에 수식 넣기

C4 셀에 =SUMIFS(수불!H:H,수불!E:E,A4,수불!F:F,B4) 수식 입력.

D4 셀에 =SUMIFS(수불!I:I,수불!E:E,A4,수불!F:F,B4) 수식 입력.

E4 셀에 =C4-D4 수식 입력.

[C4:E4] 선택 → 채우기 핸들 더블 클릭하여 맨 끝까지 수식 입력.

	A	B	C	D	E	F	G	H	I
1	연	월	일	일자	제품명	규격	작업자	입고량	출고량
2	2016	1	1	2016-01-01	QS0030	베1		1000	
3	2016	1	1	2016-01-01	QS0030	밤2		1500	
4	2016	1	1	2016-01-01	QS0030	밤1		900	
5	2016	1	1	2016-01-01	QS0030	베봉1		800	
6	2016	1	1	2016-01-01	QS10-1004	베1		1200	
7	2016	1	1	2016-01-01	QS10-1004	밤1		1400	
8	2016	1	1	2016-01-01	QS10-1004	밤2		1200	
9	2016	1	1	2016-01-01	QS10-1004	베봉1		1300	
10	2016	1	1	2016-01-01	QS10-1010	베1		800	
11	2016	1	1	2016-01-01	QS10-1010	밤1		1300	
12	2016	1	1	2016-01-01	QS10-1010	밤2		1300	
13	2016	1	1	2016-01-01	QS10-1010	베봉1		900	
14	2016	1	1	2016-01-01	QS10-183	베봉1		1000	
15	2016	1	1	2016-01-01	QS10-183	베1		1400	
16	2016	1	1	2016-01-01	QS10-183	밤1		1500	
17	2016	1	1	2016-01-01	QS10-203	베봉1		1400	

05 《기간피벗》 시트에 피벗 테이블 생성

《기간피벗》 시트에 A1 셀 선택 → 《삽입》 탭 → 《표》 그룹에 《피벗 테이블》 → 《수불》 시트의 임의의 데이터 한 셀 선택 후, Ctrl+A 하면 《수불표》로 자동 입력 → 《확인》 → 피벗 테이블 필드에 연, 월, 일 필드를 《필터》 영역으로 차례로 드래그 → 제품명, 규격 필드는 클릭 → 입고량, 출고량은 《값》 영역으로 드래그하고 《개수 : 입고량》 클릭 → 《값 필드 설정》 → 《합계》로 하고 《확인》 → 출고량도 마찬가지로 《합계》로 함. 연, 월을 필터하면 해당 기간 자료를 피벗 테이블에 반영.

	C4		✕ ✓ fx	=SUMIFS(수불!H:H,수불!E:E,A4,수불!F:F,B4)			
	A	B	C	D	E	F	G
1							
2							
3	제품명	규격	입고	출고	재고		
4	QS0030	베1	2400	3500	-1100		
5	QS0030	밤2	1500	400	1100		
6	QS0030	밤1	1100	1050	50		
7	QS0030	베봉1	2150	200	1950		
8	QS10-1004	베1	4200	3250	950		
9	QS10-1004	밤1	2650	1500	1150		
10	QS10-1004	밤2	3700	650	3050		
11	QS10-1004	베봉1	1300	500	800		
12	QS10-1010	베1	2650	850	1800		
13	QS10-1010	밤1	2800	900	1900		

06 《중간》 시트에서 《고급 필터》하기

《수불》 시트에 [D1:F1] 선택 → Ctrl 누른 채 H1 셀 선택 → Shift+→ 를 누르면 최종적으로 [D1:F1,H1:I1]이 선택되고 《복사》Ctrl+C → 《중간》 시트 선택 → A1 셀 선택하고 Enter → J2 셀에 =">"&G$2 수식 입력 → K2 셀에 ="<="&H$2 수식 입력 → [J2:K2] 선택 → Ctrl+D 하여 위의 셀 복사 → H5 셀 선택 → 《데이터》 탭 → 《정렬 및 필터》 그룹에 《고급》 → 《수불》시트 탭을 누르고 표에 1행의 임의의 필드명 셀을 선택 → Ctrl+A 하면 《수불표[#모두]》로 나오고 《조건 범위》 입력란 선택 후 마우스로 《중간》 시트의 [J1:L3] 범위를 선택하여 《중간!$J$1:$L$3》으로 하고 《다른 장소에 복사》를 선택 후, 《복사 위치》 입력란 클릭 → 《중간》 시트의 [A1:E1] 선택하여 《중간!$A$1:$E$1》로 하고 《확인》을 누르면 기간 내 두 제품의 데이터를 《중간》 시트로 가져옵니다.

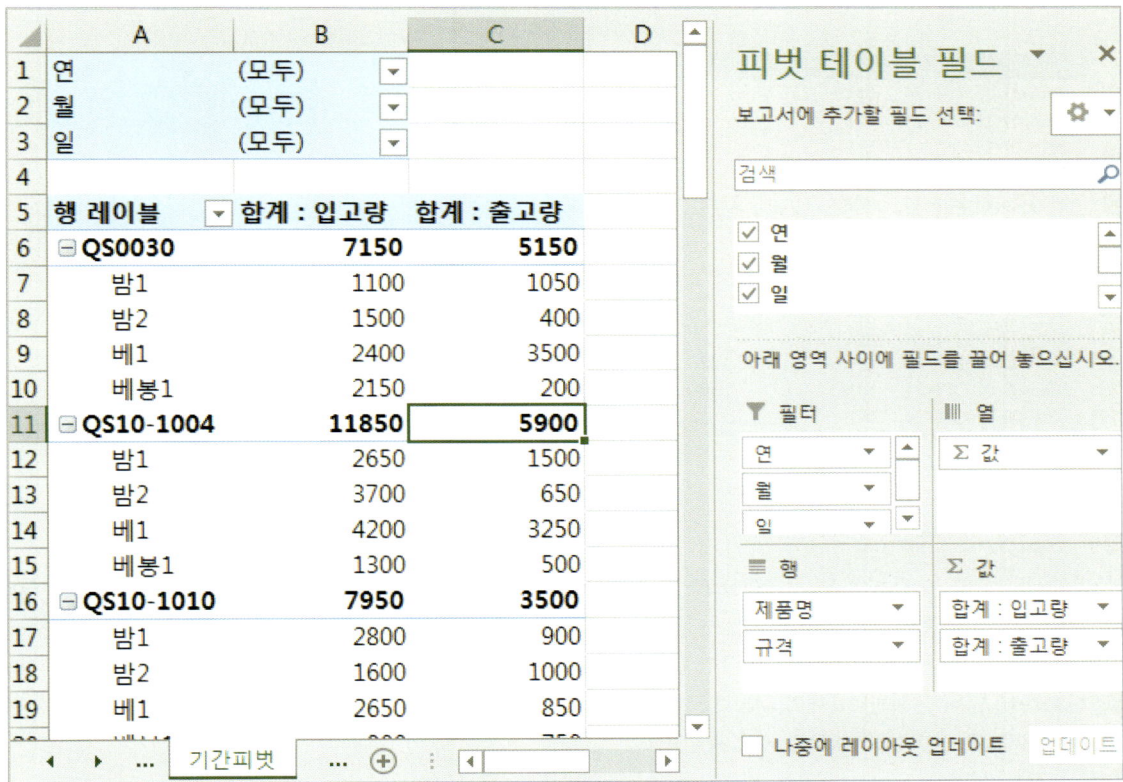

- 《중간》 시트, L3 셀을 지우고 《조건 범위》를 [J1:L2]로 하고 고급필터를 실행하면 기간 내에 한 제품을 가져옵니다.

07 고급 필터 결과 이름 정의

《중간》 시트 선택 → 《수식》 탭 → 《정의된 이름》 그룹에 《이름 정의》 → 《이름》은 《중간데이터》, → 《범위》는 《통합 문서》 → 《참조 대상》에 =OFFSET(중간!$A$1,,,COUNTA(중간!$A:$A),5) 수식 입력 → 《확인》.

08 《기간제품피벗》 시트에 피벗 테이블 생성

《기간제품피벗》 시트 A1 셀 선택 → 《삽입》 탭 → 《표》 그룹에 《피벗 테이블》 → 《표/범위》에 《중간데이터》 입력 후, Enter → 피벗 테이블 필드에 《일자》 필드를 《열》 영역에 드래그 → 《제품명》, 《규격》 필드 각각 체크 → 《입고량》 필드를 《값》 영역에 드래그하면 《개수 : 입고량》으로 나오고 그것을 클릭 → 《값 필드 설정》 → 《합계》 선택하고 《사용자 지정 이름》은 《입고》로 수정하고 《확인》 → 《출고량》 필드도 《값》 영역에 드래그하고 동일하게 이름은 《출고》로 수정 → 《열》 영역에 《일자》 필드 클릭하고 《필드 제거》(엑셀2013 이하 버전은 이 영역에 《일자》가 없고, 피벗 테이블에 임의의 날짜 셀에 마우스 우측 버튼 → 그룹 → Enter).

	A	B	C	D	E	F	G	H	I	J	K	L
1	일자	제품명	규격	입고량	출고량		시작일	종료일		일자	일자	제품명
2	2016-07-15	QS6-24	밤1		200		2016-07-01	2016-09-30		>=42552	<=42643	=QS11-177
3	2016-07-15	QS6-24	베1		200					>=42552	<=42643	=QS6-24
4	2016-07-18	QS11-177	베1		700							
5	2016-07-18	QS11-177	밤2		200							
6	2016-07-21	QS6-24	베봉1	1100								
7	2016-07-22	QS6-24	밤1		500							
8	2016-07-29	QS11-177	베1		300							
9	2016-07-29	QS6-24	베1		500							
10	2016-07-29	QS6-24	베1		500							
11	2016-07-29	QS6-24	베1		500							
12	2016-08-01	QS6-24	베봉1	100								
13	2016-08-01	QS6-24	베봉1	250								
14	2016-08-01	QS6-24	베1		1000							

09 《재고》 시트 매크로

《재고》 시트 선택 → 《보기》 탭 → 《매크로》 그룹에 《매크로》 세모 단추 → 《매크로 기록》 → 매크로 이름은 《재고_고급필터》 → 《확인》 → 《데이터》 탭 → 《정렬 및 필터》 그룹에 《고급》 → 《수불》 시트의 [E:F] 열 선택하여 《수불!$E:$F》 입력 → 《조건 범위》는 비우고 《다른 장소에 복사》 선택 → 복사 위치 입력란 클릭하고 《재고》 시트의 [A3:B3] 범위 선택하여 《재고!$A$3:$B$3》 입력 → 《동일한 레코드는 하나만》 체크 → 《확인》 → 《상태 표시줄》 좌측에 네모 단추 눌러 매크로 기록 중지.

《재고》 시트 선택 → 다시 《매크로 기록》 → 매크로 이름은 《재고_수식넣기》하고 《확인》 → [C4:E4] 선택하고 Delete → [C5:E5] 선택하고 채우기 핸들을 위로 4행까지 끌기 → A4 셀 선택 → Ctrl + ↓ → Ctrl + ↑ → C4 셀 선택 → F2 → Tab → D4 셀 선택 → F2 → Tab → E4 셀 선택 → F2 → Tab → 매크로 기록 중지하고 매크로를 편집하기 위해 Alt + F8 → 《재고_수식넣기》 선택하고 《편집》 누르고 다음과 같이 매크로를 수정합니다.

Range("C4:E4").Select
Selection.ClearContents
을
Range("C4:E1048576").ClearContents
로 수정.

```
Range("C5:E5").Select
Selection.AutoFill Destination:=Range("C4:E5"), Type:=xlFillDefault
Range("C4:E5").Select
Range("A4").Select
Selection.End(xlDown).Select
Selection.End(xlUp).Select
```

을

```
ro = Range("A4").End(xlDown).Row
```

로 수정. 즉 A4 셀에서 맨 아래 셀까지 이동했을 때의 행 번호를 《ro》에 대입.

```
Range("C4").Select
ActiveCell.FormulaR1C1 = "=SUMIFS(수불!C[5],수불!C[2],RC[-2],수불!C[3],RC[-1])"
```

을

```
Range("C4:C" & ro).FormulaR1C1 = "=SUMIFS(수불!C[5],수불!C[2],RC[-2],수불!C[3],RC[-1])"
```

로 수정. 즉 ro를 끝 주소로 하여 C열 데이터 범위에 수식 입력.

나머지 5줄은 다음 2줄로 수정.
```
Range("D4:D" & ro).FormulaR1C1 = "=SUMIFS(수불!C[5],수불!C[1],RC[-3],수불!C[2],RC[-2])"
Range("E4:E" & ro).FormulaR1C1 = "=RC[-2]-RC[-1]"
```

최종적으로, 《재고_수식넣기》 매크로는 다음과 같습니다.
```
Sub 재고_수식넣기()
Range("C4:E1048576").ClearContents
ro = Range("A4").End(xlDown).Row
Range("C4:C" & ro).FormulaR1C1 = "=SUMIFS(수불!C[5],수불!C[2],RC[-2],수불!C[3],RC[-1])"
Range("D4:D" & ro).FormulaR1C1 = "=SUMIFS(수불!C[5],수불!C[1],RC[-3],수불!C[2],RC[-2])"
Range("E4:E" & ro).FormulaR1C1 = "=RC[-2]-RC[-1]"
End Sub
```

두 개의 매크로를 하나의 매크로로 만들기 위해 《재고_수식넣기》 매크로의 끝인 End Sub 다음 줄에 아래의 4줄 매크로를 작성.

```
Sub 재고_고급필터_수식생성()
재고_고급필터
재고_수식넣기
End Sub
```

《개발 도구》 탭의 《컨트롤》 그룹에 《삽입》 → 《양식 컨트롤》 모음에 네모 《단추》 → 《재고》 시트의 A1 셀 근처에 만들고 《재고_고급필터_수식생성》 매크로 선택하고 《확인》.

10 《기간피벗》 시트, 피벗 테이블 《새로 고침》 매크로

매크로 기록 → 매크로 이름은 《기간_새로고침》 → 《확인》 → 피벗 테이블 안에 임의의 셀에 마우스 우측 버튼 → 《새로 고침》 → 《기록 중지》 → 《개발 도구》 탭의 《컨트롤》 그룹에 《삽입》 → 《양식 컨트롤》 모음에 네모 《단추》 → D1 셀 근처에 단추 삽입하고 《기간_새로고침》 매크로 선택하고 《확인》.

11 《중간》 시트 매크로

《중간》 시트 선택 → 《매크로 기록》하고 매크로 이름은 《중간_고급필터》로 하고 고급 필터를 하고 매크로 기록 중지 후, 단추를 시트에 삽입하여 이 매크로 연결하고 단추 클릭으로 고급필터를 실행하도록 합니다.

12 《기간제품피벗》 시트, 피벗 테이블 《새로 고침》 매크로

《기간피벗》 시트에 《기간_새로고침》 매크로와 같은 방식으로 하고, 매크로 이름은 중복이 안 되므로 《기간제품_새로고침》으로 하고 《기간제품피벗》 시트의 피벗 테이블 임의의 셀에 마우스 우측 버튼 → 《새로 고침》하고 기록 중지 → 단추를 시트에 삽입하고 이 매크로를 단추에 연결하도록 합니다.

13 파일 저장

F12 → 파일 명을 《재고관리_결과》로 하고 파일 형식은 《Excel 매크로 사용 통합 문서》로 하고 저장.

MEMO

리본 메뉴의 주요 단추

리본 메뉴의 기본 탭에 유용한 단추를 살펴보려고 합니다.
이 메뉴에 마우스를 대고 마우스 휠을 돌리면 탭이 차례대로 활성화됩니다.

Chapter 01 | 《홈》 탭

Chapter 02 | 《삽입》 탭

Chapter 03 | 《페이지 레이아웃》 탭

Chapter 04 | 《수식》 탭

Chapter 05 | 《데이터》 탭

Chapter 06 | 《검토》 탭

Chapter 07 | 《보기》 탭

01장 《홈》탭

복사, 글꼴 서식, 맞춤 서식, 셀에 표시 형식, 스타일, 셀 삭제/삽입, 채우기, 지우기, 찾기 및 선택 등을 다룹니다.

UNIT 01 《클립보드》그룹

■ 복사 Ctrl + C
- 뜻 : 원본(셀, 도형 등)을 클립보드(임시 저장 공간)에 저장.
- 사용 : 셀이나 셀 내용, 개체(예: 그림, 도형, 차트) 등을 선택 후, 클릭.
- 엑셀2010 이상 버전은 옆에 세모 단추가 있고 그 단추 클릭 후, 《그림으로 복사》 누르면 원본을 그림으로 복사함. 이때 《그림 복사》창이 뜸.
- 《그림 복사》창에서 《비트맵》은 원본 셀이 무색인 경우, 흰색으로 복사함.
- 엑셀2007에 《그림으로 복사》는 옆에 《붙여넣기》세모 단추 → 《그림 형식》에 있음.

■ 붙여넣기 Ctrl + V
- 뜻 : 복사 원본을 특정 셀에 붙이기.
- 사용 : 《복사》 → 대상 셀 선택 후에 클릭.
- 세모 단추 클릭하면 하위 메뉴로 여러 단추가 보이며, 엑셀2007은 글자로 있음.

- 엑셀2007에는 《하이퍼링크로 붙여넣기》 메뉴가 있으며 이것은 새 통합 문서에서는 사용할 수 없고, 탐색기에 저장된 파일에 한해서 사용가능.
- 하위 메뉴 중에 《그림》(엑셀2007은 《그림으로 붙여넣기》), 《연결된 그림》 (엑셀2007은 《연결하여 그림 붙여넣기》)은 《선택하여 붙여넣기》 클릭 시 뜨는 창에는 없습니다.

다음은 복사 후 활성화되는 《붙여넣기》 아래 세모 클릭 시 보이는 단추에 대한 것으로 그림 순서대로 살펴봅니다.

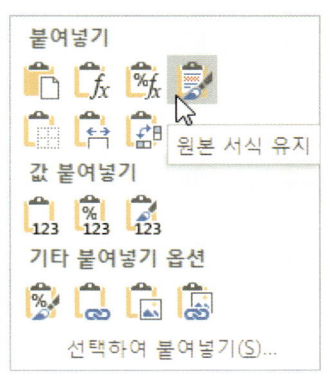

- □ **붙여넣기** : 모두 복사.
- □ **수식** : 셀 수식만 복사.
- □ **수식 및 숫자 서식** : 수식과 표시 형식을 복사.
- − 표시 형식은 셀 서식 [Ctrl]+[1] 에 있습니다.
- □ **원본 서식 유지** : 원본 파일의 셀 테마를 대상 파일에 복사하고 원본 셀이 값이면 값, 수식이면 수식을 복사.
- − 이 기능은 파일 간 복사 시에 의미가 있으며, 테마는 《페이지 레이아웃》 탭 → 《테마》 그룹이 그것이며, 《선택하여 붙여넣기》 창에 《원본 테마 사용》과 같습니다.
- − 파일 간 복사 : 엑셀2010 이하 버전에서 만든 파일을 상위 버전(엑셀2013 이상)에서 열어서 그 상위 버전에서 만든 파일에 복사할 때라고 보면 되며, 그 반대 방향도 마찬가지입니다.
- □ **테두리 없음** : 셀 테두리만 제외하고 복사.
- − 테두리는 셀 서식 [Ctrl]+[1] 에 있습니다.
- □ **원본 열 너비 유지** : 셀의 열 너비만 복사.
- □ **바꾸기** : 행/열 바꿔서 복사.
- □ **값** : 셀 값만 복사.
- □ **값 및 숫자 서식** : 값과 표시 형식이 복사.
- − 표시 형식은 셀 서식 [Ctrl]+[1] 에 있습니다.
- □ **값 및 원본 서식** : 앞에서 다룬 《원본 서식 유지》와 비슷한데, 다른 것은 원본 셀이 수식이라도 그 값만 복사합니다.
- □ **서식** : 서식만 복사.
- − 원본 서식만 복사하는 법 : 이종 버전(엑셀2010 이하 ↔ 엑셀2013 이상) 간에 파일끼리 동일 서식으로 복사하려면 앞에서 다룬 《값 및 원본 서식》으로 적당한 빈 셀에 먼저 붙이고, 그 곳을 복사하여 대상 셀에 이 《서식》으로 붙입니다.
- □ **연결하여 붙여넣기** : 수식으로 원본 셀을 연결.
- □ **그림** : 셀에 모양 그대로 그림으로 복사.
- □ **연결된 그림** : 수식으로 원본 셀을 연결하여 그림으로 복사. ※ 《Excel 옵션》 → 《빠른 실행 도구 모음 》 → 《명령 선택》란을 《리본 메뉴에 없는 명령》 → 《카메라》와 같음
- − 원본 셀과 그림의 동기화. 즉 셀이 바뀌면 그림도 자동 바뀝니다.

▢ **선택하여 붙여넣기** : 창을 띄워서 선택하여 복사합니다.
— 단축키 : Ctrl + Alt + V 또는 Alt + E, S

◼ **잘라내기** Ctrl + X
- 뜻 : 원본을 클립보드(임시 저장 공간)에 저장.
— 《복사》와 달리 이것은 원본을 이동시킬 때 사용.
- 사용 : 셀이나 셀 내용, 개체(예: 그림, 도형, 차트) 등을 선택 후, 클릭.

◼ **서식 복사**
- 뜻 : 원본의 서식만 복사.
- 사용 : 원본 셀 선택 → 이 단추 클릭하면 마우스 모양이 빗자루로 바뀜 → 대상 셀 또는 범위 선택하면 원본 셀의 서식이 복사됨 → 해제는 이 단추를 다시 누르거나 Esc 를 누름.
— 여러 대상 셀에 적용하려면 원본 셀에서 이 단추를 더블 클릭하고 대상을 선택합니다.
— 셀의 일부 글자만 마우스로 선택하면 미니 도구 모음이 뜨고 그곳에서 특정 서식(예: 빨강글자)을 설정할 수 있는데, 이때 그 일부의 서식만 다른 곳에 복사할 수는 없습니다.

◼ **클립보드 그룹 아이콘** Alt + E, B

《클립보드》 우측의 그룹 아이콘 클릭 → 시트 좌측에 작업 창이 생기고, 원본을 복사할 때마다 이곳에 복사한 항목들이 생기고 임의의 항목을 누

UNIT 02 《글꼴》 그르면 선택한 대상에 그 내용과 서식이 붙여집니다.
룹

◼ **내천川** Shift + Alt + ↑
- 뜻 : 셀 값의 위쪽에 작은 글씨로 주석 달기.
- 사용 : 텍스트형 값이 있는 셀 선택 → 내천 단추 옆에 세모 단추 →《윗주 편집》→ 임의의 내용을 입력하고 Enter 두 번 → 내천 단추 클릭하면 윗주가 보이고 다시 클릭하면 숨겨집니다.

- 수식 셀이나 숫자(날짜, 시간 포함) 셀 등은 윗주 표시 불가능. 단, 텍스트형 숫자는 윗주 표시 가능.
- 셀에서 마우스 우측 버튼 →《윗주 필드 표시》클릭하여 윗주 표시 또는 숨기기.

■ 테두리
단추 옆에 세모 단추를 누르면 하위 메뉴가 나오고, 셀에 테두리를 그을 수 있습니다.
- 《테두리 그리기》메뉴는 외곽선을 그릴 수 있으며, Ctrl 을 누른 채 마우스 드래그하면 그 아래 메뉴인《테두리 눈금 그리기》와 같은 기능을 합니다.
- 《테두리 지우기》메뉴를 눌러 셀 범위를 드래그하면 테두리 전체를 지울 수 있으며, Ctrl 을 누른 채 드래그하면 외곽선만 지웁니다.

■ 기타 단추들
《글꼴》그룹에 나머지 단추 들은《셀 서식》창의 글꼴 범주 기능.

■ 글꼴 그룹 아이콘 Ctrl + Shift + F

《글꼴》우측의 그룹 아이콘 클릭 →《셀 서식》창이 열리고 글꼴 탭 활성화.

UNIT 03 《맞춤》그룹

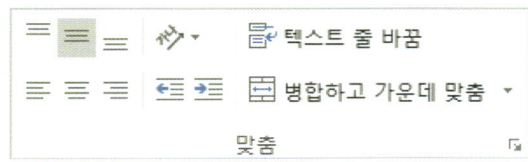

■ 상단에 위쪽 맞춤, 가운데 맞춤, 아래쪽 맞춤
이것은 셀 내용을 세로 방향 기준으로 배치하며, 세 단추 중 하나가 활성화.

■ 하단에 왼쪽 맞춤, 가운데 맞춤, 오른쪽 맞춤
이것은 셀 내용을 가로 방향 기준으로 배치하며, 세 단추 모두 비활성화면 숫자(날짜, 시간 포함)는 셀의 우측, 텍스트형은 좌측에 배치됩니다.

■ 방향
셀 내용을 세로로 세우거나 특정 각도로 세웁니다.

내어쓰기, 들여쓰기

들여쓰기는 셀 값을 셀의 우측으로 밀기. 내어쓰기는 그 반대.
– 엑셀2010 이하 버전에서는 단추에 마우스를 대면 단축키가 나오지만 실제로는 작동하지 않습니다.

텍스트 줄 바꿈

셀 내용이 셀의 너비를 넘칠 때 셀 높이가 커지면서 셀에 모두 보입니다.
– 숫자 셀은 불능, 셀 병합에서도 불능.

병합하고 가운데 맞춤

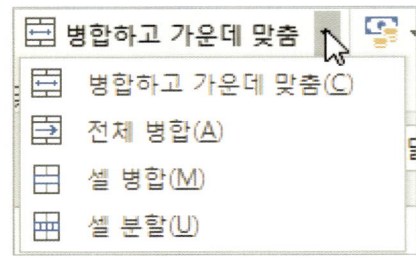

셀 범위 선택 → 누르면 한 셀같이 합쳐지면서 가로, 세로 방향 모두 가운데 맞춰지고 또 누르면 병합이 해제됩니다.
기본적으로, 병합은 셀 범위의 맨 왼쪽 위에 셀 값만 남기고 나머지 셀 값은 지웁니다.

- **전체 병합** : 가로 단위로 병합. 예를 들면 [A1:C4]를 선택하고 누르면 1행~4행까지 각 행이 한 셀로 병합.

- **셀 병합** : 가운데 맞춤 없이 병합만 수행.
- **셀 분할** : 병합 해제.

맞춤 그룹 아이콘

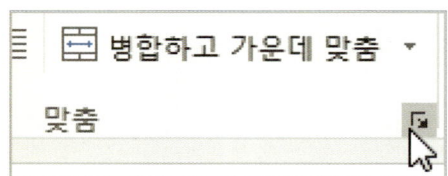

《맞춤》 우측의 그룹 아이콘 → 《셀 서식》 창이 열리고 맞춤 탭이 활성화.

UNIT 04 《표시 형식》 그룹

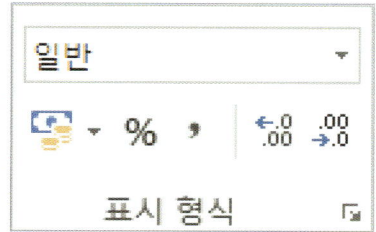

■ 《표시 형식》 흰 상자

주요 셀 표시 형식을 클릭하여 설정하는 상자입니다. 셀에《43000》을 넣고 이 상자 우측에 세모 단추를 눌러 나오는 주요 항목을 살펴보죠.

- 값이 있는 셀을 선택하고 이 상자 우측에 세모 단추를 누르면 각 항목별 형식의 결과가 미리 표시됩니다.
- **간단한 날짜** : 날짜 형식 즉, 《2017-09-22》로 보입니다.
- 날짜는 하루가 숫자 1이므로 42999는 2017년 9월 21일이 됩니다.
- 이 항목 선택 후, 다시 세모 클릭 → 맨 아래《기타 표시 형식》을 누르고 《범주》란에《사용자 지정》을 누르면 실제 형식을 볼 수 있습니다.
- **텍스트** : 셀에 입력한 그대로 나오고 문자는 셀의 좌측에 배치.
- 셀에 0으로 시작하는 숫자를 넣을 때 이 텍스트로 설정하고 입력하면 0이 사라지지 않습니다.

■ 쉼표(,)

천 단위 구분 쉼표를 표시합니다.
예를 들면 셀에《3500000》값을《3,500,000》로 보여줍니다.
- 소수점 이하 값은 소수점 첫째 자리에서 반올림한 수로 표시합니다.

■ 자릿수 늘림

소수점 이하 단위가 증가.
예를 들면 정수 300은 300.0, 300.00 식으로 누를 때마다 .0이 채워집니다.
- 셀 값이 300.85 일 때 쉼표(,) 단추를 누르면 301로 보이고 이어서《자릿수 늘림》단추를 두 번 누르면 정상적으로 보입니다.

■ 표시 형식 그룹 아이콘

《표시 형식》 우측의 그룹 아이콘 →《셀 서식》창이 열리고《맞춤》탭이 활성화.

UNIT 05 《스타일》 그룹

■ 조건부 서식
- 뜻 : 셀에 값이 특정 조건일 때 특정 서식으로 자동 표시.
- 사용 : [A1:A3] 범위에 2, 5, 7을 순서대로 넣고 그 범위를 선택 → 이 단추 클릭 →《셀 강조 규칙》→《보다 큼》→ 4를 넣고 Enter 치면 4보다 큰 수만 서식이 입혀짐.
- A3 셀에 1을 입력하면 4보다 큰 수가 아니므로 서식은 지워집니다.

■ 표 서식
일반 표를 《Excel표》로 변환.

■ 셀 스타일 Alt + '

5부\스타일병합.xlsx

셀에 여러 서식(표시 형식, 글꼴, 색깔, 테두리 등)을 설정.

- **표준** : 셀 서식 초기화
- **새 셀 스타일** : 사용자 설정 후, 다시《셀 스타일》누르면 상단에 사용자 지정 스타일이 나오고 그것을 클릭하면 해당 셀에 그 서식이 적용됩니다.
- 셀 스타일은 해당 문서에서만 사용 가능.
- **스타일 병합** : 특정 문서의 스타일을 활성 문서에 모두 가져옵니다.
- **사용** : 스타일병합.xlsx 파일 열기 → Shift + F11 로 시트 삽입하면 글꼴이 모두《돋움》이고 셀 크기도 작은 것을 확인하고, Ctrl + N 으로 새 통합 문서 열기 → Ctrl + Tab 으로《스타일병합》파일로 돌아가서《스타일 병합》→ 새 통합 문서 선택 →《확인》→《예》누르면, 새 통합 문서 스타일로 바뀜 즉,《스타일병합》파일이 초기화 되는 것. 다시 새 시트를 삽입해보세요.

UNIT 06 《셀》 그룹

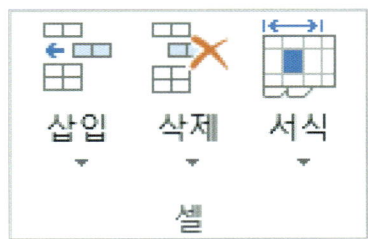

삽입

셀이나 행/열 등을 삽입.

- **셀 삽입** : 셀이나 행/열 등을 선택하고 실행하면 셀이 삽입됩니다.
  - 단축키 : Ctrl + Shift + +
- **시트 삽입** : 활성 시트 앞에 시트를 삽입합니다.
  - 단축키 : Shift + F11

삭제

셀이나 행/열 등을 삭제.

- **셀 삭제** : 셀이나 행/열 등을 선택하고 실행하면 셀이 삭제됩니다.
  - 단축키 : Ctrl + −
- **시트 행 삭제** : 셀이나 행을 선택하고 실행하면 그 셀의 행 전체가 삭제됩니다.

서식

셀이나 시트에 관한 설정.

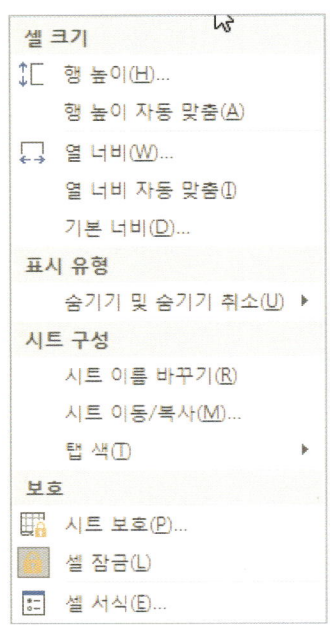

- □ **행 높이** : 0~409로 지정. 단위는 포인트(1포인트는 약 0.035cm)
- – 행을 숨기려면 이 값을 0으로 지정합니다.
- □ **행 높이 자동 맞춤** : 셀 너비를 넘치도록 글자를 입력하면 열 너비는 고정이고 행 높이가 커집니다.
- – 보통은 행 머리글 사이에 경계선을 더블 클릭하여 행 높이 자동 조정.
- – 단, 셀 맞춤의《텍스트 줄 바꿈》은 활성 상태여야 합니다.
- □ **열 너비** : 0~255로 지정. 단위는 문자(1문자는 표준 글꼴인 맑은 고딕)
- – 셀의 기본 열 너비는 8.38자(72픽셀).
- – 보통은 열 머리글 사이에 경계선을 더블 클릭하여 열 너비 자동 조정.
- □ **기본 너비** :《표준 너비》창이 뜨고 숫자를 정하면 열 너비가 일괄 조정.
- – 이것은 선택한 시트(들)에만 적용됩니다.
- □ **숨기기 및 숨기기 취소** : 행/열, 시트 등을 숨기거나 표시.
- □ **시트 이름 바꾸기** : 시트 이름으로 다음 6개 특수 문자인 빗금(/), 쌍점(:), 대괄호([ ]), 물음표(?), 별표(*), 원화기호(₩) 등은 입력할 수 없습니다.(단, 작은따옴표(')는 양 끝만 안됩니다.)
- □ **시트 이동/복사** : 시트(들)을 선택한 후, 누르면《이동/복사》창이 뜨고 복사하거나 이동시킵니다.
- – 보통은 시트 하단의 시트 탭에 마우스 우측 버튼으로 많이 합니다.
- □ **시트 보호** :《시트 보호》창이 뜨고 특정 셀에 접근을 막기 위해 사용.
- – 보통은《검토》탭에《시트 보호》단추를 누릅니다.
- □ **셀 잠금** :《셀 서식》창의《보호》탭에《잠금》.
- – 기본값은 체크 상태, 즉 잠금.
- □ **셀 서식** :《셀 서식》창 열기.
- – 단축키 : Ctrl + 1
- – 셀 내용 중, 일부 글자에 서식을 주려면 그 부분을 마우스로 선택합니다. 그러면 미니 도구 모음이 뜨고 그곳에서 해당 단추를 클릭합니다.
- – 또는 그 부분을 선택하고 이 단축키를 눌러 글꼴 서식을 바꿀 수 있습니다. 또한 이 기능은 셀 값이 문자일 때만 가능합니다. 즉, 숫자라면 셀에 텍스트형 숫자로 있어야 숫자의 일부를 서식 설정할 수 있습니다.

▲ 셀 내용에 일부를 마우스로 선택하면 뜨는 미니 도구 모음

UNIT 07 《편집》 그룹

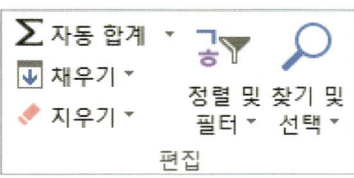

∑ 자동 합계

자동으로 SUM 함수 수식 생성.

- **합계** : SUM 함수 생성, 예를 들면 [A1:A3]에 2, 4, 1을 각각 입력하고 A4 셀을 선택 → 《∑자동 합계》 → [Enter]를 치면 수식 =SUM (A1:A3)이 들어가고 7이 나옵니다.
- **숫자 개수** : 숫자 셀의 개수만 헤아리는 COUNT 함수 생성
- 값이 뭐든 내용이 있는 셀 개수를 세려면 《COUNTA》로 수정하세요.
- **기타 함수** : 《함수 마법사》 창 열기
- 《수식 입력줄》 왼쪽에 《Fx》를 눌러도 됩니다.
- 단축키 : [Shift]+[F3]

채우기

- **아래쪽** : 셀 범위 맨 위 셀을 아래까지 복사.
- 단축키 : [Ctrl]+[D], 실전에서 매우 유용하며 D는 Down의 약자.
- 사용법 1 : A1 셀에 7 넣고 [A1:A3] 선택 → [Ctrl]+[D].
- 사용법 2 : A1 셀에 7 넣고 A2 셀만 선택 → [Ctrl]+[D].
- **오른쪽** : 셀 범위 맨 왼쪽 셀을 우측으로 복사.
- 단축키 : [Ctrl]+[R], 실전에서 매우 유용하며 R은 Right의 약자.
- **위쪽, 왼쪽** : 이것도 같은 개념으로 방향만 다르며, 단축키는 없습니다.
- **시트 그룹** : 여러 시트를 선택하고 사용하며 특정 셀에 일괄 입력.
- 사용법 : [A1:C1]의 각 셀에 7을 넣고 셀 색은 노랑 → 3개 시트 생성 → 이 4개 시트를 선택(활성 시트는 원본 시트가 되어야 함)하고 원본 시트의 [A1:C1]을 선택 → 《시트 그룹》 → 《모두》에 체크 → 《확인》하면 내용(7)과 서식(노랑)이 3개 시트에도 채워집니다.
- 보통은 여러 시트를 선택하고 특정 셀에 입력하여 다른 시트에도 입력합니다.

- ☐ **계열** : 한 셀에 값으로부터 일련의 데이터를 연속 셀에 채웁니다.
- **단축키** : [Alt] + [E], [I], [S]
- – **사용법 1** : A1 셀에 3 넣고 A1 셀만 선택 →《계열》→《행》,《선형》,《단계 값》은 2,《종료 값》은 9 →《확인》하면 [A1:D1]에 각각 3, 5, 7, 9 가 생성.
- – 보통은 [A1:B1] 범위에 3, 5를 각각 넣고 그 범위를 선택하여 채우기 핸들을 오른쪽으로 원하는 만큼 끌지만, 채울 자료가 많고 종료 값이 정해진 경우에는 어렵죠.
- – **사용법 2** : A2 셀에 4 넣고 [A2:A5] 선택 →《계열》→《급수》,《단계 값》은 2 →《확인》하면 각 셀에 4, 8, 16, 32 가 생성. 즉, 각 셀의 2배수 값 입력.
- – **사용법 3** : B2 셀에《1번》넣고 [B2:B12] 선택 →《계열》→《자동 채우기》→《확인》하면 각 셀에 1번, 2번…, 11번 이 생성. 즉, 문자도 가능.
- · 보통은 B2 셀의 채우기 핸들을 원하는 만큼 끕니다.
- · 이《자동 채우기》의 원리는 셀 값의 맨 마지막 숫자를 기준으로 연속번호를 채웁니다. 전화번호(예: 010-3333-1111)를 끌어보세요.
- · 또《자동 채우기》는 선택 범위의 첫 셀에만 값이 있고 나머지는 비어있어야 작동합니다.
- – **사용법 4** : 365개 셀에 1년 치 날짜를 입력하려면 C1 셀에《16-1-1》넣고 [Enter] 치면《2016-01-01》이 완성되고 그 셀 선택 →《계열》→《열》체크 →《종료 값》에 16-12-31 입력하고 [Enter].
- · 2016년은 윤년이므로 날짜 셀의 총 개수는 366개.
- ☐ **양쪽 맞춤** : 세로 셀 범위의 값 들을 맨 위 한 셀에 합치거나 반대로 한 셀의 긴 내용을 세로 셀 범위에 나누는 기능.

  5부\채우기.xlsx
- ·《양쪽 맞춤》나누기 : Sheet1, A1 셀에 긴 문자를 입력 → A열 선택 →《양쪽 맞춤》하면 A열 너비에 맞춰서 각 셀에 내용이 나눠져 입력됩니다.

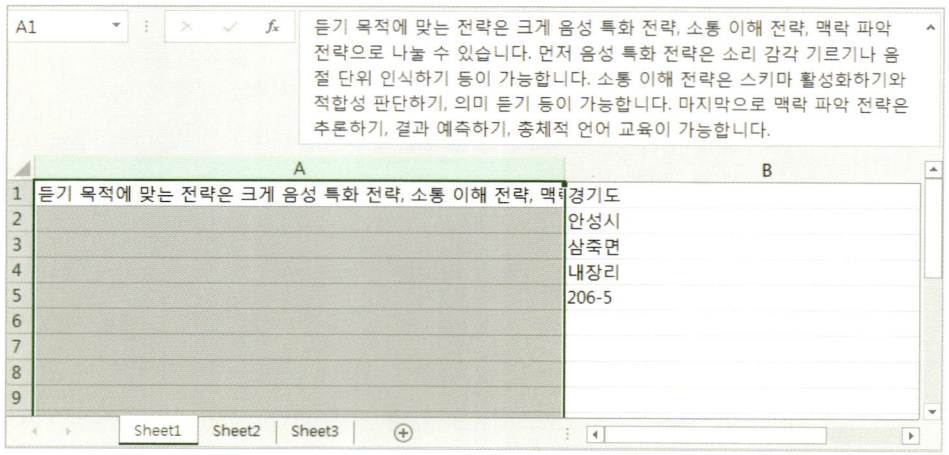

▲《양쪽 맞춤》누르기 전 상태

- **《양쪽 맞춤》 채우기** : Sheet1, [B1:B5] 범위에 그림과 같이 주소를 나눠 입력 → [B1:B5] 선택 → 열 너비를 적당히 넓힘 →《양쪽 맞춤》하면 B1 셀에 범위의 내용이 합쳐집니다.
- 《양쪽 맞춤》 채우기는 수식이나 숫자 셀은 불가하고 셀 범위가 모두 영문이면 공백 문자를 구분자로해서 합칩니다. 또한 한 열의 자료만 처리 가능.

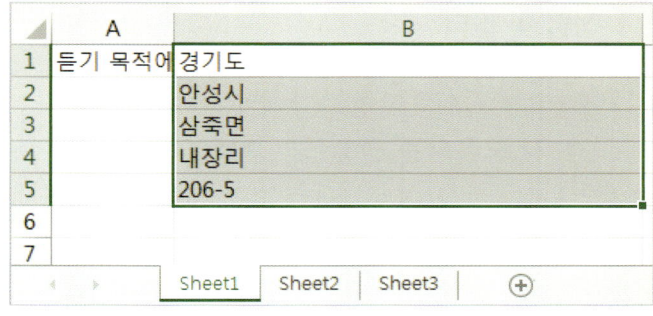
▲《양쪽 맞춤》 누르기 전 상태

- □ **빠른 채우기** : 엑셀2013 버전 이상만 가능하며 규칙에 맞게 자동 채웁니다.
- **사용법** : Sheet2, [A1:A3]에 다음과 같이 넣고 B1 셀에 10을 넣고 [B1:B3]을 선택하고《빠른 채우기》Ctrl + E 하면《x》앞에 숫자만 채워집니다. C열도 같은 개념.

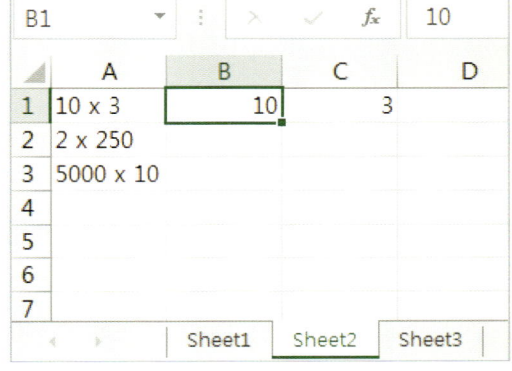

- 일반적인 다른 방법 : C1 셀에 10을 넣고 채우기 핸들을 C3 셀까지 끌면《자동 채우기 옵션》단추가 나오고 클릭 →《빠른 채우기》
- □ **모두 지우기** : 셀 초기화 상태.
- 단축키 : Alt + E, A, A, 실전에서 많이 사용.
- □ **서식 지우기** :《셀 서식》창을 초기화하는 것을 의미.
- 단축키 : Alt + E, A, F

- □ **내용 지우기** : 셀 값만 지우기.
- 단축키 : Delete, 셀에 마우스 우측 버튼→《내용 지우기》와 동일.
- □ **메모 지우기** : 셀 메모만 지우기.
- 단축키 : Alt + E, A, M
- 메모는 셀에 마우스 우측 버튼 →《메모 삽입》으로 가능하며, 셀 우측 꼭짓점에 빨간 세모가 생깁니다.
- □ **하이퍼링크 해제** : 엑셀2010 이상 버전만 지원하며, 하이퍼링크 서식은 남기고 그 기능만 지우기
- **하이퍼링크** : 특정 셀로 이동하거나 특정 파일을 여는 기능.
- 임의의 셀에《www.xlwhy.com》을 입력하고 Enter 누르면 파랑으로 바뀌고 클릭하면 해당 웹페이지로 이동.
- 하이퍼링크 셀만 선택하려면 Ctrl 키 누른 채 셀을 클릭.
- □ **하이퍼링크 제거** : 엑셀2010 이상 버전만 지원하며, 하이퍼링크 서식과 기능을 모두 지우기.

정렬 및 필터

《데이터》 탭 →《정렬 및 필터》 그룹 내에 단추와 동일

- 숫자 오름차순 정렬(S)
- 숫자 내림차순 정렬(O)
- 사용자 지정 정렬(U)...
- 필터(F)
- 지우기(C)
- 다시 적용(Y)

- 《데이터》 탭에 한 그룹을 단추로 만든 것으로서, 이《정렬 및 필터》 단추 클릭하면 모든 명칭이《데이터》 탭 →《정렬 및 필터》 그룹 안에 단추와 같지만《사용자 지정 정렬》만 명칭이 다릅니다.

찾기 및 선택

특정 셀을 찾거나 셀 값을 바꾸거나 찾은 셀로 이동.

- 찾기(F)...
- 바꾸기(R)...
- 이동(G)...
- 이동 옵션(S)...
- 수식(U)
- 메모(M)
- 조건부 서식(C)
- 상수(N)
- 데이터 유효성 검사(V)
- 개체 선택(O)
- 선택 창(P)...

□ **찾기** : 셀 값이나 수식, 메모, 서식 등을 적용하여 셀 찾기.
  – 단축키 : Ctrl + F
□ **바꾸기** : 찾은 셀을 특정 값이나 수식, 메모, 서식 등으로 바꿈.
  – 단축키 : Ctrl + H
□ **이동** : 특정 셀 선택.
  – 단축키 : Ctrl + G 또는 F5
  - 《이동》 창을 띄우고《참조》란에 셀 주소를 입력하고 Enter 치면 입력한 셀을 선택하고《참조》란에 한 셀 주소를 입력하고 Shift + Enter 치면 현재 셀로부터 그 입력한 셀까지 범위를 선택.
  – 《수식》 탭 →《정의된 이름》 그룹에《이름 관리자》에 이름 항목이 있다면 셀 주소 대신 특정 이름을 넣어도 됩니다.

– "시트명!셀주소" 형식으로 입력하면 다른 시트의 셀을 선택할 수 있습니다. 단, 시트명에 공백문자가 있거나 일부의 특수 문자(#, -, =, 쉼표(,) 등)나 기호 등이 포함되면, 또는 숫자로 시작하는 시트명이면 시트명 앞뒤로 작은따옴표(')가 있어야 합니다. 즉, "'시트명'!셀주소"

□ **이동 옵션** : 같은 성격의 셀을 선택하거나, 모든 개체를 선택.
  《이동 옵션》을 자주 사용한다면《찾기 및 선택》 누르고 이《이동 옵션》 단추에 마우스 우측 버튼 →《빠른 실행 도구 모음에 추가》하면 빠른《실행 도구 모음》 끝에 동그라미 단추가 생깁니다.
– 실전에서 보통 F5 → Alt + S 를 많이 씀.
- **메모** : 메모 셀만 선택.

- **사용법** : 임의의 셀 범위를 선택하고 이《메모》 선택하고《확인》누르면 그 범위에 메모가 있는 셀은 모두 선택하고 한 셀만 선택하고 실행하면 셀 범위 전체로 인식하여 작동.
- **단축키** : Ctrl + Shift + O

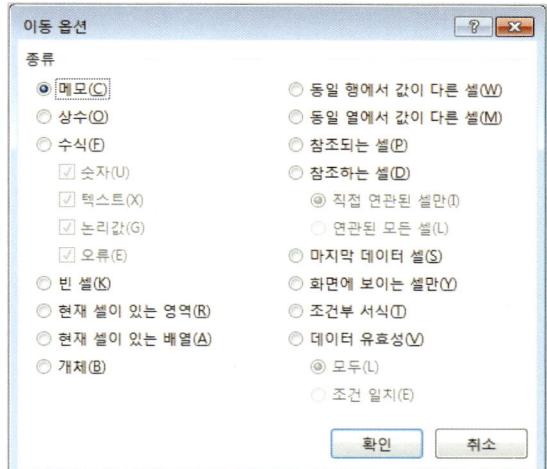

- **상수** : 값 셀만 선택(즉, 수식 셀은 해당 사항 없음)
  《상수》를 택하고 아래쪽에《숫자》,《텍스트》, 《논리값》,《오류》중에 하나 이상을 체크하면 해당 값을 선택.
- 네 번째의《빈 셀》과 반대 개념.
- **수식** : 앞에서 다룬《상수》가 값 셀이라면 이것은 수식 셀을 대상.
- **빈 셀** : 셀 범위에서 빈 셀만 선택.
- **현재 셀이 있는 영역** : 활성 셀 근처에 데이터가 있는 셀을 모두 선택.
- **단축키** : Ctrl + A 는 실전에 유용. 보통, 데이터 전체를 한 번에 선택할 때 사용.
- Ctrl + A , A 는 시트에 셀 전체를 선택.
- **현재 셀이 있는 배열** : 다중 셀 배열 수식 전체 셀 선택.
- **사용법** : [A1:C1]에 1, 2, 3을 입력→ [A3:A5] 선택 후, F2 눌러 커서를 깜박이게 하고 =TRANSPOSE(A1:C1) 수식 입력 후에 Ctrl + Shift + Enter 로 수식 완성하고 [A3:A5] 중에 한 셀을 선택하고 실행하면 그 셀 수식과 같은 배열 수식 셀인 [A3:A5]이 모두 선택됩니다.
- **단축키** : Ctrl + /
- **개체** : 이것은 시트에 있는 모든 개체를 선택.
- 개체란 그림, 도형, 차트, WordArt, 슬라이서(엑셀2010 이상) 등.
- 실행 후 Tab 을 누를 때 마다 한 개체씩 순서대로 선택합니다.
- 실행 후 선택된 여러 개체 들 중에 Ctrl 을 누른 채 임의의 개체를 클릭하면 그것은 선택 해제.
- 단축키를 이용한 모든 개체 선택 법 : 한 개체만 클릭 → Ctrl + A
- **동일 행에서 값이 다른 셀** : 한 행에서 활성 셀 값과 다른 셀을 선택.
- 여기서 행이란 행 전체가 아니라, 예컨대 [A2:D2] 이런 범위를 뜻합니다.
- **단축키** : Ctrl + ₩
- **동일 열에서 값이 다른 셀** : 한 열에서 활성 셀 값과 다른 셀을 선택.
- 여기서 열이란 열 전체가 아니라, 예컨대 [A2:A7] 이런 범위를 뜻합니다.
- **단축키** : Ctrl + Shift + ₩

- **참조되는 셀** : 수식에서 참조되는 셀을 선택.
  《직접 연관된 셀만》은 수식에서 사용하는 셀이고 《연관된 모든 셀》은 참조에 참조가 이뤄지는 모든 셀.
  - **사용법** : Sheet1의 A1셀에 7을 넣고 Sheet2의 B1셀에 수식을 =Sheet1!A1 이렇게 하고 B1셀에서 단축키를 누르면 Sheet1의 A1셀을 선택합니다. 다른 Sheet에 참조되는 셀 선택은 단축키만 가능.
  - **단축키** : Ctrl + [
- **참조하는 셀** : 앞에서 다룬 《참조되는 셀》과 반대 개념으로서 그 셀을 사용하는 수식 셀을 선택.
  - 다른 Sheet에 참조하는 셀 선택은 단축키도 불능.
  - **단축키** : Ctrl +]
- **마지막 데이터 셀** : 시트에서 사용한 맨 끝 셀 선택.
  - **단축키** : Ctrl + End 실무에서 많이 사용.
  - 보통, 어떤 시트에 전체 셀 복사 시 리소스 부족 에러가 나오기도 하는데 이때 A1 셀을 선택하고 Ctrl + Shift + End 로 끝 셀까지 사용한 범위를 모두 선택하고 복사하면 처리가 가능.
- **화면에 보이는 셀만** : 셀 범위에서 숨긴 행/열은 제외하고 보이는 셀만 선택.
  - 보통, 《데이터》 탭의 《부분합》에서 사용할 수 있는데, 부분합 후에 숫자 단추를 눌러 소계 범위를 선택하고 이 키를 눌러 그 범위에만 색깔을 줄 수 있습니다.
  - **단축키** : Alt + ;
- **조건부 서식** : 조건부 서식(《홈》 탭에 있음) 셀을 선택.
  - 아래에 《모두》 체크는 그 시트의 모든 조건부 서식 셀을 선택.
  - 아래에 《조건 일치》 체크는 현재 활성 셀과 같은 조건부 서식 셀을 선택.
    단, 활성 셀이 여러 《규칙》에 포함되면 한 규칙의 《적용 대상》 범위만 선택.
- **데이터 유효성** : 데이터 유효성 검사(《데이터》 탭에 있음) 셀을 선택.
  앞에서 다룬 조건부 서식의 《모두》, 《조건 일치》와 비슷.
  - 아래에 《모두》 체크는 그 시트의 모든 《데이터 유효성 검사》 셀을 선택.
  - 아래에 《조건 일치》 체크는 활성 셀과 같은 데이터 유효성 셀을 모두 선택.
- ☐ 수식, 메모, 조건부 서식, 상수, 데이터 유효성 검사 : 《이동 옵션》 창의 해당 내용과 같습니다.
  - 《이동 옵션》 창에 것을 밖으로 빼놔 접근이 쉽도록 함. 《조건부 서식》과 《데이터 유효성 검사》는 《이동 옵션》 창에 《모두》를 체크한 상태.
- ☐ **개체 선택** : 여러 개체(그림, 도형 등)를 마우스로 드래그하여 선택.
- ☐ **선택 창** : 개체나 메모 등을 보거나 숨깁니다.
  - 그 대상 위치로 화면을 이동하지 않습니다.
  - 《페이지 레이아웃》 탭 → 《정렬》 그룹에 《선택 창》과 동일.
  - **토글 단축키** : Alt + F10

《삽입》 탭

피벗 테이블, 도형, 그림, 차트, 스파크라인, 개체, 수식, 기호 등을 삽입.

UNIT 01 《표》 그룹

■ **피벗 테이블 : 데이터에서 피벗 테이블 생성.**

– **단축키** : Alt + T , V 엑셀2010 이하 버전은 Alt + T , V , T

– 엑셀2010 이하 버전은 세모 단추가 있고 그 단추 클릭 →《피벗 차트》누르면《피벗 테이블》과《피벗 차트》의 틀이 한 번에 생성됨. 엑셀2013 이상은《삽입》탭 →《차트》그룹에 존재.

■ **추천 피벗 테이블 (엑셀2013 이상)**

원본 데이터의 구조를 판단하여 권장 피벗 테이블을 제공.

■ **표**

일반 표와 혼선을 없애기 위해《Excel표》로 불리기도 하며, 여러 자동 처리 기능을 가진 고급 표.

- **기능 예** : 표에 마지막 행의 끝 셀에서 Tab 을 누르면 행이 추가되며, 그 행의 수식과 서식이 자동으로 복사됩니다.

UNIT 02 《일러스트레이션》 그룹

■ 그림
시트에 그림 파일 삽입.

■ 온라인 그림
인터넷 상에 그림 삽입 (엑셀2010 이하 버전에서는 비슷하게 《클립 아트》 존재).
- 검색 엔진은 Bing.

■ 스크린 샷 (엑셀2010 이상)
윈도우에 열린 특정 창이나 《화면 캡처》를 눌러 원하는 영역을 드래그하여 캡처한 그림을 시트에 삽입.
- **현재 엑셀 영역을 캡처하기** : 《화면 캡처》 누르면 창이 사라지는데 이때 빠르게 윈도우 작업 표시줄의 엑셀을 눌러 활성화하고 원하는 범위 드래그.

UNIT 03 《차트》 그룹

■ 추천 차트 (엑셀2013 이상)
권장 차트 제공.

■ 계층 구조 차트 삽입 (엑셀2016)
《트리맵》과 《선버스트》 차트.

▣ 폭포 차트 또는 주식형 차트 삽입

《폭포》와 《깔때기》, 《주식형》 차트.
- 《깔때기》 차트는 2016년 1월에 생겼으므로 그 이전 Office 구매자의 엑셀에는 없으며, 최신 기능으로 갱신되는 오피스365 버전에는 있습니다.
- 엑셀2016 버전 (《주식형》은 엑셀2013 이하 버전에도 있음)

▣ 통계 차트 삽입 (엑셀2016)

《히스토그램》과 《상자 수염 그림》 차트.

▣ 차트 그룹 아이콘

값이 있는 셀을 선택하고 누르면 《차트 삽입》 창이 열립니다.

UNIT 04 《스파크라인》 그룹 (엑셀2010 이상 버전)

▣ 꺾은선형, 열, 승패

한 셀에 표현하는 미니 차트
- **사용법** : [A1:C1]에 2, 1, 4를 각각 넣고 D1 셀 선택 → 실행하면 창이 뜨고 마우스로 [A1:C1] 범위를 드래그하고 Enter 치면 D1 셀에 차트 모양이 나옵니다.
- 지우려면 D1 셀 선택 → 《디자인》 탭의 《지우기》.

UNIT 05 《필터》 그룹 (엑셀2010 이상 버전)

슬라이서 (엑셀2010 이상 버전)

《피벗 테이블》이나 《Excel표》에서 특정 값을 마우스로 필터.

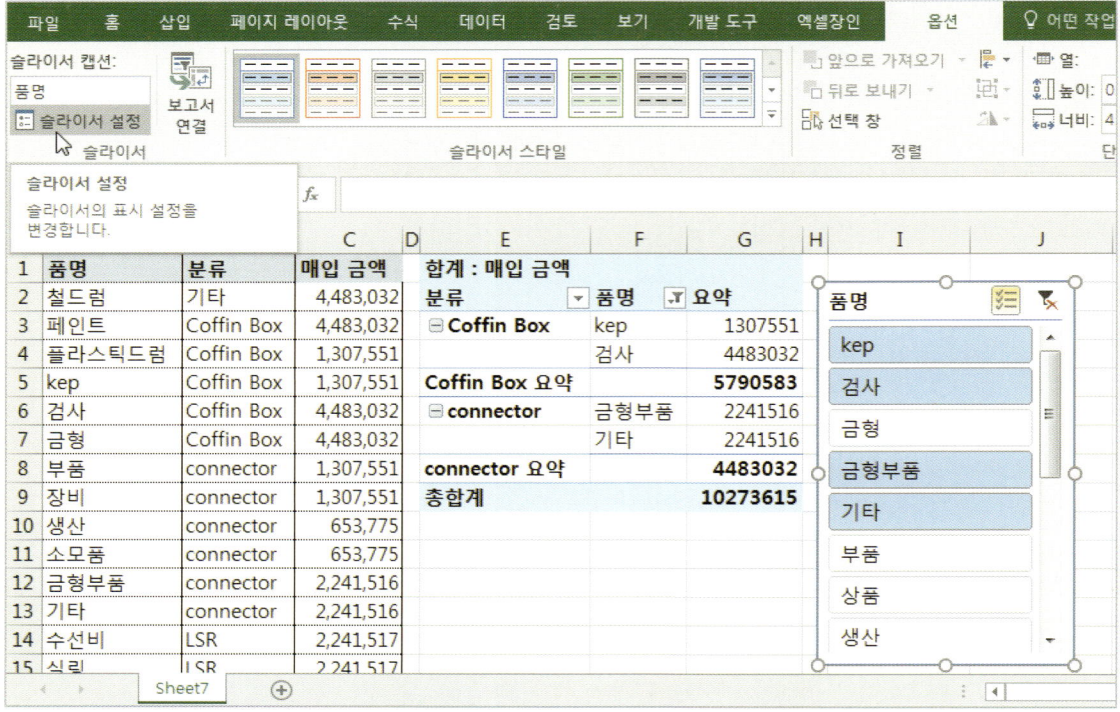

▲ 피벗 테이블에 《품명》 필드에 항목 4개를 슬라이서로 필터

- 엑셀2010 버전, 《Excel표》에서는 이 기능이 없습니다.
- 다중 항목 필터 시, 엑셀2016은 원클릭으로 여러 항목을 필터할 수 있으나 엑셀2010, 2013에서 불연속 선택은 Ctrl, 연속 선택은 Shift 를 누른 채 항목을 클릭해야 합니다.
- 슬라이서를 설정하면 자동으로 《이름》이 정의됩니다. Ctrl + F3 으로 확인 가능.
- 슬라이서 창에 항목들은 이름순이고 정렬 순서를 사용자가 지정하려면 Alt + T , O 로 《Excel 옵션》 창을 열고 《고급》 → 맨 아래 쪽에 《일반》 범주에 《사용자 지정 목록 편집》에 목록을 추가해야 합니다. 그리고 슬라이서 창 선택하고 《옵션》 탭에 → 《슬라이서》 그룹에 《슬라이서 설정》 → 《정렬할 때 사용자 지정 목록 사용》 체크 상태를 확인하세요.

시간 표시 막대 (엑셀2013 이상 버전)

5부\시간표시막대.xlsx

《피벗 테이블》에서 특정 날짜나 기간을 마우스로 필터할 때 사용.

- **사용법** : 《Sheet1》의 피벗 테이블에 임의의 셀 선택 → 《시간 표시 막대》→《입고일자》선택하고 《확인》→ 파란 바가 나오고 클릭하면 해당 월만 볼 수 있고 Shift 를 눌러 클릭하면 연속 월을 선택할 수 있음. 예컨대 《5》 아래 바를 클릭하고 Shift 누른 채 《8》아래 바를 클릭하면 5~8월만 피벗팅이 됩니다.
- 단위는 년, 분기, 월, 일
- 《시간 표시 막대》를 설정하면 《이름》이 정의되고 Ctrl + F3 으로 확인 가능.

UNIT 06 《링크》 그룹

하이퍼링크

특정 위치의 셀로 이동하거나 임의의 문서(그림이나 pdf, 파워포인트 등의 파일) 열기 또는 특정 웹 페이지 열기.

- **단축키** : Ctrl + K
- 값이 있는 임의의 셀에 마우스 우측 버튼 →《하이퍼링크》→《현재 문서》→ 원하는 시트 선택하고 위에 셀 주소 입력하고 Enter 치면 밑줄 친 파랑 글꼴로 변하고 누르면 이동.

UNIT 07 《텍스트》 그룹

텍스트 상자

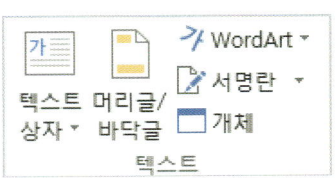

시트에 이 개체를 올리고 내용 입력.

- 이 개체는 《삽입》 탭 → 《일러스트레이션》 그룹에 《도형》에도 있습니다.

– 여백을 없애려면 이 개체의 외곽선에 마우스 우측 버튼 → 《크기 및 속성》 → 《텍스트 상자》 선택 후, 여백을 수정합니다. (엑셀2007은 마우스 우측 버튼 후, 《도형 서식》 클릭)

머리글/바닥글
인쇄 시 표시할 머리글이나 바닥글 설정으로서 이때 시트 보기 형태는 《페이지 레이아웃》.
– 취소하려면 Esc 를 누르고, 《보기》 탭 → 《통합 문서 보기》 그룹에 《기본》.

WordArt
예쁜 모양의 큰 글자 개체.

개체
엑셀 문서나 외부 문서 삽입하거나 연결.

5부\작업흐름도.pptx

예컨대 새 통합 문서 열고 이 《개체》를 누르면 《개체》 창이 뜨고 《파일로부터 만들기》 → 《찾아보기》 → 예제 파일 중에 《작업흐름도》 파워포인트 파일 선택하고 《열기》 → 《아이콘으로 표시》 체크하고 《아이콘 변경》 → 《캡션》 란에 《작업흐름도 열기》 입력하고 《확인》하면 셀에 개체가 삽입되고 더블 클릭하면 파워포인트에 해당 파일이 열림.
– 이렇게 삽입하면 엑셀 파일 용량은 증가하지만 해당 문서가 없는 컴퓨터에서도 열리는 것이 장점. 만일, 《개체》 창에 《파일로부터 만들기》에 《파일에 연결》을 체크하면 용량 증가는 거의 없지만 해당 문서가 그 경로에 꼭 있어야 합니다.

UNIT 08 《기호》 그룹 (엑셀2010 이상 버전)

수식
복잡한 수학식(근의 공식, 피타고라스의 정리 등)을 표현할 수 있는 개체.

기호
기호 (★, ※ 등) 입력
– 엑셀2007 버전에는 이 단추가 《텍스트》 그룹에 있습니다.
– 보통은 셀에 한글 자음(ㄷ, ㅁ 등)을 입력하고 〈한자〉 키를 눌러서 입력.

03 CHAPTER 《페이지 레이아웃》 탭

문서 테마나 인쇄 설정, 눈금선 표시, 행/열 머리글 표시, 개체 정렬 등을 다룹니다.

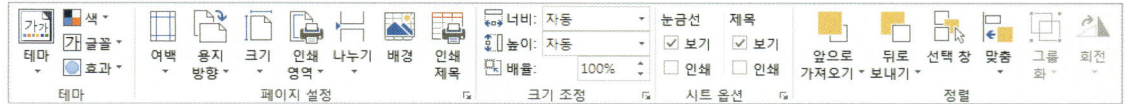

UNIT 01 《테마》 그룹

해당 문서 전체에 적용되는 서식.

■ 색

테마 색 설정

- 엑셀2010 이하 버전과 엑셀2013 이상 버전 간에 셀 색의 테마 색이 다릅니다.
- **사용법** : 엑셀2010 이하에서 만든 파일을 엑셀2013에서 열면 색깔이 엑셀2010 이하 테마로 나오는데 이때 《색》 세모 단추를 눌러 《Office》로 하면 엑셀2013 용 테마로 적용되어 기존 색이 모두 바뀝니다. 반대로 엑셀 2013 이상 버전에서 만든 파일을 하위 버전에서 열면 그 상위 버전 테마가 적용되는데 《Office》로 하면 하위 버전 테마로 변경됩니다.

UNIT 02 《페이지 설정》 그룹

인쇄와 관련 (단, 《배경》 단추는 인쇄와 무관)

🔲 인쇄 영역

선택한 셀 범위를 인쇄 대상으로 하거나 초기화.

- 이 기능은 《보기》 탭 → 《통합 문서 보기》 그룹에 《페이지 나누기 미리보기》 단추를 눌러 실행하는 것이 좋음. 이 단추는 《상태 표시줄》 우측에도 있습니다.
- **인쇄 영역 설정** : 범위 선택 → 누르면 그 범위가 인쇄 대상.
- 불연속 범위를 선택하고 인쇄 설정할 수 있습니다.
- **인쇄 영역에 추가** : 기존 인쇄 영역을 더 확장할 때 사용합니다.
- **인쇄 영역 해제** : 인쇄 영역 초기화.

🔲 나누기

인쇄 페이지를 강제로 나누거나 지우기.

- 이 단추도 《페이지 나누기 미리보기》 상태로 실행하는 것이 좋음.
- **페이지 나누기 삽입** : 《페이지 나누기 미리보기》 상태에서 셀 선택 → 클릭하면 파랑 굵은 선으로 페이지가 나눠집니다.
- 행을 선택하고 실행하면 그 위 테두리로 페이지가 나뉘며, 열은 그 왼쪽 테두리에 페이지가 나뉩니다.
- **페이지 나누기 모두 원래대로** : 《페이지 나누기 삽입》을 한 번이라도 하면 이 《페이지 나누기 모두 원래대로》 메뉴가 생깁니다.
- **페이지 나누기 제거** : 제거할 가로선의 아래 셀을 선택하면 가로 페이지 나누기 해제, 제거할 세로 선의 오른쪽 셀을 선택하면 세로 페이지 나누기 해제.

🔲 배경

화면을 특정 그림으로 도배.

- 이것은 인쇄되지 않으며, 만일 회사 로고 등을 페이지마다 인쇄하려면 《머리글》을 활용함. 이 단추 옆에 《인쇄 제목》을 누르면 《머리글/바닥글》이 그것.
- 배경이 들어가면 문서 용량이 늘어납니다.

🔲 인쇄 제목

《페이지 설정》창이 뜨고 여러 인쇄 옵션을 설정할 수 있음(실무에서 많이 활용). 이 창에는 《인쇄 미리 보기》단추도 있습니다.

🔲 페이지 설정 그룹 아이콘

《페이지 설정》창 열기 (《페이지》탭 활성화)

UNIT 03 《크기 조정》그룹

《페이지 설정》창의 《페이지》탭에 《배율》범주와 같습니다.

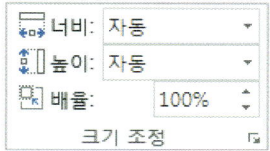

🔲 너비

오른쪽으로 증가하는 여러 페이지를 지정 페이지로 맞춥니다.

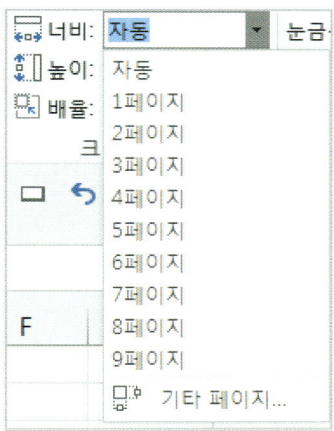

− 이 값이 《1페이지》면 너비는 1페이지로 고정.

🔲 높이

아래쪽으로 증가하는 여러 페이지를 지정 페이지로 맞추기.

− 이 값이 《1페이지》면 높이는 1페이지로 고정.

− 《너비》와 《높이》를 모두 《1페이지》로 하면 1장에 맞춰져 인쇄. 예를 들면 인쇄 영역이 크더라도 딱 1장으로 축소되어 인쇄됩니다.

🟩 배율
인쇄 영역을 축소 또는 확대하여 인쇄.
- 《너비》와 《높이》가 모두 《자동》일 때 활성화.
- 10% ~ 400%까지 조정 가능. 《배율》이 100%보다 작으면 축소 인쇄.

🟩 크기 조정 그룹 아이콘
《페이지 설정》 창 열기 (《페이지》 탭 활성화).

UNIT 04 《시트 옵션》 그룹

🟩 눈금선에 《보기》
셀 구분선 표시 여부.
- 《보기》 탭 → 《표시》 그룹에 《눈금선》과 동기화.

🟩 눈금선에 《인쇄》
셀 구분선 인쇄 여부.
- 《페이지 설정》 창의 《시트》 탭에 《눈금선》과 동기화.

🟩 제목에 《보기》
행/열 머리글 표시 여부.
- 《보기》 탭 → 《표시》 그룹에 《머리글》과 같습니다.

🟩 제목에 《인쇄》
행/열 머리글 인쇄 여부

◻ 시트 옵션 그룹 아이콘

《페이지 설정》 창 열기 (《시트》 탭 활성화)

UNIT 05 《정렬》 그룹

여기서 정렬 대상은 그림이나 도형, 차트 등의 개체.

◻ 맞춤

여러 개체를 선택하고 실행하면 줄맞춰 배치됩니다.

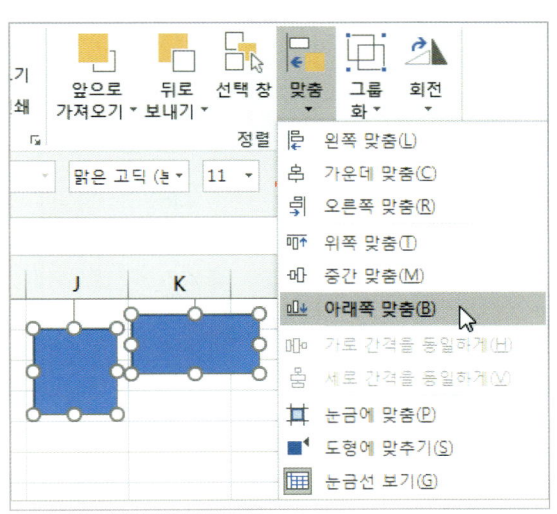

– **개체 선택법** : 《홈》 탭 → 《편집》 그룹에 《찾기 및 선택》 → 《개체 선택》 후, 드래그. 또는 처음 개체를 클릭 후, Ctrl 누른 채 다른 개체 클릭.

◻ 그룹화

여러 개체를 선택하고 실행하면 하나로 묶임.
– 엑셀2013 이하 버전은 이 단추명이 《그룹》.

《수식》 탭

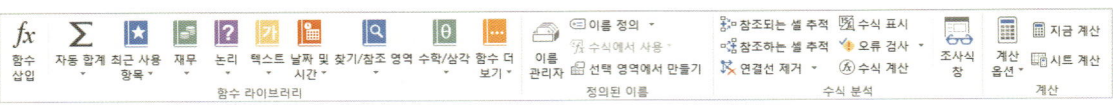

UNIT 01   《함수 라이브러리》 그룹

셀에 함수를 넣을 수 있도록《함수 마법사》창이나《함수 인수》창을 띄우기.

■ 함수 삽입

《함수 마법사》창을 띄워 함수를 작성.

- 단축키 : Shift + F3

■ 날짜 및 시간

클릭하면 여러 관련 함수가 나오고 맨 위에 《DATE》를 누르면 《함수 인수》 창이 떠서 창에서 인수를 입력할 수 있습니다.

■ 함수 더 보기

클릭하면 여러 함수 그룹이 나옵니다.

《호환성》 그룹에 함수 들은 2007 이하 버전에서도 사용 가능하도록 유지되는 함수 목록. 예컨대 RANK 함수는 엑셀2010 버전에서 등장한 RANK.EQ 함수와 동일합니다.

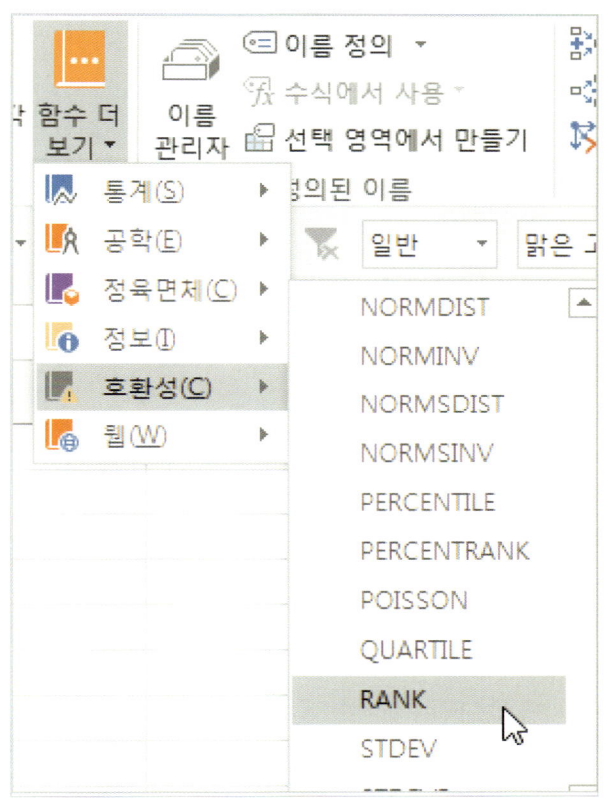

UNIT 02 《정의된 이름》 그룹

셀이나 셀 범위 주소를 이름으로 만듭니다.

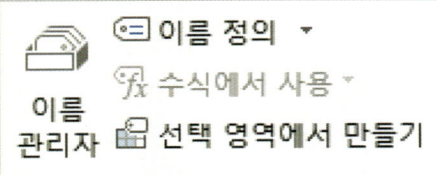

■ 이름 관리자

이름을 제어하는 창이 뜹니다.

– **단축키** : Ctrl + F3

■ 이름 정의

셀이나 셀 범위를 선택하고 실행하여 이름을 짓습니다.

- **사용법** : [A1:A3] 범위 선택 → 이 단추를 눌러 《임시영역》으로 명명하고 B1 셀에 《=SUM()》 하고 [A1:A3]을 드래그하면 《=SUM(임시영역)》으로 되고 Enter 치면 수식 완성되며, 그 범위에 임의의 숫자를 넣으면 B1 셀에 합계가 표시됩니다.
– **결과 수식** : =SUM(임시영역)

■ 선택 영역에서 만들기

선택 범위의 한 셀을 뺀 나머지 범위를 이름 정의.

- **사용법** : [C1:C5] 범위에 《과일》, 《감》, 《사과》, 《귤》, 《포도》를 각각 입력 하고 그 범위 선택한 후, 이 단추를 누르면 창이 뜨고 《첫 행》만 체크하고 Enter 치면 [C2:C5] 범위가 첫 행의 《과일》로 이름 생성.
– **단축키** : Ctrl + Shift + F3

UNIT 03 《수식 분석》 그룹

■ 참조되는 셀 추적
수식에서 사용된 셀을 화살표로 가리킵니다.
- **사용법1** : G1 셀에 《=SUM(F1:F2,F4)》을 넣고 G1 셀 선택→ 이 단추를 누르면 참조되는 셀을 파란 화살표로 가리킵니다.
  - **파란 화살표 지우기** : 이 단추 아래의 《연결선 제거》.
  - G1 셀 선택하고 Ctrl + [을 누르면 참조되는 셀을 선택하고 다시 돌아오려면 F5 또는 Ctrl + G 눌러 《이동》 창을 띄우고 바로 Enter .
- **사용법2** : G2 셀에 다른 시트(예를 들면 Sheet2)의 A1 셀을 연결시키면 《=Sheet2!A1》 이렇게 수식이 되고 G2 셀에서 이 단추를 누르면 검은 점선 화살표가 나오고 그 화살표를 더블 클릭하면 《이동》 창이 뜨고 항목 선택 후, 《확인》 누르면 그 셀로 이동합니다.

■ 참조하는 셀 추적
- Ctrl +] 을 누르면 참조하는 셀을 선택.

■ 수식 표시
시트에 있는 모든 셀의 수식 내용을 보여줍니다.
- **단축키** : Ctrl + ~
- 《셀 서식》 Ctrl + 1 단축키를 누른 다는 것이 실수로 이 단축키를 누를 경우, 한 번 더 누르면 원래대로 돌아갑니다.

■ 오류 검사
이 기능보다는 하위 메뉴인 《순환 참조》가 더 실무적입니다.
- **순환 참조** : 셀에 수식이 자신 셀을 참조하는 경우에 발생. A1 셀에 《=A2》, A2 셀에 《=A1》 하면 잘못된 수식이며 《상태 표시줄》 왼쪽에 《순환 참조》로 나오며 옆에 순환 참조 수식 셀 주소가 표시.

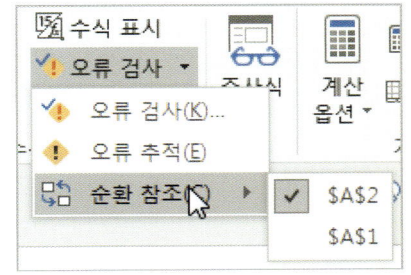

UNIT 04 《계산》 그룹

■ 계산 옵션
수식을 자동 갱신하도록 설정.

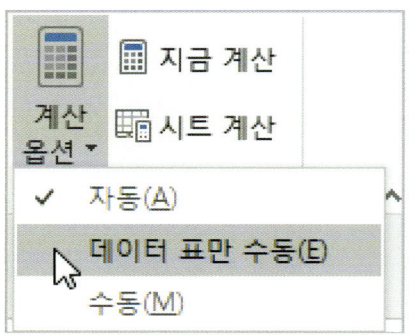

- **자동** : 체크하면 열린 모든 문서에 적용되어 수식이 실시간 갱신.
- 이 단추에 마우스 우측 버튼 → 《빠른 실행 도구 모음에 추가》를 해놓으면 현재 문서가 자동 상태인지 바로 확인 가능. 참고로 이 값이 수동 상태 즉, 체크 해제된 상태라면 수식이 실시간 갱신되지 않으므로 주의.
- **수동** : 체크하면 모든 수식이 자동 갱신되지 않고 옆에 《지금 계산》이나 《시트 계산》을 눌러 실행합니다.

■ 지금 계산
열린 모든 문서의 수식을 지금 갱신함.《계산 옵션》이《수동》일 때 주로 사용.
- 단축키 : F9

■ 시트 계산
활성 시트의 모든 수식을 지금 갱신함. 여러 시트를 선택하고 실행하면 그 시트들 모두 적용됩니다.
- 단축키 : Shift + F9

CHAPTER 05 《데이터》 탭

이 탭에는 엑셀의 매우 유용한 단추가 많이 있습니다.

UNIT 01 《외부 데이터 가져오기》 그룹

다른 프로그램의 자료를 《Excel표》나 《피벗 테이블》 등의 형태로 가져오고 그 자료와 동기화. (단, 자료가 바뀌었다고 자동으로 즉시 반영되는 것은 아님)

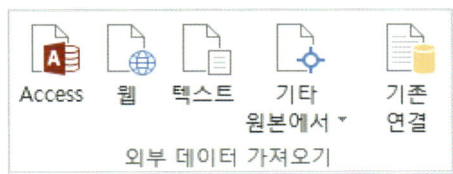

■ Access

액세스 프로그램에 특정 파일의 데이터를 가져오기.

5부\Northwind 2007.accdb

- **사용법** : A1 셀 선택 → 《Access》 → 《Northwind 2007》 파일 선택 → 《테이블 선택》 창이 뜨고 《고객(확장)》 선택 → 《확인》 → 《데이터 가져오기》 창이 뜨고 바로 《확인》 누르면 《Excel표》 형태로 자료를 가져오기.

	A	B	C	D	E	F	G	H
1	표시 방법	연락처 이름	ID	회사	성	이름	전자 메일 주소	직위
2	강 민수	강 민수	17	극동 무역 ㈜	강	민수		영업 과장
3	강 세라	강 세라	20	신세계 통상 ㈜	강	세라		영업 과장
4	강 태준	강 태준	14	동남 상사 ㈜	강	태준		대표 이사
5	강 판석	강 판석	23	한일 상사 ㈜	강	판석		영업 사원
6	구 재석	구 재석	4	경성 트레이딩 ㈜	구	재석		영업 사원
7	김 혜린	김 혜린	29	광성 교역 ㈜	김	혜린		마케팅 1과장
8	남궁 익선	남궁 익선	16	ITM ㈜	남궁	익선		영업 사원
9	문 익한	문 익한	9	서주 무역 ㈜	문	익한		대표 이사
10	문 흥미	문 흥미	10	태강 교역 ㈜	문	흥미		경리 과장
11	박 광준	박 광준	12	혜성 백화점 ㈜	박	광준		영업 사원

- 이때《디자인》탭이 생기고 이 탭에《외부 표 데이터》그룹의《속성》이나《데이터》탭에《연결》그룹의《속성》을 누르면 연결한 원본 자료 파일 이름이 보입니다.
- 《데이터》탭에《연결》그룹의《연결》을 누르면 이 파일에 모든 연결 이름을 볼 수 있습니다.
- 액세스 파일에 테이블이 하나면《테이블 선택》창 없이 바로《데이터 가져오기》창이 뜹니다.
- 다른 시트에서도 이 액세스 파일을 참조하여 다른 테이블을 연결하려면 이 그룹에《기존 연결》클릭으로는 안 됩니다. 동일하게《Access》→《Northwind 2007》파일 선택하여 처리해야 합니다. 그러면《데이터》탭에《연결》그룹의《속성》에《Northwind 20071》로 이름이 보입니다.
- 연결을 새로 할 때마다 이렇게 이름의 끝에 1번부터 순번이 생깁니다.
- 한 시트에 여러 연결을 만들 수 있으며 표에 임의의 셀을 선택하고 이《속성》을 누르면 연결 이름을 볼 수 있습니다.
- 이《Excel표》의 자료를 원본 자료로 업데이트 : 이 표의 임의의 셀 선택 → Alt + F5 하면《새로 고침》되고 원본의 현재 자료로 갱신됩니다.
- 표에서 임의의 값 셀을 선택하고 Ctrl + A 를 눌러 모든 자료를 선택(필드의 헤더는 제외)하고 Ctrl + - 를 눌러 삭제하고 파일을 닫고 다시 열어서《새로 고침》하고《확인》누르면 자료가 들어옵니다.

텍스트

특정 텍스트 파일 내용을 가져오기.

5부\WIN32API.txt

- **사용법1** : A1 셀 선택 →《텍스트》→《WIN32API》파일 선택 →《가져오기》→《구분 기호로 분리됨》으로 하고《다음》→《탭》체크는 그대로 두고《쉼표》체크 → 2단계에서 바로《마침》→《확인》.
- 텍스트 파일에 "숫자-숫자" 자료나 "숫자/숫자"는 날짜 형식으로 바꾸므로 2단계에서《다음》을 눌러 3단계에서 그 필드를 선택하고《텍스트》로 하고《마침》.
- 텍스트 파일에《0》으로 시작하는 숫자는 앞에《0》이 모두 지워지므로 이것도 마찬가지로 3단계에서《텍스트》로 해야 모든《0》이 유지.

5부\ZDS원본.txt

- **사용법2** : A1 셀 선택 →《텍스트》→《ZDS원본》파일 선택 →《가져오기》→《내 데이터에 머리글 표시》체크하고《다음》→《쉼표》에 체크하고《다음》→ 두 번째 열을 선택하고《텍스트》하고《마침》하고 →《데이터 가져오기》창에《속성》→《열 너비 조정》에 체크 해제 →《확인》→《확인》→ F열 너비를 조금 넓히기.
- 가져온 자료 임의의 셀 선택 → Ctrl + A 하고 Delete 로 지우면 메시지 뜨고《아니요》누르고, 그 사라진 데이터의 임의의 셀에서 마우스 우측 버튼 →《새로 고침》후,《가져오기》누르면 데이터를 다시 가져오기.

— 데이터의 임의의 셀에서 마우스 우측 버튼 → 《데이터 범위 속성》에 《열 너비 조정》에 체크하고 《확인》 → 다시 마우스 우측 버튼 → 《새로 고침》 후, 《가져오기》누르면 열 너비가 자동 조정되면서 가져오기.

기타 원본에서
Access나 웹, 텍스트를 제외한 외부 프로그램의 데이터와 연결.
- **Sql Server** : Sql Server의 특정 테이블 자료를 가져오고 연결.
— Sql Server는 Access 프로그램 같은 DBMS의 일종으로 MS에서 개발한 DB(DataBase) 구축 및 제어 시스템으로서, 《MS-SQL》이라 부르기도 합니다.

기존 연결
특정 연결을 다른 셀에 똑같이 가져오며 연결 이름은 달라집니다.
— 연결 이름은 해당 이름 끝의 1번부터 순번이 생성.

UNIT 02 《연결》 그룹
다른 엑셀 문서나 외부 프로그램에 연결 상태를 보거나 편집합니다.

모두 새로 고침
이 문서의 모든 연결을 갱신합니다.
이 단추를 누르면 창이 뜰 수 있고 이때 《가져오기》 클릭.

연결
이 문서의 모든 연결 상태를 보여줍니다.
- **사용법** : 《통합 문서 연결》 창이 뜨고 임의의 《이름》 선택 → 아래의 《선택한 연결이~클릭하십시오.》를 클릭하고 한 번 더 클릭하면 가져온 시트로 이동하면서 그 표 전체를 선택 함. → 《닫기》.
- **《통합 문서 연결》 창의 《제거》** : 임의의 《이름》 선택 → 《제거》를 누르면 연결을 끊을 것인지 묻는 창이 뜨고 《확인》 → 《닫기》하면 데이터만 남아 있고 연결은 끊음. 즉, 앞으로 《새로 고침》은 할 수 없음.

연결 편집

이것은 보통 다른 엑셀 문서에 연결된 내용이 있으면 활성.

- 이런 문서를 열면《링크의 자동 업데이트를 사용할 수 없도록 설정했습니다.》라는 노란 보안 경고 메시지 표시줄이 보이며,《콘텐츠 사용》을 눌러야 갱신됨.
- 엑셀2007은 이 메시지 표시줄에《옵션》→《이 콘텐츠 사용》을 클릭.
- 이 메시지 표시줄 대신 연결 업데이트 관련 메시지 창이 뜨기도 합니다.

UNIT 03 《정렬 및 필터》 그룹

엑셀에서 매우 많이 사용하며,《홈》탭 →《편집》그룹에《정렬 및 필터》단추에 마우스 우측 버튼 →《빠른 실행 도구 모음에 추가》눌러 그 도구 모음에 단추를 눌러 사용하기도 합니다.

5부\정렬&필터.xlsx

ㄱㅎ

표의 특정 열 기준으로 오름차순(작은 것이 위로) 정렬.

- **사용법1** : 특정 열에 임의의 셀 선택 → 이 단추 누르면 그 열 기준으로 표 전체 내용이 오름차순으로 정렬.

  예컨대 Sheet1, D4 셀을 선택하고 이 단추 누르면《현금지출》순 정렬

	A	B	C	D	E	F
1	날짜	소분류	내용	현금지출	카드지출	할부
2	2015-03-18	교통비	버스비		1200	이번달
3	2015-01-15	생활비	전자레인지		100000	0주차
4	2015-01-22	식비	식자재		25000	이번달
5	2015-03-12	식비	아이스크림	5000		이번달
6	2015-02-28	식비	외식	45000		0주차
7	2015-01-05	식비	외식	70000		이번달
8	2015-02-14	식비	외식		22000	이번달
9	2015-02-25	주거비	관리비		20000	이번달
10	2015-03-13	주거비	관리비		20000	이번달
11	2015-02-02	주거비	전기세		15000	이번달

- **사용법2** : 정렬을 원하는 필드의 셀 선택 → Ctrl + A 로 표 전체 선택되면서 처음 선택한 셀이 활성화 → 이 상태에서 누르면 활성 셀의 열 기준으로 오름차순 정렬.

  예컨대 Sheet1, A3 셀을 활성화하고 Ctrl + A 하면 [A1:F11] 선택되고 누르면 날짜순 정렬.

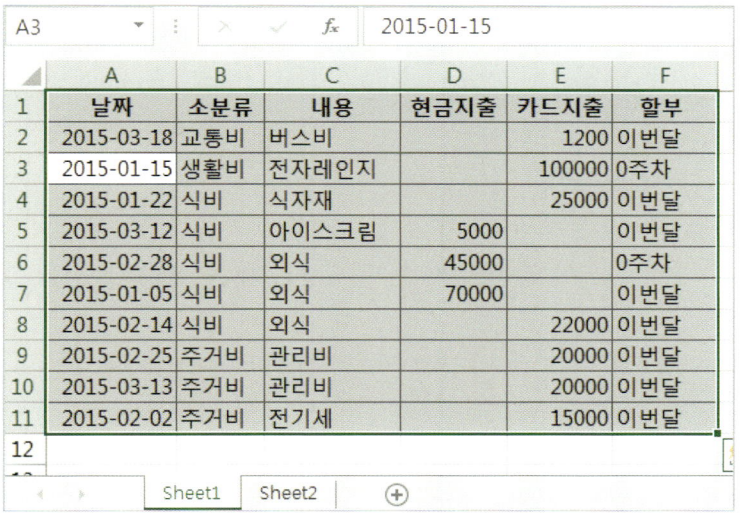

ㅎㄱ
표의 특정 열 기준으로 내림차순 정렬.

정렬
더 정확하게 정렬하기 위한 설정.

- 표 전체를 선택하거나 한 셀만 선택하고 누르면《정렬》창이 뜨고《내 데이터에 머리글 표시》를 체크하거나 해제하면서 선택 범위를 관찰하고 그 선택 범위가 정렬 대상이 되는 것입니다.
- **사용법** : 표 안에 임의의 셀 선택하고 Ctrl + A 로 표 전체를 선택 →《정렬》클릭 →《정렬 기준》을《날짜》로 하고《기준 추가》를 눌러《소분류》로 추가하고 이어서《내용》으로 한 번 더 기준을 추가하면 날짜, 소분류, 내용 순으로 정렬됩니다.

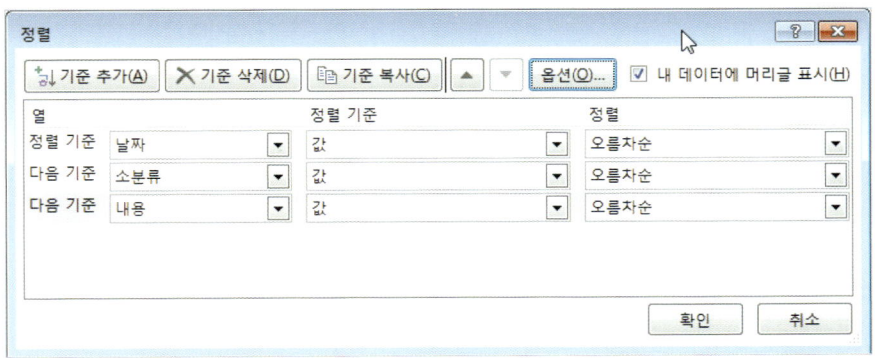

– 《정렬》 창에서 《옵션》을 누르면 정렬 방향을 위아래가 아니라, 옆으로 섞을 수 있습니다.

🔲 필터
표의 특정 열에서 특정 값만 보여주기
- **사용법** : 표 범위를 Ctrl + A 등으로 선택하고 누르면 맨 위에 필터 단추가 생기고 임의의 단추를 눌러 원하는 값으로 필터하면 세모 단추가 깔때기 모양으로 변하고 행 머리글이 파란색 숫자로 변합니다.
  - **필터 단추 생성/종료 단축키** : Ctrl + Shift + L
  - 표에 한 셀만 선택하고 누르면 그 범위의 첫 행에 필터 단추가 생깁니다.
- **병합 헤더가 있는 표의 필터** : 헤더가 병합되어 있다면 병합을 해제하고 헤더의 맨 아래 행을 선택하고 필터 실행 후, 다시 병합.
  예컨대 Sheet2, [A1:G3]을 선택 → 《홈》 탭 → 《맞춤》 그룹에 《병합하고 가운데 맞춤》으로 병합 해제 후, [A3:G3]을 선택하고 필터 실행.

A	B	C	D	E	구매 실례가	
제품군 (대분류)	제품군 (중분류)	모델명 (장비명)	세부명칭	A	구매가	
					최고가	최저가
		aaa			333	100
		ccc			666	111
		AAA			200	12

– 또는 병합은 그대로 둔 채 헤더의 맨 아래 행 머리글을 선택하고 필터 실행. 이 방법은 표를 벗어난 범위까지 필터 단추가 생길 수 있으며 이때는 표 밖에 생긴 그 셀 전체 열을 삭제해야 그 필터 단추가 사라집니다.

🔲 지우기
여러 열을 특정 값으로 필터한 상태에서, 필터 전 상태로 초기화할 때 사용.

🔲 다시 적용
특정 값으로 필터하면 엑셀 하단의 《상태 표시줄》에 필터한 행 개수가 나오는데, 다른 시트를 선택했다가 다시 오면 이 내용이 사라지고, 이때 이 단추를 누르면 다시 보임

🔲 고급
보통 《고급 필터》라고 하는데, 일반 필터와 달리 필터 단추 없이 조건 범위에 맞는 것만 필터 합니다.

- **사용법** : Sheet1의 [H1:H2] 범위에 각각 《내용》, 《외식》으로 입력하고 [A1:F11] 범위를 선택하고 이 단추를 눌러 창을 띄우고 《조건 범위》 입력란 클릭 → [H1:H2] 범위 드래그 후, Enter 치면 해당 조건에 맞는 것만 필터. 이 단추 위에 《지우기》 누르면 필터 해제.
- **중복 자료는 제외하고 하나만 보기** : [B1:C11] 선택 → 《고급》 → 《조건 범위》는 지우고 《동일한 레코드는 하나만》에 체크하고 《확인》 누르면 그 두 개열의 고유 값만 필터되어 보임. 즉 B, C열에 중복된 행이 나오면 그 행은 숨겨지고 처음 나온 행만 필터가 되는 것입니다.

UNIT 04 《데이터 도구》 그룹

5부\데이터도구.xlsx

텍스트 나누기

셀 내용을 나눠서 옆 셀에 분배.

- **사용법1** : Sheet1의 A열 선택 → 《텍스트 나누기》 단추를 누르고 《너비가 일정함》하고 《다음》 → 눈금에 나눌 곳을 클릭(나눈 선을 지우려면 더블 클릭)하고 바로 《마침》.

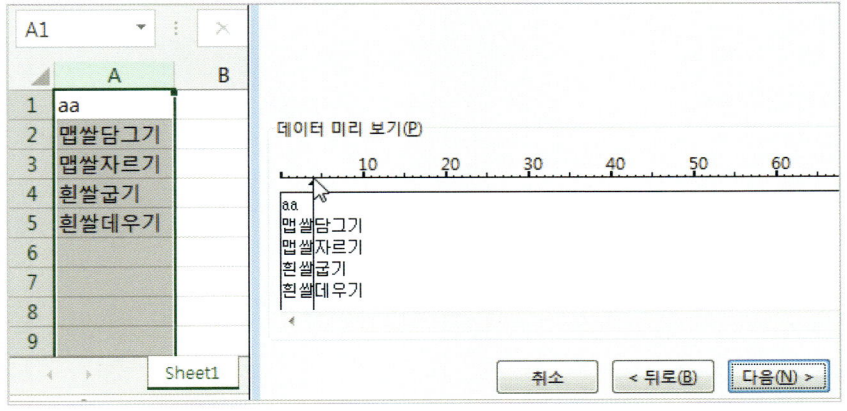

- **사용법2** : Sheet1의 D1 셀 선택 → 《텍스트 나누기》 단추를 누르고 《구분 기호로 분리됨》하고 《다음》 → 《쉼표》에 체크하고 바로 《마침》.
- **사용법3** : Sheet1의 [D4:D7] 선택 → 《텍스트 나누기》 단추를 누르고 《구분 기호로 분리됨》하고 《다음》 → 《탭》과 《공백》만 체크하고 《다음》 → 맨 끝 열을 선택하여 검정으로 하고 《텍스트》 → 《마침》.
- 다시 결합하려면 H4 셀에 수식 =D4&E4&F4&G4을 입력.

이때 공백문자 없이 결합되므로 =D4&" "&E4&" "&F4&" "&G4 이 수식이 필요합니다.

중복된 항목 제거

범위에서 맨 위에 고유 값만 남기고 범위 내에 셀 삭제

- **사용법** : 《중복》 시트의 [A1:C14] 선택 → 이 《중복된 항목 제거》 단추 클릭 → 《내 데이터에 머리글 표시》 체크로 데이터 범위만 선택 → 《비고》 필드만 체크 → 《확인》 → 《확인》 하면 A열 기준으로 위로부터 고유 항목만 남기고 셀 삭제합니다.

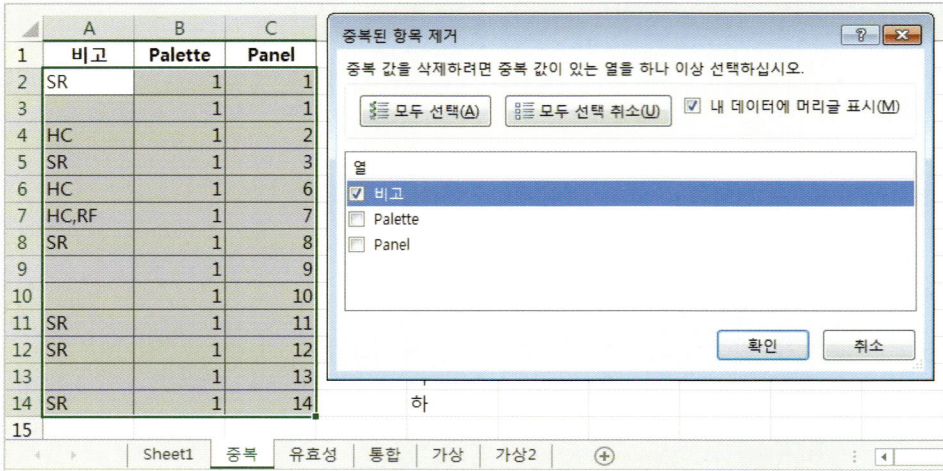

데이터 유효성 검사

특정 범위 내에 값만 입력하도록 허용.

현재 Ctrl + F3 을 누르면 《한글》로 이름 정의되어 있습니다.

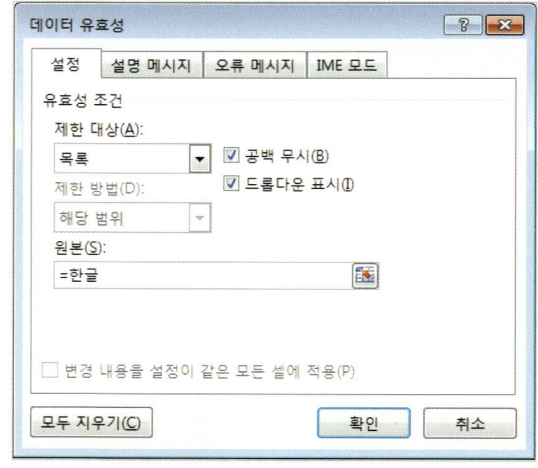

- **사용법1** : 《유효성》 시트의 A2 셀 선택 → 이 《데이터 유효성 검사》 단추 클릭 → 《제한 대상》은 《목록》, 《원본》 입력란 선택 → F3 → 《한글》 더블 클릭하면 《=한글》로 채워지고 《확인》 → 세모 단추가 생기고 선택 입력 가능.
- 엑셀2010 이상이면 이름 정의를 쓰지 않고 《원본》 입력란 선택하고 《중복》 시트의 [E1:E14] 범위 선택하여 설정 가능.
- **사용법2** : B2 셀 선택→《데이터 유효성 검사》→《제한 대상》은《날짜》,《시작 날짜》는《2000-1-1》,《끝 날짜》는《2030-12-31》하고 Enter 치면 그 기간 내 날짜만 입력 가능.

- **사용법3** : C2 셀 선택 → 《데이터 유효성 검사》 → 《제한 대상》은 《사용자 지정》, 《수식》란에 =EXACT(UPPER(C2),C2)를 넣어 대문자만 허용시킴 → 《설명 메시지》탭의《제목》란에《Y or N 입력》넣고 그 아래《설명 메시지》란에 Spacebar 쳐서 공백 문자를 입력 →《IME 모드》탭에《모드》를《영문》으로 하고《확인》. 그러면 이 셀 선택 시 한/영 키 안 눌러도 영문 모드로 바뀝니다.
- **수식 의미** : UPPER 함수로 C2 셀 값을 대문자화한 것과 C2 셀 값을 대/소문자까지 정확히 비교(EXACT)하여 같으면 True, 다르면 False 반환.

□ **잘못된 데이터** : 유효성 검사 적용 후, 셀에 유효한 데이터로 입력하고 나서 유효성 검사 내용을 바꾸었을 때 기존 입력한 셀들에 적색 타원이 생깁니다.

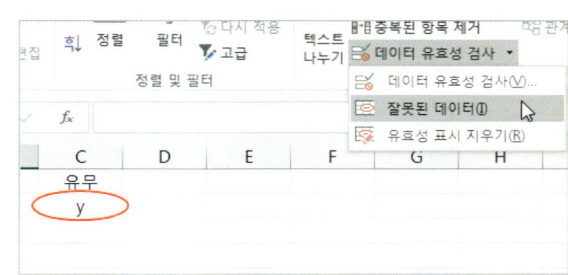

- **사용법** : C2 셀에 대문자만 입력하도록 해 놓고《Y》가 입력된 상태에서 C2 셀 선택 → 《데이터 유효성 검사》에서 수식을 반대로 소문자만 가능하도록 =EXACT(LOWER(C2),C2)로 바꾸고《확인》→ 그리고《데이터 유효성 검사》의 세모 단추 →《잘못된 데이터》누르면 활성 시트의 모든 비유효성 검사 셀에 적색 타원을 표시합니다.

□ **유효성 표시 지우기** : 활성 시트의 모든 적색 타원을 지우기.

- 유효성 검사 기능을 지우려면 해당 셀을 선택하고《데이터 유효성 검사》→《모두 지우기》→《확인》.

▣ 통합

첫 열에 데이터를 고유 항목으로 하고 둘째 열의 값을 집계.

- **사용법** :《통합》시트, [G2:I2] 범위에 해당 필드명을 입력하고 선택 →《통합》→ 창이 뜨고《참조》란에 [B2:E9] 범위를 마우스로 드래그하고《첫 행》,《왼쪽 열》체크하고 Enter .

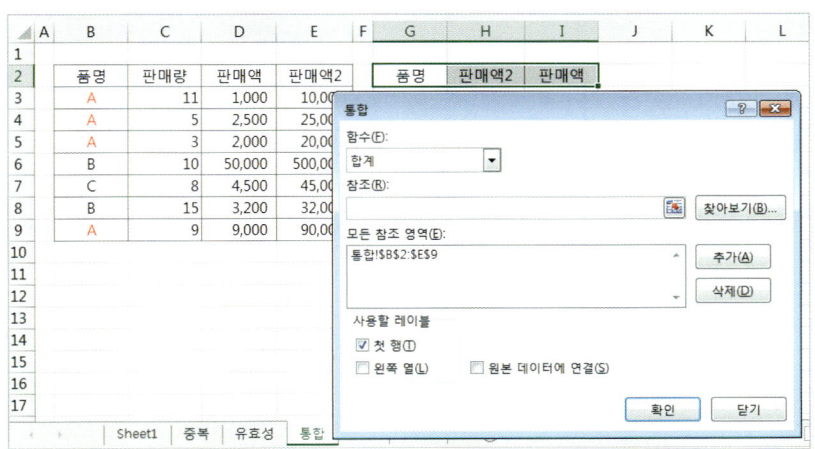

- [G2:I2] 범위 선택 → 《통합》 누르는 것이 관건이며, 첫 행의 왼쪽 열을 기준으로 합계 내며, 《통합》 창의 《함수》란에 《개수》를 선택하면 건수로 집계됩니다.
- 값을 집계 낼 때에 원본 열의 셀 서식 중 표시 형식만 동일하게 합니다. 즉, 테두리나 색깔, 맞춤 등의 서식은 가져오지 않습니다.
- 통합 후에는 집계 결과 표 범위가 선택됩니다.

관계

두 《Excel표》를 통합하지 않고 관계를 설정(엑셀2013 이상).

5부\관계.xlsx

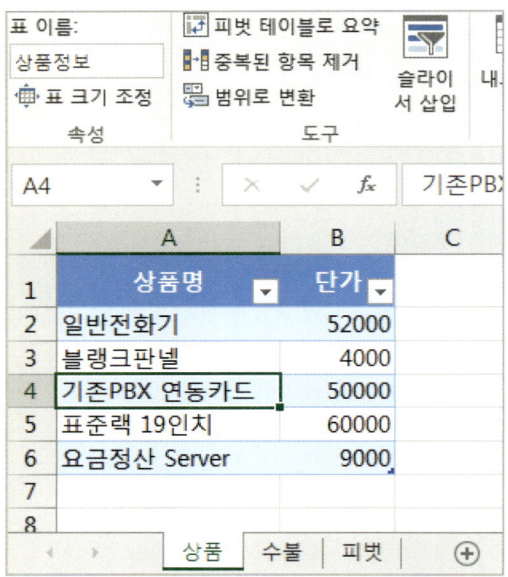 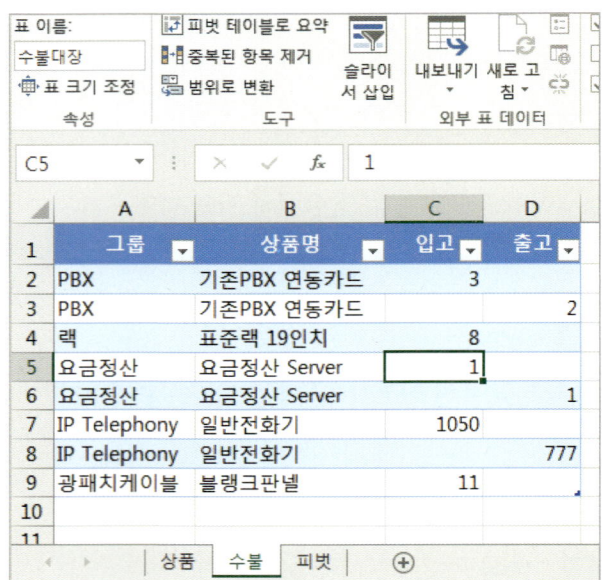

- **사용법** : 상품정보와 수불대장간의 관계를 설정하여 피벗 테이블을 생성. 두 표는 모두 《Excel표》로 되어있어야 하고, 임의의 시트에서 관계를 클릭 → 새로 만들기 → DB에서 통용되는 기본키와 외래키를 그림과 같이 설정하여 관계 설정.

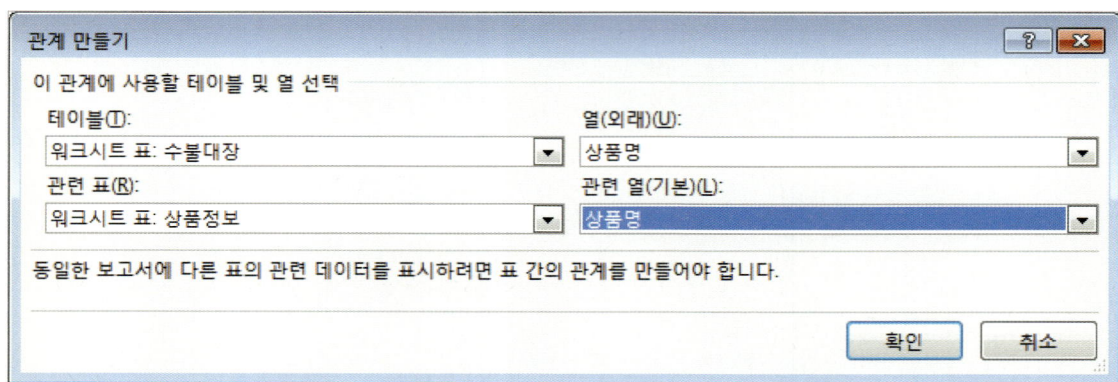

《피벗》 시트에서 《삽입》 탭 → 《표》 그룹에 《피벗 테이블》 → 표/범위는 《상품정보》, 맨 아래 《데이터 모델에 이 데이터 추가》 → 《확인》 → 우측에 《피벗 테이블 필드》의 맨 위에 《모두》 선택하고 그림과 같이 설정.

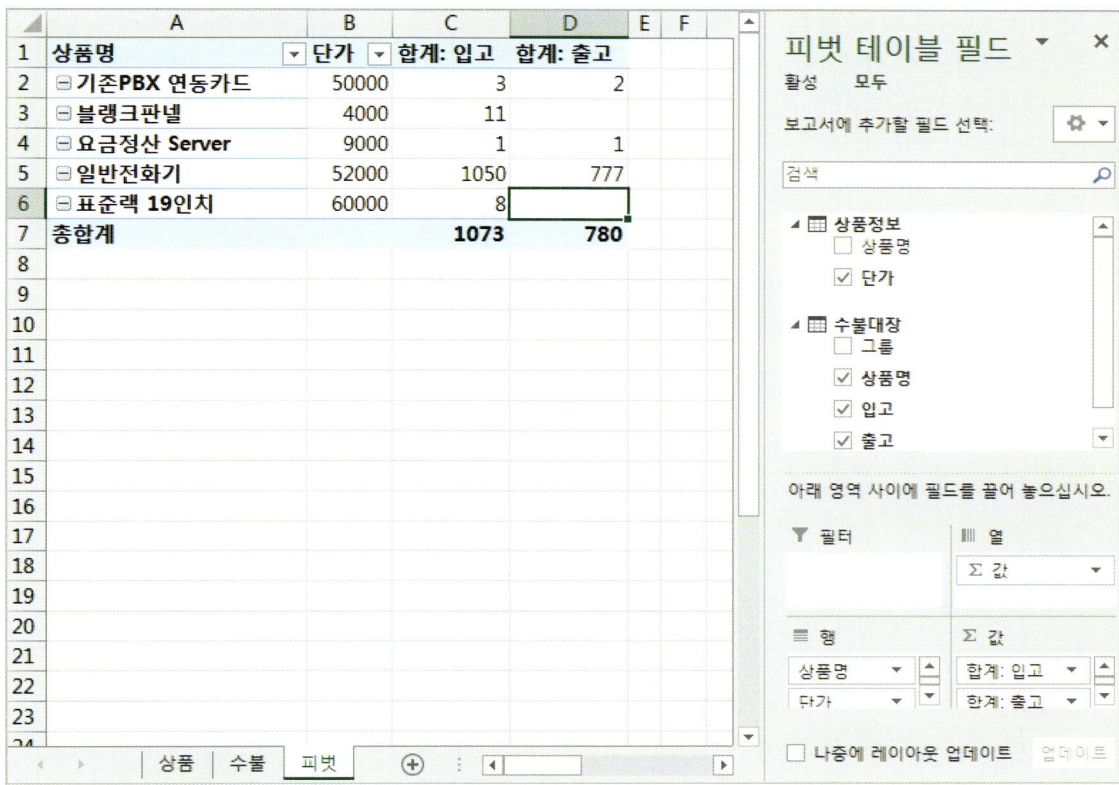

UNIT 05 《예측》 그룹 (엑셀2016 버전)

◼ 가상 분석

이 내용은 실무에서 그다지 사용하지 않지만 자격증 시험 등에 곧잘 나오므로 간단히 소개합니다.
– 엑셀2013 이하 버전은 《데이터 도구》 그룹에 있습니다.

▫ **시나리오 관리자** : 입력 값을 바꾸면서 결과를 예측
- **사용법** : 《가상》 시트 선택 → 《시나리오》 클릭 → 《추가》 → 《low》 입력 후, Tab → 시트에 B1 셀 클릭 → 《확인》 → 《0.06》 입력 → 《추가》 → 《up》 입력 후, 《확인》 → 《0.08》 입력 후, 《확인》 → 《요약》 → 《결과 셀》란에서 시트에 D7 셀 클릭 → 《확인》.
- 결과는 현재 시트 앞에 《시나리오 요약》 시트가 생기고 공제율에 따른 노무비총액의 변화를 볼 수 있습니다.

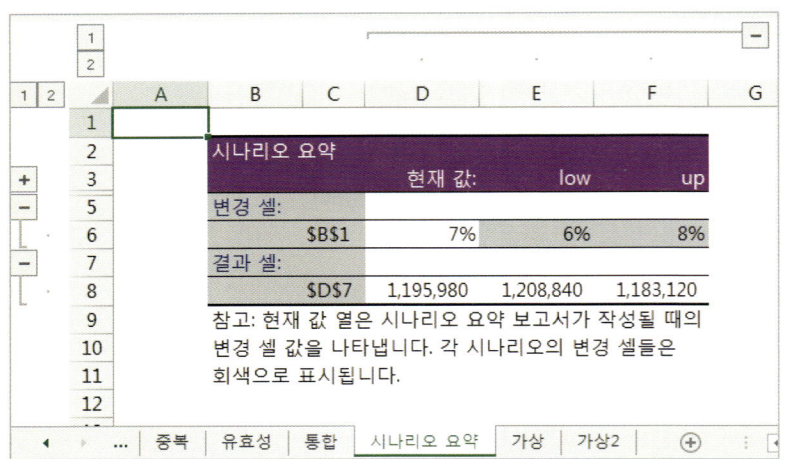

▫ **목표값 찾기** : 결과 값을 정하면 입력 값이 계산됨 (시나리오와 반대)
- **사용법** : 《목표》 시트에서 C3 셀 선택하고 《목표값 찾기》 클릭 → 《찾는 값》에 《1048576》, 《값을 바꿀 셀》에 C2 셀 클릭하고 《확인》하면 C2 셀에 20이 결과로 생김. 즉 2의 20승을 하면 1048576 값이 나옵니다.

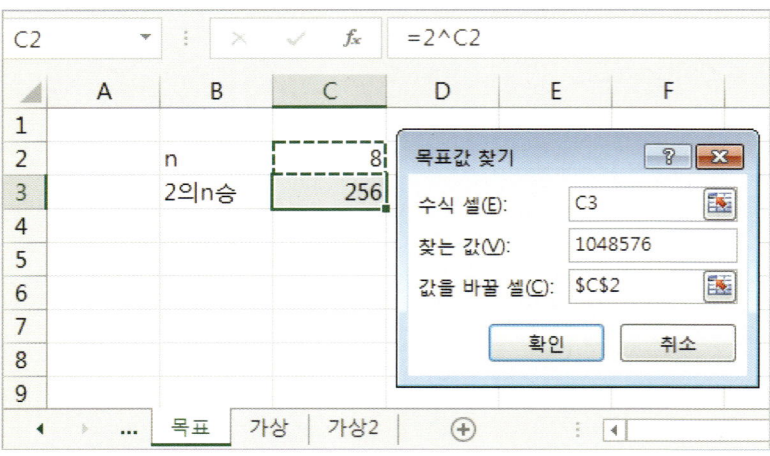

- **사용법** : 《가상》 시트에서 《목표값 찾기》 클릭 → 《수식 셀》에 《D7》 → 《찾는 값》에 《1000000》 → 《값을 바꿀 셀》은 《B4》 셀 클릭하고 Enter .
- 결과는 노무비총액을 백만 원으로 만들기 위해 홍길동의 노무비단가를 얼마로 입력해야할 지를 계산합니다.

☐ **데이터 표** : 입력 값에 따라 결과 범위가 자동 반영.
- B5 셀 수식 : =B4 * B3
- E5 셀 수식 : =B5

노랑 범위에 임의의 값을 넣고 [E5:H9] 범위 선택 → 《데이터 표》 → B3 셀 클릭 → 아래 입력란 클릭하고 B4셀 클릭 → 《확인》.

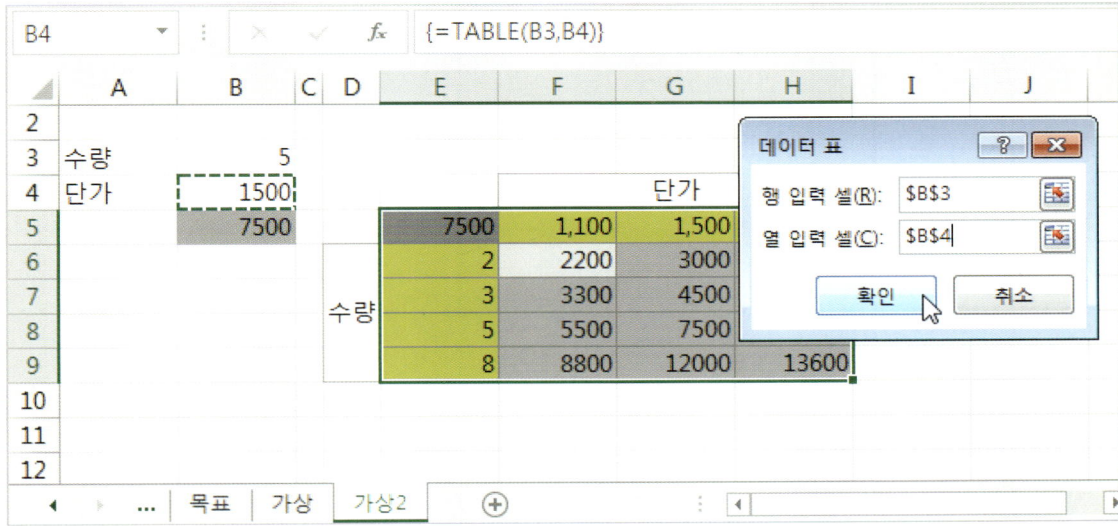

- 결과는 각 행 열에 값들을 곱한 결과를 표시하며, 회색 셀 범위에는 동일한 수식 {=TABLE(B3,B4)}이 다중 셀 배열 수식 형태로 들어감. 이 수식 셀에 일부를 지우거나 편집하지 못하므로 셀 범위 전체를 선택하고 해야 합니다.
- 이 기능 실행 후, 《실행 취소》 Ctrl + Z 가 작동하지 않습니다.

▣ 예측 시트

데이터의 흐름으로부터 미래의 값을 예측 (엑셀2016 버전).

5부\예측.xlsx

Sheet1, [A1:B11] 선택하고 이 단추를 누르면 그림의 창이 뜨고 《만들기》를 누르면 새 시트가 앞에 삽입되면서 데이터와 차트가 생성됩니다.
- 창에서 《옵션》을 누르고 다시 《옵션》을 누르면 원래 창 크기로 돌아옵니다.

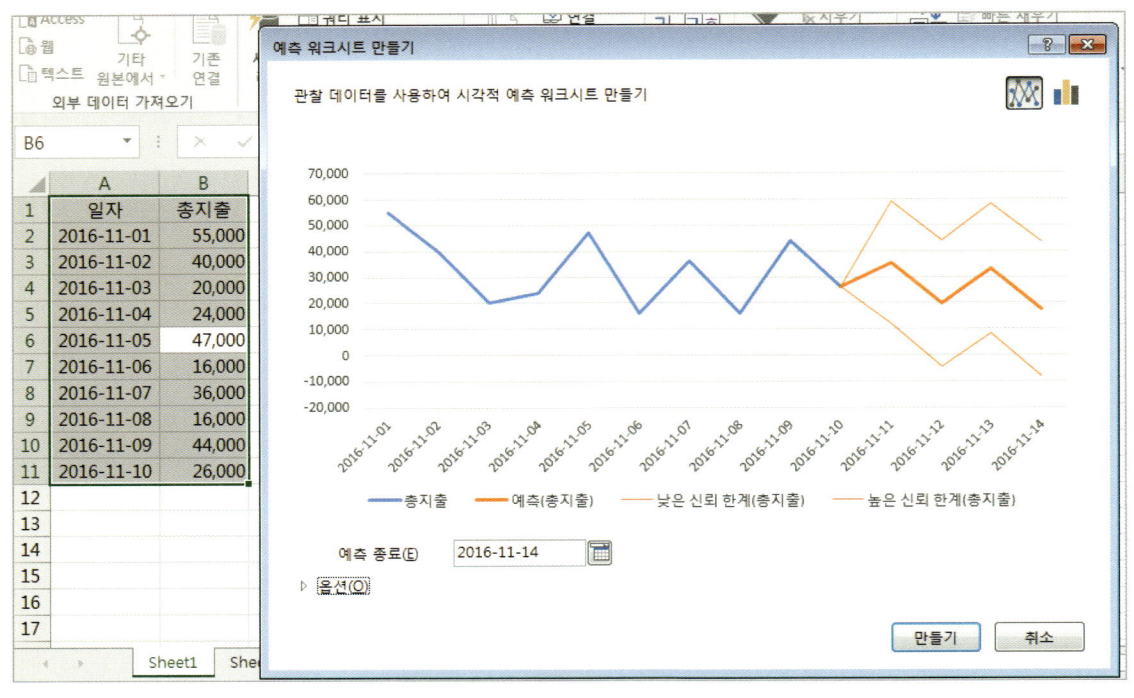

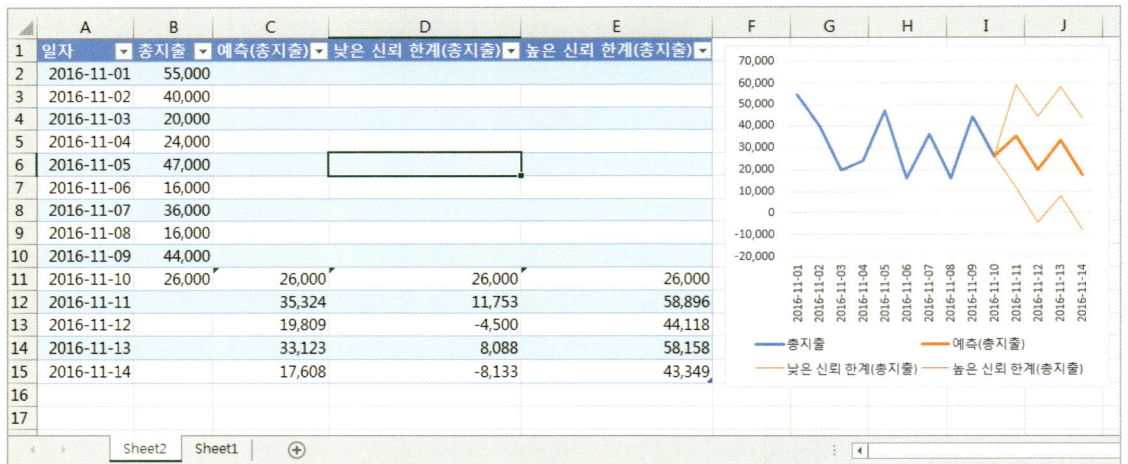

UNIT 06 《윤곽선》 그룹

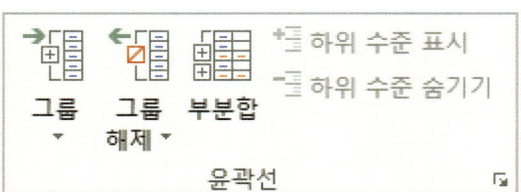

5부\윤곽선.xlsx

그룹

+, – 단추로 행/열을 숨기거나 보이게 하기.

- **사용법** : 《그룹》 시트, [A2:A4] 선택 → 《그룹》 창이 뜨고 《행》 → 《확인》하고 《–》 단추나 《1》 단추를 누르면 행이 숨겨집니다.
- **단축키** : Shift + Alt + →.
- 이어서 [A6:A8] 선택하고 F4 누르면 또 그룹이 생성됩니다.
- [A9:C9] 선택하고 마우스 우측 버튼 → 《삽입》하고 Enter 치면 그룹이 늘어나지 않음. A9 셀에서 행 전체 Shift + Spacebar 를 선택하고 《삽입》을 하면 늘어납니다.
- **그룹 늘리는 법** : [A9:C9] 선택하고 《삽입》한 뒤에 바로 이어서 Shift + Alt + → 누르면 그룹이 더 늘어납니다.
- Shift 를 누른 채 – 단추를 누르면 행 전체가 선택됩니다.

- **자동 윤곽** : 수식 셀 중심으로 일괄 그룹.
- **사용법** : 표에 한 셀 선택 → 《자동 윤곽》하면 소계 4개 중 3개의 그룹만 생기며 데이터 하나짜리는 그룹이 생기지 않으므로 《그룹》 시트, B10 셀 선택 → Shift + Alt + → → 《행》하고 Enter.
- 실행 후, 《실행 취소》 Ctrl + Z 가 작동하지 않습니다.
- **아래에 위치한 소계 수식을 쉽게 생성하는 법** : 소계 수식이 달릴 셀만 선택 → 《홈》 탭 → 《편집》 그룹에 《자동 합계》 Alt + H, U, Enter.

그룹 해제

선택 셀 범위에 그룹 해제.

- **사용법** : 《그룹》 시트, [A2:A15] 선택 → 《그룹해제》를 누르면 1 그룹이 해제됩니다.
- **단축키** : Shift + Alt + ←
- 시트에 모든 그룹을 해제하려면 다음에 나올 《윤곽 지우기》로 가능.
- **윤곽 지우기** : 한 셀만 선택 후 실행하면 활성 시트의 모든 윤곽이 지워집니다.
- 특정 셀 범위만 선택하고 실행하면 그 범위의 윤곽만 지워집니다.
- 시트에 전체 윤곽을 단순히 보거나 숨기는 것은 단축키 Ctrl + 8 로 가능.
- 실행 후, 《실행 취소》 Ctrl + Z 가 작동하지 않습니다.

부분합

표를 군 단위로 자동 집계.

- **사용법** : 《부분합》 시트, 표에 한 셀 선택 → 《부분합》 → 《부분합》 창이 열리고 《확인》을 누르면 《부호》별로 그룹화, 《금액》을 대상으로 《합계》를 냅니다.

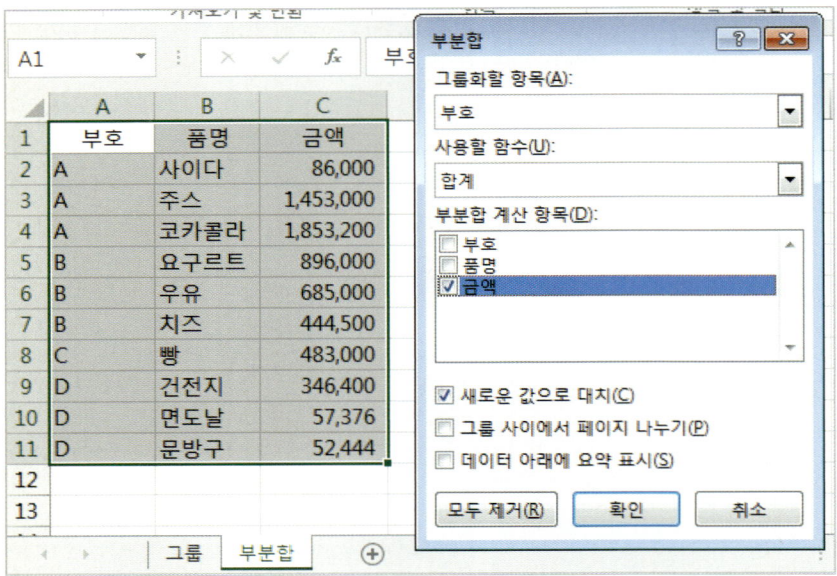

- 《**새로운 값으로 대치**》 : 이것은 기존 《부분합》이 걸려있으면 원래 표로 초기화 후, 다시 《부분합》을 실행한다는 뜻.
- 《**그룹 사이에서 페이지 나누기**》 : 그룹별로 페이지 선을 넣어서 인쇄 시 그룹 단위로 페이지가 인쇄.
- 《**데이터 아래에 요약 표시**》 : 체크 해제하면 요약 행이 위에 표현
- 원래 표로 되돌리기 : 표에 인접한 셀 하나만 선택 → 《부분합》 창에서 《모두 제거》 클릭.

하위 수준 표시

그룹 상에 + 단추 누른 효과와 같습니다.

윤곽선

우측의 그룹 아이콘

- **아래 행에 정리** : 이 체크를 해제하면 – 단추가 위로 올라갑니다. (기본값은 체크 상태)
- **오른쪽 열에 정리** : 이 체크를 해제하면 – 단추가 그룹의 좌측에 생깁니다. (기본값은 체크 상태)
- 《**자동 스타일**》에 체크하고 《만들기》나 《스타일 적용》을 누르면 요약 행에 서식이 적용됩니다. (기본값은 체크 해제 상태)
- 이 설정은 통합 문서 단위로 유지되며 실행 후, 《실행 취소》 Ctrl + Z 는 작동하지 않습니다.

《검토》 탭

UNIT 01 《언어 교정》 그룹

■ 맞춤법 검사
- **사용법** : 셀 범위 선택하고 실행하면 《맞춤법 검사》 창이 뜨고 그 범위에 셀 내용의 철자를 검사.
- 셀을 하나만 선택하면 그 시트의 모든 셀에 철자 검사.
- 《맞춤법 검사》 창에 《자동 고침》을 누르면 그 창의 《옵션》 → 《자동 고침 옵션》 → 《자동 고침》 탭의 목록에 해당 단어가 추가됩니다.

■ 동의어 사전
이 기능은 지원되지 않음. 외부업체에서 만들어서 추가해야 하는 기능인데 아직 없으며, 《삽입》 탭에 《추가 기능》 그룹의 《스토어》가 그것입니다.

UNIT 02 《내게 필요한 옵션》 그룹 (엑셀2016 버전)

■ 접근성 검사 (엑셀2016 버전)
접근성을 원활하게 하도록 지침
- **사용법** : 예컨대 시트명이 그냥 《Sheet1》이면 이름을 바꾸라는 지침이 있는 창이 우측에 생깁니다.

UNIT 03 《정보 활용》 그룹 (엑셀2016 버전)

스마트 조회

인터넷에서 찾은 결과를 표현.

- **사용법** : A1 셀에 《우유》를 입력하고 그 셀을 선택 → 실행하면 우측에 《스마트 조회》 작업 창이 뜨면서 관련 이미지가 뜨고 웹 검색 결과를 보여줍니다.

UNIT 04 《언어》 그룹

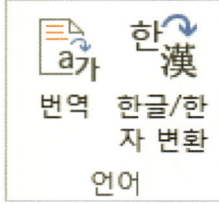

번역

다른 언어로 해석.

- **사용법** : 한글이 입력된 셀 선택 하고 실행하면 《리서치》 창이 뜨고 기본 영어로 번역되어 뜻이 보입니다.
- 반대로 영어를 한글로 하려면 《번역 전 언어》를 《영어(미국)》으로 하면 《번역 후 언어》는 자동으로 《한국어》로 바뀌고 상단의 《검색 대상》 우측의 화살표 단추를 누르면 됩니다. 하지만 다른 셀에 영어를 또 해석하려면 다시 《번역 전 언어》가 한국어로 초기화 되므로 《검색 대상》 아래에 해당 영어를 입력하고 화살표 단추를 누르세요.

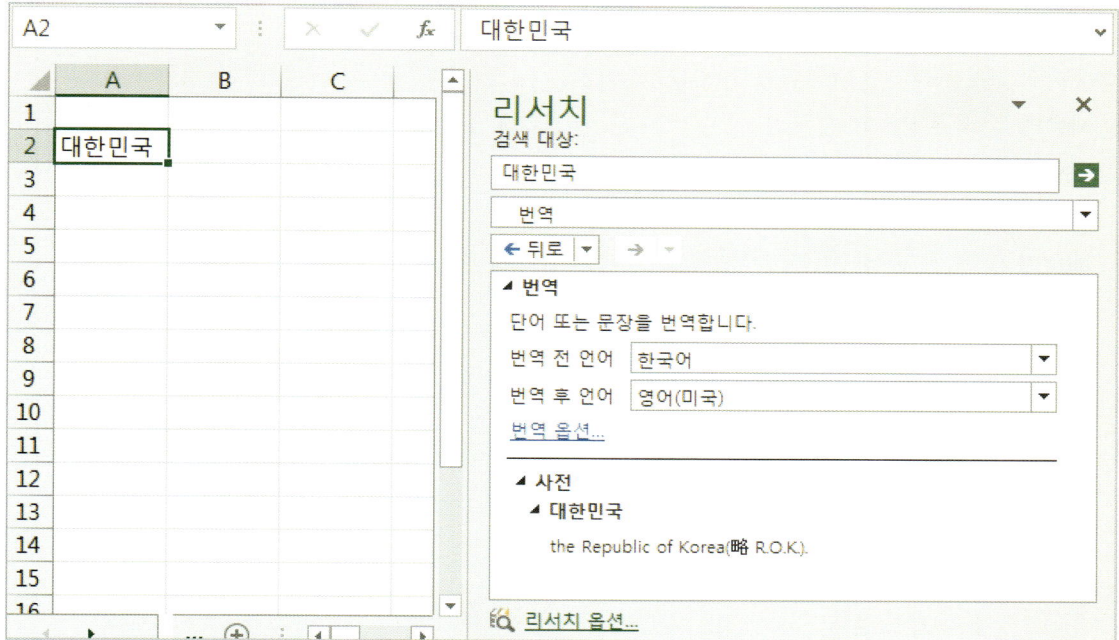

■ 한글/한자 변환

한글을 한자로 또는 한자를 한글로 바꾸도록 창이 뜹니다.

셀에《子欲養而親不待》입력하고 이 단추를 눌러 창을 띄운 뒤,《한글(漢字)》을 선택하고《변환》→ 시트의 처음부터 변환하겠냐는 메시지에《아니요》하면 결과는 자욕양이친부대(子欲養而親不待).

― 이 기능은 Ctrl + Z 가 작동하지 않습니다.
― 이 창에서《한자 사전》(책 아이콘)을 누르면 한자 뜻이 나옵니다.

UNIT 05 《메모》그룹

🔲 새 메모

셀에 마우스를 가져가면 나타나는 말풍선.

- **사용법** : 셀 선택하고 실행.
- – 보통은 마우스 우측 버튼 →《메모 삽입》으로 많이 합니다.
- – 메모가 달린 셀을 선택하면 단추 이름이《메모 편집》으로 바뀝니다.

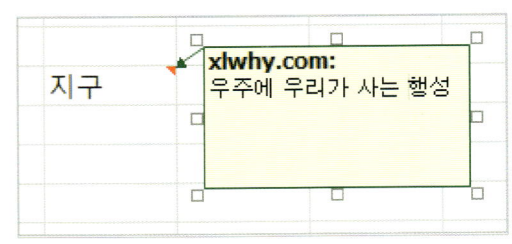

🔲 삭제

메모가 있는 셀 범위를 포함하도록 선택을 하고 실행하면 그 범위에 모든 메모가 삭제됩니다.

🔲 다음

파일에 모든 메모가 시트 순서대로 말풍선으로 보입니다.
–《이전》단추는 그 반대 순서로 적용됩니다.

🔲 메모 표시/숨기기

활성 셀에 메모가 말풍선으로 보이거나 사라집니다.

🔲 메모 모두 표시

파일에 모든 메모가 말풍선으로 보입니다.

🔲 잉크 표시

일반PC(Personal Computer)에서는 의미가 없고 태블릿PC에서 잉크 주석 표시.

UNIT 06 《변경 내용》그룹

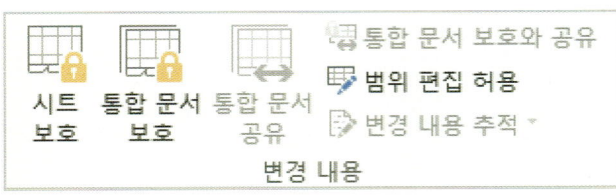

🟩 시트 보호
특정 셀에 접근을 막음
- **사용법** : 셀에 입력을 막으려면 모든 셀 선택 → 마우스 우측 버튼 → 《셀 서식》→《보호》에《잠금》체크 해제 → 보호하려는 셀을 선택하고 셀 서식 →《잠금》체크 →《시트 보호》→ 창이 뜨고《확인》.
- 보통 수식 셀을 잠글 때 사용합니다.
- 《시트 보호》창에서《잠긴 셀 선택》을 체크 해제하면《잠금》한 셀을 선택조차 하지 못하고, 이 창에 암호까지 넣으면 보다 강력한 보호가 이뤄집니다.
- 시트가 보호되면《시트 보호》단추가 활성화되고 다시 누르면 보호가 풀립니다.
- 시트 보호가 되면 잠근 셀을 Tab 키로 선택할 수 없습니다. 즉 잠근 셀 좌측 셀을 선택하고 Tab 키를 누르면 잠근 셀의 우측 셀을 선택합니다. Enter 키는 원래대로 아래 셀을 잘 선택합니다.

🟩 통합 문서 보호
모든 시트에 접근을 막습니다.
- **사용법** :《구조 및 창 보호》창이 뜨고《확인》누르면 모든 시트에 대해 다음의 기능을 사용 못합니다.
- **사용 못하는 기능** : 시트 이름 수정, 시트 삭제, 삽입, 이동/복사, 탭 색, 숨기기 등을 하지 못합니다.
- 《구조 및 창 보호》창에《구조》와《창》이 있는데《창》은 엑셀2013 이상은 비활성 상태로 존재하여 의미가 없지만, 그 이전 버전은 이《창》을 체크하면 통합 문서 창의 크기나 위치를 바꾸지 못함. Ctrl + F10 으로 확인 가능.
- 통합 문서가 보호되면《통합 문서 보호》단추가 활성화되고 다시 누르면 보호가 풀립니다.

🟩 통합 문서 공유
통합 문서(파일)에 여러 사용자가 접근
- **사용법** : 공유 폴더에 파일을 넣고《통합 문서 공유》→《여러 사용자가 동시에 변경할 수 있으며 통합 문서 병합도 가능》체크하고《확인》.
- 이것은 문서에 여러 사용자가 접근하여 동시 입력이 가능한 이점이 있지만 조금 불안정하고 엑셀 기능에 제약과 혼선으로 저자는 사용하지 않고 DB와 매크로를 섞어 사용합니다.

🟩 통합 문서 보호와 공유, 범위 편집 허용, 변경 내용 추적
이 세 개는 왼쪽에《통합 문서 공유》단추와 결부된 기능

CHAPTER 07 《보기》 탭

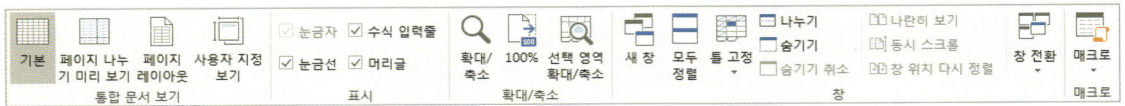

UNIT 01 《통합 문서 보기》 그룹

시트가 화면에 보이는 모양.

■ 기본
새 통합 문서를 열었을 때의 기본 화면.

■ 페이지 나누기 미리보기
인쇄 화면을 미리 볼 수 있습니다.

- **사용법** : 시트에 내용이 있을 때 실행하면 흰 색 부분이 인쇄 대상
- 페이지 번호는 인쇄되지 않고 이 번호를 화면에서 없앨 수도 없습니다. 하지만 그림이나 도형 등 개체로 이 번호를 덮으면 숨길 수는 있습니다.
- 인쇄가 안 되는 셀은 모두 회색으로 표시됨. 이 색을 바꾸지는 못합니다.

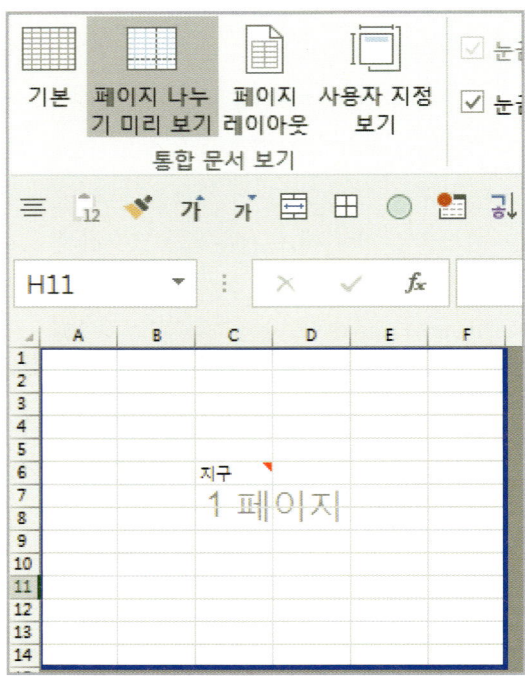

🟩 페이지 레이아웃
워드 프로그램의 기본 보기 형태의 화면.
– 인쇄할 때만 보이는 머리글/바닥글을 바로 설정할 수 있습니다.
– 센티미터(Cm) 단위로 눈금자를 조정할 수 있어 유용합니다.

🟩 사용자 지정 보기
시트에 사용자 보기 형식을 지정.
- **사용법** : 《보기》 탭 → 《창》 그룹에 《틀 고정》 → 《첫 행 고정》하고 이 기능을 실행하여 《추가》 → 《이름》 란에 《틀》로 입력하고 다시 《틀 고정》 → 《틀 고정 취소》 → 파일을 저장 후, 닫기 → 다시 열고 이 기능 실행 → 《표시》 누르면 적용됩니다.
– 다른 시트에 이 이름으로 지정한 보기 형식을 적용할 순 없습니다.

UNIT 02 《표시》 그룹

🟩 눈금자
《통합 문서 보기》 그룹의 《페이지 레이아웃》 보기 상태에서만 활성화.

🟩 수식 입력줄
통합 문서의 수식 입력줄과 이름 상자를 숨기거나 표시.

🟩 눈금선
시트에 회색 셀 구분선을 숨기거나 표시.

🟩 머리글
시트에 행/열 머리글을 숨기거나 표시.

UNIT 03 《확대/축소》 그룹

■ 확대/축소
시트의 화면 비율을 조정.

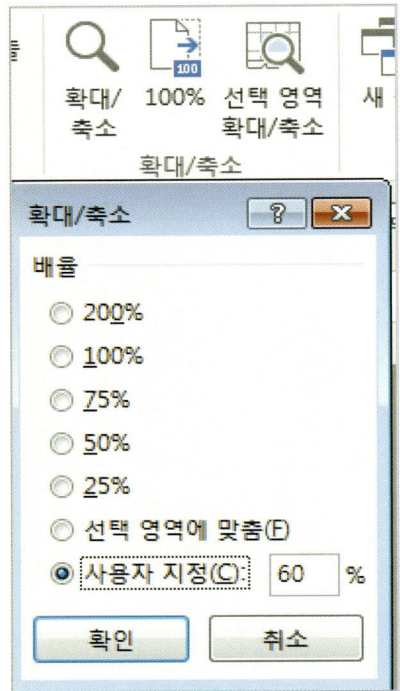

– 《상태 표시줄》 우측의 확대/축소 슬라이더를 이용해도 가능.
– Ctrl 을 누른 채 마우스 휠을 돌려도 가능.

■ 100%
시트의 화면 비율 초기화.

■ 선택 영역 확대/축소
선택한 셀 범위를 한 화면에 보이도록 확대 또는 축소.

UNIT 04 《창》 그룹

🟩 새 창

쌍둥이 문서를 생성.
- 원본 문서를 포함하여 모든 쌍둥이 문서의 제목 표시줄에는 "문서명:숫자" 형식으로 보입니다.
- 임의의 문서에 입력하면 다른 문서에도 동일하게 반영.
- 쌍둥이 문서의 화면은 기본 상태로 열림. 예를 들어 원본 문서의 화면 비율이 90% 인 경우에 쌍둥이 문서는 100%로 열림. 틀 고정도 없이 열립니다.

🟩 모두 정렬

떠있는 모든 창을 규칙적으로 배열.
- **사용법** : 실행하면 《창 정렬》 창이 뜨고 《가로》를 선택하면 열린 모든 문서를 가로 로 정돈하여 배열.
- 관심 문서들만 배열하려면 불필요한 문서들은 최소화 시키고 실행.
- 한 문서의 여러 시트를 한 화면에서 보는 방법 : 만일 두 개의 시트를 같이 보려면 《창》 그룹에 《새 창》을 한 번만 클릭 → 《모두 정렬》 → 《현재 통합 문서 창》에 체크 → 《확인》.
- 그리고 원래대로 한 시트만 보려면 꼭 "문서명:1"만 남기고 모두 닫음. 그렇게 해야 《틀 고정》 같은 화면 상태가 모든 시트에서 풀리지 않습니다.

🟩 틀 고정

화면이 스크롤되어도 특정 행이나 열이 항상 보입니다.
- **사용법** : 3행 선택 후, 《틀 고정》 → 《틀 고정》 하면 1~2행이 항상 보입니다.
- 해제하려면 셀 선택과 무관하게 《틀 고정》 → 《틀 고정 취소》.
- 열 고정도 마찬가지임. 예를 들면 C열 선택하고 실행하면 A~B열은 늘 보입니다.
- 셀을 하나만 선택하고 하면 그 셀의 왼쪽 위 꼭짓점을 기준으로 행과 열이 고정됩니다.
- 틀 고정 시 주의할 점은 실행 전에 항상 1행이나 A열이 화면에 보이는 상태에서 해야 함. 예를 들면 화면에 4행부터 보이는데 이때 6행을 선택하고 《틀 고정》하면 1~3행은 아예 보이지도 않게 됩니다.
- 이 기능은 한 시트에 하나밖에 안됨. 가령 1~3행, 30~33행을 고정할 순 없습니다.

🟩 나누기

화면을 분할하고 분할 선을 마우스로 이동시킬 수 있습니다.
- 해제는 분할 선을 더블 클릭 또는 《나누기》를 다시 누르면 해제됩니다.

🟩 숨기기

문서를 숨겨서 화면에 사라지게 합니다.
- 파일을 열었는데 보이지 않는 경우는 이것 때문임. 이 단추 아래의 《숨기기 취소》가 활성 상태일 때는 숨긴 문서가 있는 것입니다.

🔲 숨기기 취소
해당 문서가 숨긴 상태일 때 활성화
- 실행하면 숨긴 문서가 목록이 표시되고 선택 후 《확인》누르면 다시 보입니다.

🔲 나란히 보기
앞에서 배운 《모두 정렬》과 비슷한데, 이 단추를 누르면 그 아래 단추인 《동시 스크롤》을 누를 수 있습니다.
- 이 기능은 단지 두 개의 창만 띄울 수 있습니다.

🔲 동시 스크롤
《나란히 보기》 후 활성 상태로 되며 한 창에 화면을 스크롤하거나 셀을 선택하면 동시에 다른 창도 같이 움직여서 비교가 용이합니다.

🔲 창 전환
현재 떠있는 모든 창을 보여주고 창을 활성화할 수 있도록 해줍니다.

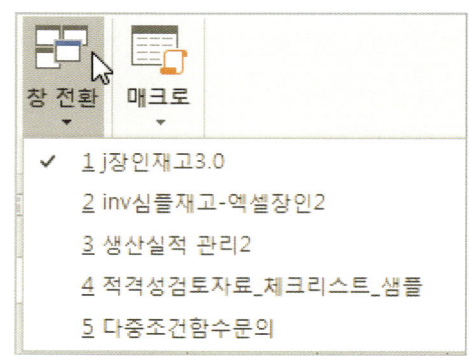

UNIT 05 《매크로》 그룹

이것은 엑셀의 또 다른 범주로서 매우 중요한데, 문서 처리 자동화 기법.
- 매크로란 일종의 컴퓨터 언어로서 작업을 코드화한 프로그램 명령문의 집합인데, 매크로 기록을 통해 자동 생산되고 그 매크로를 실행하면 자동으로 작업이 이뤄집니다.

🔲 매크로

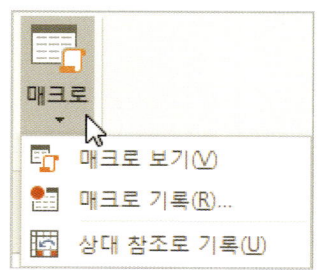

- □ **매크로 보기** : 매크로 중 특정 매크로를 선택하여 실행, 편집, 삭제 등을 할 수 있도록 창이 뜹니다. 문서에 매크로가 여러 개 있다면 이 창의 좌측 목록에 매크로 들이 표시되고 해당 매크로를 선택한 후, 아래 내용을 읽으세요.
- 《매크로》 창에서 《실행》 : 해당 매크로를 바로 실행.
- 《매크로》 창에서 《한 단계씩 코드 실행》 : 해당 매크로 코드로 들어가고 노란 줄이 생김. 이 상태에서 F8 을 누를 때마다 다음 줄로 노란 줄이 이동하고 노란 줄이 아래로 이동하면 그 윗줄을 실행한 것입니다.
- 《매크로》 창에서 《편집》 : 해당 매크로 코드로 들어갑니다.
- 《매크로》 창에서 《삭제》 : 해당 매크로 삭제.
- 《매크로》 창에서 《옵션》 : 해당 매크로를 단축키로 실행하도록 지정. Shift 를 누른 채 〈알파벳〉을 입력하면 Ctrl + Shift 〈알파벳〉으로 단축키 지정 가능.
- □ **매크로 기록** : 임의의 엑셀 작업을 이 기록으로 코드 생성.
- **사용법** : A1 셀을 선택 → 《매크로 기록》 → 《매크로 이름》란에 《순번생성》으로 하고 《확인》 → 바로 선택한 셀(A1)에 《3》 입력 → A1 셀 선택 → 《홈》 탭 → 《편집》 그룹에 《채우기》 → 《계열》 → 《연속 데이터》 창이 뜨고 《종료 값》에 《7》 넣고 Enter → 《매크로》 세모 단추 → 《기록 중지》.
- 《기록 중지》는 《상태 표시줄》 좌측의 네모 단추를 눌러도 됩니다.
- **매크로 실행** : 새 시트를 하나 생성하고 《매크로 보기》 → 《순번생성》 → 《실행》.
- **매크로 수정** : 《매크로 보기》 → 《순번생성》 → 《편집》 → 코드가 보이고 맨 아래 줄에 Stop 옆에 7 대신 11을 넣고, 다시 매크로를 실행해봅니다.
- 코드 중에 《xlRows》를 《xlColumns》로 바꾸고 실행하면 열에 순번이 생성됩니다.
- **매크로 저장** : F12 → 《파일 형식》을 《Excel 매크로 사용 통합 문서》
- 이렇게 해야 매크로 코드까지 저장되며, 《Excel 바이너리 통합 문서》나 Excel 97 – 2003 통합 문서》로 해도 코드는 저장됩니다.
- □ **상대 참조로 기록** : 일반 매크로 기록은 셀 주소가 지정되어 기록되지만, 이것은 기록 전의 활성 셀(ActiveCell)을 기준으로 기록되어 매크로 실행시 활성 셀을 바꾸어도 제대로 작동됩니다.
- **사용법** : 이 《상대 참조로 기록》 단추를 누른 뒤, 앞에서 기록한대로 A1 셀을 선택하고 동일하게 기록 → 새 시트에서 B3셀을 선택하고 매크로를 실행해봅니다. 정상적으로 작동하죠. 선택 셀이 틀려도 작동하는 것이죠.
- 이 단추는 한 번 누르면 그 상태가 엑셀을 끄지 않는 이상 계속 유지되므로 한 번 더 눌러서 해제해야 합니다.

6부
실전 기능 정리

엑셀에서 유용한 기술을 하나씩 깊이 살펴봅니다.
- 기술 명칭은 가나다순으로 나열했습니다.

Chapter 01 | 고급 필터
Chapter 02 | 그룹
Chapter 03 | 그림/도형
Chapter 04 | 녹색 세모
Chapter 05 | 데이터 유효성 검사
Chapter 06 | 리본 메뉴와 빠른 실행 도구 모음
Chapter 07 | 매크로
Chapter 08 | 메모
Chapter 09 | 바꾸기
Chapter 10 | 병합
Chapter 11 | 복사, 붙여넣기
Chapter 12 | 부분합
Chapter 13 | 선택하여 붙여넣기
Chapter 14 | 셀 선택
Chapter 15 | 셀 입력
Chapter 16 | 와일드카드 문자
Chapter 17 | 이동
Chapter 18 | 이동 옵션

Chapter 19 | 이름
Chapter 20 | 인쇄
Chapter 21 | 정렬
Chapter 22 | 조건부 서식
Chapter 23 | 중복/고유
Chapter 24 | 차트
Chapter 25 | 찾기
Chapter 26 | 채우기 핸들
Chapter 27 | 첫 글자에 작은따옴표(')
Chapter 28 | 텍스트 나누기
Chapter 29 | 통합
Chapter 30 | 틀 고정
Chapter 31 | 표《Excel표》
Chapter 32 | 표시 형식
Chapter 33 | 피벗 테이블
Chapter 34 | 필터
Chapter 35 | 하이퍼링크
Chapter 36 | 행/열
Chapter 37 | 기타 기능

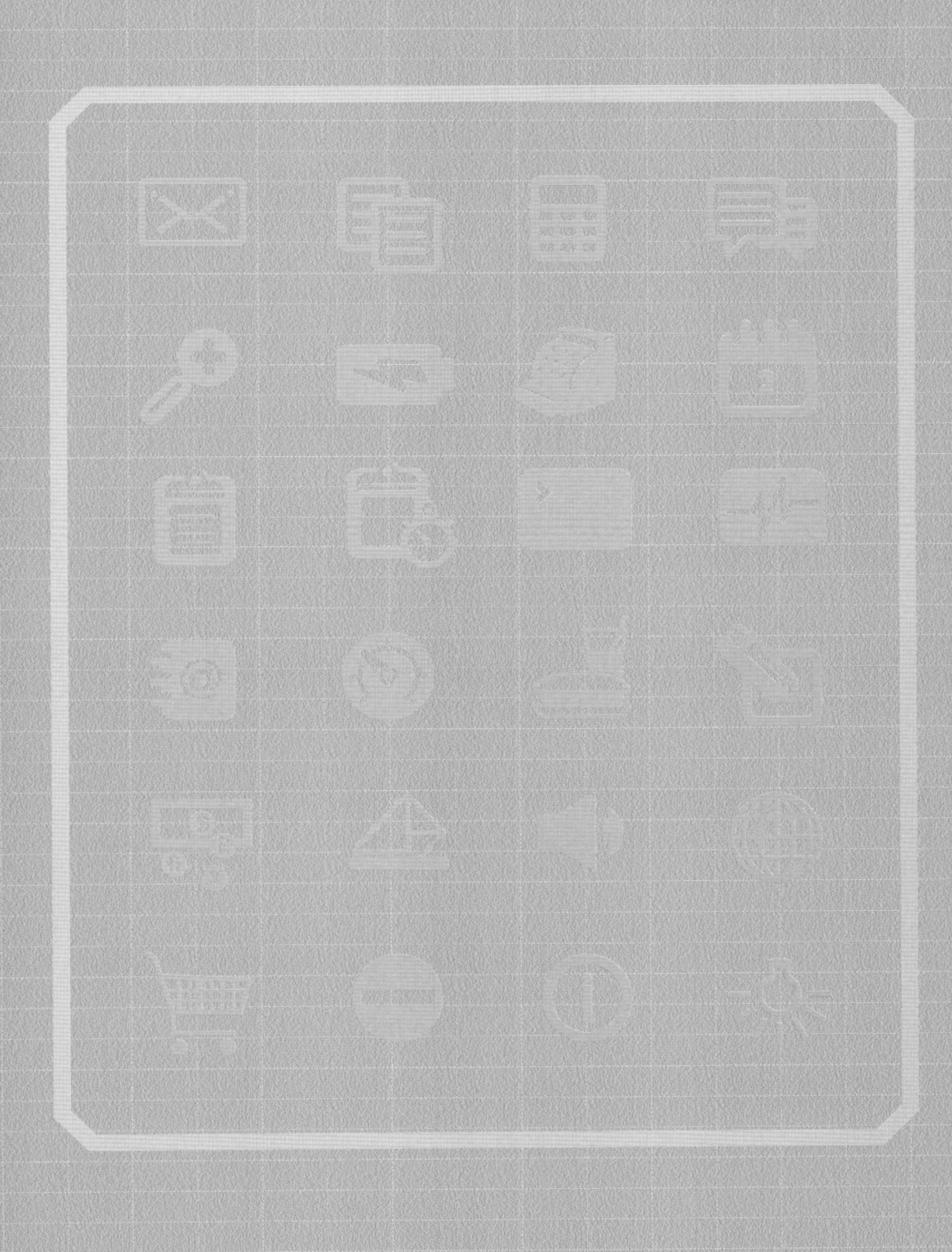

01 CHAPTER 고급 필터

6부\고급필터.xlsx

UNIT 01 개요

- **위치** : 《데이터》 탭 → 《정렬 및 필터》 그룹에 《고급》.
- **개념** : 데이터 셀 범위를 조건 셀 범위로 검색하여 현재 활성 시트에 가져오는 것으로서 조건에 값 방법과 수식 법, 이렇게 두 가지로 나뉩니다.
- **단축키** : Alt + D , F , A

◆ **따라하기 1** 조건에 값 방법을 이용한 고급필터.

《결과》 시트 선택 → 《데이터》 탭 → 《정렬 및 필터》 그룹에 《고급》 → 《dat》 시트 선택 → A열 머리글부터 L열 머리글까지 선택하여 《목록 범위》를 《dat!$A:$L》로 입력 → 《조건 범위》 입력란을 클릭 → 《조건》 시트 선택 → [A1:A2]를 선택하여 《조건!$A$1:$A$2》 입력 → 《다른 장소에 복사》 클릭 → 《복사 위치》 입력란을 클릭 → B3 셀 클릭하여 《결과!$B$3》 입력 → 《확인》 → D열을 조금 늘려 《#》 표시를 날짜로 표현.

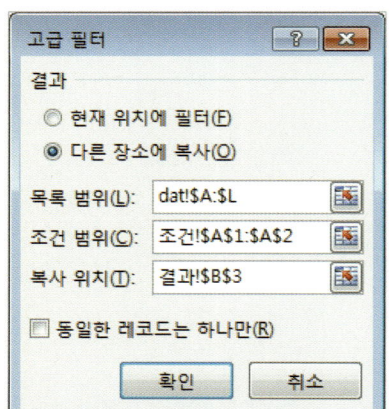

▲ 고급필터 실행 후의 결과

- 결과는 dat 시트의 《강종명》 필드값이 《SUM2》인 행만 가져옵니다.
- 조건 범위를 《조건》 시트의 [C1:D2] 범위로 하면 검사구분이 《A》면서 강종코드가 《FD》인 행만 가져옵니다.

◆ 따라하기 2

《dat》 시트 선택 → 《데이터》 탭 → 《정렬 및 필터》 그룹에 《고급》 → 《목록 범위》는 자동으로 《$A:$L》 생기고 《동일한 레코드는 하나만》 체크 → 《확인》.
- 그러면 《dat》 시트에 중복 행은 숨기고 고유 행(맨 위에 나오는 행 들)만 필터 됨. 하단의 상태 표시줄 확인하세요.
- 숨겨진 21행 머리글 위쪽에 마우스 대면 포인터 모양이 바뀌고 이때 아래로 끌면 숨긴 행을 볼 수 있으며, 다시 숨기려면 Ctrl + Z 를 누르세요. 21행은 20행과 중복되므로 숨긴 것이죠.
- 필터를 해제하려면 《데이터》 탭 → 《정렬 및 필터》 그룹에 《지우기》.

◆ 따라하기 3 조건 셀에 수식을 이용한 방법

《결과》 시트 선택 → 《데이터》 탭 → 《정렬 및 필터》 그룹에 《고급》 → 《dat》 시트 선택 → A열 머리글부터 L열 머리글까지 선택하여 《목록 범위》를 《dat!$A:$L》로 입력 → 《조건 범위》 입력란을 클릭 → 《조건》 시트 선택 → [K1:K2]를 선택하여 《조건!$K$1:$K$2》 입력 → 《다른 장소에 복사》 클릭 → 《복사 위치》 입력란을 클릭 → B3 셀 클릭하여 《결과!$B$3》 입력 → 확인 누르면 《강종명》 값에서 글자 개수가 6개인 행만 필터합니다.

	E	F	G	H	I	J	K	L
1		검사구분명		강종코드	작업기계			
2		SUS강		FP			FALSE	
3		탄소강			BC12			
4								
5								

K2 = LEN(dat!J2)=6

UNIT 02 조건 셀 범위에 값 넣는 방법

- 데이터에 특정 필드명을 조건 셀에 넣고 그 아래 셀에 조건 값 넣기.
- 조건은 여러 열에 입력 가능.
- 조건 필드명 셀의 예) 《날짜》.
- 조건 값 셀의 예) 《>=2015-1-1》.
- 조건 값이 텍스트인 경우 그 값만 입력하면 그 값으로 시작하는 것은 모두 필터하므로 조건 값 앞에 《'=》을 적고 입력해야 합니다.
- 빈 셀 조건은 《=》, 그 반대인 값이 있는 셀 조건은 《<>》.
- 조건 값 셀의 and(그리고) 조건은 같은 행에, or(또는) 조건은 다른 행에 입력.
- 조건 값에 와일드카드 문자(*, ?) 적용이 가능합니다.
    예1) 《*식비》로 입력하면 《식비》로 끝나는 내용은 모두 찾습니다.
    예2) 《*식비*》로 입력하면 《식비》를 포함한 내용은 모두 찾습니다.
    예3) 《??식비》로 입력하면 두 글자로 시작하여 《식비》로 끝나는 내용은 모두 찾습니다.
- 조건 셀 범위 중 빈 열(필드명과 값, 둘 다 없음)은 무시하고 적용합니다. 하지만 빈 문자("")로 수식이 있거나, 빈 문자가 결과인 수식 셀을 복사해서 값 붙여넣기 했다면 필터 결과는 없습니다.
- 색깔을 조건으로 고급 필터 할 수 없습니다.
- 셀 서식의 표시 형식을 적용한 값을 기준으로 고급 필터 할 수 없습니다.
- 조건 값 셀에 수식을 넣으면 수식 결과 값을 조건으로 인식. 이때 수식의 결과가 빈 문자("")는 텍스트 형 필드에서 그 필드를 무시하는 조건으로 가능하지만 숫자 형 필드에서는 적용되지 않습니다.
    예) 《조건》 시트의 C9 셀 수식은 =IF(C8="","<>-1",C8) 인데 2인수에 《<>-1》은 주야구분 필드 자료형은 숫자고 -1은 그 필드에 없는 값을 임의로 설정한 것임. 고급필터 시 조건범위를 [A7:C9]로 했을 때 의미는 (검사구분이 《A》이고 검사구분명은 《탄소강》) 또는 (검사구분이 《B》이고 검사구분명은 《탄소강》)을 뜻함. 즉, 주야구분에 빈 셀이나 《<>-1》둘 다 주야구분은 조건에서 무시하겠다는 뜻.

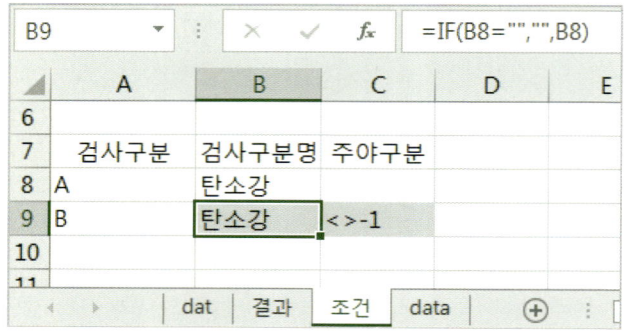

UNIT 03 조건 셀 범위에 수식 넣는 방법

- 첫 셀은 빈 셀이나 데이터 필드명에 없는 값을 입력하고 그 아래 셀에 논리 값을 반환하는 수식을 넣고 그 두 개의 셀을 고급 필터의 조건 범위로 설정.

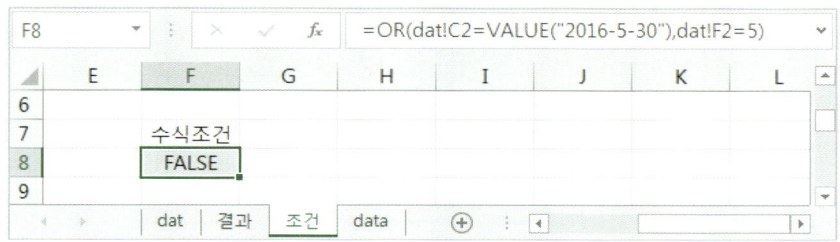

- 수식 셀은 한 셀만 가능.
- 정리하면, 조건 셀에는 논리 값(TRUE 또는 FALSE)을 반환하도록 수식을 넣고, 그 윗 셀은 비워두거나 데이터 필드명에 없는 값을 넣습니다. 그 조건 수식 셀을 데이터의 행 개수만큼 아래로 복사해서 결과가 《TRUE》인 행만 필터되는 원리.
- 고급 필터 창에 《조건 범위》는 [F7:F8]로 설정합니다.

UNIT 04 다른 시트에 결과를 뽑는 고급 필터의 내부적인 실행 원리

- 우선 《고급 필터》 창을 띄우기 전에 결과 시트를 현재 시트로 활성화.
- 실행하면 결과 시트의 필드명 아래 셀부터 맨 마지막 셀까지 자동으로 지우고 값과 서식(조건부서식 제외)을 가져옵니다.
- 마지막 셀이란 해당 열의 맨 끝 행(1048576행)의 셀을 의미합니다.
- 가져올 때 수식이나 메모, 하이퍼링크, 데이터 유효성 검사 기능 등은 안 가져옵니다. 단, 하이퍼링크 서식(밑줄과 파란글꼴 등)은 가져옵니다.
- 특정 필드만 가져오려면 결과 시트에 해당 필드명 들을 옆으로 나열하고 고급 필터 창의 《복사 위치》란에 그 필드명 셀 범위를 설정하면 됩니다.
- 실행 후에 Ctrl + Z 는 작동하지 않습니다. 즉 다른 시트에 결과를 뽑는 고급 필터 후에는 빠른 실행 도구 모음의 《실행 취소》단추가 비활성화.
- 원본 데이터의 헤더가 수식이고 결과 시트에 헤더가 없는 경우, 그 필드의 헤더가 결과 시트의 셀에 복사(Ctrl + v 형식)되는 원리이므로 데이터를 제대로 가져오지 못할 수 있습니다.

UNIT 05 데이터에 특정 필드를 기준으로 중복 자료 숨기기

데이터에서《코드》필드를 기준으로 맨 위에 나오는 행만 필터하려고 합니다.
방법 : data 시트에서《데이터》탭 →《정렬 및 필터》그룹에《고급》→ 마우스로 A열을 선택하면 목록 범위에는《$A:$A》으로 입력되고《동일한 레코드는 하나만》체크하고《확인》누르면 A열의《코드》기준으로 고유행 만 필터.

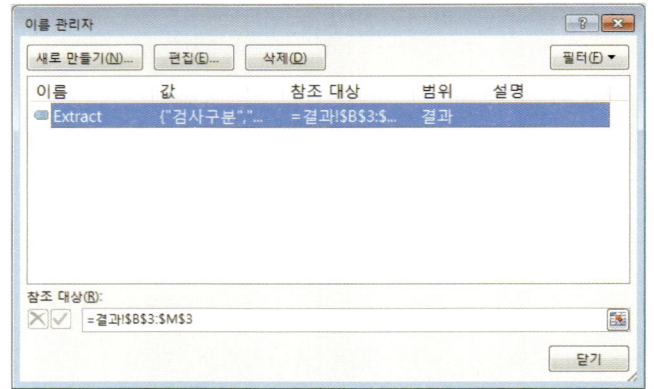

UNIT 06 고급 필터 후에 자동 이름 정의

- 실행 후에《수식》탭 →《정의된 이름》그룹에《이름 관리자》로 들어가면 Extract나 Criteria 이름 등이 있을 수 있으며 이것은 사용자가 삭제해도 무방합니다.

UNIT 07 병합 셀을 포함한 데이터

- 데이터의 필드명 쪽이 병합 셀이라면 기본적으로 병합 셀의 맨 위 왼쪽 셀만 값이 들어가므로 나머지는 빈 셀로 인식하여 작동합니다. 가령 필드명 범위 중에 한 필드가 [B2:B4]로 병합되었다면 B2셀에만 필드명이 있고 나머지 두 개 셀은 비어있는 값 셀로 인식하여 작동합니다.

UNIT 08 데이터는 다른 문서에 있다면, 고급필터 시 그 파일은 열려있어야 합니다.

- 엑셀2010 이하 버전에서 고급필터 시 원본 파일을 선택하는 법 :《보기》탭 →《창》그룹에《창 전환》

02 그룹

CHAPTER 02장

6부\그룹_원본.xlsx
6부\그룹_결과.xlsx

UNIT 01 개요

- **위치** : 《데이터》 탭 → 《윤곽선》 그룹에 《그룹》
- **개념** : 행/열을 그룹 단위로 숨기거나 보이게 합니다.
- **단축키** : Alt + Shift + →

UNIT 02 열 그룹화, 그룹 늘리기/줄이기

한 달을 초, 중, 하순으로 그룹화 해봅니다.

◆ **따라하기 1**

Sheet1의 [D:L3] 범위 선택 → Alt + Shift + → → 《그룹》 창에 《열》 → 《확인》하면 열 머리글 위에 회색 줄과 《-》 단추가 생김.

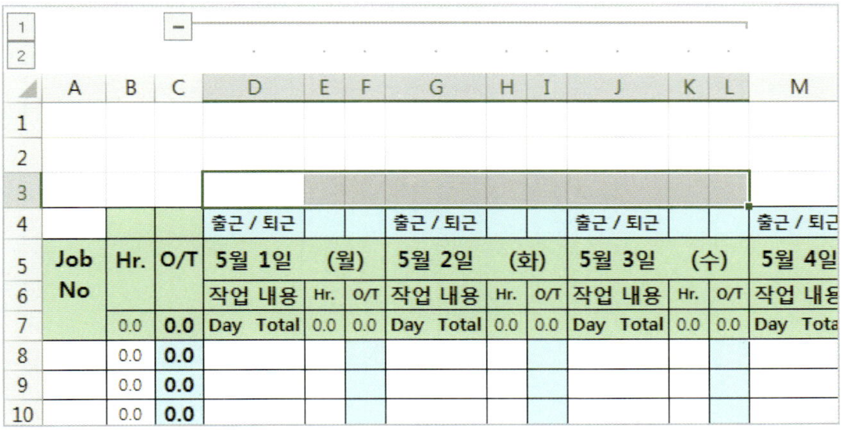

- 회색 줄을 더블 클릭하거나 《-》 단추 클릭하면 《+》 단추로 바뀌고 [D:L] 열이 숨겨지고 《+》 단추를 누르면 다시 숨긴 열이 펼쳐집니다.
- 열을 그룹화 할 때 행은 어디든 상관없습니다.

◆ **따라하기 2**

열을 더 늘리려면 [M3:AH3] 선택 → Alt + Shift + → → 《C》 → Enter
- 이렇게 하면 열이 더 옆으로 확장되어 《-》 단추는 AI열에 생김

◆ **따라하기 3**

한 열만 줄이려면 AH3 셀 선택 → Alt + Shift + ← → 《열》 체크 → Enter
- 초순 셀 열에 《-》 단추가 생김

UNIT 03 열에 +/- 단추 위치 반대로 하기

열에서 그룹을 생성하면 +/- 단추가 열의 우측에 위치하며 반대로 좌측으로 바꿀 필요가 있습니다.

◆ **따라하기**

윤곽선 그룹 아이콘 → 《설정》 창이 열리고 《오른쪽 열에 정리》 체크 해제 → 《확인》

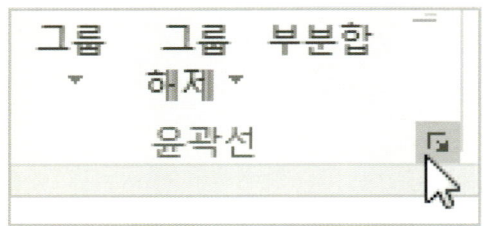

- 이 설정은 통합 문서 단위로 유지됩니다.
- 실행 후, 《실행 취소》 Ctrl + Z 가 작동하지 않습니다.
- 《설정》 창에 《자동 스타일》 체크하고 《만들기》나 《스타일 적용》을 누르면 요약 행에 서식이 적용됩니다.

UNIT 04 자동 윤곽과 셀 서식 설정

현재 Sheet2의 합 셀에는 소계 수식이 있습니다.

◆ 따라하기 1

《윤곽선》 그룹에 《그룹》 → 자동 윤곽을 누르면 윤곽이 설정됩니다.

◆ 따라하기 2

이어서 윤곽선 그룹 아이콘 → 《설정》 창에 《자동 스타일》 체크하고 《만들기》 → 기존 윤곽을 수정하겠냐는 메시지에 《확인》을 누르면 굵은 글자로 나옴 → 《홈》 탭 → 《스타일》 그룹에 《셀 스타일》 → 《RowLevel_1》이 생기고 그 값에 마우스 우측 버튼 → 《수정》 → 《서식》 → 《채우기》에 노랑을 클릭하고 《확인》 → 《스타일》 창에서 《확인》을 누르면 이 소계 행이 모두 노랑으로 변합니다.

- 이 기능은 약간의 불만족이나 버그를 가지고 있으므로 몇 번 사용해서 안 되는 것은 넘어가는 것이 정신건강에 이롭습니다. 이것은 Ctrl + Z 가 안 되므로 매우 불편하며 스타일은 문서 단위로 저장되어 시트를 삭제하거나 사용한 셀 전체를 삭제하는 식으로 시험해야 합니다.

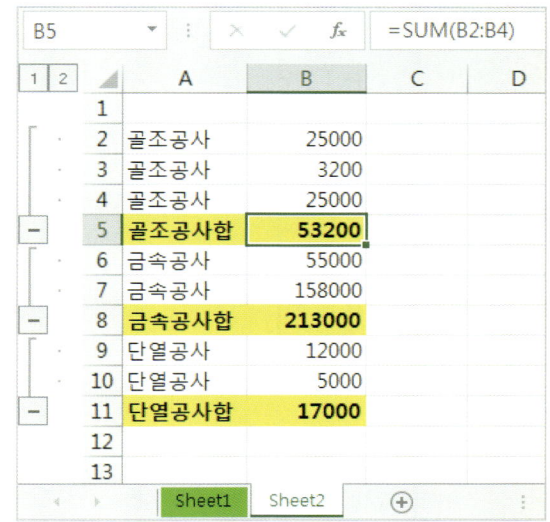

UNIT 05 중순, 하순 그룹화

◆ **따라하기**

Sheet1의 [AI3:BL3] 선택 → [Alt]+[Shift]+[→] →《그룹》창에《열》→《확인》→ [BN3:CT3] 선택
→ [F4]로 이전 작업 반복
- 열을 그룹화 할 때는 선택 행이 무슨 행이든 상관없습니다.

UNIT 06 열을 한 번에 +/- 단추로 하기

+/- 단추 맨 왼쪽에 네모 숫자를 누르면 됩니다. 1을 누르면 모두《+》단추로 되고, 2를 누르면《-》단추로 됩니다.

UNIT 07 그룹 풀기

시트에 모든 그룹 풀기 :《데이터》탭 →《윤곽선》그룹에《그룹 해제》→《윤곽 지우기》

UNIT 08 +/- 단추 숨기기

그룹이 있는 시트에 윤곽을 숨기는 법 : [Alt]+[T], [O]로《Excel 옵션》창 열고《고급》→《이 워크시트의 표시 옵션》범주에《윤곽을 설정한 경우 윤곽 기호 표시》체크 해제
- 단축키 : [Ctrl]+[8], 이 키는 토글키로서 누를 때마다 설정과 해제가 반복됩니다.

03 그림/도형

CHAPTER 03장

6부\그림_도형.xlsx

그림이나 도형은 개체의 일종이며, 시트에 삽입하여 사용하곤 합니다.

UNIT 01 개요

- **위치** : 《삽입》 탭 → 《일러스트레이션》 그룹에 《그림》이나 《도형》
- **개념** : 윈도우 탐색기에 그림 파일을 셀 위에 올리거나, 셀 위에 사각형 등의 도형을 넣을 수 있습니다.
- **단축키** : 없습니다.

UNIT 02 선택법

참고 시트 : 《선택》 시트

- **마우스 이용법** : 《홈》 탭 → 《편집》 그룹에 《찾기 및 선택》 → 《개체 선택》 후 개체 범위를 드래그하여 감쌉니다. 임의의 셀을 더블 클릭하면 해제됩니다.
- **선택 개체 중에 특정 개체 빼기** : [Ctrl]이나 [Shift]를 누른 채 제외할 개체를 선택합니다.
- **시트에 모든 개체 선택법** : 《홈》 탭 → 《편집》 그룹에 《찾기 및 선택》 → 《이동 옵션》 → 《개체》 → 《확인》 또는 한 개체만 선택하고 [Ctrl]+[A].

UNIT 03 여러 개체를 줄 맞춰 배치하기

◆ 따라하기

《책》 시트에 모든 개체 선택 →《서식》 탭 →《정렬》 그룹에《맞춤》→《위쪽 맞춤》→ 맨 우측에 개체를 선택하고 →를 눌러 우측으로 조금 옮김 → 다시《맞춤》→《가로 간격을 동일하게》 누르면 개체 간 사이 여백이 동일하게 조정됩니다.

UNIT 04 위치, 크기, 회전을 키보드로 조정

- **위치** : 〈화살표〉 키
- **크기** : Shift +〈화살표〉, 엑셀2010 이상 버전
- Ctrl 과 함께 누르면 세밀하게 조정됩니다.
- **회전** : Alt +〈화살표〉, 엑셀2010 이상 버전
- Ctrl 과 함께 누르면 세밀하게 조정됩니다.
- 셀에 맞춰 이동 또는 크기 조정

    Alt 를 누른 채 개체를 이동시키면 셀에 맞춰서 이동되며, Alt 를 누른 채 크기를 조정해도 셀에 맞춰서 자동 조정됩니다.
- 여러 개체의 크기를 동일하게 조정
- **방법** : 대상 개체를 모두 선택 →《서식》 탭 →《크기》 그룹에 높이나 너비 조정란으로 크기를 조정합니다.
- 개체의 비율이 서로 다르다면 개체에 마우스 우측 버튼 →《크기 및 속성》→《가로 세로 비율 고정》 체크 해제하고 해야 합니다.

| UNIT 05 | 그림을 포함한 필터

데이터의 특정 필드에 그림이 있고 필터 시 그 그림도 같이 필터하기

◆ **따라하기**

《필터》 시트에 모든 개체 선택 → 마우스 우측 버튼 → 《크기 및 속성》 → 《속성》에 《위치와 크기 변함》 체크 → 《종류》 필드에 《세단》 필터

| UNIT 06 | 셀 크기와 무관하게 개체 크기나 위치 고정

바로 이전 단원과 비슷한 내용인데, 개체에 마우스 우측 버튼 → 《크기 및 속성》 → 《속성》에 《변하지 않음》 체크

- 행 높이도 마찬가지며 이것으로 셀의 크기 조정과 무관하게 개체는 움직이지 않습니다.

• 개체마다 삽입 시 이 속성의 기본값이 모두 다름
- **위치만 변함** : 그림, WordArt, 양식컨트롤
- **위치와 크기 변함** : 도형, 차트

| UNIT 07 | 개체 복사가 안 되거나, 복사 후 원본과 크기가 다른 현상

• 다른 시트에 그림이나 도형이 있는 셀을 현재 시트에 복사할 때 그 개체 복사가 안 되는 이유는 다음 중에 하나입니다.
1. Alt + T , O 로 《Excel 옵션》 창 열고 《고급》 → 《잘라내기/복사/붙여넣기》 범주에 《삽입한 개체를 상위 셀과 함께 잘라내기, 복사 및 정렬》가 체크 해제된 경우입니다.
2. 개체 속성이 《변하지 않음》인 경우. 즉, 개체에 마우스 우측 버튼 → 《크기 및 속성》 → 《속성》이 《위치와 크기 변함》 또는 《위치만 변함》이어야 복사가 됩니다.

3. 서로 다른 엑셀 인스턴스를 열었습니다. 즉, 엑셀 창을 새롭게 열면 서로 다른 엑셀로 인식하여 개체 복사가 안 됩니다.

- **복사 시 개체의 크기가 달라지는 현상** : 개체를 포함한 셀 범위 복사 시 복사 대상의 개체 크기가 원본 것과 다른 이유는 원본 셀의 행 높이와 열 너비가 대상 셀의 그것과 달라서 그런 것입니다. 즉, 대상 셀 범위의 행/열 크기를 원본 셀 범위의 행/열 크기와 동일하게 맞추고 복사하면 됩니다.
- 열 너비 일치는 원본의 셀 범위 복사 후에 《선택하여 붙여넣기》의 《열 너비》를 이용하고, 행 높이는 원본의 셀 범위에 행 전체를 복사한 후 《선택하여 붙여넣기》의 《서식》을 이용하면 됩니다.
- **같은 개체 크기로 복사하는 법** : 개체를 포함한 셀 범위의 전체 행을 선택하여 대상 셀에 [Ctrl] + [V] 하여 행 높이도 복사 → 개체 하나만 선택 후, [Ctrl] + [A] 하여 모든 개체를 잡고 [Delete] → [Alt] + [E], [S], [W] 로 열 너비 복사 → 다시 [Ctrl] + [V]

UNIT 08 개체 숨기기, 순서/이름 바꾸기

개체를 숨기려면 다음을 따라하세요.

◆ **따라하기**

《숨기기》 시트 선택 → 《홈》 탭 → 《편집》 그룹에 《찾기 및 선택》 → 《선택 창》을 누르면 《선택》(엑셀 2010 이하는 《선택 및 표시》) 창이 생김 → 4개의 개체 이름 마다 오른쪽에 눈 모양 아이콘이 보임(아이콘이 안 보인다면 《선택》 창을 좌측으로 끌어서 크게 하면 보임) → 눈 아이콘을 누르면 그 개체가 숨겨집니다.

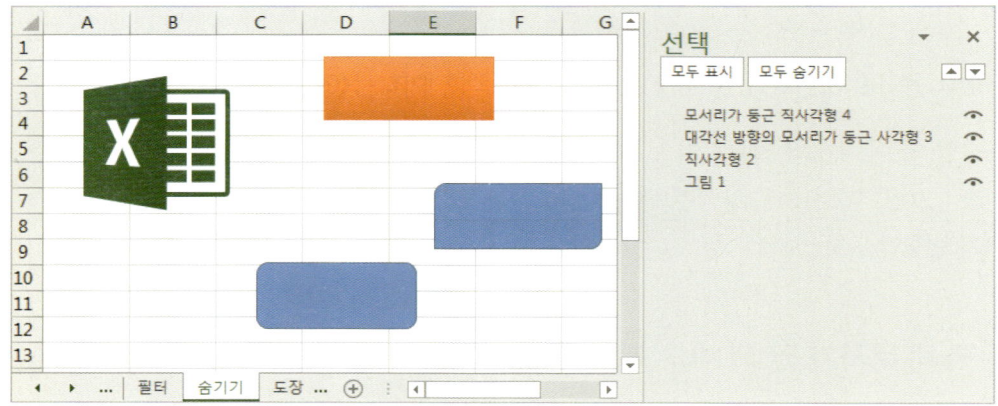

- **순서 바꾸기** : 개체를 모두 선택하고 [Tab] 을 누르면 만들어진 순서대로 선택이 되는데 이 《선택》 창의 세모(엑셀2010 이하는 《순서 다시 매기기》) 단추를 눌러 순서를 바꿀 수 있습니다.
- **이름 바꾸기** : 개체 이름을 선택하고 한 번 더 톡 클릭하면 이름 수정 가능

UNIT 09 그림 자르기

그림 선택 → 《서식》 탭 → 《크기》 그룹에 《자르기》 단추
– 이 자르기로 그림 외곽을 자를 수 있으나 중간 영역을 자를 순 없습니다.

UNIT 10 개체 묶음

묶을 개체를 모두 선택 → 《서식》 탭 → 《정렬》 그룹에 《그룹화》 → 《그룹》
– 묶음 단위로 한 번에 이동 시키거나 크기조정 등이 가능해집니다.

UNIT 11 개체를 파일로 저장

그림이나 도형을 선택해서 복사하고 파워포인트 프로그램에 붙여넣은 뒤에 마우스 우측 버튼 → 《그림으로 저장》을 누르면 그림 파일로 저장할 수 있습니다.
– 워드 프로그램에 붙이면 도형은 안 되고 그림만 파일로 저장할 수 있습니다.

UNIT 12 도형 바꾸기

시트에 삽입한 도형 모양을 다른 도형으로 변형
- **방법** : 도형 선택 → 《서식》 탭 → 《도형 삽입》 그룹에 《도형 편집》 → 《도형 모양 변경》

UNIT 13 도장 배경 투명화

도장의 배경을 투명처리 해봅니다.

◆ 따라하기

《도장》 시트에 도장 그림 선택 → 《서식》 탭 → 《조정》 그룹에 《색》(엑셀2007은 《다시 칠하기》) → 《투명한 색 설정》 → 마우스 포인터가 바뀌고 배경을 클릭하면 흰색이 투명하게 설정됩니다.

UNIT 14 도형을 움직이면 연결선도 자동 이동시키기

◆ **따라하기**

《필터》 시트에 《삽입》 탭 → 《일러스트레이션》 그룹에 《도형》 → 《선》 범주에 왼쪽에서 네 번째 《연결선: 꺾임》을 선택하고 시트에 두 사각형을 연결합니다.

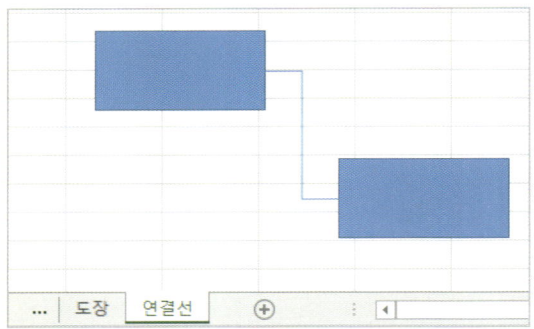

- 시트의 한 사각형에 마우스를 대면 네 변의 중앙에 동그라미가 생기고 이때 클릭하고 다른 사각형까지 마우스를 끌어 연결 합니다. 연결 시에도 중앙 동그라미가 생길 때 마우스 클릭해서 손을 놔야 합니다.
- 이렇게 하고 도형을 움직이면 연결선이 따라 다님.

UNIT 15 그림 용량

문서에 그림이 많으면 파일 용량이 커집니다. 반대로 그림을 더 선명하게 해야할 때도 있죠.

- **문서에 전체 그림 압축법** : F12 →《도구》→《그림 압축》
- ※ 개별 그림 압축 법은 그림 선택하고 《서식》 탭 →《조정》 그룹에 《그림 압축》
- 그림 화질 또는 인쇄와 관련된 사항은 Alt + T , O 로 《Excel 옵션》 창 →《고급》→《인쇄》 범주를 확인하세요. 엑셀2010 이상 버전에서는 《인쇄》 바로 위에 《이미지 크기 및 품질》 범주를 확인하세요.

04 CHAPTER 녹색 세모

6부\녹색세모.xlsx

이것은 셀 내용에 문제가 있는 것은 아닌지 엑셀이 보내는 일종의 경고로서 문제가 없다면 무시하고 다음 작업을 진행하면 됩니다.

UNIT 01 개요

- **위치** : : Alt + T , O 로 《Excel 옵션》 창 → 《수식》 → 《오류 검사》와 《오류 검사 규칙》
- **개념** : 셀 값의 이상을 의심하는 경고로 셀 좌상단에 녹색 세모가 생김
- **단축키** : 없습니다.

UNIT 02 텍스트로 인식하는 숫자

이것은 대표적인 녹색 세모의 예가 되는데 일반 숫자는 첫 글자가 0이면 그 0을 지우지만 0을 살려야 하는 경우에는 셀 서식의 표시 형식을 《텍스트》로 하고 입력합니다.

◆ 따라하기

Sheet1의 A3 셀 선택 → 오류 단추 클릭 → 《오류 무시》 누르면 녹색 세모가 사라집니다.

– 오류 단추 클릭 → 《오류 검사 옵션》 → 《오류 검사》 범주에 《다른 작업을 수행하면서 오류 검사》의 체크와 《오류 검사 규칙》 범주에 《앞에 아포스트로피가 있거나 텍스트로 서식이 지정된 숫자》의 체크로 인해 녹색 세모가 표현되는 것입니다

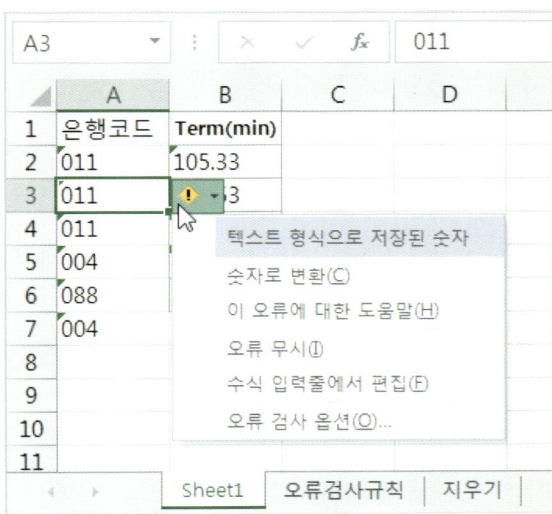

UNIT 3 녹색 세모 셀 숫자의 합

Sheet1의 B6 셀에서 B열 데이터를 합하는 수식이 있지만 값은 0이 나옵니다. 모두 텍스트 형식이므로 합계가 안 되는 것입니다.

◆ **따라하기**

Sheet1의 [B2:B5] 선택 → 오류 단추 클릭 →《숫자로 변환》

UNIT 4 《Excel 옵션》 창에 《오류 검사 규칙》

《Excel 옵션》 창 →《수식》→《오류 검사 규칙》 범주에 동그라미 느낌표에 마우스를 대면 도움말이 나오며 9가지 상황을 정리해 봅니다.

	A	B	C	D	E	F
1	#VALUE!		11	품목	①	
2						
3	내용	수입	지출	누적		
4	입금	1,000,000		1,000,000		
5	전자레인지		100,000	900,000		
6	식자재		25,000	875,000		
7	마감		15,000	875,000 ②		
8	외식		10,000	865,000		
9						
10	2016-10-05		900		우리	우리
11	16-10-05		900	나라	나라	⑤
12	③		④		대한	대한
13						
14	지출	누계	⑥			
15	50000	50000		엑셀장인	엑셀장인	
16	100000	150000		엑셀장인	⑦	
17	25000	175000				
18	15000	190000		0	⑧	
19						
20	합계	120	120	80	⑨	

Sheet1 / 오류검사규칙 / 지우기

1. 오류를 반환하는 수식이 있는 셀 : 셀에 수식 결과가 오류 값일 때.

A1	:	× ✓ fx	=B1+C1

	A	B	C	D
1	#VALUE!		11	품목	①

- 《오류검사규칙》 시트의 A1 셀 수식은 =B1+C1 이고 오류 값을 반환하므로 녹색 세모가 표현됩니다.
- 오류 단추 클릭 시 《값 오류》

2. **한 표에서 다른 계산된 열 수식이 사용된 셀 표시** : 《Excel표》에서 열의 수식과 다른 수식이나 값 셀이 그 열에 있을 때.

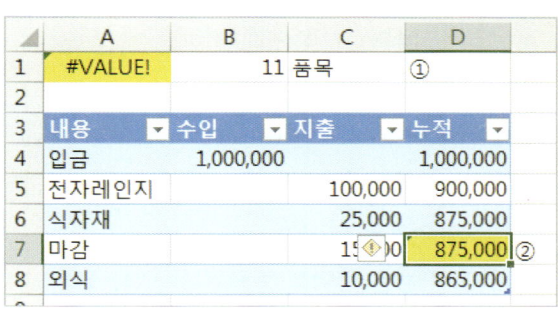

- 《오류검사규칙》 시트의 D7 셀에 수식은 D열의 수식과 일관성이 없습니다.
- 오류 단추 클릭 시 《다른 계산된 열 수식》

3. **2자리로 표시된 연도가 있는 셀** : 텍스트 형식의 날짜 셀에서 두 자리 연도 셀이 있을 때.

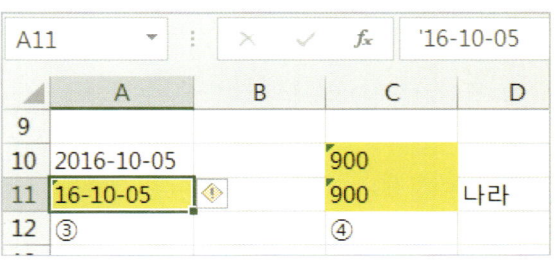

- 《오류검사규칙》 시트의 A11 셀에 날짜는 텍스트 형식이고 두 자리 연도. A10 셀도 텍스트지만 네 자리 연도이므로 녹색 세모가 표현되지 않습니다.
- 오류 단추 클릭 시 《텍스트 날짜를 두 자리 연도로 표시》

4. **앞에 아포스트로피가 있거나 텍스트로 서식이 지정된 숫자** : 텍스트 형식의 숫자 셀이 있을 때. 즉 선두 문자로 작은따옴표(')가 있는 숫자 셀이나, 셀 서식의 표시 형식이 《텍스트》인 셀.

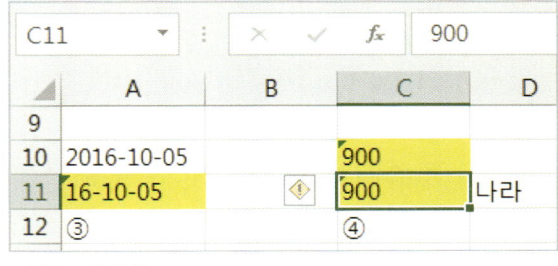

▲ 텍스트 형식 셀

- 《오류검사규칙》 시트의 C11, C12 셀.
- 표시 형식이 《텍스트》가 아닌 셀에 숫자를 입력한 후에 《텍스트》 형식으로 하면 녹색 세모는 나타나지 않습니다. 셀을 Refresh 즉, [F2] → [Enter]를 해야 생깁니다. 또는 《데이터》 탭에 《텍스트 나누기》 → 《다음》 → 《다음》 → 《텍스트》 → 《마침》을 해도 생기죠.
- 오류 단추 클릭 시 《텍스트 형식으로 저장된 숫자》

5. **한 영역에서 다른 수식이 사용된 셀 표시** : 수식 셀 중에 사이에 있는 셀에 일관성이 깨지는 수식이 있는 경우.

– 《오류검사규칙》 시트의 E10, E12 셀은 우측 셀을 참조하나 E11 셀은 좌측 셀을 참조하여 E11 셀에 녹색 세모 생김.
– 오류 단추 클릭 시 《일치하지 않는 수식》

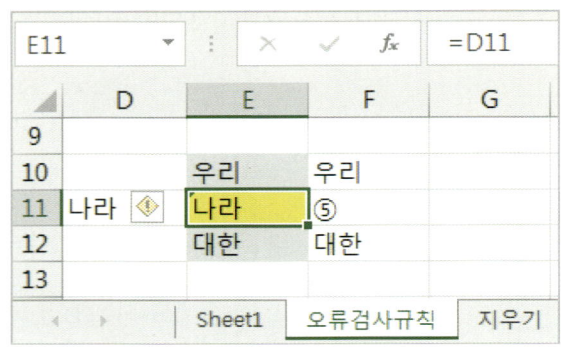

6. **수식에 사용된 영역에 누락된 셀 있음 표시** : 수식 셀 중에 인접 범위에 누락된 셀이 있는 경우

– 《오류검사규칙》 시트의 B15 셀 수식 =SUM($A$15:A15)을 18행까지 복사하면 B16, B17 셀에 녹색 세모. 하지만 이 수식의 결과는 정상적입니다.
– B16 셀에 오류 단추 클릭하여 《수식 업데이트하여 셀 포함》을 누르면 오히려 잘못된 결과가 나옵니다.
– B15 셀의 수식을 =SUM(B14,A15) 이렇게 하면 녹색 세모를 피할 수는 있습니다.
– [B20:D20] 도 마찬가지인데 원인은 21행 셀 값이 숫자이기 때문이며 이 세모를 피하려면 B20 셀 수식을 =SUM(B22:B24) −B21로 수정하고 Ctrl + Shift + ~ 을 눌러 표시 형식을 《일반》으로 바꿉니다.
– 오류 단추 클릭 시 《수식에서 인접한 셀 생략》

7. **수식을 포함한 셀 잠그지 않음** : 수식 셀의 셀 서식에 《보호》 탭에 《잠금》 체크 해제인 셀
– 《오류검사규칙》 시트의 D14, D15 셀 수식 =E15로 같지만 D15 셀에 Ctrl + 1 → 《보호》 탭에 《잠금》 체크 해제로 녹색 세모가 표현됩니다.
– 오류 단추 클릭 시 《보호되지 않는 수식》

8. **빈 셀을 참조하는 수식 사용** : 빈 셀을 참조하는 수식 셀. 이것은 기본값이 체크 해제 상태입니다. 이것을 체크하고 시험하면 다음과 같습니다.

	A	B	C	D	E	F
12	③			④	대한	대한
13						
14	지출	누계	⑥			
15	50000	50000		엑셀장인	엑셀장인	
16	100000	150000		엑셀장인	⑦	
17	25000	175000				
18	15000	190000		0	⑧	

D18 수식: =F18

— 《오류검사규칙》 시트의 D18 셀 수식 **=E18**
— 오류 단추 클릭 시 《수식에서 빈 셀 참조》

9. **표 데이터 유효성 오류** : SharePoint 프로그램의 데이터에 연결된 표의 열 데이터 형식과 일치하지 않을 때.

UNIT 5 녹색 세모 모두 지우기

녹색 세모는 지우지 않는 것이 나중에 문제 발생 소지를 줄일 수 있습니다. 꼭 지워야 한다면 다음을 따르세요.

◆ **따라하기**

《지우기》 시트의 [A1:A9] 범위 선택 → Enter 를 한 번 쳐서 활성 셀을 A2셀로 하면 오류 단추가 생기고 클릭 → 《숫자로 변환》

— 오류 단추 클릭 → 《오류 무시》를 하면 단순히 녹색 세모만 없애는 것입니다.

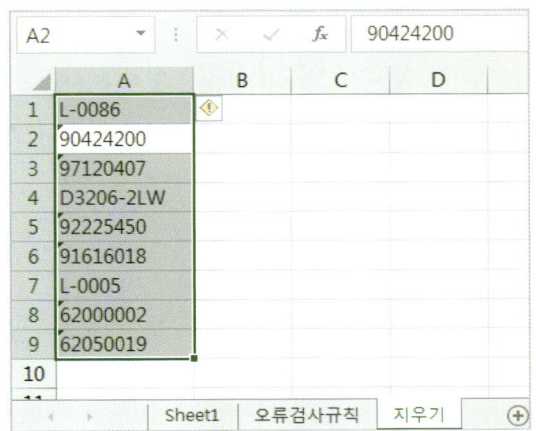

UNIT 6 녹색 세모 다시 표시

• 오류 단추 클릭 → 《오류 무시》로 바로 없앤 녹색 세모를 다시 표시하려면 Ctrl + Z
• 《오류 무시》로 없앤 것 들을 일괄적으로 다시 표시하려면 Alt + T , O 로 《Excel 옵션》 창 → 《수식》 → 《오류 검사》 범주에 《무시한 오류를 원래대로》 클릭
— 이 기능은 해당 문서에 모두 적용됩니다.

데이터 유효성 검사

6부\데이터 유효성 검사_원본.xlsx
6부\데이터 유효성 검사_결과.xlsx

UNIT 01 개요

- **위치** : 《데이터》 탭 → 《데이터 도구》 그룹에 《데이터 유효성 검사》
- **개념** : 셀 값에 제한을 두어 입력의 오류를 방지
- **단축키** : Alt + D , L

UNIT 02 셀에 정수와 실수로 입력 제한

- **정수** : 음수, 0, 양수로서 소수점이 없는 수
- **실수** : 소수점을 허용하는 정수를 포함하는 수

◆ 따라하기

- 《일반》 시트의 A1 셀 선택 → Alt + D , L → 《제한 대상》을 《정수》 → 《제한 방법》은 《해당 범위》 → 《최소값》은 1, 《최대값》은 9 입력 → 《확인》하면 A1 셀에는 1~9 사이의 정수만 입력 가능합니다.

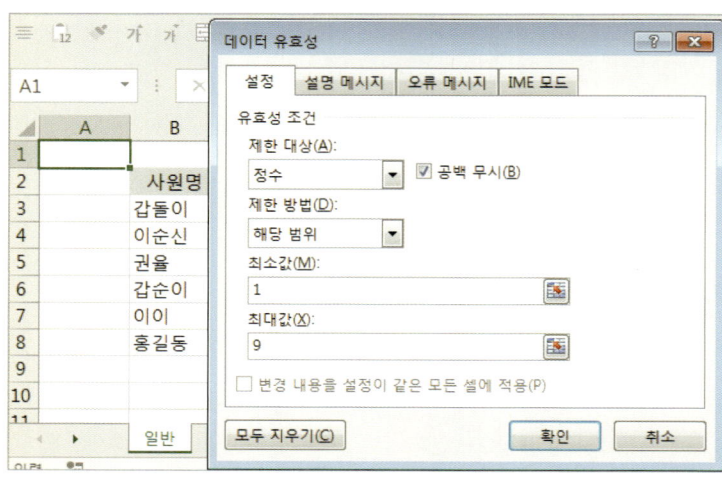

- 《일반》 시트의 A2 셀 선택 → Alt
  + D , L → 《제한 대상》을 《소수
  점》 → 《제한 방법》은 《해당 범위》 →
  《최소값》은 .1, 《최대값》은 .9 입력 →
  《확인》하면 A2 셀에는 0.1~0.9 사이
  의 실수만 입력 가능합니다.

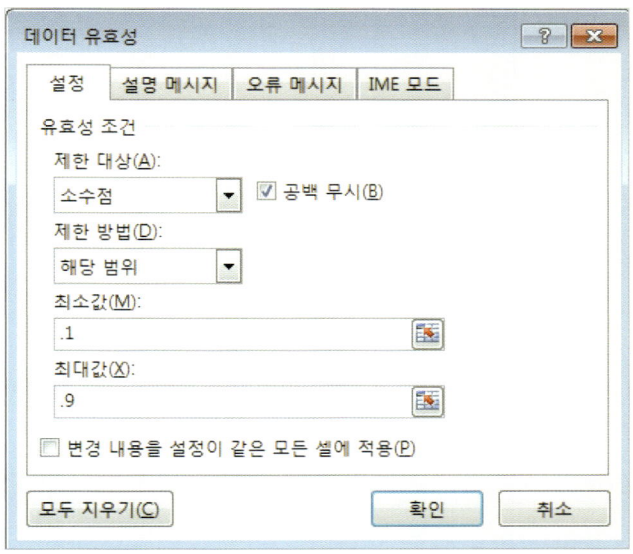

- 《일반》 시트의 [E3:E8] 선택 → Alt
  + D , L → 《제한 대상》을 《소수
  점》 → 《제한 방법》은 《<=》 → 《최대
  값》은 =D3*150% 입력 → 《확인》하
  면 선택 범위에는 D열 단가의 150%
  이하 실수 값만 입력 가능합니다.
  - 이렇게 수식을 이용할 수도 있습
    니다.

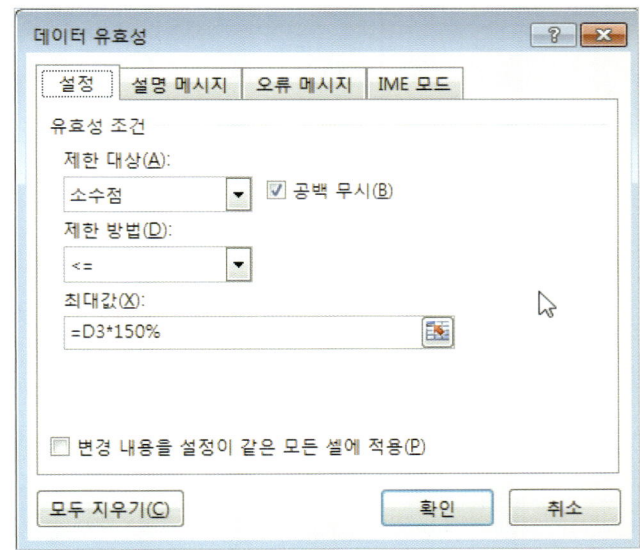

UNIT 03 유효성 검사 지우기

- 유효성 검사 셀을 선택하고 《데이터 유효성》 창에서 《모두 지우기》 → 《확인》

UNIT 04 현재 시트에 목록 입력

목록으로 유효성 검사를 하면 셀에 세모 단추가 생기고 그것을 클릭하여 항목을 선택 입력할 수 있습
니다.

◆ **따라하기**

Sheet1의 D2 셀 선택 → 《데이터》 탭 → 《데이터 도구》 그룹에 《데이터 유효성 검사》 → 《제한 대상》은 《목록》 → 《원본》 입력란 클릭하고 시트의 [A3:A6] 범위 선택하여 =$A$3:$A$6로 완성 → 《확인》

- 《드롭다운 표시》에 체크로 인해 세모 단추가 생김.

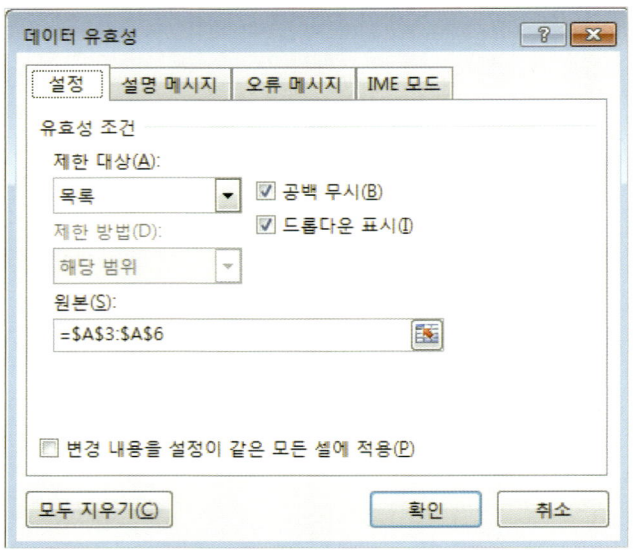

UNIT 05 다른 시트에 목록 입력

◆ **따라하기**

Sheet2의 [A3:A7] 선택하고 《수식》 탭 → 《정의된 이름》 그룹에 《이름 정의》 → 《이름》 란에 《na과일》 입력 → 《확인》 → Sheet3의 C2 셀 선택 → 《데이터》 탭 → 《데이터 도구》 그룹에 《데이터 유효성 검사》 → 《제한 대상》은 《목록》 → 《원본》 입력란 클릭하고 《=na과일》 입력 → 《확인》

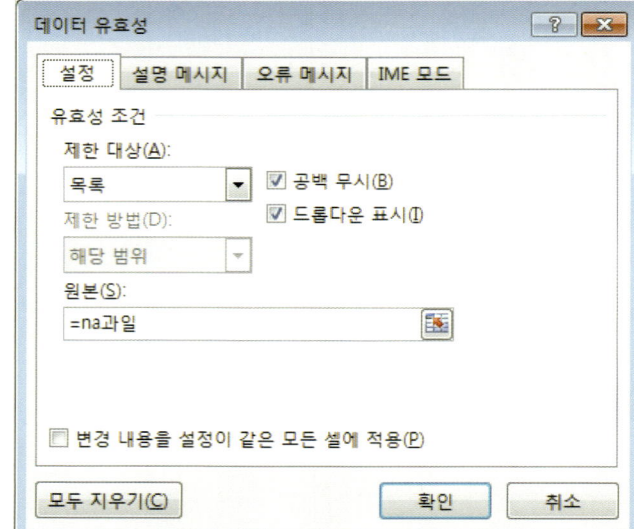

- 이 기능은 엑셀2007 버전에서 필요하며, 엑셀2010 이상은 《이름》 없이도 셀 참조가 되지만 이름을 이용하는 것이 더 좋을 때가 많습니다.
- 엑셀2007에서도 이름 없이 사용은 가능한데 수식을 이용하면 됩니다. 즉, 《원본》란에 수식 =INDIRECT("Sheet2!A3:A7") 입력

UNIT 06 다른 시트에 동적 목록 입력

이전 단원의 내용은 다른 시트에 정적인 범위만 참조하지만 데이터가 늘어나거나 줄어들어도 그것에 맞춰서 참조할 수 있는데 동적 이름 정의를 하면 가능합니다.

◆ 따라하기 1

Sheet3 선택 → Ctrl + Alt + F3 으로 《새 이름》 창 열기 → 《이름》은 《na과일2》, 《참조 대상》에 수식 =OFFSET(Sheet2!$A$2,1,,COUNTA(Sheet2!$A:$A)−1) 으로 이름 정의 → F2 셀 선택 → Alt + D , L → 《제한 대상》은 《목록》 → 《원본》에 《=na과일2》 → 《확인》
– 이름 정의 없이 《원본》에 수식을 바로 넣어도 됩니다.

UNIT 07 날짜와 시간 입력 제한

◆ 따라하기

Sheet3의 B6 셀 선택 → 《데이터》 탭 → 《데이터 도구》 그룹에 《데이터 유효성 검사》 → 《제한 대상》은 《날짜》 → 《시작 날짜》는 《2000-1-1》, 《끝 날짜》는 《2050-12-31》

– 이것의 정확한 의미는 특정 기간의 날짜만 입력하는 것입니다.
– 날짜의 연월일 구분기호는 하이픈(-)이나 빗금(/).
– 시간의 구분 기호는 쌍점(:), 예컨대 시작시간은 0, 종료시간은 23:59:59

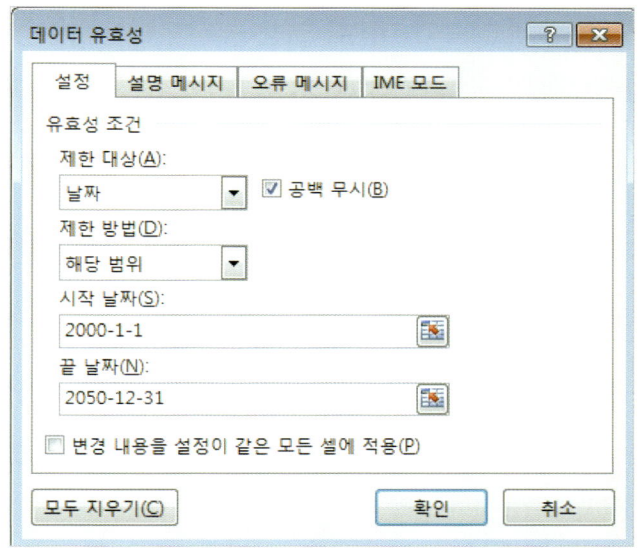

UNIT 08 글자 수 입력 제한

예컨대 A1셀에 Alt + D , L → 《제한 대상》을 《텍스트 길이》 → 《제한 방법》은 《=》 → 《길이》는 5로 하면 셀에 다섯 글자만 입력 가능합니다.

UNIT 09 텍스트 입력 불가 (숫자만 입력)

예컨대 [A1:A9] 범위를 선택하고 Alt + D , L → 《제한 대상》을 《사용자 지정》 → 《수식》 입력란에 =ISNUMBER(A1)로 하면 A1 셀에는 숫자만 입력할 수 있습니다.

UNIT 10 데이터 유효성 검사에 수식

데이터 유효성 창에 《제한 대상》이 《정수》, 《소수점》, 《목록》, 《날짜》, 《시간》, 《텍스트 길이》 모두에 수식을 적용할 수 있지만, 유효성 검사 셀을 참조하는 수식은 작동하지 않습니다. 단, 《제한 대상》이 《사용자 지정》일 때는 유효성 검사 셀 참조 가능.

UNIT 11 중복 없이 고유 값만 입력

수식으로 셀 범위에 고유 값만 입력하도록 하는 내용.

◆ **따라하기**

Sheet3의 [B9:B13] 선택하고 Alt + D, L → 《제한 대상》은 《사용자 지정》 → 《수식》 입력란에 =COUNTIF($B$9:$B$13,B9)=1 입력 → 《확인》
- 수식은 논리 값(TRUE / FALSE)이 반환되도록 작성해야 하며, True일 때 입력이 가능한 것입니다.

UNIT 12 《공백 무시》

- 《데이터 유효성》 창에 《제한 대상》이 《목록》이고 《원본》란이 이름인 경우, 그 이름이 참조하는 범위에 빈 셀이 있을 때 《공백 무시》를 체크하면 셀에 모든 값을 입력할 수 있으므로 그것을 체크 해제해야 유효성 검사가 가능합니다.
- 《공백 무시》 체크를 해제하면 Backspace 로 셀 값을 지울 수 없지만 Delete 로 지울 수는 있습니다.

UNIT 13 값 들을 쉼표(,) 단위로 목록의 원본에 넣기

유효성 검사에서 제일 많이 사용하는 것은 《데이터 유효성》 창에서 《제한 대상》은 《목록》, 《원본》에 범위를 설정하는 것이지만, 《원본》란을 쉼표(,) 단위로, 예를 들어 《영업, 생산, 관리》를 입력하여 이 세 가지만 유효 항목으로 설정 할 수 있습니다.
- 이때 쉼표(,) 다음에 띄어쓰기로 공백문자가 있다면 이 공백은 무시합니다.
- 이 글자 개수는 공백 포함, 255자까지로 제한

UNIT 14 목록의 원본은 연속 범위만 가능

서로 떨어진 셀의 참조는 불가능하므로 보조 셀을 이용해야 합니다.
- **방법** : Sheet4의 A1 셀과, [A2:J2]에 수식 작성하고 [A2:J2]을 원본으로 설정.

A1 셀 수식 : =COUNTA(A2:J2)-COUNTBLANK(A2:J2)
수식 의미 : [A2:J2]에서 값이 있는 셀의 개수를 반환
A2 셀 수식 : =T(INDEX(3:3,COLUMN() * 2)) 이 셀의 채우기 핸들을 J2까지 끌기.
수식 의미 : 3행에서 한 셀씩 건너 뛰면서 값 반환. T 함수로 빈 셀을 0으로 반환하는 것을 빈 문자 ("")로 처리

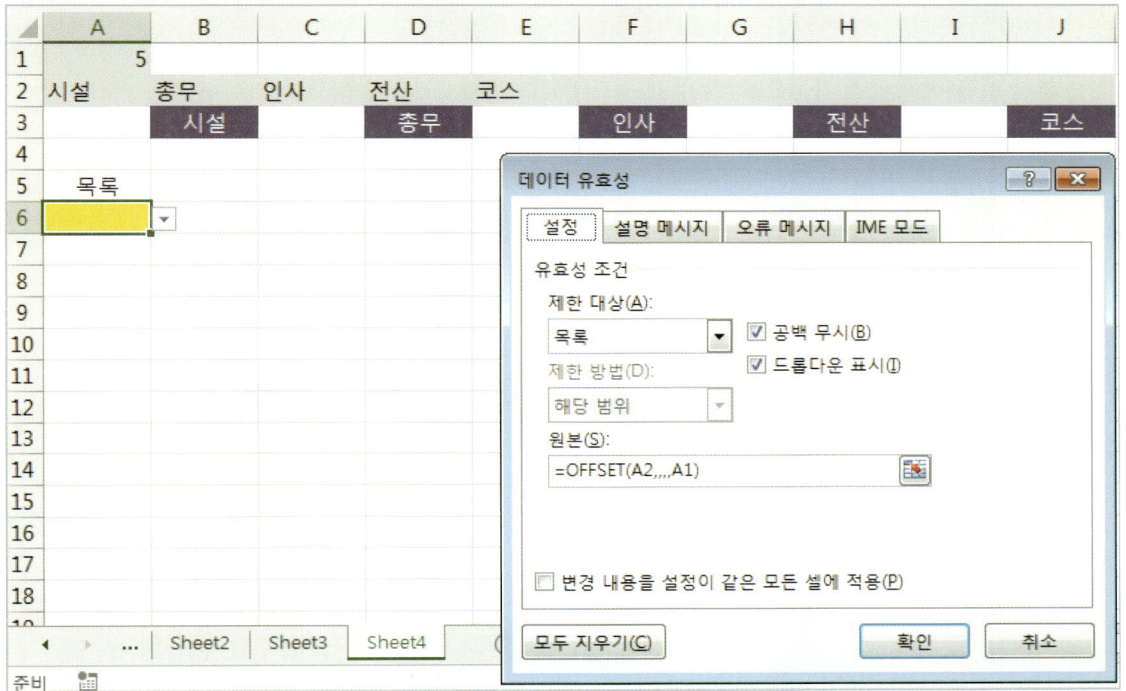

UNIT 15 목록의 원본에 F3 으로 이름을 선택하여 넣기

《데이터 유효성》창에《제한 대상》을《목록》으로 하고《원본》에《=이름》을 넣을 때《원본》입력란을 클릭하고 F3 누르면《이름 붙여넣기》창이 떠서 마우스 클릭으로《=이름》을 넣을 수 있습니다.

UNIT 16 셀 선택 시 말풍선 표시하기

《데이터 유효성》창 띄우고《설명 메시지》→《셀을 선택하면 설명 메시지 표시》체크하고《제목》(생략 가능)과《설명 메시지》입력

UNIT 17 비유효 항목도 입력하기

《데이터 유효성》창 띄우고《오류 메시지》→《유효하지 않은 데이터를 입력하면 오류 메시지 표시》 체크 해제 →《확인》하면 모든 데이터를 입력할 수 있습니다.

UNIT 18 한/영 모드 자동 바꾸기

《데이터 유효성》창 띄우고《IME 모드》→《영어》→《확인》하면 현재 상태가 한글 모드라도 이 유효성 검사 셀을 선택하면 자동으로 영어 모드로 바뀜
- 대/소문자로 자동 변경 모드는 아쉽게도 없습니다.
- 필드 입력 값이《y》또는《n》일 때 유용합니다.

UNIT 19 유효성 검사 셀의 세모(드롭다운) 단추

이 단추는 우선《데이터 유효성》창에《제한 대상》이《목록》인 경우에만 가능
- **표시 여부** : 셀 선택 시 표시되며 셀 선택 없이 항상 보이게 할 수는 없습니다.
- **셀에 입력** : 이 단추 클릭 없이 타자하여 입력 가능. 빈 셀로 할 수도 있습니다.
- **표시 항목 개수** : 단추 클릭 시 한 번에 최대 8개 항목씩 보이며 이 개수를 조정할 수 없습니다.
- **글자 크기** : 글자 크기는 정해져 있으며 크게 하려면 화면을 확대합니다. 화면 확대는《보기》탭 →《확대/축소》그룹에《확대/축소》

TIP 엑셀2007 버전과 엑셀2010 이상 버전의 차이

- 엑셀2010 이상은《데이터 유효성》창에서《원본》에 다른 시트에 특정 셀을 마우스나 키보드로 선택하여 참조할 수 있지만, 엑셀2007은 이렇게 못하고 이름 정의나 수식으로만 가능.
  - 다른 파일을 참조한 경우에는 그 파일이 열려있어야 합니다.
  - 2010 버전에서《이름 정의》없이 다른 시트의 셀을 참조해서 유효성 검사 셀을 만들고 나서 그 파일을 2007 버전에서 열면 유효성 검사 셀 우측에 세모 단추도 없을뿐더러 유효성 검사 기능이 사라집니다.

UNIT 20 모든 유효성 검사 셀 선택하기

- 임의의 한 셀만 선택하고《홈》탭 →《편집》그룹에《찾기 및 선택》→《데이터 유효성 검사》하면 모두 선택되고 Enter 를 칠 때마다 각 셀들을 활성화

- 셀 범위를 선택하고 하면 그 범위 안에서 찾습니다.
- 다중 시트를 선택하고 하면 활성 시트에서만 적용됩니다

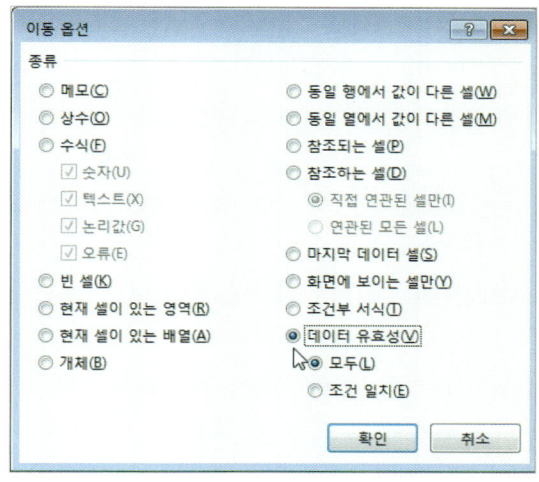

UNIT 21 유효성 검사만 복사하는 법

- **연속 셀인 경우** : 유효성 검사를 적용한 셀부터 앞으로 적용할 끝 셀까지 범위 선택 → 《데이터》 탭 → 《데이터 도구》 그룹에 《데이터 유효성 검사》 → 유효성을 적용하겠냐는 메시지가 뜨고 《예》 → 《데이터 유효성》 창이 뜨고 바로 《확인》
- **불연속 셀인 경우** : 유효성 검사를 적용한 셀 《복사》 Ctrl + C → 적용할 범위 선택 → Alt + E, S, N → Enter

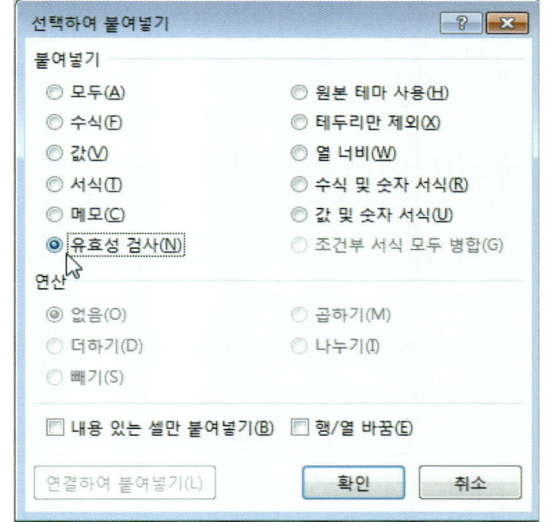

UNIT 22 《변경 내용을 설정이 같은 모든 셀에 적용》

한 셀에 유효성 검사를 동일한 기타 유효성 검사 셀에도 일괄 수정하는 방법
- 유효성 검사를 수정할 한 셀 선택 → 《데이터 유효성》 창에서 설정을 바꾸고 《변경 내용을 설정이 같은 모든 셀에 적용》을 체크 → 《확인》

UNIT 23 유효성 검사의 한계

임의의 셀을 《복사》 Ctrl + C 해서 같은 시트의 유효성 검사 셀에 붙이면 유효성 검사 기능은 소실됨을 유의하세요. 이것을 막을 수는 없습니다.
- 다른 시트에서 복사해서 붙이면 유효성 검사 기능은 소실되지 않지만 복사는 됩니다.

UNIT 24 이중 유효성 검사

6부\이중유효성_원본.xlsx Sheet1
6부\이중유효성_결과.xlsm Sheet1

개념 : 첫 번째 유효성 검사 셀 값을 참조한 다른 유효성 검사 셀을 뜻합니다.

◆ 따라하기

[A1:D6] 범위 선택 → 《수식》 탭 → 《정의된 이름》 그룹에 《선택 영역에서 만들기》 → 《첫 행》만 체크 → 《확인》 → Ctrl + F3 눌러 《이름》 상태를 확인 할 수 있음 → F2 셀 선택 → Alt + D, L → 《제한 대상》은 《목록》, 《원본》 입력란 선택하고 [A1:D1] 범위 선택하여 =$A$1:$D$1 입력 → 《확인》 → G2 셀에서도 Alt + D, L → 《제한 대상》은 《목록》, 《원본》에 =INDIRECT($F$2) 수식을 넣습니다.

수식 의미 : F2 셀 값은 《이름 정의》 되어있고, 그 이름이 참조하는 범위를 목록으로 설정합니다.
- 현재 《구분》값이 하나인데 밑으로 계속 있다면 $F$2 대신 F2 하거나 $F2 하고 드래그해야 정상 작동합니다.

• 이슈1. 이름 자동 생성 시 빗금(/)은 밑줄(_)로 자동 변환
- **해결법** : C1 셀 값을 《건강_미용》으로 수정
• 이슈2. 《구분》을 《의생활》로 하면 G2 셀에 세모 단추 클릭 시 공란이 두 줄 생김
- Ctrl + F3 → 《의생활》 → 《참조 대상》이 =Sheet1!$B$2:$B$6 이기 때문
- **해결법** : G2 셀의 《데이터 유효성》 창에 《원본》 수식을 다음으로 수정
  =OFFSET(A2, 0, F5, COUNTA(OFFSET(A2,0,F5,99)))
  G2 셀 수식 내용 중에 《99》는 최대 항목 수를 적당히 정한 것입니다. 예를들어 식비의 항목 개수가 현재는 5개인데 99개까지 있을 수 있다고 가정한 것입니다.
- **F5 셀 수식** : =MATCH(F2,A1:D1,0)-1

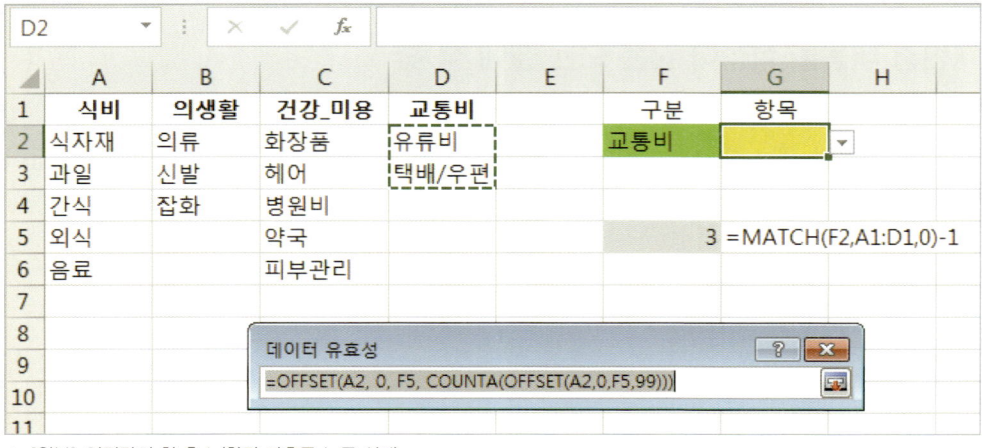

▲ 《원본》 입력란의 창 축소/확장 단추를 누른 상태

- 이슈3. F2 셀 값이 바뀌어도 G2 셀 값은 그대로이므로 문제의 여지가 있습니다.
- **해결법** : F2 셀 값이 바뀔 때 G2 셀 값은 자동으로 지우는 것이 좋고 매크로가 필요합니다.
- **작업 순서** : 《Sheet1》 탭에 마우스 우측 버튼 →《코드 보기》, 다음 매크로를 넣습니다.

  Private Sub Worksheet_Change(ByVal Target As Range)

  If Target.Address = "$F$2" Then [G2] = ""

  End Sub

UNIT 25 오류 셀 표시

유효성 검사 기준에 어긋난 셀 값이 있으면 빨간 타원을 표시할 수 있습니다.

6부\유효성검사_오류셀.xlsx

Sheet1의 [D2:D5] 범위는 유효성 검사 셀로서 [A2:A7] 범위를 참조하여 입력됩니다. → 그런데 A4 셀의 《3d구조》가 《쓰리디구조》로 바뀌었다면 기존에 입력해 놓은 D3 셀 값은 오류입니다. 이때 《데이터》 탭 →《데이터 도구》 그룹에 《데이터 유효성 검사》 세모 단추 →《잘못된 데이터》를 누르면 D3 셀에는 빨간 타원이 생김.

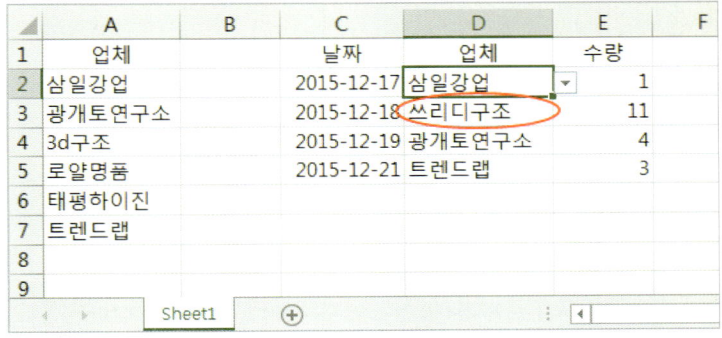

- D3 셀을 값을 제대로 고치고 다시 그 메뉴를 누르면 빨간 타원은 사라집니다.
- 이 기능은 현재 선택한 한 시트의 전체 셀을 대상으로 찾습니다. 즉, 셀 선택 범위와 무관하고 다중 시트를 선택하면 아예 실행 불가.
- 《데이터 유효성 검사》 세모 단추 →《유효성 표시 지우기》 : 시트에 모든 빨간 타원을 지웁니다.
- 문서를 닫고 다시 열면 빨간 타원은 모두 사라져 있습니다.

06 CHAPTER 리본 메뉴와 빠른 실행 도구 모음

리본 메뉴

UNIT 01 개요
- **위치** : 엑셀 상단에 메뉴 (홈, 삽입 등)와 그 안에 단추
- **개념** : 메뉴 안에 단추가 가로로 배치한 방식
- **단축키** : [Alt] 누른 채 〈알파벳〉, [Alt] 누르고 손 떼고 〈화살표〉 좌, 우 키 누르기

UNIT 02 리본 메뉴의 탭에 접근
보통 마우스를 리본 메뉴 쪽에 대고 마우스 휠을 돌려 원하는 탭으로 쉽고 빠르게 이동할 수 있습니다.
- 단축키로 한다면 [Alt]를 누르고 [→]나 [←]를 눌러서 이동시킴. [Alt] 대신 [F10]이나 빗금(/)으로도 접근 가능.
- [Alt]+〈알파벳〉으로 한 번에 접근 가능.

UNIT 03 창 크기와 리본 메뉴
엑셀 창의 크기에 따라 리본 메뉴에 보이는 단추의 크기나 이름 표시가 결정됩니다.

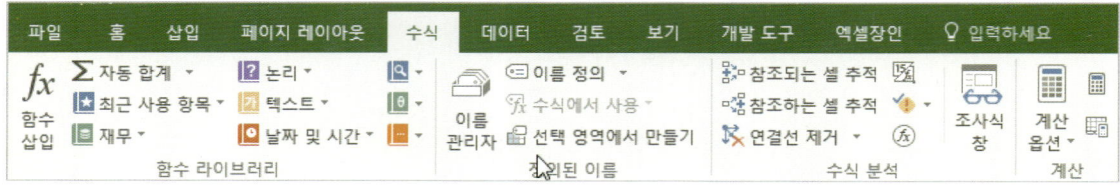

▲ 작은 엑셀 창에서 보는 리본 메뉴의 《수식》 탭

▲ 큰 엑셀 창에서 보는 리본 메뉴의 《수식》 탭

– 윈도우 해상도 크기와도 관련 있으며 해상도가 작으면 엑셀 창을 크게 하는데 한도가 있습니다.

UNIT 04 리본 메뉴에 탭 생성

이것은 엑셀2010 이상에서 쉽게 가능한데, 리본 메뉴에 마우스 우측 버튼 →《리본 메뉴 사용자 지정》하고 뜨는 창에서 우측에 탭을 추가하고 그 안에 원하는 단추를 놓을 수 있습니다.

UNIT 05 리본 메뉴에 특정 탭 삭제

리본 메뉴에 사용자 탭이 있을 수 있는데 삭제하려면《개발 도구》탭 →《추가 기능》그룹에 단추를 눌러서 해당 탭을 제거할 수 있습니다.

– 삭제할 탭에 마우스 우측 버튼을 눌러 관련 메뉴로 삭제하는 경우도 있습니다.
– 리본 메뉴에 마우스 우측 버튼 →《리본 메뉴 사용자 지정》시 뜨는 창의 우측에 체크된 메뉴를 해제하여 없앨 수 있는 경우도 있습니다.

빠른 실행 도구 모음

UNIT 01 개요(빠른 실행 도구 모음)

- **위치** : 기본 위치는 엑셀 상단의《제목 표시줄》
- **개념** : 특정 기능을 실행하거나 상태를 보여주는 단추로 기본 단추는 저장, 실행취소, 다시실행.
- **단축키** : Alt 를 누른 채 〈숫자〉나 〈알파벳〉

UNIT 02 이 도구 모음 위치를 리본 메뉴 아래에 두기

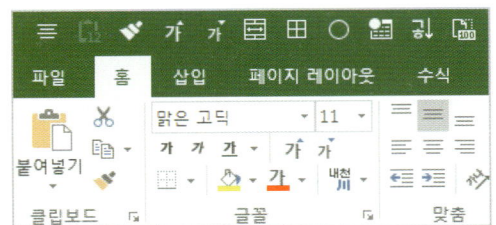

▲ 빠른 실행 도구 모음의 기존 위치

빠른 실행 도구 모음의 임의의 단추에 마우스 우측 버튼 →《리본 메뉴 아래에 빠른 실행 도구 모음 표시》

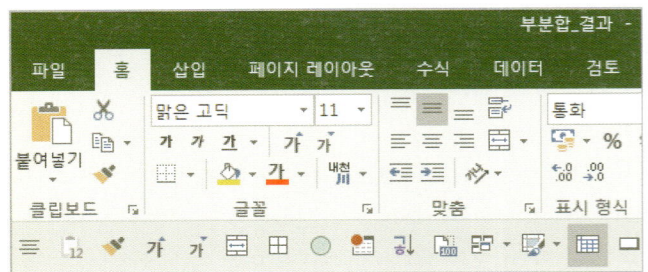

– 이렇게 아래에 놓아야 엑셀 제목 표시줄을 마우스로 끌기가 쉬워집니다.

UNIT 03 이 도구 모음에 단추 추가하기

- 셀 값을 셀의 가로 방향 가운데 맞추기 위해《홈》탭 →《맞춤》그룹에《가운데 맞춤》단추에 마우스 우측 버튼 →《빠른 실행 도구 모음에 추가》
- 리본 메뉴에 없는 단추를 추가하려면 빠른 실행 도구 모음의 임의의 단추에 마우스 우측 버튼 →《빠른 실행 도구 모음 사용자 지정》→ 좌측 리스트 상단의 세모를 눌러《모든 명령》으로 하고 찾아서《추가》
– 예를 들어 바로 인쇄하는 기능을《빠른 실행 도구 모음》에 추가하려면《모든 명령》을 누르고《빠른 인쇄》를 선택하고《추가》누르면 됩니다.

UNIT 04 이 도구 모음에 단추 순서 변경

빠른 실행 도구 모음의 임의의 단추에 마우스 우측 버튼 →《빠른 실행 도구 모음 사용자 지정》→ 우측 리스트의 단추를 선택하고 위, 아래 세모로 이동시키고《확인》
– 이 도구 모음 상에서 단추를 마우스 드래그로 이리저리 이동시킬 수는 없습니다.

UNIT 05 이 도구 모음에 단추를 단축키로 실행하기

[Alt] 키를 누르면《빠른 실행 도구 모음》에〈숫자〉와〈알파벳〉등이 나오고 해당 값을 키보드로 눌러 실행.

UNIT 06 이 도구 모음에 단추 삭제하기

《빠른 실행 도구 모음》의 특정 단추에 마우스 우측 버튼 →《빠른 실행 도구 모음에서 제거》

UNIT 07 빠른 실행 도구 모음 백업하기

이 도구 모음을 파일로 저장하고 컴퓨터를 포맷하거나 다른 컴퓨터에서 사용코자 할 때 필요한 기능.

- **엑셀2010 이상 버전에서 백업 방법** : 이 도구 모음의 아무 단추에 마우스 우측 버튼 → 《빠른 실행 도구 모음 사용자 지정》 → 《가져오기/내보내기》 클릭
- **엑셀2007 버전에서 백업 방법** : 다음의 C:\Users\xlwhy\AppData\Local\Microsoft\OFFICE 폴더에 《Excel.qat》파일을 저장하면 됩니다.
  - 경로 중에 《xlwhy》은 윈도우 사용자 명이므로 컴퓨터마다 다름. 이 사용자 명은 윈도우 시작 단추 → 《사용자 계정》에서 확인 가능.

UNIT 08 《빠른 실행 도구 모음》에 주요 단추

자주 사용하는 단추 9개는 이 도구 모음에 올리고 Alt +숫자로 실행할 수 있도록 합니다. 추가하려면 이름이 중요한데, 다음의 이름을 《Excel 옵션》 창에 《빠른 실행 도구 모음》(엑셀2007은 《사용자 지정》) → 《명령 선택》을 《모든 명령》으로 하고 찾으세요.

1. **가운데 맞춤** : 셀 내용을 가로 방향에 가운데로 배치
2. **값 붙여넣기** : 원본 셀 복사 후, 대상 셀 선택해서 실행하면 값만 복사됩니다.
3. **서식 복사** : 원본 셀에서 실행 후, 대상 셀 선택하면 셀 서식만 복사됩니다.
4. **글꼴 크기 크게** : 셀에 글자를 단계적으로 크게
5. **글꼴 크기 작게** : 셀에 글자를 단계적으로 작게
6. **병합하고 가운데 맞춤** : 셀 범위 병합
7. **모든 테두리** : 셀 범위에 테두리 긋기
8. **자동 필터** : 표에서 임의의 셀 선택 후, 실행하면 그 셀 값으로 필터
9. **매크로 기록** : 매크로 기록

- 이상 9개의 단추는 단축키가 없는 실전에서 자주 쓰는 기능이므로 Alt + 1 ~ 9 로 실행할 수 있도록 합니다. 후보 단추들로서 《틀 고정》(엑셀2010 이하는 《시트 창 고정》), 《빠른 인쇄》, 《텍스트 오름차순 정렬》 등이 있습니다.

07 CHAPTER 매크로

UNIT 01 개요

- **위치** : 《보기》 탭 → 《매크로》 그룹에 《매크로》
- **개념(매크로)** : 사용자의 작업을 코드화한 명령문으로서, 매크로 기록으로 만들어 일련의 반복 작업을 자동화하거나 엑셀 기능의 제약을 극복합니다.
- **개념(VBA)** : Visual Basic for Applications의 약자로 변수, 반복문, 조건문 등을 써서 프로그래밍을 하는 컴퓨터 전문 언어로 엑셀 Application을 위한 VB 정도로 해석할 수 있습니다.
- **단축키(매크로 기록)** : Alt + T , M , R
- **단축키(매크로 보기)** : Alt + F8
- **단축키(VBE 열기)** : Alt + F11

UNIT 02 《개발 도구》 탭 추가

매크로를 하기 위해서는 《개발 도구》 탭을 추가하는 것이 좋습니다.

- **엑셀2010 이상** : 《파일》 탭 → 《옵션》 → 《리본 사용자 지정》 → 우측 목록에 《개발 도구》 체크

- **엑셀2007** : 엑셀 상단 좌측에 동그란 《Office 단추》 → 《Excel 옵션》 → 《기본 설정》 → 우측에 《리본 메뉴에 개발 도구 탭 표시》 체크

◆ 따라하기

6부\매크로_예제_원본.xlsx
6부\매크로_예제_결과.xlsm

《데이터》 시트 선택 → 《개발 도구》 탭 → 《코드》 그룹에 《매크로 기록》 → 이름에 《필터하기》로 입력, 《매크로 저장 위치》는 《현재 통합 문서》인지 보고 《확인》 → 《결과》 시트 선택 → Ctrl + A , A

→ Delete → 《기준》 시트의 B3 셀에 《16-3-25》 입력하고 Enter → 다시 B3 셀 선택 → Ctrl + C → 《데이터》 시트, A1 셀 선택 → 《홈》 탭 → 《편집》 그룹에 《찾기 및 선택》 → 《이동 옵션》 → 《현재 셀이 있는 영역》 → A1 셀에 세모 단추 눌러 《날짜 필터》 → 《사용자 지정 필터》 → 《필드1》 아래 세모 단추 → 《이전》 → Tab → Ctrl + V 후, Enter → 《홈》 탭 → 《편집》 그룹에 《찾기 및 선택》 → 《이동 옵션》 → 《현재 셀이 있는 영역》 → Ctrl + C → 《결과》 시트 선택하고 Enter → 《개발 도구》 탭 → 《코드》 그룹에 《기록 중지》 → 《개발 도구》 탭 → 《코드》 그룹에 《매크로》 → 항목 중에 《필터하기》 선택 후, 《편집》 누르면 VBE 창이 열리고 해당 코드 활성화 → Ctrl + A → Ctrl + C → ↓ → Ctrl + V 하고 붙여넣은 《Sub 필터하기》를 《Sub 필터하기2》로 수정 → 녹색 글자나 빈 줄은 지워도 무방하니 《필터하기2》 아래 5줄을 지우고 다음과 같이 수정합니다.

Sheets("결과").Select
Cells.Select
Selection.ClearContents
을
Sheets("결과").Cells.ClearContents
로 수정

Sheets("기준").Select
Range("B3").Select
ActiveCell.FormulaR1C1 = "3/25/2016"
Range("B3").Select
Selection.Copy
이 5줄은 지우기

Range("A1").Select
Selection.CurrentRegion.Select
을
Range("A1").CurrentRegion.Select
로 수정

```
ActiveSheet.Range("$A$1:$E$15").AutoFilter Field:=1, Criteria1:= _
    "<2016-03-25", Operator:=xlAnd
```
을
```
Selection.AutoFilter Field:=1, Criteria1:= _
    "<" & Sheets("기준").Range("B3") , Operator:=xlAnd
```

```
Application.CutCopyMode = False
Selection.Copy
Sheets("결과").Select
Range("B2").Select
ActiveSheet.Paste
```
을
```
Selection.Copy Sheets("결과").Range("B2")
Sheets("결과").Select
```

최종 매크로는 다음과 같습니다.
```
Sub 필터하기2()
    Sheets("결과").Cells.ClearContents '결과 시트에 모든 셀 내용 지우기
    Sheets("데이터").Select '데이터 시트 선택
    Range("A1").CurrentRegion.Select 'A1 셀 인접범위 선택
    '선택범위의 1번째 필드 조건을 기준시트 B3셀 미만 값으로 필터
    Selection.AutoFilter Field:=1, Criteria1:= _
        "<" & Sheets("기준").Range("B3"), Operator:=xlAnd
    Selection.Copy Sheets("결과").Range("B2") '선택범위를 결과시트 B2셀에 복사
    Sheets("결과").Select
End Sub
```

이 매크로를 다음과 같이 실행해보죠.
《기준》 시트의 B3 셀에 임의의 날짜 넣고 [Alt]+[F8] →《필터하기2》→《실행》

UNIT 03 VBE 창 크기와 위치

VBE 창을 처음 열면 매우 크게 열리는 데 창의 너비(폭)를 줄이고 위치는 우측에 배치하여 엑셀 창과 같이 보면서 작업하는 것이 좋습니다.

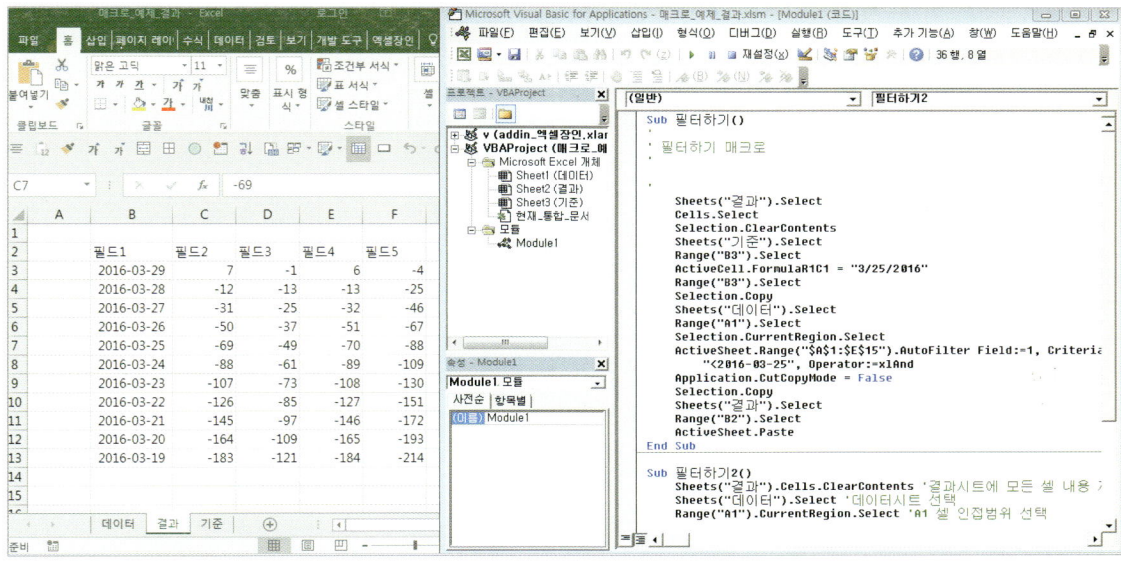

UNIT 04 　매크로 기록 위치

VBE 창 좌측에 《프로젝트 탐색기》가 있고 진한 글자가 파일을 뜻하며 매크로를 기록하면 《모듈》 폴더가 생기고 그 안에 《Module1》 방이 생기고 그 안에 매크로가 기록됩니다.
- 파일을 닫고 다시 열어서 기록하면 《Module2》가 생기고 그 안에 기록됩니다.
- 《프로젝트 탐색기》를 닫고 다시 열려면 Ctrl + R 이나 VBE 메뉴 중에 《보기》 누름

UNIT 05 　모듈 복사, 모듈 이름 바꾸기

- **모듈 복사하기** : VBE 창 《프로젝트 탐색기》의 특정 모듈(Module1) 개체에 마우스 우측 버튼 → 《파일 내보내기》
- 그 모듈 개체를 클릭한 채 대상 프로젝트로 드래그해도 됩니다.
- **모듈 이름 바꾸기** : 해당 모듈 선택 → 《속성》 창의 《(이름)》란에 모듈 이름을 수정
- 모듈 이름을 한글로 입력 시, 한글이 깨지지만 마지막에 Enter 를 쳐서 입력을 완료하면 정상적으로 입력이 됩니다.
- 《속성》 창은 VBE 메뉴에 《보기》에 있습니다. 단축키는 F4

UNIT 06 　매크로 코드 찾기

Alt + F11 로 VBE 창을 열고 코드 창에 커서를 두고 Ctrl + F 로 《찾기》 창을 열고 찾을 문구를 입력하면 됩니다.

— 《찾기》 창에 《검색》 범주에 기본값은 《현재 모듈》이며 《현재 프로젝트》로 하면 모든 모듈에서 찾겠다는 뜻이며 《현재 프로시저》는 해당 매크로(Sub 매크로명 ~ End Sub) 안에서만 찾는 것입니다.

UNIT 07 매크로 실행 순서

매크로 실행은 위에서 아래로 한줄 씩 실행되며, 기본적으로 한 문장은 한 줄에 입력하지만 길 경우에는 맨 끝 글자 뒤에 공백문자 다음에 밑줄(_)을 입력하여 다음 줄에 이어서 입력합니다.

- 실제로 매크로 기록을 해보면 코드에 밑줄(_)이 있는 문장을 볼 수 있습니다.

```
ActiveSheet.Range("$A$1:$E$15").AutoFilter Field:=1, Criteria1:= _
    "<2016-03-25", Operator:=xlAnd
```

- 《GoTo》 문을 사용하면 실행 문을 원하는 줄에서 할 수 있습니다.

UNIT 08 매크로 코드에 글꼴과 색 및 녹색 글자

- 매크로 코드에 기본 글꼴을 읽기 쉬운 것으로 바꿀 필요가 있습니다. VBE 메뉴에 《도구》 → 《옵션》 → 《편집기 형식》 → 《일반 텍스트》 → 《글꼴》을 《Fixedsys (한글)》로 바꾸는 것이 좋습니다.
— 이 글꼴의 크기는 12로 고정이며 많은 글꼴 중 이 글자가 진하면서 글자 폭도 적당하고 제일 무난합니다.
- 코드 중에 키워드 색을 파랑으로 바꾸면 두드러지고 확연합니다.
— VBE 메뉴에 《도구》 → 《옵션》 → 《편집기 형식》 → 《키워드 텍스트》 → 《전경색》을 파랑

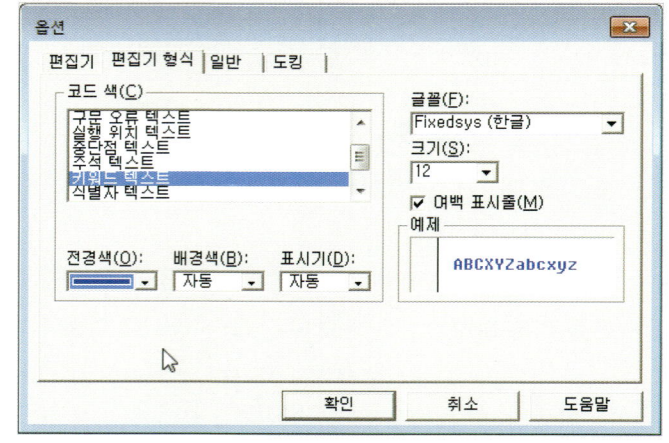

- 매크로 코드에 녹색 글자는 《주석》(Comment)인데, 이것은 설명이나 표시 등을 이유로 필요하며 매크로 실행 시에는 전혀 관여하지 않습니다. 즉 사용자가 보는 것이지 컴퓨터는 무시합니다. 이 주석은 작은따옴표(') 다음에 시작하고 입력 중에는 녹색이 보이지 않으나 그 줄을 벗어나면 색이 보입니다.
— 따옴표 대신 Rem도 가능

UNIT 09 매크로 문장의 들여쓰기, 내어쓰기

매크로를 기록하면 앞에 4개의 공란이 생기고 문장이 기록됩니다. 이 공란은 프로그램 실행에 아무 영향을 미치지는 않으나 코드 분석할 때는 읽기 쉬워야 하므로 중요합니다.

- Tab 을 누르면 들여쓰기, Shift + Tab 은 내어쓰기 단축키
- VBE 메뉴에 《보기》→《도구 모음》→《편집》 체크하여 해당 단추로도 할 수 있습니다.

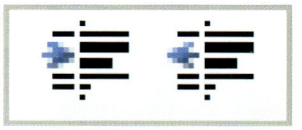
▲ 《편집》 툴바에 들여쓰기, 내어쓰기 단추

UNIT 10 매크로 코드 편집 중에 적색 글자

VBE에서 코드를 입력 완료 했을 때 컴파일 오류 등으로 메시지 창이 뜨면서 문장이 적색으로 변한다면 그것은 구문 오류가 난 겁니다. 메시지 창을 닫고 문장을 고치거나 지워야 합니다.

– 오류 메시지 창을 뜨지 않게 하려면 VBE 메뉴에 《도구》→《옵션》→《편집기》→《자동 구문 검사》를 체크 해제합니다. 그래도 적색 글자는 그대로 나옵니다.

UNIT 11 매크로 코드에서 대/소문자는 무시

코드를 편집할 때 단어의 대/소문자는 구분하지 않으며, 소문자로 입력해도 대문자가 포함된 단어라면 VBE에서 자동으로 바꿔 입력이 매우 편리합니다.

- VBA의 변수명은 사용자가 지정할 수 있는데 변수명에 대/소문자가 섞인 경우에 먼저 선언(예: Dim nQty as Long)을 하면 소문자로만 입력해도 입력을 완료하면 자동으로 정확한 단어로 바꿉니다.

UNIT 12 매크로 삭제

해당 매크로 이름을 알고 Alt + F8 로 《매크로》 창을 열고 해당 매크로 선택 →《삭제》
- 《매크로》 창에서 《편집》으로 VBE에서 수동으로 "Sub 매크로이름~ End Sub"를 지워도 됩니다.
- 실전에서는 Alt + F11 로 VBE 창을 바로 열고 매크로를 찾아서 지웁니다.

UNIT 13 매크로 한 줄 단위로 실행

해당 매크로 이름을 알고 Alt + F8 로 《매크로》 창을 열고 해당 매크로 선택 →《한 단계씩 코드 실행》하고 F8 키로 한줄 씩 실행

– 실전에서는 VBE 창의 해당 매크로에 커서를 두고 F8 키로 합니다.
– 한줄 씩 실행하다가 한 번에 끝까지 실행하려면 F5 를 누름

UNIT 14 매크로 실행 중에 노란 줄

매크로 실행 중에 오류가 발생하면 메시지 창이 뜨고 《디버그》를 누르면 VBE 창의 해당 라인에 노란 줄이 생기는데 이 노랑을 없애고 초기화하려면 VBE 창 상단 메뉴 중에 《실행》→《재설정》 또는 메뉴 아래 툴바에 네모 단추를 누르면 됩니다.

UNIT 15 매크로 기록이 되지 않는다면

- 코드 상에 노란 줄이 있을 때이므로 VBE 창 상단 메뉴 중에 《실행》 → 《재설정》
- 매크로 이름이 중복되어 있을 때. 즉 Sub 다음에 매크로 이름은 고유해야 합니다.
- 여기서 《Sub》란 《Sub》 앞에 아무 내용이 없거나 《Public Sub》를 말합니다.

UNIT 16 매크로를 단축키로 실행하기

해당 매크로 이름을 알고 Alt + F8 로 《매크로》 창을 열고 해당 매크로 선택 → 《옵션》 → 〈알파벳〉을 입력하여 Ctrl + 〈알파벳〉으로 실행 가능
- Shift 를 누른 채 〈알파벳〉을 입력하면 Ctrl + Shift + 〈알파벳〉으로 실행 가능

매크로 실행 취소는 불가

매크로 실행 후에는 실행 전 상태로 되돌릴 수 없습니다. 즉 보통 엑셀 작업시 많이 사용하는 Ctrl + Z 가 작동하지 않습니다.
- 단, VBA의 SendKeys 메서드로 실행한 매크로는 Ctrl + Z 가 작동하지만, 이 메서드는 실행 자체가 조금 불안정합니다.
- 매크로 실행 취소를 다음과 같이 할 수는 있습니다.

```
Dim sr
Sub 매크로1()
    sr = Range("A1")
    Range("A1") = "xlwhy.com"
    Application.OnUndo "매크로 취소", "되돌리기"
End Sub
Sub 되돌리기()
    Range("A1") = sr
End Sub
```

- 의미 : 《매크로1》을 실행하면 먼저 A1 셀 값을 sr 변수에 기억시키고, A1 셀에 〈xlwhy.com〉을 입력하는데, 이때 《빠른 실행 도구 모음》의 실행 취소 단추 옆에 세모를 누르면 《매크로 취소》라는 단 하나의 취소 명령문구만 나오고 이것을 누르거나 Ctrl + Z 를 하면 《되돌리기》 매크로가 실행되어 sr 변수에 기억시킨 값을 A1 셀 값에 되돌림

UNIT 17 매크로 파일로 저장

VBE에서 코드를 입력 완료 했을 때 컴파일 오류 등으로 메시지 창이 뜨면서 문장이 적색으로 변한다면 그것은 구문 오류가 난 겁니다. 메시지 창을 닫고 문장을 고치거나 지워야 합니다.
- 오류 메시지 창을 뜨지 않게 하려면 VBE 메뉴에 《도구》 → 《옵션》 → 《편집기》 → 《자동 구문 검사》를 체크 해제합니다. 그래도 적색 글자는 그대로 나옵니다.

UNIT 18 　매크로 코드에서 대/소문자는 무시

일반 엑셀 문서를 Ctrl + S 로 저장하면 매크로 제외 통합 문서로 저장할 건지 묻는 메시지 창이 뜨고 《예》를 누르고 문서를 닫으면 코드가 삭제되어 저장됩니다. 실수로 《예》를 눌러도 파일을 닫지만 않으면 삭제되지 않습니다.

- 《파일 형식》을 《Excel 매크로 사용 통합 문서》로 하고 저장해야 매크로 코드까지 저장됩니다.
- 매크로 코드를 저장하면 엑셀 문서도 저장됩니다. 반대로 엑셀 문서를 저장하면 매크로도 같이 저장됩니다. 즉, 둘 중 하나만 저장해도 같이 저장됩니다.
  - 저장 단축키 : Ctrl + S

UNIT 19 　매크로 코드 보호

매크로를 남이 보거나 수정하는 것을 막기 위한 방법

- VBE 창 좌측에 《프로젝트 탐색기》의 해당 프로젝트에 마우스 우측 버튼 → 3번째 《프로젝트명 속성》 → 《보호》 → 《읽기 전용으로 프로젝트 잠금》 체크 → 암호 입력 후, 《확인》

UNIT 20 　매크로 활용

6부\매크로-고급필터.xlsm

고급 필터에 대한 매크로 활용법입니다. 따라해 보세요.

- **매크로 기록/중지** : [F1:G2] 범위에 조건(상업고의 150 이상 값만 필터) 입력 → 《보기》 탭 → 《매크로》 그룹에 《매크로》 세모 단추 → 《매크로 기록》 → 《확인》
  - 매크로 이름은 기본값이 《매크로1》(엑셀2007은 《Macro1》)이며 기록할 때마다 뒤에 숫자가 계속 늘어납니다. 이 이름은 수정할 수 있습니다.
  - 매크로 이름에 띄어쓰기나 특수기호, 첫 글자로 숫자 등은 쓰지 못합니다. 영어 대/소문자는 구분하지 않으며, 띄어쓰기 대신 보통 밑줄(_)을 씀.
  - 이때가 매크로 기록 상태이며 《상태 표시줄》에 네모 단추가 생기고 매크로 기록을 중지하려면 그 단추 클릭하거나 다시 그 리본 메뉴에 모양이 바뀐 단추를 누름.
- **다른 기록법** : 《개발 도구》 탭 → 《코드》 그룹에 《매크로 기록》 단추
- **쉬운 기록법** : 네모 단추가 생기면 그 다음부터는 그 위치에 다른 모양으로 단추가 생겨서 그것을 클릭하여 매크로 기록 가능.
  - 매크로 기록 중에 잠시 멈추는 기능은 없습니다.

CHAPTER 08 메모

UNIT 01 개요
- **위치** : 《검토》 탭 → 《메모》 그룹에 《새 메모》 또는 셀 선택 후, 마우스 우측 버튼 → 《메모 삽입》
- **개념** : 셀 우측 상단에 작은 세모의 적색 표식을 달고 셀에 마우스를 대면 말풍선이 나옵니다.
- **단축키** : Shift + F2

UNIT 02 메모 수정, 세 가지 방법
- Shift + F2
- 셀에 마우스 우측 버튼 → 《메모 편집》
- 《검토》 탭 → 《메모》 그룹에 《메모 편집》

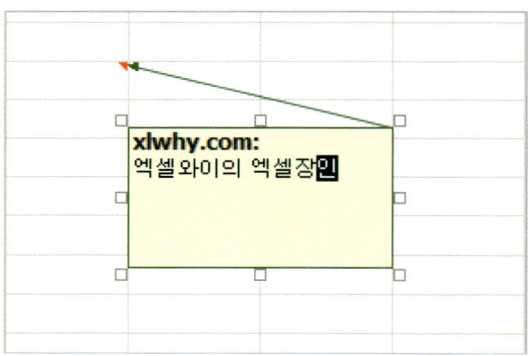

UNIT 03 메모 삭제, 세 가지 방법
- 메모 셀을 포함한 범위를 선택하고 마우스 우측 버튼 → 《메모 삭제》
- 메모 셀을 포함한 범위를 선택하고 《검토》 탭 → 《메모》 그룹에 《삭제》
- 메모 셀 한 개만 선택 → Shift + F2 → Esc → Delete

UNIT 04 시트에 모든 메모 보기

《검토》 탭 → 《메모》 그룹에 《메모 모두 표시》
– 다시 누르면 메모가 모두 사라집니다.

UNIT 05 메모 기본 내용

메모 삽입하면 기본 내용으로 "굵은 글씨:"가 나오는데 그것은 Alt + T , O 로 《Excel 옵션》 창을 열고 《일반》 → 《Microsoft Office 개인 설정》란의 《사용자 이름》이 그것입니다.
– 《사용자 이름》란을 모두 지우면 윈도우 사용자 명이 들어갑니다.

UNIT 06 메모만 복사

메모 셀 선택 → Ctrl + C → 대상 셀 선택하고 Alt + E , S , C 하여 《선택하여 붙여넣기》 창에 《메모》만 붙여넣기

UNIT 07 특정 메모 내용이 있는 셀 찾기

- Ctrl + F 로 《찾기 및 바꾸기》 창을 열고 《옵션》 → 《찾는 위치》를 《메모》로 하고 《찾을 내용》에 메모 내용을 넣으면 해당 메모 셀만 선택합니다.

UNIT 08 메모 셀만 선택

- 시트에 아무 셀 하나만 선택 → 《홈》 탭 → 《편집》 그룹에 《찾기 및 선택》 → 《메모》하면 메모가 달린 셀을 모두 선택합니다.
– 다중 시트를 선택하고 실행하면 활성 시트에 메모 셀과 동일한 셀 주소로 나머지 선택 시트도 같은 셀이 선택됩니다.

UNIT 09 메모 인쇄

《페이지 레이아웃》 탭 → 《페이지 설정》 그룹에 《인쇄 제목》 → 《메모》란에 《시트에 표시된 대로》

UNIT 10 메모와 적색 표식 숨기기

Alt + T , O 로 《Excel 옵션》 창을 열고 《고급》 → 《표시》 범주에 《메모와 표식 모두 표시 안 함》 체크
– 반대로 둘 다 항상 표시하려면 《표시》 범주에 《메모와 표식》 체크

UNIT 11   메모 상자 서식 수정 (테두리나 그림 등)

메모의 테두리를 없애거나 메모 상자에 그림을 넣을 수 있습니다.
Shift + F2 → Esc → Ctrl + 1 이나 메모 외곽 부분을 마우스 우측 버튼 →《메모 서식》
- 테두리 없애기 :《메모 서식》창→《색 및 선》에《선》범주에《색》에《선 없음》
- 사진 넣기 :《메모 서식》창→《색 및 선》에《채우기》범주에《색》→《채우기 효과》→《그림》→《그림 선택》
- 메모 상자에 마우스 우측 버튼 →《기본 도형 설정》은 실제로 작동하지 않습니다.

UNIT 12   메모 상자 모양 바꾸기

《빠른 실행 도구 모음》의 아무 단추에 마우스 우측 버튼 →《빠른 실행 도구 모음 사용자 지정》→ 왼쪽 리스트 상단 세모 단추 →《모든 명령》→《도형 모양 변경》→《추가》이어서 메모 셀에 마우스 우측 버튼 →《메모 편집》→ Esc →《빠른 실행 도구 모음》에《도형 모양 변경》클릭

UNIT 13   한 셀에 바꾼 메모 서식을 다른 메모에도 적용하기

예를 들어 한 셀의 메모에 테두리를 없앰 →《검토》탭 →《메모》그룹에《다음》을 누르면 다음 메모가 선택되고 F4 → 계속《다음》→ F4를 반복.

《개체를 시트 밖으로 이동할 수 없습니다.》메시지

특정 열부터 끝까지 열을 숨기려고 할 때 이 메시지 창이 뜨면서 안 되는데, 메모가 그 원인이 될 수 있습니다.
예를 들어 C2 셀에 메모를 달고 → D열 전체 선택 → Ctrl + Shift + → 눌러 끝 열까지 선택하고 마우스 우측 버튼 →《숨기기》하면 그 오류 메시지가 뜹니다.
해결법 : C2 셀 선택 → Shift + F2 → Esc → Ctrl + 1 →《속성》→《위치와 크기 변함》체크하고《확인》하고 열을 숨기면 가능

09 CHAPTER 바꾸기

6부\바꾸기_일괄변경.xlsx

UNIT 01 개요

- **위치** : 《홈》 탭 → 《편집》 그룹에 《찾기 및 선택》 → 《바꾸기》
- **개념** : 셀 범위에서 수식이나 값의 일부를 특정 글자로 바꾸거나 지우는 기능
- **단축키** : Ctrl + H

UNIT 02 바꾸기 원리

- 연속한 글자가 대상이 됩니다.
- 《찾기 및 바꾸기》 창 → 《옵션》 → 《찾는 위치》는 《수식》만 가능. 이것은 실제 셀 내용을 대상을 찾아서 바꾼다는 의미
- 《찾기 및 바꾸기》 창 → 《옵션》 → 《전체 셀 내용 일치》가 체크되면 셀에 일부 값을 찾아 바꿀 수 없습니다.
- 셀 범위를 선택하고 실행하면 그 범위가 대상이 되어 적용되며, 셀 하나만 선택하고 실행하면 그 시트의 모든 범위가 대상이 됩니다.
- 단축키 Ctrl + H 는 최초에는 《찾을 내용》 입력란에 커서의 깜박임으로 바로 입력하여 좋지만 그 후에는 《바꿀 내용》에 커서가 가므로, 그것보다는 Ctrl + F → 《찾을 내용》 입력 → Alt + P 로 《바꿀 내용》에 커서가 생기면서 공란이 더 실용적일 수 있습니다.

UNIT 03 특정 글자를 지우기

- 《공구실》 글자 지우기

  《공구》 시트, [B3:B7] 선택 → Ctrl + H → 《찾을 내용》은 《공구실》 → 《바꿀 내용》은 비우고 《모두 바꾸기》

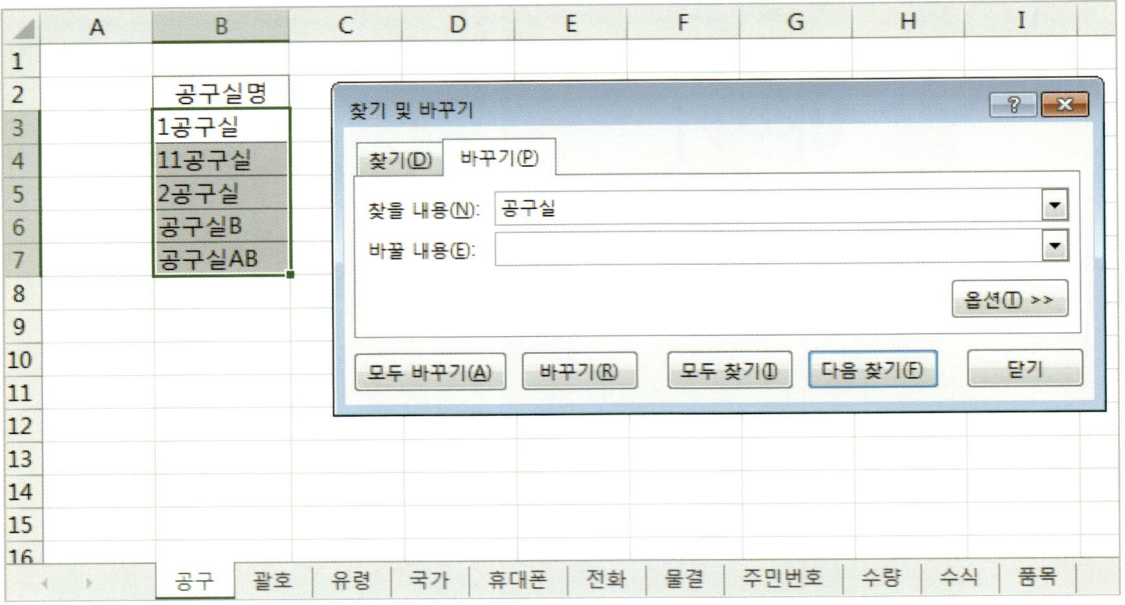

— 《모두 바꾸기》 전에 《바꾸기》로 몇 개를 검증하고 《모두 바꾸기》 하기도 합니다.

• 괄호를 포함하여 안에 내용까지 지우기

《괄호》 시트, B열 선택 → Ctrl + F → 《(*)》 → Alt + P → Delete

— 별표(*)는 여러 글자를 대표하는 와일드카드 문자입니다.

- 유령문자 지우기

    《유령》 시트, B3셀에서 [F2] → [Shift]+[←] → [Ctrl]+[C] → [Esc] → [Ctrl]+[Spacebar]로 B열 선택 → [Ctrl]+[F] → [Ctrl]+[V] → [Alt]+[P] → [Alt]+[A]

- **유령문자 판별법** : CODE 함수로 확인. 예를 들면 유령문자를 A1셀에 넣고 A2셀에 수식을 =CODE(A1)하면 《63》이 나옵니다. [Spacebar]로 입력한 일반 공백문자는 《32》가 나옵니다.

- 줄 바꿈 문자부터 끝까지 지우기

    《국가》 시트, B열 선택 → [Ctrl]+[F] → [Ctrl]+[J] 하고 《*》 → [Alt]+[P] 하고 바꿀 내용은 비워두고 [Alt]+[A]하면 국가명만 남게 됩니다.

- [Ctrl]+[J] : 셀에 여러 줄로 입력할 때 [Alt]+[Enter]로 한 줄 내리는데 이 줄 바꿈 문자를 이 단축키로 입력할 수 있습니다. 이 단축키는 《데이터》 탭 → 《데이터 도구》 그룹에 《텍스트 나누기》 → 《구분 기호로 분리됨》 → 《다음》 → 《기타》 입력란에도 입력 가능합니다.

- 하이픈(-) 지우기

    이것은 《바꾸기》하면 맨 앞에 《0》이 사라지므로 윈도우 메모장을 이용하세요.

- **메모장 위치** : 윈도우 시작 단추→ 모든 프로그램→ 보조 프로그램

  《휴대폰》 시트, [B3:B7] 범위 선택 → Ctrl + 1 → 《표시 형식》은 《텍스트》로 하고 《확인》 → Ctrl + C → 메모장 열고 Ctrl + V → Ctrl + H → 《-》 → Alt + A → Esc → Ctrl + A → Ctrl + C → 엑셀 활성화 → Ctrl + V

UNIT 04 특정 글자로 변경

- 공백문자는 지우고 괄호를 하이픈(-)으로 변경

  《전화》 시트, [B3:B8] 범위 선택 → Ctrl + F → Spacebar → Alt + P → Alt + A → 《확인》 → 《찾을 내용》에 《()》 → 《바꿀 내용》은 《-》 → Alt + A

- 휴대폰 번호 중간을 ****로 변경

  《휴대폰2》 시트, [A2:A6] 범위 선택 → Ctrl + F → 《-*-》 → Alt + P → 《-****-》 하고 《모두 바꾸기》.

- 하이픈(-) 없이 번호만 표시하려면 바꿀 내용에 《-****-》 대신 《****》로 합니다.

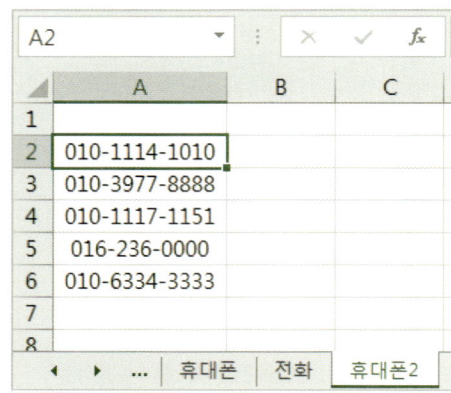

- 물결표(~)를 하이픈(-)으로 변경

  《물결》 시트, B열 선택 → Ctrl + H → 《찾을 내용》에 《~~》 → 《바꿀 내용》은 《-》

- 이렇게 와일드카드 문자(*, ?, ~) 자체를 찾으려면 《~》를 그 앞에 붙입니다. 예를 들면 별표(*)를 찾아 바꾸기 하려면 《~*》 해야 찾습니다.

  예를 들어 《010-****-3791》 이런 것을 《010-0000-3791》로 일괄 변경하려면 《찾을 내용》은 《~*~*~*~*》 → 《바꿀 내용》은 《0000》으로 해야 합니다.

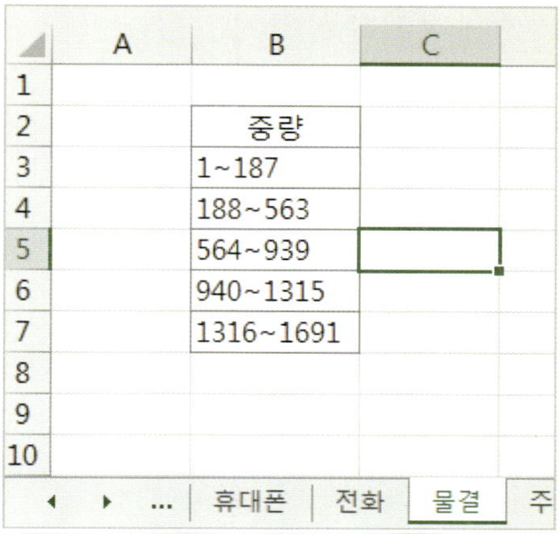

- 주민등록번호 하이픈(-) 이후 값을 《*******》로 변경

  《주민번호》 시트, B열 선택 → Ctrl + F → 《-*》 → Alt + P → 《-*******》 하고 《모두 바꾸기》

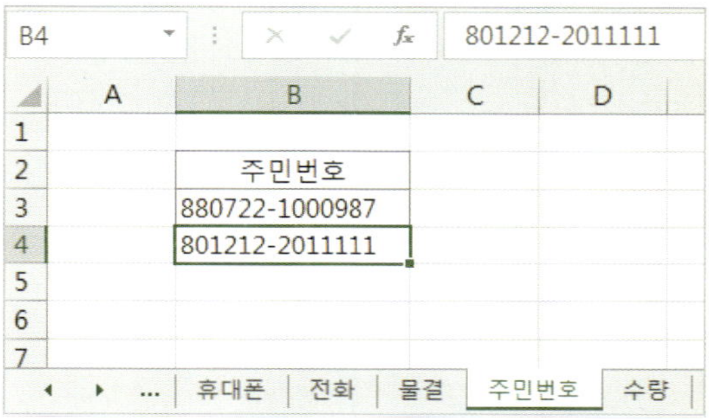

- 값이 있는 셀을 《X》로 변경

  《수량》 시트, 노랑 범위 [C3:F5] 선택 → Ctrl + F → 《*》 → Alt + P → 《X》 하고 《모두 바꾸기》

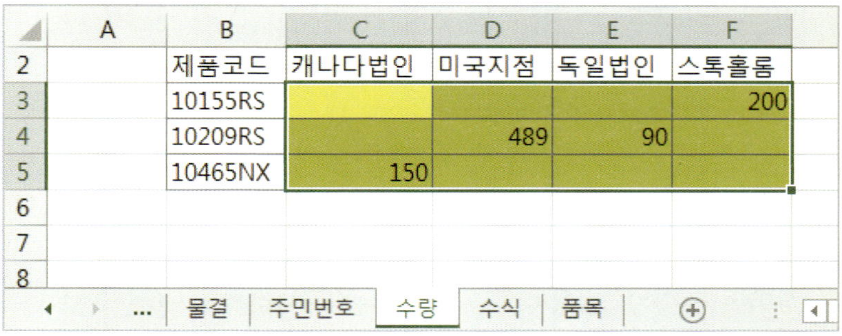

- 수식 내용 일괄 수정

  《수식》 시트, E3 셀 수식 =(A3*5)+(B3*4)+(C3*3)+(D3*2)을 괄호를 모두 뺀 수식으로 수정하려고 합니다. 실제로 [E3:E6] 에 모든 괄호를 빼려고 하는 것이 궁극적인 목적.

  이때 열린 괄호》()를 넣어서 바꾸기 하면 수식이 성립하지 않아 바꿀 수 없습니다.

  방법은 E3 셀에 《=》을 제거하여 수식을 문자화 → 열린 괄호, 닫힌 괄호를 각각 한 번씩 두 번 바꾸기로 지우고 다시 수식화, 끝으로 채우기 핸들을 아래로 끌기

- 《바꾸기》로 안 되는 맨 앞에 특정 글자 붙이기

  셀 값의 맨 앞에 《티》를 붙이고 싶은 경우.

  《품목》 시트, [A1:A7] 선택 → Ctrl + 1 → 《표시 형식》의 《범주》에 《사용자 지정》하고 우측의 《형식》란에 《티@》 입력하고 《확인》 → Ctrl + C → 윈도우 메모장 열기→ Ctrl + V → 엑셀 활성화 → Ctrl + Z 를 눌러 표시 형식을 원래대로 합니다.→ 그 메모장 활성화 → Ctrl + A → Ctrl + C → 엑셀 활성화 → Ctrl + V

  – 셀 값은 숫자라도 셀에 녹색 표식이 있다면 그것은 텍스트로 인식합니다.
  – 붙일 글자가 영어면 예를 들어 《N》은 《"N"@》 이렇게 큰따옴표(")로 감싸야 합니다.
  – 데이터가 숫자나 날짜라면 기존 표시 형식 앞에 문구만 넣어주면 됩니다. 예를 들면 표시 형식이 《일반》이면 《티G/표준》 이렇게 하면 됩니다.

10 CHAPTER 병합

6부\병합.xlsx
6부\병합_결과.xlsx

셀 병합은 실무자들이 많이 하지만 엑셀에서는 애증의 대상입니다. 병합은 표 모양을 보기 좋게 하지만 일반 병합으로 인해 수식의 어려움, 필터, 병합, 기타 여러 엑셀 기능 사용에 걸림돌이 됩니다.

UNIT 01 개요

- **위치** : 《홈》 탭 → 《맞춤》 그룹에 《병합하고 가운데 맞춤》
- **개념** : 연속 셀 범위를 한 셀 모양으로 합침
- **단축키** : 없습니다. 굳이 최소화하면 Ctrl + Shift + P , ← , Alt + M , Enter

UNIT 02 행 단위 일괄 병합

◆ 따라하기

《행병합》 시트의 [B2:D5] 선택 → 《홈》 탭 → 《맞춤》 그룹에 《병합하고 가운데 맞춤》 옆에 세모 단추 → 《전체 병합》

– 이것은 한 행씩 병합 기능만 수행. 즉 이 기능 수행 전에 Ctrl + 1 → 《맞춤》 → 《가로》가 《일반》 상태였다면 그것이 유지된 채 병합만 이뤄집니다.

– 해제하려면 《홈》 탭 → 《맞춤》 그룹에 《병합하고 가운데 맞춤》

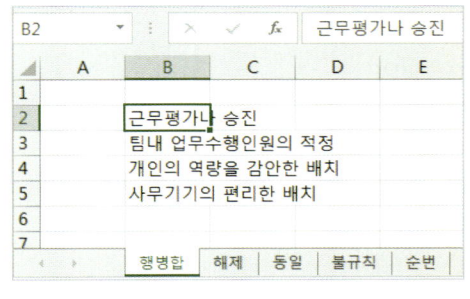

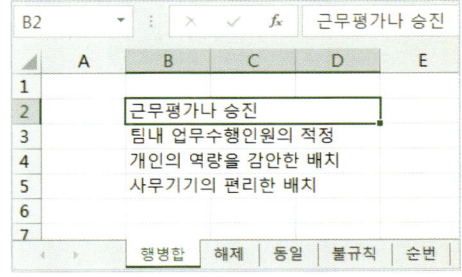

UNIT 03 병합 셀 해제하고 동일 값 넣기

병합 셀을 해제하고 각 범위에 동일 값을 넣어봅니다.

◆ 따라하기

《해제》 시트의 [B3:B8] 선택 → 《홈》 탭 → 《맞춤》 그룹에 《병합하고 가운데 맞춤》으로 병합 해제 → F5 → Alt + S → 《k》 → Enter → 《=》 입력하고 ↑ → 커서가 깜박이는 상태에서 Ctrl + Enter → [B3:B8] 선택 → Ctrl + C → Alt + E, S, V, Enter 로 《값》만 붙이기

UNIT 04 병합 셀 범위에 같은 값 넣기

기본적인 병합은 셀 범위의 맨 위 왼쪽 셀 값만 남기고 나머지 셀 값은 모두 지워진 채 병합이 됩니다. 다음의 방법을 사용하면 기존 값을 유지한 채 병합을 할 수 있습니다.

◆ 따라하기

우선 바로 이전 단원에서 배운 병합을 해제하고 동일 값을 채웁니다. [F2:F5] 범위를 병합하고, 그리고 다음을 따라합니다.

《동일》 시트의 F2 셀 선택 → 《홈》 탭 → 《클립보드》 그룹에 《서식 복사》 단추를 더블 클릭 → [B3:B5] 드래그 → [B6:B9] 드래그 → [B10:B12] 드래그 → Esc

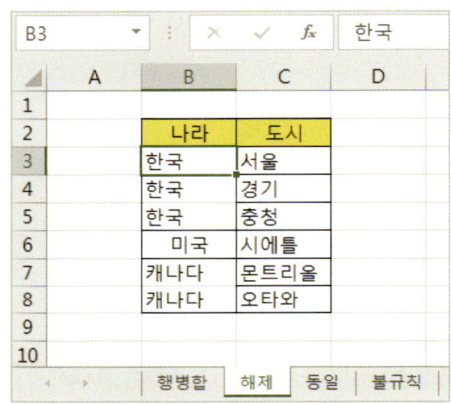

- 원리는 원본 병합 셀의 서식은 대상 셀의 서식과 일치시키고, 대상 셀 범위에서 최대 병합 셀 개수 이상의 셀 개수를 병합하고 서식만 복사하는 겁니다. 샘플에서는 《관리부》 병합 셀의 셀 개수가 4개이므로 원본 셀 4개를 병합한 것입니다. 원본 셀을 넉넉히 7개 셀을 병합해도 됩니다.

UNIT 05 불규칙 병합 셀에 일괄 수식 넣기

◆ 따라하기

《불규칙》 시트의 C6 셀에 수식 =SUM(C2:C5) 넣기 → C6 셀 선택 → Shift + → 4번 눌러 [C6:H6]을 선택하고 F2 눌러 C6 셀에 커서를 깜박이게 하고 Ctrl + Enter 로 수식만 복사 합니다.

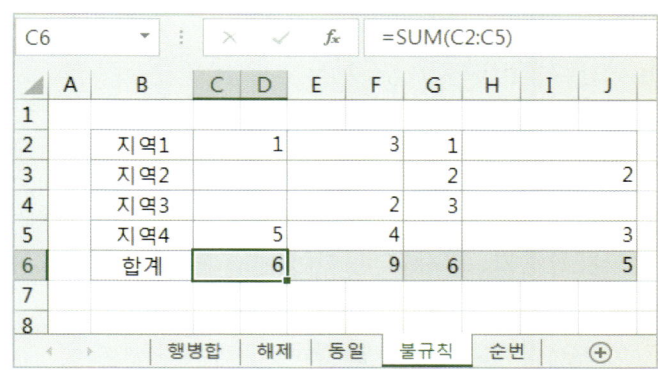

UNIT 06 병합 셀에 순번 매기기

◆ 따라하기

《순번》 시트의 B3 셀에 수식 =MAX($B$2:B2)+1 넣기 → [B3:B13] 선택 → F2 눌러 B3 셀에 커서가 깜박이게 하고 Ctrl + Enter .

CHAPTER 11 복사, 붙여넣기

UNIT 01 개요

- **위치** : 《홈》 탭 → 《클립보드》 그룹
- **개념** : 셀이나 개체를 다른 곳에 복사
- **단축키** : 복사 Ctrl + C , 붙여넣기 Ctrl + V , 잘라내기 Ctrl + X
- **다른 단축키** : 복사 Ctrl + Insert , 붙여넣기 Shift + Insert , 잘라내기 Shift + Delete

UNIT 02 일반적인 셀 복사

- 여러 셀에 복사 : 원본 셀 선택 → Ctrl + C → 대상 셀 선택 → Ctrl + V → 또 다른 대상 셀 선택 → Ctrl + V … 끝내려면 Esc
  즉, Ctrl + C 를 하면 점선이 생기고 이 점선이 사라질 때까지 여러 셀에 Ctrl + V 할 수 있습니다.
- 한 번만 복사 : 원본 셀 선택 → Ctrl + C → 대상 셀 선택 → Enter

UNIT 03 수식 셀에 값만 남기기

수식이 있는 셀에 수식은 제거하고 결과 값만 남기려면 다음과 같이 하세요

- **방법1** : 수식 셀 선택 → Ctrl + C → Alt + E , S , V → Enter → Esc
  – Alt + E , S , V 대신 Ctrl + Alt + V , V 도 있습니다.
- **방법2** : 수식한 셀만 선택 → F2 → F9 → Ctrl + Enter

UNIT 04 열 너비나 행 높이도 복사

- 한 열 전체를 복사 → 다른 한 열이나 1행의 한 셀 선택 후, 붙여넣기
- 다중 열 전체를 복사 → 다른 시작 열 선택 후, 붙여넣기
- 열 너비만 복사하려면 복사 후, Ctrl + Alt + V → 《열 너비》 체크 → 확인.
- 행 높이만 복사하려면 행 전체를 복사 후, 붙여넣기 할 수밖에 없습니다.

UNIT 05　일반 복사 후, 열 너비도 복사

- [Ctrl]+[C] → [Ctrl]+[V] 하면 일반 복사가 이뤄지고 바로 이어서 [Alt]+[E], [S], [W], [Enter]로 열 너비도 복사

UNIT 06　표시 형식 결과를 실제 값으로 복사

- 셀에 3을 넣고 [Ctrl]+[1] → 표시 형식에 《사용자 지정》→《형식》란에《G/표준"월"》을 입력하면 셀에 《3월》로 보이고, 《홈》 탭 →《클립보드》 그룹 아이콘을 눌러 왼쪽에 작업창을 띄우고 그 셀을 복사하면 그 창에 복사한 항목이 나타나고 대상 셀을 선택하고 그 항목을 클릭하면 눈에 보이는 그대로 복사되어 입력됩니다.

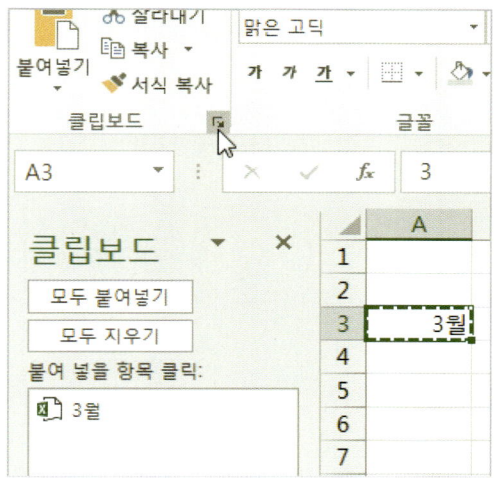

▲《클립보드》 그룹 아이콘에 마우스를 가져간 상태

UNIT 07　마우스로 복사

- 선택 셀의 외곽선을 마우스로 끌어 대상 셀에 놓으면 셀이 이동.
- [Ctrl] 누른 채 셀의 외곽선을 끌면 셀이 복사.
- 마우스 우측 버튼으로 셀의 외곽선을 끌면 팝업 메뉴가 나와서 이동이나 복사, 삽입, 값만 복사, 서식만 복사, 연결 등이 가능합니다.

TIP 엑셀2007의 붙여넣기 옵션

붙여넣기 후에 기본적으로 《붙여넣기 옵션》 단추가 생기는데, 그 단추를 눌렀을 때 나오는 메뉴 중에 두 개의 명칭은 엑셀2007에만 있으며 그것을 알아보죠.
참고로, 다음의 《대상》이란 A를 복사해서 B에 붙일 때의 B를 뜻합니다.
- 《대상 테마 사용》 : 대상 문서의 《테마》에 맞추는 것
  - 엑셀2007 이상 버전에 《붙여넣기 옵션》 기본값은 이것입니다.
  - 《테마》 메뉴 위치 : 《페이지 레이아웃》 탭 → 《테마》 그룹에 《색》이 대표적.
- 《주변 서식에 맞추기》 : 대상 셀 서식에 맞추는 것
  - 엑셀2010 이상 버전에서도 이 메뉴가 뜰 수 있는데, 외부 프로그램(예: 인터넷 익스플로러)에 자료를 엑셀에 붙여넣거나, 서로 다른 엑셀 인스턴스(새 엑셀 프로그램)간에 자료를 붙여넣을 때가 그것입니다.

UNIT 08 셀 내용 또는 수식 그대로 복사하기

- 셀의 내용을 복사하는 방법 : [F2] → [Ctrl]+[Shift]+[Home] → [Ctrl]+[C] → 대상 셀 선택 후, [Backspace] → [Ctrl]+[V]
- 이것은 셀에 내용이 여러 줄로 입력되어 있어도 정상 작동합니다.

UNIT 09 셀의 《표시 형식》만 복사하기

셀을 복사할 때 《선택하여 붙여넣기》에 《서식》은 셀 서식 전체가 들어가는데 《표시 형식》만 복사해야 하는 경우, 원본 셀에서 [Ctrl]+[1] → 《표시 형식》에 선택된 해당 《범주》를 클릭하고 《확인》 → 대상 셀 선택하고 [F4]

UNIT 10 셀의 《채우기 색》만 복사하기

셀 색만 복사해야 하는 경우, 원본 셀에서 [Ctrl]+[1] → 《채우기》에 활성 색 단추 클릭하고 《확인》 → 대상 셀 선택하고 [F4]
- 활성 색 단추가 없다면, 《다른 색》 버튼을 클릭하고 《확인》 → 《확인》 → 대상 셀 선택하고 [F4]

UNIT 11   셀의 《테두리》만 복사하기

그림과 같이 [B2:D4]의 테두리만 [B6:D10]에 적용하려면 다음과 같이 합니다.

[B2:D2] 선택하고 Ctrl+1 → 《테두리》에 《선》 박스에 선택된 선을 클릭하고 《확인》 → [B6:D6] 선택하고 F4 → [B3:D4] 선택하고 Ctrl+1 → 《테두리》에 《선》 박스에 선택된 선을 클릭하고 《확인》 → [B7:D10] 선택하고 F4

	A	B	C	D
1				
2		한국	호주	뉴질랜드
3				
4				
5				
6		입소자	급여	비급여
7		홍길동	1000	
8		갑순이		
9		이이		200
10		갑돌이	2000	
11				

UNIT 12   개체(그림, 도형 등) 복사 여부

셀 범위 복사 시, 그 안에 개체는 제외하고 복사할 수 있습니다.

- **특정 개체만 제외** : 그 개체에 마우스 우측 버튼 → 《크기 및 속성》 → 《속성》에 《변하지 않음》
- **모든 개체를 제외** : Alt+T, O로 《Excel 옵션》 창 열고 《고급》 → 《잘라내기/복사/붙여넣기》 범주에 《삽입한 개체를 상위 셀과 함께 잘라내기, 복사 및 정렬》 체크 해제

UNIT 13   인쇄 페이지 설정 복사

한 시트에 페이지 설정을 다른 시트에도 적용하려면 원본 시트 선택 → 《페이지 레이아웃》 탭 → 《페이지 설정》 그룹에 《인쇄 제목》 → 《확인》하고 대상 시트를 선택하고 F4

- 단, 《페이지 설정》 창 → 《시트》에 《인쇄 영역》, 《반복할 행》, 《반복할 열》은 복사되지 않습니다.
- 대상 시트를 여러 개 선택하고 F4 누르면 여러 시트에 일괄 적용됩니다.

CHAPTER 12 부분합

6부\부분합_원본.xlsx
6부\부분합_결과.xlsx

UNIT 01 개요

- **위치** : 《데이터》 탭 → 《윤곽선》 그룹에 《부분합》
- **개념** : 데이터에 그룹별 합계 행 생성
- **단축키** : Alt + D , B

UNIT 02 업체별 금액 소계

부분합은 기준 필드를 먼저 정렬하고 실행하는 것이 규칙입니다.

	A	B	C	D	E
1					
2		작업일자	업체명	담당	금액
3		2017-10-01	다원	김유신과장	12,100
4		2017-10-25	엠앤피	갑순이과장	4,400
5		2017-10-28	에이치앤엘	갑순이과장	3,850
6		2017-11-02	남대문물류	홍길동팀장	2,750
7		2017-11-02	남대문물류	김용록차장	110,000
8		2017-11-03	남대문물류	홍길동팀장	38,500
9		2017-11-03	다원	갑순이과장	3,190
10		2017-11-03	대성엔에스	강과장	5,060
11		2017-11-03	대성엔에스	갑순이과장	7,150
12		2017-11-03	에이치앤엘	홍길동팀장	10,230
13		2017-11-19	남대문물류	김이사	13,090
14					

◆ 따라하기

Sheet1의 [B2:E13] 선택 → 《데이터》 탭 → 《정렬 및 필터》 그룹에 《정렬》→《정렬 기준》을 《업체명》으로 하고 《확인》 → 《데이터》 탭 → 《윤곽선》 그룹에 《부분합》 → 《그룹화할 항목》은 《업체명》 → 《사용할 함수》는 《합계》 → 《부분합 계산 항목》에 《금액》 체크 → 그 아래 체크란은 기본값 그대로 두고 《확인》 → 네모 2번을 누르면 소계 행만 보이고 [B7:E18] 선택 → Alt + ; 으로 화면에 보이는 셀만 선택하고 셀 색은 노랑 → 네모 3번을 눌러 모두 펼침

	A	B	C	D	E
1					
2		작업일자	업체명	담당	금액
3		2017-11-02	남대문물류	홍길동팀장	2,750
4		2017-11-02	남대문물류	김용록차장	110,000
5		2017-11-03	남대문물류	홍길동팀장	38,500
6		2017-11-19	남대문물류	김이사	13,090
7			**남대문물류 요약**		164,340
8		2017-10-01	다원	김유신과장	12,100
9		2017-11-03	다원	갑순이과장	3,190
10			**다원 요약**		15,290
11		2017-11-03	대성엔에스	강과장	5,060
12		2017-11-03	대성엔에스	갑순이과장	7,150
13			**대성엔에스 요약**		12,210
14		2017-10-28	에이치앤엘	갑순이과장	3,850
15		2017-11-03	에이치앤엘	홍길동팀장	10,230
16			**에이치앤엘 요약**		14,080
17		2017-10-25	엠앤피	갑순이과장	4,400
18			**엠앤피 요약**		4,400
19			**총합계**		210,320
20					

UNIT 03 윤곽 지우기/보기

- 부분합 실행 후, 윤곽 지우기 : 《데이터》 탭 → 《윤곽선》 그룹에 《그룹 해제》 → 《윤곽 지우기》
- 지운 윤곽을 다시 표시하기 : 《데이터》 탭 → 《윤곽선》 그룹에 《그룹》 → 《자동 윤곽》
- 윤곽 기호를 단순히 숨기거나 보려면 Ctrl + 8

UNIT 04 담당별 이중 부분합

부분합을 처음 하고 더 세분해서 소계를 보려면 다음과 같이 합니다.

◆ **따라하기**

Sheet2 선택 → 《데이터》 탭 → 《윤곽선》 그룹에 《그룹 해제》 → 《윤곽 지우기》 → 임의의 데이터 셀 선택 → 《데이터》 탭 → 《정렬 및 필터》 그룹에 《정렬》 → 《정렬 기준》을 《업체명》 → 《기준 추가》하여 이번엔 《담당》 → 《확인》 → Alt + D , B → 《그룹화할 항목》을 《담당》으로 하고 함수는 《합계》, 계산 항목은 《금액》 → 《새로운 값으로 대치》 체크 해제 → 《확인》 → D열 너비를 조금 늘립니다.

	A	B	C	D	E
1					
2		작업일자	업체명	담당	금액
3		2017-11-02	남대문물류	김용록차장	110,000
4				**김용록차장 요약**	110,000
5		2017-11-19	남대문물류	김이사	13,090
6				**김이사 요약**	13,090
7		2017-11-02	남대문물류	홍길동팀장	2,750
8		2017-11-03	남대문물류	홍길동팀장	38,500
9				**홍길동팀장 요약**	41,250
10			**남대문물류 요약**		164,340
11		2017-11-03	다원	갑순이과장	3,190
12				**갑순이과장 요약**	3,190
13		2017-10-01	다원	김유신과장	12,100
14				**김유신과장 요약**	12,100
15			**다원 요약**		15,290
16		2017-11-03	대성엔에스	갑순이과장	7,150
17				**갑순이과장 요약**	7,150
18		2017-11-03	대성엔에스	강과장	5,060
19				**강과장 요약**	5,060
20			**대성엔에스 요약**		12,210

E9: =SUBTOTAL(9,E7:E8)

― 처음에 데이터를 미리 업체명, 담당 순으로 정렬하고 부분합 실행해도 됩니다.

UNIT 05 《부분합》 창에 몇가지

《부분합》 창 아래 쪽에 몇가지를 봅니다.
- 《그룹 사이에 페이지 나누기》 : 인쇄 시 그룹 단위로 페이지를 나누기 위한 기능
- 《데이터 아래에 요약 표시》 : 체크 해제하면 요약 행이 각 그룹 위로 올라갑니다.

UNIT 06 《부분합》 지우기

부분합이 적용된 임의의 셀 선택 → Alt + D , B → 《모두 제거》

CHAPTER 13 선택하여 붙여넣기

6부\선붙_원본.xlsx
6부\선붙_결과.xlsx
6부\선붙_테마.xlsx

셀을 복사할 때 특정 기능만으로 대상 셀에 붙여넣는 기능

UNIT 01 개요

- **위치** : 《홈》 탭 → 《클립보드》 그룹에 《붙여넣기》 세모→ 《선택하여 붙여넣기》
- 이 메뉴는 셀 복사 후에 나타나며, 마우스 우측 버튼에 팝업 메뉴에도 있습니다
- **개념** : 셀 복사 후에 특정 기능으로 붙여넣기
- **단축키** : Ctrl + Alt + V 또는 Alt + E , S

UNIT 02 원리

셀을 복사 후, 대상 셀(불연속 셀 포함)에 《선택하여 붙여넣기》 창에 여러 설정 중 특정 설정만 붙여넣기

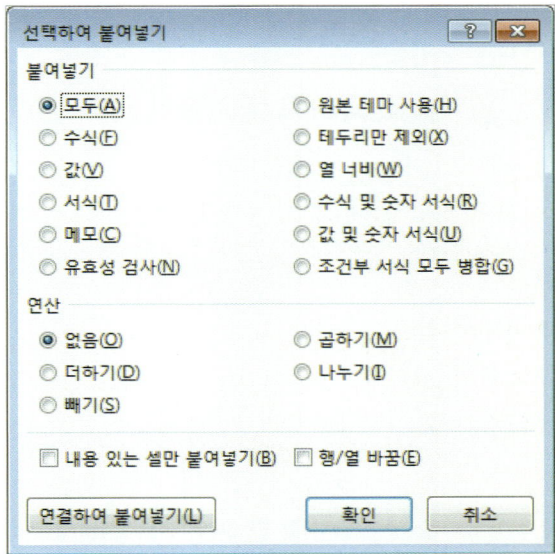

UNIT 03 선택하여 붙여넣기 창에 《모두》

복사한 셀을 대상 셀에 일반적인 붙여넣기 기능으로서 단축키는 Ctrl + V

UNIT 04 선택하여 붙여넣기 창에 《수식》

복사한 셀을 대상 셀에 수식만 복사

◆ **따라하기**

Sheet1의 A4 셀 복사 → [A9:A10] 선택 → Alt + E , S → 《수식》 → 《확인》

	A	B	C	D	E	F	G	H
1								5%
2	구분	품명	규격	매입가	할인율	특별가		
3	W2	소품	100X150	13000	88.0%	11,440	12.00%	13000
4	W2	사이드	63X25	10000	77.3%	7,730	22.70%	10000
5	W2	큰베이스	80x45x250	6000	33.0%	1,980	67.00%	6000
6	W2	라임	40X500ST	12000	0.0%	-		12000
7	W2	바질	50X300	13000	0.0%	-		13000
8	UIP	장식CD	50X380ST	9000	40.5%	3,645	59.50%	9000
9	UIP	베이스	40X1000	15000	80.2%	12,030	19.80%	15000
10	UIP	CRYSTAL	63X75로드	9000	0.0%	-		9000

- **단축키 법** : A4 셀 Ctrl + C → [A9:A10] 선택 → Alt + E , S , F → Enter
- 이 《수식》 복사는 원본 셀 내용이 수식이 아니라 값일 때는 값이 복사됩니다.

UNIT 05 선택하여 붙여넣기 창에 《값》

복사한 셀을 대상 셀에 값만 복사
- 현재 H열에는 일반 셀 서식과 조건부 서식 등이 있지만 서식은 그대로 두고 F열에 값만 복사하려고 합니다.

◆ **따라하기**

Sheet1의 [F3:F10] 복사 → H3 셀 선택 → Alt + E , S → 《값》 → Enter
- **단축키 법** : [F3:F10]을 Ctrl + C → H3 셀에서 Alt + E , S , V → Enter

UNIT 06 선택하여 붙여넣기 창에 《서식》

복사한 셀을 대상 셀에 셀 서식과 조건부 서식 복사

◆ **따라하기**

Sheet1의 A7 셀 복사 → [A9:A10] 선택 → Alt + E , S →《서식》→ Enter
- **단축키 법** : 원본을 Ctrl + C → [A9:A10]에서 Alt + E , S , T → Enter

UNIT 07 선택하여 붙여넣기 창에 《메모》

복사한 셀을 대상 셀에 메모만 복사

◆ **따라하기**

Sheet1의 A3 셀 복사 → A8 셀 선택 → Alt + E , S →《메모》→ Enter

UNIT 08 선택하여 붙여넣기 창에 《유효성 검사》

복사한 셀을 대상 셀에《데이터 유효성 검사》기능만 복사
- D3 셀에는《데이터》탭 →《데이터 도구》그룹에《데이터 유효성 검사》로 5000 이상 15000 이하의 값만 입력할 수 있도록 설정이 되어있는데, [D4:D10]에도 동일 적용하고자 합니다.

◆ **따라하기**

Sheet1의 D3 셀 복사 → [D4:D10] 선택 → Alt + E , S →《유효성 검사》→ Enter
- **다른 방법** : [D3:D10] 선택 → Alt + D , L → Enter → Enter
즉, Alt + D , L 로《데이터 유효성》창을 띄우려고 하면 다른 셀에도 적용하겠냐는 메시지 창이 뜨고《예》→《확인》하여 선택 범위에 모두 데이터 유효성 검사 기능을 적용시킬 수 있습니다.

UNIT 09 선택하여 붙여넣기 창에 《원본 테마 사용》

선택하여 붙여넣기 창에《모두》에 더불어 복사 원본 셀의《테마》까지 복사
- C3 셀의 셀 색은 엑셀2010 이하 버전의 테마 색 우측 상단의 주황인데《선택하여붙여넣기_테마》파일에 녹색 A1 셀을 일반적으로 복사해서 이 셀(C3)에 붙이면 녹색이 들어 가지 않고 주황으로 그대로 들어가는데 이것을 녹색으로 넣기 위합니다.

◆ **따라하기**

《선택하여붙여넣기_테마》파일 열고 A1 셀 복사 →《선택하여붙여넣기》파일의 Sheet1에 C3 셀 선택 → Alt + E , S →《원본 테마 사용》→ Enter

UNIT 10 선택하여 붙여넣기 창에 《테두리만 제외》

복사 원본 셀의 셀 서식 중에《테두리》만 빼고 모두 복사

◆ **따라하기**

Sheet1의 [A2:F10] 복사 → Sheet2의 B2 셀 선택 → `Alt` + `E`, `S` → 《테두리만 제외》 → `Enter`

UNIT 11 선택하여 붙여넣기 창에 《열 너비》

복사 원본 셀의 열 너비만 복사

◆ **따라하기**

Sheet1의 [A2:F10] 복사 → Sheet2의 B2 셀 선택 → `Alt` + `E`, `S` → 《열 너비》 → `Enter`
– 단축키 법 : 원본을 `Ctrl` + `C` → Sheet2의 B2 셀에서 `Alt` + `E`, `S`, `W` → `Enter`

UNIT 12 선택하여 붙여넣기 창에 《수식 및 숫자 서식》

복사 원본 셀의 수식과 셀 서식에 표시 형식만 복사
- Sheet1의 F5 셀에 수식과 표시 형식이 쉼표(,) 스타일인데 이 두 가지만 복사하려고 합니다.

◆ **따라하기**

Sheet1의 F5 셀 복사 → [F6:F7] 선택 → `Alt` + `E`, `S` → 《수식 및 숫자 서식》 → `Enter`

UNIT 13 선택하여 붙여넣기 창에 《값 및 숫자 서식》

복사 원본 셀의 값과 셀 서식에 표시 형식만 복사
– 바로 전에 배운 《수식 및 숫자 서식》과 다른 것은 《수식》 대신 《값》이라는 것. 즉 원본 셀에 수식은 빼고 결과 값과 표시 형식을 복사.

UNIT 14 선택하여 붙여넣기 창에 《조건부 서식 모두 병합》

선택하여 붙여넣기 창에 《모두》에 더불어 복사 원본 셀의 조건부 서식을 대상 셀의 조건부 서식에 더합니다.
- Sheet1의 [H3:H10]에는 조건부 서식이 있는데 [D3:D10]에 조건부 서식을 더 추가하려고 합니다.

◆ **따라하기**

Sheet1의 [D3:D10] 복사 → H3 셀 선택 → `Alt` + `E`, `S` → 《조건부 서식 모두 병합》 → `Enter`
– [H3:H10] 선택하고 `Alt` + `O`, `D` 로 해보면 조건부 서식이 두 개가 생긴 것을 확인할 수 있습니다.

UNIT 15　선택하여 붙여넣기 창에 《빼기》

이 《빼기》는 연산 범주에 있는데 더하기, 곱하기, 나누기와 같은 방식으로 사용됩니다.
- E열에 0%를 초과하는 셀만 5%로씩 빼려고 합니다.

◆ 따라하기

Sheet1의 H1 셀 복사 → [G3:G5] 선택하고 Ctrl 누른 채 [G8:G9]을 선택하여 [G3:G5, G8:G9] 선택 → Alt + E , S →《빼기》→《값》→ Enter
− 여기서 《값》을 선택하는 것은 값만 복사하여 빼기 위합니다.

UNIT 16　선택하여 붙여넣기 창에 《내용이 있는 셀만 붙여넣기》

이것은 원본 셀 범위에 빈 셀을 제외한 셀만 복사하는 기능
- G열에 값이 있는 셀만 E열에 복사하려고 합니다.

◆ 따라하기

Sheet1의 [G3:G10] 복사 → E3 셀 선택 → Alt + E , S →《내용이 있는 셀만 붙여넣기》→ Enter
− 그러면 빈 셀 G6, G7, G10은 제외하고 나머지만 복사 됩니다.

UNIT 17　선택하여 붙여넣기 창에 《행/열 바꿈》

이것은 원본 셀 범위의 행렬 구조를 반대로 하여 복사하는 기능

◆ 따라하기

Sheet1의 [A2:F2] 복사 → A12 셀 선택 → Alt + E , S →《행/열 바꿈》→ Enter
− 결과는 2행 데이터가 A열에 복사됩니다.

UNIT 18　선택하여 붙여넣기 창에 《연결하여 붙여넣기》

이것은 대상 셀에 원본 셀을 연결한 수식이 들어갑니다.

◆ 따라하기

Sheet1의 [A2:F2] 복사 → A12 셀 선택 → Alt + E , S →《연결하여 붙여넣기》→ Enter
− 그러면 원본 셀 값이 바뀔 때 자동으로 대상 셀 값도 동기화. 즉, 같이 바뀜.

CHAPTER 14 셀 선택

6부\셀선택.xlsx

엑셀 업무의 시작은 대부분 셀 선택이며, 이것이 자유롭고 빨라야 효율적인 업무가 이뤄지므로 매우 중요합니다.

UNIT 01 Ctrl, Shift, Ctrl + Shift 와 함께하는 〈화살표〉 키

- Ctrl 과 Shift 키는 조합키로서 이 키를 누른 채 다른 키를 눌러서 함께 사용합니다.
- Ctrl +〈화살표〉: 해당 화살표 방향으로 최초의 빈 셀 바로 전 셀을 선택.
- Shift +〈화살표〉: 선택 셀로부터 해당 화살표 방향으로 연속 셀을 선택.
- Ctrl + Shift +〈화살표〉: 해당 화살표 방향으로 한 번에 빈 셀이 나오기 전까지 연속 셀을 선택. 그 기준 셀은 활성 셀.

◆ **따라하기 1**

Sheet1의 A2 셀 선택 → Ctrl + Shift + → → Ctrl + Shift + ↓ 하면 [A2:E9] 범위를 선택합니다.

◆ **따라하기 2**

Sheet1의 E2 셀 선택 → Ctrl + Shift + ← → Ctrl + Shift + ↓ 3번 하면 [A2:E9] 범위를 선택합니다.

UNIT 02 셀 선택 관련 필수 단축키

- Ctrl + A : 인접 데이터 범위 모두 선택
  표에 한 셀 선택하고 이 키를 누르면 인접 데이터 전체를 연속으로 선택합니다.
- Sheet1의 B10 셀에 《a》입력 → B9 셀 선택 → Ctrl + A 하면 [A1:E10]을 선택합니다.
- F10 셀에 《b》입력 → F5 셀 선택 → Ctrl + A 하면 [A1:F10]을 선택 합니다.
- **마우스 법** : 《홈》탭 →《편집》그룹에《찾기 및 선택》→《이동 옵션》→《현재 셀이 있는 영역》
- Home : A열의 같은 행 셀 선택

- 시트에《틀 고정》세로 선이 있다면 그 선의 우측 셀을 선택.
- ⌈Ctrl⌉+⌈Home⌉ : A1 셀 선택
- 시트가《틀 고정》상태라면 그 세로 선의 우측 셀, 가로 선의 아래 셀을 선택.
- **행 선택** : ⌈Shift⌉+⌈Spacebar⌉
- 셀을 여러 개, 예컨대 [C1:C3]을 선택하고 실행하면 1~3행이 선택됩니다.
- **열 선택** : ⌈Ctrl⌉+⌈Spacebar⌉

UNIT 03 셀 범위 선택 상태에서 활성 셀

- ⌈Tab⌉을 치면 활성 셀이 우측으로, ⌈Shift⌉+⌈Tab⌉은 좌측으로 이동.
- ⌈Enter⌉를 치면 활성 셀이 아래로, ⌈Shift⌉+⌈Enter⌉는 위로 이동.
- ⌈Shift⌉+⌈Backspace⌉는 활성 셀만 선택
- ⌈Ctrl⌉+⌈.⌉은 양 끝에 꼭짓점으로 활성 셀 이동.
- 이것은 선택 셀 범위를 확인할 때 매우 유용하므로 필수 암기.

UNIT 04 불연속 셀 범위 선택

- **마우스 법** : 첫 셀 또는 범위를 선택 → ⌈Ctrl⌉ 누른 채 다른 셀 클릭
- **키보드만으로 [A3, A5, A7:A9] 셀 선택 법** : A3 셀 선택 → ⌈Shift⌉+⌈F8⌉ → A5 셀 선택 → ⌈Esc⌉ → ⌈Shift⌉+⌈F8⌉ → A7 셀 선택→ ⌈Shift⌉+⌈↓⌉ → ⌈Esc⌉
- 엑셀 하단 좌측의《상태 표시줄》을 보면서 하세요. 마지막에 ⌈Shift⌉+⌈↓⌉ 대신 ⌈F8⌉ , ⌈↓⌉도 가능합니다.
- **마우스와 키보드 법** : [A2:A9,C2:C9] 선택하려면 [A2:A9] 선택 → ⌈Ctrl⌉ 누른 채 C2 셀 선택 → ⌈Shift⌉ 누른 채, ⌈↓⌉을 C9 셀까지 누르고 있기

UNIT 05 표 안에서 셀 선택 (매우 중요)

시험할 시트 : Sheet1

- E9 셀 선택법
- **방법1** : D2 셀 선택 → ⌈Ctrl⌉+⌈↓⌉ → ⌈→⌉
- **방법2** : E2 셀 선택 → ⌈Ctrl⌉+⌈↓⌉ 3번
- **방법3** : E2 셀 선택 → ⌈End⌉ → ⌈↓⌉ → ⌈End⌉ → ⌈↓⌉ → ⌈End⌉ → ⌈↓⌉
  ⌈End⌉를 누르면《상태 표시줄》에《끝 모드》로 나옵니다.
- **방법4** : E2 셀의 아래 선 더블 클릭 → E5 셀의 아래 선 더블 클릭 → E7 셀의 아래 선 더블 클릭

- [E2:E9] 선택법
  - **방법1** : D2 셀 선택 → Ctrl+Shift+↓ → Ctrl+C → E2 셀 선택 → Enter → Ctrl+Z → Esc (값이 모두 채워진 열을 복사 후, 대상 셀에 적용하고 되돌리는 것이 아이디어)
  - **방법2** : D9 셀 선택 → Ctrl+Shift+↑ → Shift+↓ → Ctrl+C → Ctrl+. → → → Enter → Ctrl+Z → Esc
- **응용** : F열에 수식 채우기

  우선 F2 셀에 =RANDBETWEEN(1,9) 입력하여 1부터 9사이의 무작위 정수를 생성합니다.
  - **방법1** : D2 셀 선택 → Ctrl+↓ → →+2번 → Ctrl+Shift+↑ → Ctrl+D
  - **방법2** : D2 셀 선택 → Ctrl+Shift+↓ → Ctrl+C → F2 셀 선택 → Enter → Ctrl+Z → Ctrl+D
- [A2:E9] 선택법

  표 안에 아무 셀에서 Ctrl+A 로 표 전체 선택 → Ctrl 을 누른 채 점(.)을 몇 번 눌러 E9 셀 활성화 → Shift+↓

UNIT 06 단순 참조 셀 선택

예컨대 Sheet1의 A2셀에 수식이 =Sheet2!F3 일 때, A2 셀에서 Ctrl+[를 누르면 Sheet2의 F3 셀을 선택하고 다시 돌아오려면 Ctrl+G → Enter 치면 됩니다.

UNIT 07 아래로 300개 셀 범위 선택

F5 → 시작 셀 주소가 D3 이라면 《참조》란에 =offset(d3,,,300) → Enter
- 옆으로는 =offset(d3,,,,300)

UNIT 08 옆으로 페이지 단위로 셀 범위 선택

첫 범위 선택 → Alt+Shift+PageDown
- 아래로 셀 범위를 연속 선택하려면 Shift+PageDown

UNIT 09 《찾기》로 《0》 값 셀을 모두 선택

Sheet2의 B2 셀 선택 → Ctrl+Shift+↓ → Ctrl+Shift+→ 로 노란 셀 범위 선택 → Ctrl+F → 《0》 입력 → 《옵션》 → 《전체 셀 내용 일치》 체크 → 《모두 찾기》 → Shift+End 로 모두 선택 → Esc → 《홈》 탭 → 《글꼴》 그룹에 《글꼴 색》 단추 클릭으로 적색 글꼴화.
- **응용** : 수식 채우기

  B6 셀에 =B4−B$3 입력하고 Enter → B6 셀 선택 → Ctrl+Shift+→ → Ctrl+Shift+↓ → Ctrl+D → Ctrl+R

CHAPTER 15 셀 입력

6부\셀입력.xlsx

셀에 값을 넣는 것에 대해 살펴봅니다.

UNIT 01 개요
- **위치** : 없습니다.
- **개념** : 실제 값은 그대로 두고 표시만 변형
- **단축키** : 많습니다.

UNIT 02 데이터 형식별 셀 상에 위치

빈 셀에 글자를 입력하면 다음과 같습니다.
- **숫자** : 셀 우측에 붙음 (날짜, 시간 등도 숫자)
- **문자** : 셀 좌측에 붙습니다.

UNIT 03 셀 값 수정/지우기

- 셀 값을 수정하는 세 가지 방법
  - **방법1** : F2 → 〈화살표〉 키로 커서를 이동하여 수정
  - **방법2** : 셀을 더블 클릭하여 수정

    방법1 또는 2가 안된다면 Alt + T , O 로 《Excel 옵션》창을 열고 《고급》 → 《편집 옵션》 범주에 《셀에서 직접 편집 허용》 체크 상태를 확인합니다.
  - **방법3** : 셀 선택 → 《수식 입력줄》 클릭하여 수정

- 셀 값을 지우는 세 가지 방법
  - **방법1** : 셀 선택하고 Delete
  - **방법2** : 셀 선택하고 마우스 우측 버튼 → 내용 지우기
  - **방법3** : 《홈》 탭 → 《편집》 그룹에 《지우기》 → 《내용 지우기》

- 셀을 완전히 지우는 방법
- 《홈》 탭 → 《편집》 그룹에 《지우기》 → 《모두 지우기》
- 단축키 : Alt + E, A, A

UNIT 04 소수 입력

예컨대 0.7 입력 시, 0을 생략하고 《.7》을 입력하면 자동으로 0이 붙어서 표시됩니다.

UNIT 05 백분율(%) 입력

예컨대 70% 입력 시, 처음에만 %를 입력하고 이후로는 숫자만 입력하면 자동으로 %가 붙어서 들어갑니다.
- 셀 범위를 선택하고 《홈》 탭 → 《표시 형식》 그룹에 % 단추를 누른 뒤 입력하면 처음부터 숫자만 입력하면 됩니다.

UNIT 06 문자 입력

숫자가 아닌 글자는 모두 문자고 셀에 입력한 그대로 들어갑니다.

UNIT 07 논리 값 입력

논리 값은 TRUE 또는 FALSE이며, 소문자로 입력해도 대문자로 자동 변환되며 셀의 가운데에 위치합니다.

UNIT 08 오류 값 입력

오류 값은 수식 결과값의 오류로 표시되는 글자.

오류 값 : #NULL!, #DIV/0!, #VALUE!, #REF!, #NAME?, #NUM!, #N/A

- 셀에 이 값을 입력할 수 있습니다. 예컨대 《#n/a》 입력하고 Enter 치면 대문자로 바뀌면서 셀의 가운데에 위치합니다.

UNIT 09 숫자와 문자 입력 후, Spacebar

숫자를 입력하고 끝에 Spacebar 를 쳐서 공백문자를 입력해도 자동으로 지우고 입력이 완료되지만, 문자는 입력한 대로 들어가므로 습관적으로 문자 끝이나 앞에 이 키를 친다면 즉시 고쳐야 합니다.

- 실무에서 문자 앞이나 끝에 이 공백문자 때문에 큰 문제가 발생하곤 합니다. 특히 끝에 있는 공백문자는 육안으로 식별하기 어렵습니다.
- 공백문자 식별법 : 그 셀에서 F2 키를 쳤을 때 커서 앞에 공백이 있으면 공백문자가 입력된 것입니다.

UNIT 10 큰 정수, 입력한대로 표시

큰 숫자 입력 시 1.11111E+11 이런 식으로 보이는데 그대로 표시하려면 셀에 Ctrl + 1 → 《사용자 지정》 → 우측에 《0》을 선택하고 《확인》
- 단, 15자리를 넘는 정수는 16째 자리부터는 모두 0으로 바뀝니다.

UNIT 11 매우 큰 수나 작은 수에서 0을 쉽게 입력하기

예컨대 3억을 입력하려면 《3》 입력하고 《0》을 8개 입력해야 합니다.
셀에 《3e8》 하고 Ctrl + Enter → Ctrl + Shift + ~ 입력하면 쉽게 입력됩니다.
매우 작은 수도 《3e-5》로 입력하고 Ctrl + Shift + ~ 누르면 0.00003으로 입력됩니다.

UNIT 12 오늘 날짜 입력

- Ctrl + ; 을 입력하고, 표시 형식은 Ctrl + 1 로 확인하세요.
- 이 날짜는 윈도우의 현재 날짜를 뜻합니다.
- 연은 끝에 두 자리, 월일은 해당 숫자를 하이픈(-)이나 빗금(/)을 구분자로 입력.
  예) 17-3-15 입력하면 2017-03-15로 표시됩니다.
- 연은 빼고 입력하면 현재 연도로 자동 입력됩니다.
- 구분자를 점(.)으로 입력하면 날짜가 아니라 일반 문자로 인식합니다.
- 연은 29까지만 2000년대로 인식하고 30부터는 1900년대로 인식합니다. 예컨대 30-11-1을 입력하면 1930-11-01로 입력됩니다. 2030년을 입력하려면 네 자리를 모두 입력하면 되겠죠.
- 날짜는 실제로는 정수 값이므로 Ctrl + Shift + ~ 을 누르면 4만대의 숫자로 나옵니다. 1900년1월1일이 1이며 1900년1월2일은 2가 됩니다.

UNIT 13 현재 시간 입력

- Ctrl + Shift + ; 을 입력하고, 표시 형식은 Ctrl + 1 로 확인하세요.
- 이 날짜는 윈도우의 현재 시간을 뜻합니다.

- 시분초를 24시간제로 두 자리씩 쌍점(:)을 구분자로 입력
  예) 15:20:30
- 시분만 입력하면 0초로 인식.
- 시간은 실제로는 소수 값이므로 Ctrl + Shift + ~ 을 누르면 1 미만의 숫자로 나옵니다. 낮 12시는 0.5이며, 18시는 0.75, 새벽 1시는 숫자로 24분의 1이 됩니다.

UNIT 14 현재 일시 입력

◆ **따라하기**

임의의 셀에 Ctrl + ; → 공백문자 → Ctrl + Shift + ;
- 입력 완료하면 날짜와 시간 사이에 공백문자가 두 개 생김

UNIT 15 날짜와 요일 입력

한 셀에 날짜와 요일을 입력하면 문자로 인식하므로 요일은 표시 형식에서 표현하는 것이 좋습니다.
- **방법** : 날짜 셀에 Ctrl + 1 → 《사용자 지정》에 《형식》에 《yyyy-mm-dd aaa》 입력
- 영어 요일은 《aaa》 대신 《ddd》를 하면 됩니다. a를 하나 더 입력하면 《요일》까지 표시됨.

UNIT 16 숫자 데이터를 문자처럼 입력한 그대로 표시

- 숫자의 시작글자가 0이면 0은 사라지는데 맨 앞에 작은따옴표(')를 입력하고 입력하면 사라지지 않지만 문자(텍스트)로 인식합니다.
- 숫자 사이에 빗금(/)이나 하이픈(-)을 넣으면 날짜로 인식되는데, 맨 앞에 작은따옴표(')를 입력하고 입력하면 문자로 인식되고 입력한 그대로 들어갑니다.
- 이렇게 맨 앞에 작은따옴표(')를 넣고 입력하면 무슨 문자든 그대로 입력할 수 있고 자료 형식은 문자가 됩니다.

UNIT 17 비스듬히 입력

긴 글자를 옆으로 입력하면 너비가 길어지므로 비스듬히 보이도록 해봅니다. 즉 정확히는 입력이 아니라 그렇게 보이게 하는 것이죠.

◆ **따라하기**

《각도》 시트의 [B1:F1] 선택 → 《홈》 탭 → 《맞춤》 그룹에 《방향》 단추 → 《시계 방향 각도》

― 다시 《시계 방향 각도》를 누르면 원래대로 돌아옵니다.

UNIT 18 한자 입력

• 셀에 값을 입력하고 커서가 깜박일 때 [한자] 키 누름

◆ 따라하기

A1 셀에 《風樹之嘆》을 입력 → A1 셀 선택 → [F2] → [한자] 키를 누르면 《한글/한자 변환》 창이 뜨고 《풍수지탄》이란 한글로 나옵니다.

― 셀의 원하는 부분만 한자로 보려면 셀에서 [F2] 누르고 해당 내용을 [Shift]+〈화살표〉 키로 선택하고 [한자] 키를 누름.
― **풍수지탄(風樹之嘆)** : 부모가 돌아가신 뒤에 효도를 다하지 못함을 슬퍼합니다.
― **樹欲靜而風不止 子欲養而親不待 (수욕정이풍부지 자욕양이친부대)** : 나무는 고요하려 하나 바람이 그치지 않고, 자식은 봉양하려 하나 부모는 기다리지 않노라.
• 셀 범위를 선택 →《검토》탭 →《언어》(엑셀2007은《언어 교정》) 그룹에《한글/한자 변환》하면 한 셀씩 변환 시킬 수 있습니다.
― 이 기능은 [Ctrl]+[Z]가 작동하지 않습니다.

UNIT 19 기호 입력

자음 입력하고 커서가 깜박일 때 [한자] 키 입력 → [Tab]
예)《ㅁ》입력하고 [한자] 키 입력 → [Tab]
― 이렇게 안 나온다면 윈도우 시작 단추 →《ctfmon》입력 후, [Enter]

- **다른 방법** : 《삽입》 탭 → 《기호》(엑셀2007은 《텍스트》) 그룹에 《기호》.

UNIT 20 윗주 문자 입력

텍스트형 내용이 있는 셀을 선택하고 《홈》 탭 → 《글꼴》 그룹에 《내천》 단추 → 《윗주 편집》을 누르면 글자 위에 주석을 달 수 있습니다.
- 빈 셀이나 숫자형 자료에는 윗주를 달 수 없습니다.
- 윗주가 있는 셀에 마우스 우측 버튼 → 《윗주 필드 표시》를 누르면 윗주가 보이고 다시 누르면 윗주가 사라집니다.
- 이 윗주는 셀에 Ctrl + 1 → 《글꼴》 탭에 《위 첨자》와는 다름.
- 윗주를 참조할 수 있는 함수는 《PHONETIC》 함수.

UNIT 21 원문자 또는 원숫자 입력

원문자 중 원숫자는 기호에서 15까지만 지원합니다.
- **원숫자 입력법** : 《ㅇ》 입력 후 〈한자〉키 입력 → Tab
  15 이상의 원숫자를 입력하려면 저희 카페에서 폰트를 다운로드 하세요. http://cafe.naver.com/xlwhy/479

UNIT 22 줄 바꿔 입력

셀에 내용을 입력하고 Alt + Enter 를 누르면 한 줄이 추가됩니다. 즉 이 키로 줄 바꿈 문자를 입력할 수 있으므로 한 셀에 여러 줄로 내용을 넣을 수 있습니다.
- 이 키 입력 없이 입력하고 줄 바꿔 보려면 《홈》 탭 → 《맞춤》 그룹에 《텍스트 줄 바꿈》하면 행/열의 크기에 따라 자동으로 줄 바꿈 되어 표시됩니다.

UNIT 23 목록에서 선택

데이터의 문자 필드 셀에서 마우스 우측 버튼 → 《드롭다운 목록에서 선택》을 누르면 그 필드에 입력된 고유 항목을 목록에 보여주고 선택 입력이 가능합니다.
- **단축키** : Alt + ↓

◆ **따라하기**

《자동》 시트의 B16 셀 선택 → Alt + ↓

- 필드에 입력된 항목을 알고 싶을 때에도 사용합니다. 즉, [B1:B16] 범위 중 한 셀에서 이 단축키를 누르면 고유 항목을 볼 수 있습니다.

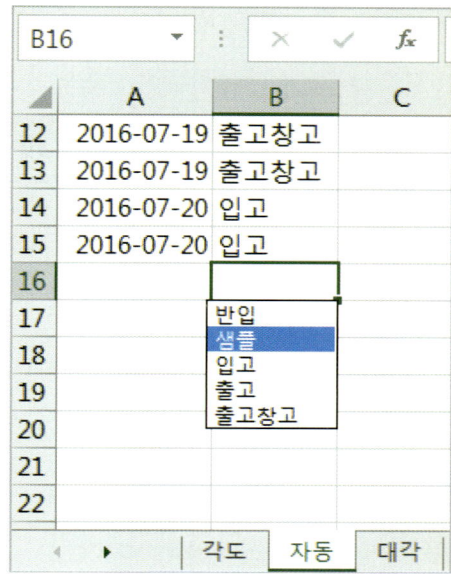

UNIT 24 입력 시 자동 완성

《자동》 시트의 B16 셀 선택 →《입》만 입력하면《입고》가 자동으로 나옵니다. 그 셀에《출》을 입력하면《출고》가 나오지 않습니다. 이유는《출고창고》 때문이며《출고창》까지 입력해야《출고창고》가 나옵니다.

- 이것은 Alt + T , O 로《Excel 옵션》창을 열고《고급》→《편집 옵션》범주에《셀 내용을 자동 완성》체크로 인해 가능한 것입니다.
- 자동 입력 상태를 취소하려면 자동으로 표시될 때 Delete 를 누르면 자동으로 나온 글자가 모두 지워집니다.

UNIT 25 1 입력 시 1000 자동 입력시키기

매우 크거나 매우 작은 수를 쉽게 입력할 수 있습니다.

◆ **따라하기**

Alt + T , O 로《Excel 옵션》창 열고《고급》→《편집 옵션》범주에《소수점 자동 삽입》체크 →《소수점 위치》에《-3》→《확인》

- 이렇게 설정하고 숫자 20을 입력하면 20000으로 자동 입력되며,《Excel 옵션》창의《소수점 위치》를《3》으로 하면 반대로 1 입력 시 0.001로 들어갑니다.
- 이 설정은 이후에 입력하는 모든 통합 문서에 적용되므로 주의하세요.

UNIT 26 대각선(사선) 입력

이것은 셀 서식에 《테두리》를 이용합니다.

◆ 따라하기

《대각》 시트의 A1 셀 선택 → Ctrl + 1 → 《테두리》 탭에 왼쪽 위에서 시작하는 대각선 단추 클릭 → 《확인》 → 《월》 → Alt + Enter → 《분류》 → 《월》 앞에 커서를 두고 Spacebar 를 계속 누름

- 《테두리》 탭에서 왼쪽 위에서 시작하는 대각선 단축키 : Alt + D
- 오른쪽 위에서 시작하는 대각선 단축키 : Alt + U

UNIT 27 수학식 입력 (엑셀2010 이상)

복잡한 수학식을 입력하려면 《삽입》 탭 → 《기호》 그룹에 《수식》
- 이것은 일반 텍스트가 아닌 개체로 인식합니다.

UNIT 28 수식 입력 (곱하기 포함)

엑셀의 꽃인 함수 등을 입력하는 순서
수식의 시작 글자는 《=》이고 셀을 선택하여 참조하거나 함수명을 입력합니다.
4 곱하기 3과 SUM 함수를 입력해보죠.

◆ 따라하기

《수식》 시트 선택 → A1 셀 선택 → 《=4 * 3》 → Enter
A2 셀 선택 → 《=》 → → → 《*》 → → 두 번 → Enter
A3 셀 선택 → 《=》 → 《su》까지 입력하면 함수 목록이 뜨고 ↓ 두 번 → Tab 으로 함수명과 열린 괄호 자동 입력 → → → Shift + → → Enter 로 함수 끝에 닫힌 괄호도 자동 입력
- 함수 목록이 안 뜬다면 Alt + T , O 로 《Excel 옵션》 창을 열고 《수식》 → 《수식 작업》 범주에 《수식 자동 완성 사용》 체크

UNIT 29 배열 수식 입력

배열 수식은 간단히 배열식이라고도 하는데 일반 수식의 한계를 극복하는 수식이며, 수식을 넣고 커서가 깜박일 때 [Ctrl] +[Shift]+[Enter]로 입력을 완료하면 수식 앞뒤로 중괄호가 생기면서 입력됩니다. 이 중괄호는 실제로 입력하는 것은 아니고 눈에만 보입니다.

▲ A4 셀에 배열식

UNIT 30 수식 셀에 값만 남기기

수식 셀에 수식은 없애고 결과 값만 남기기

- 방법 : [F2] → [F9] → [Enter]
- 셀 범위라면 셀 범위를 [Ctrl]+[C] → [Ctrl]+[Alt]+[V] →《값》→《확인》

UNIT 31 셀 범위의 값을 일괄 100으로 나누기

《일괄》시트의 [A1:A3]는 쉼표(,) 표시 형식이고 C1 셀은 일반 표시 형식이 있습니다.

◆ 따라하기

《일괄》시트의 C1 셀 선택 → [Ctrl]+[C] → [A1:A3] 선택 → [Ctrl]+[Alt]+[V]로《선택하여 붙여넣기》창을 띄우고《나누기》→《확인》

- 결과는 천 단위 구분 쉼표(,) 없이 붙여지므로《선택하여 붙여넣기》창에서《값》도 선택하여 실행하면 서식은 무시하고 나눠집니다.

UNIT 32 무작위(랜덤) 수 입력

이것은 함수를 이용해야 합니다.

◆ 따라하기

《랜덤》시트의 A1 셀 선택 → =RANDBETWEEN(1,9) 입력 → A5 셀까지 채우기 핸들 끌기
- [F9]를 누를 때마다 랜덤하게 1에서 9사이의 정수가 들어갑니다.

UNIT 33 여러 셀에 한 번에 입력 Ctrl + Enter

동일 값을 여러 셀에 입력하는 방법이 있습니다.

◆ 따라하기

《CE》시트의 [A1:C2] 선택 → 《3》 입력 후에 커서가 깜박일 때 Ctrl + Enter
- **또 다른 방법** : [A1:C2] 범위의 임의의 셀(예: B1 셀)에 3을 입력하고 범위를 선택 → B1 셀을 활성화 → F2 → Ctrl + Enter
- **의미** : 활성화는 범위 선택 상태에서 Enter 나 Tab 을 치면 되며, 그 활성 셀에 커서를 깜박이게 하고 Ctrl + Enter 를 치면 활성 셀 값만 나머지 선택 범위에 복사가 되는 것입니다.
- **수식 복사** : 수식만 복사하는 것도 이 단축키로 가능합니다.

◆ 따라하기

《CE》시트의 [B4:B6] 선택 → B4 셀을 활성화 → =A4 수식 입력 후에 커서가 깜박일 때 Ctrl + Enter

이렇게 하면 상대 주소 A4가 복사되면서 나머지 B5, B6 셀에 복사됩니다.

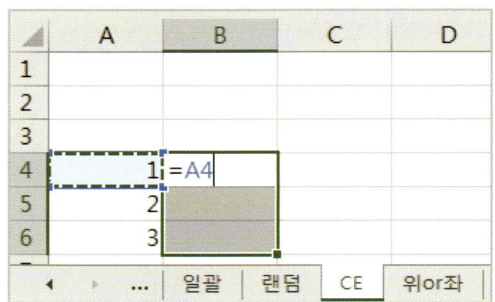

UNIT 34 위 또는 왼쪽 셀을 입력 (매우 중요)

◆ 따라하기

《위or좌》시트 선택 → A2 셀 선택 → Ctrl + D
[B1:B3] 선택 → Ctrl + D
C1 셀 선택 → Ctrl + R
[B1:D1] 선택 → Ctrl + R

- **의미** : Ctrl + D 에 D는 Down의 약자로 선택범위의 맨 위에 셀을 복사하는 것이며, 한 셀만 선택하고 누르면 바로 위에 셀을 복사합니다. R은 Right의 약자. 활성 셀은 무의미 합니다.
- 거꾸로 아래 셀이나 우측 셀을 복사하려면 단축키가 없으므로 《홈》 탭 → 《편집》 그룹에 《채우기》 → 《위쪽》 이나 《왼쪽》을 클릭합니다.
- 위에 셀 값이나 수식을 똑같이 넣기

◆ **따라하기**

《위or좌》 시트 선택 → A6 셀 선택 → [Ctrl]+[']
B6 셀 선택 → [Ctrl]+[']
- 위에 셀의 결과 값만 복사하려면 [Ctrl]+[Shift]+[']

UNIT 35 한/영 자동 고침 해제

키보드 입력 모드가 영어인 경우를 모르고 《학생》을 입력하면 《gkrtod》로 입력되지만 [Enter]나 [Spacebar]를 누르면 《학생》으로 바뀌어 입력됩니다.

◆ **따라하기**

[Alt]+[T], [A] → 《자동 고침》 탭에 《한/영 자동 고침》 체크 해제하면 입력한 영어 또는 한글 그대로 입력됩니다.
- 《자동 고침》 창은 [Alt]+[T], [O] 로 《Excel 옵션》 창 → 《언어 교정》으로도 접근 가능.
- 하지만 이 기능은 유용하므로 그대로 두고 특정 문자만 자동으로 바뀌지 않게 하려면 《자동 고침》 창의 《예외 항목》을 눌러 해당 글자를 추가하면 됩니다.

- 자동 고침을 유지한 채 특별 문자 입력하기

◆ **따라하기**

A2 셀 선택 → 《한국APT》까지만 입력하고 커서가 깜박이는 상태에서 [Spacebar]를 치면 《한국뗏》으로 바뀌고 → [Ctrl]+[Z] → [Backspace] → [F2] → [←] → [Enter]로 마무리
- [F2]를 누르면 《상태 표시줄》 왼쪽에 《편집》으로 나오고 이때 〈화살표〉 키로 커서를 이동시킬 수 있고 다시 누르면 《입력》 상태로 바뀜.
- ※ **원리** : 해당 단어로 타이핑하고 커서를 앞이나 뒤, 아니면 중간에 두고 [Enter]나 다른 셀 클릭하면 그 단어가 유지되는 겁니다.

UNIT 36 클립보드를 활용한 입력

엑셀에 클립보드는 자료의 임시 기억 공간으로서 필요할 때 입력 가능하죠.

◆ **따라하기**

《홈》 탭 → 《클립보드》 그룹 아이콘을 눌러 《클립보드》 작업창을 시트 좌측에 표시하고 《클립》 시트의 [A2:A9] 선택 → [Ctrl]+[C] → 《데이터》 탭 → 《데이터 도구》 그룹에 《중복된 항목 제거》 → 바로 《확인》하면 고유 값만 남음 → B2 셀 선택 → 《클립보드》 작업창에 복사한 항목 클릭하면 기존 데이터가 들어옵니다.

UNIT 37 특정 글자로 바꿔 입력

예컨대《ㅎ》입력 후 Spacebar나 Enter를 치면《※》로 바꾸게 할 수 있습니다.

◆ 따라하기

Alt + T , A → 《자동 고침》탭에《입력》란에《ㅎ》,《결과》란에《※》→《추가》
- 이 기능은 이후의 모든 엑셀 문서에서 적용됩니다.
- 《자동 고침》창은 Alt + T , O 로《Excel 옵션》창 →《언어 교정》으로도 접근 가능.

UNIT 38 분수 입력

셀 서식의 표시 형식과 관련되며, 바로 표시 형식을 적용시키는 이점이 있습니다.
예컨대 셀에《0 3/5》을 입력하면《3/5》으로 입력되며, 가분수(예: 5/3)면 대분수(1 2/3)로 자동 변환되어 입력됩니다.
- 셀 선택 후, Ctrl + 1 눌러《표시 형식》을 보세요.

UNIT 39 색깔 입력 반복 실행

◆ 따라하기

A1 셀 선택 →《홈》탭 →《글꼴》그룹에《채우기 색》을 노랑 → B4 셀 선택 → F4를 누르면 노란 셀 색이 됩니다.→ B7 셀 선택 → F4
- F4 키는 색깔만 되는 것이 아니라 이전 작업을 반복 실행하는 단축키 입니다. 비슷한 키로 Ctrl + Y 가 있습니다.

CHAPTER 16 와일드카드 문자

UNIT 01 개요

- **위치** : 없습니다. 수동으로 입력해야 합니다.
- **개념** : 특별한 의미를 갖는 세 가지 문자(?, *, ~)
    - **물음표(?)** : 한 글자
    - **별표(*)** : 여러 글자
    - **물결표(~)** : ?, *, ~ 자체를 식별하기 위해 이들 앞에 붙이는 글자
- **단축키** : 없습니다.

UNIT 02 《~》을 찾을 때 조건을 《~~》 이렇게 해야 합니다.

6부\와일드카드(~).xlsx

Sheet1에서 Ctrl + F → 《~》만 입력하고 Enter 하면 못 찾고 《~~》 이렇게 두 개를 입력하고 Enter 칠 때마다 찾은 셀을 선택합니다.

- 마찬가지로 *나 ? 자체를 찾을 때도 이 문자 앞에 ~을 해야 찾습니다.
- 이것은 함수나 필터, 고급 필터 등에서도 동일 적용됩니다.

	A	B	C	D	E	F
	E9			fx	=MATCH(SUBSTITUTE(D9,"~","~~"),B:B,0)	
1	student	학생		`물결표`가 있는 셀 찾을때 아래 내용으로 찾기		
2	amazing	놀랄만한, 굉장한		~~		
3	aware	~을 알고 있는			위치번호	
4	force	억지로 ~을 시키다		학생	1	=MATCH(D4,B:B,0)
5	chat	잡담하다		~을 알고 있는	#N/A	=MATCH(D5,B:B,0)
6	share	몫, 분배하다, 공유하다		도움, 조치	9	=MATCH(D6,B:B,0)
7	toward	~쪽으로				
8	accept	받아들이다		~을 알고 있는	3	=MATCH("~"&D8,B:B,0)
9	aid	도움, 조치		억지로 ~을 시키다	4	=MATCH(SUBSTITUTE(D9,"~","~~"),B:B,0)
10	argue	논쟁하다, 주장하다				
11	locate	~에 두다				

CHAPTER 17 이동

6부\이동.xlsx

UNIT 01 개요

- **위치** : 《홈》 탭 → 《편집》 그룹에 《찾기 및 선택》 → 《이동》
- **개념** : 셀 주소나 이름이 참조하는 셀을 빠르게 선택.
- **단축키** : F5 또는 Ctrl + G

UNIT 02 셀 또는 범위 선택

◆ 따라하기

Sheet1 선택 → F5 → 《d11》 입력 후, Enter 하면 D11 셀 선택합니다.
F5 → 《d1:d11》 입력 후, Enter 하면 [D1:D11] 선택합니다.
C2 셀 선택 → F5 → 《c12》 입력 후, Shift + Enter 하면 [C2:C12] 선택합니다.
− Shift 는 연속 범위를 선택하기 위한 용도로 사용

UNIT 03 불연속 셀 선택

예컨대 B2, B5, B7 셀을 선택하려면 F5 → 《b2,b5,b7》 입력 후, Enter

◆ 따라하기

Sheet1 선택 → F5 → 《b2:b12,d2:e12》 입력 후, Enter 하면 [B2:B12,D2:E12] 범위를 선택합니다.

UNIT 04 이전 셀로 돌아오기

Ctrl + G → 《a99》 입력 후, Enter → 곧바로 Ctrl + G → Enter 하면 이전 셀로 돌아옵니다.

UNIT 05 　 이름 셀 선택

Sheet1의 [A2:A12]는 《na사번》으로 이름 정의되어 있습니다. Ctrl + F3 로 확인 가능.

◆ 따라하기

F5 → 《na사번》 입력 후, Enter 하면 [A2:A12] 선택합니다.

UNIT 06 　 숨긴 행 취소와 행 높이 지정

숨긴 특정 행을 다시 보이게 할 때 유용합니다.

예컨대 5행이 숨겨진 상태라면 F5 → 《a5》 입력 후, Enter → 《홈》 탭 → 《셀》 그룹에 《서식》 → 《행 높이》 → 《16.5》 → Enter

또는 F5 → 《a5》 입력 후, Ctrl + Shift + 9 . 열은 Ctrl + Shift + 0

UNIT 07 　 다른 시트의 셀 선택

다른 시트의 셀을 선택하려면 <u>시트명!셀주소</u>

– 공백이 있거나 숫자로 시작하거나 전체가 숫자인 시트명 등은 <u>'시트명'!셀주소</u>

◆ 따라하기

Sheet1 선택 → F5 → '1월'!A2 → Enter 하면 1월 시트의 A2 셀 선택합니다.

UNIT 08 　 《이동》 창의 《이동:》 목록

- F5 로 《이동》 창을 띄우면 그 문서에 정의된 이름이 나옵니다. 여기에 나오는 이름은 실제로 Ctrl + F3 했을 때 나오는 전체 이름 목록은 아님. 간단히, 이름 상자(시트의 좌 상단의 흰색 바)에 세모 단추를 눌렀을 때 나오는 이름이 나오는 것입니다.
- 《이동:》 목록에는 이름만 나오는 것은 아님. 《이동》 창에 《참조》 란 입력으로 선택한 셀 주소들과 이전 셀 주소들도 나옵니다.

CHAPTER 18 이동 옵션

6부\이동옵션.xlsx

이것은 매우 중요하고 실무에서 유용한 기능입니다.

UNIT 01 개요

- **위치** : 《홈》 탭 → 《편집》 그룹에 《찾기 및 선택》 → 《이동 옵션》
- **개념** : 한 시트에 특정 성격의 셀을 선택하거나 전체 개체를 선택
- **단축키** : F5 또는 Ctrl + G 하고나서 Alt + S

UNIT 02 원리

- 활성 시트 하나에서만 작동합니다.
- 선택 셀 범위 대상으로 작동.
- 셀 하나만 선택하고 실행하면 대상 범위는 A1 셀부터 Ctrl + Shift + End 를 눌렀을 때 선택되는 셀까지가 됩니다.

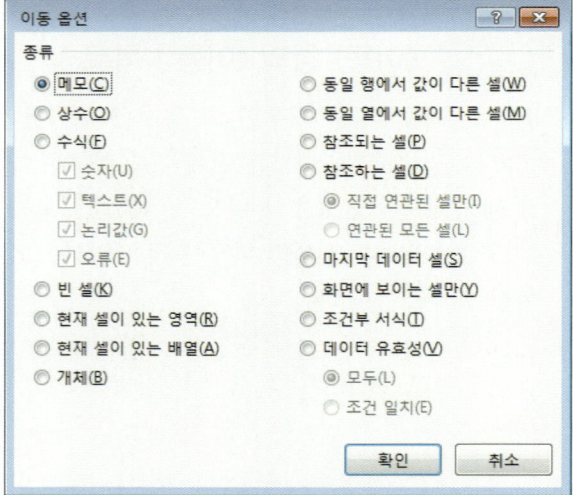

UNIT 03 　메모 셀 선택

- 《이동 옵션》 창에 《메모》

◆ 따라하기

Sheet1의 B열 선택 → [F5] → [Alt]+[S] → [Enter]
- 창에 기본값이 《메모》이므로 메모 셀만 선택합니다.
- 단축키 : [Ctrl]+[Shift]+[O]

UNIT 04 　상수 셀 선택

- 《이동 옵션》 창에 《상수》나 《수식》을 선택하면 아래 4개의 항목이 체크 가능해집니다.

◆ 따라하기 1

Sheet1의 A열 선택 → [F5] → [Alt]+[S] → 《상수》 → [Enter]
결과 : A열에 값이 있는 셀만 선택합니다.

◆ 따라하기 2

Sheet1의 [A:C] 열 선택 → [F5] → [Alt]+[S] → 《상수》 → 《텍스트》만 체크 → [Enter]
결과 : A, B, C열 중 문자 셀만 선택합니다.

UNIT 05 　수식 셀 선택

- 《이동 옵션》 창에 《상수》나 《수식》을 선택하면 아래 4개의 항목이 체크 가능해집니다.

◆ 따라하기 1

Sheet1의 H열 선택 → [F5] → [Alt]+[S] → 《수식》 → 《오류》만 체크 → [Enter]
결과 : H열에 오류 셀인 #VALUE! 셀만 선택합니다.

◆ 따라하기 2

Sheet1의 A3 셀 선택 → [F5] → [Alt]+[S] → 《수식》 → [Enter]
결과 : 이 시트에 수식 셀만 선택.

UNIT 06 　빈 셀 선택

◆ 따라하기

Sheet1의 E열 선택 → [F5] → [Alt]+[S] → 《빈 셀》 → [Enter]

E열에 빈 셀만 선택합니다.
- 수식 셀 범위에서 값 붙여넣기로 수식은 지우고 값만 남겼을 때 그 안에 빈 셀은 《이동 옵션》에서 인지하지 못합니다.

◆ 따라하기

Sheet1의 [G2:G12]를 Ctrl + C → J2 셀에 Ctrl + Alt + V → 《값》 하여 값만 붙여넣기 이렇게 하고 [J2:J12]를 선택하고 이동 옵션에서 《빈 셀》만 찾아보면 없다고 나옵니다. 이 범위를 씻을 필요가 있습니다. 즉, [J2:J12] 선택 → 《데이터》 탭 → 《데이터 도구》 그룹에 《텍스트 나누기》 → 《마침》을 하고 실행하면 빈 셀을 찾습니다.

UNIT 07 현재 셀이 있는 영역

이것은 활성 셀에 인접한 데이터 영역 전체를 선택합니다.

◆ 따라하기

Sheet1의 데이터의 임의의 셀(예: C4 셀)을 선택하고 F5 → Alt + S → 《현재 셀이 있는 영역》 → Enter

결과 : [A1:H12] 범위를 선택합니다.
- 대각선 셀에 값이 있어도 인접 범위로 인식합니다. 예컨대 I13 셀에 값이 있고 C6 셀 선택 후 실행하면 [A1:I13]를 선택합니다.
- 이어진 행/열 전체에 데이터가 없어야 인접 범위로 인식하지 않습니다. 예컨대 I13, J7 셀에 값이 있고 G1 셀 선택 후 실행하면 [A1:J13]을 선택합니다.
- 단축키 : Ctrl + A

UNIT 08 현재 셀이 있는 배열 선택

이것은 다중 셀 배열 수식 셀 범위를 선택합니다.

◆ 따라하기

《배열식》 시트의 [A3:A6] 에 한 셀 이상을 선택 → F5 → Alt + S → 《현재 셀이 있는 배열》 → Enter

결과 : 동일한 다중 셀 배열 수식이 있는 셀 범위 [A3:A6]을 모두 선택 합니다.
- 단축키 : Ctrl + /

UNIT 09 개체 모두 선택

이것은 시트에 모든 개체(그림, 도형, 차트 등)를 선택

◆ **따라하기**

《개체》 시트 선택 → F5 → Alt + S → 《개체》 → Enter
결과 : 시트에 모든 개체가 선택됩니다.

UNIT 10 행에 다른 값 셀

이것은 행 선택 상태에서 활성 셀과 다른 셀은 모두 선택 합니다.

◆ **따라하기**

《개체》 시트에 2행 머리글 클릭으로 A2 셀 활성화 → Enter 두 번 쳐서 C2 셀 활성화 → F5 → Alt + S → 《동일 행에서 값이 다른 셀》 → Enter
결과 : 《브리엘》과 다른 셀을 모두 선택 합니다.
— 단축키 : Ctrl + ₩

UNIT 11 열에 다른 값 셀

이것은 열 선택 상태에서 활성 셀과 다른 셀은 모두 선택 합니다.

◆ **따라하기**

Sheet1의 B열 머리글 클릭으로 A2 셀 활성화 → Enter 로 B2 셀 활성화 → F5 → Alt + S → 《동일 열에서 값이 다른 셀》 → Enter
결과 : 《지류》와 다른 셀을 모두 선택 합니다.
— 단축키 : Ctrl + Shift + ₩

UNIT 12 참조되는 셀

이것은 수식에서 참조되는 셀을 선택
- 《이동 옵션》 창에 《참조되는 셀》이나 《참조하는 셀》을 선택하면 아래 2개의 항목 중 하나를 선택 할 수 있습니다.

◆ **따라하기**

Sheet1의 H2 셀 선택 → F5 → Alt + S → 《참조되는 셀》 아래에 《직접 연관된 셀만》이 기본값으로 선택 → Enter

결과 : 직접 연관된 E2, G2 셀만 선택합니다.

만일《연관된 모든 셀》을 선택하면 [E2:G2]을 선택 합니다.

G2 셀 수식 : =IF(F2＊E2=0,"",F2＊E2)

H2 셀 수식 : =G2/E2

- 단축키 : Ctrl + [

UNIT 13 참조하는 셀

이것은 참조되는 셀과 반대 개념으로 셀을 참조하는 수식 셀을 선택합니다.

- 《이동 옵션》창에《참조되는 셀》이나《참조하는 셀》을 선택하면 아래 2개의 항목 중 하나를 선택할 수 있습니다.

◆ **따라하기**

Sheet1의 F2 셀 선택 → F5 → Alt + S →《참조하는 셀》아래에《직접 연관된 셀만》이 기본값으로 선택 → Enter

결과 : G2 셀만 선택

만일《연관된 모든 셀》을 선택하면 [G2:H2]을 선택 합니다.

- 단축키 : Ctrl +]

UNIT 14 마지막 데이터 셀 선택

시트에서 사용한 끝 셀을 선택하지만 셀에 데이터의 흔적이 있었다면 인식합니다. 예컨대 Sheet1의 K15 셀에 임의의 값을 입력하고 지운 뒤에 실행하면 K15 셀을 선택합니다.

- 또한 이 기능은 셀 범위 선택과 무관하게 실행됩니다.

◆ **따라하기**

Sheet1 선택 → F5 → Alt + S →《마지막 데이터 셀》→ Enter

- 보통 시트의 A1 셀 선택하고 Ctrl + Shift + End 로 사용한 전체 데이터 영역을 선택할 때 사용합니다.

- 단축키 : Ctrl + End

UNIT 15 화면에 보이는 셀 선택

행/열이 숨겨진 상태에서 보이는 셀만 선택할 때 사용

◆ 따라하기

Sheet1 선택 → 3, 4행 숨기기 → [2:5] 행 선택 → F5 → Alt + S → 《화면에 보이는 셀만》 → Enter

– **단축키** : Alt + ;

UNIT 16 조건부 서식 셀 선택

- 《이동 옵션》 창에 《조건부 서식》이나 《데이터 유효성》을 선택하면 아래 2개의 항목 중 하나를 선택할 수 있습니다.

◆ 따라하기

Sheet1의 A1 셀 선택 → F5 → Alt + S → 《조건부 서식》과 아래에 《모두》 → Enter
결과 : 조건부 서식이 들어간 [E2:F12]를 선택합니다.

– 조건부 서식을 보려면 셀 선택 후, 《홈》 탭 → 《스타일》 그룹에 《조건부 서식》 → 《규칙 관리》

◆ 따라하기

Sheet1의 E3 셀 선택 → F5 → Alt + S → 《조건부 서식》과 아래에 《조건 일치》 → Enter
결과 : 같은 조건부 서식 [E2:E12]를 선택합니다.

UNIT 17 데이터 유효성 검사 셀 선택

- 《이동 옵션》 창에 《조건부 서식》이나 《데이터 유효성》을 선택하면 아래 2개의 항목 중 하나를 선택할 수 있습니다.

◆ 따라하기

Sheet1의 A1 셀 선택 → F5 → Alt + S → 《데이터 유효성》과 아래에 《모두》 → Enter
결과 : 데이터 유효성 검사 [B2:C12]를 선택합니다.

– 데이터 유효성 검사는 셀 선택 후, 《데이터》 탭 → 《데이터 도구》 그룹에 《데이터 유효성 검사》

◆ 따라하기

Sheet1의 B3 셀 선택 → F5 → Alt + S → 《데이터 유효성》과 아래에 《조건 일치》 → Enter
결과 : 같은 데이터 유효성 셀 [B2:B12]를 선택합니다.

19장

CHAPTER 19 이름

UNIT 01 개요

- **위치** : 《수식》 탭 → 《정의된 이름》 그룹에 《이름 관리자》
- **개념** : 셀 또는 셀 범위의 주소를 이름으로 약속하는 것
- **단축키** : Ctrl + F3

UNIT 02 이름 정의법

- 이름 지정할 셀 범위를 선택 → 《이름 상자》에 원하는 이름 입력
- 《이름 상자》를 선택하는 단축키는 없습니다.
- 이름 지정할 셀 범위를 선택 → 《수식》 탭 → 《정의된 이름》 그룹에 《이름 정의》에서 이름을 짓고 《범위》는 기본 값인 《통합 문서》로 하고 《확인》
- 셀 범위 자동 이름 생성

  6부\선택 영역에서 만들기.xlsx

  Sheet1에 [A1:B9] 선택 → 《수식》 탭 → 《정의된 이름》 그룹에 《선택 영역에서 만들기》 → 《첫 행》만 체크하고 《확인》을 누르고 《수식》 탭 → 《정의된 이름》 그룹에 《이름 관리자》로 가보면 B열은 정상적으로 첫 행 이름으로 정의가 되고 A열은 《_2차공정》으로 정의됩니다.
- 필드명의 첫 글자가 숫자면 밑줄(_)이 맨 앞에 붙고, 만일 필드명이 《2차 공정》이었다면 《_2차_공정》으로 공백문자가 밑줄(_)로 변경됩니다.
- 선택 영역에서 만들기 단축키 : Ctrl + Shift + F3
- **수식을 참조하는 이름** : 《수식》 탭 → 《정의된 이름》 그룹에 《이름 정의》에서 이름을 짓고 《참조 대상》에 수식 입력 후, 《확인》

  예컨대 Sheet1에서 《이름 정의》 누르고 《이름》란에 《동적표》라고 입력하고 《참조 대상》에 =offset(Sheet1!$A$1,,,counta(Sheet1!$A:$A),2) 로 입력하고 《확인》누르고 《이름 관리자》 창의 《동적표》 누르면 아래에 수식을 확인할 수 있습니다. 그 후에 A열에 자료를 추가하면 자동으로 이름 참조 셀 범위가 늘어납니다.

- **수식 의미** : A1 셀을 기준으로 A열에서 값이 있는 셀 개수만큼 셀을 아래로 확장하고 열은 두 개인 범위를 의미합니다.
- 이름 짓는 규칙
1. **이름에 사용 가능한 특수 문자** : 밑줄(_), 점(.), 원화기호(₩)
- 불가능한 특수 문자 : 슬래시(/), 공백문자( ), 하이픈(-), 대괄호([ ]), 중괄호({ }), 소괄호(( )), 별표(*), 샵(#), 앳(@), 느낌표(!), 작은따옴표('), 큰따옴표(") 등
2. R, r, C, c를 선두 문자로 하면서 다음에 숫자가 오지 못합니다. 이것은 셀 주소를 이 알파벳으로 표현할 수 있기 때문인데, [Alt]+[T], [O]로《Excel 옵션》창 열고《수식》→《수식 작업》범주에《R1C1 참조 스타일》을 체크하면 셀 주소가 RC 형태로 나옵니다.
- 일반 셀 주소도 이름으로 정의할 수 없습니다.
3. 이름의 첫 글자에 숫자가 올 수 없습니다.
4. 이름의 길이는 255자를 넘을 수 없습니다.
- 긴 이름을 지을 때는 밑줄(_)이나 점(.)을 구분 기호로 합니다.
5. 이름은 대/소문자를 구분하지 않습니다.

UNIT 03 이름 수정

- 《수식》탭 →《정의된 이름》그룹에《이름 관리자》→ 특정 항목을 선택하고《편집》

UNIT 04 이름이 참조하는 셀 범위 수정

- 《이름 관리자》창의 해당 이름을 선택하고《참조 대상》입력란 선택하고 [F2] 키를 눌러《상태 표시줄》좌측에《참조》를《편집》으로 바꾸면〈화살표〉키를 눌러 수정할 수 있고, 다시 그 키를 눌러《입력》으로 바꾸면 키보드로 참조 셀을 선택할 수 있습니다.
수정 후, 그 이름을 다시 선택하면 저장할건지 묻는 창이 뜨고《예》하면 수정완료.

UNIT 05 이름이 참조하는 셀 범위 선택

- **방법1** :《이름 상자》에서 해당 이름을 선택
- 반대로 범위를 선택하면《이름 상자》에 해당 이름이 나타나는데, 불연속 범위를 이름 정의했으면 그것은 나타나지 않습니다.
- **방법2** :《이름 관리자》[Ctrl]+[F3] 창의 해당 이름 선택 →《편집》누르면《이름 편집》창이 뜨고 이름이 선택되어 있으므로 바로 [Ctrl]+[C] 눌러 복사하고 [Esc]를 두 번 눌러 창을 모두 닫고 [F5] → [Ctrl]+[V] → [Enter]

이름이 참조하는 시트를 삭제하면 이름은 그대로 있지만 《이름 관리자》창에서 보면 깨진 상태(#REF!)를 확인할 수 있으므로 불필요한 이름은 삭제하는 것이 좋습니다.

UNIT 06 《이름 관리자》에 《필터》

《필터》를 누르면 7개 메뉴가 등장합니다.
① **필터 해제** : 현재 통합 문서의 모든 이름을 보여줍니다.

그룹1
② **워크시트에 있는 이름** : 《이름 관리자》 창에 《범위》가 시트명인 이름만 보입니다.
③ **통합 문서에 있는 이름** : 《이름 관리자》 창에 《범위》가 《통합 문서》인 이름만 보입니다.

그룹2
④ **오류가 있는 이름** : 《이름 관리자》 창에 《값》이 오류 값(예: #REF! 등)인 이름만 보입니다.
⑤ **오류가 없는 이름** : 《이름 관리자》 창에 《값》이 오류 값이 아닌 이름만 보입니다.

그룹3
⑥ **정의된 이름** : 《이름 관리자》 창에 일반 이름만 보입니다.
⑦ **테이블 이름** : 《이름 관리자》 창에 《Excel표》 이름만 보입니다.
– 그룹1, 2, 3은 서로 다중 선택이 가능합니다. 다중 선택 시 And 조건으로 필터가 됩니다.

UNIT 07 이름 정의되어 있는 시트를 그 파일의 다른 위치에 복사하기

6부\이름범위.xlsx

- 《기본》 시트에는 《na도매가》라는 이름이 있고 이 시트의 시트 탭을 Ctrl 을 누른 채, 마우스로 오른쪽으로 약간 끌면 우측에 《기본 (2)》로 시트가 복사되고 Ctrl + F3 을 눌러 《이름 관리자》 창에서 범위가 《기본 (2)》인 같은 이름 생긴 것을 확인할 수 있습니다. 기본 범위는 《통합 문서》인데 시트 단위로 하나가 더 생긴 것입니다.

UNIT 08 여러 시트에 시트 범위 형 동일 이름 만들기

통합 문서에 동일 이름으로 여러 개의 이름을 만들려면 《수식》 탭 → 《정의된 이름》 그룹에 《이름 정의》에 《범위》를 해당 시트로 해야 합니다.

그리고 해당 시트의 이름이 참조하는 범위를 받으려면 ='시트명'!이름 이런 식으로 해야 합니다. 《수불부》 시트의 A2 셀에 수식은 《기본 (2)》 시트의 도매가 금액을 모두 더하고 있습니다.

UNIT 09 이름 정의 셀을 포함하는 시트 복사할 때 뜨는 메시지 창 의미

6부\급여파일.xlsx

《201512》 시트의 시트 탭을 Ctrl 을 누른 채, 마우스로 오른쪽으로 약간 끌면 복사가 되면서 이름 충돌 메시지 창이 뜹니다.
- 이유는 원본 시트에 이름의 《범위》가 통합 문서와 원본 시트인 동일 이름이 두 개로 섞여 있을 때
- 이 메시지 창이 뜨면 계속 《예》를 눌러야 메시지 창이 닫힘.
- 이름 정의한 셀을 다른 파일에 복사 시 이름은 복사되지 않습니다.

UNIT 10 이름 정의한 셀을 삭제/삽입

- 이름 정의 범위에 임의의 셀을 삭제해도 범위는 동적으로 조정되며, 중간에 셀을 삽입해도 자동으로 조정되지만 데이터를 맨 마지막 다음 셀에 추가했다고 이름 범위가 자동으로 늘어나는 것은 아님.

UNIT 11 이름 정의를 유지하면서 셀 추가하는 법

- 만일 이름 정의의 범위가 [A2:A8]이라면 마지막 A8 셀을 Ctrl + X → A9셀 선택 → Enter → Ctrl + C → A8 셀에 Enter 하면 됩니다. 즉, 잘라내서 붙이면 이름 범위가 자동 확장됩니다.

UNIT 12 자동으로 생성되는 이름들

- 다음은 특정 기능 설정 시 자동으로 생기는 이름입니다.
1. Print_Area : 《페이지 레이아웃》 탭 → 《페이지 설정》 그룹에 《인쇄 영역》
2. Print_Titles : 《페이지 레이아웃》 탭 → 《페이지 설정》 그룹에 《반복할 행》 또는 《반복할 열》
3. Criteria : 고급 필터의 《조건 범위》
4. Extract : 고급 필터의 《복사 위치》

CHAPTER 20 인쇄

6부\인쇄.xlsx

UNIT 01 인쇄 미리보기

- 단축키 : Ctrl + F2
- 엑셀2010 이상 버전 : 《파일》 탭 → 《인쇄》
- 엑셀 2007 버전 : 동그란 《Office 단추》 → 《인쇄》 → 《인쇄 미리 보기》
- 《페이지 레이아웃》 탭 → 《페이지 설정》 그룹에 《인쇄 제목》 → 《인쇄 미리 보기》
- 엑셀2010 이상 버전에서 엑셀 2007 버전같이 전체 화면으로 보려면 Alt + T , O 로 《Excel 옵션》 창을 열고 《빠른 실행 도구 모음》(엑셀2007은 《사용자 지정》) → 《다음에서 명령 선택》을 《리본 메뉴에 없는 명령》 → 《전체 화면 인쇄 미리 보기》 선택하고 《추가》 → 《확인》하면 《빠른 실행 도구 모음》에 단추가 추가되고 그것을 눌러서 실행할 수 있습니다.
- 엑셀 2007 버전은 동그란 《Office 단추》 → 《인쇄》 → 《인쇄 미리 보기》에 마우스 우측 버튼 → 《빠른 실행 도구 모음에 추가》로 가능

UNIT 02 원클릭 인쇄

- **클릭 한 번으로 인쇄하는 법** : 빠른 실행 도구 모음 영역의 임의의 단추에 마우스 우측 버튼 → 《빠른 실행 도구 모음 사용자 지정》 → 좌측 목록에 《빠른 인쇄》 추가로 그 도구 모음에 추가한 이 단추를 눌러 바로 인쇄할 수 있습니다.
- **다른 방법** : 빠른 실행 도구 모음의 우측 맨 끝에 세모 단추 → 《빠른 인쇄》

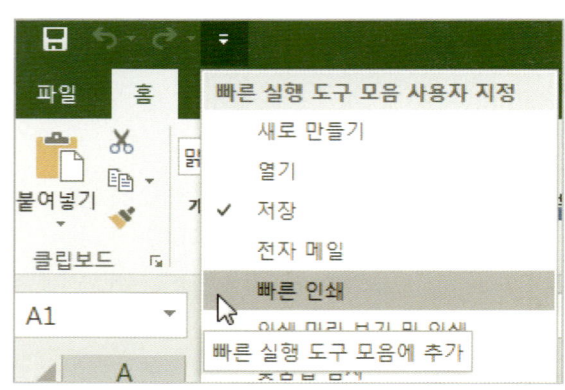

UNIT 03 시트 보기 세 가지 화면

《보기》탭 →《통합 문서 보기》그룹에 두 가지를 살펴봅니다.

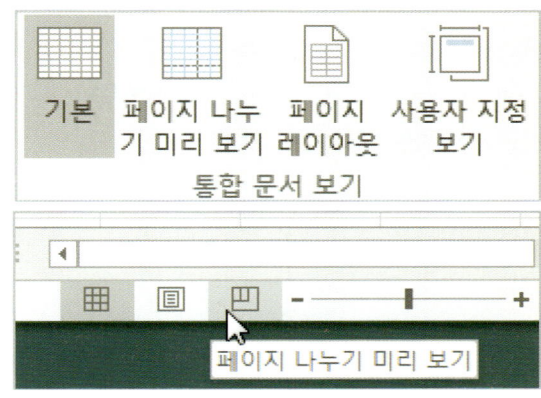

▲ 상태 표시줄에 세 개의 보기 단추

- 《페이지 레이아웃》: 워드 프로그램 같이 페이지 단위로 구분하여 봅니다.
- 《페이지 나누기 미리보기》: 인쇄 화면(머리글/바닥글 제외)을 직관적으로 봅니다.
  흰색 부분만 인쇄가 되고, 페이지 안쪽에 파란 점선은 기본 페이지 구분선이며 이 선을 마우스로 끌어 페이지 조정 가능. 조정하면 점선은 굵은 실선으로 바뀌고 《페이지 레이아웃》탭 →《크기 조정》그룹에《배율》이 바뀔 수 있습니다.
- 원래대로 파란 점선으로 나오게 하려면《페이지 레이아웃》탭 →《페이지 설정》그룹에《나누기》 →《페이지 나누기 모두 원래대로》
- 회색 글자 "n페이지"는 숨기거나 지울 수 없습니다.

UNIT 04 《페이지 레이아웃》탭에《페이지 설정》그룹

이 그룹에《인쇄 설정》→《페이지 설정》창이 뜨고 그 안에 탭 별로 살펴봅니다.

- 《페이지》탭

1. **《자동 맞춤》**: 시트의 여러 페이지를 한 페이지에 인쇄하도록 하려면《용지 너비》와《용지 높이》를 각각 1로 설정하면 축소되어 인쇄됩니다.
- 이것은 리본 메뉴,《페이지 레이아웃》탭 →《크기 조정》그룹에 너비, 높이와 일치합니다.
2. **《시작 페이지 번호》**: 이곳에 3을 넣으면 페이지 번호가 1부터가 아니라 3부터 시작합니다.

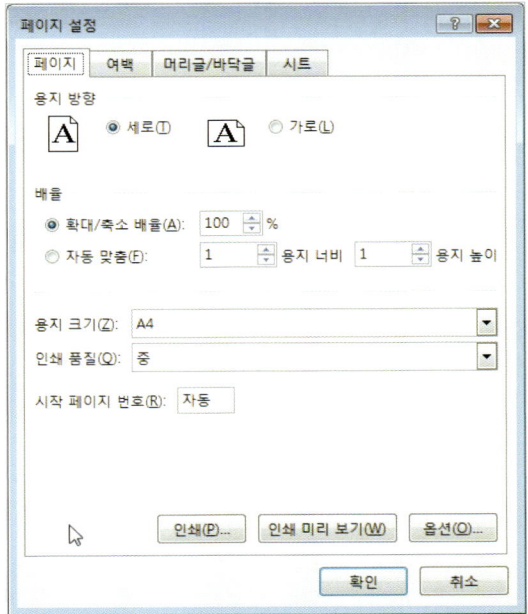

- 《여백》 탭

입력란에 숫자는 센티미터(cm) 단위이고, 소수점 첫째자리까지 조정할 수 있습니다. 소수점 둘째 자리까지 입력하고 확인 누르고 다시 이 창을 열면 둘째 자리에서 반올림된 값으로 바뀝니다.
- 《페이지 레이아웃》 탭 → 《페이지 설정》 그룹에 《여백》을 누르면 기본 제공 여백들이 있습니다.

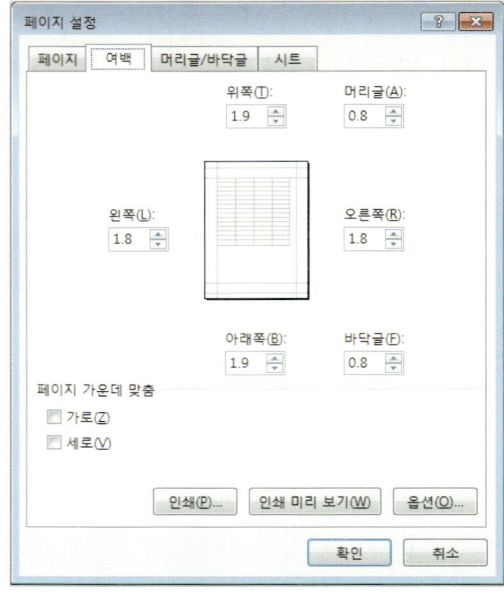

- 《머리글/바닥글》 탭

《머리글 편집》, 《바닥글 편집》으로 들어가서 시트 상에는 없지만 인쇄 시에만 나오도록 제목이나 페이지 번호, 날짜, 시간, 시트명, 파일명, 경로, 그림 등을 삽입할 수 있습니다.
- 직관적으로 설정하려면 상태 표시줄 우측의 중간에 있는 단추(《페이지 레이아웃》)로 접근하기도 합니다. 《삽입》 탭 → 《텍스트》 그룹에 《머리글/바닥글》도 같은 기능

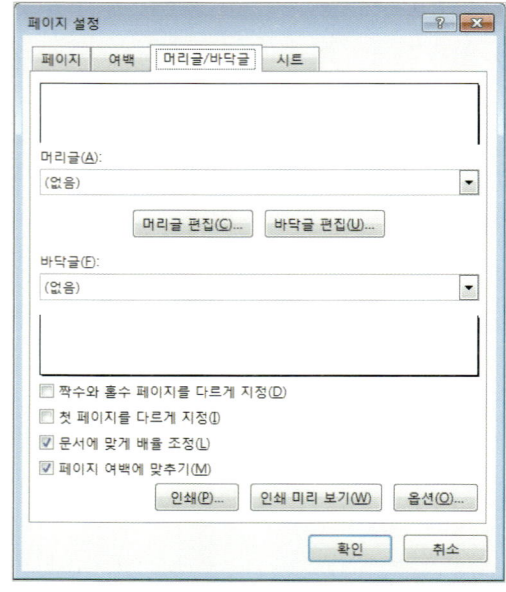

1. **바닥글 편집** : 이곳에서 페이지 번호를 줄 수 있으며, 날짜(yyyy-mm-dd)나 시간(h:mm AM/PM) 등을 원하는 표시 형식으로 지정할 순 없습니다.

- 날짜나 시간은 오늘과 지금 시간으로 표시되는데 원하는 날짜나 시간 그리고 표시 형식이 필요하다면 그저 텍스트 입력하듯이 고정 값을 넣으면 됩니다.
- 《머리글》이나 《바닥글》 아래 세모 단추를 누르면 기본 양식으로 몇 개 제공.
- 예컨대 《바닥글 편집》에 들어가서 설정하면 《&[페이지 번호]》 식으로 &후에 키워드가 나오는데 사용자가 지정한 내용 자체에 &를 붙여야 할 일이 있다면 && 이렇게 연속으로 두 개를 쓰면 됩니다.

2. **짝수와 홀수 페이지를 다르게 지정** : 이곳을 체크 →《머리글 편집》→ 두 개의 탭이 있는《머리글》창이 열리고 각 탭별로 설정하면 됩니다.
3. **첫 페이지를 다르게 지정** : 이것도 2번과 비슷한 방식
4. **문서에 맞게 배율 조정** : 머리글/바닥글의 글자 크기를 설정할 수 있는데 이 체크를 해제하면《페이지》탭에 설정한 배율과 무관하게 독립적으로 실행됩니다.
5. **페이지 여백에 맞추기** : 머리글/바닥글이 왼쪽, 오른쪽 여백 안쪽으로 무조건 들어가게 하려면 이것을 체크합니다. 좌우 여백과 무관하게 위치를 고정하려면 체크해제.

- 《시트》탭

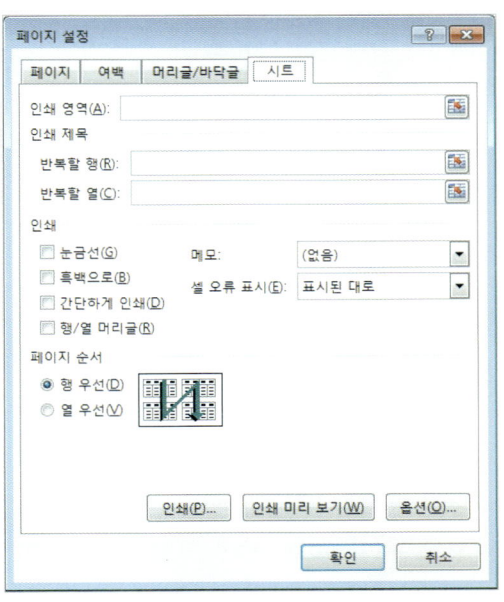

– 이 창에서 설정 후, 아래쪽에《인쇄 미리 보기》를 누르면 미리 보기 화면이 뜨면서 이 창도 닫힘. 이것이 불편하므로 미리 보기 화면에《페이지 설정》을 눌러서 시험하면 비교적 편리합니다. 단 여기서는《시트》탭에 인쇄 영역이나 반복할 행/열 등은 설정하지 못합니다.

1. **인쇄 영역** : 입력란을 클릭하고 인쇄코자 하는 셀 범위를 선택.
2. **반복할 행** : 페이지마다 고정적으로 인쇄하고 싶은 범위 설정. 다음 단원 참고
3. **눈금선** : 이것을 체크하면 시트에 셀 선이 인쇄됩니다.
4. **흑백으로** : 셀에 글자색은 검정, 채우기 색은 투명으로 인쇄.
5. **간단하게 인쇄** : 도형, 그림, 차트, Excel표 등은 인쇄하지 않고 셀 서식(조건부 서식 포함)에 테두리나 셀 색도 인쇄하지 않습니다.
6. **행/열 머리글** : 시트에 행 머리글(1, 2, 3…), 열 머리글(A, B, C…)도 인쇄.
7. **셀 오류 표시** : 셀 오류 값(#NULL!, #DIV/0!, #VALUE!, #REF!, #NAME?, #NUM!, #N/A)은 인쇄 시 공백으로 표시할 수 있습니다.
8. **행 우선** : 아래 방향으로 인쇄 후, 옆으로 이동하여 다시 아래로 인쇄

UNIT 05 상단 내용 고정 인쇄

《페이지 레이아웃》 탭 → 《페이지 설정》 그룹에 《인쇄 제목》 → 《시트》 탭에 《반복할 행》에 페이지마다 고정적으로 인쇄하고 싶은 범위를 마우스로 드래그.
예) 《반복할 행》에 《$1:$4》 : 1행부터 4행까지는 페이지마다 고정적으로 인쇄.
– 서로 떨어진 행을 고정할 순 없습니다. 즉, 연속 행만 가능.

UNIT 06 쉬운 여백 조정

Ctrl + P 나 Ctrl + F2 → 우측 하단에 《여백 표시》 → 마우스로 점선을 끌기
– 엑셀2007은 Ctrl + F2 → 《여백 표시》 체크.

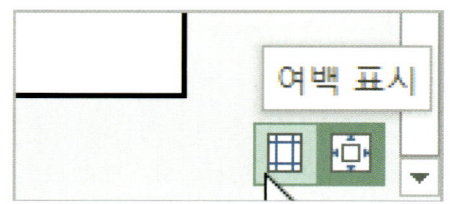

UNIT 07 인쇄 대상

- **선택한 셀 범위 인쇄** : 엑셀2010 이상 버전은 《파일》 탭에 《인쇄》 → 《설정》 바로 밑에 클릭하여 《선택 영역 인쇄》
– 《설정》 바로 밑에 클릭 → 맨 아래 《인쇄 영역 무시》를 체크하면 《인쇄 영역》을 설정했을 경우, 그것을 무시하고 인쇄합니다.
- **연속 구간 페이지 인쇄 (엑셀2010 이상)** : 예컨대 3페이지부터 7페이지까지 인쇄하려면 《설정》 밑의 《페이지》 란에 3, 《위치》 란에 7을 입력하고 《인쇄》 클릭
– 불연속 페이지는 예컨대 2, 5페이지를 인쇄하려면 2페이지 셀 범위를 선택하고 《페이지 레이아웃》 탭 → 《페이지 설정》 그룹에 《인쇄 영역》 → 《인쇄 영역 설정》 → 5페이지 범위 선택 후, 《인쇄 영역》 → 《인쇄 영역에 추가》
- **여러 시트 인쇄** : 시트를 여러 개 선택하고 인쇄하면 선택한 시트가 모두 인쇄
– 여러 시트를 선택하려면 Ctrl 이나 Shift 키를 누른 채 대상 시트를 선택
- **파일 인쇄** : 모든 시트를 인쇄하려면 엑셀2010 이상 버전은 《파일》 탭에 《인쇄》 → 《설정》 바로 밑에 클릭하여 《전체 통합 문서 인쇄》
- **여러 파일 인쇄** : Ctrl + O → 대상 파일을 Ctrl 이나 Shift 키를 누른 채 선택하고 선택한 것 중 하나에 마우스 우측 버튼 → 《인쇄》
– 윈도우 XP는 파일들을 선택하고 《도구》 → 《인쇄》
- **《Excel표》 인쇄 (엑셀2010 이상)** : 표에 한 셀을 클릭하고 Ctrl + P → 《설정》 바로 밑에 클릭하여 《선택한 표 인쇄》를 누르면 《Excel표》만 인쇄 가능.

UNIT 08 로고를 파스텔 톤 워터마크(Watermark)로 표시

인쇄 시 페이지마다 회사 로고를 흐릿하게 넣으려면 머리글이나 바닥글 이용.
- **방법** : 《보기》 탭 → 《통합 문서 보기》 그룹에 《페이지 레이아웃》 → 상단에 머리글 클릭하고 《머리글/바닥글》 탭(엑셀2013 이하 버전은 《디자인》 탭) → 《머리글/바닥글 요소》 그룹의 《그림》 → 회사 로고를 삽입 → 《머리글/바닥글》 탭에 《그림 서식》 → 《그림》 탭에 에 《색》을 《희미하게》로 설정
- 로고의 위치 수정은 시트 상에 머리글 란을 클릭하면 《&[그림]》으로 나오고 《&》 앞에 커서를 두어 Enter 를 여러 번 쳐서 아래로 내립니다.

UNIT 09 《페이지 레이아웃》 탭에 《크기 조정》 그룹

이 그룹 안에 너비와 높이, 배율을 살펴봅니다.
- **너비** : 만일 기본 페이지 너비가 2페이지일 때 이곳을 《1페이지》로 선택하면 《배율》이 줄어 듦.
- **높이** : 만일 기본 페이지 높이가 6페이지일 때 이곳을 《1페이지》로 선택하면 《배율》이 줄어 듦.
- **배율** : 배율 입력란에 세모를 계속 누르고 있으면 배율이 바뀌는데 커지면 페이지가 많아지고 작아지면 페이지가 적어집니다.
- 배율 입력란 클릭하고 《100》 입력 후, Enter 를 치면 100%로 조정됩니다.

UNIT 10 페이지 수동 나누기

페이지를 강제로 나누려면 셀을 선택하고 《페이지 레이아웃》 탭 → 《페이지 설정》 그룹에 《나누기》 → 《페이지 나누기 삽입》 누르면 그 셀 상단 테두리가 나눠지면서 점선으로 생김
- 보다 쉽게 나누려면 《보기》 탭 → 《통합 문서 보기》 그룹에 《페이지 나누기 미리보기》로 하고 셀 선택 후 마우스 우측 버튼 → 《페이지 나누기 삽입》을 누르면 진한 파란 선이 생기면서 나눔.
- 《페이지 나누기 미리보기》 화면에서는 파란 선을 마우스로 끌어서 쉽게 페이지를 조정할 수 있습니다.

UNIT 11 인쇄 미리보기 후 생기는 점선 없애기

인쇄 미리보기한 후에 원래 화면으로 돌아오거나, 보기 상태를 《페이지 레이아웃》이나 《페이지 나누기 미리보기》하고 나서 《기본》으로 돌아오면 페이지 구분선으로 점선이 생기는데 이 선을 숨기려면 문서를 닫고 다시 열면 없어집니다.
- **지속적으로 점선 숨기는 법** : 보기 상태를 《기본》으로 하고 Alt + T , O 로 《Excel 옵션》 창을 열고 《고급》 → 《이 워크시트의 표시 옵션》 범주에 《페이지 나누기 표시》 체크 해제하면 그 시트만큼은 페이지 점선이 사라집니다.

UNIT 12 불연속 인쇄 영역 설정

- 인쇄할 셀 범위를 Ctrl 키를 누른 채 여러 범위를 선택하고 《페이지 레이아웃》 탭 → 《페이지 설정》 그룹에 《인쇄 영역》 → 《인쇄 영역 설정》
- 또 다른 방법 : 한 부분의 셀 범위 선택 → 《페이지 레이아웃》 탭 → 《페이지 설정》 그룹에 《인쇄 영역》 → 《인쇄 영역 설정》 → 다른 셀 범위 선택하고 《페이지 레이아웃》 탭 → 《페이지 설정》 그룹에 《인쇄 영역》 → 《인쇄 영역에 추가》

UNIT 13 그림이나 도형, 차트 등 개체 인쇄

- 개체 인쇄 여부 : 개체에 마우스 우측 버튼 → 《크기 및 속성》 → 《속성》에 《개체 인쇄》 체크 해제

인쇄 시 ####

미리보기에서는 잘 나오는데 인쇄하면 ###으로 나온다면 열 너비를 늘리고 인쇄하세요. 셀 글꼴을 고정 폰트로 하면 미리보기대로 인쇄되며, 한글에서 이 고정 폰트는 폰트명이 《체》로 끝나는 폰트들입니다.

- 고정 폰트의 예 : 굴림체, 돋움체, 바탕체, 궁서체, Consolas, Courier New, Courier10 BT, Euphemia, Lucida Console, Mangal, Miriam Fixed, Modern, Orator10 BT, Simplified Arabic Fixed
  - 엑셀 기본 글꼴인 《맑은 고딕》은 가변 폰트입니다.

UNIT 14 분할 인쇄 불가

엑셀에서는 많은 데이터를 자동적으로 분할 인쇄해주는 기능이 없습니다. 이 기능이 가능하다면 종이 낭비를 줄일 수 있습니다. 이것을 하려면 소프트웨어를 설치 또는 엑셀에서 하려면 매크로VBA로 코딩하여 임시 시트에 실제 인쇄할 위치로 셀을 배치해야 합니다.

- 유명한 소프트웨어로 《Fine Print》가 있습니다.

CHAPTER 21 정렬

6부\정렬.xlsx

UNIT 01 개요

- **위치** : 《데이터》 탭 → 《정렬 및 필터》 그룹에 《정렬》
- 또는 《홈》 탭 → 《편집》 그룹에 《정렬 및 필터》 → 《사용자 지정 정렬》
- **개념** : 표에 특정 행이나 열들을 기준으로 표의 행이나 열을 섞기.
- **단축키** : Alt + D, S

UNIT 02 세로 표의 정렬

- **방법** : Sheet1에서 《일자》, 《코드》순으로 정렬하려면 정렬할 범위, [B3:E17]를 선택하고 《데이터》 탭 → 《정렬 및 필터》 그룹에 《정렬》 → 《정렬 기준》을 《일자》로 하고 《기준 추가》를 눌러 《다음 기준》을 《코드》 → 《확인》하면 《일자》를 1순위로 행을 섞고 일자가 같으면 2순위 《코드》 이름 순으로 섞습니다.
- 정렬할 범위 전체를 선택하지 않고 그 안에 임의의 셀을 선택하고 해도 됩니다. 이것의 의미는 임의의 셀 선택 상태에 Ctrl + A 를 눌렀을 때의 범위가 정렬 대상.
- 정렬시 중요한 것은 선택 범위가 정렬 대상이 된다는 것이며, 《정렬》 창에서 《내 데이터에 머리글 표시》 체크 여부로 선택 범위가 바뀌는 것을 살펴야 합니다.

UNIT 03 정렬 순서

한 필드에 여러 자료 형식으로 자료가 섞여 있을 때 순서는 다음과 같습니다.

- **오름차순** : 숫자 → 문자 → 논리 값 → 오류 값 → 빈 셀
- 한 필드에 자료가 모두 숫자면 오름차순은 제일 작은 숫자부터 맨 위로 올라갑니다.
- 논리 값은 TRUE / FALSE 이며 TRUE는 1, FALSE는 0으로 각각 인식됩니다.
- 오류 값은 #NULL!, #DIV/0!, #VALUE!, #REF!, #NAME?, #NUM!, #N/A 인데 오류 값 별로 정렬 순서는 없습니다. 즉 셀의 위치순으로 정렬.

- **내림차순(큰 것부터)** : 오류 값 → 논리 값 → 문자 → 숫자 → 빈 셀
- 내림차순은 오름차순과 반대지만 빈 셀은 똑같이 맨 밑에 나옵니다.

UNIT 04 《기준 추가》, 《기준 삭제》, 《기준 복사》

《정렬》창을 열면 상단에 세 개 단추가 있습니다.
- **《기준 추가》** : 《정렬 기준》은 《값》, 《정렬》은 《오름차순》 빈 《정렬 기준》 항목 추가
- **《기준 삭제》** : 선택한 《정렬 기준》 항목 제거
- **《기준 복사》** : 선택한 《정렬 기준》 항목과 동일하게 그 항목 밑에 복사

UNIT 05 대/소문자 구분 정렬

- 《데이터》 탭 → 《정렬 및 필터》 그룹에 《정렬》 → 《옵션》 → 《대/소문자 구분》을 체크

UNIT 06 한글/영어 정렬

- 한글 셀과 영어 셀이 섞여있을 때의 순서는 윈도우 버전에 의존하며 윈도우XP는 한글, 윈도우7 이상은 영어가 먼저 옵니다.

UNIT 07 빈 셀같이 보이는 공백문자나 유령문자

6부\유령문자.xlsx

- 셀 공백문자나 유령문자만 있으면 빈 셀로 보이지만 진정한 빈 셀이 아님에 유의.
- 셀에 F2 → Shift + ← 눌렀을 때 검은 선택이 생기면 셀에 내용이 있는 것이며, CODE 함수로 번호를 취했을 때 32는 공백문자, 63은 유령문자가 됩니다.

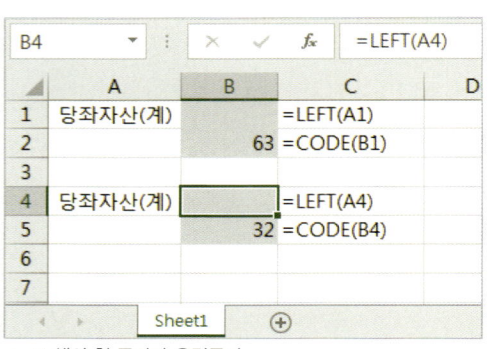

▲ A1 셀의 첫 글자가 유령문자

UNIT 08 정렬 정리

- 컴퓨터는 모든 글자를 숫자로 처리하므로 글자에 숫자코드를 부여하고 있습니다. 예를 들면 A1 셀에 《korea》를 넣고 B1 셀에 《=CODE(A1)》 수식을 넣으면 첫 글자 《k》의 숫자코드인 107을 반환합니다. 즉, 정렬은 이 숫자를 인식하여 처리하고 첫 글자가 같으면 그 다음 글자를 비교하는 식으

로 순서를 정합니다.
- 참고로 《가》의 숫자코드는 《45217》
- 필드에 자료형이 숫자라면 셀에 숫자 전체를 기준으로 정렬

UNIT 09 빠른 정렬법

기준 열의 아무 셀에서 [Shift]+[F10] → [O] → [S]나 [O]
- [☰]가 있는 키보드는 [Shift]+[F10] 대신 [☰]

UNIT 10 가로 표 정렬

- **방법** : Sheet1에서 《매입가》 순으로 정렬하려면 [H3:L5] 선택 → 《데이터》 탭 → 《정렬 및 필터》 그룹에 《정렬》 → 《옵션》 → 《왼쪽에서 오른쪽》 → 《정렬 기준》을 《행 5》 → 《확인》 클릭

UNIT 11 정렬 설정의 유지

- 《정렬》 창은 최근 설정 상태를 유지합니다.
- 《정렬》 창 → 《옵션》을 누르면 《정렬 옵션》 창이 뜨는데, 이 창도 최근 설정을 유지합니다. 이 설정의 기준은 시트 단위 입니다. 즉 새 시트에서 정렬 창을 열면 기본 상태를 볼 수 있습니다.
- **《정렬 옵션》 창의 기본 상태** : 《대/소문자 구분》 체크 해제, 《위쪽에서 아래쪽》 체크

UNIT 12 숨긴 셀이나 필터, 그룹

- 수동으로 숨긴 행/열은 정렬 대상에서 제외
- 필터로 숨겨진 행은 정렬 대상에서 제외
- 그룹 (《데이터》 탭 → 《윤곽선》 그룹에 있음) 또한 숨겨진 행/열은 제외

UNIT 13 정렬 기준 열 개수

- 최대 64개의 필드 기준으로 정렬이 가능합니다.

UNIT 14 색깔 순 정렬

- 정렬을 일반 값이 아닌 셀 색이나 글꼴 색, 아이콘 등으로 정렬이 가능한데, 《정렬》창의 《정렬 기준》이 그것입니다.
- 아이콘은 《홈》 탭 → 《스타일》 그룹에 《조건부 서식》에서 설정할 수 있습니다.

UNIT 15 사용자가 지정한 순으로 정렬

- 특정 순서로 정렬하려면 《정렬》창에서 《정렬》→《사용자 지정 목록》을 눌러보세요.

UNIT 16 사용자 지정 목록 설정

- **방법1** : Alt + T , O 로 《Excel 옵션》 창을 열고 《고급》 → 맨 아래 쪽에 《일반》 범주에 《사용자 지정 목록 편집》으로 창을 열고 《목록 항목》란에 《동, 서, 남, 북》을 Enter 를 치면서 4줄 세로로 입력 또는 쉼표(,) 구분자로 한 줄로 입력 → 《추가》 → 확인
- 엑셀2007 버전은 Alt + T , O → 기본 설정 → 《사용자 지정 목록 편집》으로 들어갑니다.
- **방법2** : [A1:A4] 범위에 《동, 서, 남, 북》을 각각 입력하고 [A1:A4] 범위를 선택 → 《사용자 지정 목록》 창을 열고 《가져오기》 → 《확인》
- 이렇게 하면 정렬뿐만 아니라 채우기 핸들을 끌 때에도 그 순서로 자동 입력됩니다.

UNIT 17 텍스트형 숫자 정렬

- Sheet2의 표1에 《코드》 열의 숫자는 모두 텍스트형(녹색 세모)인데, 《코드》순으로 정렬하려고 《정렬》 창을 띄워서 《정렬 기준》을 《코드》로 하고 정렬하면 《정렬 경고》 창이 뜹니다. 이때 《일반 숫자와 텍스트로 저장된 숫자를 모두 숫자로 정렬》을 선택하면 코드 필드의 값들을 숫자로 인식하여 정렬하므로 일반 숫자순으로 정렬됩니다.

  하지만, 《일반 숫자와 텍스트로 저장된 숫자를 구분하여 정렬》을 누르면 코드 열의 데이터가 모두 텍스트이므로 정렬하면 37이나 77은 아래 쪽에 위치하게 됩니다. 코드는 자릿수를 통일하여 입력하는 것이 좋습니다. 즉, 37은 037, 77은 077 등으로 입력하면 《정렬 경고》 창의 두 가지 옵션 중 무엇을 하든 숫자 순서대로 정렬됩니다.

- **해법** : 임시로 A4 셀에 수식 =TEXT(B4,"000")을 넣어 자릿수를 동일하게 하고 채우기 핸들을 아래로 끌고 임시 필드 기준으로 정렬하면 《정렬 경고》 창이 뜨고 둘 중 무엇을 선택해도 결과는 제대로 나옵니다.

- Sheet2의 표2에 《품번》 열의 표시 형식은 《일반》이고 숫자 사이에 알파벳 E가 있으면 원래 값은 숫자입니다. 엑셀은 매우 큰 수나 작은 수를 표현할 때 지수형으로 나타내는데 이때 E를 사용합니다. 예를 들면 셀에 《2e11》을 입력하면 2곱하기 10의 11승으로 인식하여 2.00E+11로 자동으로 바뀝니다. 그림의 《품번》중 녹색 세모가 두 군데 있는데 이것을 엑셀은 숫자로 인식하여 오류로 의심하는 것입니다. 이런 값들이 들어간 열을 기준으로 정렬할 때에도 《정렬 경고》 창이 뜨는데 《일반 숫자와 텍스트로 저장된 숫자를 구분하여 정렬》로 해야 텍스트로 인식하고 제대로 정렬됩니다.

참고로, 이런 텍스트형 숫자를 입력하려면 셀 서식의 표시 형식을 《텍스트》로 변경하면 됩니다.

- Sheet3의 B열을 정렬하면 번지 순대로 안 되므로 임시1, 임시2에 수식을 세워서 채우기 핸들을 아래로 끌고 [B3:D5]를 임시2 기준으로 정렬하면 됩니다.

Sheet3의 C3 셀 수식 : =MID(B3,FIND(" ",B3)+1,99)

수식 의미 : FIND로 공백문자의 위치를 찾고 그 다음부터 끝까지 가져오기

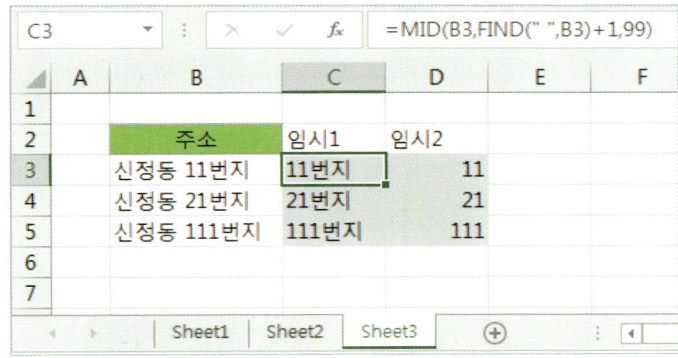

Sheet3의 D3 셀 수식 : =VALUE(SUBSTITUTE(C3,"번지",""))

수식 의미 : 《번지》 글자를 모두 지우고 VALUE로 숫자화

CHAPTER 22 조건부 서식

6부\조건부서식_원본.xlsx
6부\조건부서식_결과.xlsx

UNIT 01 개요

- **위치** : 《홈》 탭 → 《스타일》 그룹에 《조건부 서식》
- **개념** : 셀 값이 특정 조건에 맞으면 자동으로 해당 셀 서식이 들어갑니다.
- **단축키** : Alt + O, D

UNIT 02 구간 조건에 노랑

◆ **따라하기**

- 7 이상 10 이하 값의 셀 색만 노랑 칠하기

  《Sheet0》의 [A2:A9] 선택 → 《홈》 탭 → 《스타일》 그룹에 《조건부 서식》 → 《셀 강조 규칙》 → 《다음 값의 사이에 있음》 → 7과 10을 각각 입력하고 《적용할 서식》은 《사용자 지정 서식》에 《채우기》에 노랑 → 《확인》 → 《확인》하면 범위에 7 이상 10 이하 값의 셀 색만 노랑으로 합니다.

UNIT 03 조건부 서식 지우기

《Sheet0》의 [A2:A9] 선택 → 《홈》 탭 → 《스타일》 그룹에 《조건부 서식》 → 《규칙 지우기》 → 《선택한 셀의 규칙 지우기》

- 《시트 전체에서 규칙 지우기》는 현재 시트의 모든 조건부 서식을 지웁니다.
- 모든 시트에 조건부 서식을 한 번에 지우는 기능은 없고, Alt + O , D → 상단에 세모를 눌러 시트를 선택하고 아래에 조건부 서식 항목이 나타나면 하나씩 지웁니다.

UNIT 04 조건부 서식 적용 범위 수정

이 서식을 지정한 셀을 하나 이상 선택 →《조건부 서식》→《규칙 관리》→《적용 대상》범위를 고침.

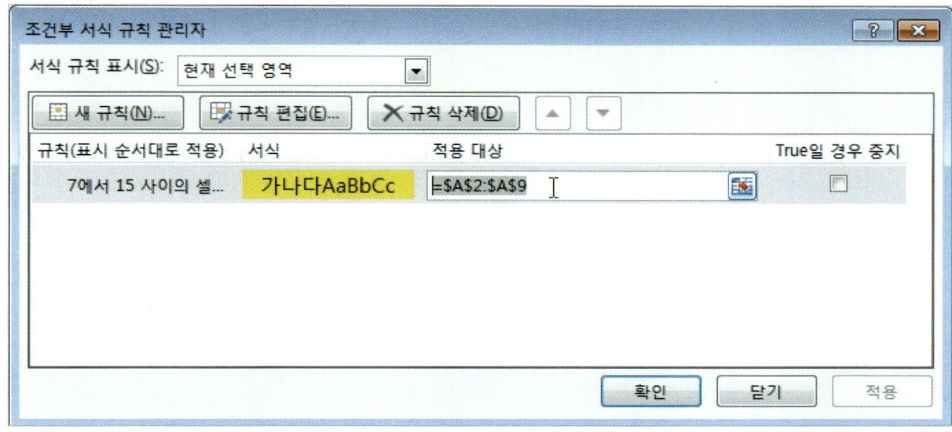

UNIT 05 설정 가능한 셀 서식

조건부 서식은 일반 셀 서식의 일부 서식만 가능. 예를 들면 이 서식에서는《테두리》굵기를 조정할 수 없고 일반 굵기의《테두리》하나만 있습니다. 일반 셀 서식 창의《맞춤》이나《보호》탭도 없습니다.

UNIT 06 《조건부 서식》셀만 선택하기

《홈》탭 →《편집》그룹에《찾기 및 선택》→《조건부 서식》하면 시트에 모든 조건부 서식 셀을 선택합니다.

UNIT 07 조건 내용

조건은 값이나 수식, 아이콘 등을 사용하며, 행 별로 적용하려면 수식을 써야 합니다.

UNIT 08 특정 글자를 포함한 셀에 노랑

◆ 따라하기
- 《색상》필드 값에《핑크》를 포함하는 셀에 노랑 칠하기

《Sheet1》의 [A2:A10] 선택 → 《홈》 탭 → 《스타일》 그룹에 《조건부 서식》 → 《새 규칙》 → 《다음을 포함하는 셀만 서식 지정》 → 《특정 텍스트》 → 《포함》 → 《핑크》 → 《서식》 눌러 《채우기》에 노랑 → 《확인》 → 《확인》

- 엑셀2007 버전은 조건에 다른 시트의 셀 주소를 참조할 수 없고, 그 셀을 이름 정의하여 그 이름을 이용하면 참조 가능.

UNIT 09 중복 셀에 굵은 글자

◆ **따라하기**

- 《품번》 필드에 중복 값 셀에 글꼴 진하게 하기
  《Sheet1》의 [D2:D10] 선택 → 《홈》 탭 → 《스타일》 그룹에 《조건부 서식》 → 《새 규칙》 → 《고유 또는 중복 값만 서식 지정》을 선택 → 《중복》 → 서식 → 글꼴 → 《글꼴 스타일》을 《굵게》 → 《확인》 → 《확인》

- **다른 접근법**: 범위 선택하고 《홈》 탭 → 《스타일》 그룹에 《조건부 서식》 → 《셀 강조 규칙》 → 《중복 값》

UNIT 10 《조건부 서식 규칙 관리자》 창에 《True일 경우 중지》

이것은 규칙 개수가 많을 경우, 특정 규칙에 맞으면 그 다음 규칙들은 무시하고자 할 때 《True일 경우 중지》에 체크

UNIT 11 기간 외 조건에 노랑

◆ **따라하기**

- 《날짜》 필드 값이 2015-11-10 ~ 2015-11-20 사이를 제외한 날짜 셀에 노랑

《Sheet2》의 [A2:A7] 선택 → 《홈》 탭 → 《스타일》 그룹에 《조건부 서식》 → 《새 규칙》 → 《다음을 포함하는 셀만 서식 지정》 → 《셀 값》 → 《제외 범위》 → 《2015-11-10》, 《2015-11-20》 각각 입력하고 《서식》 → 《채우기》에 노랑 → 《확인》 → 《확인》 → 《적용》 하면 빈 셀(A4 셀)도 노랑 → 《새 규칙》 → 《다음을 포함하는 셀만 서식 지정》 → 《빈 셀》 → 서식 지정 없이 《확인》 → 맨 위 항목만 《True일 경우 중지》 체크하면 다음 항목 조건에 걸려도 무시합니다.

UNIT 12 기간 외 조건에 노랑 (수식 이용)

◆ **따라하기**

- 수식으로 이전 내용의 기간 제외 조건의 수량 셀, 노랑

  《Sheet2》의 [A2:B7] 선택하고 A2 셀이 활성 셀인 것을 확인하고 《홈》 탭 → 《스타일》 그룹에 《조건부 서식》 → 《규칙 지우기》 → 《선택한 셀의 규칙 지우기》 → 《조건부 서식》 → 《새 규칙》 → 《수식을 사용하여 서식을 지정할 셀 결정》 → 아래 입력란에 수식을 다음과 같이 입력 → 《서식》 → 《채우기》 → 노랑 선택 → 《확인》

  수식 : =AND(OR($A2〈DATE(2015,11,10), $A2〉DATE(2015,11,20)), $A2〈〉"")

  이 수식의 결과가 TRUE인 행에 서식이 들어갑니다.

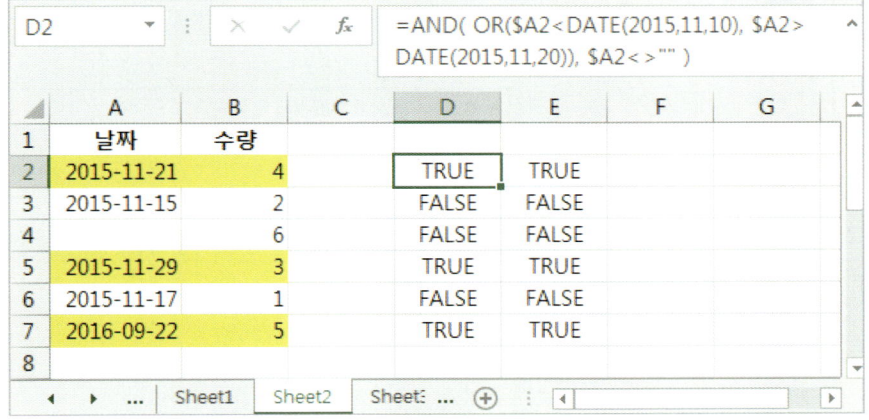

- 수식 입력할 때 A2 셀을 선택하면 $A$2로 나오고 F4 키를 몇 번 누르면 $A2로 바뀌고 F2 키를 누르면 《상태 표시줄》 좌측이 《편집》으로 바뀌어 〈화살표〉 키로 커서를 이동시킬 수 있고 한 번 더 누르면 《입력》으로 바뀌어 〈화살표〉 키로 셀을 선택할 수 있습니다.

UNIT 13   조건부 서식의 수식 적용 시 주의할 점

수식을 이용한 조건부 서식은 선택 셀 범위에 활성 셀이 맨 위, 맨 왼쪽이어야 합니다. 즉, 《Sheet2》의 [A2:B7] 선택 시 선택한 상태에서 Enter 를 몇 번 쳐서 B5 셀을 활성화하고 적용하면 결과가 엉뚱하게 됩니다. 꼭 A2 셀이 활성 셀이어야 합니다.

UNIT 14   조건부 서식의 수식 원리 (중요)

조건부 서식의 수식 법은 실무에서 자주 활용합니다.
- 수식 조건부 서식의 궁극적인 이유는 예컨대 한 열에서 조건에 맞는 셀이 있으면 그 셀과 같은 행의 모든 셀에 서식을 적용하기 위함입니다.
- **이해 방법** : 해당 수식을 선택 셀 범위의 활성 셀에 넣고 나머지 선택 범위를 채우기 핸들로 끌어 수식을 복사해서, 그 값이 TRUE(참)인 셀만 서식이 들어간다고 생각하세요. 이때 수식의 순환 참조는 없다는 가정입니다.

  이것을 쉽게 하려면 수식을 넣을 셀과 같은 행의 빈 열에 수식을 넣고 채우기 핸들을 끌어서 TRUE / FALSE 확인 합니다. 예컨대, Sheet2, D2 셀에 다음 수식을 넣고 =AND(OR($A2〈DATE(2015,11,10), $A2〉DATE(2015,11,20)), $A2〈〉"") 채우기 핸들을 아래로 옆으로 각각 끌어 [D2:E7] 범위를 완성하고 TRUE 인 셀이 조건부 서식이 적용될 셀로 이해하면 됩니다.

UNIT 15   배열 수식

수식 적용 시 배열식도 가능한데, 일반 배열식과 다르게 Ctrl + Shift + Enter 입력이 필요 없습니다.

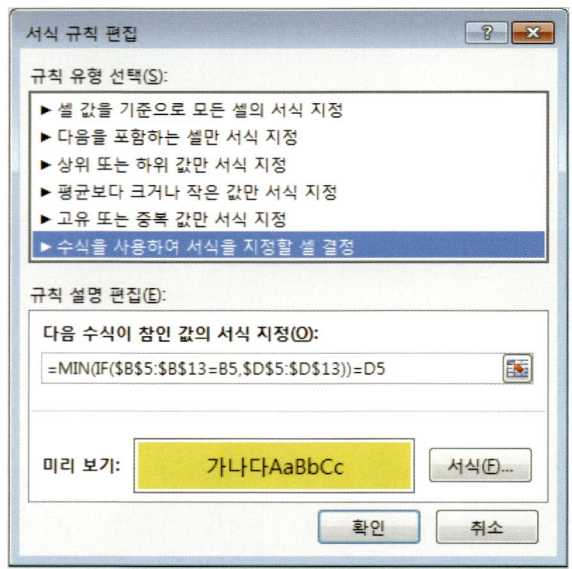

UNIT 16 다른 시트 참조 수식

조건부 서식의 수식 적용 시 다른 시트에 셀을 직접 참조하는 것은 엑셀2010 이상 버전에서 가능하고, 엑셀2007은 《이름 정의》나 INDIRECT 함수로 다른 시트를 참조할 수 있습니다.

UNIT 17 두 셀을 비교하여 큰 값에 노랑

◆ **따라하기 1**

- 수식 조건으로 값을 비교하여 큰 값에 노랑 칠하기

  《Sheet3》의 [D2:E7] 선택하고 D2 셀이 활성화 →《홈》 탭 →《스타일》 그룹에《조건부 서식》→《새 규칙》→《수식을 사용하여 서식을 지정할 셀 결정》→《다음 수식이 참인 값의 서식 지정》란에 수식 =MAX($D2:$E2)=D2 입력 →《서식》눌러 노랑 설정하고《확인》

	A	B	C	D	E	F
1	품목명	수량	단위	전 견적가	현 견적가	인상률(%)
2	바나나	1	box	12500	11000	-12%
3	파인애플	1	box	13000	14000	8%
4	참기름	1	ea	9000	8000	-11%
5	양배추	1	box	25000	27000	8%
6	사과	1	box	33000	32000	-3%
7	배	1	box	40000	40000	0%

UNIT 18 표에 다양한 조건부 서식

◆ **따라하기 1**

- 《실행률》필드 값이 110% 초과면 노랑, 100% 초과면 주황 칠하기

  《Sheet4》의 [F2:F12] 선택 →《홈》 탭 →《스타일》 그룹에《조건부 서식》→《셀 강조 규칙》→《보다 큼》→ 110% →《적용할 서식》란에《사용자 지정 서식…》→ 노랑 →《확인》→ 다시《조건부 서식》→《규칙 관리》→《새 규칙》→《다음을 포함하는 셀만 서식 지정》→《셀 값》, 《〉》, 《100%》로 각각 3개를 설정하고《서식》→ 주황 →《확인》→《확인》→《적용》누르면 셀에 노랑이 사라지므로《조건부 서식 규칙 관리자》창에 세모 단추를 눌러 해당 서식 항목을 아래로 내리고《적용》을 누르면 정상 적용됩니다.

	A	B	C	D	E	F	G
1	구분	공종명	도급금액	실행금액	현장실행	실행률	계약금액
2	외주비	도장공사	101,000	101,000	120,000	118%	0
3	외주비	도배공사	42,000	42,000	42,000	100%	0
4	외주비	가구공사	16,000	16,000	17,000	106%	0
5	자재비	습식자재	277,000	277,000	277,000	100%	292,700
6	자재비	타일자재	146,000	146,000	146,000	100%	0
7	자재비	잡자재	89,000	89,000	89,000	100%	0
8	자재비	하드웨어	893,500	893,500	893,500	100%	289,050
9	장비비	카고	0	0	0	0%	200,000
10	장비비	지게차	7,000	7,000	7,000	100%	0
11	추가비	보험료	0	0	0	0%	0
12	추가비	상수도비	0	0	0	0%	147,000

F2 = `=IFERROR(TRUNC(E2/D2,2),0)`

— 백분율에서 100%는 숫자 1과 같습니다. 따라서 110%는 1.1이 됩니다.
— 조건에서 1.1보다 큰 조건이 먼저 와야 1보다 큰 조건을 무시합니다.

◆ **따라하기 2**

• 수식 조건으로 《계약금액》이 《도급금액》보다 크면 노랑 칠하기 (수식 이용)

《Sheet4》의 [G2:G12] 선택하고 G2 셀이 활성화 → 《홈》 탭 → 《스타일》 그룹에 《조건부 서식》 → 《새 규칙》 → 《수식을 사용하여 서식을 지정할 셀 결정》 → 《다음 수식이 참인 값의 서식 지정》란에 수식 =G2>C2 입력 → 《서식》 → 《채우기》 → 노랑 선택 → 《확인》

	A	B	C	D	E	F	G
1	구분	공종명	도급금액	실행금액	현장실행	실행률	계약금액
2	외주비	도장공사	101,000	101,000	120,000	118%	0
3	외주비	도배공사	42,000	42,000	42,000	100%	0
4	외주비	가구공사	16,000	16,000	17,000	106%	0
5	자재비	습식자재	277,000	277,000	277,000	100%	292,700
6	자재비	타일자재	146,000	146,000	146,000	100%	0
7	자재비	잡자재	89,000	89,000	89,000	100%	0
8	자재비	하드웨어	893,500	893,500	893,500	100%	289,050
9	장비비	카고	0	0	0	0%	200,000
10	장비비	지게차	7,000	7,000	7,000	100%	0
11	추가비	보험료	0	0	0	0%	0
12	추가비	상수도비	0	0	0	0%	147,000

◆ **따라하기 3**

- 수식 조건으로《구분》필드에 값이 바로 아래 셀 값과 다르면 그 행에 적색 테두리

  《Sheet4》의 [A2:A12] 선택하고 A2 셀이 활성화 → 《홈》 탭 → 《스타일》 그룹에 《조건부 서식》 → 《새 규칙》 → 《수식을 사용하여 서식을 지정할 셀 결정》 → 입력란에 수식 =$A2<>$A3 입력 → 《서식》 → 《테두리》 → 《색》 → 빨강 선택 → 우측에 아래쪽 테두리 클릭 → 《확인》

	A	B	C	D	E	F	G
1	구분	공종명	도급금액	실행금액	현장실행	실행률	계약금액
2	외주비	도장공사	101,000	101,000	120,000	118%	0
3		도배공사	42,000	42,000	42,000	100%	0
4		가구공사	16,000	16,000	17,000	106%	0
5	자재비	습식자재	277,000	277,000	277,000	100%	292,700
6		타일자재	146,000	146,000	146,000	100%	0
7		잡자재	89,000	89,000	89,000	100%	0
8		하드웨어	893,500	893,500	893,500	100%	289,050
9	장비비	카고	0	0	0	0%	200,000
10		지게차	7,000	7,000	7,000	100%	0
11	추가비	보험료	0	0	0	0%	0
12		상수도비	0	0	0	0%	147,000
13							

— 엑셀2007 버전에서는 표에 검정 테두리가 있는 상태에서 하면 이것이 적용되지 않으므로 테두리가 없거나 회색 등으로 테두리를 치세요.

◆ **따라하기 4**

- 수식 조건으로《구분》필드에 연속으로 나오는 중복 값은 회색 글꼴

  《Sheet4》의 [A2:A12] 선택하고 A2 셀이 활성화 → 《홈》 탭 → 《스타일》 그룹에 《조건부 서식》 → 《새 규칙》 → 《수식을 사용하여 서식을 지정할 셀 결정》 → 입력란에 수식 =A1=A2 입력→《서식》 → 《글꼴》 → 《색》 → 적당히 흐린 회색 선택→《확인》

	A	B	C	D	E	F	G
1	구분	공종명	도급금액	실행금액	현장실행	실행률	계약금액
2	외주비	도장공사	101,000	101,000	120,000	118%	0
3		도배공사	42,000	42,000	42,000	100%	0
4		가구공사	16,000	16,000	17,000	106%	0
5	자재비	습식자재	277,000	277,000	277,000	100%	292,700
6		타일자재	146,000	146,000	146,000	100%	0
7		잡자재	89,000	89,000	89,000	100%	0
8		하드웨어	893,500	893,500	893,500	100%	289,050
9	장비비	카고	0	0	0	0%	200,000
10		지게차	7,000	7,000	7,000	100%	0
11	추가비	보험료	0	0	0	0%	0
12		상수도비	0	0	0	0%	147,000
13							

– 이렇게 하면 중복 글자를 흐린 회색으로 처리하여 식별이 용이합니다.

UNIT 19   막대 크기로 시각화

《Sheet5》의 [C1:C13] 선택 → 《홈》 탭 → 《스타일》 그룹에 《조건부 서식》 → 《데이터 막대》의 《그라데이션 채우기》

※ 엑셀2007에서 범위에 오류 값(예: #N/A)이 있으면 이 데이터 막대 서식은 작동하지 않습니다. 《홈》 탭 → 《스타일》 그룹에 《조건부 서식》 → 《색조》나 다음에 나오는 《아이콘》도 마찬가지.

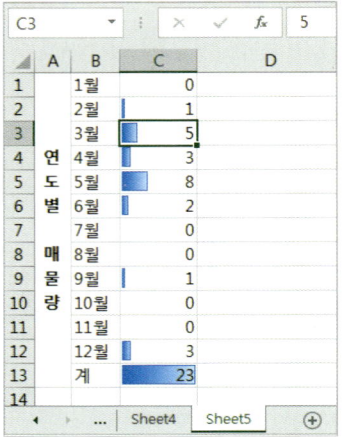

UNIT 20   아이콘으로 시각화

《Sheet5》의 [F3:F11] 선택 → 《홈》 탭 → 《스타일》 그룹에 《조건부 서식》 → 《아이콘 집합》

– 아이콘을 세밀하게 조정하려면 《아이콘 집합》 → 《기타 규칙》

UNIT 21   조건부 서식의 증폭으로 급격한 속도 저하

- 엑셀 문서 처리 속도가 상당히 저하되는 경우가 있는데 이때는 이 조건부 서식을 의심해볼 필요가 있습니다.
- **현상** : Alt + O , D 로 《조건부 서식 규칙 관리자》 창을 열고 상단의 시트를 선택하면서 보면 상당한 양의 규칙 개수가 존재.
- **당부** : 조건부 서식을 남발하지 마시고 가끔씩 조건부 서식 창을 열어 체크해보시고, 매크로로 이 서식을 지우고 재생성하도록 하세요.

CHAPTER 23 중복/고유

6부\중복.xlsx

UNIT 01 표에 중복 행 제거

- 중복된 맨 위에 행만 남기고 삭제하는 법

◆ 따라하기

《중복행》 시트의 데이터에 임의의 셀(예: B5 셀) 선택 → 《데이터》 탭 → 《데이터 도구》 그룹에 《중복된 항목 제거》 → 《확인》

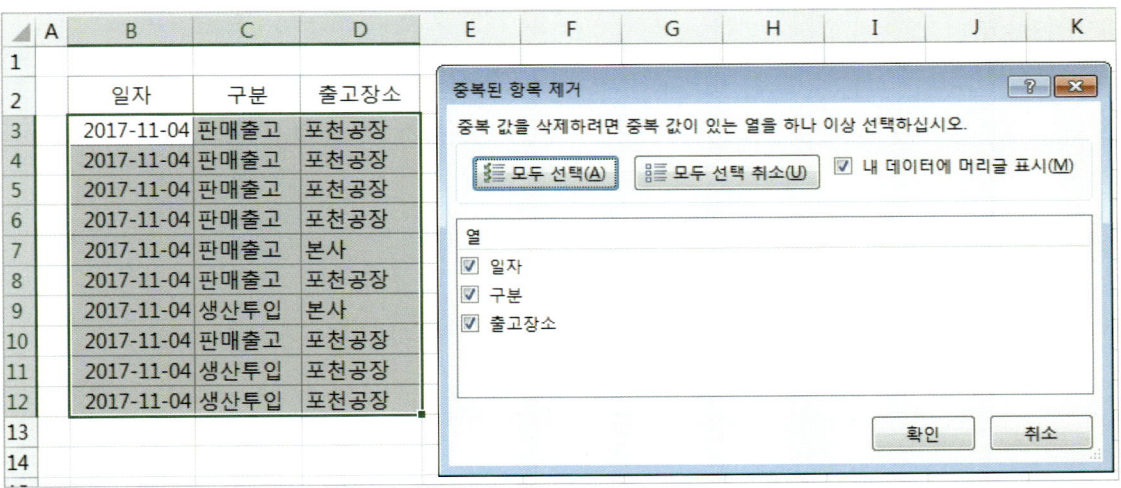

- 중복 항목 행 제거 후, Ctrl + Z 하면 원래대로 복원됩니다.
- 《중복된 항목 제거》 창 열기 단축키 : Alt + A , M
- 이 창에서 《일자》, 《구분》만 체크하면 그 두 개 열 기준으로 중복을 찾아 행을 삭제합니다.
- 창에 《내 데이터에 머리글 표시》를 체크하면서 셀 선택 범위를 확인하고 대상 범위가 선택될 때 실행하면 됩니다.

UNIT 02 　중복 행 숨기고 고유 행을 다른 셀에 복사

- 중복된 맨 위에 행만 남기고 고급 필터로 모두 숨기기

◆ 따라하기

《중복행2》 시트의 표에 한 셀 선택 → 《데이터》 탭 → 《정렬 및 필터》 그룹에 《고급》 → 《동일한 레코드는 하나만》 체크 → 《확인》 → 《홈》 탭 → 《클립보드》 그룹 아이콘 → 결과 범위 [B2:D6]을 Ctrl + C 하면 눈에 보이는 셀만 복사됩니다. → 다른 시트 선택 → 《클립보드》 작업창에 복사한 항목 클릭

- 고급 필터 방법을 사용했으며 필터 해제는 《데이터》 탭 → 《정렬 및 필터》 그룹에 《지우기》

UNIT 03 　필드 기준 중복 셀 제거

- 《구분》 필드의 중복된 맨 위에 셀만 남기고 삭제하는 법

◆ 따라하기

《중복행2》 시트의 [C2:C12] 선택 → 《데이터》 탭 → 《데이터 도구》 그룹에 《중복된 항목 제거》 → 《현재 선택 영역으로 정렬》 더블 클릭 → 《확인》

UNIT 04 　중복 행 색깔

- 중복된 행에 조건부 서식으로 노랑 색칠
  우선, 조건부 서식을 지워야 하므로 《홈》 탭 → 《스타일》 그룹에 《조건부 서식》 → 《규칙 지우기》 → 《시트 전체에서 규칙 지우기》로 노랑을 모두 지움

◆ 따라하기

《색깔》 시트의 [B3:D9] 선택 → 《홈》 탭 → 《스타일》 그룹에 《조건부 서식》 → 《새 규칙》 → 《수식을 사용하여 서식을 지정할 셀 결정》 → 아래 입력란에 =COUNTIFS($B:$B,$B3,$C:$C,$C3,$D:$D,$D3)>1 → 《서식》 → 《채우기》 → 노랑 선택하고 《확인》 → 《확인》 → 《확인》

UNIT 05 고유 순번 입력과 개수

- 처음 나오는 셀만 순번 매기기

◆ **따라하기**

《번호》 시트의 D3 셀에 《1》 입력→ D4 셀에 다음 수식 넣고 채우기 핸들 끌기

D4 셀 수식 : =IF(COUNTIF($C$3:C4,C4)=1,MAX($D$3:D3)+1,"")

	A	B	C	D	E	F	G
1							
2			대상자	고유순번		고유개수	
3			홍길동	1		7	
4			갑돌이	2		7	
5			갑순이	3			
6			갑순이				
7			갑순이				
8			이이	4			
9			이이				
10			장길산	5			
11			정몽주	6			
12			권율	7			
13			권율				
14			권율				
15							

- 고유 개수

    F3 셀 수식 : =SUMPRODUCT(1/COUNTIF(C3:C14,C3:C14))

    이 수식은 데이터가 많으면 매우 느려지므로 고유순번을 매긴 후 MAX 함수로 얻는 것이 속도면에서는 우수합니다.

    F4 셀 수식 : =MAX(D3:D14)

UNIT 06 중복 셀 개수 넣기

- 《중복》 시트에 수식을 넣어 중복 셀의 개수를 넣습니다.

    《중복》 시트의 C2 셀 수식 : =COUNTIFS($B$2:$B$13,B2)

    이 셀의 채우기 핸들을 아래로 끌어 완성

UNIT 07 두 열을 비교한 중복 여부

• 《중복2》 시트의 노랑 각 셀을 주황에서 찾아서 있으면 《중복》, 없으면 《-》으로 쓰기

《중복2》 시트의 C2 셀 수식 : =IF(COUNTIFS(D:D,B2)>0,"중복","-")

이 셀의 채우기 핸들을 아래로 끌어 완성

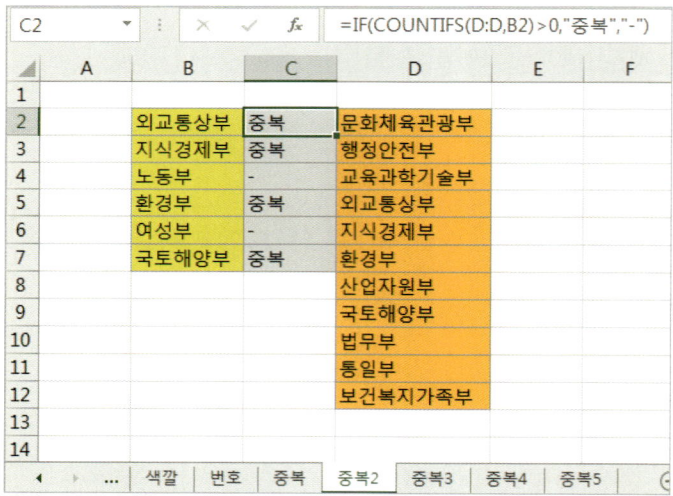

UNIT 08 두 열을 비교하여 중복 시 옆 셀 값 넣기

• 《중복2》 시트의 노랑 각 셀을 주황에서 찾아서 있으면 B열 데이터 가져오고, 없으면 《-》 입력

《중복3》 시트의 E1 셀 수식 : =IFERROR(INDEX(B:B,MATCH(D1,A:A,0)),"-")

이 셀의 채우기 핸들을 아래로 끌어 완성

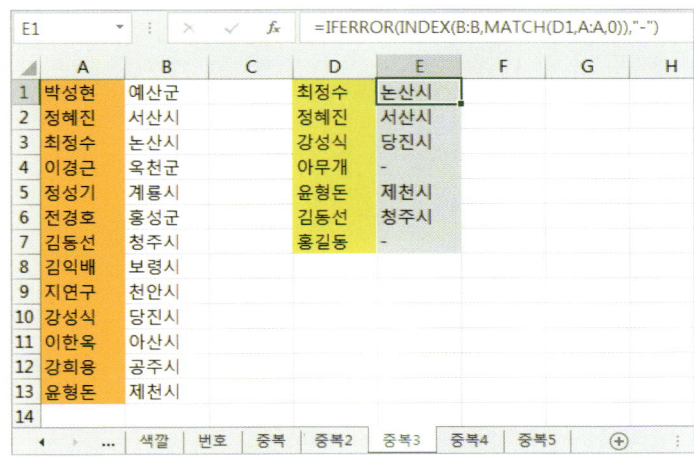

UNIT 09 두 열을 비교하여 중복 값만 가져오기

- 《중복4》 시트의 노랑 각 셀을 주황에서 찾아서 있는 값만 빈 열에 입력

  《중복4》 시트의 C1 셀 수식 : =MATCH(A2,$B$2:$B$17,0)

  《중복4》 시트의 D1 셀 수식 : =INDEX($C$2:$C$10,1/LARGE(INDEX(NOT(ISERROR($C$2:$C$10))/(ROW($C$2:$C$10)-1),),ROW(C2)-1))

  《중복4》 시트의 E1 셀 수식 : =IFERROR(INDEX($B$2:$B$17,D2),"")

  [C2:E2] 선택하고 채우기 핸들을 아래로 10행까지 끌어 완성

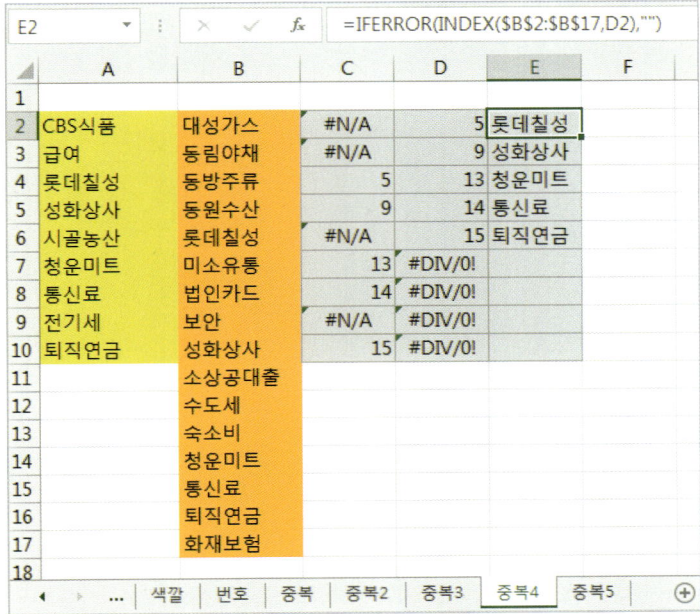

UNIT 10 한 열에 중복 건과 그 개수

- 《중복5》 시트의 [A1:A16]를 선택하고 《삽입》 탭 → 《표》 그룹에 《피벗 테이블》로 그림과 같이 구성하고 필터 단추를 눌러 《값 필터》로 1보다 큰 것만 필터

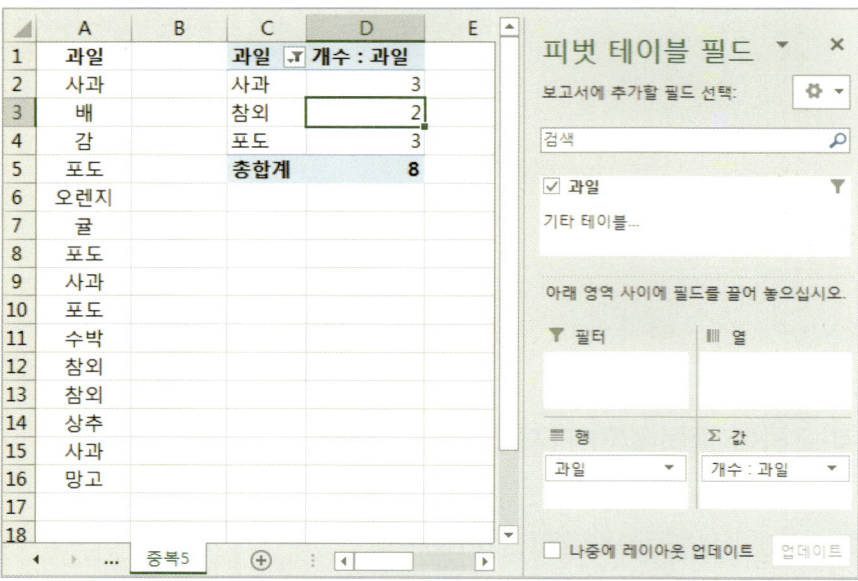

24 CHAPTER 차트 (그래프)

6부\차트_원본.xlsx
6부\차트_결과.xlsx

데이터의 흐름을 시각적으로 파악하기 위해 사용하며, 엑셀에서는 이것을 차트(Chart)라고 하는데, 일반 사용자는 그래프(Graph)라고도 말합니다.

UNIT 01 개요

- **위치** : 《삽입》 탭 → 《차트》 그룹
- **개념** : 셀 데이터를 시각적인 그래프로 표현
- **단축키** : Alt + I , H 또는 Alt + F1 으로 바로 차트 생성

UNIT 02 차트, 빠른 생성

- 표를 선택하고 Alt + F1 으로 차트 생성

◆ 따라하기

《기초》 시트, 임의의 데이터 셀 선택 → Alt + F1 → 《디자인》 탭 → 《데이터》 그룹에 《행/열 전환》 → 《데이터》 그룹에 《데이터 선택》 → 《연도》가 선택되어 있고 《제거》 → 《가로(항목) 축 레이블》란에 《편집》 → [A4:A7] 범위 선택 → 《확인》 → 《확인》

	A	B	C	D
1				
2				
3	연도	서울	부산	군산
4	2017	8	7	9
5	2016	6	4	9
6	2015	9	10	5
7	2014	4	2	8
8				
9				

기초 / 표모양 / 선택범위 / 빈셀

– 엑셀2013 이상은 《삽입》 탭 → 《차트》 그룹에 《추천 차트》에 세 번째 항목

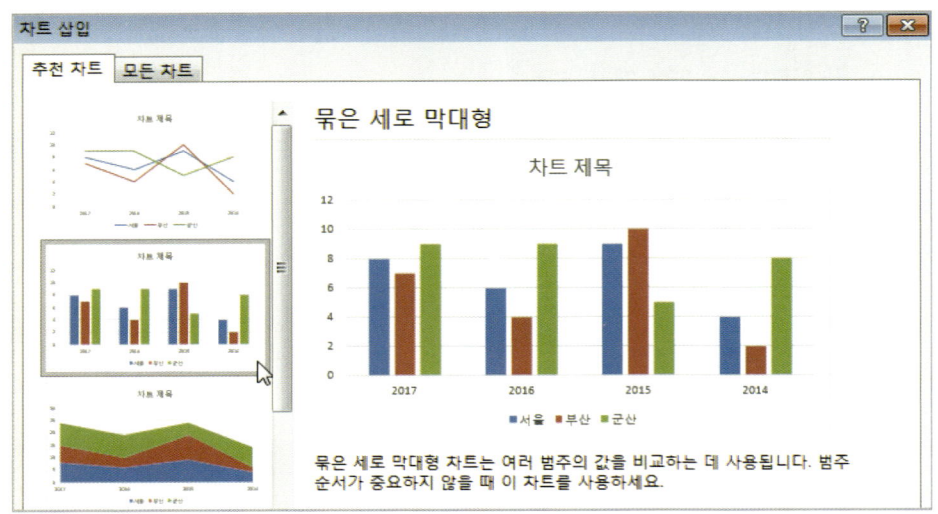

UNIT 03   축 레이블 표시 형식

《기초》 시트의 x축(연도)에 숫자만 있는데 《년》을 끝에 표시하려고 합니다.

- **방법** : 《기초》 시트, x축 선택 → 마우스 우측 버튼 → 축 서식 → 《표시 형식》 → 《서식 코드》를 《G/표준년》으로 수정

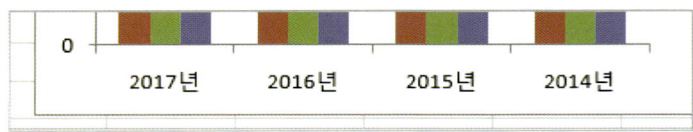

– G/표준"년"으로 입력해도 됩니다.

UNIT 04   축 레이블 수동 설정

보통, 축의 이름은 셀을 참조하지만 셀 참조 없이 값을 입력하여 표현할 수 있습니다.

- **방법** : 차트에 마우스 우측 버튼 → 《데이터 선택》 → 우측 리스트에 《편집》 → 《내년,올해,작년,제작년》 입력 후, 《확인》 → 《확인》

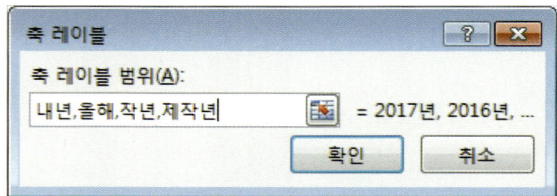

UNIT 05   셀 복사로 차트에 계열 추가

셀 범위를 Ctrl + C → 차트 선택 후, Ctrl + V 로 차트에 계열 추가가 가능합니다.

◆ 따라하기

《기초》시트, C열 머리글에 마우스 우측 버튼 → 《삽입》으로 열 삽입 → C3 셀에 《제주》입력 후, 아래 4개 셀에 각각 3,5,2,2 입력 → [C3:C7] 선택하고 Ctrl + C → 차트 선택하고 Ctrl + V 하면 차트에 계열이 끝에 추가됨 → 차트에 마우스 우측 버튼 → 《데이터 선택》 → 《제주》 선택하고 《위로 이동》 단추 눌러 《서울》 아래에 배치

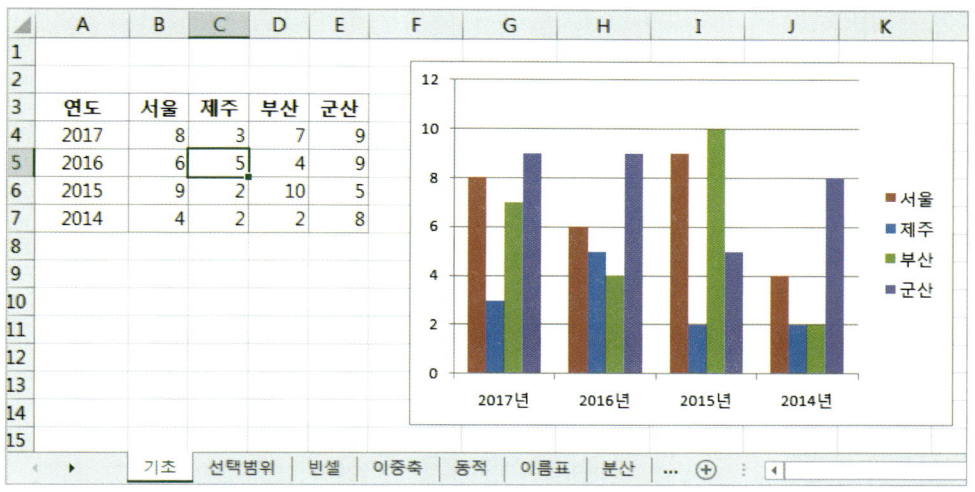

UNIT 06 차트 생성에 맞는 표 구조

표의 구조가 엑셀에서는 매우 중요한데, 이 형태에 따라 일이 쉽거나 어려워지기 때문입니다. 표 구조는 크게 엑셀 구조와 DB 구조가 있습니다.

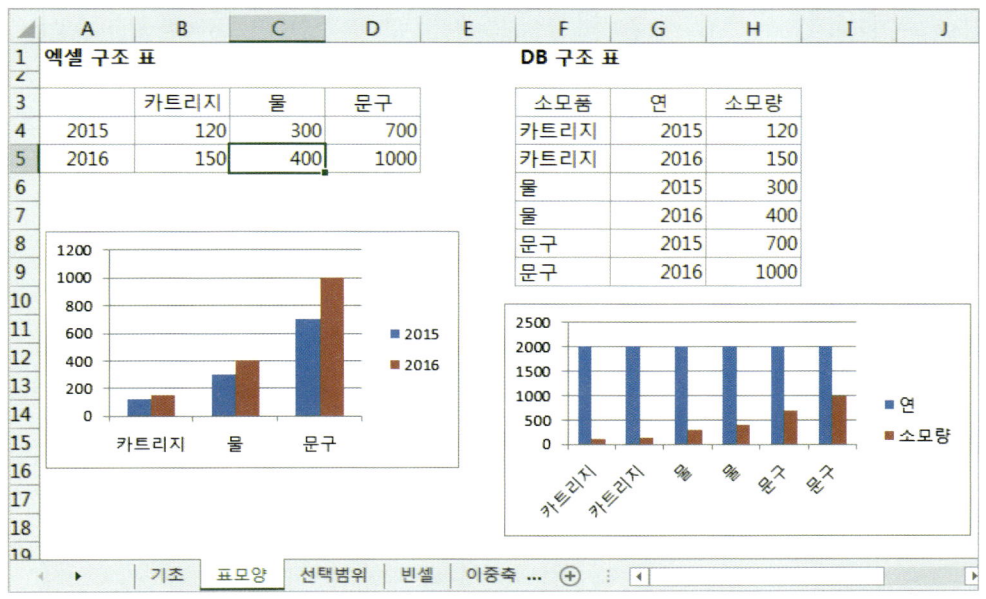

- 엑셀 구조
- 행과 열을 조직적으로 분류하여 적은 데이터량으로 표를 구성하는 구조.
  예)《표모양》시트의 [A3:D5] 범위가 일반적인 엑셀 사용자들의 표 설계 구조
- DB 구조
- 이것은 데이터베이스를 공부했거나 업무용 프로그램 개발자의 표 설계 법인데 한 시트에 모든 자료를 간단하게 장부식으로 나열하는 것입니다.
  예) 일년 데이터를 한 시트의 한 표에 모조리 입력
  예)《표모양》시트의 [F3:H9] 범위
- 정리
  DB 구조로 표를 만들면 엑셀의 유용한 피벗이나 함수, 매크로 등을 써서 보다 체계적인 처리를 할 수 있으며, 엑셀 구조로 표를 만드는 것은 최종 출력물이나 차트를 만들 때 의미가 있습니다.
- 예제
  《표모양》시트에 B3 셀 선택 → [Alt]+[F1]을 누르면 차트가 쉽게 만들어집니다. 하지만 F3 셀을 선택하고 [Alt]+[F1]하면 이상한 차트가 만들어집니다.

UNIT 07 특정 범위를 제외한 차트 생성

《기초》시트에 서울 데이터는 제외한 차트를 생성하려면 [A3:A7] 선택하고 [Ctrl] 누른 채 [C3:D7] 선택 즉, [A3:A7,C3:D7] 선택하고 [Alt]+[F1]

UNIT 08 열 숨기고 차트 생성

- 《선택범위》시트,《생산량》열만 차트 생성

◆ 따라하기

《선택범위》시트, 임의의 한 셀 선택 → [Ctrl]+[F] →《% of Detail》→ [Alt]+[I] → [Shift]+[End] → [Esc] → [Ctrl]+[0]으로 선택 열을 숨기기 → A2 셀 선택하고 [Ctrl]+[Shift]+[→] → [Ctrl] 누른 채 A5 셀 선택 → [Ctrl]+[Shift]+[↓] → [Ctrl]+[Shift]+[→] → [Alt]+[F1]

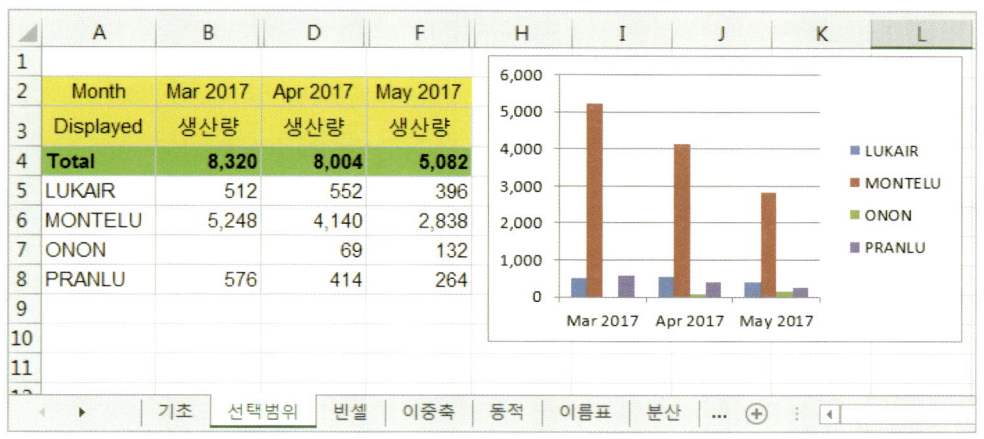

UNIT 09 차트의 그림화

- 《선택범위》시트, 차트를 그림으로 복사해 숨긴 열을 펼쳐도 차트 모양 유지

◆ **따라하기**

- 《선택범위》시트, 차트 외곽선 클릭하고 엑셀2010 이상 버전은 《홈》 탭 → 《클립보드》 그룹에 《복사》 세모 → 《그림으로 복사》 → 《비트맵》 선택하고 《확인》 → 임의의 셀 선택하고 Ctrl + V
- 엑셀2007은 《그림으로 복사》 단추가 《홈》 탭 → 《클립보드》 그룹에 《붙여넣기》 세모 → 《그림 형식》에 있습니다.

UNIT 10 숨긴 행의 자료도 차트에 반영

숨긴 행/열의 자료도 표시하려면 차트에 마우스 우측 버튼 → 《데이터 선택》 → 《숨겨진 셀/빈 셀》 → 《숨겨진 행 및 열에 데이터 표시》 체크

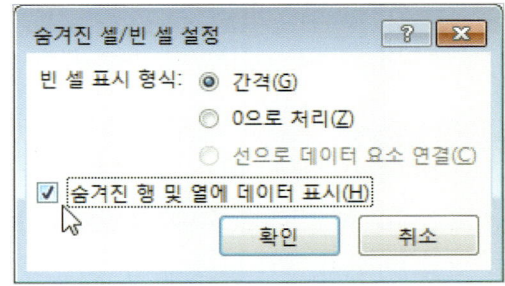

UNIT 11 차트 위치와 크기 고정

- 《선택범위》시트, 차트 근처의 행이나 열을 숨기거나 펼치면 차트 위치와 크기가 바뀌는데 그것을 막는 방법

  방법 : 《선택범위》시트에 차트 선택하고 《서식》 탭 → 《크기》 그룹 아이콘 → 《속성》 → 《변하지 않음》

UNIT 12 **기본 차트 바꾸기**

임의의 데이터 셀에 Alt + I , H 로 《차트 삽입》 창을 띄우고 기본형으로 정할 차트에 마우스 우측 버튼 → 《기본 차트로 설정》

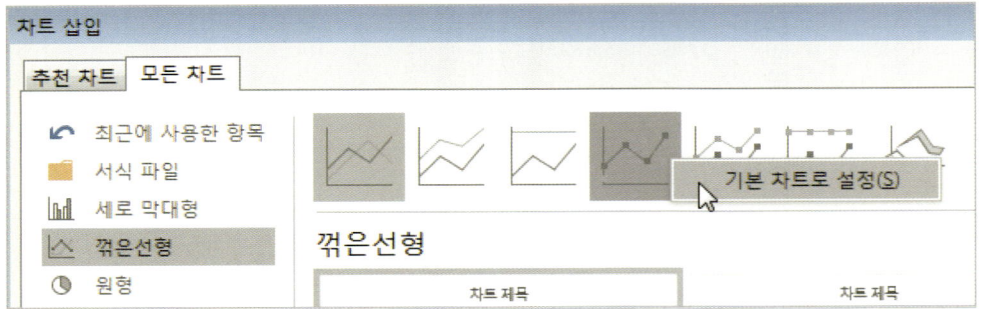

– 엑셀2010 이하 버전은 《차트 삽입》 창에 기본형으로 정할 차트 선택하고 아래에 《기본 차트로 설정》 클릭
– 기본 차트는 한 번 설정하면 이후 생성되는 모든 문서의 차트에 적용됩니다.

UNIT 13 **빈 차트 생성**

빈 셀 선택 → Alt + F1 → 《디자인》 탭 → 《데이터》 그룹 → 《데이터 선택》
– 여기서 빈 셀의 의미 : 이 셀 주변 8개(상, 하, 좌, 우, 대각선4개) 셀에 내용이 없는 셀을 뜻합니다.

UNIT 14 **차트의 참조 데이터 바꾸기**

차트에 한 계열(막대 차트라면 막대 하나가 계열임)을 선택하면 참조 셀의 외곽선에 색깔이 나오고 그 외곽선을 원하는 위치로 드래그하면 참조 셀을 바꿀 수 있습니다.

UNIT 15 **수식의 결과 빈 문자(="")의 차트 반영**

- 수식 결과로 《범례 항목(계열)》 값이 빈 문자("") 즉, 빈 셀을 차트에 표시하지 않으려면 수식 결과가 오류 값(예: #N/A나 #VALUE! 등)으로 나와야 합니다.
- – 하지만 《항목》의 오류 값은 차트에 표시됩니다.

◆ **따라하기**

《빈셀》 시트의 A3 셀 선택 → Alt + F1 → 《디자인》 탭 → 《종류》 그룹에 《차트 종류 변경》 → 《세로 막대형》의 《표식이 있는 꺾은선형》 → B5 셀 수식은 =IF(B1="",NA( ),B1)로 하고 우측으로 채우기 핸들 끌기

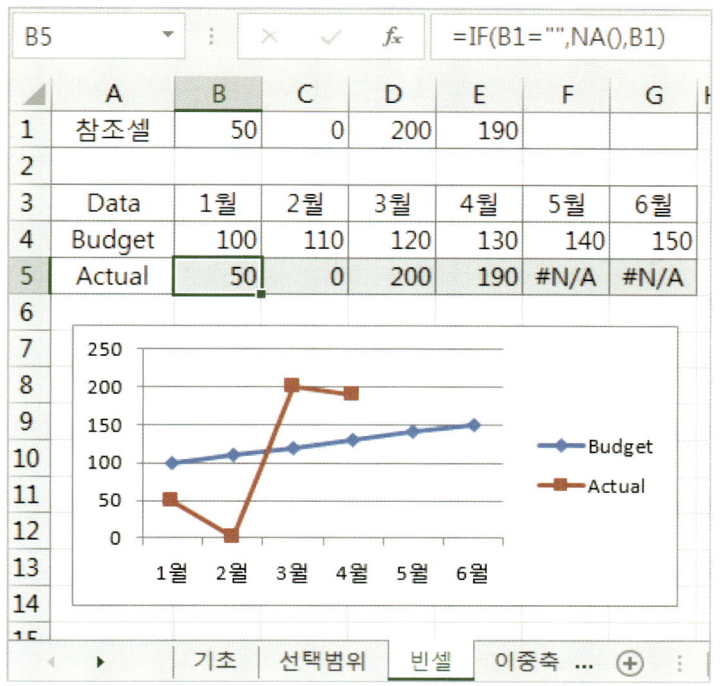

UNIT 16   수식이 아닌 값 데이터의 빈 셀 처리

참고 차트 : 《빈셀》 시트의 오른쪽 차트

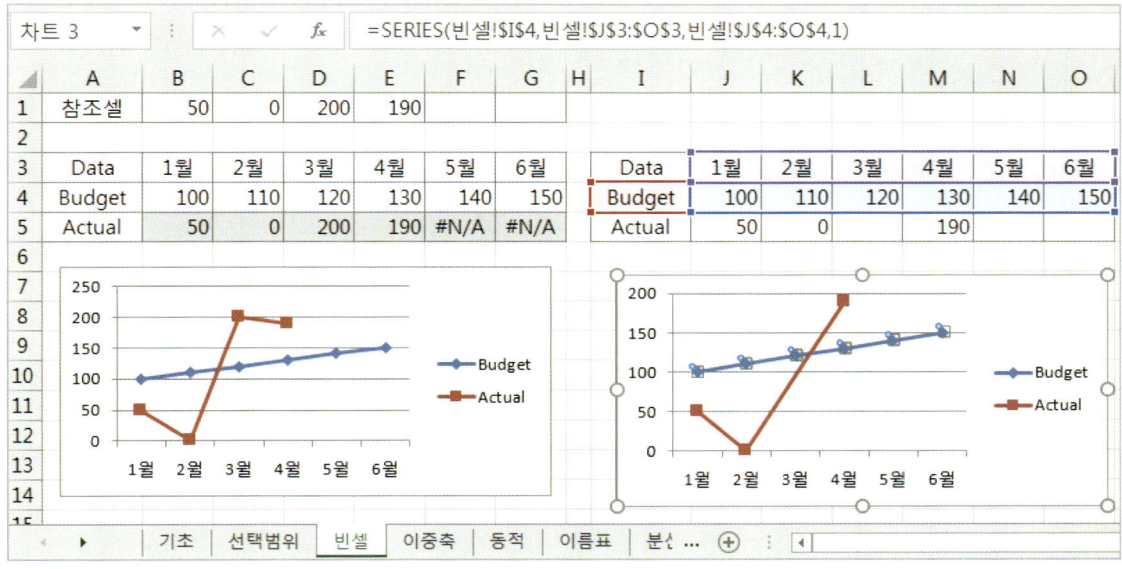

- 수식의 결과가 빈 문자("") 인 경우에는 #N/A를 사용하여 차트에서 숨길 수 있으나 셀이 비어있는 즉, 순수한 빈 셀일 때는 세 가지 설정으로 표현을 나눌 수 있습니다.
- 차트에 마우스 우측 버튼 →《데이터 선택》→《숨겨진 셀/빈 셀》하면《숨겨진 셀/빈 셀 설정》창이 뜨고 빈 셀 쪽에 세 가지가 나옵니다.
1. **간격** : 기본값으로서 빈 셀을 표시하지 않습니다.
2. **0으로 처리** : 0값 표시와 동일하게 표시.
3. **선으로 데이터 요소 연결** : 값과 값 사이에 빈 셀이 연결점같이 표시.
- 수식의 결과, 빈 문자("")는 세 가지 경우 모두 두 번 째《0으로 처리》와 동일하게 처리됩니다.

UNIT 17 키보드로 차트 이동이나 크기 조정

Ctrl 누른 채, 차트 선택하고 다음 키를 누름
- **차트 이동** : 〈화살표〉키
- **차트 크기 (엑셀2013 이상)** : Shift +〈화살표〉키
- Ctrl + Shift +〈화살표〉키는 세밀하게 조정

UNIT 18 이중 차트 (콤보 차트, 이중 그래프)

《이중축》시트의 데이터에 한 셀 선택 → Alt + F1 하고 다음을 보세요.
- **엑셀2013 이상** :《디자인》탭에《차트 종류 변경》→ 모든 차트 → 콤보 → 수수료율《보조 축》에 체크하고 Enter

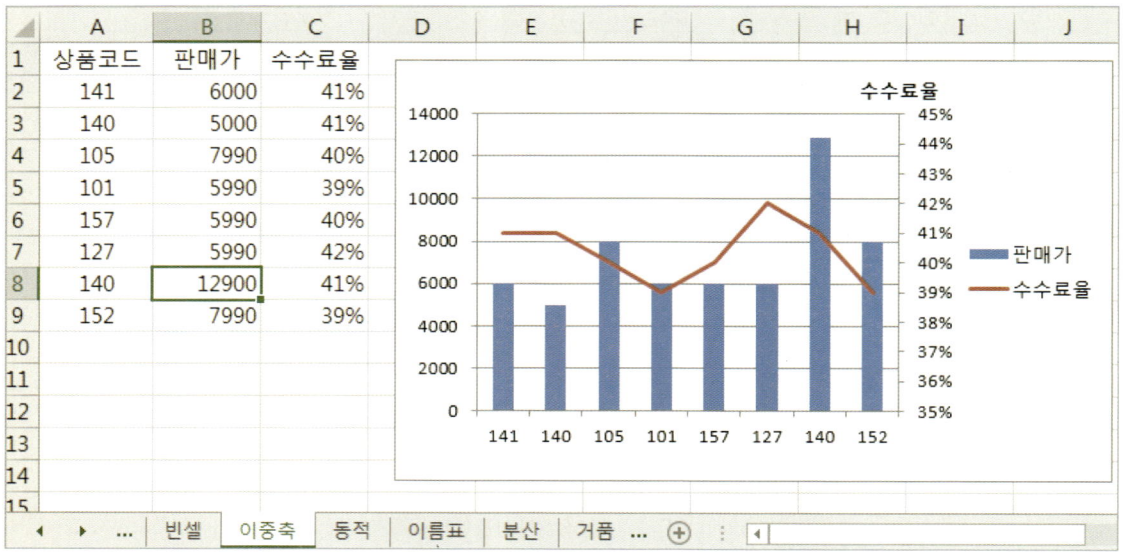

- **엑셀2010 이하** : 차트에 《판매가》 막대 선택 → ↑ → Ctrl + 1 → 《보조 축》 체크→《닫기》→ 《디자인》 탭에 《차트 종류 변경》 → 꺾은선형 선택 → Enter

UNIT 19 차트 요소 선택

임의의 차트 선택 →《서식》 탭에 《현재 선택 영역》 그룹에 세모 단추

UNIT 20 세로 축 범위 고정

- 《이중축》 시트의 《수수료율》 값을 35% ~ 45%로 고정하기
  차트 오른쪽 축 선택 → 마우스 우측 버튼 → 축 서식 →《최소값》의《고정》→ 0.35 → 최대값은 0.45

UNIT 21 축 이름 설정

- **엑셀2013 이상** : 차트 선택 → 우측에 《+》 단추 →《축 제목》 →《+》 단추 또 눌러 닫고 우측 창에 맨 끝에 단추(《크기 및 속성》) →《텍스트 방향》을 《가로》→《축 제목》 안쪽을 클릭하여 《수수료율》로 수정하고 적당한 위치로 드래그
- **엑셀2010 이하** : 차트 선택 →《레이아웃》 탭에 《레이블》 그룹에 《축 제목》 →《보조 세로 축 제목》에 《가로 제목》 →《축 제목》 안쪽을 클릭하여 《수수료율》로 수정하고 적당한 위치로 드래그

UNIT 22 가로 축 항목이 데이터와 다른 경우

- 《동적》 시트, 데이터 한 셀 선택 → Alt + F1 → 가로 축 날짜가 이상해집니다.
- **해결법** : 차트 가로 축에 마우스 우측 버튼 → 축 서식 →《텍스트 축》

UNIT 23 《이름》을 이용한 동적 차트

- 《동적》 시트, 노란 셀에 연속 날짜 수를 적용하여 차트 자동 생성.
- **방법** : Ctrl + F3 → 새로 만들기 →《이름》은 《날짜범위》, 《참조 대상》은 =OFFSET(동적!$A$2,,,동적!$D$2) →《확인》→ 새로 만들기 →《이름》은 《계열범위》, 《참조 대상》은 =OFFSET(날짜범위,,1) →《확인》→《닫기》

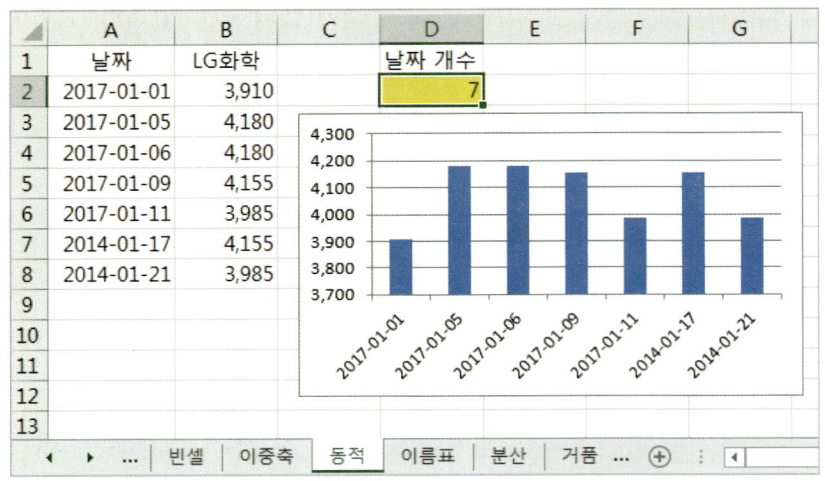

- 《참조 대상》에 수식 입력 시 참조 셀은 타이핑 없이 셀을 선택해서 완성합니다.
- **첫 번째 수식 의미** : A2 셀에서 D2셀 값만큼 아래로 늘린 범위 참조
- **두 번째 수식 의미** : 《날짜범위》참조에서 우측으로 한 열 이동한 범위 참조
- 차트에서 데이터는 셀 주소 대신《이름》으로 다음과 같이 참조합니다.

  차트에 마우스 우측 버튼 → 데이터 선택 →《범례 항목(계열)》에《편집》→《계열 값》에 =동적!계열범위, →《확인》→ 우측의《편집》→ =동적!날짜범위 →《확인》→《확인》하고 나서 노란 셀에 값을 바꾸면 동적으로 차트가 바뀜.

UNIT 24 차트에 도형이나 그림 고정

- 차트에 도형이나 그림을 넣고 차트와 같이 이동시키고 싶은 경우에 다음과 같이 합니다.
- **엑셀2010 이하** : 차트 선택 →《레이아웃》탭에《삽입》그룹
- **엑셀2013 이상** : 이전 버전과 달리《삽입》그룹에 그림이 없으므로 그림이라면《삽입》탭에《일러스트레이션》그룹을 사용.

UNIT 25 가로 축 항목 글자가 세로라면

가로 축 레이블이 세로로 세워진 상태라면 차트 너비를 늘리면 됩니다.

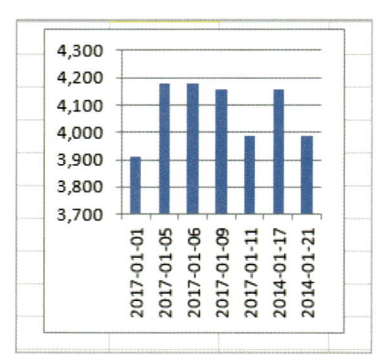

UNIT 26 계열에 이름표 붙이기

막대 차트마다 막대 위에 특정 이름을 넣으려고 합니다.

◆ 따라하기

《이름표》 시트, D2 셀에 수식 =B2 입력 → D2 셀 채우기 핸들을 D5 셀까지 끌기 → [A1:B5] 선택하고 Alt + F1 → [C1:D5]를 선택하고 Ctrl + C → 차트 선택하고 Ctrl + V → 《임시》 계열 막대에 마우스 우측 버튼 → 《데이터 계열 서식》 → 《보조 축》 → 《임시》 계열 막대에 마우스 우측 버튼 → 《데이터 레이블 추가》 → 《임시》 계열 막대에 마우스 우측 버튼 → 《데이터 레이블 서식》 → 《항목 이름》 체크, 《값》 체크 해제 → 《임시》 계열 막대에 마우스 우측 버튼 → 《미니 도구 모음》에 《채우기》 (엑셀2010 이하는 《도형 채우기》 아이콘) → 《채우기 없음》 → 《범례》에 《임시》 선택하고 Delete

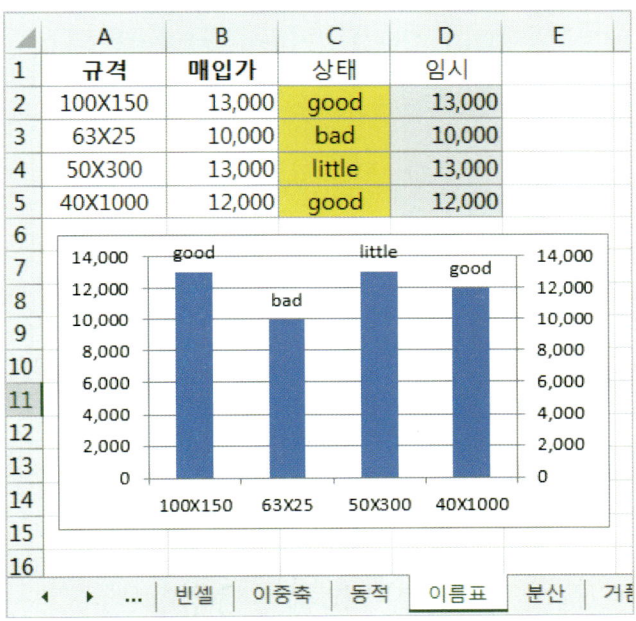

UNIT 27 분산형 차트

이 차트는 x, y축간 관계를 볼 때 유용합니다. 다음의 예제는 수입과 수출간 관계를 분산형 차트로 표현합니다.

◆ 따라하기

《분산》 시트, [B6:C9] 선택 → 《삽입》 탭 → 《차트》 그룹에 《분산형(X, Y) 또는 거품형 차트 삽입》 → 《분산형》 → 《차트 제목》을 선택하고 《=》 입력하고 A2 셀 클릭하고 Enter → 차트에 마우스 우측 버튼 → 데이터 선택 → 좌측에 《편집》 → 《=》 입력하고 A5 셀 클릭하고 《확인》 → 《확인》 → 점으로 나오는 포인트에 레이블을 표시하는 것은 다음의 매크로를 이용해야 합니다.

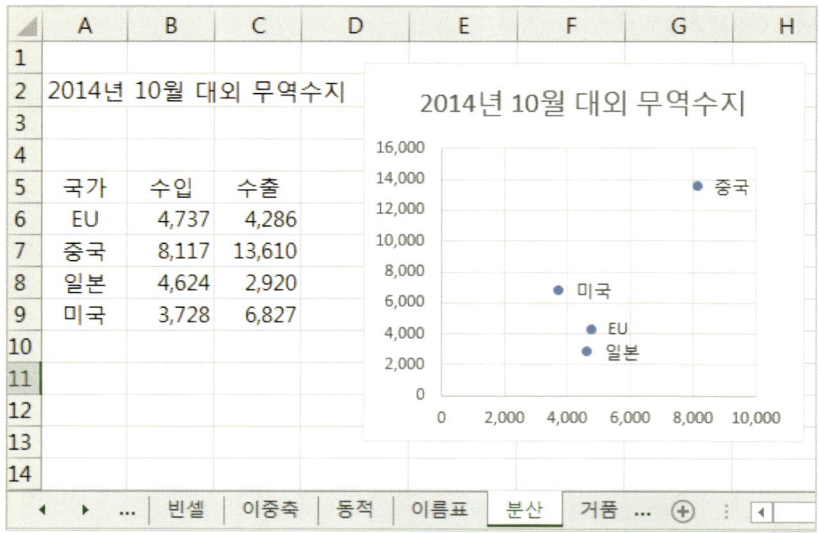

```
Sub 포인트에_레이블추가()
Dim ser As Series, pnt As Point
Set ser = ActiveSheet.ChartObjects(1).Chart.SeriesCollection(1)
ser.HasDataLabels = True
For Each pnt In ser.Points
    pnt.DataLabel.Text = Range("a6").Offset(i)
    i = i + 1
Next
End Sub
```

- **매크로 없이 하는 수동 방법** : 포인트에 마우스 우측 버튼 →《데이터 레이블 추가》→ 레이블을 선택하면 모두 선택되고 한 번 더 클릭하고《=》입력 후 해당 국가 셀을 클릭
- 임의의 셀을 선택 →《삽입》탭 →《일러스트레이션》그룹에《그림》→ 원하는 그림을 선택하고 그림의 크기를 줄여서 Ctrl + C → 포인트 선택하고 Ctrl + V. 원래대로 하려면 포인트에 마우스 우측 버튼 →《데이터 계열 서식》→《표식 옵션》을《자동》으로 합니다.
- 분산형 차트에 가로축과 세로축 자료형은 모두 숫자(날짜, 시간)여야 합니다.
- 분산형 차트에서 축을 서로 바꾸려면 차트에 마우스 우측 버튼 →《데이터 선택》→《편집》→《계열 X 값》참조를《계열 Y 값》입력란에 또 그 반대로 맞바꾸면 됩니다.

6부\분산형차트.xlsx

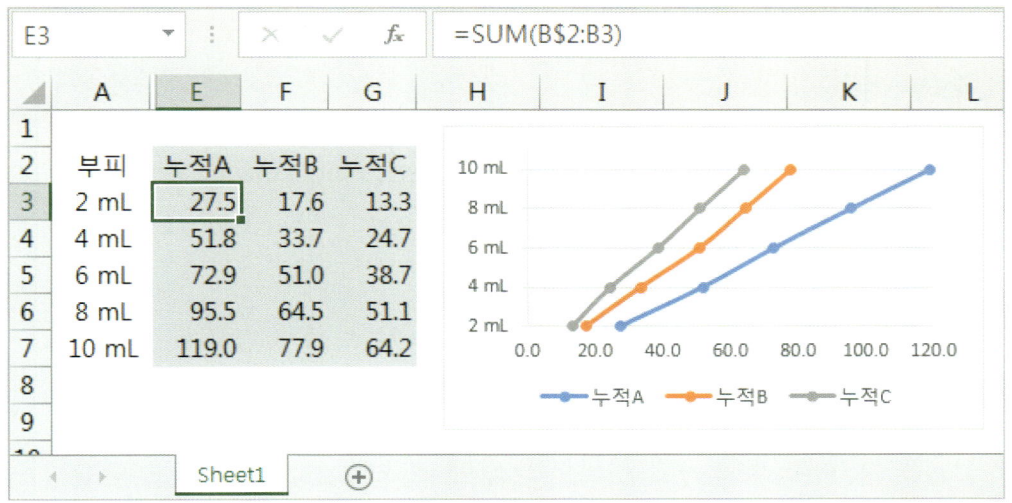

UNIT 28 거품형 차트

이 차트는 분산형 차트보다 하나 더 많은 축을 표현합니다. 즉 x, y, z축간 관계를 볼 때 유용하죠. 다음의 예제를 보세요.

◆ 따라하기

《거품》 시트, [C3:E11] 선택 → 《삽입》 탭→ 《차트》 그룹에 《분산형(X, Y) 또는 거품형 차트 삽입》(엑셀2010 이하 버전은 《차트》 그룹에 《기타》) → 《거품형》 → 《차트 제목》을 선택하고 《=》 입력하고 B2 셀 클릭하고 [Enter] → 차트에 마우스 우측 버튼 → 데이터 선택 → 좌측에 《편집》 → 《=》 입력하고 B2 셀 클릭하고 [Enter] → 《확인》

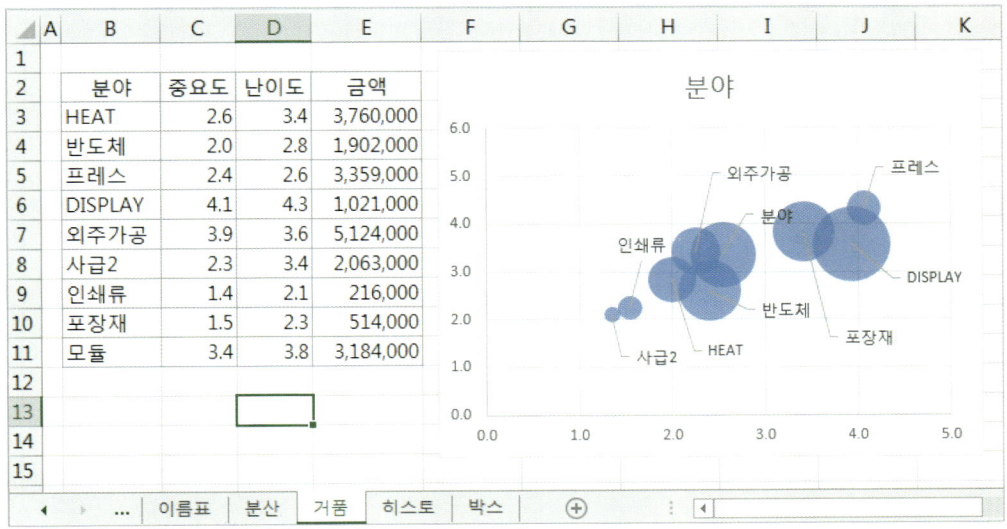

거품에 레이블을 표시하는 것은 다음의 매크로를 이용해야 합니다.

```
Sub 거품에_레이블추가()
Dim ser As Series, pnt As Point
Set ser = ActiveSheet.ChartObjects(1).Chart.SeriesCollection(1)
ser.HasDataLabels = True
For Each pnt In ser.Points
    pnt.DataLabel.Text = Range("b2").Offset(i)
    i = i + 1
Next
End Sub
```

- 레이블을 추가하면 그들끼리 겹쳐져서 식별이 어려우므로 엑셀2013 이상 버전이라면 레이블에 마우스 우측 버튼 → 《레이블 옵션》에 《지시선 표시》를 체크하고 레이블을 마우스로 이동시키면 지시선이 나타납니다.
- 매크로 없이 수동으로 레이블을 추가하는 법이나, 거품 대신 그림을 이용하는 방법은 바로 앞 단원에서 배운 《분산형 차트》의 내용과 같습니다.

UNIT 29 《분석 도구》를 추가하고 히스토그램 차트 생성

엑셀에 추가 기능인 《분석 도구》 안에 히스토그램 기능을 사용해봅니다.

◆ 따라하기

우선 《추가 기능》 창을 열기 위해 Alt + T , O → 《추가 기능》 → 《Excel 추가 기능》 선택하고 《이동》 → 《분석 도구》 체크하면 《데이터》 탭의 끝에 《데이터 분석》 단추가 생김 → 《히스토》 시트에서 《데이터 분석》 단추 클릭 → 《히스토그램》 → 《확인》 → 《입력 범위》는 [A2:A15]를 선택 → 《계급 구간》은 [D2:D5] 선택 → 《출력 범위》는 C7 셀 클릭 → 《확인》하면 표가 생기고 그 표를 선택하고 Alt + F1 → 차트의 임의의 막대에 마우스 우측 버튼 → 《데이터 계열 서식》 → 《간격 너비》를 0% → 《테두리 색》은 흰색 → 《빈도수》 범례 선택하고 Delete

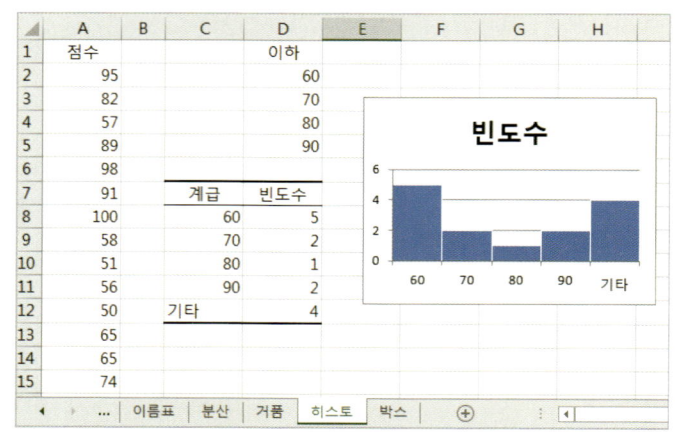

- 엑셀2016 버전은 이 차트를 기본적으로 제공

UNIT 30 상자그림(Boxplot) 차트 생성

데이터에 백분위 수 함수와 최대, 최소 함수로 중간 데이터를 만들고 그 데이터를 참조하여 상자그림 차트를 만들어 봅니다.

◆ 따라하기

《박스》 시트에서 E열에 다음의 수식을 각각 넣습니다.

E2 셀 수식 : =MIN(A2:A15)
E3 셀 수식 : =PERCENTILE(A$2:A$15,$D3) 이 셀을 E5 셀까지 채우기 핸들 끌기
E6 셀 수식 : =MAX(A2:A15)
[E2:E6] 선택하고 채우기 핸들을 우측으로 끌어 [F2:F6] 수식 완성

《박스》 시트, D2 셀 선택 → Alt + F1 → 《디자인》 탭 → 《종류》 그룹에 《차트 종류 변경》 → 맨 앞에 《꺾은선형》 → 《디자인》 탭 → 《데이터》 그룹에 《행/열 전환》 → 《서식》 탭 → 《현재 선택 영역》 그룹에 세모 → 《계열 "최소"》 → Ctrl + 1 → 《채우기 및 선》에 《선 없음》 → 《표식》에 《표식 옵션》 → 《기본 제공》, 《형식》은 긴줄, 크기는 9 → 《계열 "50%"》와 《계열 "최대"》도 동일하게 《채우기 및 선》을 설정 → 《계열 "25%"》와 《계열 "75%"》는 《선 없음》만 수행 → 차트에 마우스 우측 버튼 → 《데이터 선택》 → 계열 순서를 25%, 최소, 50%, 최대, 75%로 수정하고 《확인》 → 《디자인》 탭 → 《차트 레이아웃》 그룹 → 《차트 요소 추가》 → 《선》 → 최고/최저값 연결선 → 《차트 레이아웃》 그룹 → 《차트 요소 추가》 → 《양선/음선》 → 《양선/음선》 → 임의의 계열(계열 "최소") 선택하고 Ctrl + 1 → 《간격 너비》를 500% → 차트 너비를 조금 줄여서 양선/음선 박스 너비를 좀더 줄입니다.

– 엑셀2016 버전은 이 차트를 기본적으로 제공

UNIT 31 엑셀2016, 365 버전의 새로운 차트

6부\차트2016_원본.xlsx
6부\차트2016_결과.xlsx

엑셀2016은 365 버전과 영구 버전으로 크게 나뉘는데 365 버전에 새로운 차트에 대한 것을 다뤄봅니다.

- **트리맵(Treemap)**
- 의미 : 데이터의 크기를 사각형으로 보여줍니다.
- 따라하기 : 《트리맵》 시트의 [A1:C14] 선택 → 《삽입》 탭 → 《차트》 그룹에 《계층 구조 차트 삽입》 → 《트리맵》 → 임의의 계열(색깔 있는 부분)에 마우스 우측 버튼 → 《데이터 계열 서식》 → 《배너》

- 가로(항목) 축 레이블인 《브랜드명》과 《월》의 값 형식은 문자만 가능.
- 월 데이터를 문자로 하려면 [B2:B14] 선택 → 《데이터》 탭 → 《데이터 도구》 그룹에 《텍스트 나누기》 → 다음 → 다음 → 《텍스트》로 하고 《마침》
- A열에 병합을 해제해도 작동하며, 해제 후에 빈 셀을 위 셀 값으로 채워도 작동합니다.

- **선버스트(Sunburst)**
- 의미 : 데이터의 크기를 도넛 형으로 보여줍니다.
- 따라하기 : 《선버스트》 시트의 [B2:D15] 선택 → 《삽입》 탭 → 《차트》 그룹에 《계층 구조 차트 삽입》 → 선버스트

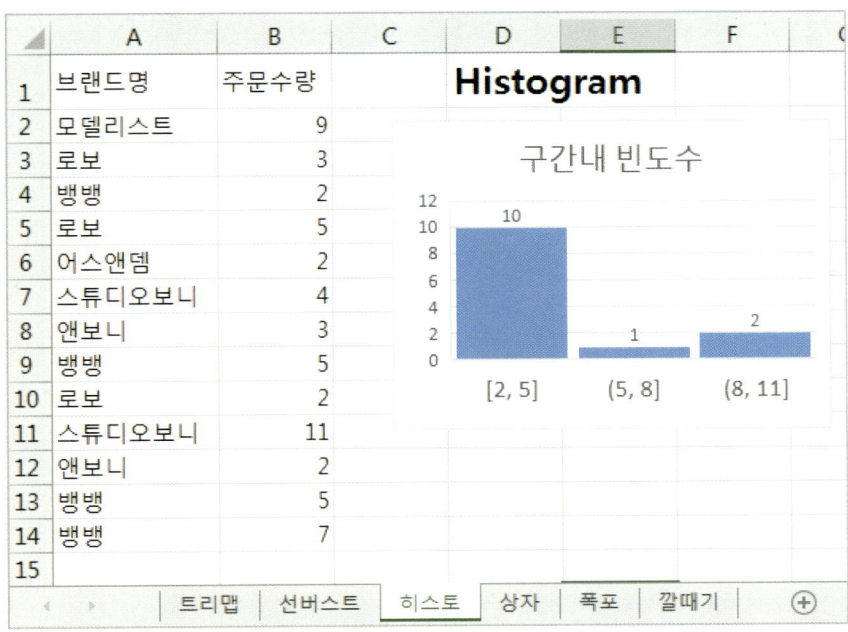

- **히스토그램**(Histogram)
- **의미** : 구간 내에 빈도수
- **따라하기** : 《히스토》 시트의 [A1:B14] 선택 → 《삽입》 탭 → 《차트》 그룹에 《통계 차트 삽입》 → 히스토그램 왼쪽을 누르면 가로 축에 대괄호로 구간이 나오고 계열 값으로 그 구간 내의 숫자 개수가 막대 위에 표시됩니다.

- 가로 축에 마우스 우측 버튼 → 《축 서식》→《계급 구간 수》로 하는 것이 일반적.

- 파레토(Pareto)
- 의미 : 이중 축 차트로서 큰 순으로 막대로 표현, 누적값은 꺾은선으로 표현
- 따라하기 : 《파레토》 시트의 [A1:B14] 선택 → 《삽입》 탭 → 《차트》 그룹에 《통계 차트 삽입》 → 히스토그램 오른쪽 클릭

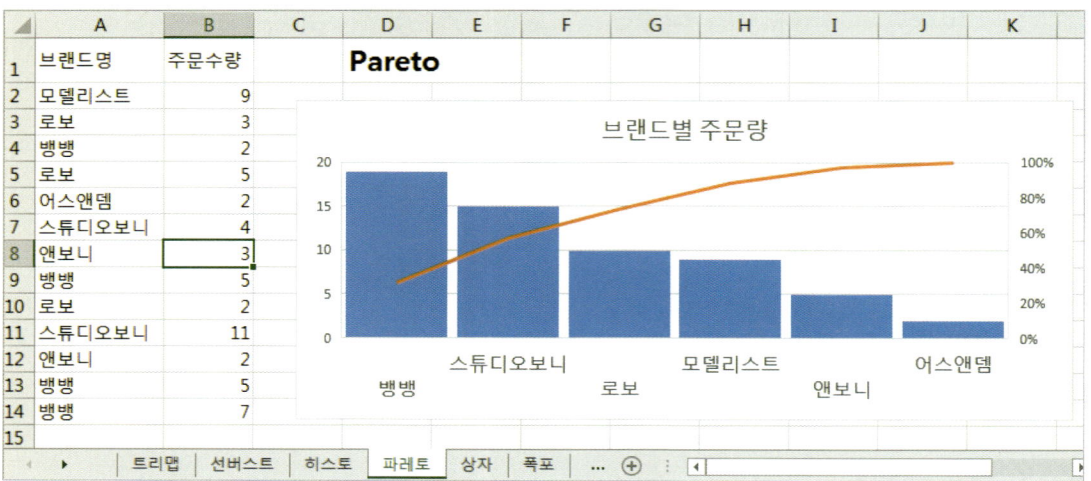

- 상자 수염 그림(Boxplot)
- 의미 : 값의 평균과 최대 최소가 보입니다.
- 따라하기 : 《상자》 시트의 [A1:B14] 선택 → 《삽입》 탭 → 《차트》 그룹에 《통계 차트 삽입》 → 《상자 수염 그림》.

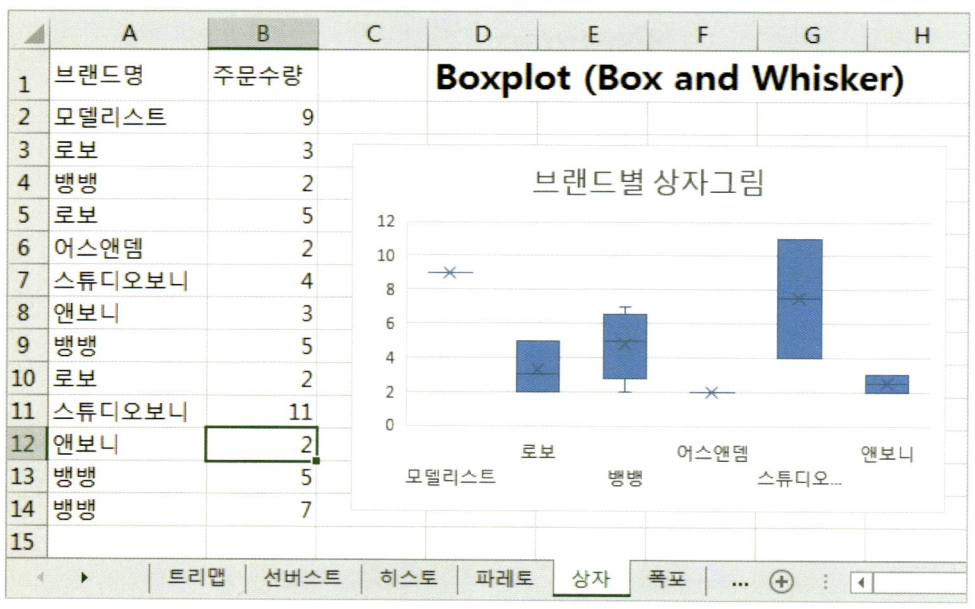

- 폭포(Waterfall)
- 의미 : 값의 증감을 시각화
- 따라하기 : 《폭포》 시트의 [A1:C7] 선택 → 《삽입》 탭 → 《차트》 그룹에 《폭포 차트 또는 주식형 차트 삽입》 → 폭포 → 차트에 마우스 우측 버튼 → 데이터 선택 → 좌측에 《차이》만 남기고 모두 제거 → 가로(항목) 축에 《편집》 눌러 연도 열 범위를 선택하고 확인 → 《확인》

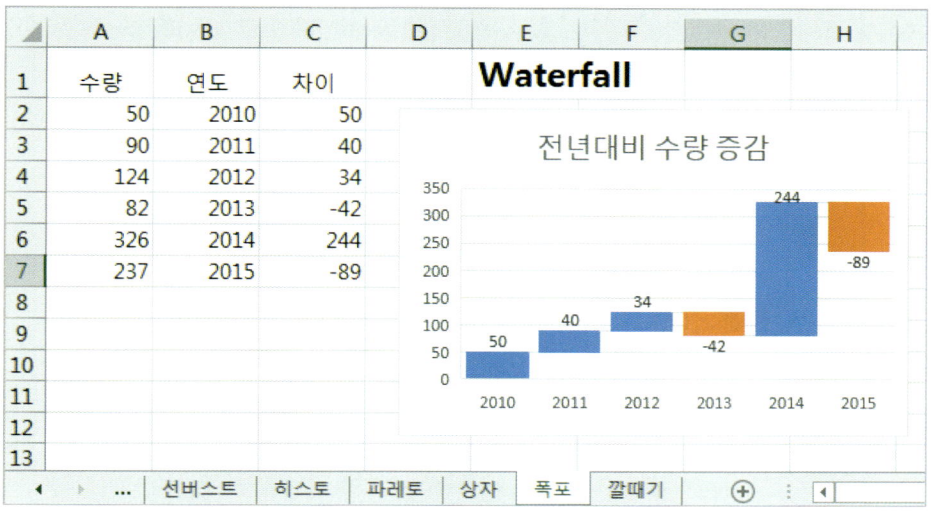

- 깔때기(Funnel)
- 의미 : 값의 감소 또는 증가 상태 값을 시각화
- 따라하기 : 《깔때기》 시트의 [A3:B8] 선택 → 《삽입》 탭 → 《차트》 그룹에 《폭포 차트 또는 주식형 차트 삽입》 → 깔때기

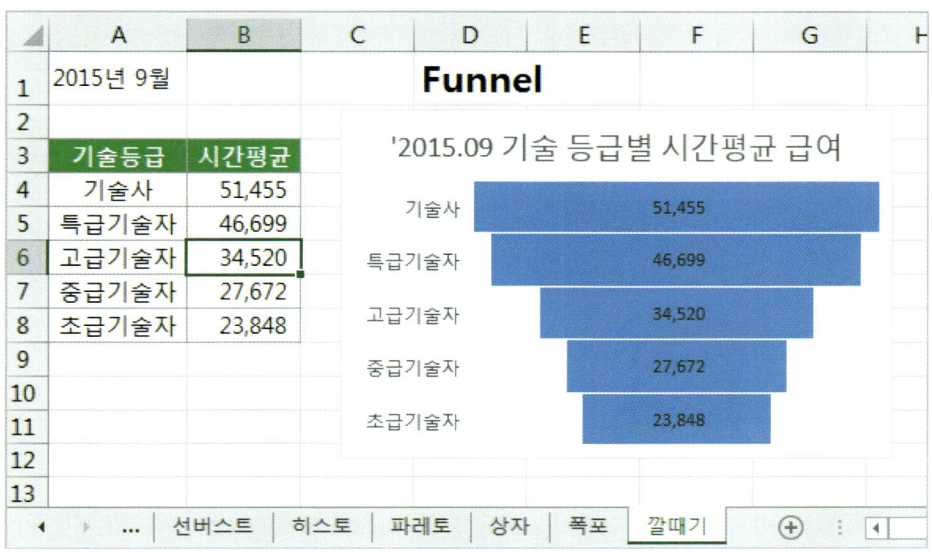

- 이 차트는 《오피스365》 제품에 있습니다. 정확히는 2016년 1월에 생성된 차트입니다.

CHAPTER 25 찾기

6부\찾기.xlsx

UNIT 01 개요

- 위치 : 《홈》 탭 → 《편집》 그룹에 《찾기 및 선택》 → 《찾기》
- 개념 : 특정 글자가 있는 셀 선택
- 단축키 : Ctrl + F

UNIT 02 간단 사용법

Sheet1의 임의의 한 셀만 선택 → Ctrl + F 로 《찾기 및 바꾸기》 창 띄움 → 《찾을 내용》에 《구조》를 입력 → Enter 를 계속 치거나 《다음 찾기》를 계속 클릭하면 그 값이 들어간 셀을 차례대로 선택하고 마지막까지 찾으면 다시 처음 것을 찾는 식의 순환구조로 끊임없이 해당 셀을 찾아 선택합니다.

– 셀 범위를 선택하고 찾으면 그 범위 내에서만 찾습니다.

	A	B	C	D
1	팀	날짜	시간	금액
2	관리	08/02	1958	483,000
3	구조1	08/21	1957	793,000
4	진단1	08/02	0831	346,400
5	자산관리	08/04	0802	57,376
6	관리~설계	08/05	0809	52,444
7	관리1	08/06	0803	0 ▶
8	진단1	08/07	0516	685,000
9	관리국	08/08	0807	444,500
10	구조3	08/09	0810	0 ▶
11	관리33	08/10	2208	86,000
12				

UNIT 03 창을 띄우고 셀 클릭

《찾기 및 바꾸기》 창을 띄워놓고 어떤 셀을 클릭하거나 다른 시트를 선택할 수 있는데, 이렇게 창을 열고 그 창 밖을 클릭할 수 있는 상태의 창을 모달리스(Modeless)라고 부름.

– 반대로, 창 안에 것만 선택할 수 있는 창을 모달(Modal)이라고 합니다.

UNIT 04 창을 닫고 다음 찾기

《찾기 및 바꾸기》 창에서 해당 검색어로 찾은 다음에 그 창을 닫고 Shift + F4 를 누르면 누를 때마다 계속 다음 셀을 찾아 선택합니다.
– 이전 찾기는 Ctrl + Shift + F4

UNIT 05 숨겨진 셀에서 찾기

수동으로 또는 《그룹》(《데이터》 탭 → 《윤곽선》 그룹에 《그룹》) 기능으로 숨긴 행/열은 찾을 범위에 포함되지만, 《필터》나 《고급 필터》로 숨은 행은 제외됩니다.
※ 특정 값으로 필터 후에 수동으로 숨긴 행은 찾기 범위에서 제외됩니다.

UNIT 06 찾기 범위와 활성 셀 고찰

보통, 찾을 때 특정 셀 범위를 선택하고 《찾기 및 바꾸기》 창을 띄워 찾습니다. 예를 들면 B열을 선택하고 찾으면 그 B열 내에서 찾습니다.

- **찾을 때 활성 셀의 중요성** : B열 머리글을 선택하면 B1셀이 활성화, Enter 를 칠 때마다 활성 셀이 B2, B3… 식으로 바뀜. 그 셀 각각을 활성 셀이라 합니다.
- 《찾기 및 바꾸기》 창에서 《다음 찾기》를 누르면 이 활성 셀 다음 셀부터 찾습니다. 즉, 활성 셀부터 찾는 것이 아님을 유의하세요.
– 만일 B열 머리글을 클릭하여 찾을 때, B1셀에 찾을 내용이 있더라도 그 다음 B2 셀부터 찾아 활성화하므로, B1 셀부터 찾으려면 Ctrl + . 을 눌러 B1048576 셀을 활성화 하고 《다음 찾기》를 눌러야 합니다.

UNIT 07 거꾸로 찾기

- **선택 범위의 끝에서부터 찾기**
– **방법** : 《찾기 및 바꾸기》 창에 찾을 내용 입력 후, Shift 를 누른 채 《다음 찾기》 클릭 또는 Enter 를 침

  예컨대 Sheet1의 A열을 선택 → Ctrl + F → 《진단》 입력 후 Shift + Enter 를 누르면 A1048576 셀부터 위 방향으로 찾아 처음에는 A8 셀을 찾습니다.

UNIT 08 병합 셀에서 찾기

병합 셀 범위 모두를 찾을 범위에 포함 시키고 찾아야 합니다.

- 예컨대 Sheet2, [D4:E4] 병합 상태에서 D열에 《합》을 찾기 위해 D열만 선택하고 《찾기》 하면 못 찾으므로 병합 셀 범위를 포함 시킨 [D:E] 열을 선택하고 찾아야 합니다.

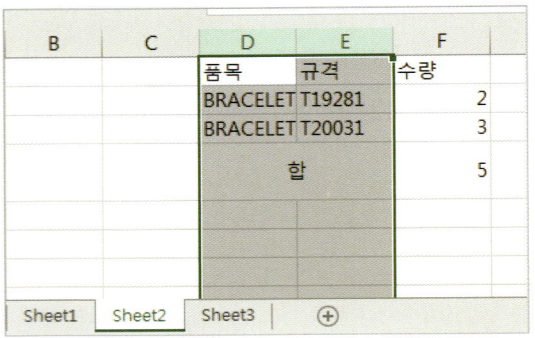

UNIT 09 《찾을 내용》에 여러 줄로 입력하기

셀에 입력 시 Alt+Enter를 쳐서 여러 줄로 입력한 내용을 찾으려면 창의 《찾을 내용》에 줄 바꿔 입력하는 단축키로 Ctrl+J를 눌러서 입력.

- Sheet2의 A열을 선택하고 Ctrl+F → 《우리》 입력하고 Ctrl+J를 누르고 《나라》 입력 후, Enter 누르면 해당 셀을 찾을 수 있습니다.

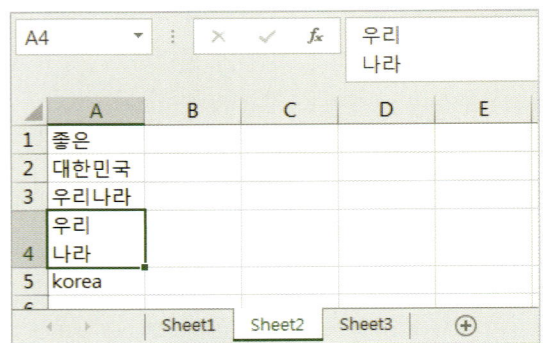

UNIT 10 창에 《옵션》

《찾기 및 바꾸기》 창에 《옵션》 Alt+T를 누르면 창이 커지고 다시 누르면 작아집니다.

- **범위** : 《통합 문서》를 선택하면 모든 시트에서 검색
- **여러 시트에서 찾기** : Ctrl이나 Shift로 다중 시트를 선택하고 한 셀만 선택하고 《범위》는 《시트》로 합니다.
- **모든 시트의 특정 범위에서 찾기** : 임의의 시트 탭에 마우스 우측 버튼 → 《모든 시트 선택》 → 셀 범위 선택하고 《범위》는 《시트》로 합니다.
- **여러 시트 선택 상태에서 찾는 시트 순서** : 먼저 활성 시트에서 찾고, 이어서 선택한 시트 중에 맨 마지막 시트부터 이전 시트 즉, 왼쪽 방향으로 찾습니다.

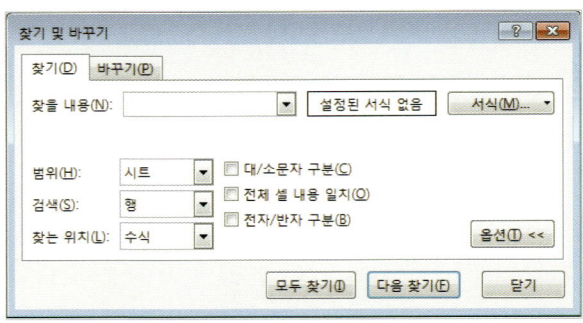

- 엑셀2013 이상 버전에서 시트가 활성화되면 시트 탭의 글자 색이 녹색이 되고, 엑셀2010 이하 버전은 시트 탭 위에 선이 사라집니다.
- **검색** : 《행》이면 찾는 방향이 첫 행부터 찾고 그 다음 행을 찾는 식의 지그재그(갈지자형) 방식이고, 《열》이면 첫 열부터 찾고 그 다음 열을 찾는 방식입니다.
 예컨대 [A1:C3]을 선택하고 찾으면 A1, B1, C1, A2… 순서로 찾습니다.
- **찾는 위치** : 이 설정 값이 《수식》이면 셀에 수식이 있을 때는 수식 내용을 찾고, 눈에 보이는 셀 값을 찾으려면 《값》 선택, 《메모》는 셀에 달린 메모 내용을 찾습니다.

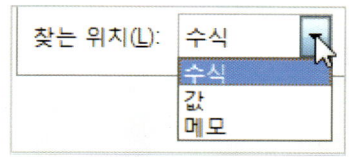

- 셀 내용이 수식이 아닌 값이면 이 값이 《수식》이든 《값》이든 상관 없습니다.
- Sheet1의 C열은 시간 형식 자료가 있지만 표시 형식으로 연속 숫자 4자리로 표시했는데, 이때 Ctrl + F → 《찾을 내용》은 《0809》 → 《찾는 위치》는 《값》으로 해야 찾습니다. 즉, 《값》일 때는 셀 서식의 《표시 형식》 결과를 보고 찾죠.
- 조건부 서식으로 설정한 《표시 형식》 결과 값도 인식하여 찾습니다.
- **대/소문자 구분** : 영어 검색할 때 의미가 있습니다.
- **전체 셀 내용 일치** : 이 옵션을 체크하면 《찾을 내용》 입력 값과 셀 값이 똑같은 셀만 찾습니다. 체크 해제하면 《찾을 내용》 값이 포함된 셀은 모두 찾습니다.
- **실전 상황** : Sheet2, [B6:D6]는 수식 셀이며 표시 형식은 쉼표(,) 형식인데, 이때 《좋은》 셀만 찾을 때 이 옵션을 체크하고 《찾는 위치》는 값으로 하고 찾을 내용에 《좋은》 앞뒤로 공백문자를 입력해야 찾을 수 있습니다. 쉼표(,) 표시 형식은 문자 셀에서는 양 끝에 공백이 있기 때문입니다.

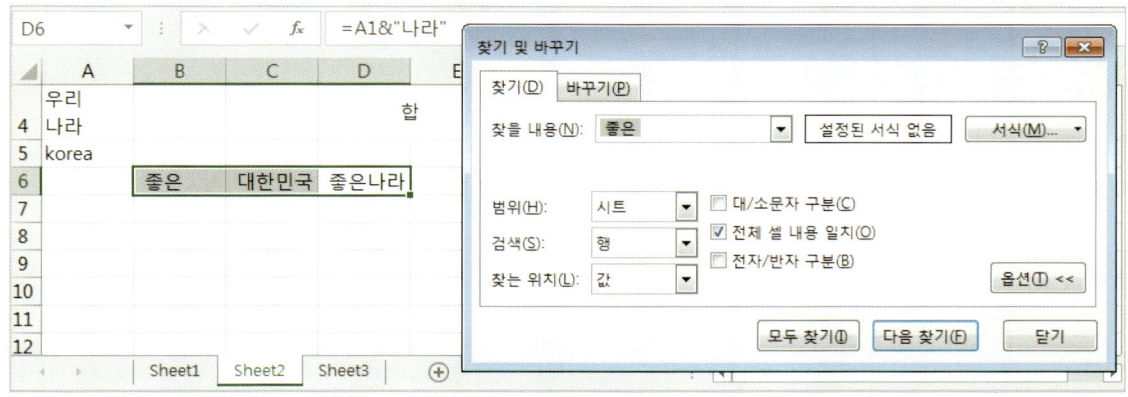

- **전자/반자 구분** : 이것은 영어나 숫자 데이터에서 의미가 있는데 Alt + = 을 누르면 전자/반자로 토글(Toggle)되어 입력되는데 그런 글자를 찾을 때 사용합니다.
- **서식** : 지정 셀 서식이 들어간 셀 찾기. 《서식》 단추 옆에 작은 역삼각형 → 《셀에서 서식 선택》을 누르고 시트에 한 셀을 클릭하면 그 셀에 서식과 같은 셀을 찾습니다. 이때 《서식》 단추 좌측에 《미리 보기 *》라고 생김.

- 《서식》 단추 옆에 작은 세모 → 《서식》을 누르면 사용자가 서식을 지정할 수 있습니다. 이때 단추 좌측에 《미리 보기》라고 생김.
- 서식 설정 후 《찾을 내용》에 값을 찾으면 그 서식까지 감안하여 찾고, 《서식》 단추 옆에 작은 세모 → 《서식 찾기 지우기》를 누르면 서식 설정 초기화.
- 《조건부 서식》 셀의 서식은 인식하지 못합니다.
• 이 설정 값들은 엑셀을 완전히 닫기 전까지는 최근 설정 상태가 유지됩니다.

UNIT 11 《찾을 내용》에 와일드카드 문자(* , ? , ~)

별표(*) : 여러 글자

물음표(?) : 한 글자

물결표(~) : 실제 별표나 물음표, 물결표를 찾을 때 앞에 붙입니다.

- 숫자만 따로 구분하는 와일드카드 문자는 없습니다.
• Sheet1, A열에서 《관리》로 시작하는 것만 찾는 법

　《찾을 내용》 : 《관리 * 》

　《전체 셀 내용 일치》 : 체크 (체크 해제하면 《관리》를 포함하는 모든 셀 찾음)

• A열에서 《관리》로 시작하는 세 글자 찾는 법

　《찾을 내용》 : 《관리?》

　《전체 셀 내용 일치》 : 체크

• A열에서 물결표(~)를 포함하는 셀 찾기

　《찾을 내용》 : 《~~》

　《전체 셀 내용 일치》 : 체크 해제

UNIT 12 《모두 찾기》를 이용한 팁

• 《찾기 및 바꾸기》 창에서 《찾을 내용》을 입력 후, 《모두 찾기》를 누르면 찾은 셀이 목록으로 뜨고 창을 크게 하고 한 항목을 누르면 그 셀을 선택합니다.
- 항목을 선택하고 [Home] 또는 [End]를 누르면 맨 위, 맨 아래 항목을 선택합니다. [Shift] 나 [Ctrl] 을 누르고 항목을 클릭하면 연속 또는 불연속 선택. 항목을 선택하고 [Delete]를 누르면 목록에서 지워집니다.
• 《모두 찾기》 클릭 후,
- [Shift]+[↓]를 누르면 찾은 셀 들을 선택.
- [Shift]를 누른 채, 목록에 맨 끝 항목을 클릭하면 모두 선택 됩니다.
• **단축키** : [Shift]+[End]

- 빠르게 특정 셀 들을 찾아 지우는 법 :《모두 찾기》 Alt + I → Shift + End → Esc → Delete
  - Sheet3에서 임의의 한 셀 선택 후, Ctrl + F → 찾을 내용은《0》,《전체 셀 내용 일치》체크하고 Alt + I → Shift + End → Esc → Delete 하면 0 값 셀에 0을 모두 지움

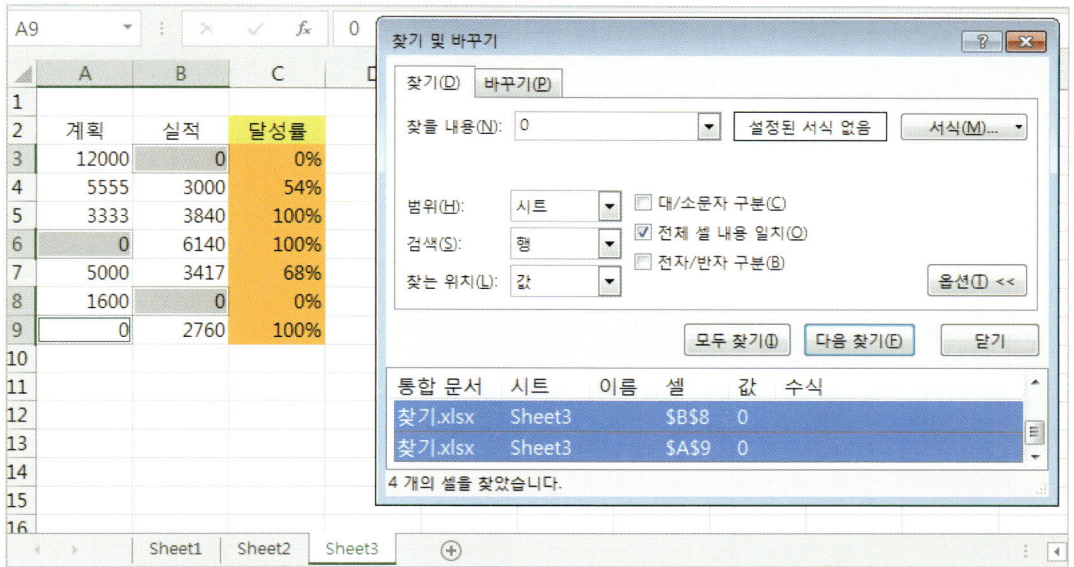

26 CHAPTER 채우기 핸들

26장

6부\채우기 핸들.xlsx

채우기 핸들은 선택 셀의 우측 하단에 작은 사각점입니다. 이 점을 끌어서 셀 값을 채울 수 있습니다.

UNIT 01 개요

- **위치** : 《홈》 탭 → 《편집》 그룹에 《채우기》
- **개념** : 기준 셀 값을 연번이나 규칙대로 나머지 셀을 채움
- **단축키** : 없습니다.

> **TIP 채우기 핸들이 안 나온다면**
>
> 셀의 우측 하단 사각점에 마우스를 대었는데 십자로 바뀌지 않는다면 다음의 방법을 취합니다.
>
>
>
> ▲ 사각점에 마우스 포인터의 십자 모양
>
> - **방법** : Alt + T , O 로 《Excel 옵션》 창을 열고 《고급》 범주에 《채우기 핸들 및 셀 끌어서 놓기 사용》 체크하고 《확인》

UNIT 02   순번 생성

A2 셀에 숫자 2를 넣고 순번을 생성하는 몇 가지 방법

- **방법1** : 《순번》 시트의 A2 셀에 채우기 핸들을 A7 셀까지 끌기 → 《자동 채우기 옵션》 단추 클릭 → 《연속 데이터 채우기》 누르면 순번이 생김
  - 《자동 채우기 옵션》 단추가 생기지 않는다면 Alt + T , O 로 《Excel 옵션》 열고 《고급》 → 《잘라내기/복사/붙여넣기》 범주에 《콘텐츠를 붙여넣을 때 붙여넣기 옵션 단추 표시》(엑셀2007은 《붙여넣기 옵션 단추 표시》)
- **방법2** : A2 셀에 채우기 핸들을 더블 클릭 → 《자동 채우기 옵션》 단추 클릭→ 《연속 데이터 채우기》 즉, 이렇게 채우려는 범위 옆에 셀 값이 있으면 더블 클릭으로 채우기 가능.
- **방법3** : A2 셀에 채우기 핸들을 Ctrl 을 누른 채 A7 셀까지 끌기
- **방법4** : A2 셀에 채우기 핸들을 마우스 우측 버튼으로 A7 셀까지 끌기 → 《연속 데이터 채우기》
- **단축키로 채우는 방법** : B2 셀 선택 → Ctrl + ↓ → ← 로 A7 셀 선택 → Ctrl + Shift + ↑ → Alt + E , I , S → Enter
  - A2 셀을 아래로 복사하려면 Alt + E , I , S → Enter 대신 Ctrl + D

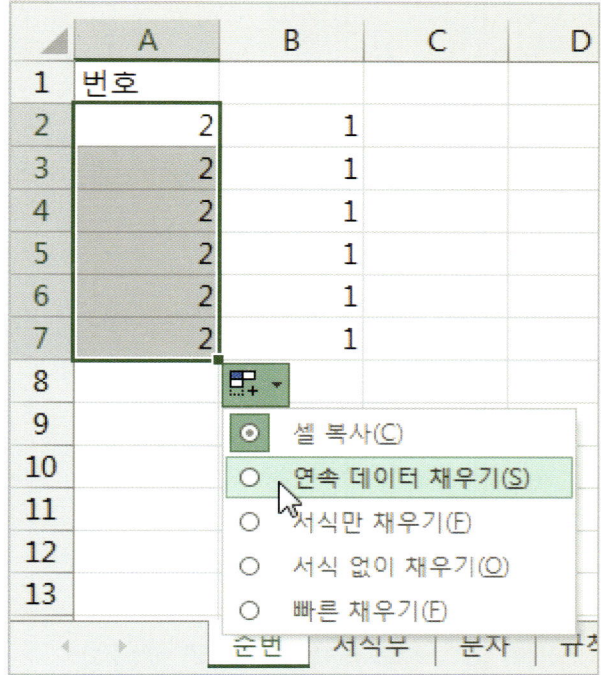

▲《연속 데이터 채우기》 누르기 전 상태

UNIT 03 마우스 우측 버튼으로 채우기

채우기 핸들링을 마우스 우측 버튼을 눌러서 하면《자동 채우기 옵션》단추 대신 팝업 메뉴가 나와서 바로 선택이 가능합니다.

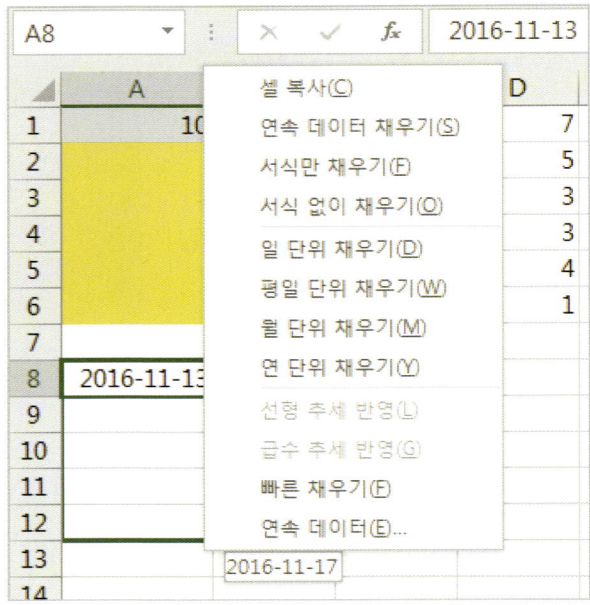

UNIT 04 사용자 지정 채우기 핸들링

특정 목록으로 채우려는 경우에 유용합니다. 예컨대 셀에《영업부》를 입력하고 셀의 채우기 핸들을 끌면 생산부, 관리부 이런 식으로 나오게 할 수 있습니다.

◆ 따라하기

[Alt]+[T], [O]로《Excel 옵션》창을 우선 열기

- 엑셀2010 이상 :《고급》→ 맨 아래 쪽에《일반》범주에《사용자 지정 목록 편집》→《사용자 지정 목록》창이 뜨고《목록 항목》에《영업부》입력 → [Enter] →《생산부》입력 → [Enter] →《관리부》입력 →《추가》→《확인》
- 엑셀2007은《기본 설정》→《Excel에서 가장 많이 사용하는 옵션》범주에《사용자 지정 목록 편집》클릭
- 다른 방법 : 연속 세 개의 셀에 생산부, 영업부, 관리부 입력 후, 셀 범위 선택하고 같은 방식으로《사용자 지정 목록》창을 열고《가져오기》

UNIT 05 서식 제외 수식만 복사

수식 셀을 다른 셀 범위에 복사할 때 유용합니다.

◆ **따라하기**

《서식무》시트의 A1 셀에 채우기 핸들을 더블 클릭 →《자동 채우기 옵션》단추 클릭 →《서식 없이 채우기》하면 기존 노랑은 유지하면서 채워집니다.

– 채우기 핸들을 마우스 우측 버튼으로 끌어서 나오는 팝업 메뉴에서《서식 없이 채우기》를 눌러도 됩니다.

UNIT 06   문자 채우기 핸들링

◆ **따라하기**

《문자》시트의 [A1:F1] 선택 → F1 셀에 채우기 핸들을 5행까지 끌기

	A	B	C	D	E	F
1	BODY, 40×40	2 개용 54mm	2개용 54mm	125Φ*2열	1000x1020	D:0.6M
2	BODY, 40×41	3 개용 54mm	2개용 55mm	125Φ*3열	1000x1021	D:0.7M
3	BODY, 40×42	4 개용 54mm	2개용 56mm	125Φ*4열	1000x1022	D:0.8M
4	BODY, 40×43	5 개용 54mm	2개용 57mm	125Φ*5열	1000x1023	D:0.9M
5	BODY, 40×44	6 개용 54mm	2개용 58mm	125Φ*6열	1000x1024	D:0.10M

- 문자 셀의 채우기 핸들을 끌 때 다음의 경우에 따라 다름
- **문자의 첫 글자가 숫자+공백문자** : 그 처음 숫자 순번으로 채우기
- **맨 끝에 숫자** : 그 숫자 순번으로 채우기

UNIT 07   Ctrl 과 Shift

- Ctrl 을 누른 채 채우기 핸들을 끌면 숫자 셀은 순번 생성, 문자 셀은 복사.
- Shift 를 누른 채 끌면 셀의 삽입.

UNIT 08   규칙적인 번호

《규칙》시트의 [A1:A2] 범위에 1, 3를 각각 입력하고 선택 → [A1:A2] 선택하고 채우기 핸들을 아래로 끌면 홀수 번호가 연속으로 채워집니다.

– 이렇게 규칙을 만든 숫자 셀 두 개를 선택하고 끌면 단계 값을 유지하면서 채워집니다.

UNIT 09 규칙 번호 채우기 문제

- **반복 숫자의 순번** : 《규칙》 시트의 [B1:B4]와 같이 B5, B6 셀도 각각 3, 3을 만들고 싶을 때 채우기 핸들로는 작성할 수 없습니다.

  해결법 : B2, B4 셀을 지움 → [B1:B4] 선택 → 채우기 핸들을 B6 셀까지 끌기 → F5 → Alt + S → 《K》 → Enter → =B1 입력 후, 커서가 깜박일 때 Ctrl + Enter → [B1:B6] 선택 → Ctrl + C → Alt + E , S , V , Enter 로 《값》만 붙이기

- **순번의 반복** : 《규칙》 시트의 [C1:C3]에 따라 C4, C5, C6, C7, C8, C9 셀도 각각 1, 2, 3, 1, 2, 3을 만들고 싶을 때 채우기 핸들로는 작성할 수 없습니다.

  해결법 : [C1:C3] 선택 → Ctrl + C → [C1:C9] 선택 → Ctrl + V
- [C4:C9] 선택하고 Ctrl + V 해도 됩니다. 즉, 원본 셀 개수의 배수만큼 선택하고 Ctrl + V

UNIT 10 날짜 채우기

날짜의 채우기 핸들링은 일, 평일, 월, 연 단위로 가능합니다.

UNIT 11 시간 채우기

시간은 채우기가 시 단위밖에 없습니다. 예컨대 셀에 14:00를 입력하고 끌면 15:00, 16:00... 등으로 채워집니다. 하지만 방법은 있습니다. 예컨대 분 단위로 채우려면 한 셀에는 14:00을, 다음 셀에는 14:01을 입력하고 두 셀을 선택하여 끌면 1분 단위로 채워집니다.

UNIT 12 빠른 채우기 (엑셀2013 이상 버전)

이 채우기는 패턴을 엑셀이 알아서 인식하고 채우는 기능입니다.

- A열에 이메일 주소가 있고 B2 셀에 아이디만 입력하고 채우기 핸들링 →《자동 채우기 옵션》단추 클릭 →《빠른 채우기》하면 @ 앞에 글자를 이해하고 아이디만 채웁니다.

▲ 빠른 채우기 후의 상태

- D열에 날짜를《yyyy-m-d》형식으로 하고 날짜를 넣고 E2 셀에 월만 입력하고《빠른 채우기》단축키인 Ctrl + E 를 누르면 월만 채워줍니다.
- 날짜 형식이《yyyy-mm-dd》라면 두 자리 월에서 오류가 나므로 E2 셀에《'03》을 넣어 문자로 인식시키고 나서《빠른 채우기》하고 바로 이어서《데이터》탭 →《데이터 도구》그룹에《텍스트 나누기》→ 바로《마침》
- 이 기능은 예민하므로 좌우 셀 모두에 자료가 있으면 어떤 것을 기준으로 할지를 인지하지 못합니다.

CHAPTER 27

첫 글자에 작은따옴표(')

6부\아포스트로피.xlsx

외부프로그램에서 엑셀로 올린 자료나 반대로 그 외부프로그램을 위한 자료를 만들 때 선두문자로 아포스트로피 문제가 있습니다. 다량의 데이터를 취급할 때 유용할 수 있으니 익혀 두세요.

UNIT 01 작은따옴표 지우기

- Sheet1의 A열에 첫 글자는 《'》이며, 셀 서식의 표시 형식은 《텍스트》입니다. 앞 글자 0을 유지한 채 작은따옴표(')를 지우려고 합니다.

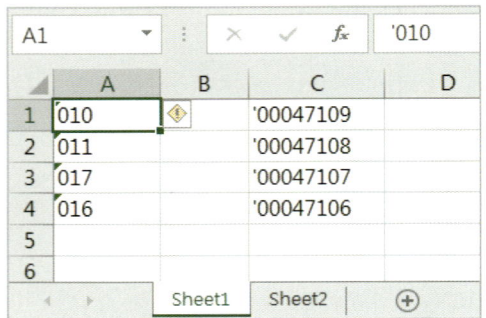

◆ 따라하기

Sheet1의 《일반》 표시 형식이 적용된 임의의 [B1:B4]을 선택 → 《홈》 탭 → 《클립보드》 그룹에 《서식 복사》 → A1 셀 클릭하면 [A1:A4] 범위가 선택되면서 《일반》으로 바뀜 → Ctrl + 1 → 《표시 형식》의 《범주》를 《텍스트》로 합니다.

- Sheet1의 C열에 첫 글자는 《'》이며, 셀에 보이기까지 합니다.

◆ 따라하기

Sheet1의 [C1:C4]을 선택 → Ctrl + 1 → 《표시 형식》의 《범주》를 《텍스트》 → Enter → Ctrl + H 로 《찾기 및 바꾸기》 창을 열고 《찾을 내용》, 《바꿀 내용》에 모두 《'》 입력 → 《모두 바꾸기》

UNIT 02 작은따옴표 넣기

Sheet2의 A열에 첫 글자로 《'》을 넣어보죠. A열의 현재 표시 형식은 《텍스트》입니다.

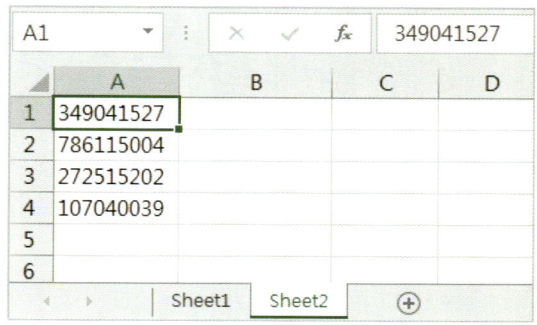

◆ 따라하기

Sheet2의 B1 셀에 수식 ="'"&A1 입력→ B1 셀의 채우기 핸들을 더블 클릭하려 B4 셀 까지 수식을 넣음 → [B1:B4]을 Ctrl + C → Alt + E , S , V , Enter 로 《값》만 붙이기 → Ctrl + H 로 《찾기 및 바꾸기》 창을 열고 《찾을 내용》, 《바꿀 내용》에 모두 《'》 입력 → 《모두 바꾸기》하면 녹색 세모까지 나타납니다.

28 CHAPTER 텍스트 나누기 (엑셀 효자 기능)

6부\텍스트나누기.xlsx

이것은 한 열을 대상으로 셀 데이터를 여러 셀에 나누는 기능 또는 셀에 데이터 형식을 새롭게 갱신하는 중요한 기능입니다.

UNIT 01 개요

- **위치** : 《데이터》 탭 → 《데이터 도구》 그룹에 《텍스트 나누기》
- **개념** : 셀 값을 특정 구분기호로 또는 강제로 구분하여 여러 셀에 나누는 기능
- **단축키** : Alt + D, E

UNIT 02 공백문자 기준 나누기

◆ 따라하기

《구분자》 시트의 A열 선택 → 《텍스트 나누기》 → 《구분 기호로 분리됨》 → 《다음》 → 《공백》 체크(《탭》과 체크 상태 유지) → 《다음》 → 《일반》 선택 상태에서 《마침》

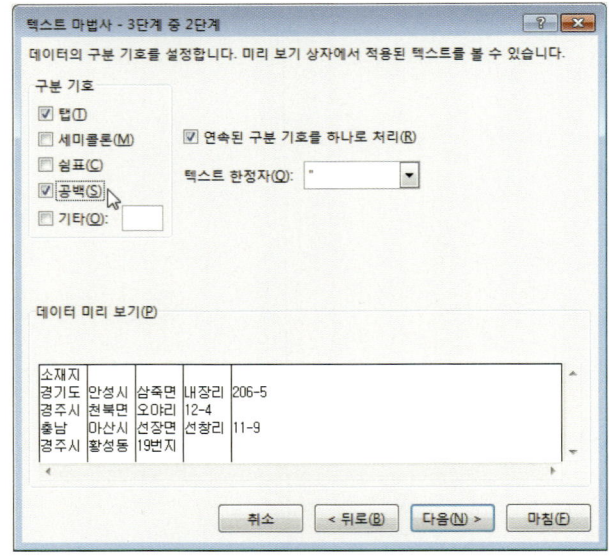

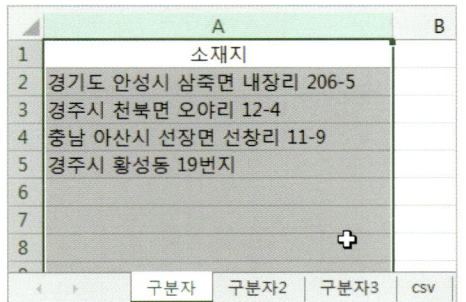

▲ 실행 전   ▲ 실행 후, 결과

- 《탭》 체크를 유지해도 현재 셀 내용에 탭 문자가 없으므로 문제 없습니다.
- 결과는 12-4가 12월 04일, 11-9는 11월 09일로 나오는데, 이유는 셀 서식의 표시 형식이 《일반》일 때 12-4를 입력하면 날짜로 입력되는 것 때문.

◆ **따라하기**

Ctrl + Z 로 원래대로 함 → Alt + D, E → 《다음》 → 《다음》 → 《데이터 미리 보기》 아래 4번째 열 클릭하여 검정으로 만들고 위에 《텍스트》 선택 → 5번째 열도 마찬가지로 《텍스트》로 하고 《마침》

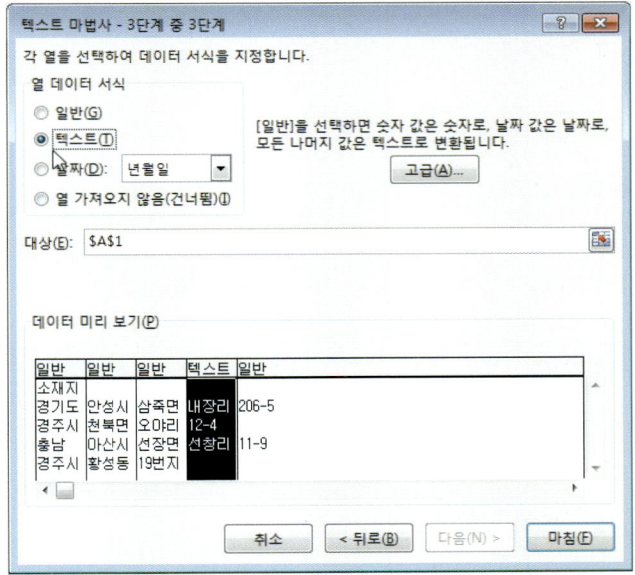

- 결과는 원하는 대로 나오고 D3 셀을 선택하면 《홈》 탭에 《표시 형식》 그룹의 《표시 형식》 상자에 《텍스트》로 나옵니다. [D2:D4, E2, E4] 셀들은 모두 《텍스트》 형식으로 바꾼 것입니다.

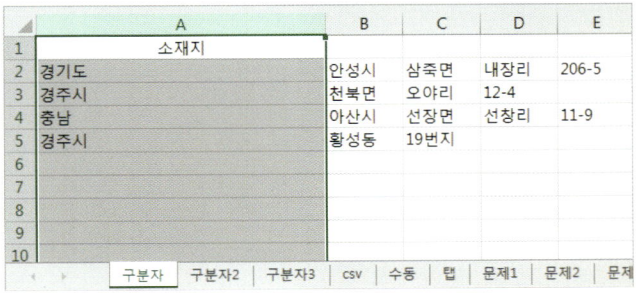

▲ 실행 후, 결과

UNIT 03 공백문자와 쉼표(,) 기준 나누기

앞에서 배운 것은 공백문자만을 구분자로 나눴지만 이번 것은 하나의 구분자가 더 있습니다.

◆ 따라하기

《구분자2》시트의 A1 셀 선택 → 《텍스트 나누기》 → 《구분 기호로 분리됨》 더블 클릭 → 《쉼표》와 《공백》 체크(《탭》 체크 상태 유지) → 《마침》

– 《공백》은 체크하지 않고 실행하면 공백을 포함해서 나눔

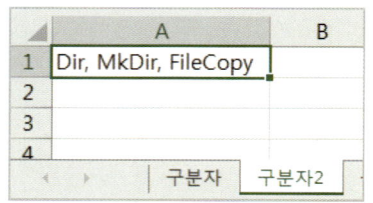

UNIT 04 《텍스트 한정자》와 연속된 구분기호

《텍스트 한정자》는 ①큰따옴표(")와 ②작은따옴표(')와 ③{없음} 이렇게 세 개가 있습니다. 이것은 해당 한정자를 지울 것을 뜻합니다. 즉, 텍스트를 구분하는 한정자이므로 나눌 때 지우겠다는 것입니다. 예컨대 셀 내용에 큰따옴표(")가 많을 때 한정자를 큰따옴표(")로 하면 이 기호는 모두 지워집니다.

• 쉼표(,)를 구분자로 나누기

◆ 따라하기

《구분자3》시트의 [A1:A5] 선택 → 《텍스트 나누기》 → 《구분 기호로 분리됨》 더블 클릭 → 《쉼표》 체크 (《탭》의 체크 상태 유지) → 《연속된 구분 기호를 하나로 처리》 → 《텍스트 한정자》는 《{없음}》 → 《마침》

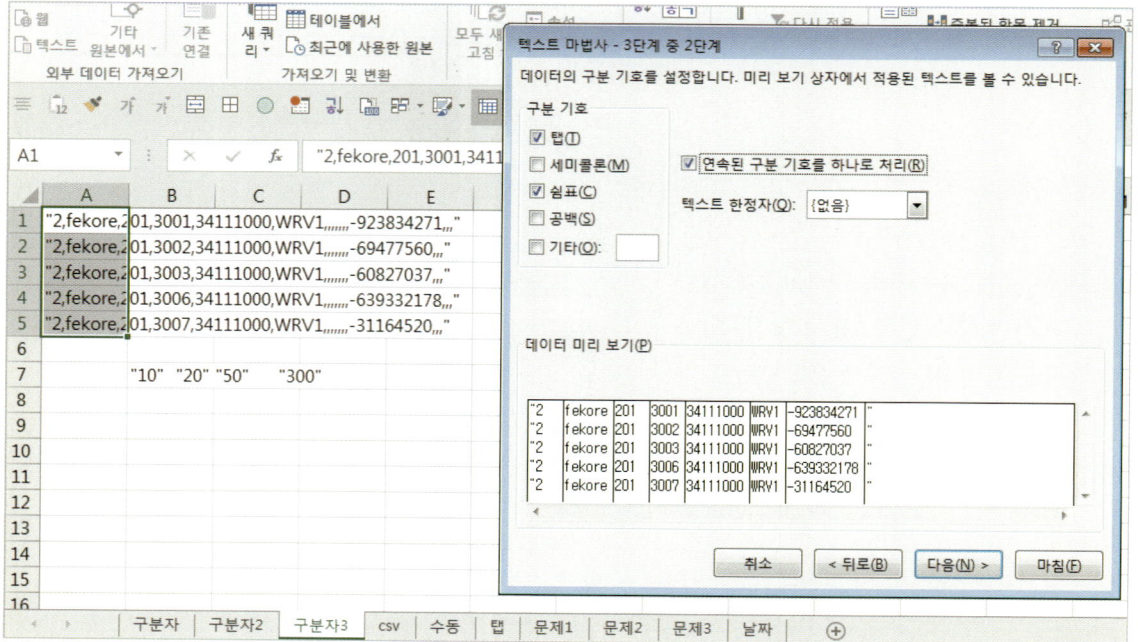

- 《텍스트 한정자》가 큰따옴표(")면 이 문자 사이의 값을 텍스트로 인식하여 이 문자를 지운다는 뜻

◆ 따라하기

《구분자3》 시트의 B7 셀 선택 → 《텍스트 나누기》 → 《구분 기호로 분리됨》 더블 클릭 → 《공백》 체크 (《탭》의 체크 상태 유지) → 《연속된 구분 기호를 하나로 처리》 → 《텍스트 한정자》는 큰따옴표(")로 하고 → 《마침》 → Ctrl + H → 찾을 내용엔 ", 바꿀 내용은 비워놓고 《모두 바꾸기》

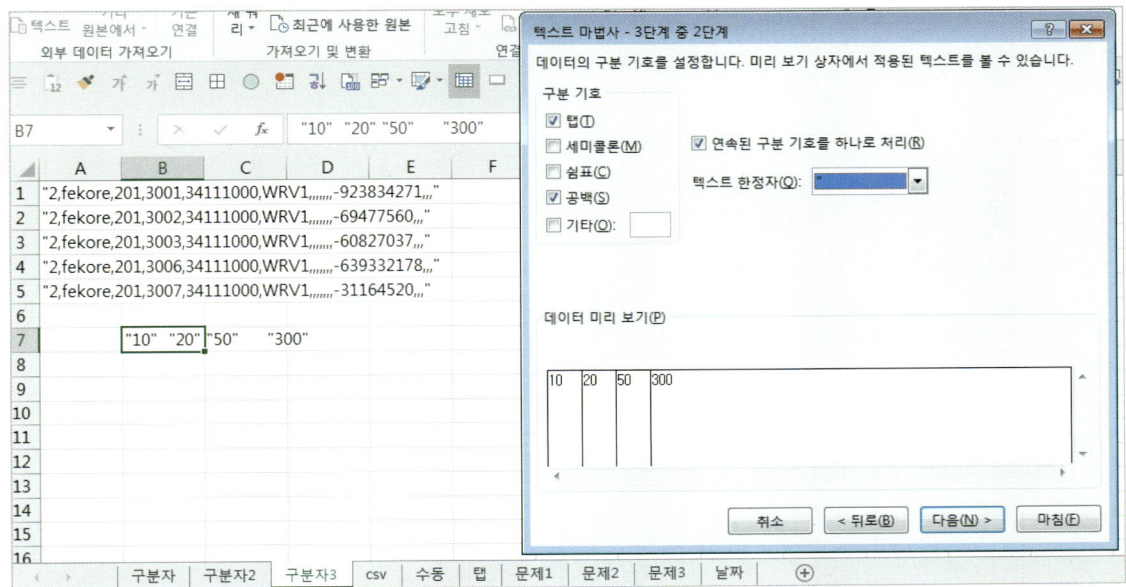

UNIT 05 **텍스트 파일 불러오기**

6부\텍나_샘플.csv

외부 텍스트 파일의 내용을 불러오는 내용이며 파일 확장자가 csv인 것은 쉼표(,)로 분리된 데이터를 가지는 텍스트 파일을 뜻합니다.

— csv : Comma Seperated Value (컴마로 분리된 값)

◆ 따라하기

《csv》 시트의 A1 셀 선택 → 《데이터》 탭 → 《외부 데이터 가져오기》 그룹에 《텍스트》 → 《텍나_샘플.csv》 파일을 선택하고 《가져오기》 → 《구분 기호로 분리됨》 → 《다음》 → 《쉼표》 체크, 《기타》 입력란에 큰따옴표(") → 《연속된 구분 기호를 하나로 처리》 체크, 《텍스트 한정자》는 《{없음}》 → 《마침》 → 《데이터 가져오기》 창이 뜨고 바로 《확인》

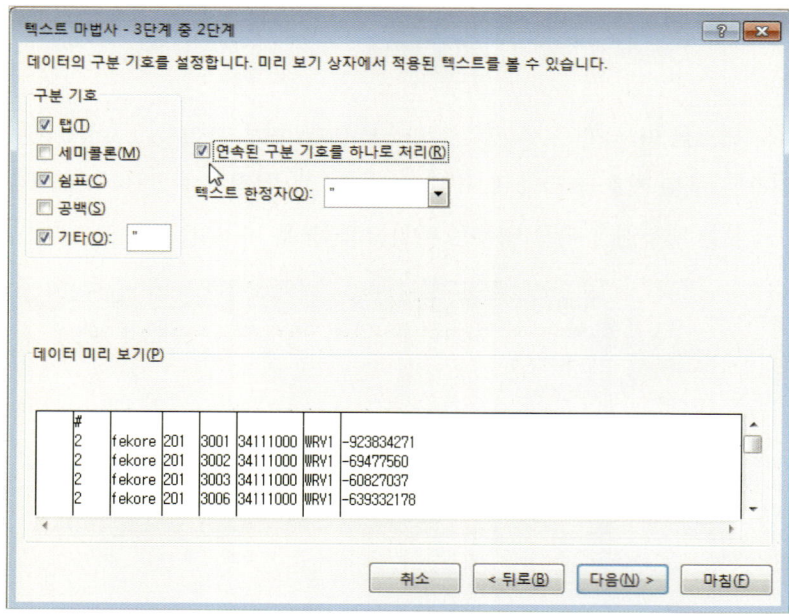

UNIT 06 너비를 지정하여 나누기

《수동》시트의 A열에는 휴대폰번호를 넣기 위해 아포스트로피를 선두문자로 입력하여 맨 앞에 0을 유지시키고 있습니다.

◆ 따라하기

《수동》시트의 [A2:A4] 선택 → 《텍스트 나누기》 → 《너비가 일정함》 → 《다음》 → 나눌 부분을 클릭하여 세 부분으로 쪼갬(선을 더블 클릭하면 사라지고 선을 드래그하면 이동) → 《다음》 → 《텍스트》 선택 → 두, 세 번째 열도 선택하여 검정으로 하고 《텍스트》 → 《마침》

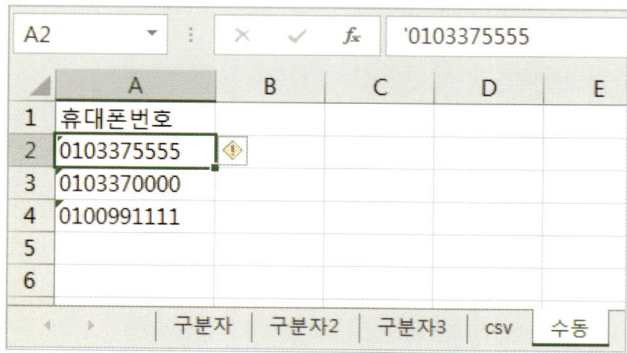

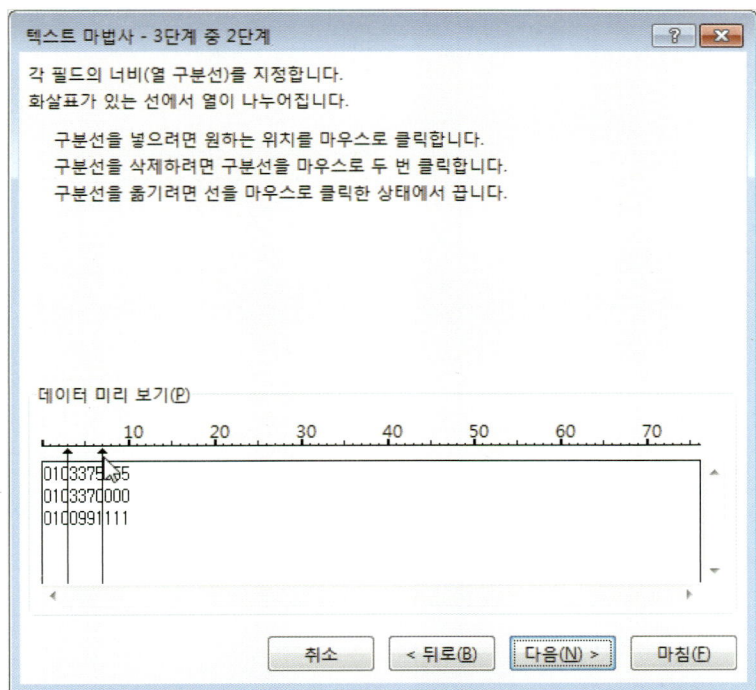

▲ 클릭하여 선으로 나눈 상태

▲ 실행 후, 결과

UNIT 07 텍스트 나누기 설정 유지

《텍스트 나누기》창의 1단계 창에서《구분기호로 분리됨》→《다음》→ 2단계 창에서 임의의 체크 상자에 체크를 하면《취소》를 누르더라도 그 설정은 유지되어《텍스트 나누기》창을 다시 열어도 2단계 창에 그대로 그 설정이 있습니다.

UNIT 08 보이지 않는 글자 지우기

《탭》시트의 A열에는 중간에 탭 문자가 들어가 있습니다. 이 문자 번호는 9번이며 확인하는 방법은 B2 셀에 수식 =FIND(CHAR(9),A2)을 넣으면 4번째에 있음을 확인할 수 있습니다.《텍스트 나누기》로 이것을 없애봅니다.

- E열에도 탭 문자가 있고 F열은 보이는 대로 정상적인 문자만 있습니다.

◆ 따라하기

《탭》 시트의 [A2:A7] 범위 선택 → 《텍스트 나누기》→《구분 기로호 분리됨》→《다음》→《탭》 체크 →《다음》→《텍스트》 선택 →《마침》→ C2 셀에 수식 =A2&B2 입력하고 7행까지 드래그 → [C2:C7] 범위 Ctrl + C → A2 셀 선택하고 Alt + E , S , V → Enter 로《값》만 붙이기 → B, C열은 지우기

- 다른 방법은 숫자 키패드가 있는 키보드인 경우, [A2:A7] 범위 선택 → Ctrl + H 로《찾을 내용》에 Alt 키를 누른 채 숫자 키패드의《0009》를 치면 탭 문자가 입력되고《바꿀 내용》은 비워두고《바꾸기》누르면 됩니다.

UNIT 09 데이터 갱신 이슈

웹이나 사내 ERP 시스템 등에서 엑셀로 다운로드한 파일의 데이터에는 이상 문자가 섞여있는 경우가 많아 실무자들이 곤혹스러운 경우가 많은데, 이런 데이터는 엑셀에서 열면 먼저 데이터 표시 형식을 Refresh해야만 합니다.

- 《문제1》 시트의 A열에 날짜는 날짜같이 보이지만 깨끗한 날짜가 아님. B2 셀에 수식 =A2=DATE(2015,5,12)의 결과가 FALSE인 것으로 검증할 수 있습니다. 즉 A2 셀 값은 2015년5월12일이 아닌 것이므로 자료를 다음과 같이 씻어야 합니다.

◆ 따라하기

《문제1》 시트의 A열 선택 →《텍스트 나누기》→ 바로《마침》을 누르면 B2 셀이 TRUE가 됩니다.
즉 A열이 정상적인 날짜 데이터로 갱신된 것입니다.
- 이것의 원리는《텍스트 마법사》창의 1, 2단계 창에서《다음》을 클릭하고 3단계 창에서 기본값인《일반》선택 상태로《마침》을 누르는 것과 같습니다. 따라서 1단계 창에서《구분 기호로 분리됨》이면 2단계를 살필 필요가 있지만,《너비가 일정함》을 체크했다면 바로《마침》눌러도 문제가 없습니다.

- 《문제2》 시트의 A열에 코드는 숫자로 보이지만 텍스트 형식의 숫자이다. E3 셀에 코드를 A열에서 찾아오려는 E4 셀 수식 =VLOOKUP(E3,A:B,2,FALSE) 이 찾을 수 없다는 오류 값(#N/A)이 뜨는 것은 이상합니다. 이것의 원인은 A열은 텍스트고 E3 셀은 숫자기 때문입니다. 따라서 E3 셀 값 맨 앞에 작은따옴표(')를 넣어 텍스트로 입력시키거나 A열을 《텍스트 나누기》 → 《마침》을 하여 일반 숫자로 인식시킵니다.

– 이렇게 셀 값의 선두 문자로 작은따옴표(')를 넣어 진정한 텍스트로 변화시킬 수 있고, 다음의 두 가지 방법으로도 텍스트화 할 수 있습니다.

1. **E3 셀 값을 텍스트형식화 하는 방법1** : E3 셀에서 Ctrl + 1 → 표시 형식《범주》를《텍스트》→《확인》→ F2 → Enter 로 Refresh
2. **E3 셀 값을 텍스트형식화 하는 방법2** : E3 셀에서《텍스트 나누기》→《너비가 일정함》→《다음》→《다음》→《텍스트》선택하고《마침》

- 《문제3》 시트의 A열 값은 겉으로 보기엔 숫자지만 셀을 복사해서 윈도우 메모장에 붙이면 끝에 공백문자가 있음을 확인할 수 있습니다. E4 셀에 수식 =VLOOKUP(E3,A:B,2,FALSE)도 찾는 값이 없다는 #N/A 오류 값을 반환하고 있습니다.

◆ **따라하기**

《문제3》 시트의 A열 선택 → Alt + D , E , F 로 모두 일반화.

UNIT 10　비정상 날짜의 날짜화

날짜 값을 연속 숫자나 점(.)을 구분자로 표시하곤 하는데, 이것을 진정한 날짜 형식으로 바꿔보죠.

	A	B	C	D	E	F	G
1	Date	Date	Date	Date		Time	
2	20171129	2017.11.29	171129	15-01-2017		185414	18:54:14
3	20171130	2017.11.30	171130	17-01-2017		141904	14:19:04
4	20171130	2017.11.30	171130	17-01-2017		093020	09:30:20
5	20171127	2017.11.27	171127	03-01-2017		052521	05:25:21
6	20171114	2017.11.14	171114	17-01-2017		233029	23:30:29

◆ **따라하기**

《날짜》시트의 A열 선택 → Alt + D , E → 《너비가 일정함》 더블 클릭 → 《다음》 → 《날짜》, 《년월일》로 선택하고 《마침》 하면 날짜 형식으로 변환되고 열 너비를 늘려 날짜 값을 확인하세요.

- B, C열도 마찬가지로 하여 날짜 형식화 가능. B열의 점(.) 구분 날짜는 실제로는 텍스트로 인식합니다.
- D열도 마찬가지로 하고 단지 《텍스트 나누기》 3단계에서 《날짜》, 《일월년》으로 선택하고 누름. 이런 날짜 체계는 영국에서 사용하며 이런 셀 내용은 텍스트로 인식하므로 한국식으로 바꿔 날짜로 인식시킴
- F열의 연속 숫자는 시간을 "시분초"를 각각 두 자리로 텍스트형으로 표시한건데, 이것은 《텍스트 나누기》로는 불가능하므로 G열같이 수식을 사용해야 하고, 셀 서식의 표시 형식은 《hh:mm:ss》로 합니다.
- G2 셀 수식 : =VALUE(TEXT(F2,"00!:00!:00"))

29장

CHAPTER 29 통합

6부\통합_원본.xlsx
6부\통합_결과.xlsx

원본 데이터로부터 대상 데이터를 기준 항목별로 집계하여 생성.

UNIT 01 개요

- **위치** : 《데이터》 탭 → 《데이터 도구》 그룹에 《통합》
- **개념** : 데이터에 기준 항목별 합계나 개수 등으로 다른 셀에 요약
- **단축키** : Alt + D , N

UNIT 02 품목별 판매량 집계

《통합》은 대상 셀을 먼저 선택하고 시작합니다.

◆ **따라하기**

《기본》 시트의 E2 셀 선택 → 《데이터》 탭 → 《데이터 도구》 그룹에 《통합》 → [B2:C9] 범위 선택으로 《참조》 란 채움 → 《첫 행》 → 《확인》 → Alt + D , N → 《왼쪽 열》 → 《확인》하면 품목별 판매량이 집계된 데이터가 나옵니다.

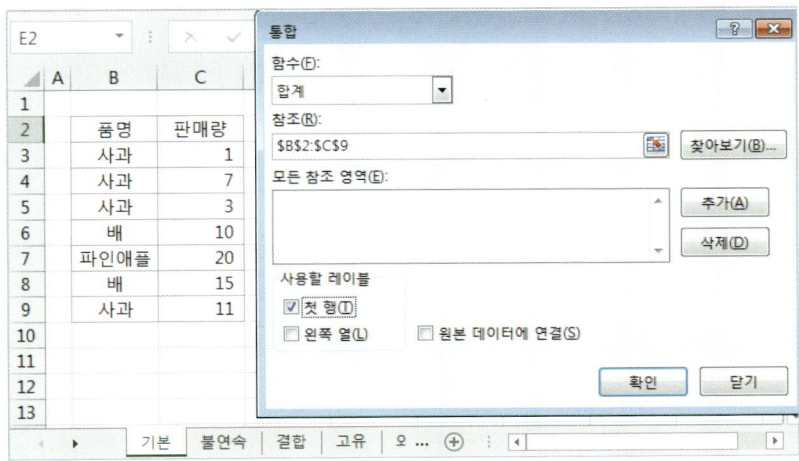

- 대상 셀이 비었을 때는 이렇게 《첫 행》과 《왼쪽 열》을 한 번 씩 체크하면서 통합을 두 번 진행하면 됩니다.

- 헤더가 없는 데이터 통합

◆ **따라하기**

《기본》 시트의 K1 셀 선택 → 《데이터》 탭 → 《데이터 도구》 그룹에 《통합》에 기존 참조 영역은 삭제 → [H1:I7] 범위 선택으로 《참조》란 채움 → 《왼쪽 열》 체크 → 《확인》하면 품목별 판매량이 집계된 데이터가 나옵니다.

- 참조 범위를 전체 열로 선택하면 속도가 느려집니다. 이렇게 헤더가 없으면 왼쪽 열 기준으로 한 번에 통합이 가능합니다.

UNIT 03 기준 열과 불연속 열을 계산

품목별 평균 단가를 내려고 함이며, 품목과 단가가 떨어져있는 경우에 대상 셀에 필드명을 입력해 놓고 실행해야 합니다.

◆ **따라하기**

《불연속》 시트의 [G2:H2] 선택 → Alt + D , N → 《참조》는 [B2:D9]를 선택 → 《함수》는 《평균》 → 《첫 행》과 《왼쪽 열》을 모두 체크 → 《확인》

A	B	C	D	E	F	G	H
	품명	지점	단가	재고		품명	단가
	사과	서울	1,000	1			
	사과	인천	1,500	5			
	사과	강원	1,000	3			
	배	제주	1,000	10			
	파인애플	서울	2,000	20			
	배	서울	2,000	15			
	사과	제주	1,500	11			

- 원본이 대상에 반영될 때 서식은 표시 형식만 반영됩니다.

UNIT 04 특정 항목들의 집계

관심 항목만 보고 싶다면 그 항목을 대상 셀에 입력하고 통합 실행.

◆ 따라하기

《불연속》 시트의 [J2:K6] 선택 → Alt + D , N → 기존《참조》를 선택하여《삭제》하고 [C2:E9] 선택 →《함수》는《합계》→《첫 행》과《왼쪽 열》을 모두 체크 →《확인》

	A	B	C	D	E	F	J	K
1								
2		품명	지점	단가	재고		지점	재고
3		사과	서울	1,000	1		서울	
4		사과	인천	1,500	5		충남	
5		사과	강원	1,000	3		제주	
6		배	제주	1,000	10		경기	
7		파인애플	서울	2,000	20			
8		배	서울	2,000	15			
9		사과	제주	1,500	11			

– 결과는 해당 지점별 재고 합이 나오고 원본에 없는 지점은 빈 셀로 나옵니다.

UNIT 05 다중 열을 기준으로 집계

기준 열이 두 개라면 한 열에 합치고 통합 실행.

◆ 따라하기

《결합》 시트의 F2, G2 셀에 각각 다음 수식을 넣습니다.

F2 셀 : =B2&";"&C2

G2 셀 : =D2

그리고 [F2:G2] 선택 → G2 셀의 채우기 핸들을 7행까지 끌기→ I2 셀 선택 → Alt + D , N → [F2:G7] 범위 선택으로《참조》란 채움 →《첫 행》체크 →《확인》→ Alt + D , N →《왼쪽 열》체크 →《확인》→ [J2:J6] 범위를 Ctrl + X → K2 셀 선택하고 Enter →《데이터》탭 →《데이터 도구》그룹에《텍스트 나누기》→《구분 기호로 분리됨》더블 클릭 →《세미콜론》체크 →《마침》

	A	B	C	D	E	F	G	H	I	J	K
1											
2		모델	버전	수량		모델;버전	수량		모델	버전	수량
3		CASE	0.1	1		CASE;0.1	1		CASE	0.1	1
4		문자판	0.3	3		문자판;0.3	3		문자판	0.3	4
5		문자판	0.2	2		문자판;0.2	2		문자판	0.2	2
6		CASE	0.3	5		CASE;0.3	5		CASE	0.3	5
7		문자판	0.3	1		문자판;0.3	1				

UNIT 06　왼쪽 열만 기준으로 집계

필드명이 없는 자료에서 인원수를 계산합니다.

◆ 따라하기

《고유》 시트의 [B1:B9] 의 각 셀에 모두 《1》 입력 → D1 셀 선택 → Alt + D , N → [A1:B9] 범위 선택으로 《참조》란 채움 → 《왼쪽 열》 체크 → 《함수》는 《합계》나 《개수》 → 《확인》

- 또 다른 방법은 A열 복사하여 B열에 넣고 D1 셀 선택 → 《통합》 창 열어 《참조》란은 [A1:B9]로 선택, 함수는 《개수》, 《왼쪽 열》만 체크하고 《확인》

	A	B	C
1	홍길동		
2	홍길동		
3	권율		
4	권율		
5	권율		
6	이순신		
7	이순신		
8	이순신		
9	이순신		
10			

… | 불연속 | 결합 | 고유

UNIT 07　여러 표를 참조 및 와일드카드 문자 사용

◆ 따라하기

《와일드》 시트의 [E8:G10] 선택 → Alt + D , N → [A2:C5] 선택하고 《추가》, 또 [E2:G5] 선택하고 《추가》, [A8:C11] 선택하고 《추가》 → 《함수》는 《합계》 → 《첫 행》과 《왼쪽 열》을 모두 체크 → 《확인》

	A	B	C	D	E	F	G	H
1	1월				2월			
2	분원	수강료	강사료		분원	수강료	강사료	
3	중구	55	67		중구	52	41	
4	강남	53	40		강남	71	71	
5	강서	74	80		강서	70	81	
6								
7	3월				1분기 합			
8	분원	수강료	강사료		분원	강사료	수강료	
9	중구	44	45		중구			
10	강남	61	76		강?			
11	강서	40	86					
12								

… | 불연속 | 결합 | 고유 | 와일드 | 연결

- 《강?》로 《강》으로 시작하는 두 글자를 모두 인식하여 합계를 구합니다.
- 여러 시트에 데이터가 있다면 그들 모두를 참조할 수 있습니다.

UNIT 08 다른 시트의 데이터 변경에 동적 참조

◆ **따라하기**

《연결》 시트의 A1셀 선택 → Alt + D , N → 《참조》에 《기본》 시트의 [B2:C9] → 《함수》는 《합계》 → 《첫 행》과 《왼쪽 열》을 모두 체크 → 《원본 데이터에 연결》 체크 → 《확인》하면 윤곽 기호가 나오면서 부분합 식으로 표현됩니다.

- 《기본》 시트의 C4 셀에 값을 수정하고 《연결》 시트를 선택하면 수정 값이 반영됩니다.
- 원본 데이터에 행이 추가되면 연결 시트에서 Ctrl + A , A 로 전체 선택 → Ctrl + − 로 셀 삭제하고 《통합》을 재실행해야 합니다. (원본 데이터의 이름 정의를 통한 동적 참조도 실행 안 됩니다.)

30 CHAPTER 틀 고정

UNIT 01 개요
- **위치** : 《보기》 탭 → 《창》 그룹에 《틀 고정》 → 《틀 고정》
- **개념** : 특정 행이나 열은 화면에 지속적으로 보이게 합니다.
- **단축키** : Alt + W, F, F
- 틀 고정 해제도 단축키는 동일

UNIT 02 틀 고정 법
- **행 고정** : 1~3행을 고정하고 싶다면 4행을 선택하거나 A4 셀을 선택하고 《틀 고정》
- **열 고정** : A~B열을 고정하려면 C열을 선택하거나 C1 셀을 선택하고 《틀 고정》
- **행열 고정** : 1~3행, A~B열을 고정하려면 C4 셀을 선택하고 《틀 고정》

UNIT 03 여러 행이나 열을 틀 고정 못함
틀 고정은 특정 행/열 하나만 고정할 수 있습니다.
예를 들면 3행과 11행을 모두 고정할 수는 없습니다.

UNIT 04 틀 고정 시 유의할 점
- 주의할 점은 전체 행이나 열이 화면에 모두 보일 때 《틀 고정》 단추를 눌러야 합니다. 예를 들면 5행까지 틀 고정하려고 할 때에 화면이 3행부터 보인다면 그 기능 적용 후에 1, 2행은 영원히 숨겨집니다.

UNIT 05 틀 고정 검은 선
틀 고정 후, 진한 회색 선이 생기는데 이 선을 없앨 수는 없습니다.

31 CHAPTER 표 《Excel표》

6부\표_원본.xlsx
6부\표_결과.xlsx

표란 용어가 일반적이라서 《Excel표》로 부르기도 합니다.

UNIT 01 개요

- **위치** : 《삽입》 탭 → 《표》 그룹에 《표》
- 또는 《홈》 탭 → 《스타일》 그룹에 《표 서식》
- **개념** : 특정 행이나 열은 화면에 지속적으로 보이게 합니다.
- **단축키** : Ctrl + T 또는 Ctrl + L

UNIT 02 《표》 만들기

일반 표 안에 임의의 셀을 하나만 선택 → Ctrl + T

- 병합 셀을 포함하는 일반 표를 《표》로 만들면 병합이 풀립니다.
- 만일 표 안에 데이터 셀이 떨어져 있다면 (예를 들면 표의 중간에 빈 줄이 있는 경우) 수동으로 표 전체를 선택하고 해야 합니다.

UNIT 03 일반 표로 복원

《표》를 일반표로 바꾸려면 셀에 마우스 우측 버튼 → 《표》 → 《범위로 변환》
- 또는 《표》에 임의의 셀 선택 → 《디자인》 탭 → 《도구》 그룹에 《범위로 변환》
- 일반 표로 되돌려도 《표》의 디자인은 유지됩니다.
- 일반 표로 되돌리고 Ctrl + Z 를 누르면 기존 《표》로 다시 설정됩니다.

UNIT 04 줄무늬 없애기

《표》를 생성하면 기본적으로 한 행씩 건너뛰면서 셀 색이 있는데, 이 색을 지우고 싶다면 표에 임의의 셀 선택 → 《디자인》 탭 → 《표 스타일 옵션》 그룹에 《줄무늬 행》 체크 해제
- 열 구분이 필요하다면 《줄무늬 열》 체크

UNIT 05 필터와 단축키

- 《표》가 만들어지면 세모 필터 단추가 생김. 이 단추는 《데이터》 탭 → 《정렬 및 필터》 그룹에 《필터》 누르면 사라지고 다시 누르면 생김.
- 엑셀2013 이상이면 표에 임의의 셀 선택 → 《디자인》 탭 → 《표 스타일 옵션》 그룹에 《필터 단추》
- **세모 단추 클릭 단축키(엑셀2010 이상)** : 표에 임의의 셀 선택 → Shift + Alt + ↓

UNIT 06 《슬라이서》로 쉽게 필터 (엑셀2013 이상 버전)

《표》를 보다 직관적으로 필터하기 위한 슬라이서 기능

- 표에 임의의 셀 선택 → 《디자인》 탭 → 《도구》 그룹에 《슬라이서 삽입》 클릭하고 예컨대 《전표일자》 체크하고 《확인》 누르면 슬라이서가 표시되고 특정 날짜를 클릭하면 표에 그 날짜의 행만 필터 됩니다.
- 슬라이서에 여러 날짜를 선택하려면 Ctrl 이나 Shift 를 누른 채 다른 날짜를 클릭합니다.
- 슬라이서를 닫으려면 활성화 상태에서 Delete 누름

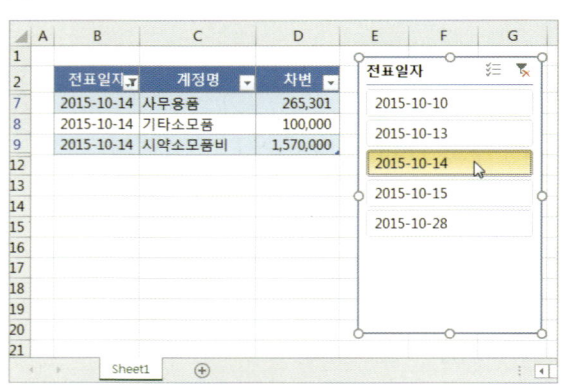

▲ 슬라이서에서 10월 14일을 필터한 상태

UNIT 07 **정렬**

정렬은 특별한 내용이 없으며 일반 정렬과 비슷합니다.
- 특정 필드를 기준으로 데이터를 정렬하려면 필터 세모 단추 클릭 → 상단에 오름(내림)차순 정렬을 클릭. 이것은 일반 표에서도 가능합니다.
- **여러 필드 기준 정렬 법** : 《데이터》탭 → 《정렬 및 필터》그룹에 《정렬》, 정렬 창에서 정렬 기준을 설정하고 상단 우측의 《기준 추가》를 눌러 다른 필드 추가

UNIT 08 **디자인**

《표》의 색깔 등 모양을 설정할 수 있는데, 《표》의 아무 셀이나 선택 → 다음의 2가지 방법이 있습니다.
1. 《디자인》 탭 → 《표 스타일》 그룹
2. 《홈》 탭 → 《스타일》 그룹에 《표 서식》

UNIT 09 **사용자 지정 표 서식**

《표》는 보통 한 줄 단위로 색이 바뀌는데 두 줄 단위로 색이 나오게 해보죠.
먼저, 《홈》 탭 → 《스타일》 그룹에 《표 서식》에 해당 표에 마우스 우측 버튼 → 《중복》 → 《표 스타일 수정》 창이 뜨고 《첫 행 줄무늬》 → 《지우기》 → 《줄무늬 크기》는 2 → 《둘째 행 줄무늬》 → 《서식》 → 《채우기》에 특정 색 지정 → 《확인》 → 《확인》 → 다시 《표 서식》→ 맨 위 좌측에 《사용자 지정》란에 항목을 누르면 서식이 적용됩니다.

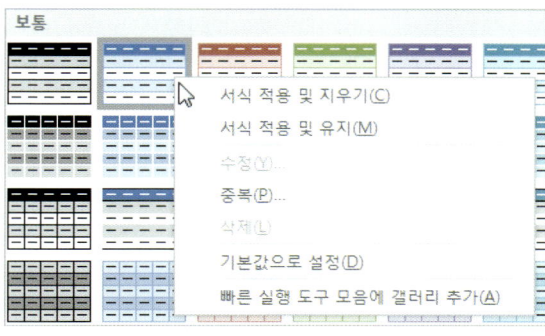

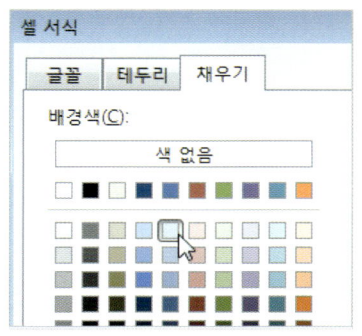

▲ 《둘째 행 줄무늬》 서식에 채우기 색 설정

— 표의 사용자 지정 서식은 해당 문서에서만 사용 가능.

▲ 적용 결과

- 대상 문서에서 원본 문서의 특정 표 서식을 적용하기 : 원본 문서에서 해당 표 전체를 Ctrl + C → 대상 문서에 임시로 Ctrl + V → 《홈》 탭 → 《스타일》 그룹에 《표 서식》 → 상단 《사용자 지정》 표에 마우스 우측 버튼 → 《서식 적용 및 유지》 → 임시로 붙인 표는 삭제하거나 《홈》 탭 → 《편집》 그룹에 《지우기》 → 《모두 지우기》

UNIT 10 행 추가

- 맨 아래 한 행을 추가하는 세 가지 방법
1. Sheet1의 D11 셀을 선택하지 말고 그 셀의 세모 《크기 조정 핸들》을 마우스를 이용하여 아래로 끌기
- 《크기 조정 핸들》을 위로 끌면 해당 행 들이 일반 범위로 변환됩니다.
2. D11 셀 선택 → Tab
3. 표에 임의의 셀 선택 → 《디자인》 탭 → 《속성》 그룹에 《표 크기 조정》
- 행을 추가하면 새 행에 기존 서식이나 수식이 자동 적용됩니다.
- 저자는 이것이 표의 가장 큰 강점이라고 생각합니다.

UNIT 11 열 추가

- 맨 끝에 한 열을 추가하는 세 가지 방법
1. Sheet1의 D11 셀을 선택하지 말고 그 셀의 세모 《크기 조정 핸들》을 마우스를 이용하여 오른쪽으로 끌기
2. 《표》의 맨 끝 열의 한 셀에 마우스 우측 버튼 → 《삽입》 → 《오른쪽에 표 열 삽입》
3. 추가할 새로운 열, 임의의 셀에 임의의 값 입력

UNIT 12 셀 삽입/삭제

- 셀에 마우스 우측 버튼 → 《삽입》 또는 《삭제》 눌러서 표의 행/열을 삽입/삭제

UNIT 13 《표》 이름

표 이름은 표 생성 시 자동 설정되며 수정할 수는 있지만 삭제할 수 없습니다.

- 《표》 이름 알기
- 표 안에 아무 셀 선택 후 Ctrl + A → 《이름 상자》를 보면 '표n' 이 보입니다. 여기서 n은 임의의

숫자.

- 표의 머리글까지 포함한 표 전체 이름은《이름 상자》에 보이지 않으며 실제로는《표n[#모두]》입니다.
* **표 전체 이름 확인법** : 표 밖에 임의의 셀에서《=》입력 후, 마우스 포인터를 표의 좌상단 꼭짓점에 대면 남동 방향의 검은 화살표가 생기고 한 번 누르면《표n》, 한 번 더 누르면《표n[#모두]》이 됩니다.
* **머리글 셀의 이름 확인법** : 표 밖에 임의의 셀에서《=》입력 후, 머리글 셀을 클릭하면《표2[[#머리글],[차변]]》이런 식으로 나옵니다.
* **데이터 셀의 이름 확인법** : 해당 데이터 셀과 같은 행의 표 밖에 아무 셀에서《=》하고 그 셀을 클릭하면《표2[@차변]》이런 식으로 나옵니다.
* 《=》다음에 이름 대신 셀 주소가 필요할 때는 수동으로 셀 주소를 입력하면 됩니다.
* Excel표에서 수식 적용시 참조 셀이 주소가 아니라 필드 이름으로 생겨야 정상인데, 셀 주소로 나온다면 Alt + T, O →《수식》→《수식에 표 이름 사용》을 체크합니다.
* 《표》이름 수정
  《수식》탭 →《정의된 이름》그룹에《이름 관리자》→ 해당 항목 선택 →《편집》

UNIT 14 표 밖 셀에서《표》참조 수식

표 밖에 임의의 셀에서 표 전체 또는 표 안에 셀을 참조하는 수식을 넣으면 표 이름을 참조하여 수식이 입력됩니다.

이것은 Alt + T, O 로《Excel 옵션》창을 열고《수식》→《수식 작업》범주의《수식에 표 이름 사용》에 체크 때문입니다. 이곳을 체크 해제하면 일반 셀 주소로 참조로 수식이 만들어 집니다. 하지만 기존 표 이름 참조 수식 셀에 이름은 그대로 존재합니다.

UNIT 15 《표》에 셀 범위 선택

* **표 데이터 선택** : 마우스를 표의 좌상단 꼭짓점에 대면 남동 방향의 검은 화살표가 생기고 클릭.
- **단축키** :《표》안에 임의의 값 셀 선택 → Ctrl + A
* **표 전체 선택** : 마우스 포인터를 표의 좌상단 꼭짓점에 대면 남동 방향의 검은 화살표가 생기고 클릭을 두 번 합니다.
- **단축키** :《표》안에 임의의 값 셀 선택 → Ctrl + A, A
- **단축키** :《표》안에 필드명 셀 선택 → Ctrl + A

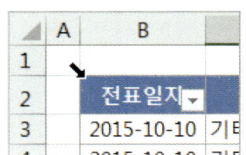

- **열(필드) 선택** : 마우스 포인터를 필드명의 위쪽 테두리에 대면 검은색의 아래쪽화살표 모양으로 바뀌고 클릭하면 그 필드값이 모두 선택. 한 번 더 누르면 필드명도 선택됩니다.
- **값들만 선택하는 다른 방법** : 셀에서 마우스 우측 버튼 → 《선택》 → 《표 열 데이터》
- **단축키** : Ctrl + Spacebar

- **행(레코드) 선택** : 맨 왼쪽 열 테두리에 마우스를 대면 오른쪽으로 향하는 검은 화살표가 나오고 누르면 그 행 전체가 선택됩니다.
- **단축키** : Shift + Spacebar

UNIT 16 필드명 고정

표를 아래로 스크롤해도 필드명(헤더)이 계속 보이는 특징.
- 표 안에 임의의 셀 선택 → 마우스 휠을 돌려 아래로 스크롤 하면 필드명이 열 머리글 대신 보이므로 굳이 《틀 고정》을 할 필요가 없습니다.

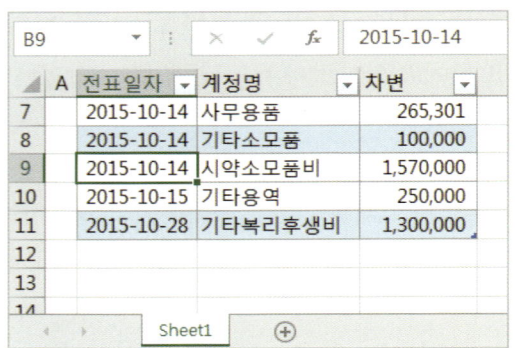

UNIT 17 맨 아래에 요약(합계나 개수 등) 행 자동 생성

방법1 : 표에 임의의 셀에 마우스 우측 버튼 → 《표》 → 《요약 행》 하고 열 너비를 조금 늘리면 합계 값이 나옵니다.

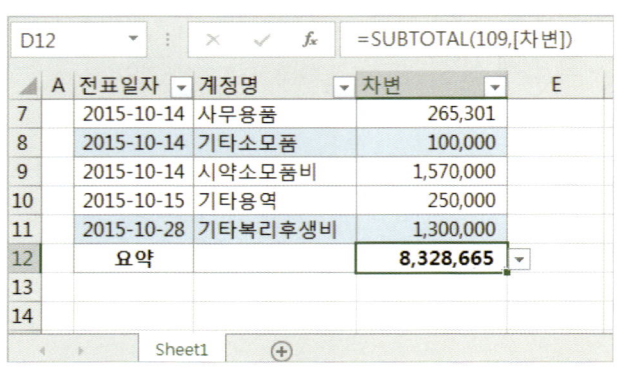

방법2 : 표에 임의의 셀 선택 →《디자인》탭 →《표 스타일 옵션》그룹에《요약 행》체크하면 맨 아래에 행이 추가되고 그 행의 셀을 선택하여 옆에 세모 단추를 눌러 함수를 선택합니다.

- 표의 맨 아래에 요약 행이 있는 상태에서 신규 데이터를 추가할 때에 요약 행의 맨 오른쪽 셀 바로 위의 셀에서 Tab 키를 누르면 요약 행 위로 한 행이 삽입됩니다.
- 요약 행을 지우려면 리본 메뉴에《요약 행》을 체크 해제하거나,《표》의 한 셀에 마우스 우측 버튼 →《표》→《요약 행》

UNIT 18 수식 셀

《표》끝에 누적 필드를 생성하고 수식을 넣어 봅니다.

◆ **따라하기**

Sheet1의 E2 셀에《누적》입력 → E3 셀에 《=sum(d3》입력 → F4 눌러 d3 셀을 절대주소 ($D$3)로 만들고《:》입력 → D3 셀 클릭하고 Enter 치면 E열에 동일한 =SUM($D$3:[@차변]) 수식이 들어갑니다.

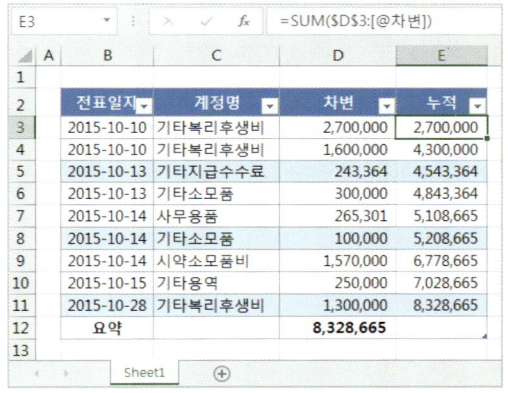

- 누적 필드에 천 단위 쉼표가 나오게 하려면 E열에 임의의 값 셀에 Ctrl + Spacebar 로 선택하고 《홈》탭 →《표시 형식》그룹에 쉼표(,) 단추

CHAPTER 32 표시 형식

6부\표시형식.xlsx

《표시 형식》은 셀의 실제 값은 그대로 두고 표시만 바꾸는 기능으로서 매우 중요합니다.

UNIT 01 개요

- **위치** : 《홈》 탭 → 《셀》 그룹에 《서식》 → 《셀 서식》
- 다른 방법으로 셀에 마우스 우측 버튼 → 《셀 서식》
- **개념** : 실제 값은 그대로 두고 표시만 변형
- 표시 형식의 대상은 대부분 숫자(날짜, 시간, 일시 포함) 셀이며, 문자(텍스트) 셀은 문자의 맨 앞이나 뒤에 어떤 값을 결합하는 형식만 가능. 텍스트형 숫자 셀에 숫자는 텍스트로 취급하므로 숫자 관련 《표시 형식》을 적용할 수 없습니다.
- **단축키** : Ctrl + 1

각 시트에 녹색 셀은 실제 표시 형식을 뜻합니다.

UNIT 02 숫자 표시 형식에 사용하는 《#》, 《0》, 《?》

실제값	#	0	?		실제값	0.00	#.00
0		0			0	0.00	.00
1	1	1	1		1.286	1.29	1.29
11	11	11	11		11.2	11.20	11.20
111	111	111	111		-27.57	-27.57	-27.57
					0.6	0.60	.60

#, 0, ? : 이 세 가지는 모두 숫자 한 자리를 의미하며 이것을 중복하면 숫자 자릿수별로 표시 형식을 정할 수 있습니다

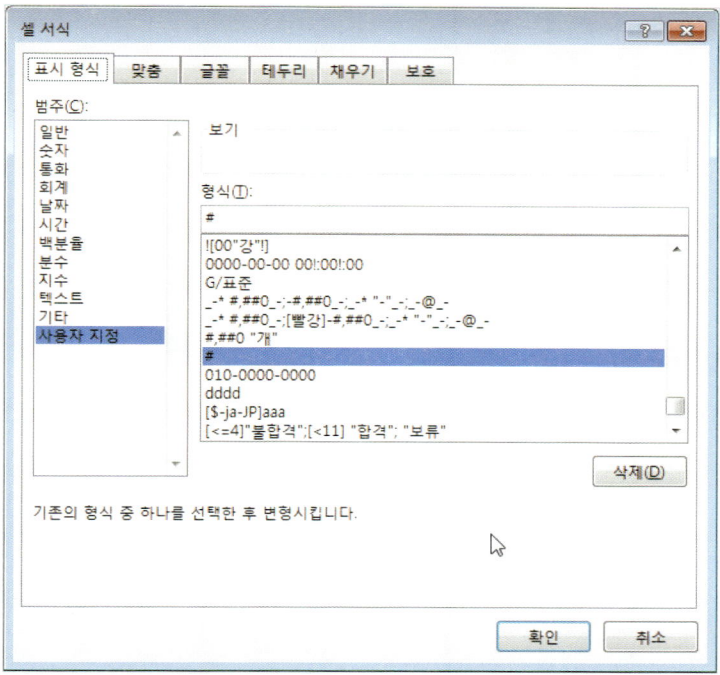

- **0** : 숫자 자릿수가 이 형식 자릿수보다 적으면 그 차이만큼 0을 표시합니다.
– 셀에 3.5를 입력하고 3.50으로 표시하려면 《0.00》형식을 사용합니다. 《숫자》 시트의 C4 셀에 《00》형식을 넣으면 01로 표시됩니다.

※ **방법** : 《셀 서식》 창에서 《사용자 지정》→《형식》란에 입력합니다.

- **#** : 0과 비슷하지만 숫자의 자릿수가 #보다 적은 경우 그 차이만큼 0을 표시하지는 않습니다.
– 형식이 《#.##》이고 셀에 3.5를 입력하면 3.5가 표시됩니다. 《#.#0》이면 3.50을 표시합니다.
– 형식이 《#》이고 셀에 0을 입력하면 공란을 표시합니다.
– 형식이 《#.#》이고 셀에 0.9를 입력하면 .9로 표시합니다.

- **?** : 숫자 자릿수가 이 형식 자릿수보다 적으면 그 차이만큼 공백문자를 표시합니다.
– #과 비슷하게 숫자 0이나 0으로 시작하는 소수의 0은 표시하지는 않습니다.
– 《숫자》 시트의 D3 셀을 윈도우 메모장에 복사하면 줄 바꿈 되면서 들어가는데 그 윗줄에 커서를 놓으면 공백문자를 확인할 수 있습니다.
– 이 형식의 또 다른 특징은 소수를 소수점 위치 기준으로 나란히 위치시킵니다. 예컨대 《0.0?》형식인 A1 셀과 A2 셀에 각각 3.5 및 103.55를 입력하면 소수점 기준으로 표시됩니다.

UNIT 03 문자(텍스트)에 사용하는 《@》

- 《문자》 시트, B2 셀의 표시 형식 《범주》에 《텍스트》 클릭하고 《사용자 지정》을 클릭하면 실제 표시 형식 《@》을 확인할 수 있습니다.
- A2 셀의 표시 형식은 기본 셀 형식인 《일반》
- 문자는 숫자와 달리 @, 이 기호 하나만 넣어 문자열 전체를 표현합니다.

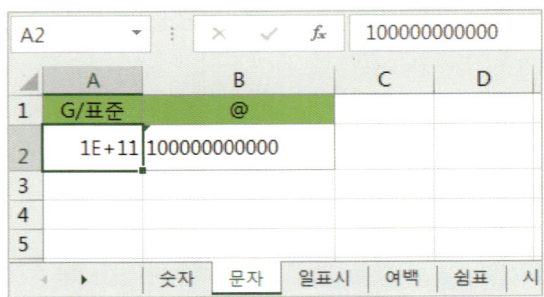

- 《문자》 시트, B2 셀에 천억 이상의 큰 수(반대로 0.000000001 보다 작은 소수)를 넣으면 입력한 대로 들어가면서 녹색 세모가 생기지만, 순서를 바꿔서 《일반》 표시 형식 A2 셀에 숫자를 넣고 텍스트 표시 형식을 지정하면 녹색 세모가 생기지도 않고 알파벳 E가 생기면서 지수 형식으로 들어갑니다. 이 상태에서 녹색 세모가 생기게 하려면 해당 셀 선택 → F2 → Enter 또는 한 열의 해당 범위를 선택하고 《데이터》 탭 → 《데이터 도구》 그룹에 《텍스트 나누기》에서 《다음》, 《다음》하고 3단계 마법사 창에서 《텍스트》 선택하고 《마침》을 누르면 정상적으로 있는 그대로 나옵니다.

UNIT 04 숫자 뒤에 특정 문자 표시

- 《일표시》 시트, C1 셀에 9 입력하고 그 셀 선택 → Ctrl + 1 → 《표시 형식》의 《일반》 → 《사용자 지정》 → 《형식》 란에 《G/표준일》 입력하면 그 위에 《보기》 란에 미리 표시 결과가 보입니다.

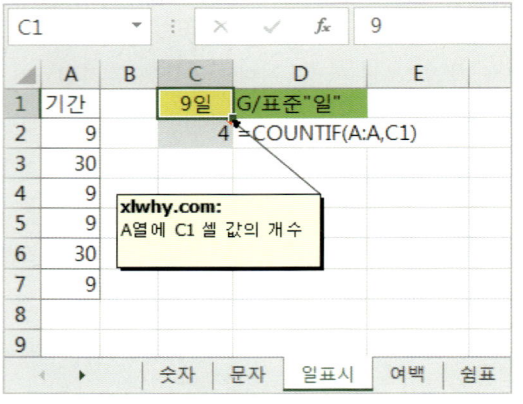

- 《일반》을 먼저 선택하는 이유는 이 《일반》의 실제 형식을 보기 위함인데, 예컨대 《범주》에 《시간》 선택 → 우측에 《13:30》 항목 선택 → 《범주》에 《사용자 지정》을 누르면 그 항목의 실체가 나옵니다.

- **일 셀에 숫자만 넣는 이유** : 보통 그 셀의 숫자만 수식에서 참조하기 위함이며, 이것의 단점은 실제 값이 표시 형식 내용인 줄 오해할 수 있다는 것인데, 실제 값은 《수식 입력줄》에서 확인 가능

※ 문자 뒤에 특정 문자를 표시하려면 《@》를 이용합니다. 예컨대 《"성명: "@》으로 하고 셀에 《홍길동》만 입력하면 《성명: 홍길동》으로 보입니다.

UNIT 05 숫자 뒤에 여백 표시

- 《여백》 시트, [B2:B7] 선택 → Ctrl + 1 → 《사용자 지정》→《형식》란에《G/표준_-》입력
- 《_-》뜻 : 밑줄 다음의 한 문자 즉, 여기서는 하이픈(-) 너비만큼 공백이 생깁니다.
- ※《_-》대신《_)》로 하면 닫힌 괄호만큼의 너비로 공백이 생기죠.

UNIT 06 숫자에 천 단위 구분 쉼표(,) 표시

- 《쉼표》시트, [C2:C9] 선택 →《홈》탭 →《표시 형식》그룹에 쉼표(,)

  C열 표시 형식 : _-* #,##0_-;-* #,##0_-;_-* "-"_-;_-@_-
  D열 표시 형식 : _-* #,##0_-;-#,##0_-;_-* "-"_-;_-@_-
  E열 표시 형식 : _-* #,##0_-;[빨강]-#,##0_-;_-* "-"_-;_-@_-

- Ctrl + 1 을 누르면《회계》범주가 선택되어있고 이때《사용자 지정》을 누르면 그 항목의 실체를 자세히 볼 수 있습니다.

- 쉼표(,) 형식 : _-* #,##0_-;-* #,##0_-;_-* "-"_-;_-@_-

  이《형식》은《양수;음수;0;문자》이 네 구역으로 구분하여 쌍반점(;)으로 나눌 수 있습니다. 이 네 가지 자료형에 따라 다른 형식을 설정할 수 있는 것이죠. 두 개 구역만 입력할 수도 있는데 이때는 1구역은 0과 양수, 2구역은 음수일 때입니다.

- _- : 공백문자보다 아주 약간 더 떨어진 공백
- * : 쉼표 형식은 이 별표(＊) 다음에 공백문자가 오고 있는데 이것은 별표 다음 한 글자를 시작 숫자(#) 앞에까지 반복하라는 뜻으로서, 셀의 왼쪽 선부터 시작 숫자까지 여백을 의미합니다. 그래서 셀 서식에 《맞춤》에 가로 방향《가운데 맞춤》을 해도 가운데로 안 맞춰집니다.
- #,##0 : 천 이상의 숫자는 천 단위 구분 쉼표(,)가 나오도록 표시하며, 소수점 이하 값이 있으면 소수점 첫 번째 자리에서 반올림해 정수로 표시합니다.
  참고로, 소수점 이하 자리는 버리고 정수만 취하는 표시 형식은 없습니다.
  표시 형식에서《#》과《0》은 모두 한 자리 숫자를 의미하는데, 끝에 0 대신 #을 쓰면 셀 값이 0일 때 아무 것도 표시하지 않습니다. #은 숫자 0을 무효한 숫자로 인식하기 때문입니다.
- 0 구역에 "−" : 하이픈(−)으로 표시, 즉 숫자 0이 입력된 셀은《−》로 보입니다.
- 문자 구역에 @ : 이것은 문자(텍스트)를 뜻하는데 셀에 숫자와 문자가 섞여 있을 때에 그 셀은 문자로 인식. 표시 형식의《범주》란에《텍스트》가 바로 이《@》와 같습니다.
- 양수나 음수 : 1000 단위마다 쉼표(,)를 표시하며, 그 값이 소수면 소수점 첫째자리에서 반올림하여 표시
- 0 : 하이픈(−)으로 표시
- 문자 : 문자 그대로 표시
- 이 네 가지 설정은 모두 우측에 여백을 조금 두어 표시합니다.
- 양수, 음수, 0 셀은 가로 방향으로 맞춤(예를 들면《가운데 맞춤》)이 작동하지 않습니다.
- C7 셀에 수식은 =A7−B7이며《−0》으로 표시되는데 실제 값을 보면 A7 셀 값이 193631.9 이므로 −0.1이 실제 차이 값이고, 소수점 첫째 자리에서 반올림되어 표시는 −0으로 되는 것입니다.
- 음수인 경우《−》와 숫자 간격이 큰데, 이것은 열 너비를 줄이면 해결되지만 근본적인 해결책이 아님. [D2:D9] 범위에 음수 구역 형식이 더 보기 좋습니다.
  기존 : − * #,##0_−
  수정 후 : −#,##0_−
- 표시 형식을 수정했다고 기존 형식이 없어지는 것은 아니고 새로 추가되는 것입니다.

UNIT 07 음수(마이너스 숫자)는 빨간 글자로 표시

《쉼표》시트, [E2:E9] 선택 →《홈》탭 →《표시 형식》그룹에 쉼표(,) 단추 → Ctrl + 1 →《표시 형식》에《사용자 지정》을 누르고 다음과 같이 음수일 때만 수정

음수 구역만 수정한 회계 형식 : _ * #,##0_−;[빨강]−#,##0_−;_ * "−"_−;_−@_−

- 글자 색은 검정, 녹색, 흰색, 파랑, 자홍, 노랑, 녹청, 빨강 이렇게 8개를 대괄호 안에 입력하는 것이 보통이지만, [색n] 식(예를 들면 빨강은 색 번호가 3이라서 [색3]−#,##0)으로 n에 1~56까지 입력하면 56가지 색을 표시할 수 있습니다.

- 표시 형식으로 셀 색을 바꿀 수는 없습니다. 셀 색은 조건부 서식으로 가능합니다.
- 글자 색깔로 가능한 색, 56가지는 그림과 같습니다.

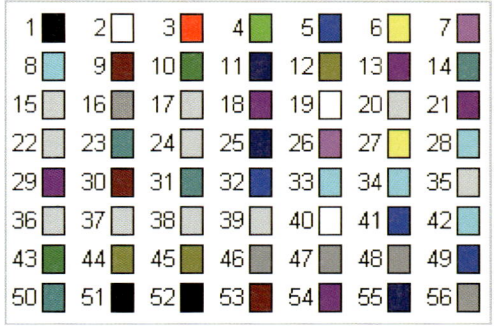

UNIT 08 천 단위로 표시

수치가 매우 클 때는 끝에 3자리를 숨겨서 표시할 수 있습니다.

- 천 단위 구분 쉼표가 나오면서 천원 단위로 표시하려면 끝에 다음과 같이 쉼표(,)를 붙이면 됩니다. 《#,##0,》

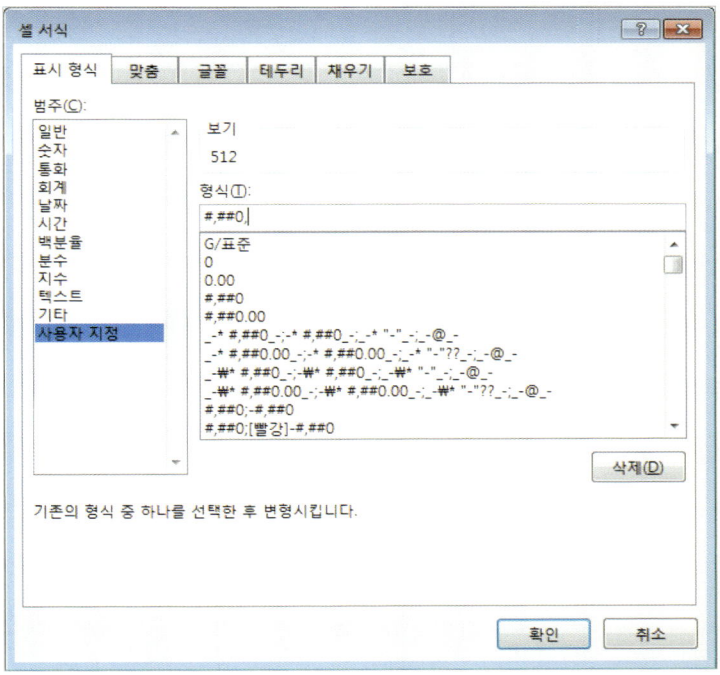

- 이 표시는 정확히는 백 자리에 수를 반올림한 수가 표시됩니다. 예를 들면 《수%》 시트에 A2 셀에 《1000700》을 입력하고 이 형식을 적용하면 《1,001》을 표시
- 백만 단위로 하려면 끝에 쉼표를 하나 더 입력.
- 만 단위로 쉼표를 넣을 수는 없습니다.

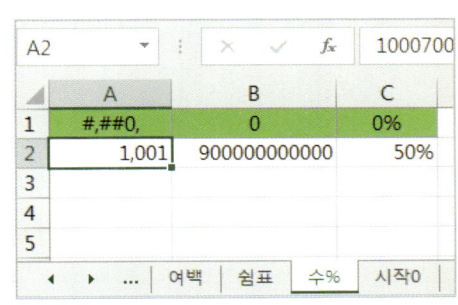

UNIT 09 큰 정수 표시

셀에 아주 큰 수를 입력하면 예컨대 주민등록번호를 숫자만 입력하면 E가 생기면서 표시되는데, 이것은 표시 형식의 《지수》 범주와 같은 모양으로 보이는 것입니다. 예를 들면 《수%》 시트에 B2 셀에 900000000000을 입력하고 이 형식을 적용하면 그대로 표시됩니다.

- **방법** : 《사용자 지정》 범주의 위에서 두 번째 《0》

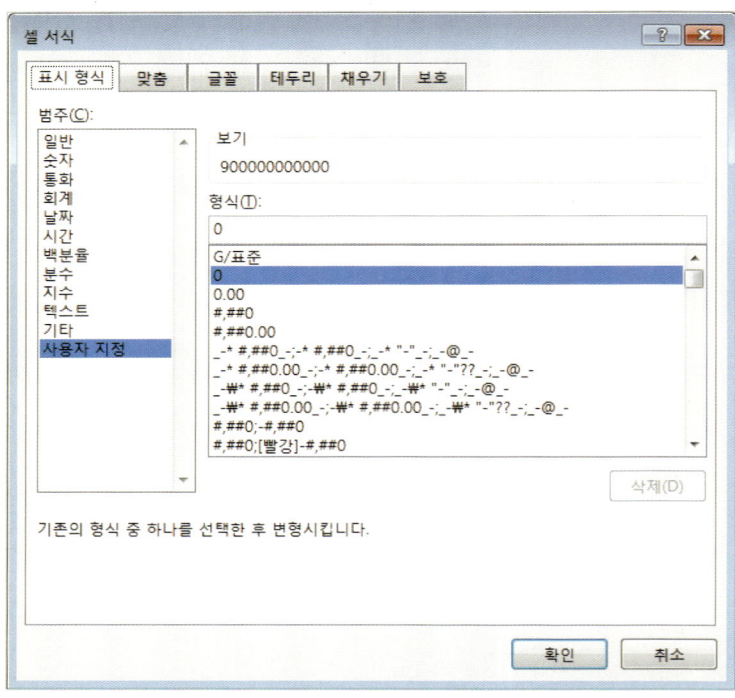

※ 정수 5자리를 《수2자리-수3자리》로 표시하려면 표시 형식을 《00-000》로 하면 됩니다. 그런데 정수 16자리를 《00000000-00000000》 형식으로 표현할 수는 없습니다. 정수는 최대 15자리까지만 표시되고 그 이후 숫자는 모두 0으로 인식되기 때문입니다.

UNIT 10 백분율(%) 표시

셀에 순소수(소수점 앞에 수가 0인 소수)를 넣고 《홈》 탭 → 《표시 형식》 그룹에 《%》 단추를 누르면 소수가 퍼센트 값으로 바뀌고 표시 형식도 《0%》가 됩니다. 예를 들면 《수%》 시트의 C2 셀에 0.155를 입력하고 이 형식을 적용하면 정수형 백분율인 16%(소수점 셋째 자리에서 반올림)로 보이고 실제 값은 15.5%로 들어갑니다.

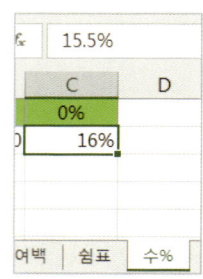

※ **대소수** : 소수점 앞에 수가 0보다 큰 소수

- 《%》단추 근처에 《자릿수 늘림》 단추로 소수점 이하 표시 자릿수를 늘릴 수 있습니다.

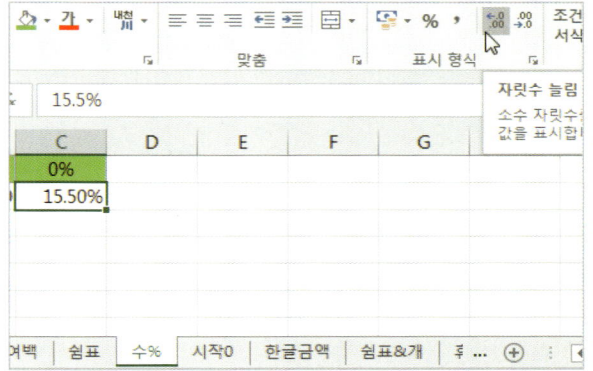

- % 형식이 적용된 셀은 이후로는 백분율 값으로 숫자만 넣으면 % 기호는 자동 입력됩니다. 이것은 Alt + T , O 로 《Excel 옵션》 창을 열고 《고급》에 《자동 % 입력 사용》 체크 때문에 가능한 것입니다.

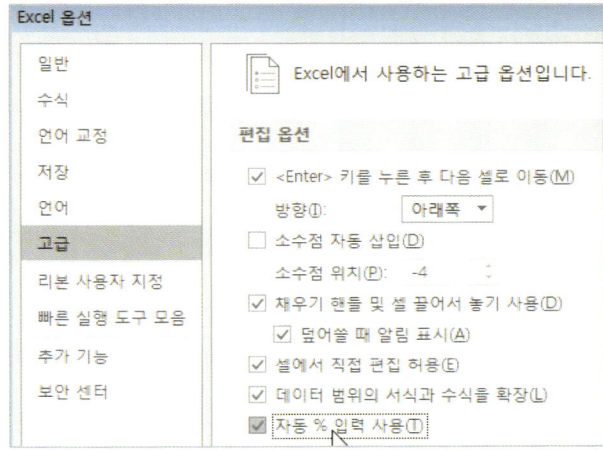

- 셀에 정수형 백분율 표시형식 단축키 : Ctrl + Shift + %

 주요 표시 형식 단축키 (중요)

엑셀 작업을 하다보면 표시 형식을 빨리 바꿔야할 때가 많은데, 다음의 세 가지는 암기하는 것이 좋습니다.

- **일반** : Ctrl + Shift + ~ , 표시 형식은 《G/표준》
- **천 단위 구분 쉼표** : Ctrl + Shift + ! , 표시 형식은 《#,##0》
- **날짜** : Ctrl + Shift + # , 표시 형식은 《yyyy-mm-dd》
  - 키보드의 물결표(~) 키부터 우측으로 《6》까지 표시 형식 단축키가 지정되어 있습니다.

UNIT 11 0으로 시작하는 숫자에 0 남기기

엑셀은 기본적으로 0으로 시작하는 수의 앞에 0은 입력 시 모두 지워집니다.

- **해결방법** : 《표시 형식》에 《범주》를 《텍스트》로 합니다. 예컨대 《시작0》 시트에 B2 셀

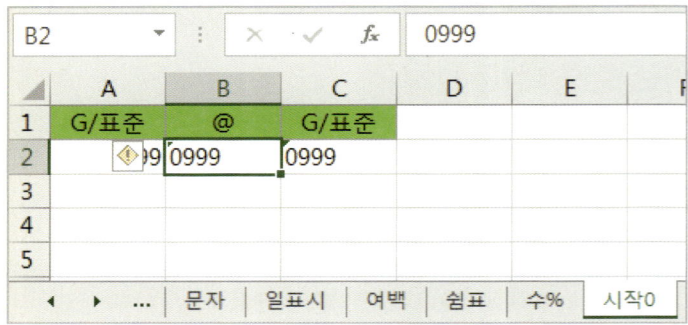

— 작은따옴표(')를 먼저 넣고 입력하면 표시 형식이 《일반》이라도 가능하며 데이터 형식은 텍스트입니다.

UNIT 12 한글 금액

《한글금액》 시트, 금액을 한글로 표시해야 할 때에 B5 셀의 《표시 형식》에 《범주》를 《기타》 → 《형식》란은 《숫자(한글)》 → 《범주》를 《사용자 지정》 → 《형식》란 끝에 《원정》을 붙여 《[DBNum4][$-412] G/표준 "원정"》로 수정하면 그림과 같이 보입니다.

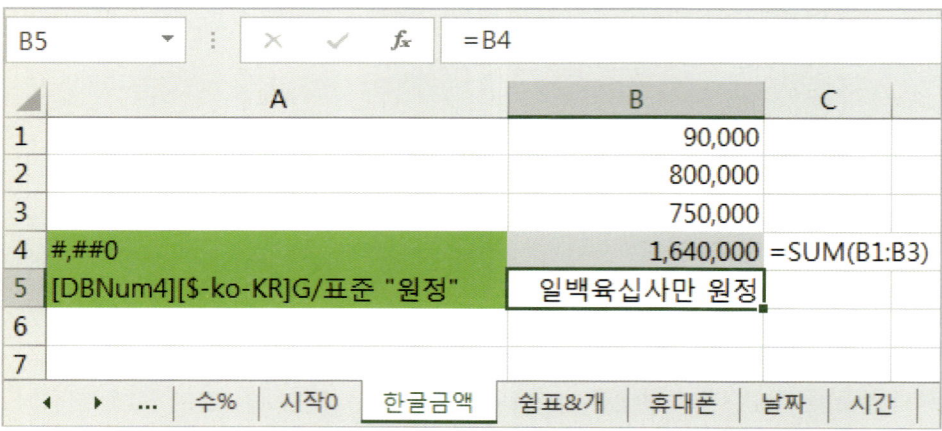

— 《기타》 범주에 《형식》란을 《숫자(한자)》로 하면 한자로 금액이 표시됩니다.

UNIT 13 쉼표(,)와 끝에 문자

《쉼표&개》 시트, 표시 형식의 《사용자 지정》 → 《형식》 란 《#,##0 개》로 하면 숫자 셀에 천 단위 쉼표(,)가 붙으면서 뒤에 《개》가 같이 붙어서 표시됩니다.

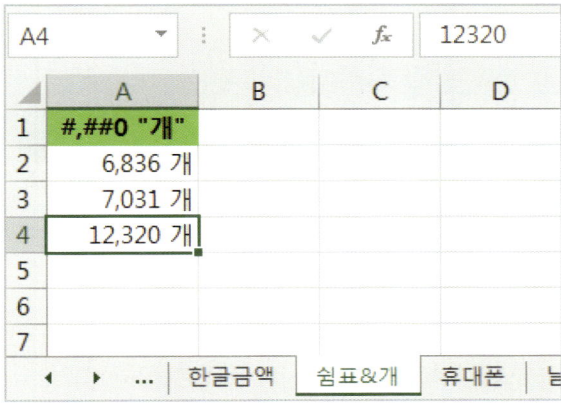

UNIT 14 휴대폰 번호

일반 휴대폰 번호는 총 자릿수가 11개지만 016이나 011 등으로 시작하는 번호는 총 자릿수가 10개입니다.

《휴대폰》 시트, D6 셀에 번호만 입력하면 맨 앞에 0은 사라져서 입력되며, 표시 형식을 《[>999999999]000-0000-0000;000-000-0000》로 하면 010으로 시작하는 번호는 국이 4 자리이므로 999999999보다 큰 값은 1구역 형식을 따르고 그 외는 2구역 형식을 따릅니다.

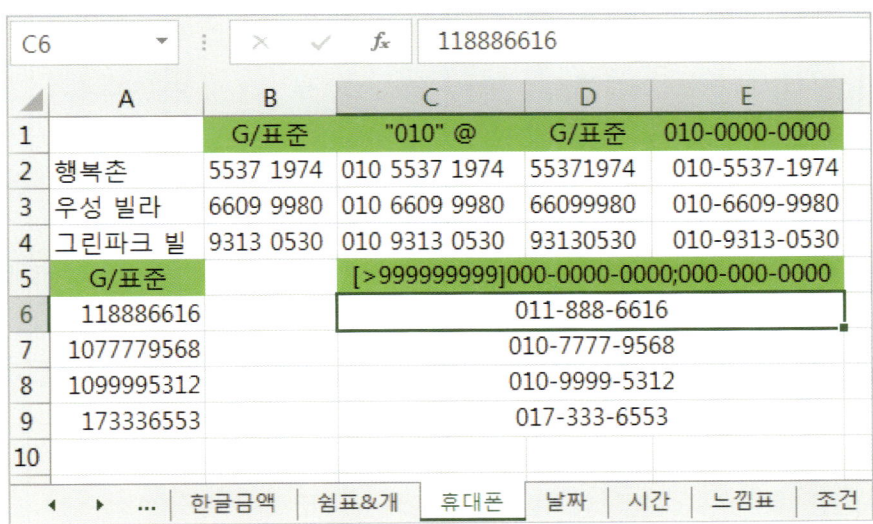

— 일반 전화는 경우의 수가 많아 표시 형식으로는 불가능

UNIT 15 날짜 표시

엑셀에서 날짜 데이터의 연월일 구분 기호로 입력할 문자는 하이픈(-)과 빗금(/) - 점(.)을 입력하면 그것은 문자로 인식합니다.

	A	B	C	D	E	F	G
2	실제값	yyyy-mm-dd	yyyy-m-d	[$-411]aaaa	m/d(aaaa)	yyyy.mm.dd	yyyymmdd
3	03월 15일	2011-03-15	2011-3-15	火	3/15(화요일)	2011.03.15	20110315
6	실제값	0000-00-00		실제값	00-00		
7	20170315	20170315		315	03-15		
8				1111	11-11		
9				905	09-05		
10	실제값	mmm yyyy	dddd				
11	2016-04-30	Apr 2016	Saturday	0	1900-01-00	TRUE	

다음에서 《날짜》 시트에 각종 예제를 설명합니다.

- y : Year의 뜻. 날짜에서 이 개수가 2개면 2자리 연도, 3개 이상이면 4자리 연도를 표시합니다.
- m : Month 로서 이 개수가 1개면 월을 그대로 표시하고 2개면 1~9월까지는 앞에 0을 붙여서 표시합니다.
- d : Day고 이 개수가 2개면 1~9일까지는 앞에 0을 붙여서 표시합니다.
- 빈 셀에 《두 자리 연-월-일》 입력하면 표시 형식은 《yyyy-mm-dd》로 자동 설정됩니다.
- 보통은 셀에 표시 형식을 미리 지정해 놓고 《월-일》만 입력 합니다.
- **영어 월 표시** : 《mmm》이면 세 글자(예컨대 3월은 Mar), 《mmmm》는 전체 이름(예컨대 3월은 March), 《mmmmm》면 한 글자(예컨대 3월은 M)로 표시됩니다.
- 날짜가 숫자 8자리로 있으면 예를 들면 《20110315》면 표시 형식을 《0000-00-00》 이렇게 하면 날짜 모양으로 나옵니다.
- 숫자만 입력하고 일괄 날짜 변경 : 숫자만 《mdd》 형으로 입력 후, 표시 형식은 《00-00》 → 윈도우 메모장에 붙이고, 그 메모장 자료를 셀에 붙이면 날짜 형으로 처리 됩니다.
- 《1900-01-00》으로 나온다면 그 셀에 실제 값은 0입니다.
  F11 셀 수식 : =D11=E11

UNIT 16 요일 표시

다음의 표시 형식은 날짜 셀에 요일을 표시합니다.

다음 내용도 《날짜》 시트에 각종 예제를 설명합니다.

- **한글 요일** : 《aaa》 또는 《aaaa》
- 토요일이면 전자는 《토》, 후자는 《토요일》 표시
- **영문 요일** : 《ddd》 또는 《dddd》
- 토요일이면 전자는 《Sat》, 후자는 《Saturday》 표시
- **한자 요일** : 《[$-411]aaa》 또는 《[$-411]ddd》
- [$-411]는 일본의 국가 코드입니다. 확인하는 법은 《표시 형식》에 《날짜》→《로캘(위치)》를 《일본어》로 하고 《달력 종류》를 《일본 연호》로 한 뒤에 《사용자 지정》 누르면 형식 란에 보입니다.
- 우리나라 코드는 [$-412]
- 엑셀2016 버전도 [$-411]로 한자 요일 표기가 가능하지만, 확인하는 법대로 하면 [$-ja-JP]로 나옵니다.

UNIT 17 시간 표시

엑셀에서 시간 데이터를 넣으려면 《시:분》 또는 《시:분:초》 형식으로 입력하면 그것이 시간이며 이때 《h:mm》 또는 《h:mm:ss》 식으로 보입니다. 예제 시트는 《시간》.

- 하루는 숫자 1이므로 1시간은 1/24, 1분은 1/24/60, 1초는 1/24/60/60와 같습니다.

	A	B	C	D	E	F	G
1							
2	실제값	hh:mm	hh:mm:ss		합계시간2	d일 h:mm	2일 1:08
3	3:30	03:30	03:30:00		합계시간	[h]:mm	49:08
4					출근	퇴근	근무시간
5					2014-07-09 09:30	2014-07-09 18:00	08:30
6	실제값	00-00			2014-07-09 07:09	2014-07-09 22:30	15:21
7	805	08:05			2014-07-09 08:22	2014-07-10 01:04	16:42
8	930	09:30			2014-07-09 17:55	2014-07-10 02:30	08:35
9	1710	17:10					
10					24시 이상 값	[h]:mm:ss	28:00:00
11	19:30	오후 07:30			60분 이상 값	[m]:ss	65:00
12							
13							

- 시, 분, 초 구분 기호는 쌍점(:)
- 오후 3시는 《15:》만 입력하면 분은 자동으로 0을 채워 《15:00》으로 완성.
- **h** : Hour의 뜻. 이 개수가 1개면 시를 그대로 표시하고 2개면 1시~9시까지는 앞에 0을 붙여서 표시합니다.
- **m** : Minute의 뜻. 이 개수가 1개면 분을 그대로 표시하고 2개면 1분~9분까지는 앞에 0을 붙여서 표시합니다.
- **s** : Second의 뜻. 이 개수가 1개면 초를 그대로 표시하고 2개면 1초~9초까지는 앞에 0을 붙여서 표시합니다.
- 시간의 합계를 구하려면 맨 앞에만 대괄호로 감쌈
  예제) [h]:mm, [hh]:mm:ss, [mm]:ss, [s] 등
- 《일》 단위로 맨 앞에 이것을 둘 때는 대괄호는 불필요합니다. G2 셀 참고
- 24시 이상 값을 셀에 입력하려면 이것도 맨 앞에 대괄호가 필요합니다. 예를 들면 《28:》을 입력하면 자동으로 표시 형식은 《[h]:mm:ss》로 됩니다.
- 입력 가능한 최대 시각은 9999시
- 60분 이상 값을 셀에 입력하려면 이것도 맨 앞에 대괄호가 필요합니다. 예를 들면 《0:65:》을 입력하고 표시 형식은 《[m]:ss》로 합니다.
- 60초 이상 값을 0:0:300 이런 식으로 표기할 수는 없습니다.
- **오전/오후 표시** : 한국 코드인 [$-412]을 붙여서 《[$-412]am/pm hh:mm》

UNIT 18 느낌표(!) 표시 형식 기호

예제 시트는 《느낌표》

의미 : 느낌표(!) 다음에 나오는 문자 하나를 표시하겠다는 뜻

	A	B	C	D	E	F
1						
2	실제값	00!.00!.00		실제값	0000-00-00 00!:00!:00	
3	110315	11.03.15		20160706142030	2016-07-06 14:20:30	
4						
5		![00강]				
6	7	[07강]				
7	8	[08강]				
8	9	[09강]				
9	10	[10강]				
10	11	[11강]				
11						

- **숫자 6자리** : 연, 월, 일을 각각 두 자리로 하여 연속 숫자 6자리를 점(.)으로 구분해 날짜 표시.
  표시 형식 : 00!.00!.00
  - 00"."00"."00와 같이 해도 되지만 느낌표(!) 사용이 더 쉬움
- **대괄호 표시** : 대괄호를 표시하는 형식
  표시 형식 : ![00강]
  - "["00"강]" 도 가능 합니다.
- **숫자 14자리** : 연월일시분초를 연속 숫자로 입력한 자료
  표시 형식 : 0000-00-00 00!:00!:00
  - 0000-00-00 00":"00":"00 이것도 가능 합니다.
  - 데이터 형식이 《텍스트》면 모두 《일반》 형식으로 바꾸고, 그 열 전체를 선택하고 《데이터》 탭 → 《데이터 도구》 그룹에 《텍스트 나누기》에 바로 《마침》을 눌러 Refresh하고 형식을 지정하세요.

UNIT 19 빈 셀로 표시

표시 형식 → 《사용자 지정》 → 《형식》란에 《;;;》을 넣으면 양수든 음수든 0이든 문자든 모두 표시하지 말라는 뜻
- **0 안보이게 하기** : 0 값은 숨기고 문자는 《국가》로만 표시하려면 《G/표준;-G/표준;;국가》 이것은 0 구역만 비웠으므로 셀에 0 값은 표시하지 않습니다.

UNIT 20 대괄호 조건

간단한 조건을 감안한 표시 형식 지정이 가능합니다.

	A	B	C	D
1				
2	실제값		[<=4]"불합격";[<11]"합격";"보류"	
3	4		불합격	
4	11		보류	
5	7		합격	
6	실제값	[<12]"A"00;"P"00	[<101]"부족";[<201]"보통";"여유";"기타"	[=0]0;[빨강][<10] "▼" ??;[파랑] "▲" ??
7	4	A04	부족	▼ 4
8	22	P22	부족	▲ 22
9	0	A00	부족	0
10	300	P300	여유	▲ 300
11	문자는	문자는	기타	문자는
12	200	P200	보통	▲ 200
13				

- 조건은 숫자 대소만 가능
- 대괄호 조건은 두 개까지만 가능.
  예) [<=4]"불합격"; [<11]"합격"; "보류"
- [<12]"A"00;"P"00
  12 보다 작으면 숫자 앞에 A, 12 이상은 숫자 앞에 P 표시
- 오전과 오후를 나누기 위함이며, 이렇게 하면 문자는 문자 그대로 표시됩니다.
- [<101]"부족";[<201]"보통";"여유"
  101 미만은《부족》, 101 이상 201 미만은《보통》, 201 이상은《여유》표시
- 문자는 특정 문자(예: 기타)로 표시하려면 [<101]"부족";[<201]"보통";"여유";"기타"
- [=0]0; [빨강][<10] "▼" G/표준; [파랑]"▲" G/표준
  0 은 그대로 표시, 10 미만이면 ▼빨간색 숫자, 그 외 숫자는 ▲파란색 숫자로 표시
- 다음 형식은 증감 세모 기호와 두 자리 이하 숫자 간격이 일치.
  [=0]0;[빨강][<10] "▼" ??;[파랑] "▲" ??

UNIT 21 주민등록번호 표시

숫자만 13자리 입력하고 표시 형식으로 하이픈(-)을 넣을 수 있죠.
- 2000년대 출생자는 시작 번호가 0이므로 입력 시 0이 사라지지만 개의치 말고 입력하세요.
- **방법** : 표시 형식 →《기타》→《주민등록번호》하고, 《사용자 지정》으로 가보면 실체를 볼 수 있고 《000000-0000000》이것을 확인할 수 있습니다.

	A	B
1	주민등록번호	
2	일반	000000-0000000
3	8.10728E+12	810728-1000111
4	6.10322E+12	610322-1810000
5		
6	0	000000-0000000
7	1103153179999	110315-3179999

- 사업자등록번호는《000-00-00000》로 하면 되죠.

UNIT 22 웹 페이지 텍스트로 넣기

6부\웹자료.xlsx

Sheet1에 자료는 인터넷에 웹 페이지를 복사해서 넣은 것입니다.

[C2:C5] 범위가 D열 그림과 같이 《숫자:숫자》로 나와야 하는데 시간으로 나옵니다.

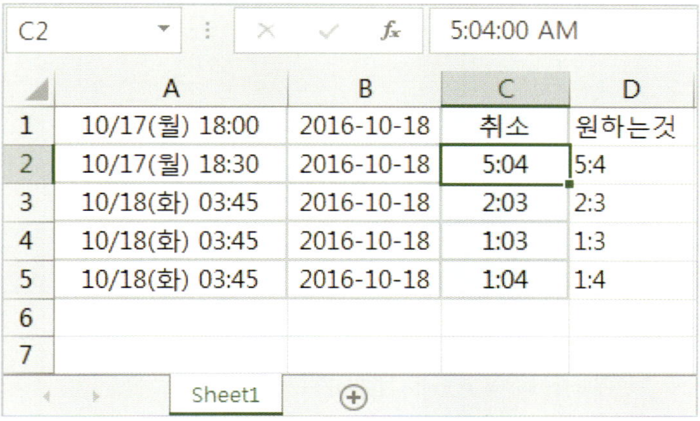
C2 | 5:04:00 AM

	A	B	C	D
1	10/17(월) 18:00	2016-10-18	취소	원하는것
2	10/17(월) 18:30	2016-10-18	5:04	5:4
3	10/18(화) 03:45	2016-10-18	2:03	2:3
4	10/18(화) 03:45	2016-10-18	1:03	1:3
5	10/18(화) 03:45	2016-10-18	1:04	1:4
6				
7				

Sheet1

- **해결법** : [C2:C5] 선택하고 Ctrl+1 → 《사용자 지정》에 《형식》에 《h:m》으로 입력 → 《확인》 → Ctrl+C → 윈도우의 메모장 프로그램 열고 Ctrl+V → 다시 엑셀로 와서 Ctrl+1 → 《범주》를 《텍스트》 → 《확인》 → 다시 메모장으로 가서 Ctrl+A → Ctrl+C → 엑셀로 와서 Ctrl+V

33 CHAPTER 피벗 테이블

6부\피벗.xlsx

피벗(Pivot) 테이블 : 데이터를 여러 구조로 통계를 내주는 기능으로서, 예를 들면 월별 또는 품목별, 업체별 집계 등을 쉽고 빠르게 만들어줍니다. 그래서 혹자는 이것을 엑셀의 꽃으로 부릅니다. 참고로 저자는 함수를 엑셀의 꽃으로 부릅니다.

– Pivot의 사전적인 뜻은 《중심점》으로서 이 기준축을 중심으로 대상물을 자유자재로 회전할 수 있습니다. 핸드볼 경기에서 피벗 플레이어가 있는데 이들은 상대편 골문 중앙에서 골을 배급하거나 슛을 쏘는 중요하지만 부상이 잦은 힘든 위치에 있는 선수.

UNIT 01 개요

- **위치** :《삽입》탭 →《표》그룹에《피벗 테이블》
- **개념** : 데이터로부터 여러 통계표를 마우스 클릭만으로 쉽고 빠르게 변환
- **단축키** : Alt + N , V
- 엑셀2010 이하는 Alt + N , V , T
- 피벗 테이블과 피벗 차트 통합 단축키(엑셀2003 방식) : Alt + D , P

UNIT 02 피벗 테이블 생성

◆ **따라하기**

《피벗0》시트의 임의의 자료 한 셀만 선택 →《삽입》탭 →《표》그룹에《피벗 테이블》→《기존 워크시트》→ H1 셀 클릭 →《확인》→ 우측에《피벗 테이블 필드》(엑셀2010 이하는《피벗 테이블 필드 목록》) 창이 생기고《업체명》필드를《행》(엑셀2010 이하는《행 레이블》) 영역으로 드래그 →《금액》필드는《값》영역으로 드래그 →《구분》필드는《열》(엑셀2010 이하는《열 레이블》) 영역으로 드래그 →《보관일》필드는《필터》(엑셀2010 이하는《보고서 필터》) 영역으로 드래그

	A	B	C	D	E	F
1	보관일	업체명	인보이스	선적일	금액	구분
2	2015-05-01	현대해상	I00006801	2016-02-27	59610	ENTIRE
3	2015-05-04	동부화재	I00007047	2016-02-27	-99932	PARTIAL
4	2015-05-04	동부화재	I00007243	2016-02-27	70345.6	ENTIRE
5	2015-05-04	동부화재	I00007247	2016-02-27	999320	ENTIRE
6	2015-05-04	동부화재	I00008904	2016-02-27	-2885	ENTIRE
7	2015-05-04	동부화재	I00011749	2016-02-27	-12964.3	ENTIRE
8	2015-06-12	LIG	I00006466	2016-02-27	30577.73	ENTIRE
9	2015-06-12	LIG	I00012670	2016-02-27	-30577.73	ENTIRE
10	2015-06-12	MG	I00006529	2016-02-27	301	PARTIAL
11	2015-06-12	MG	I00012609	2016-02-27	-301	ENTIRE
12	2015-06-12	The-K	I00007428	2016-02-27	246483	ENTIRE
13	2015-06-12	The-K	I00009179	2016-02-27	-67244	ENTIRE
14	2015-06-12	농협	I00007410	2016-02-27	40634	PARTIAL
15	2015-06-12	농협	I00007415	2016-02-27	628	PARTIAL
16	2015-06-12	농협	I00012437	2016-02-27	-200	ENTIRE

▲ 원본 데이터

※ 헤더 행인 1행과 3~9행을 범위로 인식하여 피벗 테이블을 생성할 순 없습니다. 즉, 피벗 테이블의 참조 표는 헤더 행과 데이터가 연속 범위로 있어야 합니다.

	H	I	J	K
	합계 : 금액	열 레이블		
	행 레이블	ENTIRE	PARTIAL	총합계
	ACE	1273416		1273416
	AIG	411004		411004
	CHUBB	782757		782757
	LIG	0		0
	Meritz	4086296.66		4086296.66
	MG	537712	301	538013
	NH	3248473		3248473
	The-K	179239		179239
	농협	-200	41262	41062
	동부화재	2197879.3	-189827.03	2008052.27
	현대해상	59610		59610
	흥국화재	75268.68		75268.68

▲ 피벗 테이블

- 드래그 없이 체크 박스에 체크하면 《행》이나 《값》 영역에 추가됩니다. 보통 문자나 날짜 데이터 필드는 《행》 영역에, 금액이나 수량 등 숫자 필드는 《값》 영역에 추가됩니다.
- 피벗 테이블 안에 행/열 삽입을 수동으로 할 수는 없습니다.

UNIT 03 피벗 테이블 제거

피벗 테이블의 임의의 셀을 선택하고 《분석》 탭(엑셀 2010 이하는 《옵션》 탭) → 《동작》 그룹에 《선택》 → 《전체 피벗 테이블》 → Delete

- 《동작》 그룹에 《선택》을 눌렀을 때 《전체 피벗 테이블》 위쪽에 메뉴는 모두 비활성화되지만 《전체 피벗 테이블》 메뉴를 누른 뒤에 다시 《선택》을 누르면 그때는 모두 활성화됩니다.
- 《동작》 그룹에 《지우기》 → 《모두 지우기》는 피벗 테이블을 초기화 합니다. 즉, 피벗 테이블에 아무 필드도 없는 상태.

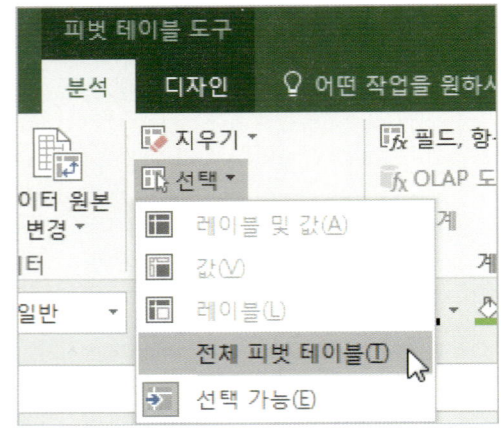

UNIT 04 《값》 필드만 선택

피벗 테이블에 《금액》 필드만 선택하려면 피벗 테이블의 임의의 셀을 선택하고 《분석》 탭(엑셀2010 이하는 《옵션》 탭) → 《동작》 그룹에 《선택》 → 《전체 피벗 테이블》 → 다시 《동작》 그룹에 《선택》 → 《값》

합계 : 금액	열 레이블		
행 레이블	ENTIRE	PARTIAL	총합계
ACE	1273416		1273416
AIG	411004		411004
CHUBB	782757		782757
LIG	0		0
Meritz	4086296.66		4086296.66
MG	537712	301	538013
NH	3248473		3248473
The-K	179239		179239
농협	-200	41262	41062
동부화재	2197879.3	-189827.03	2008052.27
현대해상	59610		59610
흥국화재	75268.68		75268.68
총합계	12851455.64	-148264.03	12703191.61

UNIT 05 《값》 영역에 요약 기준

《피벗0》 시트에 《값》 영역의 요약이 《합계》로 되어 있는 것을 《건수》로 하려면 《피벗 테이블 필드》에 《합계: 금액》 클릭 → 《값 필드 설정》 → 《개수》 → 《확인》

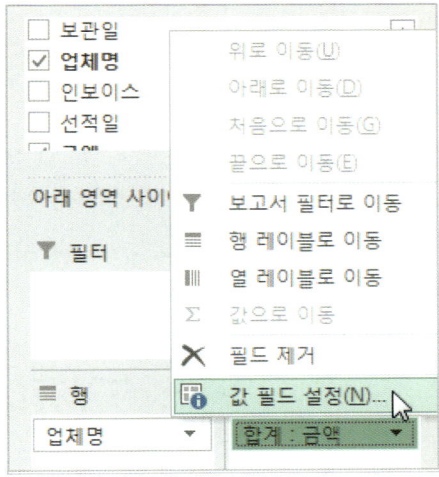

UNIT 06 필드 표시 형식

《피벗0》 시트의 값 영역 셀(예: I7 셀)에 마우스 우측 버튼 → 《필드 표시 형식》 → 《사용자 지정》 → 《#,##0》 → 《확인》
– 셀 범위를 수동으로 선택하고 표시 형식을 지정하면 어느 순간 형식이 풀릴 수 있습니다.

UNIT 07 《피벗 테이블 필드》의 특정 영역에 필드 제거

예컨대 《피벗0》 시트의 《열》 영역에 《구분》을 《피벗 테이블 필드》 밖으로 드래그하거나 《구분》 필드 클릭 → 《필드 제거》

UNIT 08 우측에 《피벗 테이블 필드》 창 숨기기/보이기

- 《피벗 테이블 필드》 우측 상단의 X 클릭. 또는 피벗 테이블의 임의의 셀에 마우스 우측 버튼 → 《필드 목록 숨기기》
– 피벗 테이블 밖에 셀을 선택하면 일시적으로 숨겨집니다.
- 반대로 숨긴 것을 다시 보려면 피벗 테이블의 임의의 셀에 마우스 우측 버튼 → 《필드 목록 표시》

UNIT 09 《행 레이블》 또는 《열 레이블》 글자 수정

《피벗0》 시트의 H4 셀에 《행 레이블》이란 글자가 보이는 데 이 글자를 직접 수정할 수는 없습니다.
- **수정법** : 《디자인》 탭 → 《레이아웃》 그룹에 《보고서 레이아웃》 → 《개요 형식으로 표시》 나 《테이블 형식으로 표시》를 택하면 원본 데이터 필드명으로 바뀜

UNIT 10 날짜의 월 단위 필터

날짜는 월이나 분기 등의 단위로 구분하여 표시할 수 있습니다.

방법 : 《필터》 영역에 《보관일》 필드를 《행》 영역에 《업체명》 아래로 드래그하면 엑셀2016은 바로 월로 집계됩니다.

합계 : 금액	열 레이블		
행 레이블	ENTIRE	PARTIAL	총합계
⊟ ACE	1,273,416		1,273,416
⊞ 8월	1,273,416		1,273,416
⊟ AIG	411,004		411,004
⊞ 8월	411,004		411,004
⊟ CHUBB	782,757		782,757
⊞ 7월	100,036		100,036
⊞ 8월	682,721		682,721
⊟ LIG	0		0
⊞ 6월	0		0
⊟ Meritz	4,086,297		4,086,297
⊞ 7월	3,803,850		3,803,850
⊞ 8월	282,447		282,447
⊟ MG	537,712	301	538,013
⊞ 6월	-301	301	0
⊞ 8월	538,013		538,013

- 엑셀2013 이하 버전은 《보관일》 필드를 《행》 영역에 《업체명》 아래로 드래그하고 피벗 테이블의 임의의 날짜 셀에 마우스 우측 버튼 → 《그룹》 → 《월》이 선택되어 있고 《확인》
- 엑셀2016 버전에서 《월》 필드를 제거하고 다시 나오게 하려면 《보관일》 필드를 영역에서 제거하고 다시 《행》 영역에 추가하면 생김.
- 엑셀2013 이하 버전 같이 자동 날짜나 시간 그룹을 안 나오게 하려면 Alt + T , O 로 《Excel 옵션》 창을 열고 《고급》 → 《데이터》 범주에 《피벗 테이블에서 날짜/시간 열의 자동 그룹화 사용 안 함》 체크

UNIT 11 날짜를 주 단위로 조회

결론부터 피벗 테이블의 《그룹》 기능으로 날짜를 주 단위로 볼 수는 없습니다.
- **방법** : 원본 데이터의 임의의 열을 삽입하고 주를 나오게 수식을 생성 합니다.
- **수식** : =WEEKNUM(A2)−WEEKNUM(EOMONTH(A2,−1)+1)+1

그 열을 피벗 테이블의 《행》 영역에 추가하고 보관일 《월》 필터는 《주》 앞에 《행》 영역으로 이동시키면 월, 주 기준으로 피벗 테이블이 구성됩니다.

UNIT 12 +/− 단추 숨기기

엑셀2016 버전에서는 날짜 필드를 《행》 영역에 놓으면 자동으로 《월》 필드가 《행》 영역에 생기고 《+》

기호가 생김.
- 이 단추 셀을 더블 클릭하면 축소/확장 되는데 이 단추를 숨기려면 피벗 테이블 아무 셀에 마우스 우측 버튼 → 《피벗 테이블 옵션》 → 《표시》 란에 《확장/축소 단추 표시》에 체크 해제
- 이 단추는 엑셀2013 이하 버전의 피벗 테이블에 모두 있습니다.

UNIT 13 피벗 테이블의 원본 데이터

피벗 테이블 안에 임의의 셀 선택 → 《분석》 탭(엑셀2010 이하는 《옵션》 탭) → 《데이터》 그룹에 《데이터 원본 변경》

UNIT 14 원본 데이터 동적 참조

원본 데이터를 이름 정의하면 데이터가 늘어나거나 줄어들어도 자동 조정됩니다. 《피벗1》 시트에 다음의 예제를 보세요.

- **방법1** : 《수식》 탭 → 《정의된 이름》 그룹에 《이름 정의》 → 《이름》 란에 《na데이터》로 쓰고 《참조 대상》 란에는 =OFFSET(피벗1!$A$1,,,COUNTA(피벗1!$A:$A),6)라고 입력하고 《확인》하고 《데이터》 그룹에 《데이터 원본 변경》에 셀 주소 대신 《na데이터》를 입력하면 됩니다.

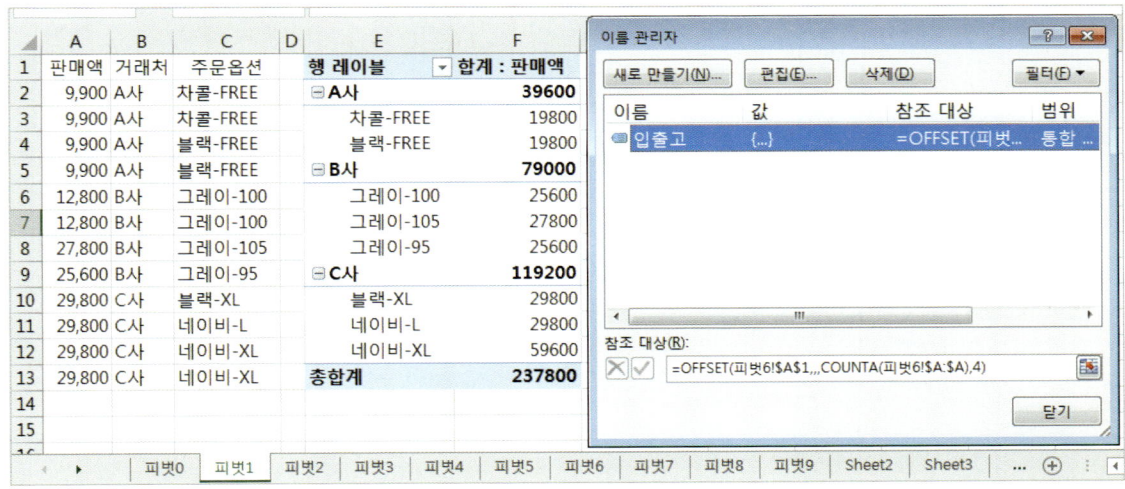

- **방법2** : 데이터를 《Excel표》로 생성하면 이름이 자동으로 생성되고 그 이름을 《데이터 원본 변경》에 사용하면 동적으로 데이터를 참조합니다.

UNIT 15 피벗 테이블 갱신

원본 데이터의 변경이 있다면 피벗 테이블의 임의의 셀에서 마우스 우측 버튼 →《새로 고침》
- **단축키** : 피벗 테이블에 임의의 셀 선택 → Alt + F5
- **일괄 새로 고침** : 문서의 모든 피벗 테이블을 한 번에《새로 고침》하려면《분석》탭(엑셀2010 이하는《옵션》탭) →《데이터》그룹에《새로 고침》세모 →《모두 새로 고침》

UNIT 16 열 너비 고정

피벗 테이블을《새로 고침》하거나 피벗 테이블 구조가 바뀌면 열 너비가 자동 조정되는데 열 너비를 수동으로 조정하려면 피벗 테이블의 아무 셀에 마우스 우측 버튼 →《피벗 테이블 옵션》→《업데이트 시 열 자동 맞춤》체크 해제.

UNIT 17 피벗 테이블 셀에 색깔

피벗 테이블에 각 레이블이나 값 등을 선택할 때 굵은 화살표를 누르면 한 번에 선택되며 그것이 나타나지 않는다면 다음과 같이 합니다.

피벗 테이블에 임의의 셀 선택 →《분석》탭(엑셀2010 이하는《옵션》탭) →《동작》그룹에《선택》→《선택 가능》이 눌려있는지 확인. 이 상태에서 선택이 가능합니다.

- 이렇게 하는 이유는 피벗 테이블 새로 고침 시 칠한 색이 지워질 수 있기 때문이며, 칠한 색을 계속 유지하려면 마우스 커서가 굵은 화살표일 때 클릭하여 선택하고 색을 칠합니다.

▲ 마우스의 굵은 화살표 상태 (예컨대 클릭 후, 선택하고 노란색을 칠함)

UNIT 18 피벗 테이블 서식

피벗 테이블에 임의의 셀에 마우스 우측 버튼 →《피벗 테이블 옵션》→《업데이트 시 셀 서식 유지》체크

이것은 피벗 테이블 기본값으로 체크가 되어 있는데, 만일 체크 해제되어 있다면 새로 고침 시 셀 서식은 모두 초기화 됩니다.

TIP 엑셀2003 형식의 피벗 테이블

엑셀2003 이하 버전에서는 레이블을 끌어서 즉각적으로 피벗 테이블 구조를 바꿀 수 있었습니다.
- **방법** : 피벗 테이블 아무 셀에 마우스 우측 버튼 → 《피벗 테이블 옵션》 → 《표시》 → 《클래식 피벗 테이블 레이아웃 표시(눈금에서 필드 끌기 사용)》 체크
  - 이렇게 하면 피벗 테이블에 구역별로 파란 선이 생기고, 보고서 레이아웃도 테이블 형식으로 바뀜.

UNIT 19 데이터 캐시(Cache) 또는 피벗 캐시

이것은 피벗 테이블에 잠재한 데이터로서 문서의 크기를 줄이고 성능을 향상시키는데 기여합니다. 같은 셀 범위나 연결을 기반으로 여러 피벗 테이블 생성 시 자동으로 이 캐시는 공유됩니다.
하지만 《새로 고침》을 다른 피벗 테이블에 영향을 주고 싶지 않은 경우가 있는데 이때는 데이터 캐시를 생성해야 합니다.

- **데이터 캐시 생성법** : 원본 피벗 테이블의 아무 셀을 선택하고 《분석》 탭(엑셀2010 이하는 《옵션》 탭) → 《동작》 그룹에 《선택》 → 《전체 피벗 테이블》 → Ctrl+X → Ctrl+N → Ctrl+V → 《새로 고침》 Alt+F5 → Ctrl+C → Ctrl+Tab → Ctrl+V
- **데이터 캐시 생성하는 다른 방법** : 예컨대 A라는 데이터를 참조하여 피벗 테이블이 있는 상태에서 또 다른 피벗 테이블 생성 시, A데이터 선택하고 Alt+D, P → 《피벗 테이블/피벗 차트 마법사》 창이 뜨고 《다음》 → 《다음》하여 보고서를 새로 작성하면 메모리 관련 창이 뜨고 이때 《아니요》를 누르면 별개의 데이터 캐시가 생성됩니다.

UNIT 20 슬라이서 (엑셀2010 이상)

피벗 테이블에 《슬라이서》를 쓰면 필터가 직관적이고 쉬워집니다.
- **위치** : 《분석》 탭 → 《필터》(엑셀2010은 《정렬 및 필터》) 그룹에 《슬라이서 삽입》
- 슬라이서에서 다중 선택

  불연속 항목 선택은 Ctrl, 연속 항목 선택은 Shift를 누른 채 클릭. 슬라이서
- 슬라이서에서 지우기/해제

  지우기는 Delete 또는 마우스 우측 버튼 → 《~ 제거》, 필터 해제는 우측 상단에 《필터 지우기》 단추
- **슬라이서 공유** : 슬라이서를 여러 피벗 테이블에서 사용할 수 있습니다.

  6부\슬라이서.xlsx

  《피벗복사본》 시트의 피벗 테이블은 《피벗원본》 시트의 G3 셀 선택 → Ctrl+A → Ctrl+C → 《피벗복사본》 시트의 A3 셀 선택 후 Enter 한 후, 품목과 수량 필드만 피벗 테이블로 구성한 상태

◆ **따라하기**

《피벗복사본》 시트, 피벗 테이블 셀 선택 →《분석》 탭 →《필터》 그룹에《필터 연결》(엑셀2010은 《정렬 및 필터》 그룹에《슬라이서 삽입》→《슬라이서 연결》)→《품목》이 체크된 상태에서《확인》

	A	B	C	D	E	F	G	H	I	J	K	L
1	일자	품목	수량	원산지	판매지							
2	2013-01-15	복숭아	15	일본	부산		합계 : 수량	열 레이블				
3	2013-01-18	파인애플	30	USA	부산		행 레이블	사과	복숭아	파인애플	딸기	총합계
4	2013-01-25	파인애플	15	USA	서울		1월		15	45	40	100
5	2013-01-30	딸기	40	일본	울산		2월	110	40	30	50	230
6	2013-02-01	사과	50	브라질	인천		총합계	110	55	75	90	330
7	2013-02-08	복숭아	20	브라질	광주							
8	2013-02-10	사과	15	일본	울산		품목					
9	2013-02-11	사과	45	USA	서울		딸기					
10	2013-02-15	파인애플	30	일본	부산							
11	2013-02-24	딸기	50	브라질	인천		복숭아					
12	2013-02-26	복숭아	20	브라질	서울		사과					
13												
14							파인애플					
15												
16												

사용 :《피벗원본》 시트에서 슬라이서의《복숭아》클릭→《피벗복사본》 시트로 가면 동기화를 확인할 수 있습니다.

-《피벗원본》 시트의 피벗 테이블을 복사하여 다른 시트에 붙여넣으면 피벗 캐시 개수가 늘어나지 않지만《피벗복사본》 시트에 피벗을 원본 데이터를 참조하여 만들었다면 이 캐시가 늘어나는데 이 때 매크로를 써서 캐시를 하나로 만들 수 있습니다.

• **방법** : 엑셀에서 [Alt]+[F11] → [Ctrl]+[G] 하고 다음의 매크로를 넣고 [Enter]
 Sheets("피벗복사본").PivotTables(1).ChangePivotCache "피벗원본!피벗 테이블1"

• 슬라이서 공유 해제
 《피벗복사본》 시트 선택 →《분석》 탭 →《필터》 그룹에《필터 연결》(엑셀2010은《정렬 및 필터》 그룹에《슬라이서 삽입》→《슬라이서 연결》)→《품목》체크 해제

UNIT 21 GETPIVOTDATA 함수

• 이 함수는 피벗 테이블의《값》영역 셀을 참조 시 자동으로 사용 됩니다.
 예컨대《피벗0》 시트의 N2 셀에《=》하고 I5 셀을 선택하면 다음 수식이 나옵니다.
 수식 : =GETPIVOTDATA("금액",$H$3,"업체명","ACE","구분","ENTIRE")
 이 수식에서 H5 셀이《ACE》가 되고 이 명칭 대신 H5 셀을 참조시켜 수식을 수정하면 수식을 채 우기 핸들로 끌어 [M4:N8] 범위와 같이 만들 수 있습니다.

```
=GETPIVOTDATA("금액",$H$3,"업체명",M8,"구분","ENTIRE")
```

행 레이블	ENTIRE	PARTIAL	총합계		주요업체	ENTIRE
ACE	1,273,416		1,273,416		흥국화재	75268.68
AIG	411,004		411,004		동부화재	2197879
CHUBB	782,757		782,757		NH	3248473
LIG	0		0		현대해상	59610
Meritz	4,086,297		4,086,297
MG	537,712	301	538,013
NH	3,248,473		3,248,473
The-K	179,239		179,239
농협	-200	41,262	41,062
동부화재	2,197,879	-189,827	2,008,052
현대해상	59,610		59,610
흥국화재	75,269		75,269
총합계	12,851,456	-148,264	12,703,192

— 이 함수가 불필요할 때에는《=》하고 참조 셀 주소를 수동으로 입력하면 됩니다.

• GETPIVOTDATA 기능 해제 두 가지 방법
1. 피벗 테이블의 임의의 셀 선택 →《분석》탭(엑셀2010 이하는《옵션》탭) →《피벗 테이블》그룹에 《옵션》옆에 세모 →《GetPivotData 생성》
2. Alt + T , O → 수식 →《피벗 테이블 참조에 GetPivotData 함수 사용》체크 해제
— 이후 피벗 테이블 바깥 셀에서《=》입력 후,《값》영역의 셀을 선택하면 일반 수식과 마찬가지 그 셀의 주소만 찍힘.
— 이것은 모든 피벗 테이블에 적용됩니다.

UNIT 22 《총합계》제거

1. 총합계 셀에서 마우스 우측 버튼 →《합계 제거》
2.《디자인》탭 →《레이아웃》그룹에《총합계》→ 행 및 열의 총합계 제거
— 총합계를 다시 나타내려면《레이아웃》그룹에《총합계》→
—《열의 총합계》는 맨 아래에 있고,《행의 총합계》는 우측 끝에 있습니다.
— 피벗 테이블에서 총합계를 맨 위나 맨 좌측에 배치할 수 없습니다.

UNIT 23 《하위 수준 표시》

피벗 테이블 셀을 더블 클릭하면 새 시트에 하위 수준 데이터가《Excel표》로 표시됩니다.

- 이때 열 너비는 새 시트에 반영되지 않으므로 날짜나 일반 숫자 값이 《####》으로 나올 수 있습니다.
- 이 기능을 없애려면 피벗 테이블의 임의의 셀에 마우스 우측 버튼 →《피벗 테이블 옵션》→《데이터》→《하위 수준 표시 사용》체크 해제.

UNIT 24 피벗 테이블로부터 원본 데이터 추출

피벗 테이블에서 거꾸로 데이터를 뽑아내려면 총합계를 행과 열에 모두 설정하고 그 교차 값(피벗 테이블 맨 아래 오른쪽) 셀을 더블 클릭하면 새 시트가 생성되면서《Excel표》로 데이터가 추출됩니다.
- 총합계가 행/열중 하나에만 있을 수밖에 없다면 그 총합계 값 셀을 더블 클릭

UNIT 25 닫혀 있는 파일 참조

피벗 테이블은 닫혀 있는 엑셀 파일의 데이터를 참조할 수 있습니다.
- **방법** :《삽입》탭 →《표》그룹에《피벗 테이블》→《외부 데이터 원본 사용》→《연결 선택》→《더 찾아보기》→《모든 데이터 원본》클릭 →《Excel 파일》→ 특정 파일을 선택하면《테이블 열기》창이 뜨고 해당 시트를 선택하고《확인》열기 →《확인》
- 엑셀2013 이상 버전에는《기존 연결》창에《테이블》이란 탭이 있고 그곳에 현재 열린 파일의 모든《Excel표》목록이 나와서《표》를 참조할 수 있습니다.

UNIT 26 피벗 테이블의《부분합》생성

피벗 테이블에《부분합》은 소계로 이해하면 됩니다.

◆ 따라하기

《피벗1》시트이 E1 셀 클릭 →《삽입》탭 →《표》그룹에《피벗 테이블》→ 이 시트의 [A1:C13] 선택하고《확인》→ 우측에《피벗 테이블 필드》의 모든 필드를 체크 → E2 셀에 마우스 우측 버튼 →《"거래처" 부분합》이 체크되어 있습니다.
- 《~ 부분합》을 클릭하면 부분합 값이 제거됩니다.
- 《디자인》탭 →《레이아웃》그룹에《보고서 레이아웃》→《테이블 형식으로 표시》하면 부분합 행은 아래로 이동

UNIT 27 《부분합》위치

《디자인》탭 →《레이아웃》그룹에《보고서 레이아웃》이《테이블 형식》은 부분합을 위로 오게 할 수 없지만 다른 형식은 가능합니다.

- 《압축 형식》이나 《개요 형식》일 때에 《부분합》 위치는 기본값이 위로 되어있습니다.
- 《압축 형식》이나 《개요 형식》의 《부분합》 아래 배치법 : 해당 필드 셀에 마우스 우측 버튼 → 필드 설정 → 레이아웃 및 인쇄 → 《각 그룹 상단에 부분합 표시》를 체크 해제
- 모든 필드의 부분합 위치를 똑같이 하려면 《디자인》 탭 → 《레이아웃》 그룹에 《부분합》 목록 중 하나를 선택합니다.

UNIT 28 《부분합》 일괄 제거

피벗 테이블안에 임의의 셀 선택 → 《디자인》 탭 → 《레이아웃》 그룹에 《부분합》 → 《부분합 표시 안 함》을 누르면 그 피벗 테이블에 모든 소계가 사라집니다.
- 특정 필드의 소계만 제어하려면 그 필드 셀에 마우스 우측 버튼 → 《~ 부분합》 클릭

UNIT 29 피벗 테이블의 《정렬》

피벗 테이블의 기본 정렬 순서는 행 레이블의 이름 순. 열도 마찬가지.
- **사용자 지정 정렬** : 《피벗2》 시트를 직급 순으로 정렬하기 위해 우선 Alt + T , O → 《고급》 (엑셀2007은 《기본 설정》) → 맨 아래 쪽에 《일반》 범주에 《사용자 지정 목록 편집》(엑셀2007은 《Excel에서 가장 많이 사용하는 옵션》 범주에 있음) → 우측 《목록 항목》에 《부장》 → Enter → 《차장》 → Enter → 《과장》 → Enter → 《대리》 → Enter → 《사원》 입력 후, 《추가》 → 《확인》 → 《확인》 → E1 셀에 세모 단추 → 《기타 정렬 옵션》 → 《기타 옵션》 → 《보고서가 업데이트될 때마다 자동으로 정렬》 체크 해제 → 《기준 정렬 순서》를 맨 아래의 목록으로 선택 → 《확인》 → 《확인》 → E1 셀에 세모 단추 → 《텍스트 오름차순 정렬》

- **직급 금액 순 정렬** : 《피벗2》 시트, E1 셀에 세모 단추 → 《기타 정렬 옵션》 → 《오름차순 기준》 → 《합계 : 급여》 → 《확인》
- **수동 정렬** : 예컨대 《피벗2》 시트, E2 셀을 선택하고 그 셀의 우측 외곽선 또는 좌측 외곽선에 마우스를 대면 동서남북 화살표 포인터로 바뀌고 그것을 끌어 원하는 위치로 이동시킬 수 있습니다.
- **열 정렬법** : 먼저 피벗 테이블 구조를 좀 바꿔야 합니다. 예컨대 《피벗 테이블 필드》의 《이름》 필드를 《열》 영역으로 드래그하고, F1 셀에 세모 단추 → 《기타 정렬 옵션》 → 《오름차순 기준》 → 《합계 : 급여》 → 《확인》하면 행 별로 금액 오름차순 정렬이 됩니다.

UNIT 30 피벗 테이블의 레이블 셀 병합

《디자인》 탭 → 《레이아웃》 그룹에 《보고서 레이아웃》이 《테이블 형식》인 피벗 테이블에 한해 보기 좋게 병합을 할 수 있습니다.
- **방법** : 《피벗2》 시트의 피벗 테이블에 임의의 셀에 마우스 우측 버튼 → 《피벗 테이블 옵션》 → 《레이블이 있는 셀 병합 및 가운데 맞춤》 체크

UNIT 31 피벗 테이블의 레이블 중복 (엑셀2010 이상 버전)

피벗 테이블은 기본적으로 행이나 열 레이블이 중복되지 않아서 보기 좋지만 이 피벗 테이블을 참조하여 또 다른 표를 구성할 때는 오히려 중복이 필요합니다.
- **레이블 중복(반복) 방법** : 《디자인》 탭 → 《레이아웃》 그룹에 《보고서 레이아웃》 → 《모든 항목 레이블 반복》
- 이때 《피벗 테이블 옵션》 → 《레이블이 있는 셀 병합 및 가운데 맞춤》 체크 해제되어 있어야 합니다.

직급	이름	합계 : 급여
과장	박순식	120
과장	차형식	170
과장 요약		**290**
대리	서명순	130
대리	윤명준	180
대리	최종상	140
대리 요약		**450**
차장	노재숙	110
차장	이재화	160
차장 요약		**270**
부장	유예순	150
부장	조옥식	100
부장 요약		**250**
총합계		**1260**

▲ 행에 항목 레이블이 반복된 결과

UNIT 32 빈 셀은 0으로 채우기

피벗 테이블의 《값》 영역 셀에 빈 셀을 특정 값으로 채울 수 있는데, 피벗 테이블에 임의의 셀에 마우스 우측 버튼 → 피벗 테이블 옵션 → 《빈 셀 표시》 옆에 《0》 입력

UNIT 33 《값》 행 제거 및 《Σ값》 이동

피벗 테이블을 보다 보면 피벗 테이블 상단에《값》이 한 행을 차지하는 경우가 있는데, 이것은 보통 엑셀2007에서 만든 피벗일 가능성이 큼. 2007에서 이《값》행을 제거할 수는 없습니다.

- **《값》 행 제거** : 피벗 테이블에 임의의 셀에 마우스 우측 버튼 → 피벗 테이블 옵션 →《표시》→ 《값 행 표시》체크 해제 →《확인》

 《피벗 테이블 필드》의《값》영역에 필드가 두 개(입고, 출고) 이상 추가되면《행》이나《열》영역에 《Σ값》이 생김. 이《Σ값》을《행》이나《열》영역으로 드래그할 수 있습니다.

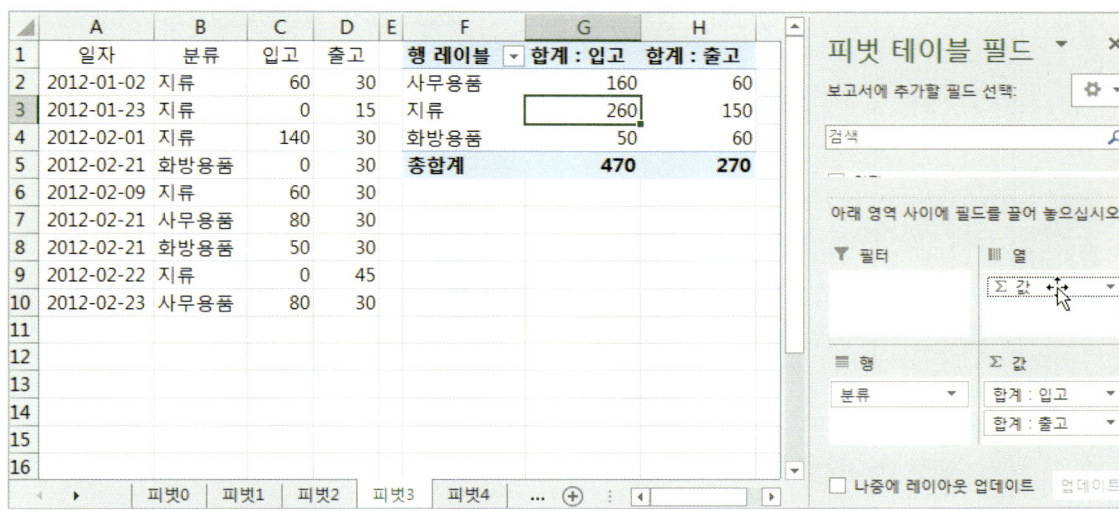

UNIT 34 피벗 테이블을 다른 통합 문서로 이동

피벗 테이블의 참조 원본 데이터를 유지하면서 대상 통합 문서로 가져가려면 피벗 테이블과 원본 데이터가 있는 시트를 복사가 아닌 이동시키고 원본 통합 문서를 저장하지 않고 닫습니다.

UNIT 35 피벗 테이블 기능만 빼고 복사

《피벗4》시트, 피벗 테이블에 한 셀을 선택하고 Ctrl + A → Ctrl + C → H3 셀에서 마우스 우측 버튼 → Ctrl + Alt + V →《값》→ Enter → Ctrl + Alt + V →《서식》→ Enter → 끝으로 Ctrl + Alt + V →《열 너비》→ Enter

	A	B	C	D	E	F	G	H	I
1	일자	거래처	금액		행 레이블	합계 : 금액		행 레이블	합계 : 금액
2	2012-01-03	A회사	10000		2012-01-03	10000		2012-01-03	10000
3	2012-01-26	B회사	50000		2012-01-05	40000		2012-01-05	40000
4	2012-01-31	B회사	50000		2012-01-20	30000		2012-01-20	30000
5	2012-01-05	C회사	20000		2012-01-26	50000		2012-01-26	50000
6	2012-01-20	C회사	30000		2012-01-31	50000		2012-01-31	50000
7	2012-01-05	D회사	20000		2012-02-02	90000		2012-02-02	90000
8	2012-02-02	E회사	90000		2012-02-15	80000		2012-02-15	80000
9	2012-02-15	F회사	80000		2012-02-20	80000		2012-02-20	80000
10	2012-02-20	F회사	80000		총합계	430000		총합계	430000
11									

TIP 요약 기준이 《합계》 대신 《개수》로 나온다면

피벗 테이블의 《값》 영역에서 예컨대 금액 필드를 《값》 영역에 놓으면 보통 기본값은 《합계》인데 《개수》로 나오는 이유는 원본 데이터의 그 필드값으로 문자나 빈 셀이 있기 때문.

UNIT 36 피벗 테이블에 없는 필드 추가

원본 데이터에 없는 내용을 피벗 테이블에 나타낼 수 있는데 《누적》 값을 피벗 테이블에 추가해봅니다.

◆ **따라하기**

《피벗4》 시트, 《피벗 테이블 필드》에 《금액》 필드를 《값》 영역에 드래그 → 《합계: 금액2》 필드 클릭 → 《값 필드 설정》 → 《값 표시 형식》 → 《누계》 → 《기준 필드》는 《거래처》 → 《확인》 → G1 셀에 필드명은 《누적 금액》으로 수정

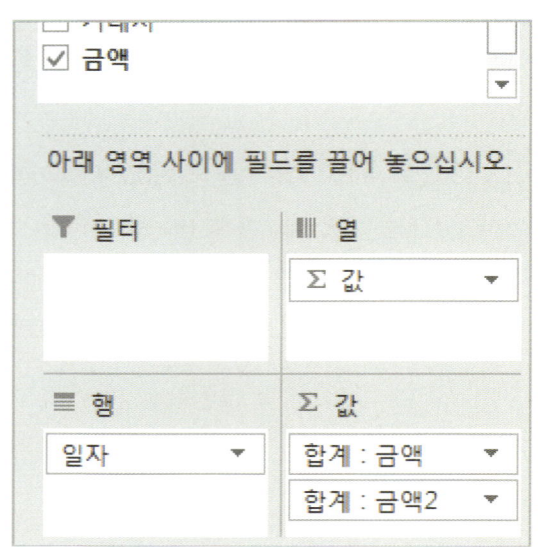

UNIT 37 《계산 필드》

피벗 테이블에서는 간단한 수식을 작성하여 필드를 추가할 수 있습니다. 《피벗5》 시트에 피벗 테이블의 원본 데이터는 이 시트의 [A:F] 전체인 상태.

◆ 따라하기

《피벗5》 시트, 피벗 테이블에 임의의 셀 선택 → 《피벗 테이블 필드》의 《값》 영역에 《매장합계》, 《추가확보량》을 밖으로 드래그해서 제거 → 《행 레이블》에 세모 단추 → 《(비어 있음)》 체크해제 → 《분석》 탭(엑셀2010 이하는 《옵션》 탭) → 《계산》 그룹에 《필드, 항목 및 집합》 → 《계산 필드》

- 엑셀2007 버전은 《옵션》 탭 → 《도구》 그룹에 《수식》 → 《계산 필드》 → 《계산 필드 삽입》 창의 《이름》란에 《매장합계》, 《수식》란에 《=sum()》 까지 입력하고 아래 항목 중에 《A매장》을 더블 클릭하거나 《필드 삽입》을 누르면 자동 입력되고 같은 방식으로 B매장, C매장을 입력하여 수식 완성 → 《추가》 → 《확인》 → 피벗 테이블에 《합계: 매장합계》 셀을 더블 클릭 → 《매장합계》로 수정 후, 《확인》

- 《계산 필드》 삭제 법 : 《계산 필드 삽입》 창 열기 → 《이름》란에 세모 단추 → 해당 항목 선택 → 《삭제》 → 《확인》

- 《계산 필드》의 이름은 수정하지 못하므로 먼저 다른 이름의 같은 수식으로 《추가》하고 기존 것을 삭제하는 방식을 취해야 합니다.

- 《계산 필드》의 문제 : 《부분합》이나 《총합계》 계산 값이 틀려지므로 주의가 필요. 보통 이때는 《부분합》이나 《총합계》를 제거하는 것이 좋습니다.

- 피벗 테이블에서 《계산 필드》를 하나 더 삽입하고 수식을 =IF(매장>50, 20, 10) 이름은 《추가량》으로 합니다. 매장 합계량이 50을 초과하면 20개, 그 외는 10개의 물량을 확보함을 뜻합니다.

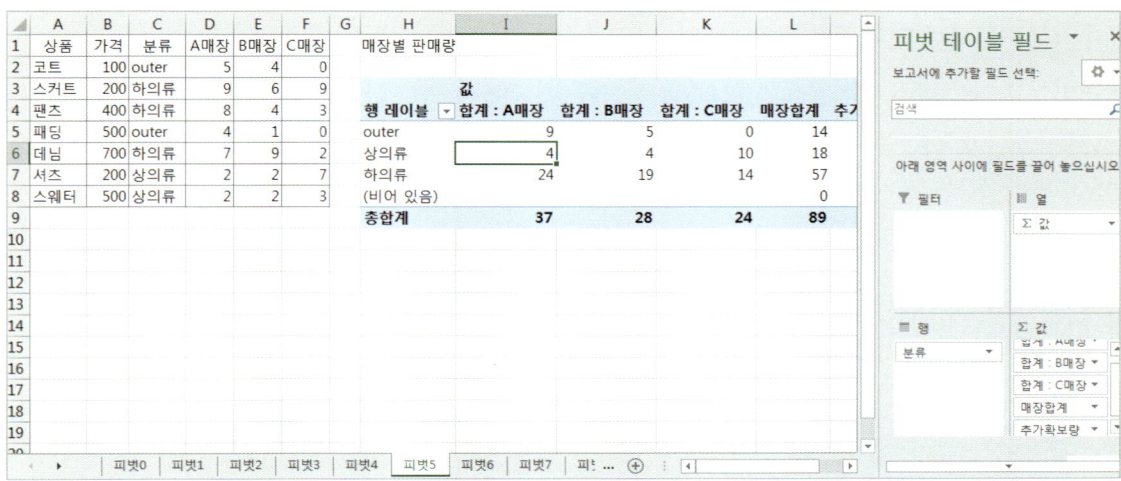

UNIT 38 《계산 항목》

앞에서 배운 《계산 필드》는 필드를 다루는 것이고 이 《계산 항목》은 데이터 값을 추가하는 내용입니다. 《계산 필드》는 《피벗 테이블 필드》의 《값》 영역에 있지만, 《계산 항목》은 없습니다.

◆ 따라하기

《피벗6》 시트, H2 셀 선택 → 《분석》 탭(엑셀2010 이하는 《옵션》 탭) → 《계산》 그룹에 《필드, 항목 및 집합》 → 《계산 항목》 → 《이름》 란에 《재고》 → 삭제 → 《확인》 → H2 셀 선택 → 《분석》 탭(엑셀2010 이하는 《옵션》 탭) → 《계산》 그룹에 《필드, 항목 및 집합》 → 《계산 항목》 → 《이름》 란에 《재고》 → 《수식》란을 모두 지우고 아래 《항목》란에 《입고》 더블 클릭하고 《-》 입력 → 《출고》 더블 클릭하여 《=입고-출고》 하고 《확인》

UNIT 39 《보고서 필터》로 여러 시트 생성

《피벗7》 시트의 피벗 테이블에 임의의 셀을 선택하고 《분석》 탭(엑셀2010 이하는 《옵션》 탭) → 《피벗 테이블》 그룹에 《옵션》 옆에 세모 → 《보고서 필터 페이지 표시》 → 창이 뜨고 바로 《확인》 → 그러면 거래처 이름으로 시트가 생성되면서 각 시트에 거래처별 피벗 테이블이 생김.

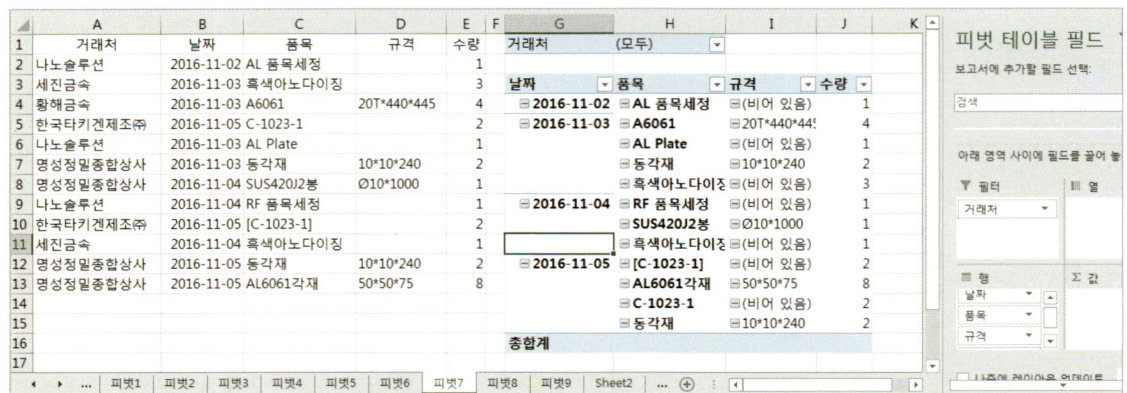

UNIT 40 피벗 차트

피벗 테이블을 참조하여 피벗 차트를 만들고 피벗 테이블이《새로 고침》되면 이 차트도 자동으로 갱신됩니다.

- 《피벗8》시트에 피벗 테이블에《개선율》은《계산 항목》을 삽입한 것이며, 이 피벗 테이블을 참조하여 피벗 차트를 만드는 것을 버전별로 설명합니다.

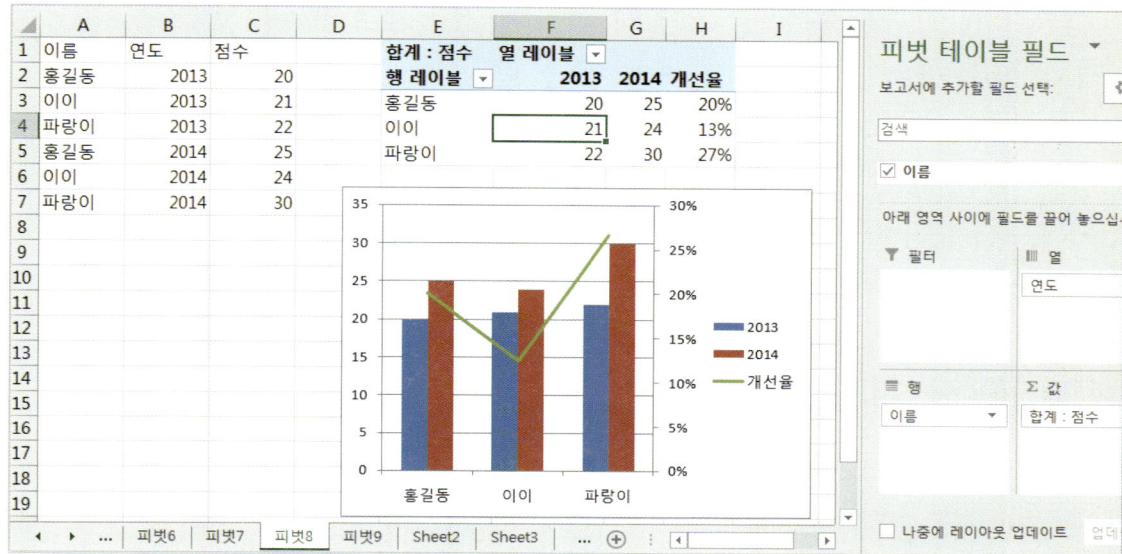

- 엑셀2013 이상 버전 :《분석》탭 →《도구》그룹에《피벗 차트》→ 기본 차트인 세로 막대형이 선택되어 있을 것이므로 바로《확인》→ 계열 중에 하나(예: 파란 막대)를 클릭하고《디자인》탭 →《종류》그룹에《차트 종류 변경》→《개선율》우측에 세모 단추 → 꺾은선형, 보조축 체크 →《확인》→《분석》탭 →《표시/숨기기》그룹에《필드 단추》→ 모두 숨기기

- 엑셀2010 이하 버전 :《분석》탭 →《도구》그룹에《피벗 차트》→ 기본 차트인 세로 막대형이 선택되어 있을 것이므로 바로《확인》→ 빨간 막대를 클릭 → ↓ 를 눌러《개선율》계열 선택하고《서식》탭 →《현재 선택 영역》그룹에《선택 영역 서식》→《보조 축》→ 닫기→《디자인》탭 →《종류》그룹에《차트 종류 변경》→《꺾은선형》→《분석》탭 →《표시/숨기기》그룹에《필드 단추》→ 모두 숨기기

- 엑셀2007은 모두 같고 끝 단계인《분석》탭 →《표시/숨기기》그룹에《피벗 차트 필터》클릭)

- 피벗 차트는 섬세한 차트 생성에는 한계가 있으므로 그럴 때는 피벗 테이블 기능을 제거한 표로 복사한 다음에 그 표를 바탕으로 만드는 것이 좋습니다.

UNIT 41 원본 표 구조의 중요성

원하는 피벗 테이블로 만들어지지 않는다면 그것은 표 구조 때문일 가능성이 큼. 피벗 테이블을 만들 때는 DB 구조로 표를 구성하는 것이 중요합니다.

- 《부분합》 생성가능 표

  《피벗9》 시트의 위에 데이터를 참조한 우측 위에 피벗 테이블을 보면 나이대별 부분합이 나올 수 없지만 아래 데이터를 참조한 우측 아래 피벗 테이블은 자연스럽게 부분합이 나옵니다.

- 피벗 테이블 원본 데이터 구조는 《피벗10》 시트의 아래 표처럼 되어있고, 참조 범위도 10 행부터 설정해야 정상적인 피벗 테이블 구성이 가능합니다.
- 이렇게 유연한 피벗팅을 하려면 표 형태가 엑셀 구조가 아닌 DB 구조로 되어 있어야 함을 유의하세요.

UNIT 42 원본 데이터 필드명의 병합

피벗 테이블 생성 시 원본 데이터는 병합을 하지 않는 것이 좋습니다.

- 《피벗10》 시트의 위의 표는 필드명이 병합되어 있어서 피벗 테이블 삽입 시 필드 이름이 잘못되었다는 메시지 창이 뜨면서 피벗 테이블 생성 불가.
- 피벗 테이블 원본 데이터 구조는 《피벗10》 시트의 아래 표처럼 되어있고, 참조 범위도 10 행부터 설정해야 정상적인 피벗 테이블 구성이 가능합니다.

34장 필터

6부\필터.xlsx

표의 특정 열(들)에 해당 값을 찾아 그 값이 있는 셀의 행만 화면에 표시하는 기능으로서 실무에서 매우 많이 사용합니다.

UNIT 01 개요

- **위치** : 《데이터》 탭 → 《정렬 및 필터》 그룹에 《필터》
- 《홈》 탭 → 《편집》 그룹에 《정렬 및 필터》 → 《필터》
- **개념** : 특정 열에 해당 값을 찾아 그 값의 행만 화면에 표시
- **단축키** : Ctrl + Shift + L

UNIT 02 필터링 설정/해제

표의 범위를 선택하고 《데이터》 탭 → 《정렬 및 필터》 그룹에 《필터》 또는 Ctrl + Shift + L 하면 표 맨 위에 세모 필터 단추가 생김

- 실무에서는 표의 한 셀만 선택하고 이 단축키를 누르기도 하는데 이때는 표의 중간에 빈 행이 있으면 필터 범위에서 빠지므로 행을 띄지 않고 자료를 입력하는 것이 좋습니다.

◆ **따라하기**

《일반》 시트의 임의의 셀(예: A3 셀)을 선택하고 Ctrl + Shift + L 누르면 필터 단추 단추가 생기고 다시 누르면 단추가 사라집니다. 필터 단추를 표시할 한 행 전체를 선택하고 누르기도 합니다.

※ 필터 범위를 알려면 임의 필드에 한 값으로 필터링하고 맨 처음 나오는 검정 행 번호 바로 윗번호 행까지입니다.

	A	B	C	D	E
1	인증일시	요일	인증번호	사원번호	인증방법
2	2015-03-01 13:05	일	0799	0799	FP
3	2015-03-02 09:00	월	[알수없음]	[알수없음]	FP
4	2015-03-02 09:00	월	0877	0877	FP
5	2015-03-02 09:02	월	0829	0829	FP
6	2015-03-02 14:21	월	[알수없음]	[알수없음]	FP
7	2015-03-02 16:20	월	0992	0992	FP
8	2015-03-02 17:54	월	0991	0991	FP
9	2015-03-02 18:30	월	[알수없음]	[알수없음]	FP
10	2015-03-02 20:57	월	0830	0830	FP

UNIT 03 필터와 필터해제 법

- **필터** : 필드명 셀에 필터 단추를 눌러 해당 항목을 선택
- 필터가 되면 행 머리글 숫자가 파랑으로 바뀌고《상태표시줄》에 n개의 레코드가 있다고 필터한 개수가 표시됩니다.
 필터 열은 세모 단추가 깔때기로 바뀌고, 그곳에 마우스를 대고 잠시 기다리면 필터한 값이 말풍선으로 보입니다.
- **필터 해제** : 필드명 셀에 필터 단추를 눌러《~에서 필터 해제》클릭
- **필터 일괄 해제 법** : 여러 열에 필터가 걸려있다면《데이터》탭 →《정렬 및 필터》그룹에《지우기》로 필터 초기화
- 이《지우기》단추에 마우스 우측 버튼 눌러《빠른 실행 도구 모음에 추가》하여 쓰기도 합니다.
- **필터 단추 클릭 단축키** : 필드명 셀 선택 → Alt + ↓
- **빠르게 필터 하는 법** : 해당 셀에 마우스 우측 버튼 → 필터 →《선택한 셀 값으로 필터링》
- 단축키 : ≡ , E , V   (※ ≡ 키 대신 Shift + F10 도 가능)

UNIT 04 필터한 셀 삭제

필터 후에 셀을 삭제하려면 행 전체가 삭제됩니다. 즉, 필터한 행만 삭제하려고 Ctrl + - 누르면 시트 행 전체를 삭제할건지 묻는 창이 뜹니다.

UNIT 05 필터 후에 레코드 개수 사라짐

특정값으로 필터를 하면 엑셀 하단의《상태표시줄》에 레코드 개수가 나오는데 이것이 어느 순간 (다른 시트로 이동하고 다시 옴) 사라진다면 다음과 같이 하면 다시 나옵니다.
- **방법** :《데이터》탭 →《정렬 및 필터》그룹에《다시 적용》

UNIT 06 색깔 필터

셀에 글자 색이나 채우기 색 또는 조건부 서식의 아이콘을 필터할 수 있습니다.

UNIT 07 필터는 세로 표만 가능

가로 표는 불가. 즉 필터 단추를 한 열에 나오게 해서 옆으로 필터 걸지는 못합니다.

UNIT 08 한 시트에 필터는 한 표만 가능

한 시트에서 여러 일반표에 필터를 설정할 수 없습니다.
- 단,《삽입》탭 →《표》그룹에《표》즉,《Excel표》는 여러 개도 가능.

UNIT 09 　한 시트에 《필터》와 《고급 필터》가 공존하지 못함

《데이터》 탭 → 《정렬 및 필터》 그룹에 《고급》이 《고급 필터》인데 그것을 걸면 일반 필터 단추가 사라지고 반대로 《고급 필터》 상태에서 일반 《필터》를 걸면 《고급 필터》는 해제됩니다. 단 《고급 필터》 결과가 원본 표가 아닌 곳에 있다면 그 결과는 그대로 유지됩니다.

UNIT 10 　키보드로 《검색》란 선택 (엑셀2010 이상)

세모 필터 단추를 누르면 엑셀2010 이상은 《검색》이란 입력란이 나오고 거기에 문구를 넣으면 그 글자가 포함된 셀은 모두 필터 합니다. 이 기능은 자주 사용 합니다.

- **키보드법** : 세모 필터 단추 클릭하거나 해당 필드명 셀 선택 후, [Alt] + [↓] → 《e》 누름

※ 이 란에 검색어를 넣으면 그 단어를 포함한 셀을 필터합니다. 와일드카드 문자(?, *, ~)도 넣으면 보다 정확히 찾습니다. 예를 들어 성명 필드에 《정*》을 입력하여 찾으면 성이 정씨인 셀만 찾습니다. 영어 대/소문자를 구분하지 않습니다.

UNIT 11 　추가 필터 (엑셀2010 이상)

필터 상태(행 머리글 파랑)에서 필터 단추 눌러 검색란에 특정 단어 입력 후, 《필터에 현재 선택 내용 추가》 체크하면 아래의 체크 항목이 추가적으로 필터 됩니다.

UNIT 12 　검색어로 빈 셀 필터 (엑셀2010 이상)

《검색》이란 입력란에 [Spacebar] 한 번 치고 [Enter]

UNIT 13 　기본적으로 셀에 보이는 값을 기준으로 필터

《셀 서식》의 《표시 형식》대로 보이지만, 《조건부 서식》에서 설정한 《표시 형식》은 무시합니다.
- 셀 값의 양 끝에 공백 문자는 무시
- 셀 값의 끝에 공백 문자가 있다면 지우는 것이 좋습니다.

UNIT 14 　날짜 필터

날짜는 표시 형식을 무시하고 연, 월, 일로 묶여서 나옵니다.
- 날짜 그대로 나오게 하려면 [Alt] + [T], [O]로 《Excel 옵션》 창을 열고 《고급》 → 《이 통합 문서의 표시 옵션》 범주에 《자동 필터 메뉴에서 날짜 그룹화》 체크 해제
- 옵션에서 이렇게 바꾸지 않았는데도 보이는 그대로 나온다면 그것은 날짜 형식 데이터가 아님. 이 것은 나중에 데이터 처리할 때 문제의 소지가 있습니다.
- 시간은 표시 형식대로 나옵니다.

UNIT 15 필터 범위 복사 시 값만 붙여짐

특정값으로 필터 후, 표 안에 임의 수식 셀 중에 불연속 수식 셀 범위(예컨대 필터가 3, 5, 7, 8, 10행을 필터 했고 수식 A열 중에 A3 셀부터 A8셀까지 마우스로 끌어서 선택하고)를 복사해서 다른 셀에 붙여넣으면 셀 서식과 값만 복사됩니다. 즉, 수식은 사라집니다.

UNIT 16 필터 후에 복사나 채우기 핸들링

필터 후, 다음의 처리를 해봅니다.
- 범위를 복사하면 눈에 보이는 셀들만 복사 되어 다른 시트나 표 아래쪽에 붙이면 연속으로 들어갑니다.

◆ **따라하기**

《필터후》 시트의 그림 상에 선택된 범위를 복사해서 A11 셀에 붙여넣기
그러면 A11 셀에 연속으로 4개 행만 붙여집니다.
- 만일 숨겨진 셀들도 복사된다면 범위 선택한 상태에서 Alt + ; 을 눌러 안정적으로 화면에 보이는 셀만 선택한 뒤에 복사하면 됩니다.

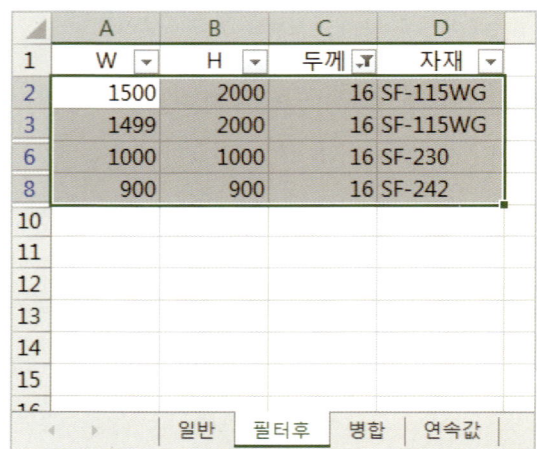

- 셀의 채우기 핸들을 아래나 위로 끌어도 필터 셀들만 적용됩니다.
  예컨대 C2셀에 값을 11로 넣고 그 셀의 채우기 핸들을 8행까지 끌면 C3, C6, C8 셀에만 채워집니다.

- 한 열의 범위를 그 표의 옆에 열에 복사하면 연속 셀에 복사됨을 유의.
  예컨대 그림의 선택 범위를 복사해서 E2셀에 붙여넣기하면 [E2:E5] 범위에 붙여집니다.

UNIT 17 병합 헤더에 필터 단추

표의 헤더가 여러 행을 병합하고 있다면 맨 마지막 행에 필터 단추가 오도록 생성하는 것이 좋습니다.

※ 우측 그림에서는 3행을 선택하고 필터합니다. 행 전체를 마우스로 선택하고 하는 것이므로 표의 밖 범위에도 필터 단추가 생길 수 있는데 그 열은 삭제하세요. 헤더에 병합을 모두 해제하고 필터 하고 나서 병합하는 방법도 있습니다.

UNIT 18 연속 범위 자료를 필터 범위에 복사

다른 셀 범위를 복사해서 필터 범위에 붙이면 연속 범위에 붙여지는데, 서식 없이 값만 붙이는 방법이 있습니다.

- **실제 예** : 《연속값》 시트의 [F12:F15] 범위 값을 A열의 《영업부》 4개의 셀에 차례대로 넣으려고 합니다.

- **방법** : A열을 《영업부》로 필터 → 임의의 빈 열 셀(D4 셀)에 =ROW() 넣고 11행까지 채우기 핸들 끌기 → [D4:D11] 범위를 Ctrl + C → E12 셀 선택하고 Ctrl + V 하면 값만 들어감 → A4 셀에 수식 =VLOOKUP(D4,$E$12:$F$15,2,FALSE) 넣고 11행까지 채우기 핸들 끌기
- **한계** : [A4:A11] 범위가 수식으로 남습니다. 이 범위에 수식을 한 번에 값으로 바꾸는 방법이 딱히 없으므로 각 셀마다 선택하여 F2 → F9 → Enter. 만일 A열 전체가 모두 값이라면 쉽게 필터 해제하고 《선택하여 붙여넣기》에서 《값》 하면 됩니다.
- **다른 방법** : 《연속값2》 시트에서는 다른 방법으로 처리합니다. 이것은 서식까지 그대로 복사할 수 있고 수식을 이용하지도 않습니다.

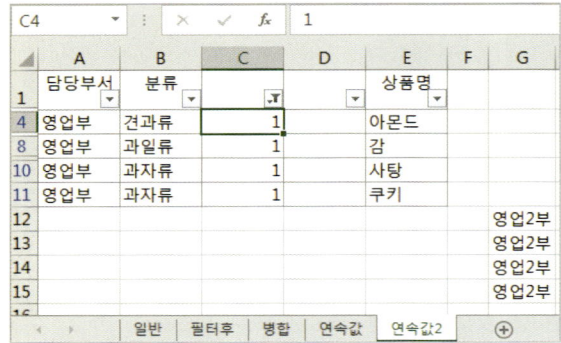

▲ 필터 상태에서 C열에 숫자 1을 채운 상태

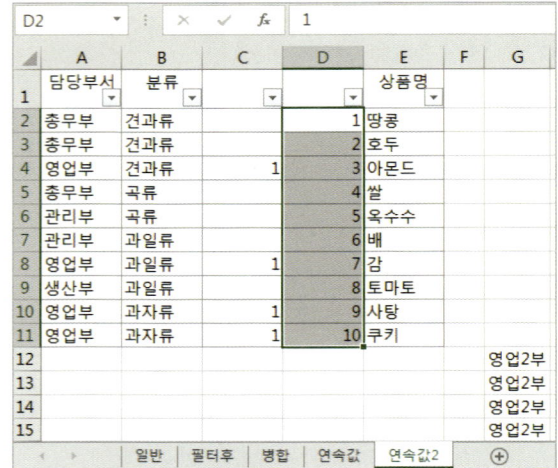

▲ 필터 해제하고 D열에 순번을 채운 상태

상품명 열 앞에 2개 열 삽입→ 필터한 C4 셀에 임의의 값 1을 입력 하고 C11 셀까지 채우기 핸들을 끌어 1을 복사 → 필터 해제하고 D2 셀에 1입력하고 아래로 순번 생성 (나중에 원래 상태로 정렬하기 위함) → C1 셀에 세모 단추 눌러 《숫자 오름차순 정렬》하면 C열에 1 셀이 맨 위로 배치 → [G12:G15] 범위를 A2 셀에 복사 → 이번엔 D열 기준으로 정렬하고 C, D열 삭제

CHAPTER 35 하이퍼링크

6부\하이퍼링크.xlsx

UNIT 01 개요

- 위치 : 《삽입》 탭 → 《링크》 그룹에 《하이퍼링크》
- 또는 마우스 우측 버튼 → 《하이퍼링크》
- 개념 : 셀 내용이나 개체를 클릭하면 특정 위치로 이동하거나 파일 열기
- 단축키 : Ctrl + K

UNIT 02 다른 시트로 이동

◆ 따라하기

Sheet1의 B2 셀에 마우스 우측 버튼 → 《하이퍼링크》 → 《하이퍼》 시트 선택, 참조 셀은 《A11》 입력 → Enter

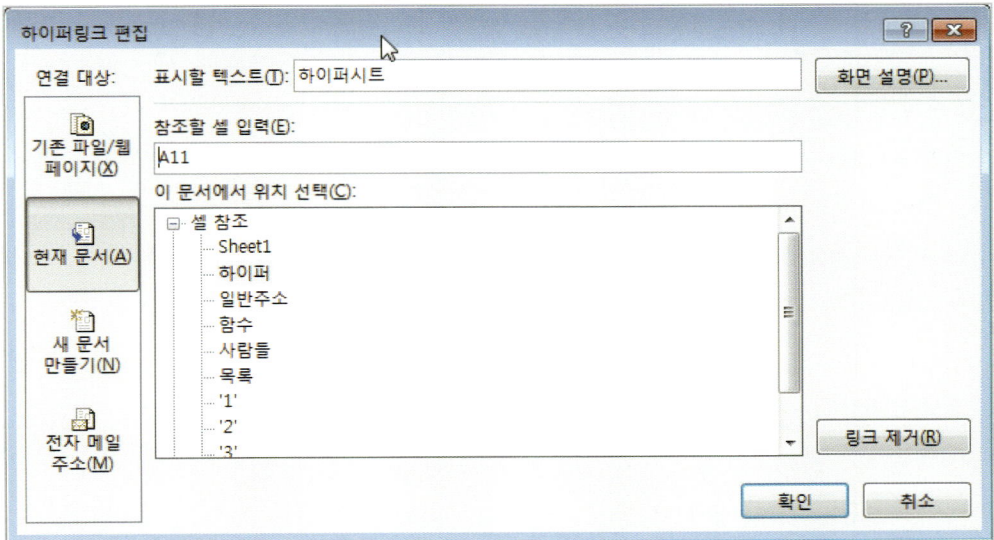

- 이렇게 하고 셀에 마우스를 대면 포인터가 손 모양으로 바뀌고 이동할 위치가 말풍선으로 나옵니다.

- Sheet1의 B2 셀을 클릭하면《하이퍼》시트의 A11 셀로 이동합니다.
- B2 셀에 마우스 우측 버튼 →《하이퍼링크 열기》를 눌러도 이동합니다.

UNIT 03 하이퍼링크 수정/제거

- **수정법** : 하이퍼링크 셀에 마우스 우측 버튼 →《하이퍼링크 편집》
- 하이퍼링크 셀에서 Ctrl + K 해도 됩니다.
- **제거법** : 하이퍼링크 셀 서식과 기능을 없애려면 마찬가지로 마우스 우측 버튼 →《하이퍼링크 제거》
- 또는 하이퍼링크 셀 선택 → Ctrl + K →《링크 제거》
- 엑셀2010 이상에서 하이퍼링크 셀 서식은 유지하고 기능만 제거하려면《홈》탭 →《편집》그룹에《지우기》→《하이퍼링크 해제》
- 엑셀2010 이상에는《홈》탭 →《편집》그룹에《지우기》→《하이퍼링크 제거》로도 셀 서식과 기능을 제거할 수 있습니다.

UNIT 04 하이퍼링크 셀 선택

하이퍼링크 셀을 1초 정도 마우스로 누르고 있으면 셀이 선택됩니다.
- 마우스가 아닌 〈화살표〉 키로도 선택 가능.

UNIT 05 하이퍼링크 셀 서식 변경

이 셀의 서식은 파랑에 맑은 고딕 11포인트이고 밑줄이 있습니다.

- **하이퍼링크 셀 서식 수정법** : 하이퍼링크 셀 선택 →《홈》탭 →《스타일》그룹에《셀 스타일》→《하이퍼링크》에 마우스 우측 버튼 →《수정》→《서식》을 눌러 설정합니다.
  - 하이퍼링크 서식은 문서 단위로 저장됩니다.
  - 특정 하이퍼링크 서식을 다른 문서에도 적용하려면 원본 문서에 하이퍼링크 셀을 대상 문서에 복사하고 지우면 됩니다. (엑셀2010 이상에서 가능)

UNIT 06 다시 돌아오기

하이퍼링크 셀을 클릭하여 해당 셀로 이동하고 바로 F5 누르고 Enter 치면 다시 하이퍼링크 셀을 선택합니다.

- F5 대신 Ctrl + G 를 눌러도 됩니다.

UNIT 07 다른 통합 문서 열기

하이퍼링크 셀을 클릭하여 다른 통합 문서를 여는 방법은 다음과 같습니다.

- **방법** : 우선 대상 통합 문서를 열기 → 기존 문서의 하이퍼링크를 설정할 셀에서 Ctrl + K →《기존 파일/웹 페이지》→《열어본 웹 페이지》→ 목록 상단에 항목 선택 →《확인》

《Microsoft Excel 보안 알림》오류 메시지

하이퍼링크 셀 클릭 시《Microsoft Office에 잠재적인 보안 문제가 있습니다.》라는 메시지 창이 열리면서《예》를 눌러야 해당 문서가 열리는 현상
- 원인 : 새 통합 문서로서 저장하지 않은 상태.
- 해결 : 문서를 저장.

UNIT 08 프로그램이 등록되지 않았다는 오류 메시지

하이퍼링크 셀 클릭 시《이 파일을 열 수 있는 프로그램이 등록되지 않았습니다.》메시지 창이 뜨는 오류

- **해결** : 해당 파일이 열리는 그 프로그램을 재설치.

UNIT 09 시트에 하이퍼링크 모두 제거

현재 시트에 있는 모든 하이퍼링크를 제거하는 방법

- 엑셀2010 이상 버전 : 셀 전체를 선택 →《홈》탭 →《편집》그룹에《지우기》→《하이퍼링크 제거》
- 엑셀2007 : 매크로 사용해야 합니다. 해당 시트에서 Alt + F11 → Ctrl + G 하고 다음 한줄 코드를 넣고 Enter 치세요.

    ActiveSheet.Hyperlinks.Delete

— 이 매크로는 엑셀2010 이상 버전에서도 작동합니다.

UNIT 10 일반 텍스트, 웹페이지 주소를 하이퍼링크로 일괄 설정

◆ **따라하기**

《일반주소》시트에 [A1:A6] 선택 → Alt + F11 → Ctrl + G 하고 다음 한줄 코드를 넣고 Enter 치세요.

For Each c In Selection: ActiveSheet.Hyperlinks.Add c, c: Next

	A	B
1	http://cafe.naver.com/xlwhy/291	
2	http://cafe.naver.com/xlwhy/6205	
3	http://cafe.naver.com/xlwhy/21570	
4	http://xlwhy.com	
5	http://cafe.naver.com/xlwhy/26099	
6	http://www.naver.com	
7		
8		
9		

Sheet1 / 하이퍼 / 일반주소 / 함수

UNIT 11 다른 통합 문서의 특정 시트로 이동

◆ **따라하기**

Sheet1의 D2 셀 선택 → Ctrl + K →《기존 파일/웹 페이지》→《현재 폴더》→《임시》선택 →《책갈피》→《B3》입력하고《Sheet2》선택하고《확인》

UNIT 12 PDF 문서 열기

◆ 따라하기

Sheet1의 D4 셀 선택 → Ctrl + K → 《기존 파일/웹 페이지》 → 《현재 폴더》 → 《x-mas》 선택 → 《확인》
- 다른 형식의 파일도 열 수 있습니다.

UNIT 13 말풍선 변경

하이퍼링크 셀에 마우스를 대면 나오는 말풍선을 수정해봅니다.

◆ 따라하기

Sheet1의 D4 셀 선택 → Ctrl + K → 《화면 설명》 → 《크리스마스 그림》 → 《확인》 → 《확인》

UNIT 14 《주소》에 전체 경로 포함한 이름

셀에 Ctrl + K 로 창을 띄우고 《주소》 입력란에 예컨대 다음의 전체 이름을 바로 넣어도 가능합니다. 굳이 파일을 찾을 필요가 없는 것이죠.
예) E:\xl2\엑셀2016\x-mas.pdf
- 이것은 절대 경로로 설정

UNIT 15 상대 경로로 파일 설정

셀에 Ctrl + K 로 창을 띄우고 《찾는 위치》 우측에 《한 수준 위 폴더》 단추를 누르면 《주소》 입력란이 상대 경로로 설정됩니다.
- 이런 상대 경로로 설정한 하이퍼링크는 다른 컴퓨터에서도 상대 경로가 동일하면 작동합니다.

UNIT 16 웹 페이지를 인터넷 창에 열기

◆ 따라하기

Sheet1의 D6 셀 선택 → www.xlwhy.com 입력하면 기본적으로 하이퍼링크가 자동 설정 됩니다.
- 셀을 클릭하면 인터넷 창(예: Internet Explorer)이 열리면서 웹페이지로 이동

UNIT 17 웹 페이지 주소 하이퍼링크 자동 설정 해제

셀에 http://cafe.naver.com/xlwhy 입력하고 셀에 마우스를 대면 셀 아래에 작은 가로 선 나타나고 그것을 클릭 →《자동 고침 옵션 조절》→《인터넷과 네트워크 경로를 하이퍼링크로 설정》체크 해제
— 이 설정 이후의 웹페이지 주소나 이메일 주소, 네트워크 경로 등은 일반 텍스트로 입력됩니다.
— 단축키 : Alt + T , A

UNIT 18 하이퍼링크 함수로 이동

HYPERLINK 함수로 하이퍼링크를 일괄 작성하는 방법을 알아봅니다.

◆ 따라하기

《함수》시트의 C2 셀과《사람들》시트의 D2 셀에 수식은 다음과 같습니다.
C2 셀 수식 : =HYPERLINK("[하이퍼링크.xlsx]사람들!B"& ROW(), B2)
D2 셀 수식 : =HYPERLINK("[하이퍼링크.xlsx]함수!B" & ROW(), "돌아가기")
각 셀에 채우기 핸들을 더블 클릭.

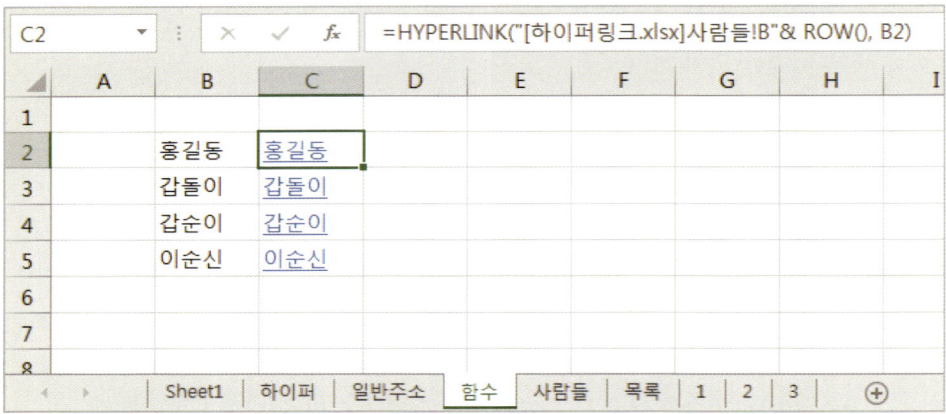

UNIT 19 하이퍼링크 함수로 일 시트로 이동

이전 내용과 비슷하지만 참조 셀 없는 수식으로 하이퍼링크를 만들어봅니다.

◆ **따라하기**

《목록》 시트의 A2 셀 수식은 다음과 같습니다.

A2 셀 수식 : =HYPERLINK("[하이퍼링크.xlsx]" &ROW()-1&"!A1", ROW()-1&"일")

각 셀에 채우기 핸들을 더블 클릭.

1, 2, 3 시트의 A1 셀 수식은 다음과 같습니다.

A1 셀 수식 : =HYPERLINK("[하이퍼링크.xlsx]목록!A1","이전")

이렇게 하고 《목록》 시트에 셀을 클릭하면 해당 일 시트로 이동하고, 일 시트의 《이전》을 클릭하면 다시 《목록》 시트로 돌아옵니다.

UNIT 20 그림, 도형에 하이퍼링크

도형이나 그림을 셀에 삽입하고 하이퍼링크 설정이 가능합니다.

◆ **따라하기**

《삽입》 탭 → 《일러스트레이션》 그룹에 《도형》 → 《직사각형》 → 마우스 우측 버튼 → 《하이퍼링크》

36장 행/열

UNIT 01 다중 행의 높이 자동 조정

셀 범위를 선택하고 《홈》 탭 → 《셀》 그룹에 《서식》 → 《행 높이 자동 맞춤》
- **다른 방법** : 선택 범위의 한 행 머리글 아래 가로 선을 더블 클릭
- 《홈》 탭 → 《맞춤》 그룹에 《텍스트 줄 바꿈》을 하고 셀에 입력하면 셀을 넘쳐도 입력이 완료되면 행이 자동으로 늘어납니다.

UNIT 02 열 너비 자동 조정

셀 범위를 선택하고 《홈》 탭 → 《셀》 그룹에 《서식》 → 《열 너비 자동 맞춤》
- 쉽게 하려면 선택 열 머리글의 우측 세로 선을 더블 클릭
- 만일 한 열을 선택하고 실행하면 그 열에서 가장 긴 글자가 있는 셀을 기준으로 열 너비가 조정됩니다.

UNIT 03 행 삭제

대상 셀 범위를 선택하고 《홈》 탭 → 《셀》 그룹에 《삭제》 → 《시트 행 삭제》
- **단축키** : Ctrl + - 이때 《삭제》 창이 뜨는데 이 창 없이 행을 삭제하려면 행 전체를 선택하고 이 단축키를 누름.

UNIT 04 열 삭제

대상 셀 범위를 선택하고 《홈》 탭 → 《셀》 그룹에 《삭제》 → 《시트 열 삭제》
- **단축키** : Ctrl + - 이때 《삭제》 창이 뜨는데 이 창 없이 열을 삭제하려면 열 전체를 선택하고 이 단축키를 누름

UNIT 05 행 삽입

대상 셀 범위를 선택하고 《홈》 탭 → 《셀》 그룹에 《삽입》 → 《시트 행 삽입》

- 단축키 : [Ctrl]+[Shift]+[+] 이때 《삽입》 창이 뜨는데 이 창 없이 행을 삽입하려면 행 전체를 선택하고 이 단축키를 누름

- 일괄 행 삽입

6부\행삽입_일괄.xlsx

한 행씩 행을 삽입해 봅니다.

◆ 따라하기

C1 셀에 《1》입력 후, [Ctrl]을 누른 채 채우기 핸들을 끌어 순번 생성 → 바로 이어서 [C2:C6]를 [Ctrl]+[C] → C7 셀 선택하고 [Enter]로 붙여넣고 [Ctrl]+[A] 하면 활성 셀은 C7이 된 채 대상 범위 전체 선택 → 《데이터》 탭 → 《정렬 및 필터》 그룹에 《ㄱㅎ》 단추

▲ 정렬 전 상태   ▲ 정렬 후의 결과

- 이 방법은 실제 행을 삽입하지는 않았지만 《정렬》 기능을 이용해서 빠르고 쉽게 삽입 효과를 낼 수 있습니다.

UNIT 06 열 삽입

대상 셀 범위를 선택하고 《홈》 탭 → 《셀》 그룹에 《삽입》 → 《시트 열 삽입》

- 단축키 : [Ctrl]+[Shift]+[+] 이때 《삽입》 창이 뜨는데 이 창 없이 열을 삽입하려면 열 전체를 선택하고 이 단축키를 누름

UNIT 07   행 숨기기

3행부터 5행을 숨기고 싶습니다.
- **일반 방법** : 3행 머리글부터 5행 머리글까지 드래그 → 그 선택한 행에 임의의 행 머리글에 마우스 우측 버튼 →《숨기기》
- 셀을 선택하고《홈》탭 →《셀》그룹에《서식》→《숨기기 및 숨기기 취소》→《행 숨기기》
- **단축키 방법** : 3~5행 선택 시 그 안에 임의의 범위, 예컨대 [B3:B5] 범위를 선택하고 Ctrl + 9

UNIT 08   행 숨기기 취소

숨긴 3행부터 5행을 펼치고자 합니다.
- **일반 방법** : 3행부터 5행을 포함하도록 예컨대 2행 머리글부터 6행 머리글까지 드래그 → 그 선택한 행에 임의의 행 머리글에 마우스 우측 버튼 →《숨기기 취소》
- 셀을 선택하고《홈》탭 →《셀》그룹에《서식》→《숨기기 및 숨기기 취소》→《행 숨기기 취소》
- **단축키 방법** : 예컨대 [B2:B6] 범위를 선택하고 Ctrl + Shift + 9
- ※ **여러 숨긴 행들을 한 번에 모두 펼치는 방법** : 모두 선택 단추를 누르거나 Ctrl + A + A 를 눌러 셀 전체를 선택→ 임의 행 머리글에 마우스 우측 버튼 →《숨기기 취소》

UNIT 09   열 숨기기

B열부터 D열을 숨기고자 합니다.
- **일반 방법** : B열 머리글부터 D열 머리글까지 드래그 → 그 선택한 열에 임의의 열 머리글에 마우스 우측 버튼 →《숨기기》
- 셀을 선택하고《홈》탭 →《셀》그룹에《서식》→《숨기기 및 숨기기 취소》→《열 숨기기》
- **단축키 방법** : B~D열 선택 시 그 안에 임의의 범위, 예컨대 [B3:D3] 범위를 선택하고 Ctrl + 0

UNIT 10   열 숨기기 취소

숨긴 B열부터 D열을 펼치고자 합니다.
- **일반 방법** : B열부터 D열을 포함하도록 예컨대 A열 머리글부터 E열 머리글까지 드래그 → 그 선택한 열에 임의의 열 머리글에 마우스 우측 버튼 →《숨기기 취소》
- 셀을 선택하고《홈》탭 →《셀》그룹에《서식》→《숨기기 및 숨기기 취소》→《열 숨기기 취소》
- **단축키 방법** : 예컨대 [B2:E2] 범위를 선택하고 Ctrl + Shift + 0
- ※ **여러 숨긴 열 들을 한 번에 모두 펼치는 방법** : 모두 선택 단추를 누르거나 Ctrl + A + A 를 눌러 셀 전체를 선택 → 임의 열 머리글에 마우스 우측 버튼 →《숨기기 취소》

행/열의 숨기기 취소 문제

- 숨긴 행이나 열이 펼쳐지지 않는다면 틀 고정 문제 일 수 있으니 《보기》 탭 → 《창》 그룹에 《틀 고정》 → 《틀 고정 취소》를 먼저 하고나서 해보세요.

열의 숨기기 취소 단축키 미작동

윈도우7의 제어판(《보기 기준》은 《범주》 상태) → 《키보드 또는 기타 입력 방법 변경》 → 키보드 변경 → 키 시퀀스 변경 → 《자판 배열 전환》란을 《할당되지 않음》 → 확인

UNIT 11 《이동》 기능으로 행 숨기기 취소

현재 1~3행이 숨겨진 상태에서 다음과 같이 합니다.

- **방법** : F5 키나 Ctrl + G → 《a1:a3》 → Enter → Ctrl + Shift + 9
- **《이동》** : 《홈》 탭 → 《편집》 그룹에 《찾기 및 선택》 → 《이동》

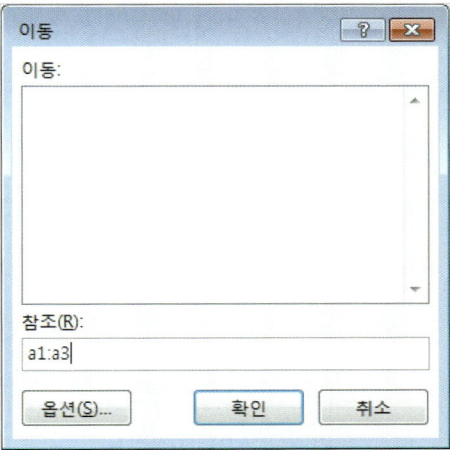

UNIT 12 다중 열 너비를 똑같이 하기

해당 열들을 선택 → 선택한 범위에 한 열의 우측 세로 선을 드래그

UNIT 13 열 너비 복사

셀 범위를 Ctrl + C 하고 대상 셀에 Ctrl + Alt + V → 《열 너비》 → 《확인》 누르면 열 너비도 복사됩니다.

- **빠른 단축키 법** : Ctrl + Alt + V → 《w》 → Enter

UNIT 14　행 높이도 복사

이전 단원에서 배운대로 열 너비 복사는 가능하지만 행 높이는 제공하지 않죠.
- **행 높이 복사법** : 행 높이만 복사하는 법은 없고, 복사 원본 셀의 행 전체를 복사해서 《선택하여 붙여넣기》의 《서식》으로 선택하면 행 높이가 복사되지만 기타 셀 서식도 모두 복사되는 단점이 있습니다. 완벽히 하려면 매크로를 써서 프로그래밍해야 합니다.

UNIT 15　특정 범위를 제외한 행/열 숨기기

예컨대 [A1:G15] 범위만 나오고 나머지는 숨기려면 다음과 같이 합니다.
- **방법** : H1 셀 선택 → [Ctrl]+[Shift]+[→]로 시트의 맨 끝 열까지 선택 → [Ctrl]+[Spacebar]로 선택 범위의 열 전체 선택 → [Ctrl]+[0]으로 열 숨기기 → A16 셀 선택 → [Ctrl]+[Shift]+[↓]로 시트의 맨 아래 행까지 선택 → [Shift]+[Spacebar]로 선택 범위의 행 전체 선택 → [Ctrl]+[9]로 행 숨기기

UNIT 16　행/열 바꿔서 복사

[Ctrl]+[C] → [Ctrl]+[Alt]+[V]로 《선택하여 붙여넣기》 창 열기 → 《행/열 바꿈》

37 CHAPTER 기타 기능

UNIT 01 리본 메뉴 또는 빠른 실행 도구 모음에 키보드로 접근

리본 메뉴나 빠른 실행 도구 모음에 키보드로 접근하려면 [Alt]를 누른 채 〈숫자〉나 〈알파벳〉을 누르면 되는데 키 하나씩 누르면서 보다 자유롭게 접근하는 방법을 소개합니다.

◆ **따라하기 1 (리본 메뉴)**

[Alt] → [→] 또는 [←]를 누르면 활성 탭이 차례대로 바뀝니다.

◆ **따라하기 2 (빠른 실행 도구 모음)**

빠른 실행 도구 모음이 리본 메뉴 위에 있다고 가정하고 따라합니다.

[Alt] → [↑] 키를 누르면 빠른 실행 도구 모음에 포커싱이 가고 [→]나 [←] 또는 [Tab]을 통해 특정 단추를 포커싱할 수 있고 [Enter] 치면 누를 수 있습니다. 해제는 [Esc]

UNIT 02 파일 암호

파일을 열 때 비밀번호를 입력해야만 열 수 있도록 할 수 있습니다. 단점은 이 번호를 잊어버리면 열 수 없으므로 꼭 기억하거나 메모해놔야 합니다.

◆ **따라하기 1**

[F12]로《다른 이름으로 저장》창을 열기 →《도구》→《일반 옵션》→ 암호 입력.

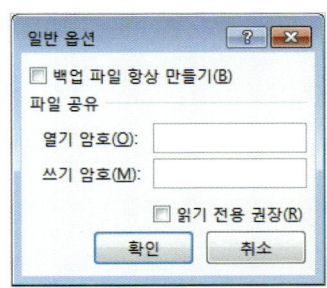

UNIT 03 파일 백업

파일 저장 시 최근 저장한 내용으로 파일을 백업할 수 있습니다.

◆ 따라하기 1

F12 로 《다른 이름으로 저장》 창을 열기 → 《도구》 → 《일반 옵션》
→ 《백업 파일 항상 만들기》 체크하고 《확인》

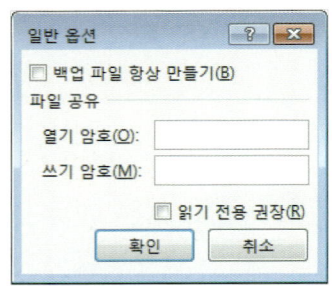

- 이 파일의 확장자는 《xlk》고 파일명은 《"기존파일명"의 백업》으로 자동 생성
- 백업 파일을 열면 《~파일 형식 및 확장명이 일치하지 않는다~》는 메시지 박스가 뜨는데 무시하고 《예》를 눌러 열어서 다른 이름의 다른 파일 형식으로 저장하면 복구할 수 있습니다.

UNIT 04 파일 자동 저장, 5분 단위

엑셀 파일을 5분마다 저장시킬 수 있습니다.

◆ 따라하기

Alt + T , O 로 《Excel 옵션》 창을 열고 《저장》 → 《자동 복구 정보 저장 간격》을 기존 값 《10》에서 《5》로 수정하고 《확인》

UNIT 05 PDF 파일로 변환

엑셀 파일을 PDF(Portable Document Format) 형식으로 저장할 수 있습니다.

◆ 따라하기

F12 로 《다른 이름으로 저장》 창을 열기 → 《파일 형식》 → 《PDF》 → 《저장》

UNIT 06 창 나누기

한 시트 화면을 나누는 기능입니다. 《보기》 탭 → 《창》 그룹에 《나누기》로 가능. C3 셀을 선택하고 실행하면 그 셀 왼쪽과 위쪽으로 교차하여 창이 나눠집니다.

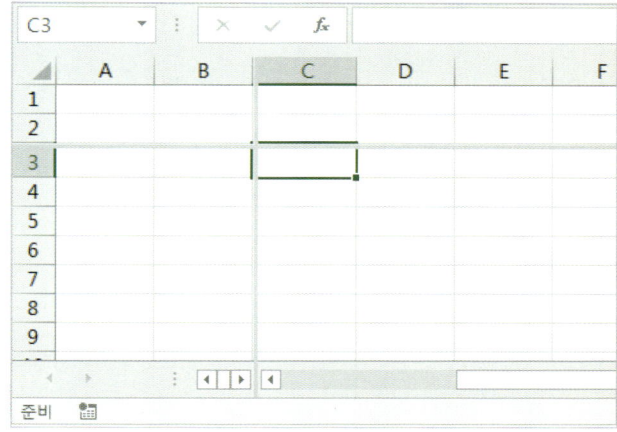

- 나누면 굵은 선이 생기고 마우스로 끌어서 이동시킬 수 있습니다.
- 이 상태에서 나눈 창을 고정하려면 《보기》 탭 → 《창》 그룹에 《틀 고정》 → 《틀 고정》으로 가능.
- 나눈 창을 취소하려면 활성화된 《나누기》 단추를 한 번 더 눌러 비활성화 시키면 됩니다.
- 《나누기》 단추가 비활성화 되어 있고 틀 고정 상태면 이 단추를 두 번 누르세요.
- 《틀 고정》 → 《틀 고정 취소》로도 가능.
- 3행을 선택하고 《나누기》하면 2행과 3행 사이가 나뉘고, D열을 선택하고 하면 C열과 D열 사이가 나뉩니다.
- 나눈 개개의 창으로 이동하는 단축키는 정확히는 없으며 굳이 한다면 Shift + F6 을 눌러 나눈 창들과 리본 메뉴, 상태 표시줄의 매크로 기록 단추 등으로 포커스를 이동시킬 수 있습니다. 만일 《홈》 탭 → 《클립보드》 그룹 아이콘을 눌러 좌측에 클립보드 창이 있으면 그 창으로도 이동합니다.

UNIT 07 영어 버전으로 엑셀 변환

이것은 인터넷에서 다운로드해야 가능합니다. 단, 엑셀2007은 상용 구매해야 합니다.
인터넷 검색어는 《excel 2016 language pack》로 하면 됩니다.
엑셀 2016 버전은 http://me2.do/F43GMbLN 웹 페이지에서 제공하며 언어 팩을 다운로드 한 후 설치하고 다음을 따라합니다.

◆ 따라하기

- 엑셀2010 이상 : Alt + T , O 로 《Excel 옵션》 창을 열고 《언어》 → 《표시 언어 선택》에 영어를 맨 위로 올리고 《확인》

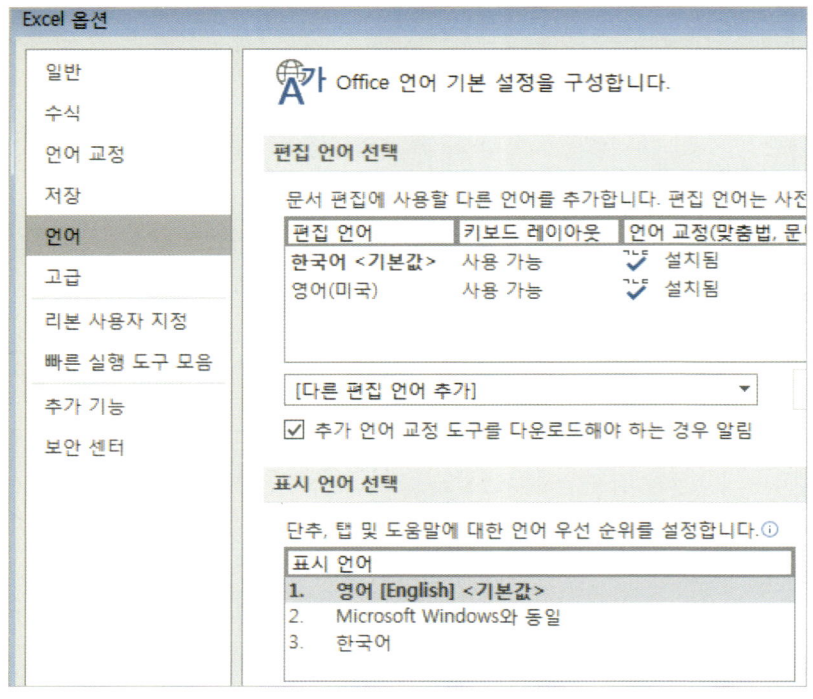

- 엑셀2007 : [Alt]+[T], [O]로《Excel 옵션》창을 열고《기본 설정》→ 맨 아래《언어 설정》→《언어 표시》탭에《Microsoft Office 메뉴 및 대화 상자 표시 언어》아래를 《English》로 바꾸고《확인》

UNIT 08 합계나 최대값/최소값 바로 알기

셀 범위를 선택하면 선택한 범위에 자료들의 계산 결과를 바로 알 수 있는데, 엑셀 하단의 상태표시줄에 마우스 우측 버튼 → 해당 메뉴를 클릭 → 범위를 선택하면 바로 상태표시줄에 결과가 나옵니다.

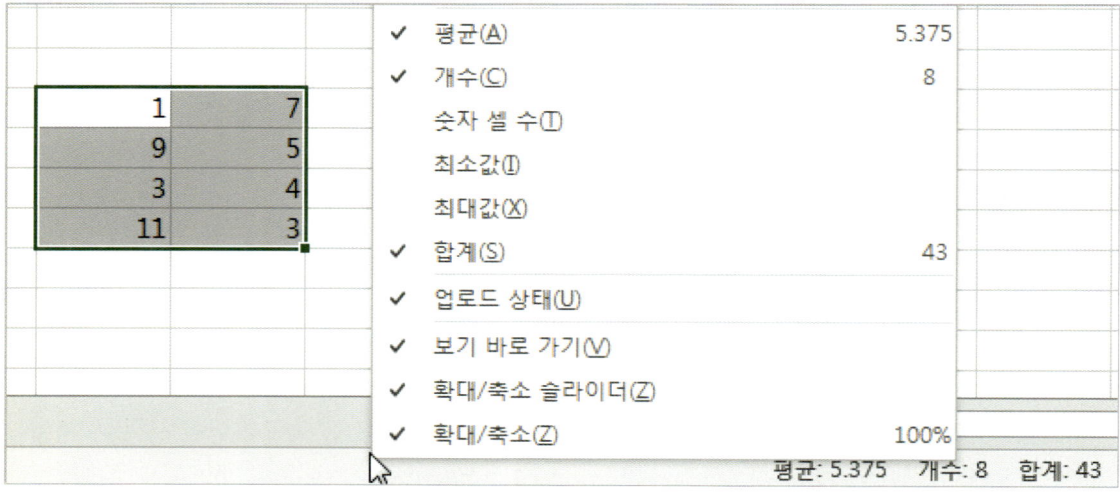

▲ 기본값으로 설정된 합계나 평균, 개수도 보입니다.

UNIT 09 시트를 빠르게 선택하기

시트가 많을 경우 해당 시트로 바로 이동하고 싶을 때가 많습니다. 다음을 따라하세요.
— 참고로, 순차적으로 시트를 선택하는 것은 Ctrl + PageDown / PageUp

◆ 따라하기

시트가 많다면《시트 탭 스크롤》에 마우스 우측 버튼을 눌러《활성화》창을 띄움 (엑셀2010 이하 버전은 마우스 우측 버튼 →《기타 시트...》를 눌러야 이 창이 뜸) → 그 다음 선택하고자 하는 시트명이 영어면 첫 알파벳 입력 시 바로 그 시트를 선택하고 Enter 쳐서 이동 가능하며 시트명이 한글이면 첫 글자 입력 후 Alt + Enter 를 누르고 Enter 치면 그 시트로 이동.

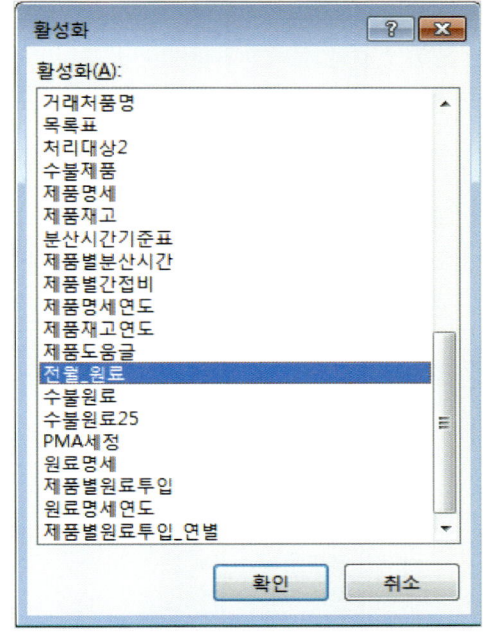

▲ 시트《활성화》창

UNIT 10 셀이나 도형, 그림 등의 편집 막기 (예: 수식 셀만 보호)

파일을 배포하여 사용자에게 입력하도록 할 때 특정 셀은 수정할 수 없도록 막을 필요가 있습니다. 도형이나 그림 등의 개체를 보호할 수도 있습니다.
— 책 맨 뒤에 색인에서《수식 셀 보호》찾으세요.

UNIT 11 시트 편집 막기 (예: 시트명 고정)

시트를 이동시키거나 시트명 수정 등을 막을 수 있습니다.
— 책 맨 뒤에 색인에서《모든 시트에 접근》찾으세요.

UNIT 12 수식 또는 실제 값을 그대로 복사

셀을 복사하는 것이 아닌 그 안에 내용을 똑같이 복사할 일이 실무에서 매우 빈번한데 그 방법을 알아봅니다.
— 책 맨 뒤에 색인에서 《셀 내용 또는 수식 그대로》 찾으세요.

UNIT 13   수식은 지우고 값만 남기기

수식 셀에 수식만 지우려면 보통 《선택하여 붙여넣기》를 이용합니다.
— **방법** : 셀을 선택하고 Ctrl + C → 바로 이어서 Alt + E , S , V , Enter 하면 셀에 값만 남습니다. 한 셀만 하려면 F2 → F9 → Enter 해도 됩니다.

UNIT 14   일괄 행 삽입

한 행 단위로 번갈아서 여러 행을 일괄 삽입할 수 있습니다.
— 책 맨 뒤에 색인에서 《일괄 행 삽입》 찾으세요.

UNIT 15   색깔 합계

셀 색이나 글꼴 색을 기준으로 셀 범위에서 해당 셀에 값의 합계나 해당 셀 개수 등을 계산할 수 있습니다.
— 책 맨 뒤에 색인에서 《색깔 참조》 찾으세요.

UNIT 16   문자로 나열된 계산식 합계

엑셀 수식이 아닌 텍스트로 처리된 계산식의 결과가 필요할 때가 있습니다. 보통 건설 분야에서 견적 등을 산출할 때 사용하곤 합니다.
— 책 맨 뒤에 색인에서 《문자열 식》 찾으세요.

UNIT 17   시트에 한 양식을 아래로 복사할 때 자동 순번

엑셀 수식이 아닌 텍스트로 처리된 계산식의 결과가 필요할 때가 있습니다. 보통 건설 분야에서 견적 등을 산출할 때 사용하곤 합니다.
— 책 맨 뒤에 색인에서 《양식마다 순번 생성》 찾으세요.

UNIT 18   엑셀에 외부파일(예: 파워포인트) 삽입

엑셀 문서에 다른 엑셀 문서나 PDF, 그림파일, 파워포인트 문서 등 외부 파일을 포함시켜 저장할 수 있습니다.
- 《삽입》 탭 → 《텍스트》 그룹에 《개체》가 그것입니다.
- 책 맨 뒤에 색인에서 《엑셀 문서나 외부 문서 삽입》 찾으세요.

UNIT 19 셀 범위를 그림으로 복사

셀을 그림으로 복사해서 행/열 크기를 무시하고 붙일 수 있습니다. 범위를 선택하고 그림과 같이 복사하세요.

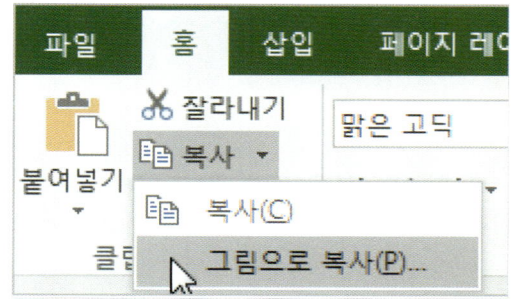

- 엑셀2007은 이 단추가 없으므로 Ctrl + C 하고 그림과 같이 하세요.

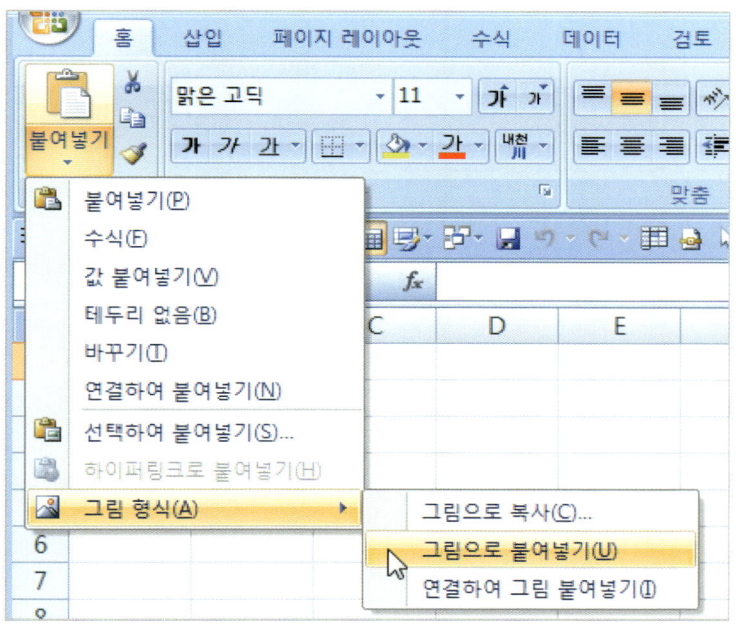

UNIT 20 셀에 그림이나 도형, 차트 등을 그림파일로 저장

엑셀은 개체를 그림 파일로 저장할 수 없으므로 워드나 파워포인트 프로그램을 이용합니다.

예컨대 셀에 삽입한 차트를 그림 파일로 저장하려면 차트를 먼저 선택하고 `Ctrl`+`C` → 파워포인트를 열고 `Ctrl`+`V` → `Shift`+`F11`로 팝업 메뉴 →《그림으로 저장》

– 파워포인트 실행 단축키 법 : `⊞`+`R` → powerpnt → `Enter`

UNIT 21 셀에 0값 숨기기

해당 시트의 모든 셀에 0 값을 숨기려면 다음과 같이 합니다.

`Alt`+`T`, `O`로《Excel 옵션》창을 열고《고급》→《이 워크시트의 표시 옵션》범주에《0 값이 있는 셀에 0 표시》체크 해제합니다.

– 여러 시트를 선택하고 수행하면 선택한 시트에 모두 적용됩니다.

UNIT 22 셀 값 끝에 있는 모든 공백문자 일괄 지우기

셀에 값을 입력하거나 엑셀로 다운로드한 데이터에서 값의 마지막에 무의미한 공백문자를 모조리 지우는 방법 소개.

- 예컨대 [A2:A5]에 데이터가 있고 B2 셀에 =TRIM(A2) 수식을 달고 이 셀의 채우기 핸들을 B5 셀까지 끌어 채우고 [B2:B5]를 `Ctrl`+`C` → A2 셀에 선택하여 붙여넣기 즉, `Alt`+`E`, `S`, `V`, `Enter`로《값》만 붙입니다.
- 이 TRIM 함수의 정확한 의미는 참조 셀 값의 양 끝에 공백문자는 모두 제거하고, 셀 값 안에 두 개 이상의 연속 공백문자는 하나로 만듦.
- 이 TRIM 법이 작동하지 않는다면 공백문자처럼 보이는 다른 문자가 있는 것이므로 책 맨 뒤에 색인에서《유령문자》찾으세요.
- 셀 값의 앞이나 가운데는 놔두고 끝에 공백문자만 모두 지우려면 매크로 법이 무난합니다. 먼저 대상 셀 범위를 선택 → `Alt`+`F11` → `Ctrl`+`G` 하고 다음 한줄 코드를 넣고 커서는 그 줄 아무 곳에 위치시킨 뒤에 `Enter` 치세요.

  for each c in selection: c=Rtrim(c): next: msgbox "ok"

  "ok" 창이 뜨면 처리가 완료된 것입니다.

  코드 의미 : 선택 셀 범위에 셀마다 접근하여 해당 셀 값의 맨 마지막 공백문자 제거 코드입니다.

  이것을 수식으로 처리하려면 책 맨 뒤에 색인에서《끝에 공백제거》찾으세요.

UNIT 23 엑셀 창 두 개 열기

이 기능은 우선 엑셀2010 이하 버전에서 필요할 수 있는데 결론부터, 엑셀 문서 파일을 열 때 각 창으로 따로 열기위해 위험하게도 윈도우 레지스트리를 수정하는 방법을 쓰곤 하는데 이것은 불안정하므로 권장하지 않습니다.

- **가장 안정적인 방법** : 엑셀 문서 파일이 열린 상태에서 윈도우 작업 표시줄에 엑셀아이콘에 마우스 우측 버튼 → 아래쪽에 엑셀 아이콘을 클릭하여 인스턴스를 따로 열고, 다른 문서 파일을 마우스로 끌어 그 인스턴스에 놓아서 여는 방식입니다.
- **이 방식의 문제** : 한 인스턴스에서 문서가 열린 것이 아니므로 셀 복사 시 수식 셀은 수식이 사라지고 값만 복사된다든지, 《선택하여 붙여넣기》 메뉴의 이상, 불연속 셀 복사 시 그 사이의 셀도 복사된다든지, 셀 범위에 그림이나 도형이 복사되지 않는 등 여러 일반적이지 않은 현상들이 나타납니다.
- 엑셀2013 이상 버전부터는 파일이 자연스럽게 각각의 창으로 열립니다.
- **창 정렬 기능** : 《보기》 탭 → 《창》 그룹에 《모두 정렬》로 창을 나란히 놓고 보는 것이 제일 안정적입니다. 하지만 때에 따라 문서를 마우스로 끌면서 비교만 하려고 할 때는 인스턴스를 따로 열어서 작업하는 것도 나쁘지 않습니다.
- 이 창 정렬 기능은 화면을 절약하여 볼 수 있으므로 엑셀2010 이하 버전에서는 유용하지만 엑셀2013 이상은 리본 메뉴나 빠른 실행 도구 모음이 두 개로 나오므로 화면 공간을 많이 차지합니다.

UNIT 24 [호환 모드] 의미

어떤 파일은 엑셀에서 열면 제목 표시줄에 파일명과 함께 [호환 모드] 글자가 생깁니다. 이 파일은 엑셀2003 이하 버전 파일로서 보통 확장자가 《xls》인 것이 대부분입니다. 그래서 시트의 끝 행은 65536 행이고 열은 256 열까지밖에 없습니다.

이 파일을 엑셀2007 이상 버전의 XML 방식인 기본 Excel 통합 문서(xlsx)나 Excel 매크로 사용 통합 문서(xlsm)로 저장할 수 있습니다.

- **저장법** : F12로 창을 띄우고 파일 형식을 선택합니다.

UNIT 25 도형에 셀 연결

《삽입》 탭 → 《일러스트레이션》 그룹에 《도형》 → 《직사각형》하고 셀에 삽입한 뒤에 《수식 입력줄》에 《=》을 입력하고 임의의 셀을 클릭하면 그 셀 값과 동기화 됩니다. 예컨대 A9 셀이 SUM 함수로 되어 있다면 그 합계 값이 도형에 표시됩니다.

- 수식 입력줄의 이 연결된 수식에 《&》를 덧붙여 어떤 상수나 셀을 결합할 수는 없습니다.
- 이 기능은 휘발성이므로 파일을 열자마자 닫을 때 저장할건지 묻는 메시지 창이 뜹니다.

엑셀 함수와 수식

수식은 함수를 포함하는 용어로서 《=》으로 시작하는 계산식입니다. 어느 셀을 참조하여 수식 셀을 만들 수 있고 그 참조 셀 값이 변하면 수식 셀 값도 자동으로 바뀌는 강력한 기능입니다. 수식은 엑셀의 꽃으로서 다양하게 사용되므로 매우 중요합니다.

Chapter 01 | 함수와 수식의 차이
Chapter 02 | 함수 입력 순서
Chapter 03 | 함수 입력 순서(다른 시트 참조)와 인수
Chapter 04 | 마우스로 수식 내용 선택
Chapter 05 | 키보드로 수식 내용 선택
Chapter 06 | 자동 합계 수식과 총합계 아이디어
Chapter 07 | 수식 수정 시의 F2
Chapter 08 | Alt + ↓로 함수명이나 인수 수정
Chapter 09 | 함수 도움말 쉽게 보기
Chapter 10 | F9로 수식 분석 (중요)
Chapter 11 | 논리 값 (TRUE / FALSE)
Chapter 12 | 연결
Chapter 13 | 수식 오류
Chapter 14 | 참조 유형
Chapter 15 | 참조 스타일
Chapter 16 | 참조되는 셀의 수정 문제
Chapter 17 | 참조 셀 고정 & 값만 남기기

Chapter 18 | 비교 연산자
Chapter 19 | 결합 연산자 (합치기 &)
Chapter 20 | 산술 연산자
Chapter 21 | 참조 연산자
Chapter 22 | 연산자 우선순위
Chapter 23 | 수식 결과 값이 예상했던 값과 다른 이유
Chapter 24 | 외부 프로그램에서 엑셀로 다운로드한 데이터 문제
Chapter 25 | 휘발성 (가변성) 함수
Chapter 26 | 부동 소수점 (浮動小數點, Floating point) 오류
Chapter 27 | 숫자의 문자화 또 그 반대
Chapter 28 | 인수에 쉼표(,)만 있다면
Chapter 29 | 색깔 참조 함수는 없음
Chapter 30 | 문자열 식 계산하기
Chapter 31 | 함수를 사용자가 만들기
Chapter 32 | 배열 (Array)
Chapter 33 | 실전 함수
Chapter 34 | 실전 수식

01 CHAPTER 함수와 수식의 차이

UNIT 01 함수
- **정의** : 특정 기능을 수행하여 결과 값을 반환(Return)하도록 만들어진 구조체
- **위치** : 《수식》 탭의 《함수 라이브러리》 그룹
- **함수명** : 모두 영문자. 영문자 사이에 점(.)이 있는 함수도 있습니다.
- **구문** : =함수명([인수1, 인수2, 인수3,…])
- 대괄호는 생략 가능을 뜻합니다.

UNIT 02 수식
- **정의** : 함수처럼 값을 반환하며, 함수를 포함하는 더 넓은 의미의 계산식.
- ※ 함수나 수식의 가장 강력한 특징은 수식에서 참조되는 셀 값이 바뀌면 수식이 재계산되어 수식 결과 값이 갱신된다는 것입니다. 또한 아무 셀에 값을 입력하여도 열린 모든 통합 문서에 수식 셀이 재계산됩니다. 따라서 수식 셀이 상당히 많다면 엑셀 처리 속도도 느려지게 됩니다. 재계산을 일으키려면 F9 키를 눌러도 됩니다.
- **예제1** : B1 셀의 수식 =A1*90% 은 A1 셀 값의 90%를 반환.
- **예제2** : B2 셀의 수식 =TODAY()은 함수를 사용하여 오늘 날짜를 반환.

	A	B	C	D
1	1000	900	=A1*90%	
2		2017-01-16	=TODAY()	
3				

02 함수 입력 순서

7부\함수입력.xlsx

VLOOKUP을 예로 들어 함수를 쉽고 빠르게 입력해 보죠.

UNIT 01 Sheet1의 B2 셀을 선택하고 《=》

《=》대신 《+》도 입력 가능하며 입력을 마치면 《=》이 되지만, 《=+》로 시작되는 경우도 있습니다. 이것은 수식의 시작 내용이 특정 셀을 참조할 때 그렇습니다. 예컨대 B1 셀 값 더하기 7일 때 《+B1+7》을 입력하고 Enter 를 치면 =+B1+7 수식이 나옵니다.

※ 보통 관리부나 회계 부서에서 수식을 많이 입력하는 경우, 키보드 우측의 숫자 키패드에서 수식의 시작을 《+》로 하는 경우가 있습니다. 그 키패드에는 《=》이 없기 때문이죠.

UNIT 02 《v》

《v》로 시작하는 함수 목록이 뜹니다.

- 엑셀2013 이하 버전은 입력한 영문자로 시작하는 함수 목록만 뜨지만, 엑셀2016 버전은 영문자 3개부터는 그 글자를 포함하는 모든 함수명이 나옵니다. 예컨대 《=sum》까지 입력하면 《DSUM》도 나옵니다.
- 함수 목록이 뜨지 않는다면 Alt + T , O 로 《Excel 옵션》 창을 열고 《수식》 → 《수식 작업》 범주에 《수식 자동 완성 사용》 체크

◆ **따라하기**

↓ 를 눌러 《VLOOKUP》을 선택 → Tab 눌러 함수명과 열린 괄호 자동 입력 → ← → 쉼표(,) → A5 셀 선택 → Ctrl + Shift + ↓ → Ctrl + Shift + → → 쉼표(,) → 3 → 쉼표(,) 누르고 ↓ → Tab → Enter

– Enter 를 치면 닫힌 괄호는 자동 완성.
완성 수식 : =VLOOKUP(A2,A5:C7,3,FALSE)

	A	B	C	D
1	품목	이름		
2	사과	=VLOOKUP(A2,A5:C7,3,FALSE)		
3				
4	품목	수량	금액	
5	배	1	200	
6	파인애플	2	500	
7	사과	3	100	
8				
9				
10				

CHAPTER 03
함수 입력 순서 (다른 시트 참조)와 인수

7부\함수입력.xlsx

UNIT 01 함수 입력 순서

Sheet2의 C2 셀 선택 → 《=COUNTIFS(》 → Sheet3 선택 후, B열 클릭 → 쉼표(,) → 111 → 쉼표(,) → C열 클릭 → 222 → Enter → 《111》쪽에 커서를 두고 아래 진한 인수(criateria1)를 클릭하고 A2 셀 클릭 → 《222》도 같은 방식으로 《criateria2》 클릭 후, B2 셀 클릭 → Enter

완성 수식 : =COUNTIFS(Sheet3!B:B,A2,Sheet3!C:C,B2)
– 이렇게 임의의 숫자 111, 222를 입력하는 이유는 수식 입력 시 다른 시트에 갔다가 현재 시트로 와서 참조 셀을 선택하면 《시트명!셀주소》로 나오고 이때 《시트명!》은 무의미하기 때문.

UNIT 02 함수에 인수

- 함수에 열린 괄호 다음에 인수가 나옵니다.
- 인수가 없는 함수도 있습니다. 예) TODAY, NOW, RAND, PI 등
- 인수의 구분은 쉼표(,)
- 수식 셀을 더블 클릭하면 바로 아래에 함수 구문이 나오는데 "[인수]"와 같이 대괄호로 감싼 인수는 생략 가능함을 의미.

마우스로 수식 내용 선택

7부\함수입력.xlsx

함수 내 있는 특정 인수를 바로 수정하거나 지우려면 우선 인수를 선택해야 합니다.

UNIT 01 함수 설명줄

수식이 편집 모드(커서가 깜박임)일 때 수식 바로 아래 줄에 함수 구문이 나오는데 이것이 나오지 않는다면 엑셀2010 이상은《파일》탭 → 옵션 → 고급 →《표시》범주에《함수 화면 설명 표시》체크
– 엑셀2007은 같은 위치에 이름만 다름. 이름은《함수 스크린 팁 표시》
– 수식에서 인수 선택 작업은 매우 빈번하며 특히 수식이 길 때에는 매우 유용하므로 꼭 익혀두세요.

Sheet2의 D6 셀 수식은 다음과 같습니다.
=IF(C6<>"","",IF(AND(A6="X",B6="X"),"",IF(AND(A6="X",B6="O"),"Good",IF(AND(A6="O",B6="X"),"Bad",IF(AND(A6="O",B6="O"),"Good")))))

◆ 따라하기

Sheet2의 D6 셀 더블 클릭 → 첫 번째《AND》쪽 근처를 클릭하고 그 아래《logical_test》를 클릭하면《AND(A6="X",B6="X")》부분이 선택됩니다.

UNIT 02 인수 선택 예제

Sheet1의 C2 셀 수식 : =COUNTIFS(Sheet3!B:B,A2,Sheet3!C:C,B2)
• C2 셀 수식에서 COUNTIFS 함수의 3, 4번째 인수를 지우는 법

◆ 따라하기

C2 셀을 더블 클릭 → 아래에 함수 구문이 나오고《[criteria_range2]》클릭 → Delete →《criteria2》클릭 → Delete → 쉼표(,) 두 개도 지우고 Enter
– 이렇게 해당 인수를 빠르게 선택하여 정확하게 지울 수 있습니다.
– C2 셀을 선택하고《수식 입력줄》에서 인수를 선택할 수도 있습니다.

UNIT 03 더블 클릭으로 선택

수식의 일부를 더블 클릭하면 단어 단위로 선택 됩니다.

◆ **따라하기**

C2 셀을 선택하고 《수식 입력줄》에서 《COUNTIFS》 안에 임의의 위치를 더블 클릭하면 《COUNTIFS》 전체가 선택됩니다.

CHAPTER 05
키보드로 수식 내용 선택

Sheet2의 C2 셀 수식 : =COUNTIFS(Sheet3!B:B,A2,Sheet3!C:C,B2)

UNIT 01 수식 일부 선택

C2 셀 선택하고 F2 누르면 커서가 맨 뒤로 갑니다. 이 상태에서 다음을 시험하세요.
- Home 누르면 맨 앞으로 커서 이동
- Ctrl + → / ← 누르면 단어 단위로 커서 이동
- Shift + → 누르면 수식의 일부 선택
- Ctrl + Shift + → 누르면 단어 단위로 선택
- End 누르면 맨 뒤로 커서 이동

UNIT 02 수식 전체를 한 번에 선택

◆ **따라하기**

Sheet2의 C2 셀 선택 → F2 → Ctrl + Shift + Home
- 이것은 셀 내용이 수식이 아니라 일반 값일 때도 동일하게 적용됩니다.

06 CHAPTER
자동 합계 수식과 총합계 아이디어

7부\소계_자동합계.xlsx

소계 행에 일괄 합계 함수를 적용하려고 합니다.

	A	B	C
1	부호	품명	금액
2	A	사이다	86,000
3	A	주스	1,453,000
4	A	코카콜라	1,853,200
5	A 요약	소계	
6	B	요구르트	896,000
7	B	우유	685,000
8	B	치즈	444,500
9	B 요약	소계	
10	C	빵	483,000
11	C 요약	소계	
12	D	건전지	346,400
13	D	면도날	57,376
14	D	문방구	52,444
15	D 요약	소계	
16	총합계		

◆ **따라하기**

C열에 노란 셀만 선택 (불연속 셀 선택은 Ctrl 누른 채 클릭) → 《홈》 탭 → 《편집》 그룹에 《자동 합계》 누르면 합계 수식이 자동으로 한 번에 입력됩니다.

– 대상 셀 들 선택 후, 단축키로 하려면 Alt + H , U , Enter .
– 소계 수식이 들어갈 빈 셀을 자동으로 선택하려면 [C2:C15] 선택 → F5 → Alt + S → 《K》 → Enter 치면 빈 셀만 선택됩니다.

- C16 셀에 총합계 수식은 =SUM(C2:C15)/2 로 가능합니다. [C2:C15]에 소계 셀을 포함하므로 2로 나눈 겁니다.
- 《자동 합계》 단추에 마우스를 대면 단축키로 Alt + = 으로 나오지만 작동하지 않고, 이것은 전자/반자 토글키로 작동합니다.

CHAPTER 07 수식 수정 시의 F2

7부\함수입력.xlsx

함수를 키보드로 수정할 때 F2 는 꼭 알아야 합니다. 수식 셀을 선택하고 이 키를 누르면 《상태 표시줄》 좌측 내용이 《입력》과 《편집》으로 계속 순환하면서 바뀜.

UNIT 01 수정법 세 가지

1. 셀을 더블 클릭
2. 셀 선택 후, F2 눌러 커서를 맨 끝으로 보냄
3. 셀 선택 후, 《수식 입력줄》 클릭

대상 수식은 Sheet1의 B2 셀에 =VLOOKUP(A2,A5:C7,3,FALSE)

◆ 따라하기

B2 셀을 더블 클릭하면 《상태 표시줄》 좌측은 《편집》으로 나오고 이때 〈화살표〉 키를 눌러 《A5》 앞에 커서를 위치 → Shift + → 를 눌러 《A5:C7》을 선택 → F2 를 누르면 《입력》으로 바뀌고 이때 마우스나 키보드로 [A5:C9] 범위를 선택하면 수식 내용을 바꿀 수 있습니다.

- F2 : 셀 선택 후, F2 를 누르면 《상태 표시줄》의 좌측에 글자가 《편집》이 되어 〈화살표〉 키로 커서를 이동시킬 수 있고, 다시 F2 를 누르면 입력 모드가 되어 셀을 참조시킬 수 있습니다.

CHAPTER 08

Alt + ↓로 함수명이나 인수 수정

7부\함수입력.xlsx

대상 수식은 Sheet1의 B2 셀에 =VLOOKUP(A2,A5:C7,3,FALSE)

UNIT 01 인수 수정

수식 셀에서 F2 눌러 편집 모드로 바꾸고 〈화살표〉 키로 네 번째 인수 위치에 커서를 두고 Alt + ↓를 눌러 TRUE를 선택하고 Tab 키를 누르면 FALSE가 TRUE로 수정됩니다.

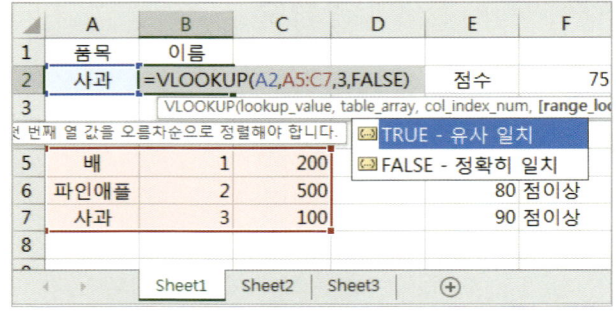

UNIT 02 함수명 수정

수식 셀에서 F2 눌러 편집 모드로 바꾸고 〈화살표〉 키로 함수명《V》 다음에 커서를 두고 Alt + Shift + → 눌러 《LOOKUP》 선택 → Delete → Alt + ↓를 눌러 함수 수정

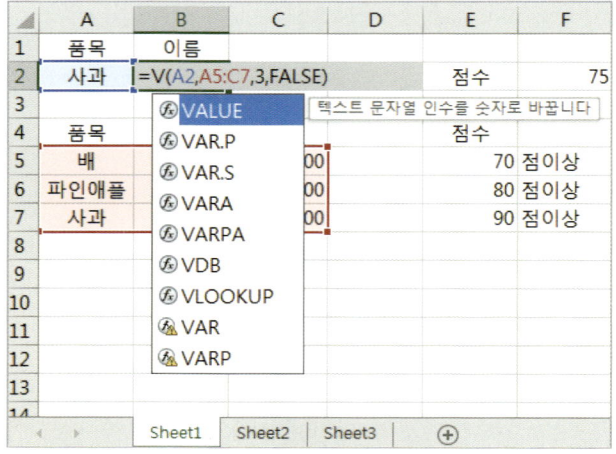

09 CHAPTER 함수 도움말 쉽게 보기

7부\함수입력.xlsx

특정 함수나 그 인수의 뜻은 기억이 잘 나지 않으므로 꼭 도움말을 이용해야 합니다. 실무에서 함수 도움말은 수시로 보는 것이 좋습니다.

UNIT 01 수식 셀에서 찾기

◆ **따라하기**

Sheet1의 B2 셀 더블 클릭 → 함수 설명줄의 《VLOOKUP》에 마우스 대면 밑줄이 생기면서 파란 글자로 바뀌고 클릭하면 함수 도움말이 뜹니다.

UNIT 02 다른 방법

- F1 을 눌러서 검색.
- 셀에 《=》하고 함수명을 입력하기 시작하면 관련 함수 목록이 뜨고 선택하면 파랗게 반전되고 이 때 F1 을 누르면 선택한 함수의 도움말이 뜹니다.
- 엑셀2016은 Alt + Q → 해당 함수명 입력

UNIT 03 긴 수식을 모두 보기

수식 내용이 길어서 한 줄에 보이지 않을 때는 《수식 입력줄》 우측 끝에 《v》(수식 입력줄 확장) 표시를 눌러서 입력줄 높이를 늘리거나 그 줄 아래 가로선을 아래로 늘려서 확장합니다.

- 수식을 여러 줄로 입력하려면 Alt + Enter 를 눌러서 입력합니다.
- 셀의 열 너비를 자동 조정할 때 열 머리글 세로선을 더블 클릭 하듯이, 엑셀2010 이하 버전에서는 긴 수식을 수식 입력줄에 다 보이도록 하기위해 수식 입력줄 아래 가로선을 더블 클릭합니다. 엑셀 2013 이상 버전은 지원하지 않으므로 수동으로 그 가로선을 끌어야 합니다.

수식 입력 시, 열 머리글을 함수 설명줄이 가리는 경우

《수식 입력줄》에 함수 작성 시, 함수 설명이 열 머리글(A, B, C...)을 가려서 참조 셀 입력에 어려움이 있습니다.

- **해결법1** : 함수 설명줄 좌 또는 우측 끝을 마우스로 끌어서 이동시킴

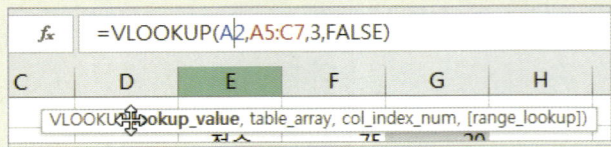

- **해결법2** : 수식 셀에서 입력

CHAPTER 10

F9로 수식 분석 (중요)

7부\함수입력.xlsx

실무에서는 남이 만든 수식을 분석해서 수정할 일이 많은데, 이때 수식을 어떻게 이해할 수 있는지 중요한 방법을 소개합니다.

UNIT 01 수식 안쪽에서 바깥쪽으로 〈F9〉로 분석

실무 수식은 보통 여러 함수 등이 조합되어 생성되는데 이때 안쪽의 단위 식을 선택하여 F9 를 눌러서 미리 그 결과를 볼 수 있습니다.

- F9 이후에 Ctrl + Z 를 누르면 누를 때마다 토글 됩니다.
- 이 단축키는 수식을 작성하고 남의 수식을 이해하는데 굉장히 중요한 단축키

◆ **따라하기**

Sheet2의 D2 셀 더블 클릭 → 함수 설명줄에 《sum_range》 클릭 → F9 누르면 {"판매수";2;3;1;4;2;3;1;5;0;0} 이렇게 나옴 → Ctrl + Z 로 되살리고 → 다시 Ctrl + Z 누르면 또 결과 내용이 나오고 Esc 나 《수식 입력줄》 좌측에 《X》 누르면 수식은 초기화 → Sheet2의 D2 셀 선택하고 F2 → 《A2》 선택하고 F9 누르면 "배"라고 나옴 → Ctrl + Z 로 원래대로 돌리고 〈화살표〉 키만 눌러서 아무 내용도 선택하지 않고 F9 누르면 전체 결과를 볼 수 있습니다.

논리 값 (TRUE / FALSE)

7부\함수입력.xlsx

엑셀에서 논리 값은 중요한 의미를 가지는데, 이것은 전원 스위치를 켜고 끄듯이(On / Off) 참과 거짓으로 판별 가능한 논리식의 결과 값을 말합니다.

UNIT 01 서로 같으면 TRUE, 다르면 FALSE를 반환.

Sheet2의 E2 셀에 수식 =C2=D2을 넣으면 FALSE 나옵니다.

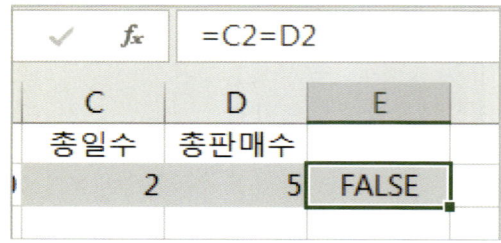

- FALSE는 0을 의미하고 TRUE는 1로 인식합니다.
  Sheet1의 B2 셀 =VLOOKUP(A2,A5:C7,3,FALSE)에서 FALSE 대신 0으로 대체 가능.

UNIT 02 논리 값끼리 사칙연산

FALSE(=0), TRUE(=1) 이렇게 인식하여 계산됩니다.

Sheet2의 F6 셀에 =E6 * $E$2을 입력하고 채우기 핸들을 아래로 끌면 결과는 모두 0이 나오는데 이것은 E2 셀 결과가 FALSE(=0)이므로 0을 곱한 0이나 1은 0이 되기 때문.

- 함수의 인수 값에서 FALSE는 0이지만 TRUE는 0이 아닌 모든 숫자를 의미합니다. 다음을 보세요.
  Sheet1의 G2 셀 =VLOOKUP(F2,E5:G7,3,TRUE)에서 TRUE 대신 0이 아닌 임의의 숫자(예: 99)로 대체 가능.

12 연결

CHAPTER 12장

수식으로 참조 셀을 연결하여 참조 셀이 바뀌면 수식 셀 값도 바뀌는 기능.

UNIT 01 다른 셀 연결

7부\연결.xlsx

대상 셀에 《=》 입력 후, 원본 셀을 선택하여 그 셀을 연결합니다.

- **단일 셀 연결** : Sheet1의 C4 셀에 A1 셀 연결 방법 네 가지

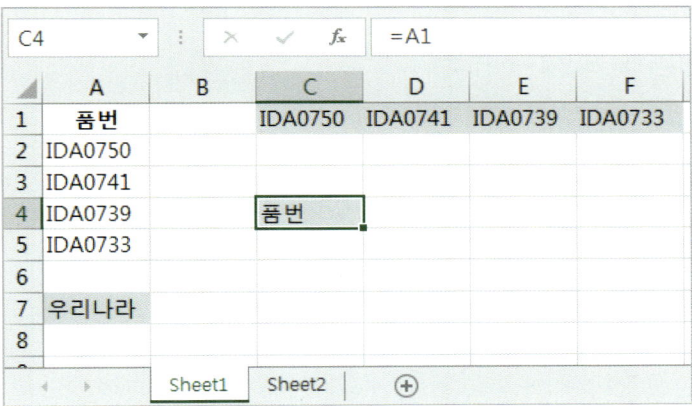

1. C4 셀에서 《=》 하고 〈화살표〉 키로 A1 셀 선택
2. C4 셀에서 《=》 하고 A1 이라고 입력
3. C4 셀에서 《=》 하고 A1 셀 클릭
4. A1 셀 Ctrl + C → C4 셀에서 Ctrl + Alt + V → 《연결하여 붙여넣기》 → Enter
   − 4번 방법으로 하면 절대주소로 들어갑니다.

- **연속 셀 범위 연결** : Sheet1에 [A2:A5]를 [C1:F1]에 연결 방법

◆ **따라하기**

[C1:F1] 선택 → 《=》 → 《tr》 → Tab → Home → ↓ → Ctrl + Shift + ↓ → 배열식으로 인식시키기 위해 Ctrl + Shift + Enter

그러면 배열식이므로 수식 양 끝에 중괄호가 붙어 {=TRANSPOSE(A2:A5)} 로 완성

- 수식으로 행/열 바꾸는 것은 이렇게 TRANSPOSE 함수를 이용하고 배열식으로 입력 완료해야 합니다. 이 배열식은 일명 《다중 셀 배열 수식》인데 수식 내용이 모든 셀에 동일하며 일부의 셀만 수정할 수 없습니다.

UNIT 02 다른 시트 참조 시 시트명 양 끝에 작은따옴표(')

대상 셀에 《=》 입력 후, 다른 시트에 셀을 선택하면 수식이 자동 생성됩니다.

- **다른 시트 연결 수식 구문** : =시트명!셀주소

    수식이 ='시트명'!셀주소 이런 식으로 시트명 앞뒤에 따옴표가 생기면 다음의 시트명이기 때문.

1. 숫자로 시작하는 시트명. 예)《1월》,《2017년》 등
2. 시트명이 숫자. 예)《201702》,《1702》 등
3. 특수 문자인 공백문자, 괄호, 하이픈(-) 등을 포함한 시트명 예)《기술 연구소》
    - 시트명에 밑줄(_)이나 점(.)은 예외.
4. 《r》이나 《c》이거나 기타 셀 주소 등의 시트명. 예)《ax2》,《rc》 등
- 참조 시트명이 바뀌면 수식도 자동 수정됩니다.

UNIT 03 다른 파일에 셀 연결

대상 셀에 《=》 입력 후, 다른 파일의 시트에 셀을 선택하면 수식이 자동 생성됩니다.

- **파일 연결 수식 구문** : =[파일명.확장자]시트명!셀주소
- 파일명에 특수 문자가 있으면 ='[파일명.확장자]시트명'!셀주소
- 시트명이 앞 단원과 같은 경우에도 ='[파일명.확장자]시트명'!셀주소
- 원본 파일을 닫으면 =파일경로[파일명.확장자]시트명!셀주소

UNIT 04 연결된 파일 열기

A : 7부\연결-단가표.xlsx

B : 7부\연결-단가표 참조.xlsx

연결된 원본 파일(A)과 대상 파일(B)을 닫고 B만 열었을 때의 여러 현상

▲ B파일만 열었을 때의 수식

▲ A파일도 열었을 때의 수식

- 링크의 자동 업데이트를 사용할 수 없다는《보안 경고》메시지 표시줄이 상단에 보이고 옆에《콘텐츠 사용》(엑셀2007은《옵션》→ 이 콘텐츠 사용》)을 누르면 A의 최신 데이터로 갱신됩니다.
- B에서 A의 최신 자료로 강제 갱신하려면《데이터》탭 →《연결》그룹에《연결 편집》에《값 업데이트》누름
- A의 위치나 파일명이 바뀌었다면 업데이트 여부를 묻는 메시지 박스가 열릴 것이고 창을 닫고《데이터》탭 →《연결》그룹에《연결 편집》→《원본 변경》을 누릅니다.
- A가 없다면 업데이트할 수 없다는 메시지 박스가 뜹니다. 이때 A가 없어도 무방하다면 메시지 박스에《연결 편집》→《연결 끊기》를 누르면 수식이 모두 사라지고 값만 남습니다.
- B를 열자마자 자동 갱신하려면 Alt + T , O 로《Excel 옵션》창을 열고《고급》→ 아래 쪽《일반》범주에《자동 연결 업데이트 확인》체크 해제

CHAPTER 13 수식 오류

7부\수식오류값.xlsx

수식 반환 결과가 오류 값인 경우.

UNIT 01 오류 값 종류

- **#DIV/0!** : 0으로 나누기 (Division error)
- 《div》 시트의 B3, B5 셀에 0이 아닌 숫자를 입력하면 해결

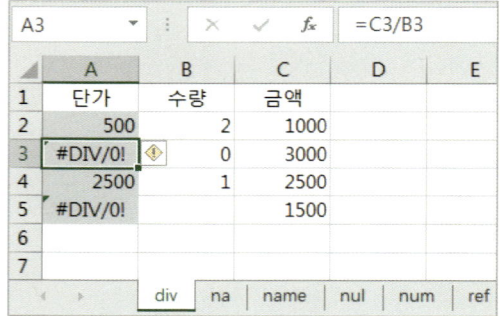

- **#N/A** : 값을 사용할 수 없음 (Non Available error)
- 보통, VLOOKUP이나 MATCH 함수에서 찾는 값이 없으면 발생
- 《na》 시트의 E2 셀에 [A2:A5] 범위 값 중 하나를 입력하면 해결

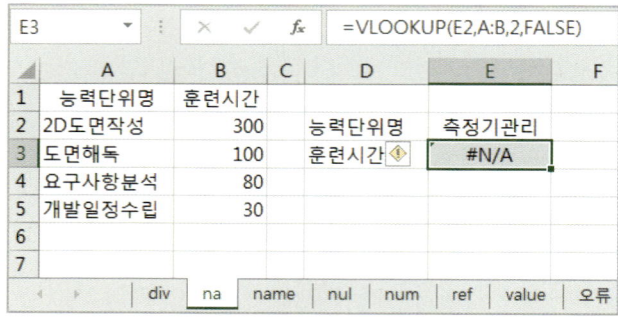

- **#NAME?** : 보통, 함수 명 입력 오류 (Name error)
- 《name》 시트의 C2 셀에 없는 함수명이므로 《CONCATENATE》로 하면 해결

- **#NULL!** : 겹치는 셀 없음 (Null error)
- 《null》 시트의 A4 셀 수식 =SUM(A1:A3 B2:B7)은 겹치는 범위의 합계를 내는 수식인데 그 범위가 없으므로 오류가 납니다. =SUM(A1:B4 B2:B7)로 하면 해결

- **#NUM!** : 수식에 잘못된 숫자 (Number error)
- 《num》 시트의 A2 셀 수식 =SQRT(A1) 은 제곱근을 구하는 함수인데, 인수가 음수라서 오류 값이 반환됩니다.
- A3 셀 수식 =9^1000 에서 9의 1000제곱의 결과는 너무 큰 수라서 오류 반환.

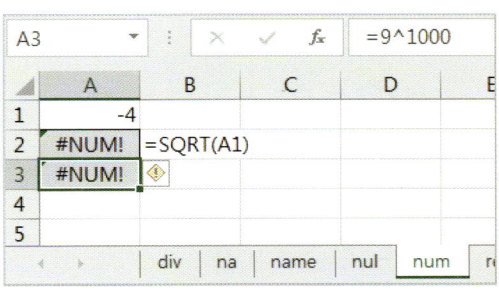

- **#REF!** : 참조되는 셀 없음 (Reference error)
- 참조하는 셀을 삭제했거나 임의의 셀을 잘라내기 후에 참조 셀에 붙여넣기
- 《ref》 시트의 B3 셀 수식 =A1 일 때 A1 셀 삭제하면 뜨는 오류
- 《ref》 시트의 C1 셀 Ctrl + X → A1 셀에 Enter 해도 뜨는 오류

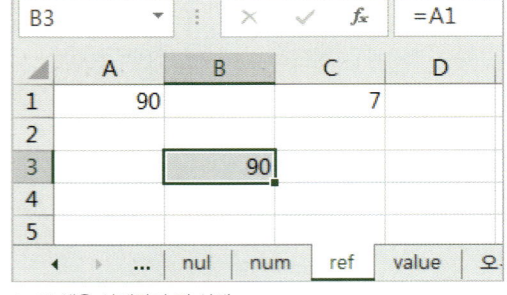

▲ A1 셀을 삭제하기 전 상태

- **#VALUE!** : 인수나 피연산자 오류 (Value error)
- 《value》 시트에 A1 셀 수식 =A2+B2 수식에서 A1 셀에 문자로 인해 뜨는 오류.
  A3 셀 수식 : =LEFT("abcd",-2)에서 LEFT 함수는 앞에서 몇 개의 문자를 가져오는 함수인데 두 번째 인수가 음수라서 #VALUE! 반환

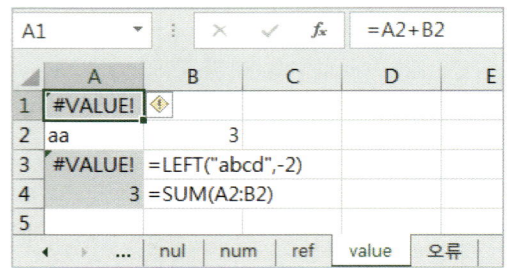

- **####** : 음수 날짜나 시간을 날짜, 시간 형식으로 표시 날짜나 시간 연산 시 음수가 나오고 일반 숫자 표시 형식이 아닌 날짜나 시간 형식으로 표시하면서 보이는 오류 값

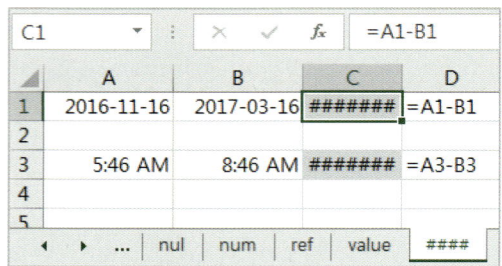

엑셀장인의 한마디

수식 오류는 매우 빈번합니다. 이것은 IFERROR나 ISERROR 등의 함수로 피할 수 있고, 엑셀2010 이상 버전에서 지원되는 AGGREGATE 함수로도 가능하며 수식의 내용을 적절하게 작성하여 피하는 등 여러 방법이 있습니다. 다음 단원을 보세요.

UNIT 02 합계 수식의 오류

참고 시트 : 《오류》 시트

- 오류 값을 무시한 수식 작성

    D6 셀 수식은 오류 값이 나오지만 **D7 셀 수식** : =AGGREGATE(9,6,D1:D5) 은 정상 작동. 이것은 엑셀2010 이상에서 작동 가능한 AGGREGATE 함수 때문.

- 이 함수는 인수 9, 6 근처에 커서를 두고 Alt + ↓ 로 이해 가능
- 엑셀2007에서도 가능하게 하려면 D8 셀 수식 =SUMIF(D1:D5,"<>#VALUE!") 사용
- 연산자 《<>》은 《=》의 반대입니다.

- 오류 값 종류가 두 개일 때의 수식

    E8 셀 수식 : =SUM(SUMIFS(E1:E5,E1:E5,"<>#VALUE!",E1:E5,"<>#DIV/0!"))

    수식 설명 : E열에 값이 #VALUE!도 아니고 #DIV/0!도 아닌 값들의 합계

	A	B	C	D	E
1			0	100	0	#DIV/0!
2			4	500	2000	125
3			7	a	#VALUE!	#VALUE!
4			1	300	300	300
5			4	400	1600	100
6		합계			#VALUE!	
7		오류무시한 합계			3900	
8		엑셀2007 오류무시			3900	525
9						

14 CHAPTER 참조 유형

수식 셀의 《채우기 핸들》을 끌어 수식을 복사할 때 꼭 알아야 할 내용.

UNIT 01 네 가지 참조 유형

수식 참조 유형은 상대, 절대, 혼합1(절대 행과 상대 열), 혼합2(절대 열과 상대 행) 이렇게 네 가지로 나뉨.

1. **상대주소** : B3, 3행 B열
2. **절대주소** : $B$3, 3행 B열을 모두 고정
3. **혼합주소1** : B$3, 3행만 고정
4. **혼합주소2** : $B3, B열만 고정

UNIT 02 참조 유형 변경 단축키 F4

수식 중 셀 주소를 선택하거나 근처에 커서를 두고 F4를 누를 때마다 상대, 절대, 혼합1, 혼합2 주소로 바뀜

UNIT 03 할인표로 참조 유형 이해

7부\수식참조유형.xlsx

Sheet1의 회색 범위에 2행과 B열의 각 값을 참조하여 수식으로 넣으려고 합니다. C3 셀에 수식 =B3*C2을 넣고 아래로 우측으로 각각 채우기 핸들을 끌면 나머지 셀에는 원하는 수식이 들어가지 않습니다. 다음과 같이 해야 하죠.

◆ 따라하기

C3 셀 선택 → 《=》 → ← → F4 세 번으로 《$B3》 → 《*》 → ↑ → F4 두 번으로 《C$2》로 하고 Enter 하면 완성 수식은 =$B3*C$2 → C3 셀의 채우기 핸들을 아래로, 우측으로 각각 끌어서 모두 채웁니다.

	A	B	C	D	E
1					
2		할인율	15%	20%	30%
3		25,000	3,750	5,000	7,500
4		28,500	4,275	5,700	8,550
5		32,000	4,800	6,400	9,600
6		35,000	5,250	7,000	10,500
7		38,000	5,700	7,600	11,400
8					

C3 : =$B3*C$2

- 이렇게 참조 유형은 한 수식을 다른 셀에 복사할 때 의미가 있습니다.
- **수식 채우는 다른 방법** : C3 셀에 수식을 넣고 C3 셀부터 E7셀까지 선택하고 F2로 C3 셀에서 커서가 깜박이게 하고 Ctrl + Enter 하면 수식만 복사됩니다.

CHAPTER 15 참조 스타일

수식 셀의 주소를 표현하는 방식으로 A1 스타일과 R1C1 스타일로 나뉨

UNIT 01 A1 스타일 : 열 머리글에 영문자와 행 머리글에 숫자를 사용

- 일반 셀 주소 방식으로서 B1 셀에 《=》 입력 후, B2 셀을 선택하면 =B2로 보입니다.
- 예) B7, K2, AB5

UNIT 02 R1C1 스타일 : 열과 행 모두 숫자를 사용

- Alt + T , O 로 《Excel 옵션》창을 열고 《고급》 → 수식 → 《수식 작업》 범주에 《R1C1 참조 스타일》 체크하고 《확인》 누르면 열 머리글이 숫자로 바뀌고 1행 2열 셀에 《=》 입력 후, 아래 셀을 선택하면 =R[1]C로 보입니다.
- 이 설정은 수식 작성에 어려움이 있으므로 보통 A1 스타일로 작업합니다.

UNIT 03 참조 스타일을 사용하는 함수

《Excel 옵션》을 R1C1 스타일로 하지 않아도 INDIRECT, ADDRESS 함수 등에서 이 참조 스타일을 사용할 수 있습니다.

CHAPTER 16 참조되는 셀의 수정 문제

7부\함수입력.xlsx

수식 셀이 참조되는 셀을 잘라내기 하거나 삭제로 인한 문제가 있습니다.

UNIT 01 잘라내기 오류

◆ **따라하기**

Sheet2 시트의 [A6:B6] 선택 → Ctrl + X 로 잘라내기 → 대상인 A9 셀 선택 → Ctrl + V 로 붙여 넣기하면 대상 셀 우측의 수식이 깨짐을 볼 수 있습니다.

6					FALSE	0
7	X	O		Good	TRUE	0
8	O	X		Bad	FALSE	0
9	X	X		#REF!	#REF!	#REF!
10						

- **이유** : 대상 셀을 참조하는 수식 셀에서 그 대상 셀을 다른 셀이 덮어버려서 참조가 끊기는 현상
- **해결법** : 잘라내기 대신 복사를 해야 합니다.

UNIT 02 삭제 오류

수식에서 참조되는 셀을 삭제하면 오류 값을 내게 됩니다.
- **해결법** : 참조 셀을 삭제가 아닌 셀 내용을 지웁니다. 즉 셀은 그대로 남겨야 합니다.

> **엑셀장인의 한마디**
>
> 수식 셀에서 참조 셀의 참조 유형(상대, 절대, 혼합 등)을 유지하면서 수식 셀의 위치를 바꾸려면 수식 셀을 Ctrl + X 로 잘라내기 하거나 셀 삽입 방법을 쓰세요.

CHAPTER 17 참조 셀 고정 & 값만 남기기

UNIT 01 수식에서 참조하는 셀 고정

예컨대 A1 셀에 수식은 =A2 이때 2행 위로 셀을 삽입하면 수식은 =A3으로 자동 전환 됩니다. 수식을 절대주소(=$A$2)로 해도 마찬가지로 A3 셀을 참조하게 됩니다.

방법은 INDIRECT 함수를 쓰는 겁니다. 즉, 수식을 =INDIRECT("A2")로 하면 이때 A2는 그야말로 고정 셀 주소로 인식하여 변하지 않습니다.

UNIT 02 수식 셀을 값 셀로 변환

수식이 들어간 셀에 결과 값만 남기려면 보통 《선택하여 붙여넣기》 방식을 사용합니다.

– **방법1** : 수식 셀 또는 범위를 선택하고 [Ctrl]+[C] → [Ctrl]+[Alt]+[V] → 《값》 → [Enter]
– **방법2** : 한 수식 셀만 하려면 셀을 선택 → [F2] → [F9] → [Enter]

CHAPTER 18 비교 연산자

7부\수식연산자.xlsx

수식의 반환 자료 형은 논리 값 (TRUE / FALSE) 입니다

UNIT 01 셀 간에 값 일치 (같음)

《비교》시트에 C1 셀 수식 : =A1=B1

- 영어 대/소문자는 구별하지 않으며, D1 셀처럼 EXACT 함수로는 가능
- 빈 셀과 0 셀은 같은 것으로 인식.

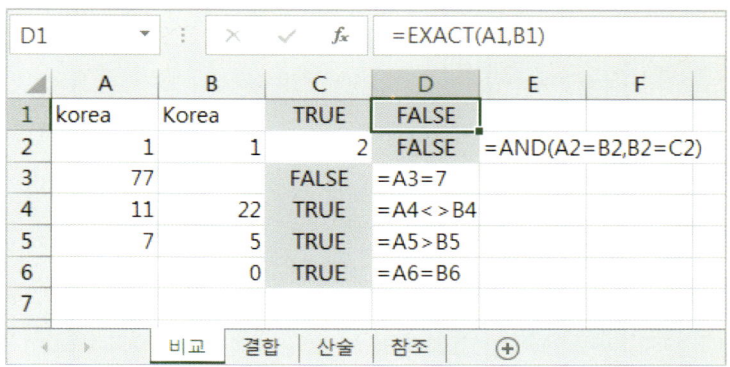

UNIT 02 셀 간에 값 불일치 (다름)

《=》의 반대는《〈〉》

《비교》시트에 C4 셀 수식 : =A4〈〉B4

UNIT 03 세 개의 셀 값 일치

《비교》시트에 D2 셀 수식 : =AND(A2=B2,B2=C2)

- 네 개를 비교하려면 예컨대 =AND(A2=B2,B2=C2,C2=F2) 이런 식으로 AND 함수를 사용합니다.

UNIT 04 셀 값과 상수(고정 값) 일치

《비교》 시트에 C3 셀 수식 : =A3=7
- A3 셀 값이 상수 7과 같은지 판단
- 상수가 문자면 양 끝에 큰따옴표(")를 넣습니다. 예) =A3="우리"

UNIT 05 셀 간에 값 대소

《비교》 시트에 C5 셀 수식 : =A5〉B5
- 이상(크거나 같음)은 《〉=》 이렇게 적음

CHAPTER 19
결합 연산자 (합치기 &)

이 연산자는 앰퍼샌드(&)

UNIT 01 두 셀의 결합

- 문자 두 셀의 값을 한 셀에 결합

  《결합》 시트에 C1 셀 수식 : =A1&B1

	A	B	C	D	E	F	G
1	우리	나라	우리나라				
2		20% 증가	0.2증가	20%증가	=TEXT(A2,"0%")&B2		
3	거래일	2016-10-18	거래일42661	거래일 2016-10-18	=A3&TEXT(B3," yyyy-mm-dd")		
4							
5	엑셀	엑셀장인	=A5&"장인"				
6	엑셀	엑셀2016	=A6&2016				
7							

- 백분율 셀과 문자 셀 결합

《결합》 시트에 C2 셀 수식 : =A2&B2

— 수식은 실제 값을 기준으로 처리하므로 백분율 형식은 사라집니다.

《결합》 시트에 D2 셀 수식 : =TEXT(A2,"0%")&B2

— TEXT 함수로 표시 형식까지 적용하여 결합해야 합니다.

- 문자 셀과 날짜 셀 결합

《결합》 시트에 C3 셀 수식 : =A3&B3

— 수식은 실제 값을 기준으로 처리하므로 날짜 형식은 사라집니다.

《결합》 시트에 D3 셀 수식 : =A3&TEXT(B3," yyyy-mm-dd")

— TEXT 함수로 표시 형식에 공백문자까지 적용하여 결합해야 합니다.

UNIT 02 한 셀과 상수의 결합

- 셀과 상수 즉, 고정 글자를 결합

《결합》 시트에 B5 셀 수식 : =A5&"장인"

- 이렇게 상수(고정 값)는 양 끝에 큰따옴표(")를 넣습니다.
- **숫자는 큰따옴표를 굳이 안 넣어도 됩니다. B6 셀 수식** : =A6&2016
- 띄어쓰기하려면 =A1&" 장인"

엑셀장인의 한마디

수식에서 셀과 상수의 개념을 이해하세요. 셀은 공간이고 상수는 값이죠. 셀에 무슨 값이 들어가든 수식에 반영하려면 셀 주소를 큰따옴표(")로 감싸면 안 되고, 상수는 고정 글자이므로 큰따옴표(")로 감싸야 수식에서 인식합니다. 숫자는 굳이 큰따옴표(")로 감싸지 않아도 되지만 감싸도 되고요. 셀을 이름 정의한 이름도 셀과 같은 개념이므로 수식에서 사용할 때에 큰따옴표(")로 감싸지 않습니다

20장 산술 연산자

UNIT 01 더하기 (+), 빼기 (−)

- D2 셀 수식 : =A2+B2+C2
- E2 셀 수식 : =SUM(A2:C2)
- D3 셀 수식 : =A2−B2−C2
- E3 셀 수식 : =SUMPRODUCT(A2:C2,A3:C3)
- SUM은 더하기 함수
- 빼기 함수는 없지만 보조 셀을 이용하고 SUMPRODUCT 함수를 사용하면 빼기 효과를 낼 수 있습니다.

	A	B	C	D	E	F
1				연산자	함수	
2	15	2	3	20	20	=SUM(A2:C2)
3	1	-1	-1	10	10	=SUMPRODUCT(A2:C2,A3:C3)
4	2	2	5	20	20	=PRODUCT(A4:C4)
5	12	5		2.4	=A5/B5	
6	2	4		16	16	=POWER(A6,B6)
7	10	70%		7	7	=A7*70%

UNIT 02 곱하기 (*)

- D4 셀 수식 : =A4*B4*C4
- E4 셀 수식 : =PRODUCT(A4:C4)
- PRODUCT는 곱하기 함수

UNIT 03 나누기 (/)

- D5 셀 수식 : =A5/B5
– A5 셀 값을 B5 셀 값으로 나누기
– 나누기 함수는 없습니다.

UNIT 04 거듭제곱 (^)

이것은 수의 n제곱을 뜻합니다.
- D6 셀 수식 : =A6^B6
- E6 셀 수식 : =POWER(A6,B6)
– POWER는 거듭제곱 함수

UNIT 05 백분율 (%) 또는 퍼센트

- D7 셀 수식 : =A7 * B7
- E7 셀 수식 : =A7 * 70%
– 뜻 : A7 셀 값을 30% 할인한 값
– 같은 의미의 다른 수식 : =A7 * 0.7

CHAPTER 21 참조 연산자

참조란 셀을 의미하는데, 이 연산자로 셀이나 셀 범위를 받습니다.

UNIT 01 연속 셀 범위

쌍점(:) 사용

D1 셀 수식 : =SUM(A1:C1)

- 뜻 : A1 + B1 + C1

UNIT 02 불연속

쉼표(,) 사용

D4 셀 수식 : =SUM(A3,C3,-D3)

- 뜻 : A3+C3-D3

UNIT 03 교차 (겹치는 범위)

공백문자(" ") 사용.

D6 셀 수식 : =SUM(A:B 1:1)

- 뜻 : [A:B]열 전체와 1행 전체가 교차하는 셀의 합계

22 CHAPTER 연산자 우선순위

수식에 여러 종류의 연산자가 있을 때 연산자 별로 계산 순서가 다릅니다.

UNIT 01 연산자 종류별 계산 순서

계산 순번은 다음과 같습니다. 즉, 1번부터 8번순으로 연산이 이뤄집니다.

1. 참조 연산자(쌍점이나 쉼표, 공백문자 등)
2. 음수(−)
3. 백분율(%)
4. 거듭제곱(^)
5. 곱하기(*), 나누기(/)
6. 더하기(+), 빼기(−)
7. 결합 연산자(&)
8. 비교 연산자(=, 〈, 〉, 〈 〉 등)

− 같은 종류의 연산자끼리 있으면 왼쪽에 위치한 것이 먼저 계산 됩니다.

UNIT 02 연산자 우선순위 무시

소괄호《()》를 사용하면 이 순서를 무시할 수 있습니다.

예제 : =4*2−(7+3)을 하면 괄호 안에 것부터 계산합니다.

예제 : =4*(2−(7+3))을 하면 안쪽 괄호부터 계산합니다.

− 중괄호{} 나 대괄호[]로 계산 순서를 정할 수 없습니다.

− 중괄호는 배열 상수에서만 사용할 수 있고 대괄호는 수식에서 사용할 수 없습니다.

CHAPTER 23 수식 결과 값이 예상했던 값과 다른 이유

7부\실제값vs표시형식.xlsx

수식에서 참조되는 셀은 실제 값을 참조하며 반환 값도 실제 값입니다. 즉 참조 시 표시 형식은 무시하며 수식 셀에 특별히 표시 형식을 지정하지 않는 한 실제 값을 반환합니다.

UNIT 01 문자와 날짜의 결합

Sheet1의 B2 셀 수식 : ="날짜: "&A2

결과는 4만대의 일반 숫자로 나오며 이것은 날짜의 실제 값은 정수이기 때문.

	A	B	C	D	E
2	2017-11-25	날짜: 43064		날짜: 2017-11-25	="날짜: "&TEXT(A2,"yyyy-mm-dd")
3	2016-10-30	4267	42673	2016	=YEAR(A3)
4	기간	42673~43064		10.30 ~ 11.25	=TEXT(A3,"mm.dd")&" ~ "&TEXT(A2,"mm.dd")
5	3:50	22	0.159722	50	=MINUTE(A5)
6			2:25	3:25	0.243055556 =SUM(A6:C6)

Sheet1의 D2 셀 수식 : ="날짜: "&TEXT(A2,"yyyy-mm-dd")

이렇게 TEXT 함수를 이용해서 표시 형식을 설정하면 제대로 나옵니다. 이 수식 결과 값의 자료형은 문자.

– D2 셀 수식을 =B2로 하고 표시 형식을 정해도 됩니다. 즉 D2 셀에서 Ctrl + 1 → 표시 형식에 《사용자 지정》 → 《형식》란에 《날짜: yyyy-mm-dd》을 입력해도 됩니다. 하지만 이것은 보이는 것만 그런 것이고 실제 값은 숫자.

UNIT 02 날짜에서 《연》 추출

Sheet1의 B3 셀 수식 : =LEFT(A3,4)

이 수식은 왼쪽에서 4개 글자를 가져오는 것이지만 실제 값은 4만대의 일반 숫자이므로 D2 셀 수식 =YEAR(A3)을 써야 합니다.
- C3 셀 수식 : =A3

UNIT 03 기간 표시

Sheet1의 B4 셀 수식 : =A3&"~"&A2
이 수식도 결과가 원하는 대로 나오지 않으므로 다음의 수식을 활용합니다.
D4 셀 수식 : =TEXT(A3,"mm.dd")&" ~ "&TEXT(A2,"mm.dd")

UNIT 04 시간에서 《분》 추출

시간의 실제값은 실수이므로 소수점 이하 값이 나옵니다.
Sheet1의 B5 셀 수식 : =RIGHT(A5,2)
Sheet1의 C5 셀 수식 : =A5
Sheet1의 D5 셀 수식 : =MINUTE(A5)

UNIT 05 시간 합하기

Sheet1의 D6 셀 수식 : =SUM(A6:C6)
이것도 원하는 결과를 얻으려면 다음 두 가지 방법을 사용할 수 있습니다.
1. **표시 형식법** : 표시 형식에 《사용자 지정》→《형식》란에 《[h]:mm》, 결과 셀의 자료형은 숫자.
2. **수식 법** : =TEXT(SUM(A6:C6),"[h]:mm"), 수식 셀의 자료형은 문자.

외부 프로그램에서 엑셀로 다운로드한 데이터 문제

7부\외부엑셀데이터.xlsx

사내 시스템이나 웹 프로그램에서 엑셀로 다운로드한 데이터를 사용할 때 주의할 점은 그 데이터에 눈에는 보이지 않는 찌끼가 있을 수 있다는 것입니다.

UNIT 01 한 셀에 날짜와 시간이 같이 있을 때

Sheet1의 E2 셀 수식은 해당 날짜의 B열 합계를 구하고 있습니다.

E2 셀 수식 : =SUMIFS(B:B,A:A,">="&D2,A:A,"<"&D2+1) E2 셀의 채우기 핸들을 E5 셀까지 드래그

E2 셀 수식 의미 : A열이 10월 2일부터 10월 3일 전까지 즉, 10월 2일의 B열 합

	A	B	C	D	E	F
1	지정시간	사용시간(초)		날짜	공부시간	
2	2016-10-05 19:45:50	3633		2016-10-02	0	
3	2016-10-05 16:03:13	7700		2016-10-03	0	
4	2016-10-05 15:36:41	1490		2016-10-04	0	
5	2016-10-04 20:07:21	0		2016-10-05	0	
6	2016-10-04 15:13:27	6834				
7	2016-10-04 12:48:08	8122				
8	2016-10-02 23:52:16	0				
9	2016-10-02 19:43:49	4104				
10	2016-10-02 17:29:19	1198				
11	2016-10-02 12:28:04	17957				

▲ 수식 결과가 모두 0으로 나오고 있습니다. 이 수식은 문제가 없지만 이런 경우는 데이터에 문제가 있는 것입니다.

- **문제점** : E열 수식은 맞지만, A열 데이터가 외부 프로그램에서 엑셀로 다운로드한 자료를 복사해서 가져온 것이므로 데이터에 문제가 있습니다.
- **해법** : A열 셀마다 F2 → Enter 로 각 셀 값을 갱신합니다.

- **일괄적인 방법** : A열 선택 → 《데이터》 탭 → 《데이터 도구》 그룹에 《텍스트 나누기》 → 《마침》

> **엑셀장인의 한마디**
>
> 실전 엑셀에서 데이터 문제는 매우 빈번하며 따라서 중요합니다. 외부 프로그램의 엑셀 데이터는 먼저 정리하고 나서 엑셀 기능을 쓸 것을 꼭 인식하세요.
> 데이터 갱신을 했는데도 이상하다면 셀 값의 앞이나 끝에 공백문자가 있는지도 체크하세요. 보통 끝에 있는 경우가 많고, 셀 선택하고 F2 하면 커서가 끝에서 깜박이는데 이때 공백 여부를 알 수 있습니다.

CHAPTER 25 휘발성 (가변성) 함수

문서를 수정한 것도 없는데 닫을 때 변경내용을 저장할 것인지 묻는 메시지 창이 뜬다면 셀에 휘발성 함수가 있는지 확인해 보세요.

UNIT 01 휘발성 함수

OFFSET
INDIRECT
TODAY
NOW
RAND
RANDBETWEEN
CELL
INFO

- **의미** : 엑셀 파일이 열리면 이들 함수가 들어간 셀은 바로 계산이 되어서 값이 바뀐 것으로 인식하고 바로 파일을 닫을 때 저장여부 메시지 창이 뜨는 것입니다.

  예컨대, TODAY 함수는 오늘 날짜를 반환하므로 내일 파일을 열면 내일 날짜로 바꿔서 저장 메시지 창이 뜨는 것은 이해하지만 오늘 여러 번 열어도 계속 오늘 날짜를 셀에 반환하기 때문에 셀 값이 바뀐 것으로 인식하여 닫을 때 저장 메시지 창이 뜨는 것입니다. 그러므로 실제로 입력하여 바꾼 것이 없다면 저장 안하고 닫으면 됩니다.

UNIT 02 그 외 수식에도 저장 메시지 창 뜨는 경우

7부\휘발성.xlsx

- 수식에 다른 파일을 참조하는 내용이 있는 경우
- 《데이터 유효성 검사》를 수식으로 처리하고 그 수식에 휘발성 함수가 있으며, 그 셀을 선택하는 경우

Sheet1의 B3 셀 선택 → 《데이터》 탭 → 《데이터 도구》 그룹에 《데이터 유효성 검사》의 《원본》란에 =INDIRECT("dat!D2:D5") 수식이 있고 Sheet1의 B3 셀을 한 번이라도 선택하면 파일을 닫을 때 저장할건지 묻는 메시지 창이 뜹니다.

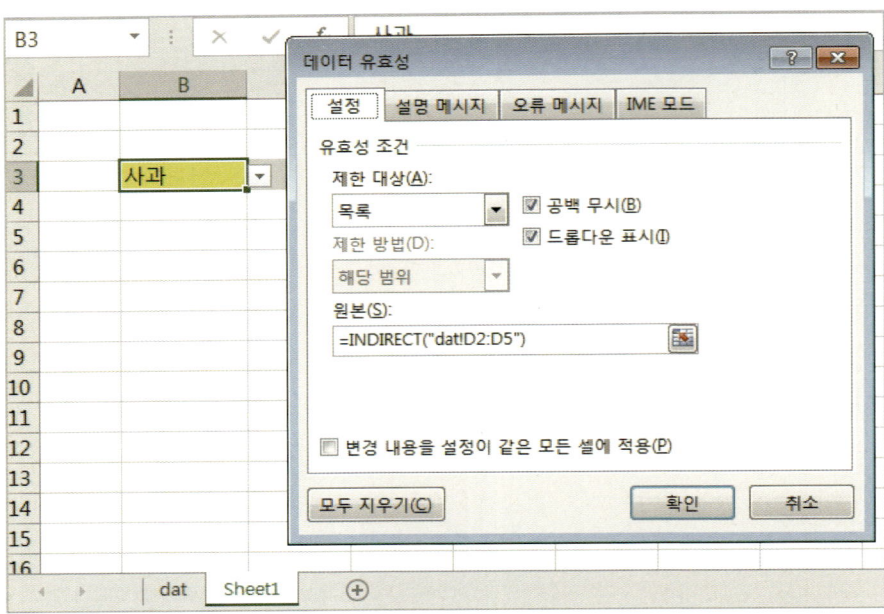

- 이름 정의를 휘발성 함수를 포함한 수식으로 설정하고 그 이름을 수식에서 사용하는 경우
《수식》 탭 → 《정의된 이름》 그룹에 《이름 관리자》로 가면 《테이블》 이름의 참조 수식에 OFFSET 함수가 있고 C3 셀 수식은 =INDEX(테이블,3,2) 이면 셀 선택을 하지 않아도 파일 닫을 때 저장 메시지 창이 뜹니다.

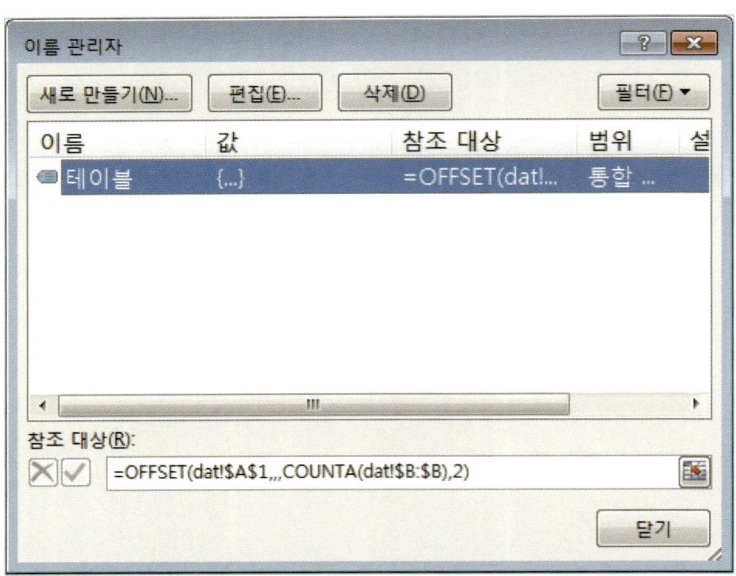

26 CHAPTER

부동 소수점 (浮動小數點, Floating point) 오류

이것은 수식 연산에서 중요한 부분인데, 한마디로 소수점 사칙 연산 시 정확한 값이 나오지 않는다는 것입니다. 따라서 이것은 소수점을 포함하는 숫자나 시간 계산에서 나타날 수 있습니다.

7부\부동소수점.xlsx

UNIT 01 일반 소수 연산

- Sheet1에 A3 셀 수식은 단순한 =A1-A2 지만 결과는 잘못 나오고 있습니다. 0.002가 정답인데 0.0019999..로 나오는데 이것이 엑셀에 부동 소수점 연산 오류가 된다.

  이것을 피하려면 A4 셀 수식 =ROUND(A1-A2,5) 같이 계산 후에 적당히 소수점 5째 자리로 반올림할 필요가 있습니다.

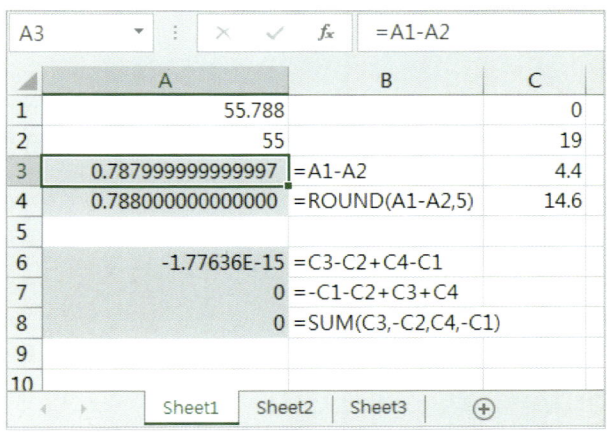

— 연산 순서의 버그도 있는데 Sheet1에 A6 셀 수식 연산 순서와 A7 셀의 그것은 다른데 A6 셀에서 버그가 나고 있습니다. A8 셀 수식은 A6 셀 연산 순서를 유지하되 SUM 함수를 썼는데 결과는 정상적으로 나옵니다.

- Sheet2에서도 A열에 수식을 보면 A3 셀의 =A2+0.01 수식을 아래로 수식 복사한건데 이렇게 하면 어느 순간에 잘못된 결과가 나옵니다. Sheet2에 A82 셀에서 F2 → F9 하면 0.820000000000001 이렇게 오류를 확인할 수 있습니다.

해법은 D열같이 기준 셀을 0.01씩 더 더하도록 수식을 작성하면 됩니다. 즉, D3 셀 수식을 =$D$2+(ROW()−2)*0.01 로 하고 채우기 핸들을 아래로 끌면 됩니다.

UNIT 02　시간 연산

- Sheet3은 1분씩 더하는 내용인데, A3 셀도 Sheet2의 A3 셀과 같은 방식이며 이건 매우 부정확하여 오류가 납니다. C열 데이터가 정확한 시각이고, D열이나 F열같이 수식을 사용하여도 오류가 납니다.

    B1, C1 셀 수식이 1분을 뜻하는 수식인데 E88, G88 셀에서 오류가 납니다. 각 셀에서 F2 → F9로 확인하면 각각 0.518055555555556, 0.518055555555555 이렇게 다르게 나옵니다.

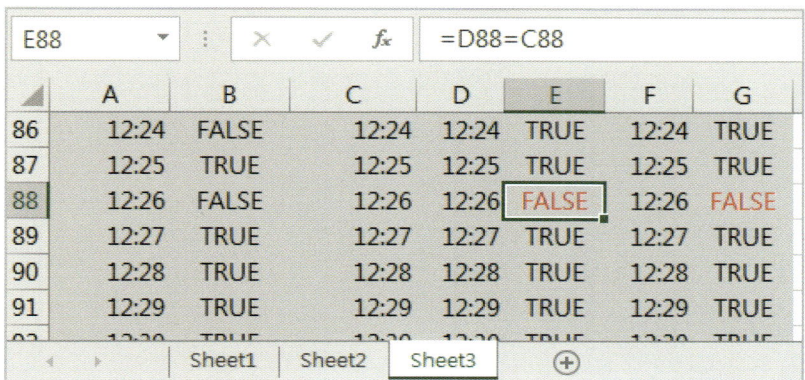

- **결론** : 이렇게 시간 연산을 정밀하게 할 수는 없지만 업무적으로 소수점 15째 자리에서 달라지므로 크게 의미를 둘 필요는 없습니다. 즉, 비교 대상 시간 들을 Sheet1과 같이 ROUND 함수로 5째 자리로 반올림하면 됩니다.

부동 소수점 오류는 엑셀의 중요한 버그이며, 어떠한 프로그램도 완벽할 수 없으므로 버그는 피해가라는 말을 따라 사용자가 아이디어를 내서 해결해야 합니다.
원래 대부분의 프로그램은 부동 소수점 계산 시 미세한 오류를 발생합니다. 혹자는 수 처리를 이진수로 하다보니 발생하는 문제로 짐작합니다.

CHAPTER 27 숫자의 문자화 또 그 반대

엑셀에서 자료형(데이터 형식)은 중요한데 같은 글자로 보이지만 이 형식의 차이로 인해 원하는 결과가 나오지 않는 경우가 있습니다.

7부\숫자형↔문자형.xlsx

UNIT 01 숫자의 문자화

숫자형 자료를 문자화하려고 합니다.

- 《문자화》 시트의 B2 셀 수식 : =A2&""

	A	B	C	D
1	숫자	문자	문자여부	같음
2	465030	465030	TRUE	FALSE
3	2017-07-06	2017-07-06	TRUE	FALSE

  − 또 다른 수식 : =TEXT(A2,"@") 또는 =TRIM(A2)
  − C2 셀 수식 =ISTEXT(B2)로 문자인지 판별
  − D2 셀 수식 =A2=B2로 두 셀이 같은 값인지 판별
- 《문자화》 시트의 B3 셀 수식 : =TEXT(A3,"yyyy-mm-dd")

이렇게 날짜는 표시 형식 변환 함수인 TEXT를 써서 문자화해야 합니다.

  − TEXT 함수의 반환 자료형은 언제나 문자.
  − 시간도 문자화하려면 이 함수를 써야 합니다.

UNIT 02 문자의 숫자화

문자형 자료를 숫자화하려고 합니다.

- 《숫자화》 시트의 B2 셀 수식 : =VALUE(A2)

- 같은 결과 다른 수식 5개
    =--A2
    =A2-0
    =A2+0
    =A2*1
    =A2/1
- C2 셀 수식 =ISNUMBER(B2)로 숫자인지 판별
- D2 셀 수식 =A2=B2로 두 셀이 같은 값인지 판별

- 문자형 날짜
- 《숫자화》 시트의 B3 셀 수식 : =VALUE(A3)
    문자형 날짜는 VALUE 함수로 변환하면 일반 숫자로 바뀌므로 셀 서식의 표시 형식을 써야 합니다. 《숫자화》 시트의 E3 셀 수식은 =B3 이고 표시 형식은《yyyy-mm-dd》
- TEXT 함수를 쓰면 반환 자료형은 문자가 나오므로 안 됩니다.
- 시간의 숫자화도 표시 형식을 바꿔야 합니다.

28장 인수에 쉼표(,)만 있다면

남이 만든 수식 중에 간혹 인수 값은 없고 쉼표(,)만 있는 경우가 있는데, 이것은 주로 0을 생략하기 위한 경우가 많습니다. 하지만 정확히는 함수마다 인수의 쓰임새가 다르므로 꼭 0으로 볼 수는 없습니다.

7부\쉼표만.xlsx

UNIT 01 VLOOKUP 함수에 쉼표

UNIT 1. VLOOKUP 함수에 쉼표

Sheet1의 A1 셀 수식 : =VLOOKUP("a",C:D,2,)

	A	B	C	D	E	F	G	H
1	50	=VLOOKUP("a",C:D,2,)	d	13	1	13	13	=IFERROR(F1,)
2	2	=MATCH("g",C:C,)	g	10	0	#DIV/0!	0	=IFERROR(F2,)
3	0:00:10	=TIME(,,D2)	a	50	2	25	25	=IFERROR(F3,)
4	76	=SUMPRODUCT(OFFSET(C:C,,1,,2))						
5	FALSE	=INDEX(ISNUMBER(C1:E3),)						

- **수식 의미** : 《a》를 [C:D]의 첫 열에서 찾아 두 번째 열인 D열 값 가져오기
- 이 함수의 4인수 앞에 쉼표만 있으면 FALSE 또는 0으로 인식합니다.
 - 1인수도 없으면 즉, =VLOOKUP(,C:D,2,) 이것은 0을 찾는 것을 의미

UNIT 02 MATCH 함수에 쉼표

Sheet1의 A2 셀 수식 : =MATCH("g",C:C,)

- **수식 의미** : 《g》가 C열에 몇 번째 있는지 순번 반환
- 이 함수의 3인수 앞에 쉼표만 있으면 0으로 인식합니다.

UNIT 03　TIME 함수에 쉼표

Sheet1의 A3 셀 수식 : =TIME(,,D2)
- **수식 의미** : 시각 0시 0분 D2셀값 초 반환
- 이 함수의 1, 2인수 앞에 쉼표만 있으면 0으로 인식합니다.

UNIT 04　OFFSET 함수에 쉼표

Sheet1의 A4 셀 수식 : =SUMPRODUCT(OFFSET(C:C,,1,,2))
- **수식 의미** : C열에서 우측으로 한 열 이동하고 열을 두 개 확장한 범위 합계
- 이 함수의 2인수 앞에 쉼표는 0으로 인식하며, 4인수가 생략되면 1인수의 행을 그대로 유지함을 뜻합니다.
– OFFSET 함수의 3인수가 생략되면 0으로 인식하고 5인수가 생략되며 1인수 열을 그대로 유지함을 뜻합니다.

UNIT 05　IFERROR 함수에 쉼표

Sheet1의 G2 셀 수식 : =IFERROR(F2,)
- **수식 의미** : F2 셀 값이 오류면 0을 반환

29장

색깔 참조 함수는 없음

7부\excel4.0함수.xlsm

범위에 노란 셀들의 개수를 세거나 합계를 내는 등의 일반 엑셀 함수는 제공하지 않습니다. 이것은 《Excel 4.0 함수》를 사용하거나 매크로VBA로 코딩해야 합니다. 매크로를 포함하므로 저장 시 파일 형식은 《Excel 매크로 사용 통합 문서》가 적당하고요.

UNIT 01 셀 색을 참조한 합계와 개수

◆ 따라하기

《셀색》 시트의 B1 셀 선택 → Ctrl + F3 으로 《이름 관리자》 창 열기 → 《새로 만들기》 → 《이름》 란에 《바탕색》 → 《참조 대상》 란에 《=get.cell(63,》 까지 입력하고 A1 셀 클릭하면 《색!$A$1》으로 되고 F4 키를 세 번 눌러 《셀색!A1》으로 바꾸고 마저 《)+now()-now()》 입력하고 Enter 치면 =GET.CELL(63,셀색!A1)+NOW()-NOW() 완성

이렇게 하고 B1 셀 수식은 =바탕색 이어서, B1 셀의 채우기 핸들을 아래로 끌면 《Excel 4.0 함수》 중 하나인 GET.CELL에 셀 채우기 색 63이 작동하여 셀 색깔 번호를 반환하여 노랑은 6, 무색은 0이 됩니다.

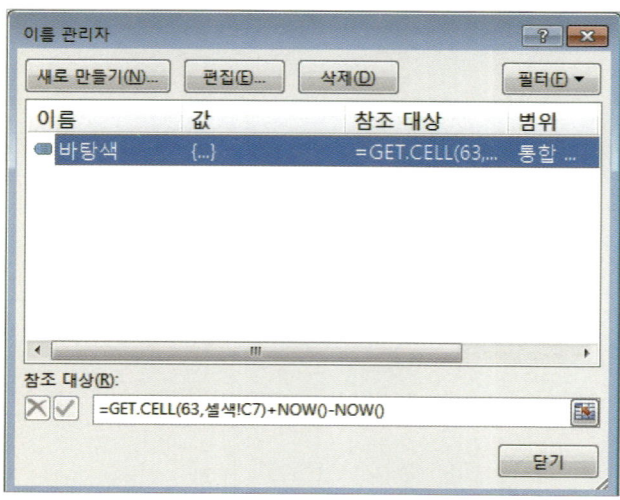

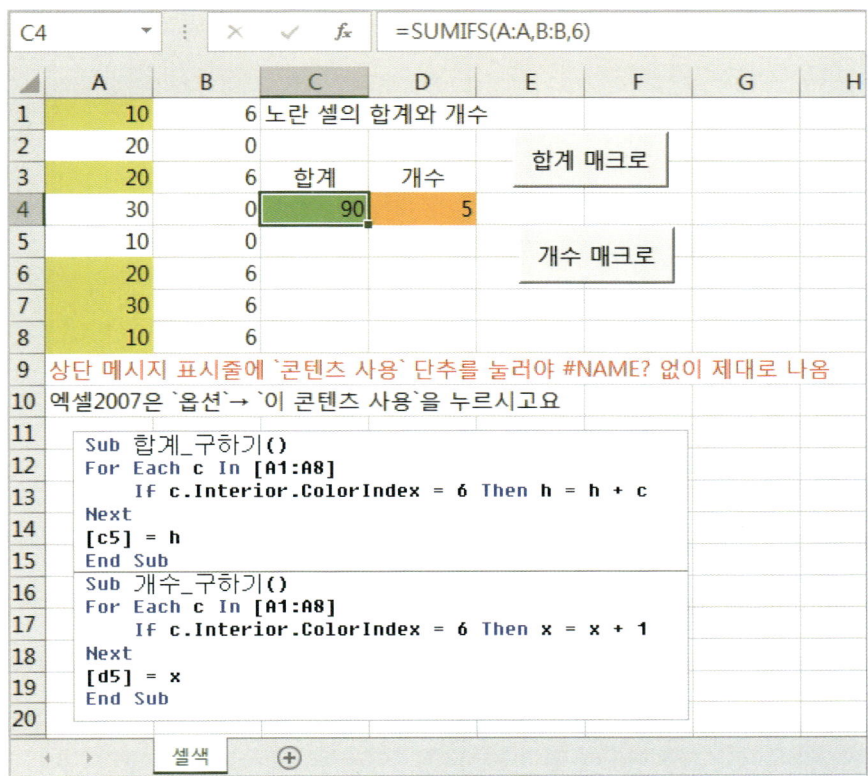

C4 셀 수식 : =SUMIFS(A:A,B:B,6)

D4 셀 수식 : =COUNTIFS(B:B,6)

— A열에 셀 색을 바꾸면 바로 수식이 갱신되지 않으므로《다시 계산》단축키 F9 를 누름. 이것은 NOW()−NOW()로 인하여 가능한 것입니다. 이것이 없다면 수식 셀에 F2 → Enter 로 갱신을 해야 합니다.

- GET.CELL의 서식별 번호

셀 색 : 63

글자 색 : 24

글자 굵게 : 20

글꼴 이름 : 18

글꼴 크기 : 19

글꼴 밑줄 : 59

— 기타 내용은《Macro4.0함수.hlp》파일을 열어 보세요.

30장

문자열 식 계산하기

7부\문자열_식.xlsm

이것은 《Excel 4.0 함수》를 사용하거나 매크로VBA로 코딩해야 하는데 일반적으로 전자로 많이 처리합니다. 매크로를 포함하므로 저장 시 파일 형식은 《Excel 매크로 사용 통합 문서》가 적당하고요. 《EVAUATE》 4.0 함수를 사용한 방법을 소개합니다.

◆ **따라하기**

B2 셀 선택 → 《수식》 탭 → 《정의된 이름》 그룹에 《이름 정의》 → 《이름》 란에 《문자식_계산》 → 《참조 대상》 란에 《=evaluate()》 입력 → A2 셀 클릭하면 《=evaluate(Sheet1!$A$2)》 이렇게 나옴 → F4 키를 두 번 눌러 《=evaluate(Sheet1!$A2)》 이렇게 입력 (이유; C열에서도 A열 식을 참조하기 위에 A열은 고정) → 닫힌 괄호를 입력하여 =evaluate(Sheet1!$A2) 하고 《확인》

이렇게 하고 B2 셀에 =문자식_계산을 입력하면 A2 셀 식이 계산된 결과가 나옵니다.

	A	B	C
1	산출근거	계산	올림계산
2	4+2.5+4+3+3.5	17	20
3	(2+10)*3	36	40
4	=5-1-2	2	10
5			
6	상단 메시지 표시줄에 `콘텐츠 사용` 단추를 눌러야 #NAME? 없이 제대로 나옴		
7	엑셀2007은 `옵션`→ `이 콘텐츠 사용`을 누르시고요		

C2 셀 식 : =ROUNDUP(문자식_계산,-1)
수식 의미 : 십 단위로 올림

31장 함수를 사용자가 직접 만들기

7부\사용자함수.xlsm

엑셀 함수에 없는 특정 기능의 함수를 사용자가 직접 만들 수 있으며, 이것은 엑셀 매크로를 알아야 합니다.

UNIT 01 마이너스 함수 생성

셀 범위를 참조시키면 범위에 모든 셀 값을 뺄셈하려고 합니다.

◆ 따라하기

Alt + F11 → VBE 메뉴에 《삽입》→《모듈》하면 새하얀 창이 나오고 그곳에 다음 매크로를 넣습니다.

Function MINUS함수(v)
For Each e In v
    x = x − e
Next
MINUS함수 = x
End Function

다시 Alt + F11 로 엑셀 창으로 돌아오고 A2 셀에 수식 =MINUS함수(A1:F1)을 달면 결과가 나옵니다.

UNIT 02 매크로 형식으로 파일 저장

사용자 정의 함수가 들어가면 이것은 매크로이므로 F12 → 파일 형식을 《Excel 매크로 사용 통합 문서》로 하여 저장해야 합니다.

파일 열 때 보안 경고

- 기본적으로 매크로가 포함된 문서는 열 때 엑셀2010 이상은 《보안 경고》 메시지 표시줄의 《콘텐츠 사용》을 눌러야 매크로가 사용 가능하고 사용자 정의 함수 또한 작동합니다.
  - 엑셀2007은 《보안 경고》 메시지 표시줄의 《옵션》 → 《이 콘텐츠 사용》 체크.
- 《보안 경고》 메시지 표시줄 대신 《보안 알림》 창이 뜨기도 하는데 이때 《매크로 포함》을 누르면 됩니다.
- 이 보안 처리는 엑셀2010 이상은 해당 문서에 대해서 최초 한 번만 《콘텐츠 사용》을 누르면 되는데, 엑셀2007 버전에서 또는 《보안 알림》 창의 불편함을 없애려면 Alt + T , O 로 《Excel 옵션》 창을 열고 《보안 센터》 → 《보안 센터 설정》 → 《매크로 설정》에 《모든 매크로 포함(위험성 있는 코드가 실행될 수 있으므로 권장하지 않음)》에 체크

이 사용자 정의 함수는 매력적이지만 일반 함수처럼 셀에 입력한 채로 놔두는 것은 좋지 않습니다. 여러 문제를 일으키고 엑셀 처리 속도를 저하시킬 수 있으므로 결과를 얻은 뒤에 값만 남기는 식으로 처리하는 것이 정신 건강에 좋습니다.

32장 배열 (Array)

7부\배열.xlsx

배열이란 수식 중 한 무리의 데이터 집합을 뜻합니다.

UNIT 01 방향과 차원

- 1차원 행 배열

    《개념》 시트의 B5 셀 수식에 =A2:A4 하면 #VALUE! 뜨고 셀 선택 후, F2 → F9 하면 ={1;8;4} 로 나오는데 이 중괄호를 포함하고 쌍반점(;)으로 구분한 전체 내용이 행 배열이 됩니다.

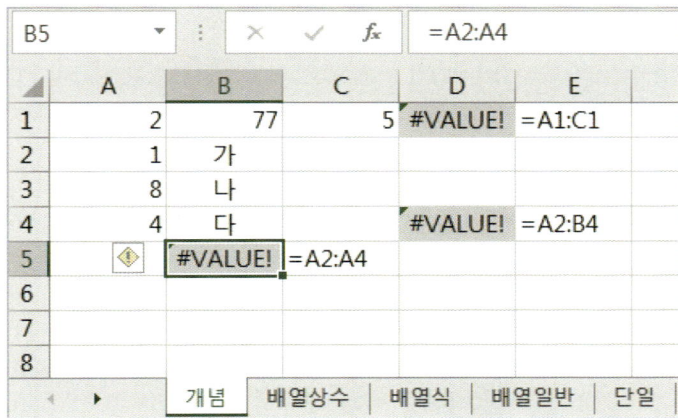

- 1차원 열 배열

    《개념》 시트의 D1 셀 수식에 =A1:C1 하면 #VALUE! 뜨고 셀 선택 후, F2 → F9 하면 ={2,77,5} 로 나오는데 이 중괄호를 포함하고 쉼표(,)로 구분한 전체 내용이 열 배열이 됩니다.

- 2차원 행렬 배열

    《개념》 시트의 D4 셀 수식에 =A2:B4 하면 #VALUE! 뜨고 셀 선택 후, F2 → F9 하면 {1,"가";8,"나";4,"다"}로 나오는데 이 중괄호를 포함한 전체 내용이 행렬 배열이 됩니다.

UNIT 02 배열 상수

고정 값으로서 수식 내에 중괄호와 그 안에 상수의 모임.

- 《배열상수》 시트의 E2 셀 수식 : =VLOOKUP(D2,A2:B4,2,FALSE)

◆ 따라하기

E3 셀 선택 → Ctrl + ' 하고 Enter 쳐서 위에 수식 그대로 가져오기 → E3 셀 수식에 《A2:B5》를 선택하고 F9 를 누르고 Enter

	A	B	C	D	E
				fx	=VLOOKUP(D2,A2:B4,2,FALSE)
1	성명	직급		성명	직급
2	홍길동	팀장		이이	부장 =VLOOKUP(D2,A2:B4,2,FALSE)
3	이이	부장			부장 =VLOOKUP(D2,{"홍길동","팀장";"이이","부장";"권율","책임"},2,FALSE)
4	권율	책임			부장 =VLOOKUP(D2,성명직급,2,FALSE)
5					

E3 셀 수식 : =VLOOKUP(D2,{"홍길동","팀장";"이이","부장";"권율","책임"},2,FALSE)
- 이것은 [A2:B5]를 배열 상수로 만드는 것입니다.
- [A2:B5] 범위에 셀 값이 바뀌면 E2 셀의 결과는 갱신되지만 E3 셀 수식은 범위가 배열 상수로 고정이므로 바뀌지 않습니다.

- 배열 상수 예

1. {3,5,1}
2. {3;5;1}
3. {"사과","배","바나나"}
4. {3,10;5,22;1,77}

- 배열 요소 자격

  배열 요소는 숫자와 문자만 가능합니다. 예를 들면 셀 참조나 함수 등은 사용할 수 없습니다. 예를 들면 {3,A3,-9}는 안됩니다.

- 배열 상수의 《이름》화

  배열 상수를 《이름 정의》하면 수식을 보다 단순화 시킬 수 있습니다.

◆ 따라하기

Ctrl + Alt + F3 → 《이름》 란에 《성명직급》 → 《참조 대상》에 《={"홍길동","팀장";"이이","부장";"권율","책임"}》 → 《확인》

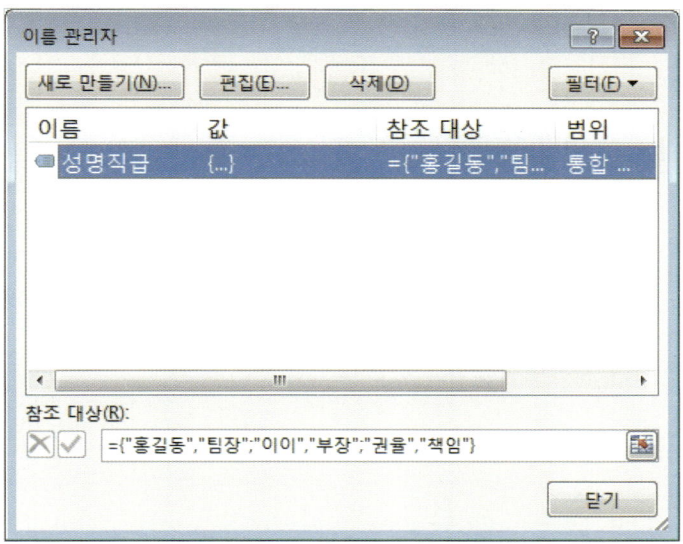

– E4 셀 수식 : =VLOOKUP(D2,성명직급,2,FALSE)

UNIT 03 배열 수식 (배열식)

- **정의** : 배열을 계산하여 한 개나 여러 값을 반환하는 특수한 수식으로서 Ctrl + Shift + Enter 로 입력을 완료합니다.
- 입력

수식 입력의 완료는 반드시 Ctrl + Shift + Enter
- 배열식을 키의 앞 글자만 따서 "CSE 수식" 이라고도 합니다.
- CSE로 입력을 완료하면 수식 양 끝에 중괄호{ }가 보이기만 하며, 중괄호를 수기로 입력하는 것은 아님.
- **배열식 예** : {=SUM(A2:A6 * B2:B6)}

- AND / OR 함수

이 함수들은 단일 값만 반환하므로 배열식에서 사용할 수 없습니다.
- 배열식에서는 AND의 의미로 곱하기(*), OR의 의미로 더하기(+)를 사용합니다.

1. And 의미의 배열식

《배열식》 시트의 F2 셀 수식 : {=SUM((B2:B7=1) * (D2:D7>2))}

```
     F2           ▼  :   ×  ✓  fx   {=SUM((B2:B7=1)*(D2:D7>2))}
   ▲   A    B   C   D   E      F              G              H          I        J
   1   연   월   일  수량
   2  2017   1   5   5              2  {=SUM((B2:B7=1)*(D2:D7>2))}
   3  2017   1  12   3              2  =SUMPRODUCT((B2:B7=1)*(D2:D7>2))
   4  2017   3   9   2
   5  2017   2  16   7              5  {=SUM((B2:B7=1)+(B2:B7=3))}
   6  2017   3  25   2              5  =SUMPRODUCT((B2:B7=1)+(B2:B7=3))
   7  2017   1  23   2
   8
           ◀  ▶  │ 개념 │ 배열상수 │ 배열식 │ 배열일반 │ 단일 │ 다중 │ 글자수
```

수식 의미 : B열은 1, D열은 2초과인 건수. 즉 1월의 수량이 2초과 건수

◆ **따라하기**

F2 셀에서 B2:B7=1 선택하고 F9 : {TRUE;TRUE;FALSE;FALSE;FALSE;TRUE} →
D2:D7>2 선택하고 F9 : {TRUE;TRUE;FALSE;TRUE;FALSE;FALSE} →
(B2:B7=1) * (D2:D7>2) 선택하고 F9 : {1;1;0;0;0;0} →
=SUM({1;1;0;0;0;0}) 결과는 2가 됩니다.

- 논리 값이 사칙연산에 가해지면 TRUE(=1), FALSE(=0)로 인식하여 계산됩니다.
- 논리 값의 곱 예컨대 {TRUE;TRUE;FALSE} * {FALSE;TRUE;TRUE}은 일대일로 곱하는 건데, 내부적으로 TRUE * FALSE;TRUE * TRUE;FALSE * TRUE을 의미합니다.
- SUM 대신 SUMPRODUCT 함수를 쓰면 일반 수식으로 입력 가능. 이 함수는 배열 인수를 처리하는 배열 함수라서 CSE 입력이 불필요.
- SUM 함수의 인수가 배열 상수(예: {1;1;0;0;0;0})면 CSE입력은 불필요. 즉, 만일 F2 셀 수식이 =SUM({1;1;0;0;0;0})라면 그냥 〈Enter〉만 쳐도 됩니다. 또는 수식이 =SUM({TRUE;TRUE;FALSE;FALSE;FALSE;TRUE} * {TRUE;TRUE;FALSE;TRUE;FALSE;FALSE})라도 Enter 만 치면 됩니다.

2. **Or 의미의 배열식**

《배열식》 시트의 F5 셀 수식 : {=SUM((B2:B7=1)+(B2:B7=3))}

수식 의미 : B열이 1 이거나 3인 건수. 즉 1월 또는 3월 건수

- 이것도 SUM 대신 SUMPRODUCT 함수를 쓰면 일반 수식으로 할 수 있습니다.
- Or의 의미로 +을 쓰면 논리 값(TRUE / FALSE)을 더하는 것입니다.

• **배열식 활용**

《배열일반》 시트의 [B2:E4]는 녹색 셀과 주황 셀을 각각 곱한 결과고 노랑에 그 합계가 나오고 있고

전체 합계는 120이 됩니다. 이때 중간 단계 없이 바로 120을 나오게 할 수 있는데 다음 배열식을 쓰면 됩니다.

	A	B	C	D	E	F
1		4	1	2	3	합계
2	3	12	3	6	9	30
3	2	8	2	4	6	20
4	7	28	7	14	21	70
5						
6	120	{=SUM(A2:A4*B1:E1)}				
7	120	=SUMPRODUCT((A2:A4)*(B1:E1))				
8						

B2 셀 수식: =B$1*$A2

《배열일반》 시트의 A6 셀 수식 : {=SUM(A2:A4 * B1:E1)}

— 이 수식을 분석하려면 《A2:A4 * B1:E1》 선택하고 F9를 누르세요.
결과는 {12,3,6,9;8,2,4,6;28,7,14,21}

— SUMPRODUCT 함수를 쓰면 일반 수식으로 할 수 있습니다.

UNIT 04 배열식의 종류

• **단일 셀 배열식** : 한 셀의 배열식

《단일》 시트의 B7 셀 수식 : {=MIN(A2:A4/B2:B4)}

— 이 수식은 배열식이므로 CSE로 입력을 해야 합니다.

	A	B	C	D	E	F	G
1	판매액	단가	판매량				
2	26,000	200	130	=A2/B2			
3	10,000	400	25	=A3/B3			
4	8,000	200	40	=A4/B4			
5					200	400	200
6		25	=MIN(C2:C4)				
7	최소 판매량	25	{=MIN(A2:A4/B2:B4)}				
8		25	=MIN(INDEX(A2:A4/B2:B4,))				
9							
10	잘못된 결과	20	{=MIN(A2:A4/E5:G5)}				
11	정상 결과	25	{=MIN(A2:A4/TRANSPOSE(E5:G5))}				

B7 셀 수식: {=MIN(A2:A4/B2:B4)}

- **다중 셀 배열식** : 연속 셀 범위에 같은 배열식

  《다중》 시트의 [D2:F2] 셀 수식 : {=TRANSPOSE(C3:C5)}

- 이 수식도 배열식인데, [D2:F2]를 선택하고 F2를 눌러 커서를 깜박이게 하고 =TRANSPOSE(C3:C5) 수식을 넣고 CSE로 입력을 완료합니다.

- 다중 셀 배열식은 참조 유형을 생각할 필요 없습니다. 즉, 상대주소로 해도 동일한 수식이 들어갑니다.
- 이 배열식이 들어간 일부 셀만 지우거나 수정할 수 없습니다. 즉, 전체를 지우거나 수정해야 합니다.
- [C3:C5]에 수식도 다중 셀 배열식으로 다음과 같이 입력할 수 있습니다.

◆ **따라하기**

[C3:C5] 선택 → F2 → =A3:A5 * B3:B5 넣고 CSE 입력하면 세 개 셀에 모두 {=A3:A5 * B3:B5} 로 입력됩니다.

> **TIP 병합 셀에는 배열식 입력 불가**
>
> 병합 셀에는 배열식을 넣는 것이 불가능합니다.
> - **해법** : 병합 해제 → 배열식 입력 → 다시 병합

UNIT 05 배열끼리 연산 시 배열 요소 개수

《단일》 시트의 B7 셀 수식 {=MIN(A2:A4/B2:B4)}을 보면 A열에 3개와 B열에 3개를 일대일로 나누기 연산하고 있습니다.

- 배열끼리 연산을 할 때에 각 배열 요소의 개수는 일반적으로 같습니다.

- 각 배열의 요소 개수가 다르면 그 연산 결과는 곱한 개수가 됩니다. 예컨대, 배열1의 요소 개수는 2개이고 배열2는 4개면 총 8개의 결과가 나옵니다.
- 행 배열과 열 배열을 연산해도 곱한 개수가 나오므로 이때는 TRANSPOSE 함수를 거꾸로 바꿔야 합니다. B11 셀 수식 {=MIN(A2:A4/TRANSPOSE(E5:G5))}과 같이 해야 합니다.

> **작성한 식이 배열식일까?**
>
> 수식 작성 후, CSE로 배열식화 할지가 애매한 경우가 있습니다.
> - 수식 작성 후, 배열이 있거나 배열을 인수로 가질 수 없는 함수가 있다면 이때는 배열식입니다. (수식 중에 셀 참조, 이름 참조, 상수는 배열이 아님)
> - 수식 중에는 보통 함수를 포함하므로 그 함수의 해당 인수가 배열을 가질 수 있는지 알면 됩니다. 가질 수 없는데 배열이 있으면 배열식입니다. 단, 인수가 배열 상수라면 그것은 배열식이 아닙니다. 따라서 함수의 구문을 먼저 알아야 합니다. (구문은 F1 누르고 해당 함수를 검색하면 나옴)
> - 다음과 같은 경우도 있습니다. 인수는 크게 한 개와 여러 개로 나뉘는데, 한 개짜리 인수에 여러 개가 온다면 이것은 배열식으로 입력해야 하는 것이죠.
> - 특정 함수는 특정 상황에서 다중 셀 배열식으로 입력합니다.

UNIT 06 실무 배열식의 예

- 인수는 한 개인데 여러 개가 오는 경우

《글자수》 시트의 A4 셀 수식 : {=SUM(LEN(A1:D2))}

	A	B	C	D	E	F	G
1	동해	물	과	백두산			
2	이	마르고					
3							
4	11	{=SUM(LEN(A1:D2))}					
5	11	=SUMPRODUCT(LEN(A1:D2))					
6	13	=SUM(LEN({"동해","물","과","백두산";"이","마르고",0,0}))					
7							

수식 의미 : 셀 범위에 총 글자 개수를 반환.
- 여기서 LEN 함수의 인수는 하나만 와야 하는데 8개가 오고 있으므로 배열식.
- A5 셀 수식은 배열만 인수로 갖는 SUMPRODUCT 함수로 일반식화.
- A6 셀 수식은 A4 셀 수식을 가져온 뒤에 LEN 함수의 인수를 선택하고 F9를 눌러 배열 상수로 바꾼 일반식.

- 인수는 참조인데 배열이 오는 경우

    《n번째》 시트의 A8 셀 수식 : {=MATCH(TRUE,A1:A6>200,0)}

	A	B	C	D	E	F	G
A8			× ✓ f_x	{=MATCH(TRUE,A1:A6>200,0)}			
1	100						
2	200						
3	50						
4	230						
5	300						
6	220						
7							
8	4	{=MATCH(TRUE,A1:A6>200,0)}					
9	4	=MATCH(TRUE,INDEX(A1:A6>200,),0)					
10							

    수식 의미 : 셀 범위에 맨 처음 200보다 큰 수가 나오는 위치번호 반환.

    – MATCH 함수의 2인수는 참조여야 하는데 여기서는 배열이므로 배열식.

- 함수가 다중 셀 배열식으로 사용되는 경우

    《빈도》 시트의 [F2:F6] 셀 수식 : {=FREQUENCY(B2:B9,E2:E6)}

	A	B	C	D	E	F	G	H	I
F2			× ✓ f_x	{=FREQUENCY(B2:B9,E2:E6)}					
1	성명	점수		초과	이하	인원수			
2	홍길동	100			60	2	{=FREQUENCY(B2:B9,E2:E6)}		
3	이순신	75		60	70	1	{=FREQUENCY(B2:B9,E2:E6)}		
4	이이	88		70	80	2	{=FREQUENCY(B2:B9,E2:E6)}		
5	권율	66		80	90	1	{=FREQUENCY(B2:B9,E2:E6)}		
6	강감찬	55		90	100	2	{=FREQUENCY(B2:B9,E2:E6)}		
7	김유신	60							
8	아무개	99							
9	갑순이	78							
10									

    수식 의미 : B열 데이터에 E열 구간의 각 인원수 반환

    – FREQUENCY 함수가 다중 셀 배열식으로 쓰이는 예

- 오류 무시한 합계 배열식

    《오류》 시트의 A7 셀 수식 : {=SUM(IFERROR(A1:A4,0))}

    수식 의미 : 범위에 오류 값은 0으로 하고 그 외는 그대로 받아서 합계

    – IFERROR 함수의 1인수는 원래 한 개인데 4개가 오므로 배열식.

- 오류 셀 개수 배열식

    《오류》 시트의 C7 셀 수식 : {=SUM(N(ISERROR(C1:C5)))}

수식 의미 : 범위에 오류 셀은 TRUE가 나오고 N함수로 TRUE는 1, FALSE는 0으로 바꿔서 합계를 냄

- ISERROR 함수의 1인수는 원래 한 개인데 5개가 오므로 배열식.

• 홀수행의 합계 배열식

《홀수행》 시트의 C2 셀 수식 : {=SUM(IF(MOD(ROW(A1:A7),2),A1:A7))}

여기서 IF 함수의 1인수도 원래 한 개만 와야 하지만 여러 개(7개 셀)가 오니까 배열식으로 입력합니다. 즉, MOD(ROW(A1:A7),2) 부분을 선택하고 F9 누르면 {1;0;1;0;1;0;1} 이렇게 나옵니다. IF(MOD(ROW(A1:A7),2),A1:A7) 부분은 F9 누르면 {8;FALSE;"사랑";FALSE;2;FALSE;11} 이렇게 나오고 있습니다. 평가식이 True일 때 A열의 해당 셀 값을 반환하고 그렇지 않으면 False를 반환한 겁니다. 마지막으로 문자와 논리 값은 무시하고 숫자만 더하는 것이죠.

- 실무에서 단일 셀 배열식은 필요할 때가 많지만 실제로 이 식의 상당수는 일반 수식화 할 수 있습니다. 보통 SUMPRODUCT나 INDEX 함수를 쓰면 일반 수식으로 작성할 수 있는 경우가 많은데, 그렇게 해도 안되면 어쩔 수 없이 CSE 즉, Ctrl+Shift+Enter를 눌러서 배열식으로 만드세요.
- 배열식이 일반식보다 수식 길이는 더 짧고 분석도 더 쉬울 수 있습니다.

33 CHAPTER 실전 함수

7부\함수.xlsx

실무에서 많이 사용하는 함수를 정리합니다.

UNIT 01 ABS

- **기능** : 절대값 반환
- **절대값** : 0 이상의 값
- **구문** : ABS(number)
- **number** : 실수
- 이 인수 값이 텍스트면 #VALUE!, 빈 셀은 0을 각각 반환
- 텍스트 형 숫자 인수는 정상 처리됩니다.

	A	B	C
1	2	2	=ABS(A1)
2	-2	2	=ABS(A2)
3			
4	69.5	0.5	=ABS(70-A4)
5	70.3	0.3	=ABS(70-A5)
6	68	2	=ABS(70-A6)
7	[A4:A6] 범위에서 70으로부터 가장 작게 떨어진 수는?		
8	70.3	=INDEX(A4:A6,MATCH(MIN(B4:B6),B4:B6,0		

B1 =ABS(A1)

UNIT 02 ADDRESS

- **기능** : 셀 주소를 텍스트로 반환
- **구문** : ADDRESS(row_num, column_num, [abs_num], [a1], [sheet_text])

- **row_num** : 참조할 셀의 행 번호
- **column_num** : 참조할 셀의 열 번호
- **abs_num** : 참조 유형 지정 번호
- 1이나 생략하면 절대, 4는 상대, 2는 절대 행 상대 열, 3은 상대 행 절대 열
- **a1** : 참조 스타일 지정하는 1 또는 0의 값
- 1이나 생략하면 A1 스타일, 0이면 R1C1 스타일로 주소 반환
- **sheet_text** : 시트의 이름을 지정하는 텍스트
- 생략하면 수식 셀의 시트를 의미

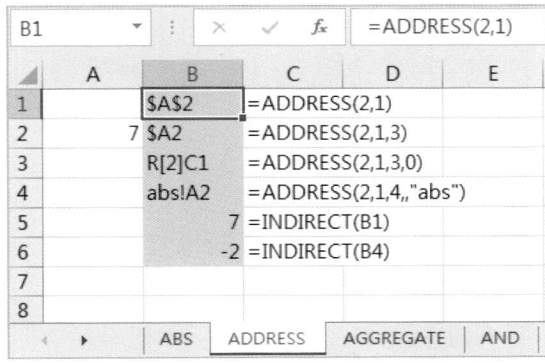

UNIT 03   AGGREGATE (엑셀2010 이상 버전)

- **기능** : 해당 함수로 집계한 숫자 반환 (오류 값 등을 무시할 수 있음)
- **구문1** : AGGREGATE(function_num, options, array, [k])
- **구문2** : AGGREGATE(function_num, options, ref1, [ref2],…)
- **function_num** : 함수 번호 (1부터 19까지, 예를 들면 9면 합계)
- **options** : 무시할 값 (0 또는 생략 가능하고 1부터 7까지, 예를 들면 6이면 오류 값 무시)
- **array** : 원본 범위
- **ref** : 원본 범위 (인수 개수는 최대 253개)
- **k** : 특정 함수 번호(14 : LARGE, 15 : SMALL)에서 사용

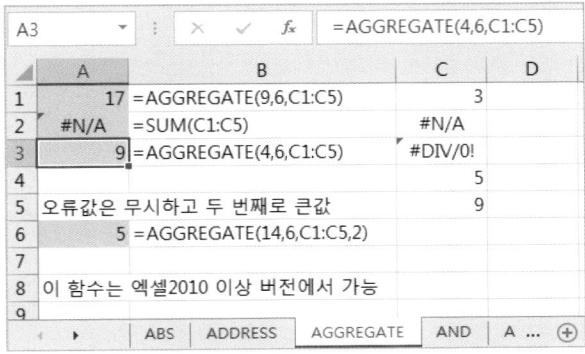

UNIT 04 AND

- **기능** : 모든 인수가 TRUE면 TRUE를, 하나라도 FALSE면 FALSE를 반환
- 논리 값 반환
- **구문** : AND(logical1, [logical2], …)
- **logical** : 논리 값(TRUE / FALSE)으로 연산 가능해야 합니다.
- 인수 개수는 최대 255개

	A	B	C	D	E	F	G
1	FALSE	=AND(1<E1, F1<100)			50	104	3500
2	TRUE	=AND(F1>100,F1<=104)					
3	FALSE	=AND(E1=F1,F1=G1,G1=E1)		세 개가 같은지 비교			
4	TRUE	=AND(2+2=4, 2+3=5)					
5	TRUE	=AND(TRUE, TRUE)					
6	FALSE	=AND(TRUE, FALSE)					
7	FALSE	=AND(FALSE, 0)		0은 FALSE로 인식			
8	TRUE	=AND(1, TRUE)		1은 TRUE로 인식			
9	#VALUE!	=AND(E7, E8)					6
10	FALSE	=AND(E8,0)					
11	5 이상 8 이하거나 2 초과 11 미만이면 `O`, 그외는 `X` 반환						
12	O	=IF(OR(AND(G9>=5,G9<=8),AND(G9>2,G9<11)),"O","X")					
13							

UNIT 05 ASC

- **기능** : 전각 문자(전자)를 반각 문자(반자)로 변환
- 전각 문자는 2바이트 글자로서 실제로 숫자나 영문자에서 의미가 있는데 글자 간격이 넓은 문자 입니다. 한글이나 한자 등은 자체가 2바이트이므로 전각 문자나 반각 문자나 동일합니다.
- 반대 함수는 JUNJA.
- **구문** : =ASC(text)
- **text** : 내용

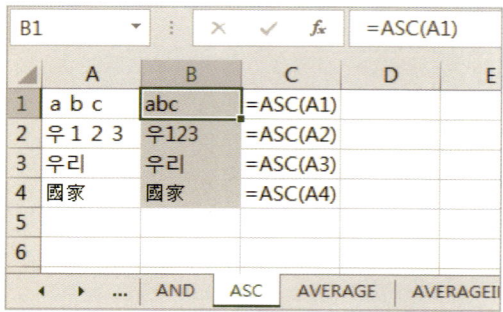

UNIT 06 AVERAGE

- **기능** : 인수들의 평균을 반환
- **구문** : AVERAGE(number1, [number2],...)
- **number** : 평균을 구하려는 수
- 인수 개수는 최대 255개
- 참조에 텍스트, 논리값, 빈 셀 등은 무시
- 0 값도 무시하고 평균을 내려면 AVERAGEIF 함수를 사용.

	A	B	C	D	E	F	G	H
1	3.333333	=AVERAGE(E1:E4)			7	7		7
2	5	=AVERAGE(F1:F4)						8
3	#DIV/0!	=AVERAGE(G1:G4)			3	3		9
4	#DIV/0!	=AVERAGE(H1:H4)			0			10

A1 : =AVERAGE(E1:E4)

UNIT 07 AVERAGEIF

- **기능** : 범위에서 조건에 맞는 평균을 반환
- **구문** : AVERAGEIF(range, criteria, [average_range])
- **range** : 조건 범위
- **criteria** : 숫자나 텍스트 형식의 조건
- 와일드카드 문자 허용 (실제 《?》나 《*》를 찾으려면 이 문자 앞에 《~》 입력)
- 대/소문자 구분하지 않습니다.
- **average_range** : 평균을 구하려는 범위

A11 : {=AVERAGE(IF((F5:F9="동부")+(F5:F9="서부"),G5:G9))}

	A	B	C	D	E	F	G	H	I
1	3.5	=AVERAGEIF(F1:F3,">2500",G1:G3)				1,000	1		
2	3500	=AVERAGEIF(F1:F3,">2500")				3,000	3		
3						4,000	4		
4	16.67	=AVERAGEIF(G5:G9,"<>0")							
5	10	=AVERAGEIF(F5:F9,"동부",G5:G9)				동부	10		
6						서부	0		
7	'서'로 시작하는 값의 평균					서부	30		
8	10	=AVERAGEIF(F5:F9,"서*",G5:G9)				서남부	0		
9						동부	10		
10	동부나 서부의 평균								
11	12.5	{=AVERAGE(IF((F5:F9="동부")+(F5:F9="서부"),G5:G9))}							
12	위 수식은 배열식이므로 <Ctrl Shift Enter>로 입력 완료하세요								
13	12.5	=SUM(SUMIFS(G5:G9,F5:F9,{"동부";"서부"}))/SUM(COUNTIFS(F5:F9,{"동부";"서부"}))							

이 식은 배열식이 아님. 셀 참조로 조건을 삼으려면 SUM 대신 SUMPRODUCT를 사용하세요

UNIT 08 AVERAGEIFS

- **기능** : 범위에서 다중(And) 조건에 맞는 평균을 반환
- **구문** : AVERAGEIFS(average_range, criteria_range1, criteria1, [criteria_range2, criteria2],…)
- **average_range** : 평균을 구하려는 범위
- **criteria_range** : 조건 범위
- 각 criteria_range와 average_range의 행과 열 개수 및 모양이 서로 같아야 합니다.
- **criteria** : 숫자나 텍스트 형식의 조건
- 와일드카드 문자 허용 (실제《?》나《*》를 찾으려면 이 문자 앞에《~》입력)
- 대/소문자 구분하지 않습니다.
- criteria_range, criteria을 한 쌍으로 봤을 때 127 쌍까지 가능.

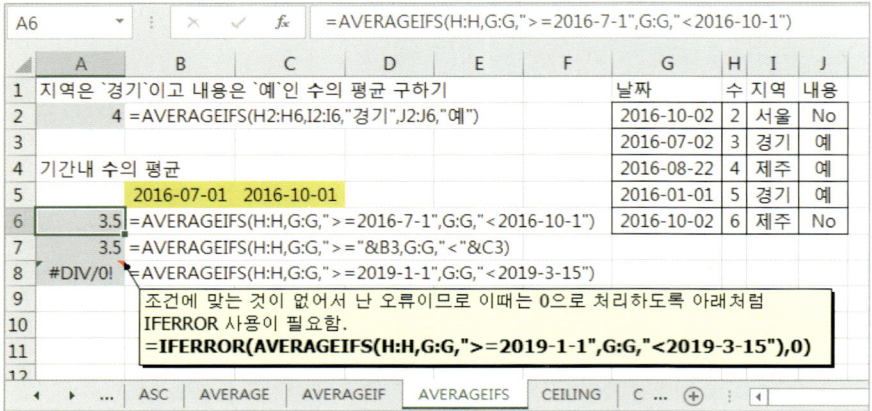

UNIT 09 CEILING

- **기능** : 지정 숫자 단위로 올립니다.
- **구문** : CEILING(number, significance)
- **number** : 숫자
- **significance** : 자릿수

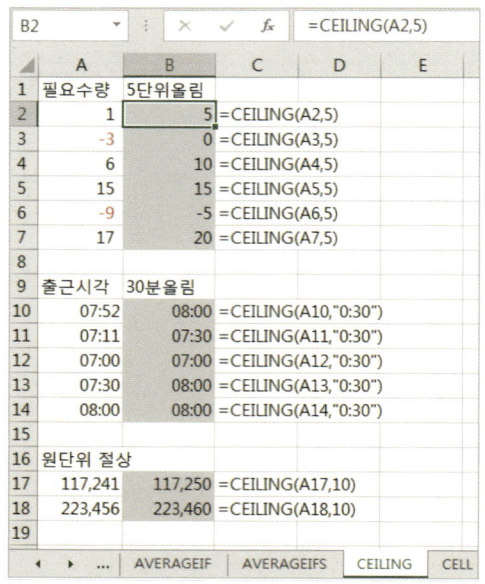

UNIT 10 CELL

- **기능** : 셀 서식이나 위치, 내용을 반환
- 셀 서식은 전체가 아닌 표시 형식 일부와 기타 서식입니다. 실무에서 중요한 셀 색이나 글꼴 색은 반환하지 못합니다.
- 셀 관련 상태 변경 후, 수식 결과가 바로 적용되지 않으므로 참조 셀이나 수식 셀을 갱신(F2 → Enter)하거나 《지금 계산》 단축키 F9를 눌러야 합니다.
- **구문** : CELL(info_type, [reference])
- **info_type** : 셀 정보의 유형을 지정하는 텍스트로서 총 12개가 있습니다.

1. 《address》 : 참조의 첫 셀 주소 반환
2. 《col》 : 참조의 첫 셀 열 번호 반환
3. 《color》 : 음수 값에 색깔 표시 형식을 지정했으면 1, 그 외는 0 반환
4. 《contents》 : 참조의 첫 셀 값 반환
5. 《filename》 : 파일 전체 경로를 포함한 파일명 반환
6. 《format》 : 셀 서식의 표시 형식에 따라 다음 그림과 같이 반환합니다.

표시 형식	반환	예시
일반	G	31
	F0	31
#,##0	,0	3,1
0.00	F2	3150.
* #,##0_-;-* #,##0_-;_-* "-"_-;_-@_-	,0	3,15
#,##0.00	,2	3,150.
0%	P0	70
0.00%	P2	70.00
yyyy-mm-dd	D1	2016-11-
yyyy.mm.dd	D1	2016.11.
mm-dd	D3	11-
m-d	D3	11
mm/dd	D3	11/
h:mm AM/PM	D7	5:08 A
h:mm:ss AM/PM	D6	5:08:20 A
mm	D9	5:
h:mm	D9	05:
mm:ss	D8	05:08:

7. 《parentheses》 : 양수나 모든 값에 괄호 표시 형식을 지정했으면 1, 그 외는 0 반환
8. 《prefix》 : 문자 셀에 한해서 셀 서식의 《맞춤》에 《가로》 방향이 《왼쪽》이나 《균등 분할》, 《양쪽 맞춤》이면 작은따옴표('), 《가운데》나 《선택 영역의 가운데로》면 삿갓(^), 《오른쪽》이면 큰따옴표("), 그 외 숫자 셀 등은 빈 문자 반환
9. 《protect》 : 셀 서식의 《보호》에 《잠금》이 체크 상태면 1, 그 외는 0 반환
10. 《row》 : 참조의 첫 셀 행 번호 반환
11. 《width》 : 참조의 첫 셀 열 너비를 정수로 반올림한 값 반환.
12. 《종류》 : 빈 셀은 《b》, 문자 셀은 "l"을, 그 외는 《v》 반환. 엑셀2007 버전에서는 《종류》가 《type》이지만 호환성을 위해 엑셀2010 이상에서 《type》도 정상 동작합니다. 반대로 《종류》는 2007 버전에서 오류 값(#VALUE!) 반환.

- reference : 셀 참조

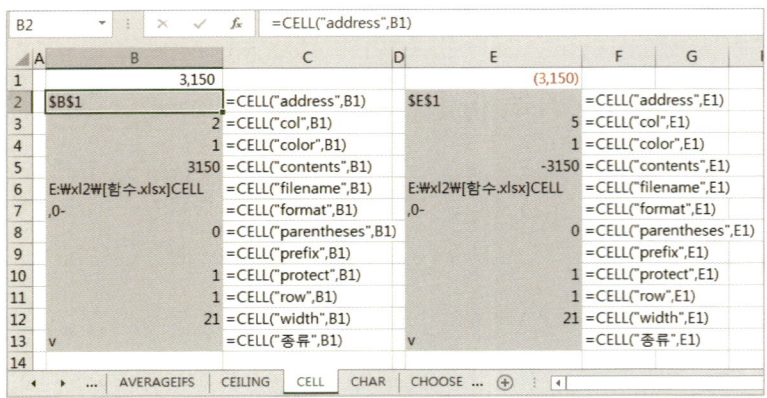

UNIT 11 CHAR

- 기능 : 숫자 코드에 해당되는 문자를 반환
- 텍스트형 값 반환
- 구문 : CHAR(number)
- number : 숫자 코드(1부터 수 만까지 가능)

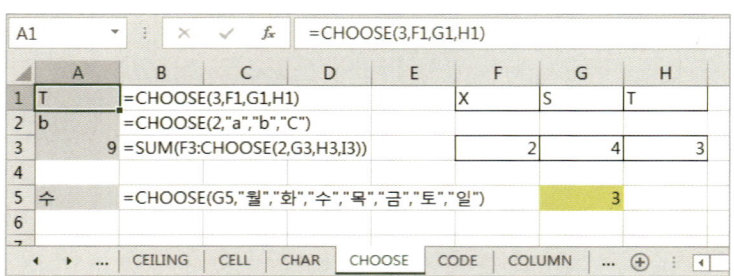

UNIT 12 CHOOSE

- 기능 : 인수 중에서 n번째 값을 반환
- 구문 : CHOOSE(index_num, value1, [value2],…)
- index_num : 선택할 순번 (1 ~ 254)
- 이 값이 소수면 소수점 이하 값을 버립니다.
- value : 반환 값
- 이 값으로 셀 참조나 수식이 올 수 있습니다. 예컨대

=CHOOSE (2,A2,A3,A4)

=CHOOSE (2,SUM(F3:G3), SUM(G3:H3))

UNIT 13 CODE

- **기능** : 첫 문자의 숫자 코드 반환
- **구문** : CODE(text)
- **text** : 문자열

UNIT 14 COLUMN

- **기능** : 열 번호 반환
- **구문** : COLUMN([reference])
- **reference** : 셀 참조
- 생략하면 수식 셀 자체로 인식

UNIT 15 COLUMNS

- **기능** : 열 개수 반환
- **구문** : COLUMNS(array)
- **array** : 구할 범위

UNIT 16 CONCAT (엑셀2016 버전)

- **기능** : 여러 값을 한 값으로 결합
- 텍스트형 반환
- **구문** : CONCAT(text1, [text2],...)
- 반환할 값이 32767자를 초과하면 오류 값 #VALUE! 반환
- CONCATENATE 함수와 달리 연속 셀 범위 인수도 가능합니다.)

- text : 내용
- 인수 개수는 최대 254개

	A	B	C	D	E
1	우리나라좋은나라	=CONCAT(D1:D5)		우리	1
2	우리1나라23좋은4나라5	=CONCAT(D1:E5)		나라	2
3					3
4	I'm 엑셀장인	=CONCAT("I'm"," ","엑셀장인")		좋은	4
5				나라	5
6	이 함수는 오피스365 버전에서 가능				

A1 =CONCAT(D1:D5)

UNIT 17 CONCATENATE

- **기능** : 범위의 셀 값을 모두 결합
- 텍스트형 반환
- **구문** : CONCATENATE(text1, [text2],…)
- text : 내용
- 인수 개수는 최대 255개

	A	B	C	D	E	F
1	꿀오렌지	=CONCATENATE(F3,F1)				오렌지
2	오렌지 사과 꿀	=CONCATENATE(F1," ",F2," ",F3)				사과
3	오렌지사과꿀	=PHONETIC(F1:F3)				꿀
4	사과꿀	=PHONETIC(F2:F4)				7

A3 =PHONETIC(F1:F3)

UNIT 18 COUNT

- **기능** : 범위에서 숫자 셀의 개수 반환
- **구문** : COUNT(value1, [value2],…)
- **value** : 값
- 인수 개수는 최대 255개

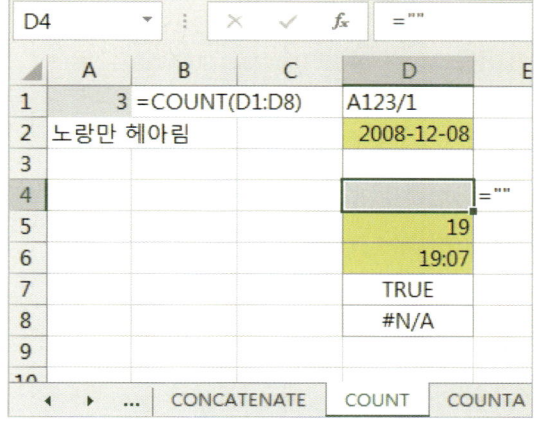

UNIT 19 COUNTA

- **기능** : 범위에서 값 셀 또는 수식 셀의 개수 반환
- **구문** : COUNTA(value1, [value2],…)
- **value** : 값
- 인수 개수는 최대 255개

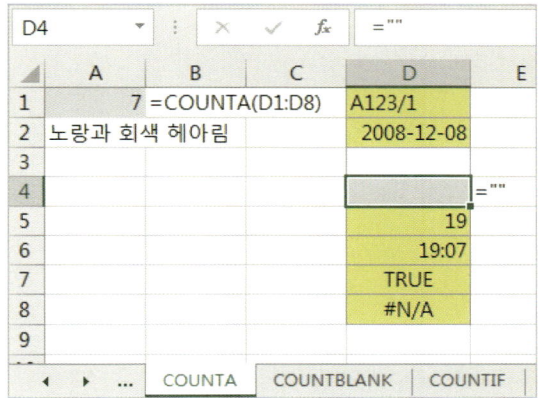

UNIT 20 COUNTBLANK

- **기능** : 범위에서 빈 셀의 개수를 반환
- 수식의 결과, 빈 셀도 계산
- **구문** : COUNTBLANK(range)
- **range** : 범위

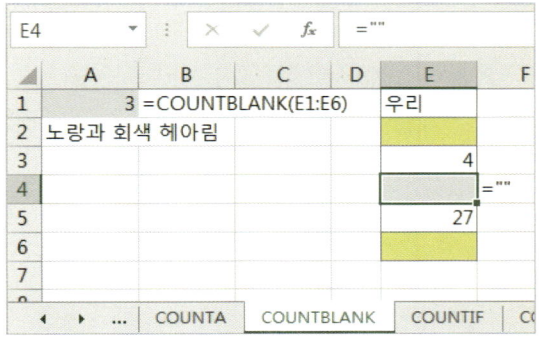

UNIT 21 COUNTIF

- **기능** : 범위에서 한 조건에 맞는 셀의 개수를 반환
- **구문** : COUNTIF(range, criteria)
- **range** : 범위
- **criteria** : 숫자나 텍스트 형식의 조건
- 와일드카드 문자 허용 (실제《?》나《*》를 찾으려면 이 문자 앞에《~》입력)
- 대/소문자 구분하지 않습니다.

	A	B	C	D	E	F	G	H	I
A5			fx	=SUMPRODUCT(COUNTIF(H2:H7,G1:G2))					
1	2	=COUNTIF(H:H,"오미자")					감자		
2	2	=COUNTIF(I2:I7,">50")					오미자	오미자	50
3	3	=COUNTIF(I2:I7,50)						감자	30
4	3	=COUNTIF(H2:H7,"<>"&F1)						감자	50
5	5	=SUMPRODUCT(COUNTIF(H2:H7,F1:F2))						피자	70
6								감자	50
7	빈셀 개수			2800	1200			오미자	80
8	2	=COUNTIF(D7:E9,"")		0					
9					1200		a0001	샌드위치1호	7,800
10							a0002	샌드위치2호	12,600
11	`샌드위치` 개수						a0003	샌드위치3호	4,000
12	3	=COUNTIF(H9:H13,"샌드위치*")					a0004	미니샌드1호	9,500
13							a0005	햄버거1호	0
14									

| COUNTA | COUNTBLANK | COUNTIF | COUNTIFS | DATE ... |

UNIT 22 COUNTIFS

- **기능** : 범위에서 다중 조건에 맞는 셀의 개수를 반환
- **구문** : COUNTIFS(criteria_range1, criteria1, [criteria_range2, criteria2],...)
- **criteria_range** : 조건 범위
- 각 criteria_range의 행과 열 개수 및 모양이 모두 같아야 합니다.
- **criteria** : 숫자나 텍스트 형식의 조건
- 와일드카드 문자 허용 (실제《?》나《*》를 찾으려면 이 문자 앞에《~》입력)
- 대/소문자 구분하지 않습니다.
- criteria_range, criteria을 한 쌍으로 봤을 때 127 쌍까지 가능.

UNIT 23 DATE

- **기능** : 날짜 일련번호 반환
- 날짜는 원래 숫자로서 1900년 1월 1일이 1이고 하루는 1과 같습니다.
- 날짜가 있는 셀에 Ctrl + Shift + ~ 을 눌러《일반》표시 형식으로 확인 가능.
- **구문** : DATE(year, month, day)
- **year** : 연
- **month** : 월
- **day** : 일
- 이 값이 0이면 전월 말일

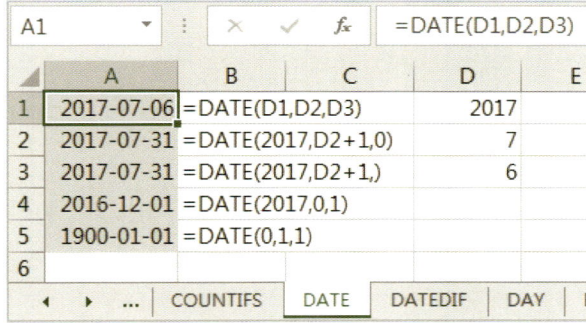

UNIT 24　DATEDIF

- **기능** : 두 날짜의 기간을 연, 월, 일중에 하나로 반환
- 도움말이 없는 숨겨진 함수, 입력 시 함수목록에도 안 뜹니다.
- **구문** : DATEDIF(start_date, end_date, unit)
- start_date : 시작일
- end_date : 종료일
- unit : 텍스트 옵션

unit	뜻
"y"	연 수
"m"	월 수
"d"	일 수
"md"	0~30의 정수
"ym"	0~12의 정수
"yd"	0~365의 정수

B8 셀에 근속 기간이 이 함수의 실용적인 예가 됩니다.

UNIT 25　DAY

- **기능** : 날짜에서 일(日) 반환
- **구문** : DAY(serial_number)
- serial_number : 대상 날짜

UNIT 26   DEC2BIN

- **기능** : 십진수를 이진수로 변환.
- **구문** : DEC2BIN(number, [places])
- **number** : 십진수 정수
- 이 값은 -512 이상 511 이하까지 가능하며, 넘어가면 #NUM! 반환. 이 값이 소수면 소수점 이하 값은 무시.
- **places** : 자릿수
- 생략하면 최소한의 자릿수가 사용되며, 지정하면 반환 값의 앞부분을 0으로 채웁니다.

	A	B	C
1		2진수	
2	1	00001	=DEC2BIN(A2,5)
3	2	00010	=DEC2BIN(A3,5)
4	3	00011	=DEC2BIN(A4,5)
5	4	00100	=DEC2BIN(A5,5)
6	5	00101	=DEC2BIN(A6,5)
7	511	111111111	=DEC2BIN(A7)
8	512	#NUM!	=DEC2BIN(A8)
9	512	1000000000	=DEC2BIN(A9/512)&DEC2BIN(MOD(A9,512),9)

B3 cell: =DEC2BIN(A3,5)

UNIT 27   DEGREES

- **기능** : 라디안 단위의 각도를 도 단위로 변환.
- **구문** : DEGREES(angle)
- **angle** : 라디안 단위 각도

	A	B
1	3.141593	=PI()
2	180	=DEGREES(A1)
3		
4	※ 반대 함수는 RADIANS	
5	45도 직각삼각형의 빗변이 3일때 a의 길이를 구하시오?	
6	2.12132	=3*SIN(RADIANS(45))

A2 cell: =DEGREES(A1)

487

UNIT 28 EDATE

- 기능 : n개월 전후의 날짜 일련번호 반환
- 구문 : EDATE(start_date, months)
- start_date : 기준일
- months : 개월 수 (음수면 이전, 양수면 이후)

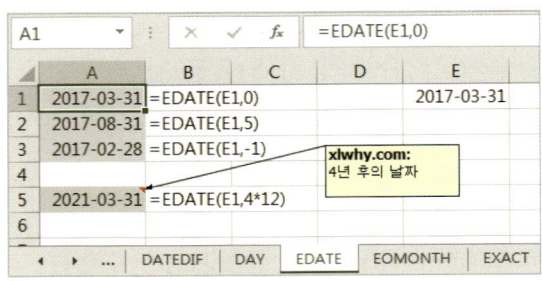

UNIT 29 EOMONTH

- 기능 : n개월 전후의 말일에 해당하는 일련번호 반환
- 구문 : EOMONTH(start_date, months)
- start_date : 기준일
- months : 개월 수 (음수면 이전, 양수면 이후)

UNIT 30 EXACT

- 기능 : 두 값이 같은지 비교
- 논리 값 반환
- 구문 : EXACT(text1, text2)
- text1 : 비교 대상1
- text2 : 비교 대상2
- 대/소문자 구분합니다.

UNIT 31 FIND

- 기능 : 찾는 내용의 첫 글자 순번 반환
- 대/소문자 구분합니다.
- 구문 : FIND(find_text, within_text, [start_num])
- find_text : 찾는 값
- 와일드카드 문자는 허용하지 않습니다.
- within_text : 대상 값
- start_num : 찾기 시작할 위치번호 (생략하면 1로 인식)

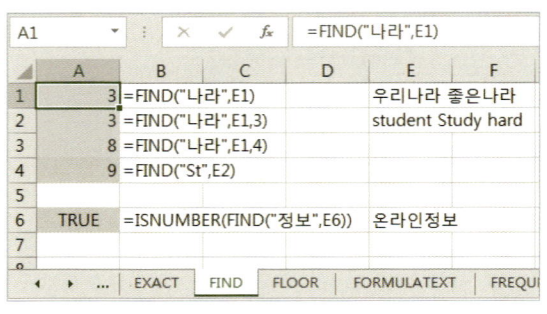

UNIT 32 FLOOR

- 기능 : 지정 숫자 단위로 내립니다.
- 구문 : FLOOR(number, significance)
- number : 숫자
- significance : 자릿수

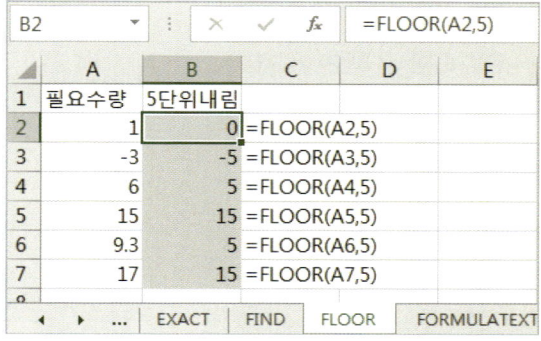

UNIT 33 FORECAST

- 기능 : 존 값 분포로부터 미래 값을 알아내는 예측 함수입니다.
- 유사 함수는 TREND, GROWTH 함수 등.
- 구문 : FORECAST(x, known_y's, known_x's)
- x : 숫자
- known_y's : 종속 변수 배열 또는 범위
- known_x's : 독립 변수 배열 또는 범위

UNIT 34 FORMULATEXT (엑셀2013 이상 버전)

- **기능** : 수식을 텍스트로 반환
- 텍스트형 값 반환
- **구문** : FORMULATEXT(reference)
- reference : 셀(범위)

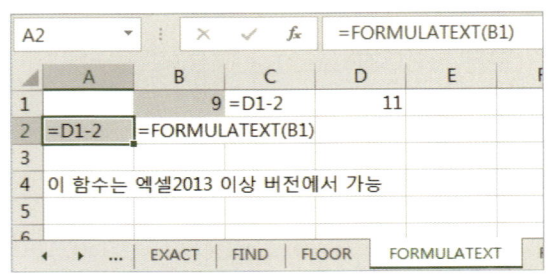

UNIT 35 FREQUENCY

- **기능** : 범위에서 해당 값의 발생 빈도수 반환
- **구문** : FREQUENCY(data_array, bins_array)
- data_array : 대상 범위
- bins_array : 구간

UNIT 36 HLOOKUP

- **기능** : 범위의 첫 행에서 찾아 같은 열 n행의 셀 값 반환
- 범위가 가로로 누운 경우이고, 세로면 그 유명한 VLOOKUP
- **구문** : HLOOKUP(lookup_value, table_array, row_index_num, [range_lookup])
- lookup_value : 찾는 값
- 와일드카드 문자 허용 (실제 《?》나 《＊》를 찾으려면 이 문자 앞에 《~》 입력)하며 이때 range_lookup은 FALSE 또는 0이거나 앞에 쉼표(,)만 있어야 합니다.
- 대/소문자 구분하지 않습니다.
- 이 찾는 값의 글자 수는 255자를 초과할 수 없습니다.

- table_array : 표 범위
- row_index_num : 반환할 행의 위치번호
- range_lookup : 옵션 (FALSE 또는 TRUE)
- FALSE : 정확히 일치
- TRUE : 유사 일치

	A	B	C	D	E	F
1	편집			추가	편집	확인
2	Edit	=HLOOKUP(A1,D1:F3,3,FALSE)		A	B	C
3				Add	Edit	OK
4						
5						

A2 : =HLOOKUP(A1,D1:F3,3,FALSE)

UNIT 37 HOUR

- **기능** : 시간에서 시(0부터 23 사이의 정수) 반환
- **구문** : HOUR(serial_number)
- serial_number : 시간 값

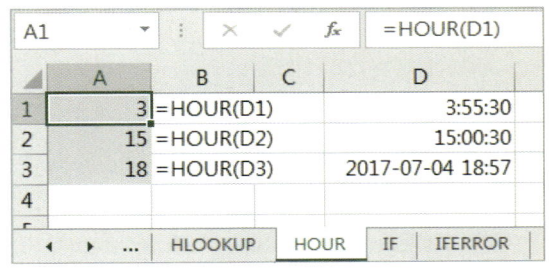

UNIT 38 IF

- **기능** : 조건이 TRUE 또는 FALSE일 때 특정 값 반환
- **구문** : IF(logical_test, value_if_true, [value_if_false])
- logical_test : 평가식 (TRUE 또는 FALSE로 반환 가능한 식)
- 이 식 대신에 0을 제외한 숫자면 TRUE로 인식하여 value_if_true 반환
- value_if_true : TRUE일 때의 반환 값
- value_if_false : FALSE일 때의 반환 값

K3			fx	=IF(AND(I3=1,J3=0),"A",IF(AND(I3=0,J3=1),"B",IF(AND(I3=0,J3=0),"C")))						
	A	B	C	D	E	F	G	H	I	J	K
1	같아요	=IF(F1=G1,"같아요","다름")				7	홀	홀	두 개가 같은지 비교하여 특정값 반환		
2	FALSE	=IF(F1<>G1,"다름")		3인수를 생략하면 FALSE로 인식					1,0이면 A ; 0,1이면 B ; 0,0이면 C		
3		1	=IF(E1>=5,1,)	3인수에 쉼표만 있으면 0으로 인식					1	0	A
4		7	=IF(E1="","",E1)	빈 셀이면 빈 셀, 그 외는 셀값 그대로 반환					0	1	B
5									0	0	C
6	'적중여부'가 x면 0 그외는 금액 그대로										
7	적중여부	금액	적중금액		비교 시, 대/소문자는 무시함.						
8	X	20,000	0	=IF(A8="x", 0, B8)							
9	O	30,000	30,000								
10											
11	1이면 '양호', 2이면 '긴급', 3이면 ' 불량', 그 외는 빈셀.										
12	3	불량		=IF(A12=1,"양호", IF(A12=2,"긴급", IF(A12=3,"불량", "")))							
13	1	양호									
14	4			IF(OR(A12=1,A12=3),"긴급",IF(A12=2,"불량",""))							
15	2	긴급		위 수식은 1이거나 3이면 긴급, 2면 불량, 그외는 빈셀							
16	두 번째 숫자가 1이면 '양호', 2이면 '긴급', 3이면 ' 불량', 그 외는 빈셀.										
17	Q3AS	불량		MID 함수의 반환 자료형은 문자이므로..							
18	Q1TC	양호		숫자를 큰따옴표로 감싸고 있음							
19	Q49BV										
20	Q2KBV	긴급									

UNIT 39 IFERROR

- **기능** : 결과가 오류 값일 때 반환할 값 설정
- **구문** : IFERROR(value, value_if_error)
- **value** : 수식
- **value_if_error** : value의 결과가 오류 값일 때 반환할 값

B2			fx	=IFERROR(VLOOKUP(A2,$D$1:$E$6,2,0),"없음")				
	A	B	C	D	E	F	G	
1	모델명	점포명		모델명	점포명			
2	51391	B		47806	A			
3	57573	C		51391	B			
4	60654	없음		54423	C			
5	47806	A		57573	C			
6				60664	A			

UNIT 40　IFS (엑셀2016 버전)

- **기능** : 다중 조건을 보다 쉽게 작성
- **구문** : IFS(logical_test1, value_if_true1, [logical_test2, value_if_true2],…)
- logical_test, value_if_true을 한 쌍으로 봤을 때 127 쌍까지 가능.
- **logical_test** : 평가식 (TRUE로 반환 가능한 식)
- **value_if_true** : TRUE일 때의 반환 값

```
C10    fx  =IFS(AND(B3="카드",OR(D3={"부분취소","위약금"})),"송금",
               AND(B3="카드",OR(D3<>{"부분취소","위약금"})),"승인취소",
               B3="현금","송금",
               AND(B3<>"카드",B3<>"현금"),"")
```

	A	B	C	D	E	F	G	H	I	J	K	L
1	우	=IFS(J1>=90,"수",J1>=80,"우",J1>=70,"미",J1>=60,"양",TRUE,"가")								84		
2												
3		카드	승인취소	=IF(B3="카드",IF(OR(D3={"부분취소","위약금"}),"송금","승인취소"),IF(B3="현금","송금",""))								
4		카드	송금	위약금	B열이 `카드`면서 (D열이 `부분취소`거나 `위약금`)이면 "송금"							
5		카드	승인취소		B열이 `카드`면서 (D열이 `부분취소`거나 `위약금`)이 아니면 "승인취소"							
6		현금	송금		B열이 `현금`이면 "송금"							
7		카드	송금	부분취소	B열이 `카드`도 아니고 `현금`도 아니면 빈 문자("")							
8				부분취소								
9												
10			승인취소		수식 작성 시 한줄 띄우려면 <Alt Enter>							
11			송금		[C3:C8]의 전통 IF 함수는 괄호 때문에 수식 작성이 어려움							
12			승인취소		[C10:C15]의 IFS 함수를 사용하면 논리가 단순해짐							
13			송금									
14			송금		이 함수는 오피스365 버전에서 가능							
15												
16												

… | HLOOKUP | HOUR | IF | IFERROR | IFS | INDEX | IND …

UNIT 41　INDEX

- **기능** : 범위에서 특정 위치의 참조 반환
- **구문1** : INDEX(array, row_num, [column_num])
- **구문2** : INDEX(reference, row_num, [column_num], [area_num])
- **array, reference** : 범위
- **row_num** : 행 번호
- **column_num** : 열 번호
- **area_num** : 범위들 중 n번째

	A	B	C	D	E	F	G	H	I	J
1	사과	=INDEX(E:E,2)			품목	할인율	수량		주차	수량
2					사과	69%	40		1	20
3	범위에 4행 2열 셀 참조				바나나	34%	38		2	50
4	25%	=INDEX(E2:G6,4,2)			레몬	55%	15		3	30
5					오렌지	25%	25		4	10
6	55%에 해당하는 품목				배	59%	40			
7	레몬	=INDEX(E2:E6,MATCH(55%,F2:F6,0))								주차
8										3
9	수량 합계 (이렇게 2인수를 생략하면 1인수 전체 행을 의미)								시작주차	종료주차
10	158	=SUM(INDEX(E2:G6,,3))							2	4
11	3번째 범위[G2:G6]의 2번째 행 값									
12	38	=INDEX((E2:E6,F2:F6,G2:G6),2,,3)								
13	3주차까지의 수량합									
14	=SUM(J2:INDEX(J2:J5,MATCH(J8,I2:I5,0))) 3,I2:I5,0))									
15	2~4주차까지의 수량합									
16	90	=SUM(INDEX(J2:J5,MATCH(I10,I2:I5,0)):INDEX(J2:J5,MATCH(J10,I2:I5,0)))								
17										

UNIT 42 INDIRECT

- 기능 : 텍스트형 참조를 실제 참조로 반환
- 구문 : INDIRECT(ref_text, [a1])
- ref_text : A1 스타일, R1C1 스타일, 텍스트, 이름정의 등의 참조
- a1 : TRUE거나 생략하면 A1 스타일, FALSE면 R1C1 스타일

A1   fx =INDIRECT(F1)

	A	B	C	D	E	F
1	의지	=INDIRECT(F1)			의지	E1
2	의지	=INDIRECT("E"&ROW(A1))			index	
3	의지	=INDIRECT("na의지")				
4	의지	=INDIRECT("r1c"&COLUMN(E1),FALSE)				
5	의지	=INDIRECT(ADDRESS(1,5))				
6	할인율	=INDIRECT(E2&"!F1")				
7						
8	누적합				범위	값
9	8	=SUM(INDIRECT(E9))			f9:f9	8
10	10	=SUM(INDIRECT(E10))			f9:f10	2
11	15	=SUM(INDIRECT(E11))			f9:f11	5
12	19	=SUM(INDIRECT(E12))			f9:f12	4
13						
14	19	=SUM(INDIRECT(E14&":"&F14))			f9	f12
15						

UNIT 43 INT

- **기능** : 가장 작은 정수 반환
- TRUNC 함수는 소수점 이하 값만 버리고 정수 반환
- **구문** : INT(number)
- number : 숫자

	A	B	C	D	E
1	3	=INT(D1)		3.57	
2	-4	=INT(D2)		-3.29	
3	0	=INT(D3)		0	
4	-3	=TRUNC(D2)			

UNIT 44 ISERROR

- **기능** : 오류면 TRUE, 아니면 FALSE 반환
- **구문** : ISERROR(value)
- value : 값

	A	B	C	D	E
1	FALSE	=ISERROR(D1)		7	
2	TRUE	=ISERROR(D2)		#REF!	
3	TRUE	=ISERROR(D3)		#DIV/0!	
4	TRUE	=ISERROR(FIND("역",D1))			

UNIT 45 ISFORMULA

- **기능** : 수식 셀이면 TRUE, 아니면 FALSE 반환
- **구문** : ISFORMULA(reference)
- reference : 셀 참조

	A	B	C	D	E
1	TRUE	=ISFORMULA(C1)		=""	
2	FALSE	=ISFORMULA(C2)	999	5	
3	TRUE	=ISFORMULA(C3)	1004	=D2+C2	
4	TRUE	=ISFORMULA(C4)	우리는 1004	="우리는 "&C3	
5	FALSE	=ISFORMULA(C5)	TRUE		
6					
7	이 함수는 엑셀2013 이상 버전에서 가능				

UNIT 46 ISNUMBER

- **기능** : 숫자면 TRUE, 아니면 FALSE 반환
- **구문** : SNUMBER(value)
- value : 값

	A	B	C	D	E	F
1	TRUE	=ISNUMBER(E1)			7	
2	FALSE	=ISNUMBER(E2)			우리나라	
3	FALSE	=ISNUMBER(E3)			'7	
4	TRUE	=ISNUMBER(E4)			2016-05-16	
5	FALSE	=ISNUMBER(E5)			=""	
6	TRUE	=ISNUMBER(E6)			11:40 AM	
7	TRUE	=ISNUMBER(FIND("리나",E2))				

UNIT 48 ISODD

- **기능** : 숫자가 홀수면 TRUE, 짝수면 FALSE 반환
- 반대 함수는 ISEVEN
- **구문** : ISODD(number)
- **number** : 값
- 소수면 소수점 이하를 버리고 정수로 변환

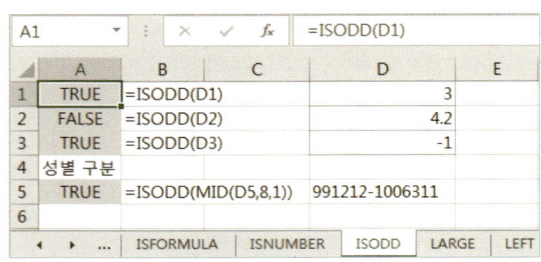

UNIT 49 JUNJA

- **기능** : 반각 문자(반자)를 전각 문자(전자)로 변환
- 전각 문자는 2바이트 글자로서 실제로 숫자나 영문자에서 의미가 있는데 글자 간격이 넓은 문자입니다. 한글이나 한자 등은 자체가 2바이트이므로 전각 문자나 반각 문자나 동일합니다.
- 반대 함수는 ASC.
- **구문** : =JUNJA(text)
- **text** : 내용

UNIT 50 LARGE

- **기능** : 범위에서 k번째로 큰 수
- **구문** : LARGE(array, k)
- **array** : 범위
- **k** : k번째

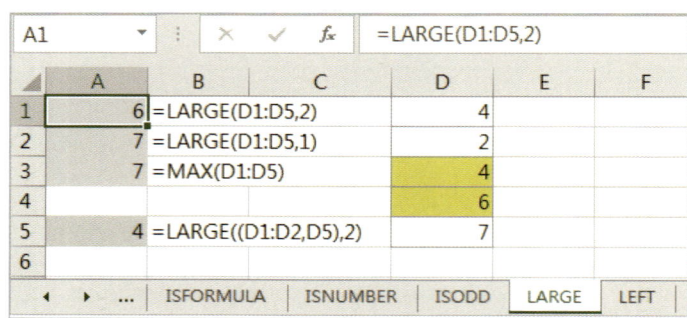

UNIT 51 LEFT

- **기능** : 내용의 첫 글자부터 지정 수만큼 문자열 반환
- 텍스트형 값 반환
- **구문** : LEFT(text, [num_chars])
- **text** : 대상 텍스트
- **num_chars** : 추출할 문자 수
- 생략하면 1로 인식

	A	B	C	D
1	판매	=LEFT(D1,3)		판매 가격
2	8	=LEFT(D3)		
3				890706-1004321
4	890706	=LEFT(D3,6)		
5	아래는 숫자지만 위는 문자			
6	890706	=LEFT(D3,6)-0		
7				

UNIT 52 LEN

- **기능** : 글자 수 반환
- **구문** : LEN(text)
- **text** : 대상 텍스트

	A	B	C	D	E
1	9	=LEN(D1)		우리나라 좋은나라	
2	8	=LEN(D2)		대한민국, 우리	
3	3	=LEN(D3)		234	
4					
5	아래 D열 셀에서 <Ctrl Shift ~>로 실제값 확인				
6	5	=LEN(D6)		2014-06-30	
7	7	=LEN(D7)		9:27 PM	
8					

UNIT 53 LENB

- **기능** : 글자 수를 바이트(Byte)로 반환
- 한글이나 한자 등 동아시아 언어는 한 글자가 2바이트이며, 숫자나 영문자는 한 글자당 1바이트입니다.
- **구문** : LENB(text)
- **text** : 대상 텍스트
- 텍스트가 영어인데 Alt + = 을 눌러 전자로 하고 입력하면 그림에 D9 셀같이 입력되고 이때의 영어 한 글자는 2바이트이므로 글자 수의 2배를 반환합니다. 숫자도 마찬가지지만 한글은 전자나 반자가 모두 한 글자당 2바이트이므로 결과는 동일합니다.
- 입력을 다시 반자로 하려면 Alt + = 을 한 번 더 누르세요.
- 이렇게 바이트 계산을 하는 B로 끝나는 함수는 이것 외에도 FINDB, LEFTB, MIDB, REPLACEB, RIGHTB, SEARCHB 가 있습니다.

UNIT 54 LOOKUP

- **기능** : 한 행이나 열 범위 또는 배열에서 값을 반환
- **구문1** : LOOKUP(lookup_value, lookup_vector, [result_vector])
- **구문2** : LOOKUP(lookup_value, array)
- **lookup_value** : 찾는 값 (대/소문자 구분하지 않고, 와일드카드 문자 불허)
- **lookup_vector** : 한 행이나 열 범위
- 구간 내에 근사값을 찾으려면 이 인수 값 들은 오름차순으로 있어야 합니다.
- **result_vector** : lookup_vector와 같은 크기의 범위
- **array** : 배열

UNIT 55 LOWER

- **기능** : 대문자를 소문자로 변환
- 반대 함수는 UPPER
- **구문** : LOWER(text)
- **text** : 대상 영문자

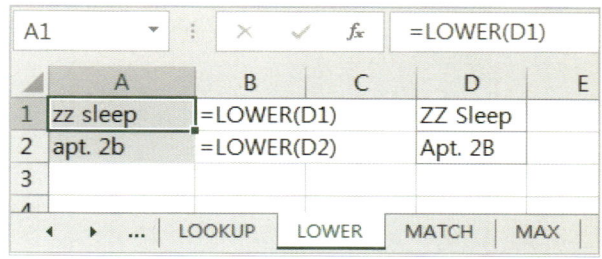

UNIT 56 MATCH

- **기능** : 범위에서 찾는 항목의 순번 반환
- 여러 개 있으면 맨 처음 나오는 값을 기준으로 반환
- **구문** : MATCH(lookup_value, lookup_array, [match_type])
- **lookup_value** : 찾는 값
- 와일드카드 문자 허용 (실제 《?》나 《*》를 찾으려면 이 문자 앞에 《~》 입력)하며 이때 match_type은 0이거나 앞에 쉼표(,)만 있어야 합니다.
- 대/소문자 구분하지 않습니다.
- 이 찾는 값의 글자 수는 255자를 초과할 수 없습니다.
- **lookup_array** : 찾을 범위
- **match_type** : 옵션 값 (1, 0, −1 중에 하나)
  1 : 이하 값 중에 최대값, lookup_array는 오름차순 정렬 (생략 가능)
  0 : 정확히 일치
  −1 : 이상 값 중에 최소값, lookup_array는 내림차순 정렬

UNIT 57 MAX

- **기능** : 범위에서 최대값 반환
- 반대 함수는 MIN
- **구문** : MAX(number1, [number2],…)
- **number** : 숫자
- 인수 개수는 최대 255개
- 빈 셀, 논리값, 텍스트는 무시

	A	B	C	D	E	F	G
	A4			fx	=MAX(INDEX((E1:E6="한국")*F1:F6,))		
1	20	=MAX(F1:F6)			한국	10	
2					한국	19	
3	한국 중에 최대값				한국	5	
4	19	=MAX(INDEX((E1:E6="한국")*F1:F6,))			미국	16	
5					한국	16	
6					미국	20	
7							

LOOKUP | LOWER | MATCH | **MAX** | MAXIFS | MID

UNIT 58 MAXIFS (엑셀2016 버전)

- **기능** : 조건에 맞는 최대값 반환
- **구문** : MAXIFS(max_range, criteria_range1, criteria1, [criteria_range2, criteria2],…)
- **max_range** : 최대값 구할 범위
- **criteria_range** : 조건 범위
- 각 criteria_range의 행과 열 개수 및 모양이 모두 같아야 합니다.
- **criteria** : 숫자나 텍스트 형식의 조건
- 와일드카드 문자 허용 (실제《?》나《*》를 찾으려면 이 문자 앞에《~》입력)
- 대/소문자 구분하지 않습니다.
- criteria_range, criteria을 한 쌍으로 봤을 때 127 쌍까지 가능.

	A	B	C	D	E	F	G
	A2			fx	=MAXIFS(F1:F6,E1:E6,"한국")		
1	한국 중에 최대값				한국	10	100
2	19	=MAXIFS(F1:F6,E1:E6,"한국")			한국	19	70
3	100	이상인 한국의 최대값?			한국	5	150
4	10	=MAXIFS(F1:F6,E1:E6,"한국",G1:G6,">="&A3)			미국	16	200
5					한국	16	90
6	이 함수는 오피스365 버전에서 가능				미국	20	120
7							

LOOKUP | LOWER | MATCH | MAX | **MAXIFS** | MID

UNIT 59   MID

- **기능** : 내용의 지정 위치부터 지정 개수만큼 글자 반환
- 텍스트형 값 반환
- **구문** : MID(text, start_num, num_chars)
  text : 대상
  start_num : 시작 위치
  num_chars : 반환할 문자 수
  - start_num + num_chars이 text길이를 초과하면 마지막 문자까지 반환

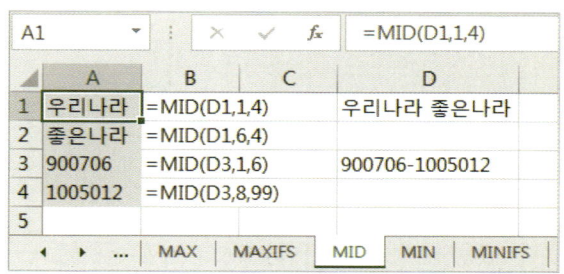

UNIT 60   MIN

- **기능** : 범위에서 최소값 반환
- 반대 함수는 MAX
- **구문** : MIN(number1, [number2],...)
- **number** : 숫자
- 인수 개수는 최대 255개
- 빈 셀, 논리값, 텍스트는 무시

UNIT 61   MINIFS (엑셀2016 버전)

- **기능** : 조건에 맞는 최대값 반환
- **구문** : MINIFS(min_range, criteria_range1, criteria1, [criteria_range2, criteria2],...)
- **min_range** : 최대값 구할 범위
- **criteria_range** : 조건 범위

- 각 criteria_range의 행과 열 개수 및 모양이 모두 같아야 합니다.
- **criteria** : 숫자나 텍스트 형식의 조건
- 와일드카드 문자 허용 (실제《?》나《*》를 찾으려면 이 문자 앞에《~》입력)
- 대/소문자 구분하지 않습니다.
- criteria_range, criteria을 한 쌍으로 봤을 때 127 쌍까지 가능.

UNIT 62 MINUTE

- **기능** : 시간에서 분(0부터 59 사이의 정수) 반환
- **구문** : MINUTE(serial_number)
- **serial_number** : 시간 값

UNIT 63 MOD

- **기능** : 숫자를 제수로 나눈 나머지 반환 (제수와 같은 부호)
- QUOTIENT 함수는 정수 몫을 반환
- **구문** : MOD(number, divisor)
- **number** : 대상 숫자
- **divisor** : 제수

UNIT 64 MONTH

- 기능 : 날짜에 월(1부터 12 사이의 정수) 반환
- 구문 : MONTH(serial_number)
- serial_number : 대상 날짜

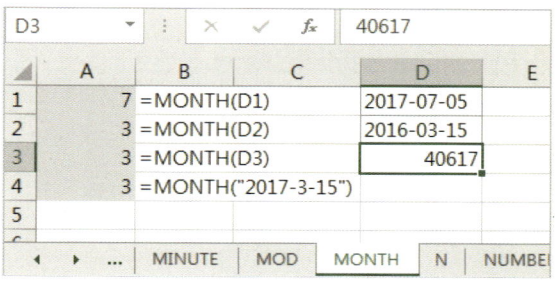

UNIT 65 N

- 기능 : 값을 숫자로 변환
- 구문 : N(value)
- value : 변환할 값

UNIT 66 NUMBERSTRING

- 기능 : 숫자를 특정 형식으로 변환
- 텍스트형 값 반환
- 도움말이 없는 숨겨진 함수, 입력 시 함수목록에도 안 뜹니다.
- 구문 : NUMBERSTRING(number, type)
- number : 숫자
- type : 형식 번호로서 1, 2, 3

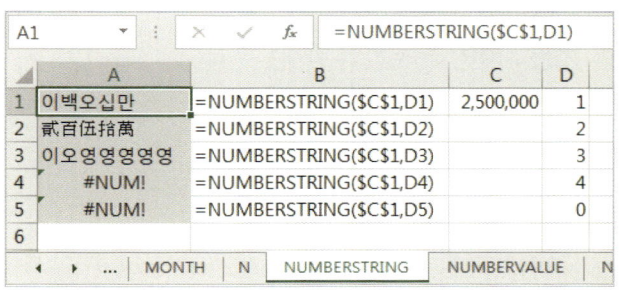

33장 _ 실전 함수 • 503

UNIT 67 NUMBERVALUE (엑셀2013 이상 버전)

- **구문** : NUMBERVALUE(text, [decimal_separator], [group_separator])
- **text** : 대상 텍스트
- **decimal_separator** : 정수 및 분수 부분을 구분하는 데 사용되는 문자
- **group_separator** : 천 단위와 백 단위, 백만 단위와 천 단위 등 숫자 그룹을 구분하는 데 사용되는 문자

UNIT 68 NETWORKDAYS

- **기능** : 기간 내 작업 일수 반환 (주말과 공휴일은 제외)
- **구문** : NETWORKDAYS(start_date, end_date, [holidays])
- **start_date** : 시작일
- **end_date** : 종료일
- **holidays** : 사용자 지정 휴일
- 이 값을 생략하면 주말 즉, 토요일과 일요일만 제외

UNIT 69 NOT

- **기능** : 해당 논리 값의 반대를 반환
- 논리 값 반환
- **구문** : NOT(logical)
- **logical** : TRUE / FALSE 판정 값

UNIT 70 NOW

- **기능** : 내 컴퓨터의 현재 날짜와 시간을 일련번호로 반환
- **구문** : NOW()

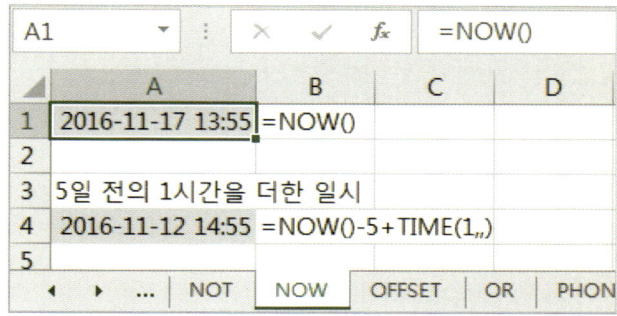

UNIT 71 OFFSET

- **기능** : 셀(범위) 참조에서 일정 수만큼 변환한 참조 반환
- **구문** : OFFSET(reference, rows, cols, [height], [width])
- **reference** : 기준 셀(범위)
- **rows** : reference로부터 행 방향의 행 수
- 양수는 아래, 음수는 위로 향합니다.
- **cols** : reference로부터 열 방향의 열 수
- 양수는 오른쪽, 음수는 왼쪽으로 향합니다.
- **height** : 참조의 행 개수
- 생략하면 reference의 행 개수로 인식
- **width** : 참조의 열 개수
- 생략하면 reference의 열 개수로 인식

UNIT 72 OR

- **기능** : 인수가 하나라도 TRUE면 TRUE를 반환
- 논리 값 반환
- **구문** : OR(logical1, [logical2], …)
- **logical** : 논리 값(TRUE / FALSE)으로 연산 가능해야 합니다.
- 인수 개수는 최대 255개

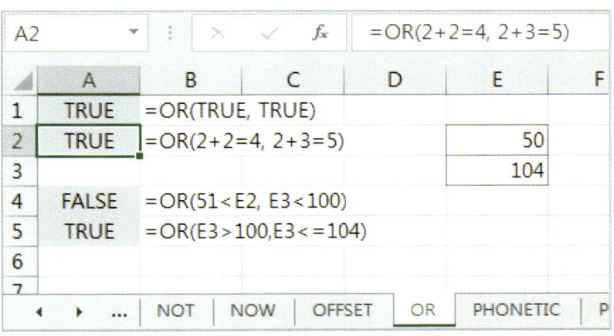

UNIT 73　PHONETIC

- **기능** : 윗주 필드 반환
- 텍스트형 값만 반환하며 수식이나 숫자 값은 무시.
- 윗주 필드는《홈》탭 →《글꼴》그룹에《내천(川)》단추
- 윗주 필드 없이 텍스트라면 텍스트 반환
- **구문** : PHONETIC(reference)
- reference : 대상 셀

	A	B	C	D	E	F	G
1	우리	=PHONETIC(E1:F1)			우리 코리아		
2	우리나라	=PHONETIC(E2:G2)			우리	7	나라
3	우리8나라	=PHONETIC(E3:G3)			우리	8	나라
4	나라	=PHONETIC(E4:G4)			나라	7	우리
5							

UNIT 74　PI

- **기능** : 원주율 3.14159265358979 (무한소수) 로서 15자리 정밀도로 반환
- **구문** : PI()

	A	B	C	D
1	파이는 원주율로서 무한소수			
2	3.141592654	=PI()		
3				
4	반지름 3Cm의 원 면적?			
5	28.27433388	공식: πr^2		
6				
7				

UNIT 75 POWER

- **기능** : x를 n번 거듭제곱한 수를 반환
- **구문** : POWER(number, power)
- **number** : 밑수로서 대상 값
- **power** : 지수로서 밑수를 거듭제곱할 수
- 밑수가 음수면 1을 밑수로 나눈 뒤, 그 수를 지수로 거듭제곱한 값 반환

UNIT 76 PRODUCT

- **기능** : 곱한 값 반환
- **구문** : PRODUCT(number1, [number2],…)
- **number** : 대상 값
- 인수 개수는 최대 255개

UNIT 77 PROPER

- **기능** : 단어 단위로 첫 문자를 대문자로 변환하고 나머지는 소문자로 변환
- 유사함수로 LOWER, UPPER
- **구문** : PRODUCT(number1, [number2],…)
- **number** : 대상 값
- 인수 개수는 최대 255개

UNIT 78　RADIANS

- 기능 : 도 단위의 각도를 라디안 단위로 변환.
- 구문 : RADIANS(angle)
- angle : 도 단위 각도

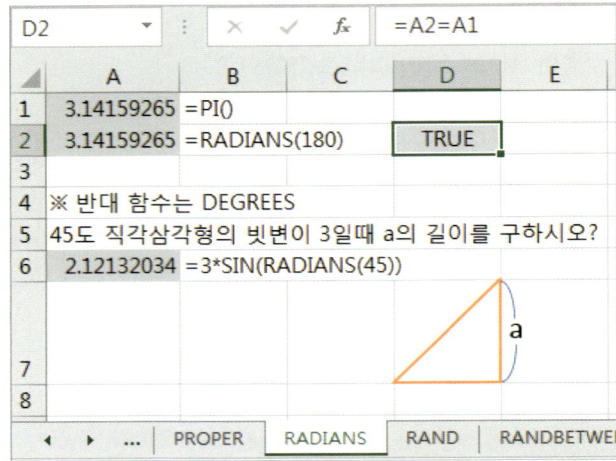

UNIT 79　RAND

- 기능 : 0 이상 1 미만의 무작위 숫자 발생
- a와 b사이의 난수를 만드는 수식 :
  =RAND() * (b-a)+a
- 구문 : RAND()

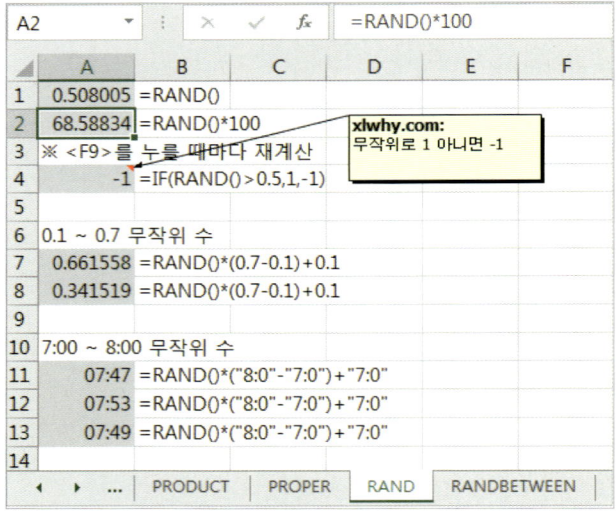

UNIT 80　RANDBETWEEN

- 기능 : 지정한 두 수 사이의 정수형 무작위 숫자 발생
- 구문 : RANDBETWEEN(bottom, top)
- bottom : 가장 작은 정수
- top : 가장 큰 정수

UNIT 81 RANK

- **기능** : 범위에서 순위 반환
- **구문** : RANK(number, ref, [order])
- **number** : 순위 대상 값
- **ref** : 범위
- **order** : 순위 결정 방법으로서 생략하거나 0이면 내림차순, 1이면 오름차순

	A	B	C	D	E	F	G	H	I
1	순위			점수		순위		불량수	유형
2	5	=RANK(D2,$D$2:$D$6)		10		1	=RANK(H2,$H$2:$H$6)+COUNTIF(H$2:H2,H2)-1	3	버튼
3	3	=RANK(D3,$D$2:$D$6)		50		4	=RANK(H3,$H$2:$H$6)+COUNTIF(H$2:H3,H3)-1	1	디바이더
4	4	=RANK(D4,$D$2:$D$6)		20		2	=RANK(H4,$H$2:$H$6)+COUNTIF(H$2:H4,H4)-1	2	케이스
5	2	=RANK(D5,$D$2:$D$6)		60		3	=RANK(H5,$H$2:$H$6)+COUNTIF(H$2:H5,H5)-1	2	S/D
6	1	=RANK(D6,$D$2:$D$6)		90		5	=RANK(H6,$H$2:$H$6)+COUNTIF(H$2:H6,H6)-1	0	커버

UNIT 82 REPLACE

- **기능** : 내용의 일부를 지정 문자 수만큼 다른 내용으로 변환
- 텍스트형 값 반환
- **구문** : REPLACE(old_text, start_num, num_chars, new_text)
- **old_text** : 대상 값
- **start_num** : 시작 위치
- **num_chars** : 문자 수
- **new_text** : 바꿀 내용

A1 =REPLACE(E1,3,2,17)-0

	A	B	C	D	E	F
1	2017	=REPLACE(E1,3,2,17)-0			2009	
2	21세기	=REPLACE(E2,3,2,"세기")			2109	
3	money	=REPLACE(E3,4,1,"")			monkey	

xlwhy.com:
-0을 한것은 숫자로 변환하기 위함

UNIT 83 REPT

- **기능** : 내용을 지정 횟수만큼 반복
- 텍스트형 값 반환
- **구문** : REPT(text, number_times)
- **text** : 대상 값
- **number_times** : 반복할 횟수

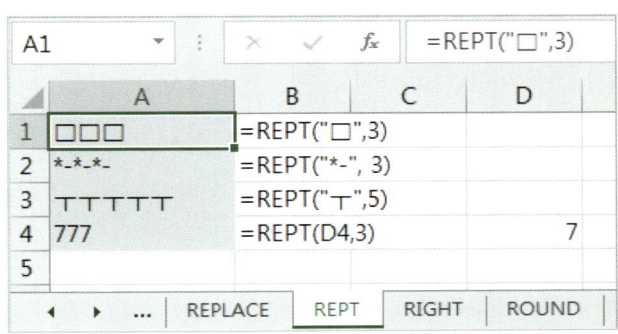

UNIT 84 RIGHT

- **기능** : 내용의 끝 글자부터 왼쪽 방향으로 지정 수만큼 반환
- 텍스트형 값 반환
- **구문** : RIGHT(text, [num_chars])
- **text** : 대상 텍스트
- **num_chars** : 추출할 문자 수
- 생략하면 1로 인식

	A	B	C	D	E
1	가격	=RIGHT(D1,2)		판매 가격	
2	번호	=RIGHT(D2,3)		주식 번호	
3	라	=RIGHT(D3)		우리나라	
4	0414	=RIGHT(D4,4)		19350414	
5					

A1 =RIGHT(D1,2)

UNIT 85 ROUND

- **기능** : 숫자를 지정 자릿수로 반올림
- **구문** : ROUND(number, num_digits)
- **text** : 대상 값
- **num_digits** : 반올림한 결과 자릿수 (음수, 0, 양수)
- 이 값이 0이면 소수점 첫째 자리에서 반올림한 결과 정수로 반환

A4 =ROUND(D4, 2)

	A	B	C	D	E	F
1	2.2	=ROUND(D1,1)		2.15		
2	2386	=ROUND(D2,0)		2385.76		
3	254000	=ROUND(D3,-3)		253600		
4	-1.47	=ROUND(D4,2)		-1.472		

- 소수점 2째 자리에서 반올림하여 1째 자리로 반환
- 100째 자리에서 반올림하여 1000째 자리로 반환

UNIT 86 ROUNDDOWN

- **기능** : 0에 가까운 방향으로 내림
- **구문** : ROUNDDOWN(number, num_digits)
- **number** : 대상 값
- **num_digits** : 내림한 결과 자릿수 (음수, 0, 양수)
- 이 값이 0이면 소수점 첫째 자리에서 내림한 결과 정수로 반환

A5 =ROUNDDOWN(C5,-3)

	A	B	C	D
1	2.1	=ROUNDDOWN(C1,1)	2.15	
2	2385	=ROUNDDOWN(C2,0)	2385.76	
3	0	=ROUNDDOWN(C3,-2)	-1.472	
4	백원 단위 절사			
5	16000	=ROUNDDOWN(C5,-3)	16170	
6	25000	=ROUNDDOWN(C6,-3)	25127	

UNIT 87 ROUNDUP

- 기능 : 0에 가까운 방향으로 올림
- 구문 : ROUNDUP(number, num_digits)
- number : 대상 값
- num_digits : 올림한 결과 자릿수 (음수, 0, 양수)
- 이 값이 0이면 소수점 첫째 자리에서 올림한 결과 정수로 반환

	A	B	C	D	E
1	2.2	=ROUNDUP(C1,1)	2.15		
2	2386	=ROUNDUP(C2,0)	2385.76		
3	-100	=ROUNDUP(C3,-2)	-1.472		
4	백원 단위 절상				
5	17000	=ROUNDUP(C5,-3)	16170		
6	26000	=ROUNDUP(C6,-3)	25127		

A5: =ROUNDUP(C5,-3)

UNIT 88 ROW

- 기능 : 행 번호 반환
- 구문 : ROW([reference])
- reference : 셀 참조
- 생략하면 수식 셀 자체로 인식

	A	B	C	D
1	1	=ROW()		
2	3	=ROW(B3)		

A1: =ROW()

UNIT 89 ROWS

- 기능 : 행 개수 반환
- 구문 : ROWS(array)
- array : 구할 범위

	A	B	C	D	E
1	5	=ROWS(B1:D5)			
2	1	=ROWS(B1:B1)			

A1: =ROWS(B1:D5)

UNIT 90 SEARCH

- **기능** : 찾는 값의 첫 글자 위치번호 반환
- 대/소문자 구분 안합니다.
- **구문** : SEARCH(find_text, within_text, [start_num])
- **find_text** : 찾는 값
- 와일드카드 문자는 허용하지 않습니다.
- **within_text** : 대상 값
- **start_num** : 찾기 시작할 위치번호 (생략하면 1로 인식)

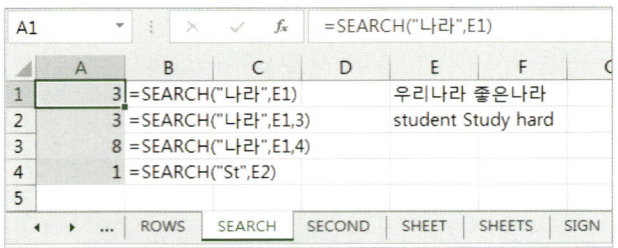

UNIT 91 SECOND

- **기능** : 시간에서 초(0부터 59 사이의 정수) 반환
- **구문** : SECOND(serial_number)
- **serial_number** : 시간 값

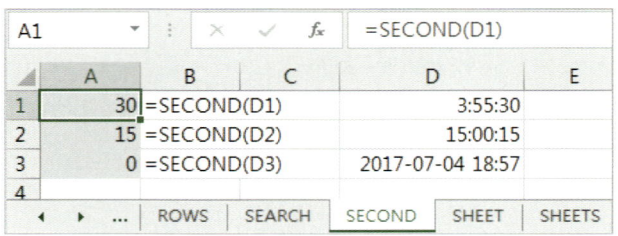

UNIT 92 SHEET (엑셀2013 이상 버전)

- **기능** : 참조의 시트 번호 반환
- **구문** : SHEET([value])
- **value** : 시트명 또는 참조 (생략하면 그 수식 시트의 번호가 반환)
- 《이름》도 참조이므로 가능한데 범위가 통합 문서가 아니라 특정 시트라면 오류

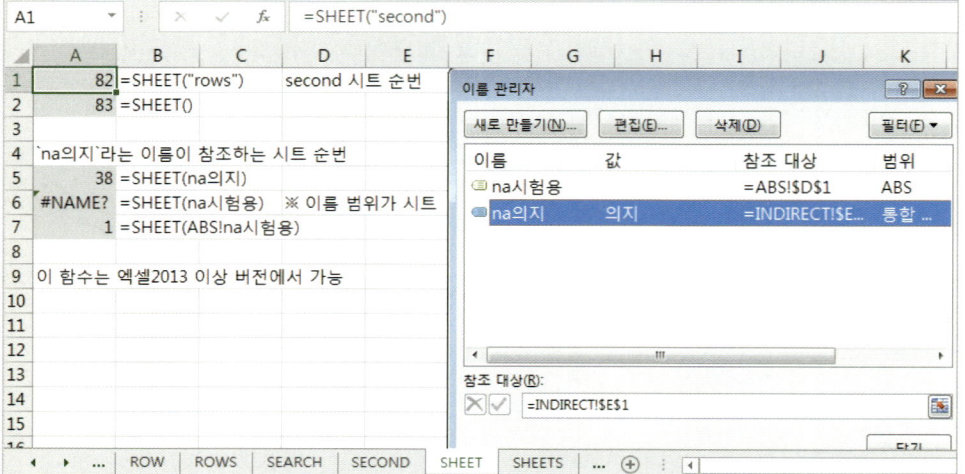

UNIT 93   SHEETS (엑셀2013 이상 버전)

- 기능 : 참조의 시트 개수 반환
- 구문 : SHEETS([reference])
- reference : 참조 영역 (생략하면 통합 문서 내 모든 시트 개수 반환)
— 숨긴 시트도 포함됩니다.

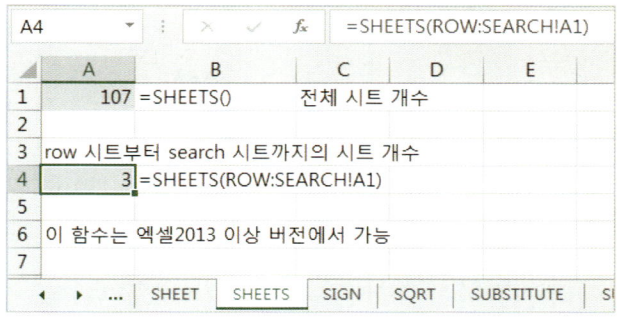

UNIT 94   SIGN

- 기능 : 양수면 1, 0이면 0, 음수면 –1을 각각 반환
- 구문 : SIGN(number)
- number : 대상 값

UNIT 95   SIN

- 기능 : 해당 각도의 사인 값을 반환
- 구문 : SIN(number)
- number : 라디안 단위 각도

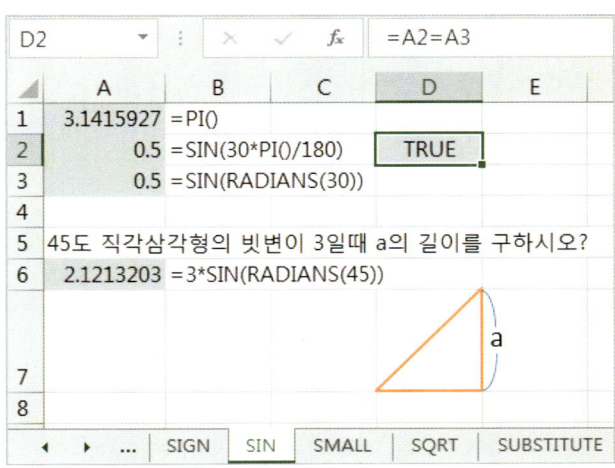

33장 _ 실전 함수 · 513

UNIT 96 SMALL

- **기능** : 범위에서 k번째로 작은 수
- **구문** : SMALL(array, k)
- array : 범위
- k : k번째

UNIT 97 SQRT

- **기능** : 루트(root) 즉, 제곱근 반환
- 같은 수(x)를 서로 곱해서 n이 되는 x를 구합니다.
- **구문** : SQRT(number)
- number : 대상 값

UNIT 98 SUBSTITUTE

- **기능** : 내용의 지정 글자를 특정 글자로 대체
- 텍스트형 값 반환
- **구문** : SUBSTITUTE(text, old_text, new_text, [instance_num])
- text : 대상 텍스트
- old_text : 바꿀 문자
- text : 대체할 문자
- instance_num : old_text 가 여러 개 있을 때 n번째 (생략하면 모두 변환)

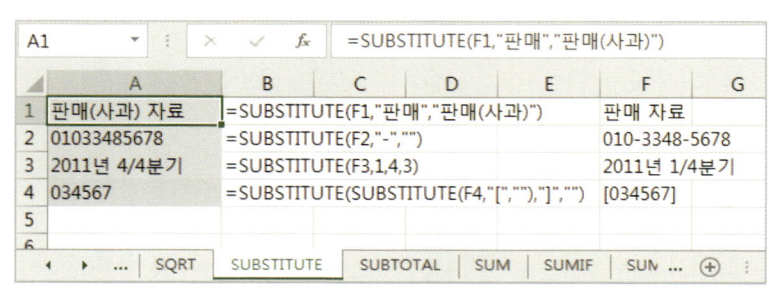

UNIT 99 SUBTOTAL

- **기능** : 위에서 보이는 셀만 계산
- **구문** : SUBTOTAL(function_num, ref1, ref2, ...)
- **function_num** : 사용할 함수 번호로서 정수 (1~11, 101~111)
- 이 값이 두 자리 수면 필터로 숨긴 행은 무시하고, 세 자리 수면 수동으로 숨긴 행을 무시하고 계산합니다. 하지만 두 자리든 세 자리든 필터 상태(파랑 행 번호)에서 수동으로 숨긴 행은 무시합니다.
- **ref** : 범위
- ref 개수는 최대 254개

UNIT 100 SUM

- **기능** : 더하기
- **구문** : SUM(number1, [number2], ...)
- **number** : 숫자나 셀 또는 범위
- 인수 개수는 최대 255개
- 인수에 빈 셀, 논리값, 텍스트 등은 무시

UNIT 101 SUMIF

- **기능** : 한 조건에 맞는 값들의 합계
- **구문** : SUMIF(range, criteria, [sum_range])
- **range** : 조건 범위
- **criteria** : 숫자나 텍스트 형식의 조건
- **sum_range** : 합계 범위
- 와일드카드 문자 허용 (실제《?》나《*》를 찾으려면 이 문자 앞에《~》입력)
- 대/소문자 구분하지 않습니다.

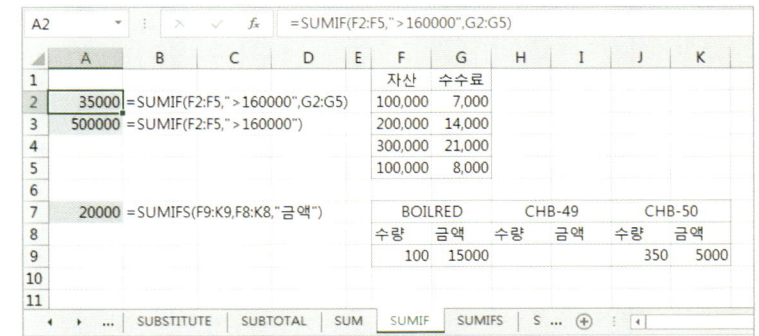

UNIT 102　SUMIFS

- **기능** : 다중 조건에 맞는 값들의 합계
- **구문** : SUMIFS(sum_range, criteria_range1, criteria1, [criteria_range2, criteria2], …)
- **sum_range** : 합계 범위
- **criteria_range** : 조건 범위
- 각 criteria_range의 행과 열 개수 및 모양이 모두 같아야 합니다.
- **criteria** : 숫자나 텍스트 형식의 조건
- 와일드카드 문자 허용 (실제《?》나《*》를 찾으려면 이 문자 앞에《~》입력)
- 대/소문자 구분하지 않습니다.
- criteria_range, criteria을 한 쌍으로 봤을 때 127 쌍까지 가능.

UNIT 103　SUMPRODUCT

- **기능** : 배열에서 해당 요소를 모두 곱하고 그 곱의 합계를 반환
- **구문** : SUMPRODUCT(array1, [array2], [array3], …)
- **array** : 배열
- 인수 개수는 최대 255개

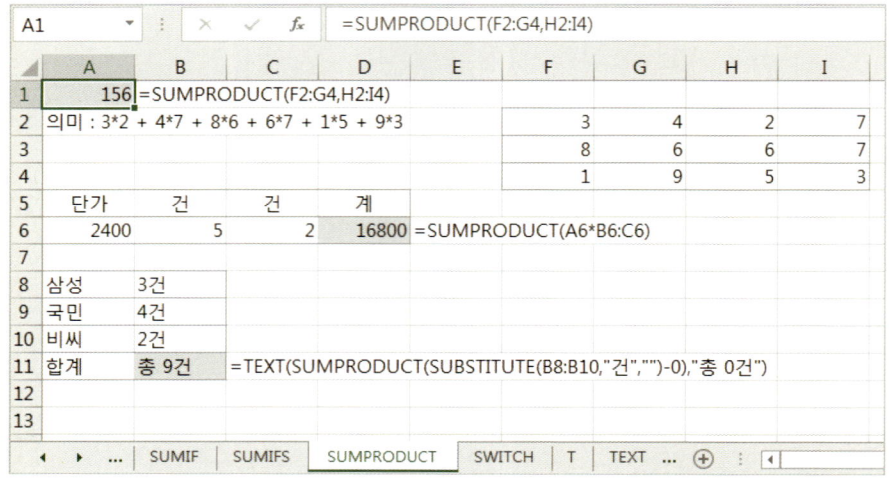

UNIT 104 SWITCH (엑셀2016 버전)

- **기능** : 조건에 맞는 값 반환
- **구문** : SWITCH(expression, value1, result1, [default or value2, result2],…[default or value3, result3])
- **expression** : 표현식
- **value** : 조건 값
- **result** : 반환 값
- 대/소문자 구분하지 않습니다.
- value, result를 한 쌍으로 봤을 때 126 쌍까지 가능.

UNIT 105 T

- **기능** : 텍스트 반환
- 텍스트형 값 반환
- **구문** : T(value)
- **value** : 대상 값
- 이 값이 문자가 아니면 빈 문자("") 반환

UNIT 106 TEXT

- **기능** : 표시 형식을 지정하여 문자형으로 반환
- 텍스트형 값 반환
- **구문** : TEXT(value, format_text)
- **value** : 대상 값
- **format_text** : 표시 형식

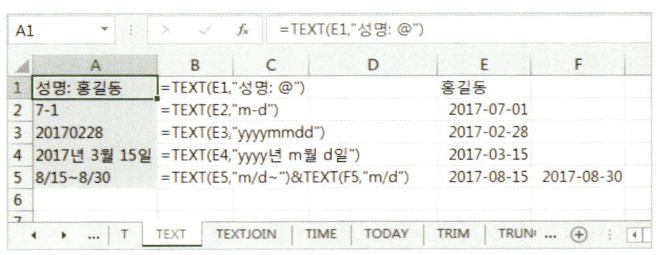

UNIT 107 TEXTJOIN (엑셀2016 버전)

- **기능** : 여러 값을 한 값으로 결합 (구분자 포함 가능)
- 텍스트형 값 반환
- **구문** : TEXTJOIN(delimiter, ignore_empty, text1, [text2],…)
- 반환할 값이 32767자를 초과하면 오류 값 #VALUE! 반환
- **delimiter** : 구분자로서 빈 문자("")를 넣으면 구분자 없습니다.
- 이 값을 생략하고 쉼표(,)만 넣어도 구분자 없는 걸로 인식합니다.
- **ignore_empty** : 빈 셀 관련 논리 값(TRUE / FALSE)
- TRUE면 빈 셀은 무시. 생략하면 TRUE로 인식
- **text** : 결합할 내용
- 인수 개수는 최대 253개

	A	B	C	D	E
1	우리 나라 좋은 나라	=TEXTJOIN(" ",TRUE,D1:D5)		우리	1
2	우리 나라 좋은 나라	=TEXTJOIN(" ",FALSE,D1:D5)		나라	2
3					3
4	I'm excel장인	=TEXTJOIN(" ",TRUE,"I'm","excel장인")		좋은	4
5	우리77나라77좋은77나라	=TEXTJOIN(77,TRUE,D1:D5)		나라	5
6	우리1나라23좋은4나라5	=TEXTJOIN(,TRUE,D1:E5)			
7					
8	이 함수는 오피스365 버전에서 가능				

UNIT 108 TIME

- **기능** : 시간 반환
- **구문** : TIME(hour, minute, second)
- **hour** : 시 (0에서 32767 사이의 숫자)
- **minute** : 분 (0에서 32767 사이의 숫자)
- **second** : 초 (0에서 32767 사이의 숫자)

	A	B	C	D	E	F
1				시	분	초
2	0.5	=TIME(D2,E2,F2)		12	0	0
3	0.704977	=TIME(D3,E3,F3)		16	55	10

UNIT 109 TODAY

- **기능** : 컴퓨터의 오늘 날짜를 일련번호로 반환
- **구문** : TODAY()

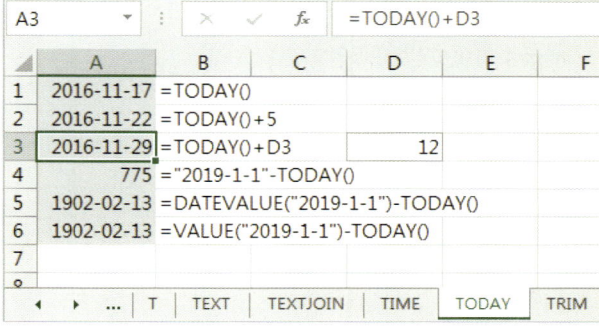

UNIT 110 TRANSPOSE

- **기능** : 행 자료를 열에 가져오거나 그 반대
- 보통 다중 셀 배열식으로 많이 쓰입니다. 즉 셀 범위를 선택한 상태에서 임의의 한 셀에 수식을 넣고 커서가 깜박일 때 Ctrl + Shift + Enter 로 수식 입력을 완료하여 선택 셀에 모두 같은 수식이 들어가게 합니다. 이 수식 입력 시 참조 유형(상대, 절대 등)은 무시.
- **구문** : TRANSPOSE(array)

UNIT 111 TRIM

- **기능** : 값 양끝에 공백문자 지우고, 안에 연속 공백 두 개 이상은 하나만 남기기.
- 텍스트형 값 반환
- **구문** : TRIM(text)
- **text** : 대상 값

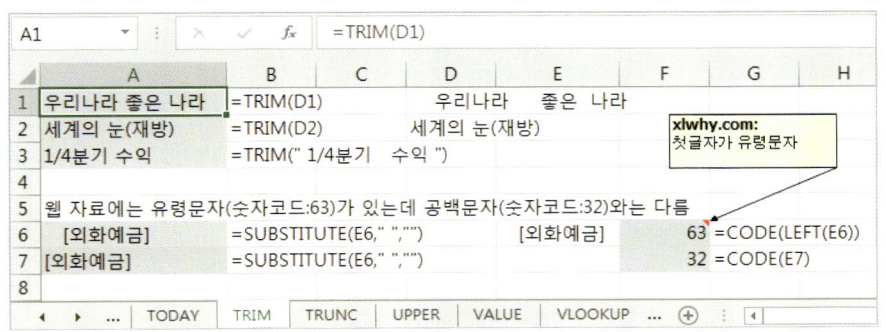

UNIT 112 TRIMMEAN

- **기능** : 데이터 범위에서 양 끝(최대, 최소)값을 제외하고 평균을 구합니다.
- **구문** : TRIMMEAN(array, percent)
- **array** : 데이터 범위
- **percent** : 양끝에서 제외할 요소

	A	B	C	D	E
1	홍길동	11			
2	홍길동	86		최대,최소를 제외한 평균	
3	홍길동	92		44.85714	=TRIMMEAN(B1:B9,2/COUNT(B1:B9))
4	홍길동	22			
5	이이	5		상하위 각각 10%를 제외한 평균	
6	이이	25		45.66667	=TRIMMEAN(B1:B9,20%)
7	이이	55			
8	이이	90		이이의 최대,최소를 제외한 평균	
9	이이	25		35	{=TRIMMEAN(IF(A1:A9="이이",B1:B9),2/COUNTIF(A1:A9,"이이"))}

D6: =TRIMMEAN(B1:B9,20%)

UNIT 113 TRUNC

- **기능** : 수를 특정 자릿수로 내림
- **구문** : TRUNC(number, [num_digits])
- **number** : 대상 값
- **num_digits** : 내릴 자릿수 (생략하면 0으로 인식)
- 이 값이 0이면 정수로 내리고, 1이면 소수점 첫째자리로 내립니다.

A1: =TRUNC(D1)

	A	B	C	D	E
1	7	=TRUNC(D1)		7.923	
2	-7	=TRUNC(D2)		-7.941	
3	8.9	=TRUNC(D3,1)		8.963	
4	180	=TRUNC(D4,-1)		187.392	
5	3	=TRUNC(D5)		3.141593	=PI()

UNIT 114 UPPER

- **기능** : 소문자를 대문자로 변환
- **구문** : UPPER(text)
- **text** : 대상 영문자

A2: =UPPER(D2)

	A	B	C	D
1	ZZ SLEEP	=UPPER(D1)		ZZ Sleep
2	APT. 2B	=UPPER(D2)		Apt. 2B

UNIT 115 VALUE

- **기능** : 숫자를 나타내는 텍스트를 숫자로 변환
- **구문** : VALUE(text)
- **text** : 대상 값

	A	B	C	D	E
2	43040	=VALUE("17-11-1")			
3	#VALUE!	=VALUE(D3)		aaa	
4	#VALUE!	=VALUE(D4)		03우린	
5	3	=VALUE(D5)		03	
6	3	=VALUE(D6)		03	
7	51	=VALUE(RIGHT(D7,3))		20120051	
8	52	=VALUE(RIGHT(D8,3))		20120052	
9	102	=VALUE(RIGHT(D9,3))		20120102	

셀 A2: =VALUE("17-11-1")

UNIT 116 VLOOKUP

- **기능** : 표 범위의 첫 번째 열에서 값을 찾아 같은 행의 우측 열에 있는 값을 반환
- 찾는 값이 여러 개 있으면 맨 위에 값으로 간주하여 반환
- **구문** : VLOOKUP(lookup_value, table_array, col_index_num, [range_lookup])
- **lookup_value** : 찾는 값
- 와일드카드 문자 허용 (실제 《?》나 《*》를 찾으려면 이 문자 앞에 《~》 입력)하며 이때 range_lookup은 FALSE 또는 0이거나 앞에 쉼표(,)만 있어야 합니다.
- 대/소문자 구분하지 않습니다.
- 이 찾는 값의 글자 수는 255자를 초과할 수 없습니다.
- **table_array** : 표 범위
- **col_index_num** : 반환할 열의 위치번호
- **range_lookup** : 옵션 (FALSE 또는 TRUE)
- **FALSE** : 정확히 일치
- **TRUE** : 유사 일치

	A	B	C	D	E	F	G	H	I	J
B2			fx	=VLOOKUP(A2,$G$2:$I$5,2,FALSE)						
1	채소	5일					채소	5일	7일	9일
2	시금치	150	=VLOOKUP(A2,$G$2:$I$5,2,FALSE)				콩	28	15	15
3	김치	26	=VLOOKUP(A3,$G$2:$I$5,2,0)				김치	26	20	
4	홍삼	100	=VLOOKUP(A4,$G$2:$I$5,MATCH(B1,G1:I1,0),0)				홍삼	100	90	
5	9일김치		=TEXT(VLOOKUP("김치",G2:J5,4,),"0;;")				시금치	150	110	110
6	9일김치		=IF(VLOOKUP("김치",G2:J5,4,)="","",VLOOKUP("김치",G2:J5,4,))							
7			xlwhy.com: B5 셀과 결과는 같아 보이지만 B5 셀은 언제나 테스트형 자료를 반환함.							
8	점수	등급						이상	미만	등급
9	780	D	=IFERROR(VLOOKUP(A9,$H$9:$J$14,3,TRUE),"D")					790	795	C0
10	804	B0	=IFERROR(VLOOKUP(A10,$H$9:$J$14,3,TRUE),"D")					795	800	C+
11	889	A+	=IFERROR(VLOOKUP(A11,$H$9:$J$14,3,TRUE),"D")					800	805	B0
12	755	D	=IFERROR(VLOOKUP(A12,$H$9:$J$14,3,TRUE),"D")					805	810	B+
13	805	B+	=IFERROR(VLOOKUP(A13,$H$9:$J$14,3,TRUE),"D")					810	815	A0
14								815	820	A+
15										
16	월	구분				명칭	구분			
17	차산리7-6	d	=VLOOKUP(A17&"*",F17:G20,2,)			차산리76-7(쉼터빌)	a			
18	이렇게 와일드카드 문자의 찾는 값 글자수는					차산리80	c			
19	255자까지 가능					차산리7-6(아우네)	d			
20						차산리825-1	w			
21										

| ... | VALUE | VLOOKUP | WEEKDAY | WEEKNUM | WORKDAY ... |

	I	J	K	L	M	N	O	P	Q	R	S	T
M2					fx	=VLOOKUP($L2,$Q:$T,COLUMN(B1),FALSE)						
1	7일	9일		NO	DWG	MARK	BLOCK		NO	DWG	MARK	BLOCK
2	15	15		4	185-01-444	A3L	3L		1	185-01-441	A3L	01R
3	20								2	185-01-442	A3L	01L
4	90			노랑을 입력하면 주황에서 찾아 우측 셀 값을 회색에 표현. 이 셀의 채우기 핸들을 우측으로 끌기. VLOOKUP의 3인수에 COLUMN(B1)은 B열의 임의 셀(B1)을 선택하여 2를 만든 것임.					3	185-01-443	A3L	2L
5	110	110							4	185-01-444	A3L	3L
6									5	185-01-445	A3L	4L
7									6	185-01-446	A3L	5L
8	미만	등급							7	185-01-447	A3L	6L
9	795	C0							8	185-01-448	A3L	7L
10	800	C+										

| ... | TRUNC | UPPER | VALUE | VLOOKUP | WEEKDAY | WEEKNUM | WORKDAY ... |

UNIT 117 WEEKDAY

- **기능** : 날짜에서 요일 번호를 반환
- 요일 번호는 1~7 또는 0~6의 정수
- **구문** : WEEKDAY(serial_number, [return_type])
- **serial_number** : 날짜
- **return_type** : 옵션
- 이 값이 1 또는 생략되면 일요일이 1, 2면 월요일이 1, 3이면 월요일이 0
- 엑셀2010 이상부터는 이 값이 11~17까지 7개가 더 추가됩니다.

UNIT 118 WEEKNUM

- **기능** : 일 년 중 몇 번째 주인지 반환
- **구문** : WEEKNUM(serial_num, [return_type])
- **serial_number** : 날짜
- **return_type** : 옵션
- 이 값이 1 또는 생략되면 일요일부터 주의 시작, 2면 월요일부터 주 시작
- 엑셀2010 이상부터는 이 값이 11~17까지 그리고 21까지 8개가 더 추가됩니다.

UNIT 119 WORKDAY

- **기능** : 지정 일수 후의 날짜를 반환 (주말과 공휴일은 제외)
- **구문** : WORKDAY(start_date, days, [holidays])
- **start_date** : 날짜
- **days** : 경과 일 수 (음수면 이전)
- **holidays** : 사용자 지정 휴일
- 이 값을 생략하면 주말 즉, 토요일과 일요일만 제외

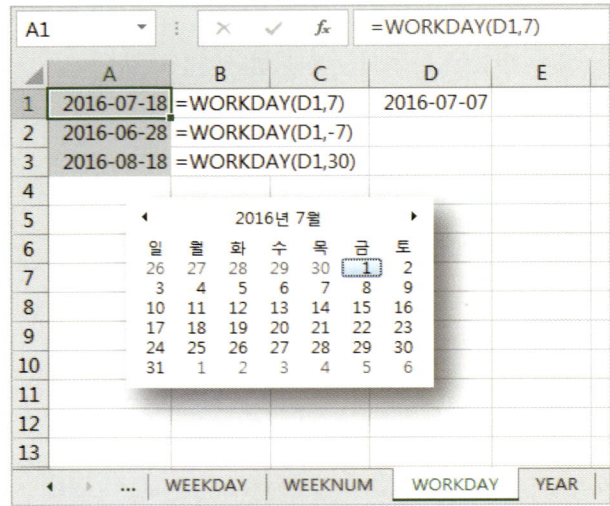

UNIT 120 YEAR

- **기능** : 날짜에서 연(年) 반환
- **구문** : YEAR(serial_number)
- **serial_number** : 대상 날짜

34 CHAPTER 실전 수식

실무에서 수식은 매우 중요하며 많이 씁니다. 엑셀의 꽃이죠. 수식은 작성하는 이에 따라 천차만별이죠. 수식은 보통 여러 함수를 포함하며, 이 함수들을 조합해야합니다. 수식이 너무 복잡하면 중간 단계로 보조 셀을 만들고 그것을 이용하여 수식을 작성하면 쉽습니다. 쉬워야 나중에 수정/보완이 빠릅니다. 소개할 예제 파일의 회색 셀에는 수식이 있으며, 진한 회색 셀은 회색 셀을 위한 보조 수식입니다.
여러 실전 수식을 보면서 함수가 어떻게 조합되는지 익히시기 바랍니다.

7부\실전수식.xlsx

UNIT 01 수식 일부 선택

▷ **목적** : 주황 각 셀을 노랑에서 찾아 있는 것만 보려고 합니다.

- 《비교》 시트의 D2 셀 수식 : =MATCH(E2,$A$2:$A$6,0) 이 셀에 채우기 핸들을 아래로 끌기.
- **수식 의미** : E2 셀을 [A2:A6] 에서 찾아서 있으면 그 순번, 없으면 오류 값(#N/A)을 반환.
- 《임시》 필드에서 숫자 셀만 필터.

UNIT 01   요일, n주차, 숫자 → 날짜, 일시=일/시, 결제일, n년 후

	A	B	C	D	E	F	G	H
1								
2	날짜	요일	몇주차		숫자	문자형날짜	100일후	날짜
3	2017-10-28	토	4		20170706	2017-07-06	2017-10-14	2017-07-06
4	2017-10-31	화	5					
5	2017-11-01	수	1		일시		날짜	시각
6	2017-11-03	금	1		2016-11-02 3:55		2016-11-02	03:55
7	2017-11-07	화	2					
8								
9	매출일	거래조건	결제일		거래조건	결제		17/07月
10	2017-09-06	GC11	2017-10-31		GC11	다음달 말일		2017-07-01
11	2017-09-13	GC12	2017-11-30		GC12	2달후 말일		2017-07-31
12	2017-06-30	GC14	2017-07-15		GC14	다음달 15일		
13	2017-05-08	GC11	2017-06-30					
14								
15	2018-01-17	2018-01-17~2020-01-16			2017	7	6	
16	2018-01-25	2018-01-25~2020-01-24			2018-03-06	2017-10-14	2017-11-30	
17	2018-02-28	2018-02-28~2020-02-27						
18								

▷ **목적** : 날짜에서 요일 추출
- 《날짜》 시트의 B3 셀 수식 : =TEXT(A7,"aaa") 이 셀에 채우기 핸들을 아래로 끌기.
  - **수식 의미** : TEXT 함수로 날짜를 요일로 표시하는 《aaa》 이용
  - 《aaaa》로 하면 《요일》 글자까지 나옵니다.
  - B3 셀에 =A3로 넣고 Ctrl + 1 → 《사용자 지정》을 《aaa》로 할 수도 있습니다.

▷ **목적** : 날짜에서 주차 추출
- 《날짜》 시트의 C3 셀 수식 : =WEEKNUM(A3)−WEEKNUM(EOMONTH(A3,−1)+1)+1 이 셀에 채우기 핸들을 아래로 끌기.
  - **수식 의미** : EOMONTH 함수로 전월 말일에서 1을 더한 당월 1일의 연내 주차를 얻고 당일의 연내 주차로 빼서 1을 더한 값을 반환

▷ **목적** : 일반 숫자를 날짜로 변환
- 《날짜》 시트의 F3 셀 수식 : =TEXT(E3,"0000!-00!-00")
  - **수식 의미** : 숫자 값을 TEXT 함수로 날짜로 만들지만 자료형은 문자. 느낌표(!) 다음에 하이픈(−)

을 넣어서 연월일 구분자로 삼고 문자형 날짜 반환
- E3 셀이 문자형 숫자라도 작동합니다.

▷ **목적** : 날짜 계산
- 《날짜》 시트의 G3 셀 수식 : =F3+100
 - **수식 의미** : F3 셀은 문자지만 더하기 하면 숫자로 인식하여 연산이 됩니다. 하루는 1이므로 100을 더하면 100일 후의 날짜 반환
- 《날짜》 시트의 H3 셀 수식 : =VALUE(F3)
 - **수식 의미** : 문자형 날짜를 진정한 날짜로 변환
 - 수식 결과가 일반 숫자로 나오면 Ctrl + Shift + # 으로 날짜형으로 변환

▷ **목적** : 일시에서 날짜와 시간으로 나눠 추출
- 《날짜》 시트의 G6 셀 수식 : =INT(E6)
 - **수식 의미** : 일시에서 정수만 취하면 그것이 날짜
- 《날짜》 시트의 H6 셀 수식 : =MOD(E6,1)
 - **수식 의미** : 일시를 1로 나눈 나머지는 소수가 되므로 그것이 시간

▷ **목적** : 거래조건으로부터 결제일 산출
- 《날짜》 시트의 C10 셀 수식 :
  =IF(B10=$E$10,EOMONTH(A10,1),
  IF(B10=$E$11,EOMONTH(A10,2),
  IF(B10=$E$12,EOMONTH(A10,0)+15))) 이 셀에 채우기 핸들을 아래로 끌기.
 - 파일에 수식이 한 줄만 보인다면 수식 입력줄을 아래로 확장하거나 Ctrl + Shift + U 를 누르세요.
 - **수식 의미** : 노랑 조건에 EOMONTH 함수로 말일 받아 계산
 - IF 함수는 길면 보기 어려우므로 Alt + Enter 로 줄을 바꿔 쓰는 것이 좋습니다. 함수 끝에 괄호 3개는 입력하지 않아도 Enter 치면 자동 생성.

▷ **목적** : 연월에서 초일, 말일 받기
- 《날짜》 시트의 H10 셀 수식 : =DATE(LEFT(H9,2)+2000,MID(H9,4,2),1)
 - **수식 의미** : 왼쪽 두 개 문자에 2000을 더해 연을 만들고 4번째 문자부터 2개 문자를 받아 월을 받고 1일을 넣어 첫 날(초일)을 반환
- 《날짜》 시트의 H11 셀 수식 : =EOMONTH(H10,0)은 날짜로부터 말일 반환

▷ **목적** : 2년 후에서 하루 빠진 종료일 받기
- 《날짜》 시트의 B15 셀 수식 : =TEXT(A15,"yyyy-mm-dd") & TEXT(EDATE(A15,24)-1,"~yyyy-mm-dd")이 셀에 채우기 핸들을 아래로 끌기.

- 수식 의미 : EDATE 함수로 24개월(2년) 후의 날짜를 받고 −1을 하여 전일을 구하며, TEXT 함수로 날짜형으로 표시

▷ 목적 : 연, 월, 일로 나눠진 셀 값 처리
- 《날짜》 시트의 E16 셀 수식 : <u>=DATE(E15,F15+8,G15)</u>
- 수식 의미 : 주황을 날짜로 보고 8개월 후 날짜 반환
- 《날짜》 시트의 F16 셀 수식 : <u>=DATE(E15,F15,G15+100)</u>
- 수식 의미 : 주황을 날짜로 보고 100일 후 날짜 반환
- 《날짜》 시트의 G16 셀 수식 : <u>=DATE(E15,F15+5,0)</u>
- 수식 의미 : 주황을 날짜로 보고 4개월 후의 말일 반환
- DATE 함수의 3인수에 0 대신 −1을 넣으면 말일에서 하루 빠진 날짜 반환

UNIT 03 근무 시간, 시, 분, 일로 환산

A4 =DATE($A$2,$C$2,ROW(A1))

	A	B	C	D	E	F	G	H	I	J
1										
2	2017	년도	9월		**홍길동**					
3	일	요일	출근시각	퇴근시각	근무시간	누적		시	분	일
4	1	금	19:00	24:00	5:00	5:00		5	300	0일 05:00
5	2	토			0:00	5:00		5	300	0일 05:00
6	3	일			0:00	5:00		5	300	0일 05:00
7	4	월	19:00	23:00	4:00	9:00		9	540	0일 09:00
8	5	화	18:00	22:22	4:22	13:22		13.36667	802	0일 13:22
9	6	수	18:00	24:00	6:00	19:22		19.36667	1162	0일 19:22
10	7	목	17:50	24:10	6:00	25:22		25.36667	1522	1일 01:22
11	8	금	17:55	24:16	6:00	31:22		31.36667	1882	1일 07:22
12	9	토			0:00	31:22		31.36667	1882	1일 07:22
13	10	일			0:00	31:22		31.36667	1882	1일 07:22
14	11	월	17:56	24:04	6:00	37:22		37.36667	2242	1일 13:22
15	12	화	17:54	24:12	6:00	43:22		43.36667	2602	1일 19:22
16	13	수	17:55	24:06	6:00	49:22		49.36667	2962	2일 01:22
17	14	목	17:57	24:04	6:00	55:22		55.36667	3322	2일 07:22

▷ **목적** : 출퇴근 시각에서 근무 시간 추출

- **《시간》 시트의 A4 셀 수식** : =DATE($A$2,$C$2,ROW(A1))이 셀에 채우기 핸들을 아래로 끌기.
- **수식 의미** : DATE 함수로 연월일을 받아 날짜 반환
- C2 셀에 실제 값은 숫자.
- **《시간》 시트의 B4 셀 수식** : =A4 이 셀에 채우기 핸들을 아래로 끌기.
- **수식 의미** : 날짜를 연결
- B4 셀에 표시 형식은 《aaa》, Ctrl + 1 → 《표시 형식》에서 확인 가능.
- **《시간》 시트의 E4 셀 수식** : =IF(LEN(C4&D4),MIN(D4,"24:00")-MAX(C4,"18:00"),0)이 셀에 채우기 핸들을 아래로 끌기.
- **수식 의미** : 18시 이전 출근이나 24시 이후 퇴근은 각각 18시, 24시로 받습니다. C4 셀과 D4 셀을 합쳐서 글자수가 1개 이상일 때 근무 시간을 계산하고 아니면 0으로 반환
- LEN(C4&D4)은 이 값이 0이 아닌 수로 이해하세요. 즉 0이 아닌 수면 IF 함수의 2인수를, 그렇지 않으면 3인수를 각각 반환
- **《시간》 시트의 F4 셀 수식** : =SUM($E$4:E4)이 셀에 채우기 핸들을 아래로 끌기.
- **수식 의미** : 근무 시간을 일자 순으로 누적
- 24시 이상의 값을 얻기 위해 표시 형식은 《[h]:mm》, 이렇게 대괄호 사용
- **《시간》 시트의 H4 셀 수식** : =F4*24이 셀에 채우기 핸들을 아래로 끌기.
- **수식 의미** : 근무 시간을 시 단위로 변환
- 표시 형식은 《일반》으로 하기 위해 Ctrl + Shift + ~ 누름
- **《시간》 시트의 I4 셀 수식** : =H4*60이 셀에 채우기 핸들을 아래로 끌기.
- **수식 의미** : 근무 시간을 분 단위로 변환. 즉, 시간 값에서 24*60을 하면 분 단위, 여기서 60을 더 곱하면 초 단위로 값이 나옵니다.
- 표시 형식은 《일반》으로 하기 위해 Ctrl + Shift + ~ 누름
- **《시간》 시트의 J4 셀 수식** : =TEXT(F4,"d일 hh:mm")이 셀에 채우기 핸들을 아래로 끌기.
- **수식 의미** : 근무 시간을 텍스트형 일시로 변환.
- 일 단위로 하려면 수식은 =F4 하고 표시 형식은 《일반》으로 하면 됩니다.

UNIT 04 마지막 값 받기

	A	B	C	D	E
1					
2	끝값	1월	2월	3월	4월
3	199	99	100	99	199
4	99	200	99		
5	90	90			
6	200	199	100	200	
7					
8					

A3 셀: `=INDEX(B3:E3,COUNT(B3:E3))`

▷ **목적** : 한 행에서 값이 있는 셀의 가장 오른쪽 값 추출
- 《끝》 시트의 A3 셀 수식 : =INDEX(B3:E3,COUNT(B3:E3))이 셀에 채우기 핸들을 아래로 끌기.
- **수식 의미** : COUNT 함수로 범위에 숫자 셀의 개수(n)를 받아 INDEX 함수의 2인수에 넣어 [B3:E3]에서 n번째 값을 반환.
- 이 수식의 주요 조건은 범위 중간에 빈 셀이 없어야 합니다.

UNIT 05 마지막 공정 받기

F2 셀: `=H2&TEXT(G2," m/d")`

	A	B	C	D	E	F	G	H
1	가공중	본소중	포장중	출하중	택배	현재상태		
2	6/2	6/4				본소중 6/4	2017-06-04	본소중
3	6/5	6/9	6/13	6/11		출하중 6/11	2017-06-11	출하중
4	6/8					가공중 6/8	2017-06-08	가공중
5	6/7					가공중 6/7	2017-06-07	가공중
6	6/8	6/22	6/11	6/19	6/20	택배 6/20	2017-06-20	택배
7	5/4	5/5	5/6			포장중 5/6	2017-05-06	포장중
8	6/11	6/7	6/8	6/9		출하중 6/9	2017-06-09	출하중
9								

▷ **목적** : 한 행에서 값이 있는 셀의 가장 오른쪽 값 추출

- **《끝2》 시트의 G2 셀 수식** : =INDEX(A2:E2,MATCH(,A2:E2,-1))이 셀에 채우기 핸들을 아래로 끌기.
  - **수식 의미** : MATCH 함수에 1인수가 쉼표(,)만 있으면 0으로 인식하며, 3인수가 -1이면 0을 [A2:E2]에서 찾을 때 가장 끝에 셀 값의 순번(n)을 받고 그 n을 INDEX 함수의 2인수에 넣어 범위에서 n번째 값을 반환.
  - MATCH 함수에 이 용법은 범위의 중간에 빈 셀을 무시하는 점이 특이.
  - G열은 날짜 기본 표시 형식을 위해 Ctrl + Shift + # 을 누름.
- **《끝2》 시트의 H2 셀 수식** : =INDEX($A$1:$E$1,MATCH(,A2:E2,-1))이 셀에 채우기 핸들을 아래로 끌기.
  - **수식 의미** : 공정명을 얻기 위함이며 G열 수식과 의미는 비슷합니다. 즉, INDEX 함수의 범위를 1행으로 고정하는 것만 차이.
- **《끝2》 시트의 F2 셀 수식** : =H2&TEXT(G2," m/d")이 셀에 채우기 핸들을 아래로 끌기.
  - **수식 의미** : G, H 열을 합치기 위해 《&》을 사용했고, TEXT 함수로 날짜 형식을 "월/일"로 표시.
  - TEXT 함수 없이 합친다면 날짜는 일반 숫자로 나옵니다.

UNIT 06 정렬 데이터에서 마지막 받기

	A	B	C	D	E	F
1	날짜	수량		날짜	끝수량	
2	2016-01-01	14		2016-01-01	53	4
3	2016-01-01	41		2016-01-02	37	9
4	2016-01-01	53		2016-01-03	61	12
5	2016-01-02	39		2016-01-14	7	14
6	2016-01-02	34				
7	2016-01-02	5				
8	2016-01-02	78				
9	2016-01-02	37				
10	2016-01-03	1				
11	2016-01-03	16				
12	2016-01-03	61				
13	2016-01-14	9				
14	2016-01-14	7				

F2 =MATCH(D2,A:A)

- ▷ 목적 : 날짜 순 데이터에서 조건일의 마지막 날짜 행의 수량 알기
- 《끝3》 시트의 F2 셀 수식 : =MATCH(D2,A:A)이 셀에 채우기 핸들을 아래로 끌기.
- – 수식 의미 : MATCH 함수에 3인수가 생략되면 A열은 오름차순 정렬로 인식하고, A열에서 마지막 D2셀 순번을 반환.
- – 같은 수식은 =MATCH(D2,A:A,1)
- 《끝3》 시트의 E2 셀 수식 : =INDEX(B:B,F2) 이 셀에 채우기 핸들을 아래로 끌기.
- – 수식 의미 : F2셀 값을 n으로 치환했을 때, B열에서 n번째 값 반환.
- – 수식이 단순하므로 F2 셀 없이 보통 E2 셀에 =INDEX(B:B,MATCH(D2,A:A)) 하는 것도 좋습니다.
- – 만일 날짜가 정렬되어 있지 않다면 G2 셀에 다음 수식으로 해결되며, 이 수식은 실전 수식 맨 끝 단원 《패턴 수식2》를 보세요.
  G2 셀 수식 =LOOKUP(2,1/($A$2:$A$14=D2),$B$2:$B$14)
  이것은 참조를 열 전체로 하면 속도가 느려짐 즉, =LOOKUP(2,1/(A:A=D2),B:B)

UNIT 07 처음 값 받기

	A	B	C	D	E	F
1	WEEK 1	WEEK 2	WEEK 3	WEEK 4	끝주	
2		200			WEEK 2	2
3	150				WEEK 1	1
4						#N/A
5				300	WEEK 4	4
6						
7		아무개			아무개	
8	홍길동				홍길동	
9					#N/A	
10				이이	이이	
11						

E2 셀 수식: =IFERROR(INDEX($A$1:$D$1,F2),"")

- ▷ 목적 : 한 행에서 처음 숫자 값이 몇 주인지 알기
- 《처음》 시트의 F2 셀 수식 : =MATCH(TRUE,INDEX(A2:D2<>"",),)이 셀에 채우기 핸들을 아래로 끌기.
- – 수식 의미 : [A2:D2]에 값 유무의 논리 값 배열을 받고 TRUE의 순번을 반환
- – A2:D2<>""을 선택하고 F9를 눌러보세요.

- 여기서 INDEX 함수를 쓴 것은 배열식 입력법인 CSE를 누르지 않기 위함인데, 구문은 <u>INDEX(배열,)</u> 이고, 이 방식으로 입력하면 일반식으로서 Enter 만 쳐서 수식 입력 완료.
- 《처음》 시트의 E2 셀 수식 : <u>=IFERROR(INDEX($A$1:$D$1,F2),"")</u>이 셀에 채우기 핸들을 아래로 끌기.
- 수식 의미 : F2 셀의 값이 n이라면 [A1:D1]에서 n번째의 값을 반환하고 그것이 오류 값이면 빈 문자("") 반환

▷ **목적** : 한 행에서 처음 문자 추출

- 《처음》 시트의 E7 셀 수식 : <u>=INDEX(A7:D7,MATCH(" * ",A7:D7,))</u>이 셀에 채우기 핸들을 아래로 끌기.
- 수식 의미 : 앞에서 다룬 숫자와 달리 더 간단한데, 찾는 값을 《 * 》으로 하면 되며, 나머지는 처음 숫자 찾는 것과 같습니다.
- * 와 같은 와일드카드 문자로 찾을 때 찾는 글자수가 255개를 넘어가면 오류 값(#N/A) 반환

UNIT 08 불편한 데이터베이스 함수

	A	B	C	D	E	F	G	H	I	J
1	운행시 차량 유지비 계산									
3	차량번호	배기량	주유량	연료단가	주행거리	수리비	구분	보험료	연료비	연비 평가
4	2083	2,990	16	790	100	120,000	승합차	70000	12640	최우수
5	2155	1,800	25	1400	120	157,000	승합차	70000	35000	우수
6	1035	1,800	29	1400	199	61,000	승용차	99000	40600	우수
7	1135	1,300	43	1400	180	52,000	승용차	99000	60200	우수
8	3185	2,990	43	870	120	89,900	화물차	130000	37410	불량
9	3095	9,900	54	870	120	61,000	화물차	130000	46980	불량
10	1048	1,499	75	870	599	83,000	승용차	99000	65250	최우수
11	1015	790	81	870	630	179,000	승용차	70000	70470	최우수
12										
13	차량번호가 `5`로 끝나는 `승용차`의 `보험료` 합계					268000		차량번호	구분	연비 평가
14	차량번호가 `5`로 끝나는 `승용차`의 개수					3		*5	승용차	최우수
15	차량번호가 `5`로 끝나는 `승용차`의 `보험료` 최대값					99000				
16	차량번호가 `5`로 끝나는 `승용차`의 `최우수` 평가인 배기량						790			

F13 셀 수식: =DSUM(A3:J11,H3,H13:I14)

이 함수는 총 12개로 고정 조건에 맞는 값을 추출하며 주로 자격증 시험에 등장합니다.

▷ **목적** : 표에서 고정 양식의 조건으로 값 추출
- 《db함수》 시트의 F13 셀 수식 : =DSUM(A3:J11,H3,H13:I14)
– 수식 의미 : [A3:J11]에서 [H13:I14] 조건에 맞는 H열에 합 반환
- 《db함수》 시트의 F14 셀 수식 : =DCOUNT(A3:J11,H3,H13:I14)
– 수식 의미 : [A3:J11]에서 [H13:I14] 조건에 맞는 H열에 숫자 셀 개수 반환
- 《db함수》 시트의 F15 셀 수식 : =DMAX(A3:J11,H3,H13:I14)
– 수식 의미 : [A3:J11]에서 [H13:I14] 조건에 맞는 H열에 최대값 반환
- 《db함수》 시트의 G16 셀 수식 : =DGET(A3:J11,B3,H13:J14)
– 수식 의미 : [A3:J11]에서 [H13:J14] 조건에 맞는 B열 값 반환
– 이들 데이터베이스 함수는 조건표가 반드시 있어야 하고 필드명이 원본표의 그것과 정확히 일치해야합니다. 예컨대 필드명 끝에 보이지 않는 공백문자 여부를 F2로 확인하세요. 모든 조건이 맞으면 수식은 매우 단순합니다.

UNIT 09 조건에 맞는 최대, 최소

▷ **목적** : 한 열에 특정 값을 조건으로 최대, 최소 찾기
- 《최대소》 시트의 F2 셀 수식 : =MAX(INDEX(C1:C10 * (A1:A10=E1),))
– 수식 의미 : A1:A10=E1을 조건으로 하여 C열과 곱하고, INDEX 함수의 2인수 없이 쉼표(,)만 하여 배열화, 그 다음에는 그 배열의 최대값 반환.
– A1:A10=E1을 선택하여 F9, C1:C10 * (A1:A10=E1)도 선택하여 F9를 각각 눌러보세요.

- 《최대소》 시트의 F3 셀 수식 : =MAX(C1:C10 * (A1:A10=E1))
- 수식 의미 : F2 셀 수식과 비슷하며 단지 배열식으로 입력
- 같은 결과의 다른 F3 배열식 : {=MAX(IF(A1:A10=E1,C1:C10))}
- 《최대소》 시트의 F4 셀 수식 : =MAXIFS(C1:C10,A1:A10,E1)
- 수식 의미 : 오피스365에 새로운 함수로 간결하게 처리.
- 《최대소》 시트의 F7 셀 수식 : =1/MAX(INDEX((A1:A10=E1)/C1:C10,))
- 수식 의미 : 나누기 방식 아이디어로서 INDEX((A1:A10=E1)/C1:C10,)을 선택하여 F9 를 눌러보세요. 최소값 반환.
- 이 수식의 조건은 범위에 빈 셀이나 0값이 있으면 안 됩니다.
- 《최대소》 시트의 F8 셀 수식 : {=MIN(IF(A1:A10=E1,C1:C10))}
- 수식 의미 : 조건에 맞는 C열 값을 받고, 다르면 FALSE를 받는데 IF 함수에서 논리 값은 무시하므로 받은 C열 값 중에 최소값 반환. 배열식으로 입력.
- 《최대소》 시트의 F9 셀 수식 : =MINIFS(C1:C10,A1:A10,E1)
- 수식 의미 : 오피스365에 새로운 함수로 간결하게 처리.
- ▷ 목적 : 두 열 조건으로 최소값을 구하는 배열식
- 《최대소》 시트의 F10 셀 수식 : {=MIN(IF(A1:A10=E1,IF(B1:B10=E10,C1:C10)))}
- 수식 의미 : F8 셀 수식의 확장으로서 조건이 하나 더 들어가서 IF 함수가 더 결합된 것입니다. 조건이 더 늘면 옆으로 IF 조건식을 계속 붙이면 됩니다.

UNIT 10 최고 점수를 받은 사람

	A	B	C	D	E	F	G	H	I
1									
2	홍길동	이이	장보고	이황	권율	김유신	최고점 성명		
3	50	40	40	80	50	90	김유신		
4		70		100	60	50	이황		
5	60	50	70		10		장보고		
6									
7									

- ▷ 목적 : 가로 표에 최고점을 받은 성명 가져오기
- 《찾기》 시트의 G3 셀 수식 : =INDEX($A$2:$F$2,MATCH(MAX(A3:F3),A3:F3,0)) 이 셀에 채우기 핸들을 아래로 끌기.
- 수식 의미 : [A3:F3]에서 최대값을 찾고 그 값의 순번(n)을 MATCH 함수로 얻고 [A2:F2]에 n번째 값을 반환

UNIT 11 문자열에 일부 값을 조건 범위에서 받기

▷ **목적** : 원본 셀에 일부 값이 기준표에 항목들 중에 하나라도 있으면 가져오기
- 《찾기2》 시트의 C1 셀 수식 : =INDEX($B$2:$B$4,MATCH(1,INDEX(COUNTIF(A1," * "&$B$2:$B$4&" * "),),0))이 셀에 채우기 핸들을 아래로 끌기.
- 수식 의미 : A1 셀에서 노랑 범위 각 값을 찾아 그 개수를 받고 있으면 1을 반환할 것이고 그 1의 순번(n)을 받아 INDEX 함수의 2인수에 넣어 노랑 범위에 값을 반환합니다.
- COUNTIF(A1," * "&$B$2:$B$4&" * ")을 선택하고 F9로 확인.

UNIT 12 셀에 특정 글자 포함, 특정 글자 개수

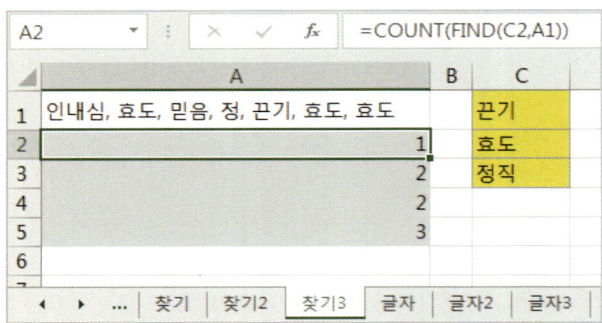

▷ **목적** : 셀에 특정 글자 포함 여부
- 《찾기3》 시트의 A2 셀 수식 : =COUNT(FIND(C2,A1))
- 수식 의미 : C2 셀 값을 A1 셀에서 찾아 있으면 1을 반환하고 없으면 0을 반환.
- 여러 개 있어도 1을 반환하며 없으면 FIND 함수는 오류 값이 나오지만 COUNT 함수는 오류는 무시하므로 최종 결과는 0 반환.

▷ **목적** : 셀에 특정 글자 포함 여부 (다중 글자)
- 《찾기3》 시트의 A3 셀 수식 : =COUNT(FIND({"끈기","효도"},A1))

- **수식 의미** : 두 단어를 A1 셀에서 찾아 둘 다 있으면 2를, 하나만 있으면 1을, 없으면 0을 반환.
- 수식 입력 시 FIND 함수의 1인수는 배열 상수로 입력하지 말고 [C1:C2] 범위를 참조하도록 입력하고 수식에 이 범위를 선택하여 F9를 누르면 배열 상수로 변합니다.

▷ **목적** : 셀에 특정 범위의 셀 값 포함 여부
- 《찾기3》 시트의 A4 셀 수식 : =SUMPRODUCT(COUNTIFS(A1," * "&C1:C3&" * "))
- **수식 의미** : A1 셀에서 [C1:C3]에 각 값을 포함하는 총 개수를 반환.
- 수식 입력 시 FIND 함수의 1인수는 배열 상수로 입력하지 말고 [C1:C2] 범위를 참조하도록 입력하고 수식에 이 범위를 선택하여 F9 를 누르면 배열 상수로 변합니다.
- SUMPRODUCT 대신 SUM을 쓰면 배열식으로 입력 Ctrl + Shift + Enter 해야 합니다.

▷ **목적** : 셀에 특정 글자의 개수
- 《찾기3》 시트의 A5 셀 수식 : =(LEN(A1)−LEN(SUBSTITUTE(A1,C2,""))) / LEN(C2)
- **수식 의미** : A1 셀에서 C2 셀 값을 찾은 개수 반환. SUBSTITUTE 함수로 A1 셀에 C2 셀 값을 모두 지우고 남은 글자수를 전체 글자수에서 빼고 난 결과를 찾는 글자수로 나누는 방식

UNIT 13 다중 셀 비교

▷ **목적** : 두 셀을 기준 셀들과 비교하여 일치여부 표시
- 《찾기4》 시트의 G6 셀 수식 : =IF(ISNUMBER(MATCH(E6&F6,INDEX($B$6:$B$10&$C$6:$C$10,),0)),"O","X")
- **수식 의미** : E6 셀과 F6 셀을 결합하여 B, C열 합친 범위와 비교해서 있으면 그 위치번호가 나오고 이때 ISNUMBER 함수는 TRUE가 되고 이때는 《O》를 반환, 없으면 오류 값이 나오므로 FALSE가 되어 《X》를 반환합니다.

UNIT 14 사진 가져오기

▷ 목적 : 일반 수식으로는 글자만 가져오는 한계를 다른 수식과 기능으로 사진을 가져오기

◆ 따라하기

《사진》 시트의 K3 셀 =MATCH(K2,신상정보!$B:$B,0) 수식 입력 → Ctrl + Alt + F3 → 《이름》 란에 《na사진》, 《참조 대상》 란에 =INDEX(신상정보!$A:$A,사진!$K$3) → 《확인》 → 《신상정보》 시트의 임의의 사진(예: 홍길동 사진)을 선택하고 Ctrl + C → 《사진》 시트에 아무 셀(예: A2 셀) 선택하고 Ctrl + V → 바로 이어서 《수식 입력줄》에 =na사진을 입력하면 복사 대상 사진이 해당 이름을 참조하여 복사됩니다.

- 여기서 사진이 있는 원본 셀 크기와 대상 셀의 크기가 같아야 사진 외곽선이 거칠지 않고 깔끔한 상태로 연결되어 복사되고, 참고로 사진을 셀에 딱 맞춰 확대/축소하려면 Alt 키를 누른 채 마우스로 끌어 사진 크기를 조정하면 됩니다.
- 노란 셀은《데이터》탭 →《데이터 도구》그룹에《데이터 유효성 검사》로 이미 이름 정의한《코드사원》에 연결되어 있습니다. 이 이름은 Ctrl + F3 으로 확인 가능.
- 이렇게 이름으로 연결된 그림이 있으면 파일을 열자마자 닫아도 저장할건지 묻는 메시지 상자가 뜹니다.

UNIT 15 조건부 글자 받기

▷ **목적** : 셀에서 점(.) 다음 내용을 가져오기
- 《글자》시트의 B2 셀 수식 : =MID(A2,FIND(".",A2)+2,99) 이 셀에 채우기 핸들을 아래로 끌기.
- **수식 의미** : A2 셀에서 점(.)을 찾아 그 순번(n)을 받고 A2 셀 값에 n+2번째 값부터 99개 글자를 반환
- 시작 위치부터 끝까지 글자수가 99개가 안되면 끝까지 가져옵니다.

▷ **목적** : 셀에서 끝에 한 글자 빼고 모두 가져오기
- 《글자》시트의 E2 셀 수식 : =LEFT(D2,LEN(D2)-1)이 셀에 채우기 핸들을 아래로 끌기.
- **수식 의미** : 총 글자수에서 끝에 한 개를 뺀 나머지 반환
- LEFT의 반환 자료형은 텍스트이므로 반환 값이 숫자라도 문자로 인식하여 셀의 왼쪽에 붙습니다.
- 《글자》시트의 F2 셀 수식 : =VALUE(LEFT(D2,LEN(D2)-1))이 셀에 채우기 핸들을 아래로 끌기.
- **수식 의미** : E2 셀 수식을 VALUE 함수로 감싸서 숫자화
- 같은 결과의 다른 2개의 수식 : =--LEFT(D2,LEN(D2)-1), =LEFT(D2,LEN(D2)-1)-0

UNIT 16 마지막 구분자 다음 내용 받기

▷ **목적** : 끝에 나오는 공백문자 다음 내용을 모두 가져오기

- **《글자2》 시트의 B2 셀 수식** : =TRIM(RIGHT(SUBSTITUTE(A2," ",REPT(" ",99)),99)) 이 셀에 채우기 핸들을 아래로 끌기.
- **수식 의미** : A2 셀에 모든 공백문자 1개를 각각 99개로 바꾸며 오른쪽부터 99개 글자를 TRIM 함수로 공백문자 모두 제거
- A2 셀에 구분자가 《/》라면 SUBSTITUTE 함수의 2인수를 "/"로 수정.
- 마지막 구분자 다음 내용의 글자수가 99개를 넘을 수 있다면 적당히 999로 수정.

▷ **목적** : 공백문자 사이 값 가져오기

- **《글자2》 시트의 C12 셀 수식** : =SUBSTITUTE(A12," ",REPT(" ",99),2) 이 셀에 채우기 핸들을 아래로 끌기.
- **수식 의미** : A12 셀에 두 번째 나오는 공백문자를 99개 공백문자로 대체
- **《글자2》 시트의 B12 셀 수식** : =TRIM(MID(C12,FIND(" ",C12)+1,99)) 이 셀에 채우기 핸들을 아래로 끌기.
- **수식 의미** : B2 셀 수식과 대동소이하며 C12 셀에서 처음 나오는 공백문자 다음 글자부터 99개 글자를 취하고 TRIM 함수로 끝에 공백 모두 제거.

UNIT 17 구분자 사이 값들의 개수

	A	B	C	D	E	F
1						
2		부서명	성명	인원수		
3		상품 기획부	홍길동/ 김영희/ 김철수	3		
4		영업부	김순희/ 김 숙	2		
5		총무부	최하나/ 김순철/ 하영남/ 이말순/ 박선희	5		
6						

D3 수식: =LEN(C3)-LEN(SUBSTITUTE(C3,"/",""))+1

▷ **목적** : 구분자 사이에 토큰의 개수를 구하려고 합니다.
- **《글자3》 시트의 D3 셀 수식** : =LEN(C3)−LEN(SUBSTITUTE(C3,"/",""))+1 이 셀에 채우기 핸들을 아래로 끌기.
- **수식 의미** : SUBSTITUTE 함수로 모든 빗금을 지우고 전체 문자열 개수에서 이렇게 지워지고 남은 문자열 개수를 빼면 빗금의 개수가 나오고 여기에 마지막 토큰 다음에는 빗금이 없으므로 1을 더해서 토큰의 전체 개수 반환.

UNIT 18 괄호 안에 글자만 받기

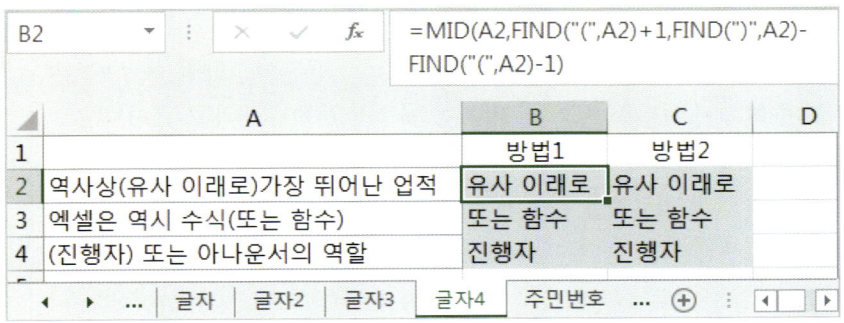

▷ **목적** : 괄호 안에 내용을 표시하려고 합니다.
- **《글자4》 시트의 B2 셀 수식** : =MID(A2,FIND("(",A2)+1,FIND(")",A2)−FIND("(",A2)−1)이 셀에 채우기 핸들을 아래로 끌기.
- **수식 의미** : FIND 함수로 열린 괄호의 위치 번호(x)를 찾고 또 닫힌 괄호의 위치 번호(y)도 찾아서 A2 셀 값의 x+1 위치부터 y−x−1 만큼의 글자 수를 반환.

UNIT 19 주민등록번호에서 생년월일, 나이, ＊＊＊ 등 표시

	A	B	C	D
A10			fx	10274234567

	A	B	C	D
1	주민등록번호 뒷자리	****** 표시		
2	801120-1005000	801120-*******		
3	920302-2000001	920302-*******		
4				
5	하이픈 있는 번호	생년월일	1900년대	
6	801120-1005000	1980-11-20	TRUE	
7	020315-3123456	2002-03-15	FALSE	
8	번호만 있음			
9	440321-1234567	1944-03-21	TRUE	
10	001027-4234567	2000-10-27	FALSE	
11	280706-2234567	1928-07-06	TRUE	
12	하이픈 있는 번호	우리나라 나이		만나이
13	401111-2234567	77	TRUE	76
14	700706-1234567	47	TRUE	46
15	110315-3234567	6	FALSE	5

▷ **목적** : 주민번호 끝에 7자리는 별표(＊)로 표시.

• 《주민번호》 시트의 B2 셀 수식 : =LEFT(A2,7)&REPT("＊",7)이 셀에 채우기 핸들을 아래로 끌기.

— **수식 의미** : 왼쪽에서 7개 글자로 하이픈(–)까지 취하고 별표(＊)를 7개 반복하여 보안 주민번호 반환.

▷ **목적** : 하이픈이 있는 주민번호에서 생년월일 추출.

• 《주민번호》 시트의 C6 셀 수식 : =MID(A6,8,1)〈"3"이 셀에 채우기 핸들을 아래로 끌기.

— **수식 의미** : 8번째 글자를 받고 문자 3보다 작은지 비교. 여기서 "3" 대신 3으로 하면 잘못된 결과가 나옴. 왜냐하면 MID 함수의 반환 자료형은 문자이기 때문입니다.

— 주민등록번호에서 1900년대 출생자는 8번째 숫자가 1(남자) 또는 2(여자)이고 2000년대는 3 또는 4가 옵니다.

• 《주민번호》 시트의 B6 셀 수식 : =VALUE(TEXT(LEFT(A6,6),IF(C6,19,20)&"00-00-00"))이 셀에 채우기 핸들을 아래로 끌기.

— **수식 의미** : C6 셀이 TRUE면 19, FALSE면 20을 받고 TEXT 함수의 2인수에 이것을 적용하여 1900년대 출생자는 《1900-00-00》 형식으로 받고, TEXT 함수의 반환 자료형은 문자이므로 마지막에 VALUE 함수로 숫자화 해야 날짜로 인식합니다. 또한 B6 셀의 표시 형식은 《날짜》 Ctrl + Shift + # 로 해야 그림과 같이 나옵니다.

▷ **목적** : 숫자만 있는 주민번호에서 생년월일 추출
- 《주민번호》 시트의 B9 셀 수식 : =VALUE(TEXT(LEFT(TEXT(A9,"000000-0000000"),6),IF(C9,19,20)&"00-00-00")) 이 셀에 채우기 핸들을 아래로 끌기.
- **수식 의미** : 하이픈 없이 숫자만 있는 주민번호를 입력 시 처음 숫자가 0이면 0은 사라지게 됩니다. 그것을 감안하여 TEXT 함수로 "000000-0000000" 형식을 적용하고 나서 처리합니다.

▷ **목적** : 주민번호에서 우리나라 나이 추출
- 《주민번호》 시트의 B13 셀 수식 : =YEAR(TODAY())-VALUE(IF(C13,19,20)&LEFT(A13,2))+1 이 셀에 채우기 핸들을 아래로 끌기.
- **수식 의미** : 오늘 날짜로부터 연도를 받고, 주민 번호의 첫 두 글자를 19 또는 20과 결합하여 연도를 받아 서로 빼고 우리나라는 태어나면 바로 1살이므로 +1을 하여 나이를 반환.

▷ **목적** : 주민번호에서 만 나이 추출
- 《주민번호》 시트의 D13 셀 수식 : =DATEDIF(TEXT(LEFT(A13,6),IF(C13,19,20)&"00-00-00"),TODAY(),"y") 이 셀에 채우기 핸들을 아래로 끌기.
- **수식 의미** : DATEDIF 함수에 1, 2인수를 시작일과 종료일로 각각 넣고 3인수의 "y"로 정확한 연도 차이를 구할 수 있고 이것이 곧 만 나이가 됩니다.

UNIT 20 줄 바꿈 문자 입력과 제거

▷ **목적** : 두 셀의 값을 한 줄 띄워서 입력.
- 《줄바꿈》 시트의 B2 셀 수식 : =B1&CHAR(10)&C1
- **수식 의미** : B1 셀 값에서 C1 셀 값 결합 시 아스키코드 10번 문자를 삽입.
  여기서 중요한 것은 《홈》 탭 → 《맞춤》 그룹에 《텍스트 줄 바꿈》을 꼭 눌러야 합니다.

▷ **목적** : 한 줄 띄운 문자를 제거하여 한 줄로 표시.
- 《줄바꿈》 시트의 B3 셀 수식 : =SUBSTITUTE(B2,CHAR(10),"")
- **수식 의미** : B2 셀 값에서 아스키코드 10번 문자를 모두 지움

UNIT 21 잔액/미수금 구하기

	A	B	C	D	E	F	G
							=SUM(G2,E3,-F3)
1							
2	날짜	품명	수량	단가	매출액	결제액	미수금
3	2017-07-01	배	10	100	1000		1000
4	2017-07-02	파인애플	10	200	2000		3000
5	2017-07-03	결제			0	2000	1000
6	2017-07-04	배	20	100	2000		3000
7	2017-07-05				0		3000
8	2017-07-06				0		3000
9	2017-07-07				0		3000
10	2017-07-08				0		3000
11	2017-07-09				0		3000

▷ **목적** : 입출금 자료로부터 잔액(미수금) 구하기.
- 《잔액》 시트의 G3 셀 수식 : =SUM(G2,E3,-F3)이 셀에 채우기 핸들을 아래로 끌기.
- **수식 의미** : 수식 셀의 바로 윗 셀 값에서 매출액을 더하고 결제액을 뺀 값 반환

UNIT 22 자료형을 감안한 조건 세우기

	A	B	C	D	E	F	G
						=IF(A3<"19871001","폐기","보존")	
1	1987-10-1 이전에 만든건 폐기, 이후는 보존..					사번	성명
2						5213215	이이
3	19890801	보존		5213212	홍길동		
4	19821101	폐기		5213213	이순신		
5	20141201	보존		5213215	이이		
6	20080801	보존		5213216	강감찬		
7	20131201	보존		5213217	신사임당		
8	19899101	폐기		5213218	유관순		
9	20130901	보존		7246553	갑돌이		
10							
11	왼쪽으로부터 두 번째 숫자 추출						
12	8948131	9					
13	1537895	5					
14	1857952	8					

▷ **목적** : 자료형이 텍스트인 데이터를 감안한 조건 달기.
- **《자료형》 시트의 B3 셀 수식** : =IF(A3<"19871001", "폐기", "보존")이 셀에 채우기 핸들을 아래로 끌기.
- **수식 의미** : A3 셀 값이 "19871001" 보다 작다는 의미로 큰따옴표(")로 감싸서 문자화하고 그 이전이면 "폐기"를 그 외는 "보존"을 반환.
- A8 셀에 녹색 세모가 안 보이는데, 이것은 숫자형이므로 B8 셀 결과가 잘못 나오고 있습니다. 텍스트형으로 바꾸려면 Ctrl + 1 을 눌러 《범주》에 《텍스트》로 하고 《확인》 → A8 셀에서 F2 → Ctrl + Enter → 다시 Ctrl + 1 을 눌러 《범주》를 《일반》으로 하고 《확인》.

▷ **목적** : VLOOKUP 함수의 찾을 값을 문자화하여 매칭
- **《자료형》 시트의 G2 셀 수식** : =VLOOKUP(F2&"",D:E,2,)
- **수식 의미** : F2 셀 값은 일반 숫자인데 빈 문자("")를 결합하여 문자화하고 [D:E] 범위의 첫 열(D)에서 찾아 두 번째 열(E)의 값을 가져옵니다.

▷ **목적** : 큰 수에서 특정 자리의 숫자 추출
- **《자료형》 시트의 B12 셀 수식** : =--MID(A12,2,1)이 셀에 채우기 핸들을 아래로 끌기.
- **수식 의미** : A12 셀 값에 2번째 위치의 1자리 글자를 《--》를 이용하여 숫자형 자료로 반환합니다. 《--》이 없다면 텍스트형 숫자를 반환하죠. 《MID(A12,2,1)》을 선택하고 F9 를 누르면 《"9"》가 나오고 이어서 《-"9"》을 선택하고 F9 를 누르면 《-9》가 나오고, 이어서 《--9》을 선택하고 F9 를 누르면 결과 값인 《9》를 보여줍니다.

UNIT 23 특별한 순번 매기기

B2 =SUM(B1,A1<>A2)

	A	B	C	D	E	F	G	H
1	과일명	순번	순번2		순번3	순번4	순번5	
2	사과	1	1		1	1	1	
3	사과	1	2		1	1	2	
4	사과	1	3		2	1	3	
5	배	2	1		2	2	1	
6	배	2	2		3	2	2	
7	파인애플	3	1		3	2	3	
8	바나나	4	1		4	3	1	
9	바나나	4	2		4	3	2	
10	바나나	4	3		5	3	3	
11	메론	5	1		5	4	1	
12								

기준 필드가 정렬된 상태에서 순번을 나오게 하는 수식.

▷ **목적** : 같은 코드는 같은 번호를 갖도록 넘버링
- 《순번》 시트의 B2 셀 수식 : =SUM(B1,A1〈〉A2)이 셀에 채우기 핸들을 아래로 끌기.
- **수식 의미** : A1〈〉A2의 결과는 논리 값이고 SUM 함수의 인수가 되면 숫자로 인식하여 TRUE(=1), FALSE(=0)이 되고 문자는 0으로 인식하여 두 인수의 합을 반환

▷ **목적** : 같은 코드끼리 그룹지어 넘버링
- 《순번》 시트의 C2 셀 수식 : =IF(A1=A2,C1+1,1)이 셀에 채우기 핸들을 아래로 끌기.
- **수식 의미** : A1=A2면 바로 윗 셀 값에 1 더하기, 다르면(A1〈〉A2) 순번의 첫 번호인 1 반환

▷ **목적** : 두 개씩 반복하여 넘버링
- 《순번》 시트의 E2 셀 수식 : =INT(ROW()/2)이 셀에 채우기 핸들을 아래로 끌기.
- **수식 의미** : 수식 셀의 행 번호를 2로 나눈 결과에서 정수 반환.

▷ **목적** : 세 개씩 반복하여 넘버링
- 《순번》 시트의 F2 셀 수식 : =INT((ROW()-2)/3)+1이 셀에 채우기 핸들을 아래로 끌기.
- **수식 의미** : 수식 셀의 행 번호를 2로 뺀 값을 3으로 나눈 몫(정수)+1 반환.

▷ **목적** : 세 개씩 그룹 단위로 넘버링 반복
- 《순번》 시트의 G2 셀 수식 : =MOD(ROW()-2,3)+1이 셀에 채우기 핸들을 아래로 끌기.
- **수식 의미** : 수식 셀의 행 번호를 2로 뺀 값을 3으로 나눈 나머지+1 반환.

UNIT 24 표 구조를 변환

H2 셀 수식 : =OFFSET($B$3,MOD(ROW(A1)-1,3),(ROW(A1)-1)/3)

	A	B	C	D	E	F	G	H
1		행렬을 열로 변환						
2								x100
3		x100	x200	x300	x400	x500		x101
4		x101	x201	x301	x401	x501		x102
5		x102	x202	x302	x402	x502		x200
6								x201
7								x202
8								x300
9								x301
10								x302
11								x400
12								x401
13								x402

▷ **목적** : 행렬 자료를 한 열로 변환
- 《구조변환》 시트의 H2 셀 수식 : =OFFSET($B$3,MOD(ROW(A1)-1,3),(ROW(A1)-1)/3)이 셀에 채우기 핸들을 아래로 끌기.
- **수식 의미** : 구조 변환은 주로 OFFSET 함수를 사용하는데 2, 3인수를 MOD 함수나 나누기 연산으로 참조를 반환.

UNIT 25 시트명 받기

▷ **목적** : 현재 시트명 받기.
- 《시트nam》 시트의 B1 셀 수식 : =MID(CELL("filename",B1),FIND("]",CELL("filename",B1))+1,99)
- **수식 의미** : CELL("filename",B1)을 선택하고 F9 를 누르면 파일 전체 경로와 시트명이, 예컨대 《E:\xl2\[실전수식.xlsx]시트nam》 이렇게 나오고 《]》 다음부터 끝까지 반환

UNIT 26 필터로 걸린 셀만 참조

▷ **목적** : 필터 후에 걸린 셀들만 넘버링
- **《필터》시트의 A6 셀 수식** : =SUBTOTAL(2,$B$5:B6)-0 이 셀에 채우기 핸들을 아래로 끌기.
- **수식 의미** : 범위에 보이는 셀 중에 숫자 셀의 개수
- 《-0》은 숫자로 인식시킬 때 주로 사용하는데, SUBTOTAL 함수로 순번을 매긴 셀을 포함한 범위를 필터 시 끝 행은 무시하므로 《-0》으로 정확히 숫자로 인식시켜 끝 행도 필터 범위에 편입시킴.
- 이렇게 숫자화 해야 표를 정렬할 때도 끝 행을 정렬 범위로 인식합니다.

▷ **목적** : 필터 후에 걸린 첫 셀 참조
- **《필터》시트의 B1 셀 수식** : =INDEX(B6:B14,MATCH(1,INDEX(SUBTOTAL(2,INDIRECT("B"&ROW(B6:B14))),),0))
- **수식 의미** : 이것은 INDIRECT 함수를 이용하는 것이 핵심인데, B열 데이터를 참조하고 그것을 SUBTOTAL 함수의 2인수로 넣어 배열화 하고 INDEX 함수로 진정한 배열로 인식시켜 MATCH 함수의 2인수에 들어가서 맨 처음 나오는 1의 순번(n)을 받아 B열 데이터의 n번째 값을 반환합니다.
- 필터 후에 SUBTOTAL(2,INDIRECT("B"&ROW(B6:B14)))을 F9로 확인해보세요.

▷ **목적** : 필터 후에 걸린 셀들의 개수
- **《필터》시트의 F1 셀 수식** : =SUMPRODUCT(($C$6:$C$14=E1)*SUBTOTAL(2,INDIRECT("b"&ROW($B$6:$B$14)))) 이 셀에 채우기 핸들을 아래로 끌기.
- **수식 의미** : 이것도 INDIRECT 함수로 B열 데이터를 참조하고 그것을 SUBTOTAL 함수의 2인수로 넣어 배열화 하고, C열을 E열 각 셀과 비교한 결과를 곱하여 모두 더한 수 반환.
- 이 수식도 긴 편이므로 분석은 F9를 활용하세요.

UNIT 27 병합 셀에 순번 달기

▷ **목적** : 한 열에 규칙 없이 병합된 셀에 넘버링
- **《병합순번》 시트의 B3 셀 수식** : =MAX($B$2:B2)+1 이 셀에 채우기 핸들을 아래로 끌면 안 되고 [B3:B13] 선택하고 B3 셀 활성화 상태에서 F2 → Ctrl + Enter 로 입력해야 합니다.
- **수식 의미** : 범위에서 최대값을 구하고 +1을 합니다. B2 셀은 절대주소로 고정.

UNIT 28 병합 셀에 순서대로 가져오기

▷ **목적** : 일반 표에 자료를 병합 표에 가져오려고 합니다.
- **《병합》 시트의 D2 셀 수식** : =INT(ROW()/2)−1이 셀에 채우기 핸들을 아래로 끌기.
- **수식 의미** : 수식 셀의 행 번호를 2로 나눈 결과에 정수만 취해서 1을 뺌
- **《병합》 시트의 A2 셀 수식** : =OFFSET($F$3,$D2,COLUMN()−1)이 셀에 채우기 핸들을 아래로 끌고 나서 이어서 바로 A11 셀의 채우기 핸들을 오른쪽으로 끌기.
- **수식 의미** : F3 셀을 기준으로 D2 셀 값을 행 이동 번호로, 수식 셀의 열 번호에서 1을 빼서 열 이동 번호로 삼습니다.
- OFFSET 함수의 3인수에 COLUMN 함수를 쓴 것은 수식 하나로 A, B열에 모두 적용하기 위함입니다.

UNIT 29 구분자를 포함하여 여러 셀 값을 결합

	A	B	C	D	E	F	G	H	I
1					소계값	2016함수			
2	A	B	C	D	A/B/C/D	A/B/C/D			
3	E	F		G	E/F/G	E/F/G			
4	H		I	J	H/I/J	H/I/J			
5	K		L		K/L	K/L			
6	M				M	M			

E2 셀 수식: =SUBSTITUTE(TRIM(A2&" "&B2&" "&C2&" "&D2)," ","/")

▷ **목적** : 여러 셀 값을 한 셀에 구분자를 넣어서 결합
- 《합치기》 시트의 E2 셀 수식 : =SUBSTITUTE(TRIM(A2&" "&B2&" "&C2&" "&D2)," ","/") 이 셀에 채우기 핸들을 아래로 끌기.
- 수식 의미 : 공백문자를 사이에 두고 합친 뒤에 공백문자를 빗금(/)으로 대체
- 《합치기》 시트의 F2 셀 수식 : =TEXTJOIN("/",TRUE,A2:D2) 이것은 오피스365 함수

UNIT 30 구분자 기준으로 토큰을 셀마다 넣기

	A	B	C	D
1	배/파인애플/사과/오렌지			
2		품명	끝번호	시작번호
3		배	1	1
4		파인애플	6	3
5		사과	9	8
6		오렌지	13	11

B3 셀 수식: =TRIM(RIGHT(SUBSTITUTE(LEFT($A$1,C3),"/",REPT(" ",99)),99))

▷ **목적** : 한 셀에 구분자가 들어간 값에서 토큰만 뽑아 연속 셀에 나열
- 《나누기》 시트의 D3 셀 수식 : =SUMPRODUCT(LEN($B$2:B2))−LEN(B$2)+ROW()−2 이 셀에 채우기 핸들을 아래로 끌기.
- 수식 의미 : 각 토큰의 시작 글자 위치 번호 반환

- ROW()-2 대신에 ROW(A1)을 해도 결과는 같습니다. 하지만 셀을 잘라내서 A1 셀에 붙이면 D3 셀은 참조 오류 값을 반환.
- 《나누기》 시트의 C3 셀 수식 : =FIND("/",$A$1&"/",D3)-1이 셀에 채우기 핸들을 아래로 끌기.
- 수식 의미 : 각 토큰의 끝 글자 위치 번호 반환
- 《나누기》 시트의 B3 셀 수식 : =TRIM(RIGHT(SUBSTITUTE(LEFT($A$1,C3),"/",REPT(" ",99)),99))이 셀에 채우기 핸들을 아래로 끌기.
- 수식 의미 : A1 셀에 모든 빗금(/)을 공백문자 99개로 각각 바꾸고, 끝에 99개 문자만 받아 TRIM으로 공백문자를 제거한 값을 반환

UNIT 31 구간 내 근사값 찾기 (조견표 이용)

무게(kg)	배송비	배송비2	중량(kg) 이하	배송비	중량(kg) 이상	배송비
0.3	¥ 88.92	#N/A	3.5	¥ 151.81	0.5	¥ 88.92
0.7	¥ 94.33	¥ 88.92	3	¥ 143.95	0.75	¥ 94.33
0.85	¥ 99.73	¥ 94.33	2.5	¥ 136.58	1	¥ 99.73
1.65	¥ 120.36	¥ 112.99	2	¥ 128.22	1.25	¥ 106.12
2.01	¥ 136.58	¥ 128.22	1.75	¥ 120.36	1.5	¥ 112.99
3.9	#N/A	¥ 151.81	1.5	¥ 112.99	1.75	¥ 120.36
			1.25	¥ 106.12	2	¥ 128.22
			1	¥ 99.73	2.5	¥ 136.58
			0.75	¥ 94.33	3	¥ 143.95
			0.5	¥ 88.92	3.5	¥ 151.81

▷ 목적 : 기본 표를 만들고 그 표를 참조하여 근사값을 가져오기
- 《구간》 시트의 C4 셀 수식 : =INDEX($G$4:$G$13,MATCH(B4,$F$4:$F$13,-1))이 셀에 채우기 핸들을 아래로 끌기.
- 수식 의미 : 조견표1의 찾을 필드 F열은 내림차순으로 정렬되어 있어야 하고, B4 셀 값을 [F4:F13]에서 찾는데 이상 값 중에 최소값을 찾아 그 순번(n)을 INDEX 함수의 2인수에 넣어 [G4:G13] 범위에 n번째 값을 반환
- C9 셀에 오류 값은 B9 셀 값 이상 값이 F열에 없기 때문.
- 《구간》 시트의 D4 셀 수식 : =VLOOKUP(B4,$I$4:$J$13,2,TRUE)이 셀에 채우기 핸들을 아래로 끌기.

- **수식 의미** : VLOOKUP으로 하려면 조건표2의 찾을 필드 I열은 오름차순으로 정렬되어 있어야 하고, B4 셀 값을 [I4:I13]에서 찾는데 이하 값 중에 최대값을 찾고 그 셀의 같은 행 J열 값을 반환.

UNIT 32 구간 내 근사값 찾기 (조견표 없음)

	A	B	C	D	E
1	금액	수수료			
2	1,499,000	374,750		100만원 미만은 10%	
3	2,230,000	1,494,100		100만원 이상은 15%	
4	1,899,000	949,500		130만원 이상은 25%	
5	1,599,000	399,750		150만원 이상은 45%	
6	1,040,000	156,000		180만원 이상은 50%	
7	960,000	96,000			
8	1,000,000	150,000			
9	2,230,000	1,494,100			

B2: `=A2*LOOKUP(A2,{0,1000000,1300000,1990000,1800000,2000000},{0.1,0.15,0.25,0.45,0.5,0.67})`

▷ **목적** : 기본 표 없이 배열 상수를 참조하여 근사값을 가져오기
- 《구간2》 시트의 B2 셀 수식 : <u>=A2 * LOOKUP(A2,{0,1000000,1300000,1990000, 1800000,2000000},{0.1,0.15,0.25,0.45,0.5,0.67})</u>이 셀에 채우기 핸들을 아래로 끌기.
- **수식 의미** : LOOKUP 함수의 2인수를 오름차순으로 정렬하고 A2 셀 값을 이 2인수에서 찾아 이하 값 중에 최대값을 찾고 그 값에 대응하는 3인수 값을 A2셀에 곱한 값을 반환

UNIT 33 구간 내 빈도수

E2: `{=FREQUENCY(A2:A11,D2:D9)}`

	A	B	C	D	E
1	점수		구간	이하값	구간내 점수 개수
2	325		230이하	230	2
3	244		230-250	250	1
4	351		250-270	270	0
5	326		270-290	290	2
6	372		290-310	310	1
7	282		310-330	330	2
8	221		330-350	350	0
9	280		350-370	370	1
10	300		370초과		1
11	211				

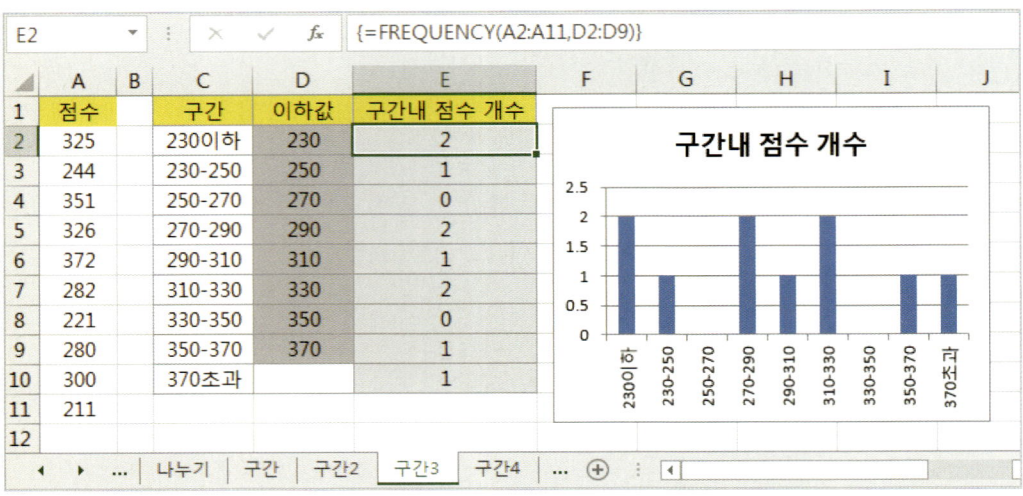

▷ **목적** : 기준 데이터에서 구간에 맞는 개수 세기
- **《구간3》 시트의 D2 셀 수식** : =LEFT(C2,3)-0이 셀에 채우기 핸들을 D9 셀까지 끌기.
- **수식 의미** : C2 셀에서 앞에 세 개 글자만 가져오고《-0》으로 숫자화.
- **《구간3》 시트의 [E2:E10] 셀 수식** : [E2:E10] 선택 → F2 로 셀을 깜박이게 하고 {=FREQUENCY(A2:A11,D2:D9)} 수식을 넣은 뒤에 커서가 깜박일 때 Ctrl + Shift + Enter 로 다중 셀 배열식 입력
- **수식 의미** : A열 데이터를 D열 조건으로 빈도수 반환
- FREQUENCY 함수를 다중 셀 배열식으로 작성 시 2인수의 셀 개수는 수식 셀의 개수보다 하나가 적습니다.

UNIT 34 다중조건의 구간 내 값 찾기

	A	B	C	D	E	F	G
1	등급	10%이내	30%이내	50%이내	70%이내	90%이내	100%이내
2	A그룹	30	20	10	0	0	0
3	B그룹	40	30	20	10	0	0
4	C그룹	50	40	30	20	10	0
5	D그룹	60	50	40	30	20	10
6							
7	등급	비율	점수				
8	A	7%	30		1	1	
9	A	13%	20		1	2	
10	C	27%	40		3	2	
11	A	40%	10		1	3	
12	A	47%	10		1	3	
13	C	60%	20		3	4	
14	B	73%	0		2	5	
15	C	80%	10		3	5	
16	B	87%	0		2	5	
17	C	93%	0		3	6	
18	D	100%	10		4	6	

C8 : =INDEX($B$2:$G$5,D8,E8)

▷ **목적** : 비율과 등급을 참조하여 구간 내 값을 가져오기
- **《구간4》 시트의 E8 셀 수식** : =IF(B8=1,6,IFERROR(MATCH(B8,INDEX(SUBSTITUTE($B$1:$G$1,"이내","")-0,)) +1,1))이 셀에 채우기 핸들을 아래로 끌기.
- **수식 의미** : 《이내》란 글자를 모두 지우고 숫자화하고, INDEX 함수로 배열화하고 [B1:G1]에서 B8 셀 값이 속한 순번 반환
- **《구간4》 시트의 D8 셀 수식** : =MATCH(A8&" * ",$A$2:$A$5,) 이 셀에 채우기 핸들을 아래로 끌기.
- **수식 의미** : A8 셀 값으로 시작하는 값을 [A2:A5]에서 찾아 그 순번 반환

- 《구간4》 시트의 C8 셀 수식 : =INDEX($B$2:$G$5,D8,E8)이 셀에 채우기 핸들을 아래로 끌기.
- 수식 의미 : [B2:G5] 범위에 보조 열에서 구한 n번째 행(D8) m번째 열(E8)에 셀 값을 반환

UNIT 35 문자를 제외한 합계 (배열식)

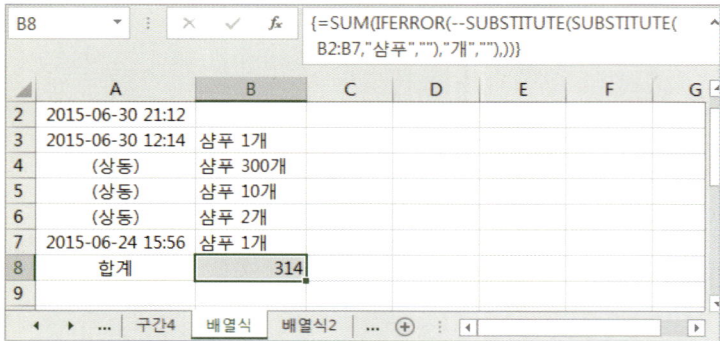

▷ 목적 : 문자를 포함한 셀에서 숫자만 더하기
- 《배열식》 시트의 B8 셀 수식 : {=SUM(IFERROR(--SUBSTITUTE(SUBSTITUTE(B2:B7,"샴푸",""),"개",""),))}
- 수식 의미 : [B2:B7]에서 《샴푸》, 《개》를 제외하고 《--》를 붙여 숫자화하면 공백은 무시하지만, B2 셀의 빈 문자("")는 오류 값을 내므로 IFERROR 함수를 써서 0으로 바꿔주고 합산한 값 반환
- SUBSTITUTE(SUBSTITUTE(B2:B7,"샴푸",""),"개","")을 선택하고 F9로 확인

UNIT 36 가중치를 적용한 합계 (배열식)

▷ 목적 : 두 개의 표를 참조하여 합계 구하기

- 《배열식2》 시트의 F2 셀 수식 : {=SUM(($A$8:$A$11=A2:E2) * ($B$8:$B$11) * TRANSPOSE($E$8:$E$12))}
- 수식 의미 : ($A$8:$A$11=A2:E2)을 선택하고 F9로 확인하면 4행 5열의 배열 논리 값이 나오고 그것들을 [B8:B11]의 각 셀과 곱해서 점수를 얻고 [E8:E12]를 곱합니다.
- 수식 중에 TRANSPOSE를 쓴 것은 1행 데이터(A1:E1)와 E열 데이터(E8:E12)가 행과 열로 반대이므로 같은 행으로 변환하기 위해 사용.

UNIT 37 당일 특정 항목들의 합계

	A	B	C	D	E	F
1	노랑을 주황에 매칭하고 날짜를 녹색에 매칭한 수의 합계					
2		사과	배	수박	귤	파인애플
3	2017-07-01	50	80	60	70	30
4	2017-11-11	70	20	40	80	20
5	2017-12-01	60	10	40	99	60
6						
7	2017-11-11	210		사과		
8				귤		
9				파인애플		
10				수박		
11						

B7 수식: =SUMPRODUCT((A3:A5=A7)*ISNUMBER(MATCH(B2:F2,D7:D10,0))*B3:F5)

▷ 목적 : 두 개의 표를 참조하여 합계 구하기

- 《합》 시트의 B7 셀 수식 : =SUMPRODUCT((A3:A5=A7) * ISNUMBER(MATCH(B2:F2, D7:D10,0)) * B3:F5)
- 수식 의미 : [B2:F2] 각 셀 값을 [D7:D10]에서 찾아 있으면 ISNUMBER 함수의 결과는 TRUE가 나오고 A3:A5=A7 조건을 곱하면 1 또는 0이 나오고, 대상 범위인 [B3:F5]을 곱하면 해당 과일의 값만 나오고 SUMPRODUCT 함수로 모두 더한 값을 반환.
- 수식 중에 MATCH(B2:F2,D7:D10,0)을 선택하고 F9를 눌러보세요.

UNIT 38 개인과 총원 합계

	A	B	C	D	E
	fx	=SUMIFS(B:B,A:A,IF(D2="all","< >몰라요",D2))			
1	성명	금액		성명	금액
2	홍길동	200		갑돌이	1800
3	갑돌이	300			
4	갑돌이	900			
5	이이	200			
6	갑돌이	500			
7	갑돌이	100			
8	이이	300			
9	홍길동	100			

▷ **목적** : 셀에 수식 하나로 개별 항목과 전체의 합계
- 《합2》 시트의 E2 셀 수식 : =SUMIFS(B:B,A:A,IF(D2="all","< >몰라요",D2))
- **수식 의미** : D2 셀 값을 A열에서 찾아 금액 합을 구하고, D2 셀 값이 "All" 일 때 즉, 전체 인원의 합을 구하기 위해 IF 함수로 A열에는 없는 《몰라요》를 써서 합계 금액을 반환.

UNIT 39 DB 구조의 표에서 소계 구하기

	A	B	C	D	E
	fx	=COUNTIFS(B:B,B7,C:C,"< >소계")			
1	지점	품목	규격	건수	합계
2	영등포점	청과	A	10	
3	영등포점	청과	C	30	
4	영등포점	청과	D	40	
5	영등포점	청과	H	80	
6	영등포점	청과	I	90	
7	영등포점	청과	소계	5	250
8	영등포점	하이퍼	J	10	
9	영등포점	하이퍼	K	20	
10	영등포점	하이퍼	소계	2	30
11	영등포점	명품 CD	R	40	
12	영등포점	명품 CD	S	99	
13	영등포점	명품 CD	ST	100	
14	영등포점	명품 CD	소계	3	239

▷ **목적** : 그룹단위 소계 구하기
- **《소계》 시트의 D7 셀 수식** : =COUNTIFS(B:B,B7,C:C,"<>소계") 그 다음 《소계》를 필터하고 이 셀에 채우기 핸들을 아래로 끌기.
- **수식 의미** : B열 데이터가 B7 셀과 같고 C열 데이터가 《소계》가 아닌 개수 반환.
- **《소계》 시트의 E7 셀 수식** : =SUMIFS(D:D,B:B,B7,C:C,"<>소계") 그 다음 《소계》를 필터하고 이 셀에 채우기 핸들을 아래로 끌기.
- **수식 의미** : B열 데이터가 B7 셀과 같고 C열 데이터가 《소계》가 아닌 D열의 합계반환.

UNIT 40 엑셀 구조의 표에서 소계 구하기

C6 = SUM(INDEX(C:C,D6):INDEX(C:C,E6))

	A	B	C	D	E
1	지점명	과일	수량		
2	지점1	사과	5		
3		배			
4		감	2		
5		귤	20		
6		소계	27	2	5
7	지점2	사과			
8		배	4		
9		소계	4	7	8
10	지점3	사과	1		
11		감	20		
12		귤			
13		소계	21	10	12
14	지점4	사과	5		
15		배	5		
16		감	2		
17		귤			
18		딸기	3		
19		소계	15	14	18
20		합계	67		

▷ **목적** : 그룹단위 소계 구하기
- **《소계2》 시트의 D6 셀 수식** : =MATCH("",$A$2:A6,-1)+1 그 다음 《소계》를 필터하고 이 셀에 채우기 핸들을 아래로 끌기.
- **수식 의미** : [A2:A6]에서 마지막 문자 셀의 위치 번호에 1을 더한 값 반환.
- 데이터가 숫자라면 MATCH 함수의 1인수를 빈 문자("") 대신 《0》을 넣습니다.

- 《소계2》 시트의 E6 셀 수식 : =ROW()-1 그 다음 《소계》를 필터하고 이 셀에 채우기 핸들을 아래로 끌기.
- 수식 의미 : 수식 셀의 행 번호에 1을 뺀 값 반환.
- 《소계2》 시트의 C6 셀 수식 : =SUM(INDEX(C:C,D6):INDEX(C:C,E6)) 그 다음 《소계》를 필터하고 이 셀에 채우기 핸들을 아래로 끌기.
- 수식 의미 : D6 셀 값은 2인데, INDEX(C:C,D6) 은 C열에서 2번째 셀을 참조하고 INDEX(C:C,E6) 이것은 E6 셀 값은 5이므로 5번째 셀을 참조하여 그 두 셀 사이에 값 즉, [C2:C5]을 합한 값을 반환
- 《소계2》 시트의 C20 셀 수식 : =SUM(C2:C19)/2
- 수식 의미 : [C2:C19]에 소계 셀도 있으므로 전체 범위를 더한 다음에 2로 나눠 수량 합계를 반환

UNIT 41 평균 구하기

	A	B	C	D	E	F	G
1	일평균	9/1	9/2	9/3	9/4	9/5	9/6
2	12.5	10	10		15	15	
3							
4	최고,최저가 여러 개일때 그들을 뺀 평균						
5		93	81	85	93	90	83
6		86	{=AVERAGE(IF((A5:F5>MIN(A5:F5))*(A5:F5<MAX(A5:F5)),A5:F5))}				
7							
8	mst01	31		`game`이 들어간 0초과 셀의 평균			
9	game08	374		190.5			
10	acc-db01	36					
11	gdb03	7					
12	q-game2	7					
13	q-game	0					
14	gdb01	55					
15							
16							

▷ 목적 : 빈 셀 제외한 평균
- 《평균》 시트의 A2 셀 수식 : =AVERAGE(B2:G2)
- 수식 의미 : AVERAGE 함수는 빈 셀을 제외하고 평균을 냅니다.

▷ **목적** : 최대, 최소를 모두 제외한 평균
- **《평균》 시트의 A6 셀 수식** : {=AVERAGE(IF((A5:F5>MIN(A5:F5)) * (A5:F5<MAX(A5:F5)), A5:F5))}
- **수식 의미** : 배열식이며 And 조건은 별표(*)를 사용합니다. 이 수식은 최대, 최소가 각각 1개 이상일 때도 감안한 식입니다. 그림에 빨간색 숫자가 최대, 최소값입니다.

▷ **목적** : 다중 조건의 평균
- **《평균》 시트의 D9 셀 수식** : =AVERAGEIFS(B8:B14,A8:A14,"*game*",B8:B14,">0")
- **수식 의미** : AVERAGEIFS 함수는 다중 조건을 감안하며 와일드카드 문자를 적용하여 조건을 줄 수 있습니다.

UNIT 42 다중 시트에 합계 구하기

	A	B	C	D	E	F	G
1		PN	당월입고		1,2,3월 총입고량		
2		5REET007	25.00		83875	연속 시트 셀 합	
3		5RENY001	-		83875	연속 시트 셀 범위 합	
4		5RENY006	75.00				
5		6RENY005	598.00				
6		7REAB003	300.00				
7		7REPC008	2,200.00				
8							
9							

E2 : =SUM('1월:3월'!D1)

시트 탭: ... | 소계 | 소계2 | 시트참조 | 1월 | 2월 | 3월 | 초순 | 중순

▷ **목적** : 1월, 2월, 3월 연속 시트의 입고 필드 합계
- **《시트참조》 시트의 E2 셀 수식** : =SUM('1월:3월'!D1)
- **수식 의미** : 《1월》 시트부터 《3월》 시트까지 이 사이 모든 시트의 D1 셀 합
- **수식 입력법** : 《=sum(》 입력 → 1월 시트의 D1 셀 클릭하면 《=sum('1월'!D1》 자동 입력 → Shift 누른 채 《3월》 시트 클릭하면 《=sum('1월:3월'!D1》 자동 입력 → Enter 하면 =SUM('1월:3월'!D1) 완성
- 수식 완료 후, 시트명 앞뒤로 작은따옴표(')가 생기는 이유는 시트명의 첫 글자가 숫자이기 때문.
- **《시트참조》 시트의 E3 셀 수식** : =SUM('1월:3월'!D2:D80)
- **수식 의미** : 《1월》 시트부터 《3월》 시트까지 이 사이 모든 시트의 [D2:D80] 범위 합. E2 셀 수식과 비슷하며 셀 범위를 참조하는 것이 차이점.

▷ 목적 : 1월, 2월, 3월 시트의 PN별 입고 필드 합계 (불연속 시트도 가능)
- 《시트참조》 시트의 C2 셀 수식 : =SUMPRODUCT(SUMIFS(INDIRECT(ROW($1:$3)&"월!D:D"),INDIRECT(ROW($1:$3)&"월!B:B"),B2)) 이 셀에 채우기 핸들을 아래로 끌기.
- 수식 의미 : INDIRECT(ROW($1:$3)&"월!D:D")을 선택하고 F9를 눌러보면 1월, 2월, 3월 시트의 D열 배열을 참조. SUMIFS 함수의 2인수도 같은 방식으로 B열을 참조하여 3개 값의 합을 SUMPRODUCT 함수를 이용하여 반환.

UNIT 43 다중 시트에서 찾기

▷ 목적 : 와일드카드 문자로 시트명이 《순》으로 끝나는 시트의 B4 셀 합계
- 《시트참조2》 시트의 D2 셀 수식 : =SUM(초순:중순!B4,하순!B4)
- 수식 의미 : 초, 중, 하순 시트 B4 셀의 합
- 수식 입력법 : 입력은 《=sum('*순'!B4)》로 하고 Enter 치면 D2 셀 수식으로 자동 변환. 시트명이 《순》인 시트가 있다면 이 시트는 제외. 즉, 적어도 두 글자의 시트명이 있어야 합니다.

▷ 목적 : 1월, 2월, 3월 시트의 PN 필드에서 특정 값이 몇 개 있는지 알기
- 《시트참조2》 시트의 B2 셀 수식 : =SUMPRODUCT(COUNTIF(INDIRECT(ROW($1:$3)&"월!B:B"),A2)) 이 셀에 채우기 핸들을 아래로 끌기.
- 수식 의미 : COUNTIF 함수로 1월, 2월, 3월 시트의 B열에서 A2 셀 값의 개수를 구하고 SUMPRODUCT 함수로 그 합을 반환.
- 《시트참조2》 시트에 B3 셀 같이 0이면 1월, 2월, 3월 시트에 없는 것.

UNIT 44 다중 시트에 합계 (무규칙 시트명 참조)

▷ **목적** : 여러 업체명 시트를 참조한 합계

- **《시트참조3》 시트의 B2 셀 수식** : =SUMPRODUCT(SUMIFS(INDIRECT($E$1:$E$3&"!E:E"),I NDIRECT($E$1:$E$3&"!C:C"),A2)) 이 셀에 채우기 핸들을 아래로 끌기.

- **수식 의미** : 《시트참조3》 시트의 [E1:E3] 범위가 시트명이고 그 시트들의 품목별 판매량 합을 계산하는 것으로서 노란 시트 탭에 표 구조는 모두 같습니다. 즉, C열은 품명, E열은 판매량으로 되어 있으며 그 두 개 열을 참조하여 SUMIFS 함수로 품명에 맞는 판매량 계를 구하고, SUMPRODUCT 함수로 각각의 판매량 계들 3개를 더하고 있습니다.

- 《시트참조3》 시트의 [E1:E3] 범위에 시트명을 입력하지 않고, 수식에 배열 상수를 써서 시트에 접근할 수도 있습니다. 《시트참조3》 시트의 B2 셀 수식에 《$E$1:$E$3》을 선택하고 F9 를 눌러 {"바른손";"다사랑";"365온누리"}으로 만들면 [E1:E3] 범위는 지워도 되는 것이죠.

UNIT 45 VLOOKUP 함수로 다중 시트 참조

- ▷ **목적** : A열의 각 등번을 녹색 시트에서 찾아 그 옆에 셀 값 가져오기
- 《시트참조4》 시트의 B2 셀 수식 : =IFERROR(VLOOKUP($A2,INDIRECT(INDEX($E$1:$E$3, MATCH(1,COUNTIF(INDIRECT($E$1:$E$3&"!A:A"),$A2),0))&"!A:C"),COLUMN(),0),"") 그리고 [B2:C7]을 선택하고 Ctrl + D 하고 Ctrl + R 하여 아래로, 오른쪽으로 B2 셀을 각각 복사하여 수식을 복사.
- **수식 의미** : 배열식이며 [E1:E3] 에 참조할 시트명을 적고 COUNTIF(INDIRECT($E$1:$E$3&"!A:A"),$A2)를 선택하고 F9를 누르면 {1;0;0} 으로 나오고 INDIRECT 함수로 해당 시트의 범위를 참조하여 반환.

- 녹색 시트의 시트명에 공백문자가 있거나 첫 글자가 숫자 또는 시트명에 특수 문자 등이 있다면 《시트참조4》 시트의 B2 셀 수식을 다음과 같이 수정하세요.
{=IFERROR(VLOOKUP($A2,INDIRECT("'"&INDEX($E$1:$E$3,MATCH(1,COUNTIF(INDIRECT("'"&$E$1:$E$3&"'!A:A"),$A2),0))&"'!A:C"),COLUMN(),0),"")}
- 《시트참조4》 시트의 B2 셀 수식 중에 《$E$1:$E$3》을 《{"alpa";"beta";"gamma"}》 로 바꾸면 배열식이

아닌 일반 수식으로 바꿀 수 있습니다. 즉, Ctrl + Shift + Enter 로 입력할 필요가 없죠.
- 《시트참조4》 시트의 [E1:E3] 범위를 이름 정의(예: 시트들)하여 수식 중에 《$E$1:$E$3》을 《시트들》로 바꿔서 배열식을 작성할 수 있습니다.
- [E1:E3] 범위에 입력 없이 《이름 관리자》 Ctrl + F3 에 새 이름을 만들고 《참조 대상》을 ={"alpa":"beta":"gamma"}로 하여 수식에서 이름을 사용할 수도 있습니다.
- 《시트참조4》 시트의 B2 셀 수식을 다음과 같이 일반 수식으로 작성해도 됩니다.
  =IFERROR(IFERROR(VLOOKUP($A2,alpa!$A:$C,COLUMN(),0),IFERROR(VLOOKUP($A2,beta!$A:$C,COLUMN(),0),VLOOKUP($A2,gamma!$A:$C,COLUMN(),0))),"")

UNIT 46 조건 순위

	A	B	C
1	구분	금액	순위
2	P03	1,000	5
3		2,555	
4	P03	3,000	1
5		4,000	
6	P03	1,500	4
7		1,700	
8	P03	1,800	3
9	P03	2,000	2

C2: `=IF(A2="","",SUMPRODUCT(($A$2:$A$9="P03")*($B$2:$B$9>B2))+1)`

▷ **목적** : A열에 특정 값이 있는 행에 금액 순위 매기기
- 《순위》 시트의 C2 셀 수식 : =IF(A2="","",SUMPRODUCT(($A$2:$A$9="P03") * ($B$2:$B$9>B2))+1) 이 셀에 채우기 핸들을 아래로 끌기.
- **수식 의미** : A열이 《P03》이고 B열이 B2 셀보다 큰 것들의 합을 구해서 1을 더합니다. ($A$2:$A$9="P03") * ($B$2:$B$9>B2)을 선택하고 F9 를 눌러보세요.
- RANK 함수는 2인수가 셀 범위가 되어야 하므로 배열을 이용해서 구해야 합니다.
- 오름차순으로 순위를 구하려면 수식 중에 부등호 기호를 반대로 바꾸면 됩니다.

UNIT 47 양식마다 순번 생성

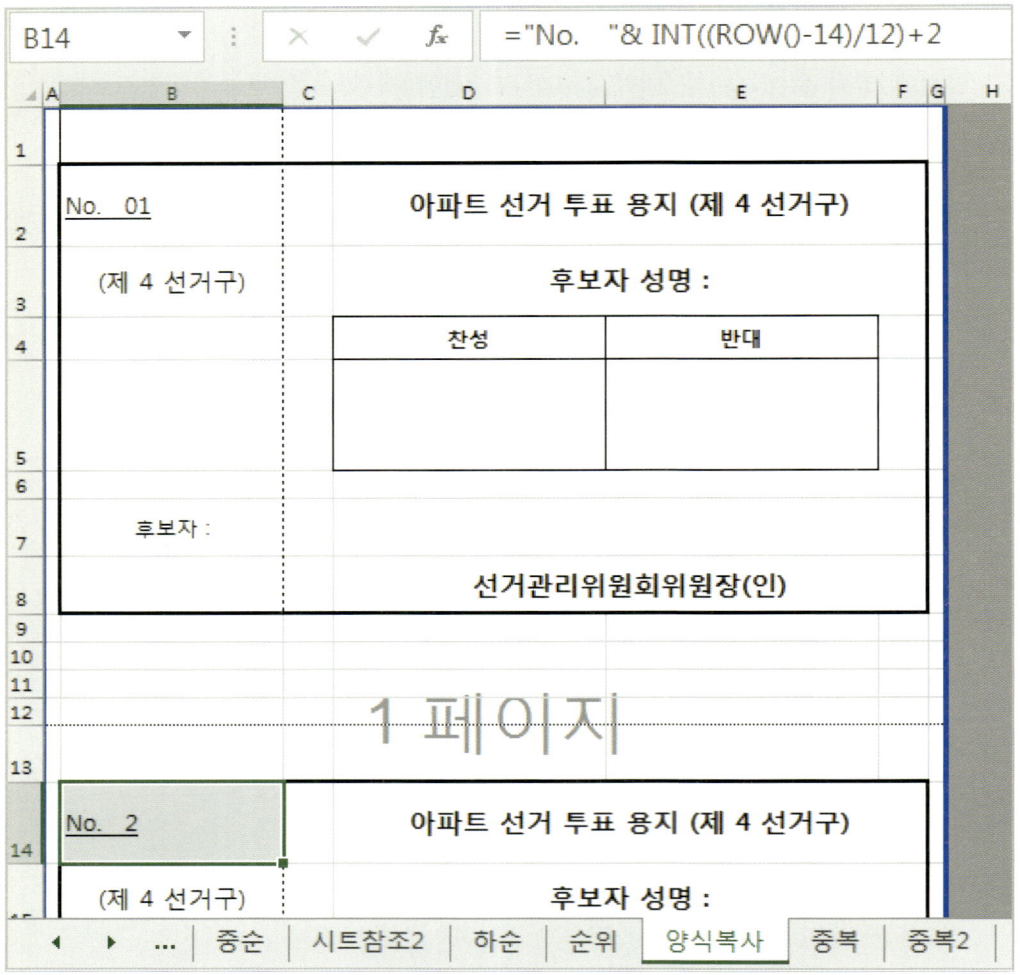

▷ **목적** : 투표 용지 양식을 아래로 복사했을 때 순번이 자동 생성

- **《양식복사》 시트의 B14 셀 수식** : ="No.   "& INT((ROW()−14)/12)+2
- **수식 의미** : 12행 단위로 양식이 생기게 양식을 구성했으므로 12로 나누고 14행부터 수식 셀이 시작하므로 수식 셀 행 번호를 14로 빼고 있습니다.
- 양식 구조는 페이지마다 첫 셀에 빈 행 한 줄을 만들었고 양식 표마다 밑에 빈 행 4줄을 만들고 있습니다.
- 수식 셀인 B14 셀을 B26, B38 셀에 복사하고, 25행부터 48행까지 Ctrl + C 하고 A49 셀에 Ctrl + V 하는 식으로 양식을 복사하면 번호는 자동 증가하게 됩니다.

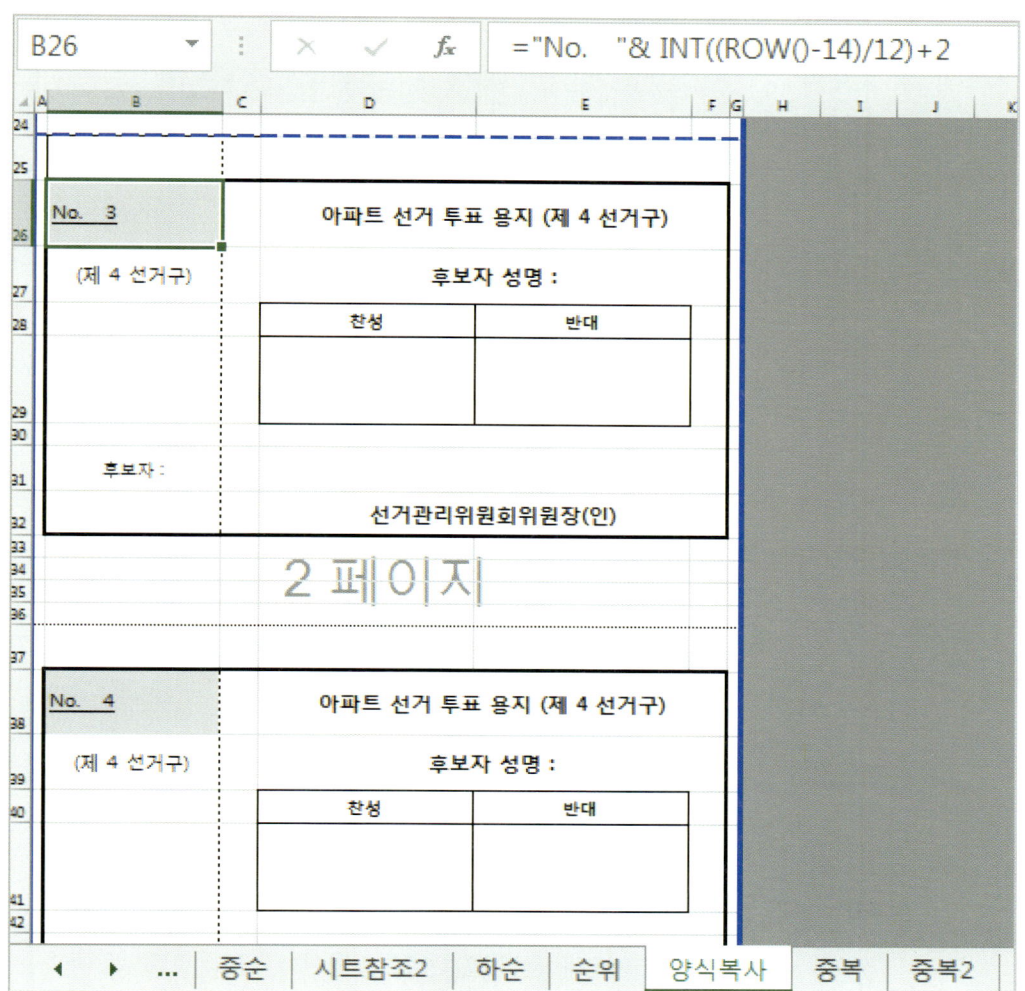

UNIT 48 중복을 제거한 값의 내림차순 나열

▷ **목적** : 숫자 데이터에서 중복 없이 내림차순 나열
- **《중복》 시트의 D2 셀 수식** : =COUNTIF(A:A,C2) 이 셀에 채우기 핸들을 아래로 끌기.
- **수식 의미** : A열에서 C2 셀 값의 개수 반환.
- **《중복》 시트의 C2 셀 수식** : =LARGE($A$1:$A$9,SUM($D$1:D1,1)) 이 셀에 채우기 핸들을 아래로 끌기.
- **수식 의미** : D1셀부터 D1셀까지의 합에 1을 더한 값을 LARGE 함수의 2인수에 넣어 최대 개수의 값을 반환
- 만일, D2 셀 수식은 =IF(C2="","",COUNTIF(A:A,C2))로 하고 C2 셀 수식은 =IFERROR(LARGE ($A$1:$A$9,SUM($D$1:D1,1)),"")로 하면 오류 값 없는 결과를 얻을 수 있습니다.

UNIT 49 중복을 제거한 값 나열

	A	B	C	D	E
1	공기량	공기량			TRUE
2	슬럼프	슬럼프		공기량	TRUE
3	잔골재입도	잔골재입도		슬럼프	TRUE
4	염화물	염화물		잔골재입도	TRUE
5	슬럼프	단위수량		염화물	FALSE
6	단위수량	현장수정배합		단위수량	TRUE
7	슬럼프	염화물 함량		현장수정배합	FALSE
8	현장수정배합	굵은골재입도		염화물 함량	TRUE
9	공기량	#NUM!		굵은골재입도	FALSE
10	단위수량	#NUM!		#N/A	FALSE
11	염화물 함량	#NUM!		#N/A	TRUE
12	염화물 함량				FALSE
13	단위수량				FALSE
14	굵은골재입도				TRUE
15	공기량				FALSE
16					FALSE

B1 셀 수식: {=INDEX(범위,SMALL(IF(FREQUENCY(MATCH(범위,범위,0),MATCH(범위,범위,0))>0,ROW(범위)),ROW(A1)))}

현재 Ctrl + F3 을 누르면 [A1:A15]를 《범위》로 이름 정의하고 있습니다.

▷ **목적** : 중복 없이 차례대로 나열
- **《중복2》 시트의 B1 셀 수식** : {=INDEX(범위,SMALL(IF(FREQUENCY(MATCH(범위,범

위,0),MATCH(범위,범위,0))>0,ROW(범위)),ROW(A1)))} 이 셀에 채우기 핸들을 아래로 끌기.

- **수식 의미** : FREQUENCY(MATCH(범위,범위,0),MATCH(범위,범위,0))>0을 선택하고 F9 를 눌러보면 처음 나오는 값만 TRUE가 되고 있습니다. IF(FREQUENCY(MATCH(범위,범위,0),MATCH(범위,범위,0))>0,ROW(범위))를 선택하고 F9로 보면 처음 나오는 값 들의 순번과 그 외의 것들은 FALSE를 각각 반환. ROW 함수로 작은 순으로 순번을 반환하며, 채우기 핸들을 끌면 결과적으로 《범위》에 값들을 차례대로 반환합니다.

- 《중복2》 시트의 D2 셀 수식 : =INDEX(범위,MATCH(0,INDEX(COUNTIF($D$1:D1,범위),),0)) 이 셀에 채우기 핸들을 아래로 끌기.
- D3 셀 수식은 =INDEX(범위,MATCH(0,INDEX(COUNTIF($D$1:D2,범위),),0)) 이고 이 수식을 이해해봅니다.
- **수식 의미** : D3 셀의 COUNTIF($D$1:D2,범위)을 선택하고 F9 를 누르면 《범위》에서 D2셀 값과 같은 값만 1이고 나머지는 0이 되고 D4 셀도 마찬가지로 해보면 D2, D3 셀 값과 같은 값만 1이고 나머지는 0이 됩니다. COUNTIF 옆에 INDEX는 배열화를 위한 장치고, MATCH 함수로 처음 나오는 0의 순번을 반환.
- B열 수식은 배열식이지만 D열은 일반 수식인데, D열 수식은 첫 수식 셀 바로 위에 적어도 하나의 셀은 있어야 합니다.

UNIT 50 중복을 하나로 처리한 조건 개수

D2 `{=COUNT(MATCH(ROW(A2:A10)-1,MATCH(B2:B10,B2:B10,0)*(A2:A10=D1),0))}`

	A	B	C	D	E	F	G
1	회사	과자		해태			
2	오리온	초코파이		2			
3	오리온	포카칩		2			
4	오리온	포카칩					
5	해태	홈런볼					
6	오리온	초코파이					
7	오리온	카스타드					
8							
9	해태	포테토칩					
10	해태	포테토칩					

▷ 목적 : 회사명 조건에 과자 고유 개수

- 《중복3》 시트의 D2 셀 수식 : {=COUNT(MATCH(ROW(A2:A10)-1,MATCH(B2:B10,B2:B10,0)
  * (A2:A10=D1),0))}
- 수식 의미 : 처음 MATCH 함수의 1인수는 1부터 9까지의 순번이고 MATCH(B2:B10,B2:B10,0)은 선택하고 F9로 보면 {1;2;2;4;1;6;#N/A;8;8} 이것이고 회사 조건을 D1 셀, COUNT 함수로 처리하면 개수가 나옵니다. F9키를 적극 활용하세요.
- 《중복3》 시트의 D3 셀 수식 : =COUNT(INDEX(MATCH(ROW(A2:A10)-1,INDEX(MATCH(B2:B10,B2:B10,0) * (A2:A10=D1),),0),))
  D2 셀 수식은 배열식이지만, 이 수식은 INDEX 함수를 이용한 일반수식으로서 두 결과는 같습니다.

UNIT 51 셀 정렬

Ctrl + F3 을 누르면 [A2:A11]를 《범위2》로 이름 정의하고 있습니다.

▷ 목적 : 이름순으로 정렬

- 《정렬》 시트의 B2 셀 수식 : =INDEX(범위2,MATCH(SMALL(INDEX(COUNTIF(범위2,"<"&범위2),),ROW(A1)),INDEX(COUNTIF(범위2,"<"&범위2),),0))
- 수식 의미 : COUNTIF(범위2,"<"&범위2)을 선택하고 F9를 누르면 《범위2》의 각 셀 값이 《범위2》에 정렬 순번-1의 배열이 나옵니다. 예컨대 《국토해양부》보다 작은 것 즉, ㄱㄴㄷ순으로 앞서는 것은 없으므로 0, 《행정안전부》보다 작은 것은 7개이므로 7, 이런 식으로 나오며, 가장 작은 값부터 이 배열에 순번을 얻어 《범위2》에서 각 위치에 값을 반환합니다.

▷ **목적** : 점수표에서 득점 순으로 부서명 정렬

- **《정렬》 시트의 G2 셀 수식** : =INDEX(D$3:D$7,MATCH(INDEX(SMALL($E$3:$E$7+ROW($E$3:$E$7)/11^11,ROW(A1)),),INDEX($E$3:$E$7+ROW($E$3:$E$7)/11^11,),0))이 셀에 채우기 핸들을 아래로 끌기.

- **수식 의미** : ROW($E$3:$E$7)/11^11을 선택하고 F9를 누르면 E열 각 셀에 상당히 작은 수를 더하기 위한 것으로서 동점을 차례대로 정렬하기위한 개념. 나머지는 B열 수식과 비슷합니다. 수식을 아래로 복사하면 득점 오름차순으로 부서명이 나열됩니다.

- 반대인 내림차순으로 나열하려면 아래의 H2 셀 수식같이 SMALL을 LARGE로, 행 번호 더하는 것을 빼는 것으로 각각 바꾸세요.
  =INDEX(D$3:D$7,MATCH(INDEX(LARGE($E$3:$E$7−ROW($E$3:$E$7)/11^11,ROW(A1)),),INDEX($E$3:$E$7−ROW($E$3:$E$7)/11^11,),0))

UNIT 52 연속 횟수 개수

	A	B	C	D	E	F	G	H	I	J	K	L	M	N	O	P	Q	R	S	T	U	V	W	X	Y	Z	AA	AB	AC	AD	AE	AF
1	1	2	3	4	5	6	7	8	9	10	11	12	13	14	15	16	17	18	19	20	21	22	23	24	25	26	27	28	29	30	31	5회 연속 횟수
2	v	v	v	v	v		v	v					v	v		v	v		v	v	v	v		v	v	v	v	v			v	3
3	v	v		v	v							v	v	v	v				v	v				v					v			1
4	v	v	v			v	v	v	v	v			v		v	v			v						v	v	v	v	v			2
5																																
6																																

AF2 수식: {=SUM(N(FREQUENCY(IF(A2:AE2="v",COLUMN(A2:AE2)),IF(A2:AE2<>"v",COLUMN(A2:AE2)))=5))}

▷ **목적** : 연속으로 《v》 값이 다섯 번만 나오는 횟수

- **《연속》 시트의 AF2 셀 수식** : {=SUM(N(FREQUENCY(IF(A2:AE2="v",COLUMN(A2:AE2)),IF(A2:AE2<>"v",COLUMN(A2:AE2)))=5))} 이 셀에 채우기 핸들을 아래로 끌기.

- **수식 의미** : IF(A2:AE2="v",COLUMN(A2:AE2))을 선택하고 F9, 이어서 IF(A2:AE2 <>"v",COLUMN(A2:AE2))을 선택하고 F9, 그러면 다음의 결과가 보이고 FREQUENCY({1,2,3,4,5,FALSE,7,8,9,FALSE,FALSE,FALSE,13,14,FALSE,16,17,FALSE,19,20,21,22,23,FALSE,25,26,27,28,29,FALSE,31},{FALSE,FALSE,FALSE,FALSE,FALSE,6,FALSE,FALSE,FALSE,10,11,12,FALSE,FALSE,15,FALSE,FALSE,18,FALSE,FALSE,FALSE,FALSE,FALSE,24,FALSE,FALSE,FALSE,FALSE,FALSE,30,FALSE})을 선택하고 F9 누르면 FREQUENCY 함수의 2인수의 숫자 8개보다 하나 더 많은 결과가 나옵니다. 그리고 Ctrl+Z를 몇 번 누르면서 비교해보세요.

- FREQUENCY 함수의 2인수에서 숫자 8개만 따지는 것은 논리값(TRUE / FALSE) 은 무시하기 때문

UNIT 53 조건을 각 범위에 적용한 총 개수 (고급)

	A	B	C	D
1			불량률	
2		서울	경기	제주
3	사과	60%	90%	70%
4	배	40%	80%	30%
5	바나나	60%	100%	80%
6	귤	20%	80%	30%
7				
8	서울 기준	TRUE	=B3<=MIN(C3:D3)	
9		FALSE	=B4<=MIN(C4:D4)	
10		TRUE	=B5<=MIN(C5:D5)	
11		TRUE	=B6<=MIN(C6:D6)	
12	합계	3	=SUMPRODUCT((B8:B11)-0)	
13	수식하나	3		

B13 셀 수식: =SUMPRODUCT(N(B3:B6<=SUBTOTAL(5,OFFSET(C3:D3,ROW(C3:D6)-3,))))

▷ **목적** : 서울의 품목별 불량률은 다른 지역과 비교하여 최소일 경우의 횟수

- 《고급》 시트의 B13 셀 수식 : =SUMPRODUCT(N(B3:B6<=SUBTOTAL(5,OFFSET(C3:D3,ROW(C3:D6)-3,))))

- **수식 의미** : OFFSET(C3:D3,ROW(C3:D6)-3,)을 선택하고 F9 를 누르면 오류 값(#VALUE!)이 나오지만 C3 셀부터 D6셀까지 행 단위로 4개의 범위를 참조합니다. SUBTOTAL 함수의 1인수 《5》는 최소값을 구하는 것이고, 각 최소값을 [B3:B6]의 각 셀 값과 각각 비교하여 큰 것들의 개수를 셈.

UNIT 54 　패턴 수식1 : 조건에 맞는 여러 값을 차례대로 나열 (중요)

	A	B	C	D	E	F	G	H	I	J	K	L
1		S1	S2	S3	S4	S5	S8		Co1	Co2	Depth	
2	E1	#N/A	#N/A	#N/A	#N/A	#N/A	#N/A		S1	E2	15.93	
3	E2	15.93	14.42	14.02	#N/A	14.22	#N/A		S1	E5	14.48	
4	E3	#N/A	#N/A	#N/A	#N/A	#N/A	#N/A		S4	E7	13.86	
5	E4	#N/A	#N/A	14.44	#N/A	#N/A	14.18		S1	E9	14.13	
6	E5	14.48	#N/A	#N/A	#N/A	#N/A	#N/A		S1	E6	14.06	
7	E6	14.06	#N/A	#N/A	#N/A	#N/A	#N/A		S3	E4	14.44	
8	E7	#N/A	#N/A	#N/A	13.86	#N/A	#N/A		S2	E2	14.42	
9	E8	#N/A	14.06	14.93	#N/A	#N/A	#N/A		S3	E9	14.89	
10	E9	14.13	#N/A	14.89	#N/A	14.27	#N/A		S8	E4	14.18	
11									S5	E9	14.27	
12									S2	E8	14.06	
13									S5	E2	14.22	
14									S3	E2	14.02	
15									S3	E8	14.93	

이 수식은 실무에서 매우 빈번하며 패턴을 익혀서 사용하면 매우 유용합니다.

▷ **목적** : 주황 각 셀을 노랑에서 매칭하고 녹색 각 셀을 분홍에서 매칭한 K열 값을 회색에 가져오기

- 《**패턴1**》 시트의 B2 셀 수식 : =LOOKUP(2,1/($I$2:$I$15=B$1)/($J$2:$J$15=$A2),$K$2:$K$15)
  이 셀에 채우기 핸들을 아래로 우측으로 각각 끌기.

◎ **패턴** : =LOOKUP(2,1/(조건1)/(조건2)/...(조건n),가져올범위)

- **수식 의미** : ($I$2:$I$15=B$1)/($J$2:$J$15=$A2)은 1이나 0 또는 오류 값(#DIV/0!)이 나오는 배열을 반환하고 1을 그 배열로 나누면 1이나 오류 값만 남게 되고 LOOKUP 함수에서 1인수인 2 이하 값을 그 배열에서 찾는데 배열에 숫자는 1뿐이므로 1의 순번(n)을 받아 [K2:K15] 범위에 n 값을 반환.

- 배열에 1이 여러 개(즉, 조건에 일치하는 셀이 중복)면 마지막 1을 찾습니다.

- 수식에서 《=LOOKUP(2,1/~~》 부분은 《=LOOKUP(1,0/~~》 이렇게 수정 가능. 주의할 것은 《=LOOKUP(1,1/~~》 이것은 간혹 잘못된 결과를 내므로 안 됩니다.
  핵심은 LOOKUP 함수의 2인수에 시작 글자가 1이면 1인수는 2 이상 값을 넣으면 되고, 2인수에 시작 글자가 0이면 1인수는 1 이상 값을 넣으면 됩니다.

- 이 패턴 수식의 결과 오류 값(#N/A)을 0으로 반환 하려면 IFERROR까지 넣어서 다음 수식으로 완성합니다.
  =IFERROR(LOOKUP(2,1/($I$2:$I$15=B$1)/($J$2:$J$15=$A2),$K$2:$K$15),0)
- 조건부 서식 때문에 오류 셀의 글꼴 색이 회색으로 보입니다. [B2:G10]을 선택하고 《홈》 탭 → 《스타일》 그룹에 《조건부 서식》 → 《규칙 관리》를 보세요.

▷ **목적** : M열 값 끝에 공백제거

	L	M	N	O
1		비고	끝 공백만 제거	보조
2		M30X1.5P, 42MM	M30X1.5P, 42MM	15
3		2EA-초지급	2EA-초지급	7
4		YP 125용 체결	YP 125용 체결	12
5				#REF!
6		위에 홀 전진	위에 홀 전진	8
7		SW=3M	SW=3M	5
8		15-028 / 15-020	15-028 / 15-020	16

O2 셀 수식: =LOOKUP(2,1/(" "<>MID(M2,순번배열,1)),순번배열)

M3 셀에 F2 를 누르면 커서가 《급》 바로 다음이 아니라 더 멀리 떨어진데서 깜박거립니다.
- O2 셀을 선택하고 Ctrl + F3 을 누르면 =ROW(INDIRECT("1:"&LEN(패턴1!M2)))를 《순번배열》로 이름 정의하고 있습니다. 이 수식은 M2 셀에 글자 개수만큼의 순번을 배열로 받는 것입니다. 임의의 셀에 이 수식을 넣고 F9 를 누르면 {1;2;3;4;5;6;7;8;9;10;11;12;13;14;15}를 확인할 수 있습니다.
- **《패턴1》 시트의 O2 셀 수식** : =LOOKUP(2,1/(" "<>MID(M2,순번배열,1)),순번배열) 이 셀에 채우기 핸들을 아래로 끌기.
- **수식 의미** : M2 셀에 한 글자씩 공백문자와 비교하여 공백이 아닌 글자면 1이 나오고 아니면 오류 값이 나오고 수식 중에 1/(" "<>MID(M2,순번배열,1))을 선택하고 F9 를 누르면 {1;1;1;1;1;1;1;1;#DIV/0!;#DIV/0!;1;1;1;1} 이며 LOOKUP 함수의 1인수인 2를 이 배열에서 찾아 가장 끝에 1의 순번을 반환.
- 즉, 이 의미는 공백문자가 아닌 마지막 글자의 순번을 반환하게 됩니다.
- **《패턴1》 시트의 N2 셀 수식** : =IFERROR(LEFT(M2,O2),"") 이 셀에 채우기 핸들을 아래로 끌기.
- **수식 의미** : M2 셀 값 첫 글자부터 O2 셀 값만큼의 값을 반환하고 오류 값은 빈 문자로 처리

UNIT 55 패턴 수식2 : 다중 조건에 맞는 셀 가져오기 (중요)

	E2		:	×	✓	fx	=SMALL($D$2:$D$12,ROW(A1))	
	A	B	C	D	E	F	G	H
1				보조1	보조2		스파게티	
2	크림	0	스파게티	1	1		일반식	패턴식
3	오렌지	0	주스	FALSE	2		크림	크림
4	올리브	0	스파게티	2	3		올리브	올리브
5	자몽	0	주스	FALSE	4		토마토	토마토
6	토마토	0	스파게티	3	#NUM!		로제	로제
7	토마토	0	주스	FALSE	#NUM!		#NUM!	#DIV/0!
8	크림	1	스파게티	FALSE			#NUM!	#DIV/0!
9	오렌지	1	주스	FALSE			#N/A	#DIV/0!
10	크림	2	스파게티	FALSE				
11	로제	0	스파게티	4				
12	바나나	1	주스	FALSE				
13								

◀ ▶ ⋯ 중복 | 중복2 | 중복3 | 정렬 | 연속 | 고급 | 패턴1 | **패턴2** | ⊕

이 수식은 실무에서 매우 빈번하며 패턴을 익혀서 사용하면 매우 유용합니다. 수식이 어렵다면 보조 셀을 이용한 접근법도 있지만 패턴 수식은 실제로 그렇게 어려운 수식이 아님. 이 패턴 수식 용어는 저자가 명명한 것입니다.

▷ **목적** : 노랑을 주황에서 매칭하고 그 옆에 값이 0인 A열 셀 나열

- 《패턴2》 시트의 D2 셀 수식 : =IF(AND(B2=0,C2=$G$1),COUNTIFS($B$2:B2,0,$C$2:C2,$G$1))이 셀에 채우기 핸들을 아래로 끌기.
- 수식 의미 : B2셀 값이 0이고 C2 셀 값이 G1셀과 같으면, $B$2:B2이 0이고 $C$2:C2이 G1셀과 같은 개수를 반환하고 그 외는 기본 값인 FALSE를 반환.
- 《패턴2》 시트의 E2 셀 수식 : =SMALL($D$2:$D$12,ROW(A1)) 이 셀에 채우기 핸들을 아래로 끌기.
- 수식 의미 : D열에서 첫 번째로 작은 값 반환
- SMALL 함수의 1인수에 배열 요소 중 논리 값은 무시하므로 숫자 셀 값만 차례대로 가져오는 것입니다.
- 《패턴2》 시트의 G3 셀 수식 : =INDEX($A$2:$A$12,MATCH(E2,$D$2:$D$12,))이 셀에 채우기 핸들을 아래로 끌기.
- 수식 의미 : E2 셀을 D열에서 찾은 순번(n)을 A열의 2인수로 취해 n번째 값 반환

- 《패턴2》 시트의 H3 셀 수식 : =INDEX($A$2:$A$12,1/LARGE(INDEX(($B$2:$B$12=0) * ($C$2:$C$12=G$1)/(ROW($B$2:$B$12)−1),),ROW(A1)))이 셀에 채우기 핸들을 아래로 끌기.

◎ **패턴** : =INDEX(대상범위,1/LARGE(INDEX((조건1) * (조건2) * ...(조건n)/(순번),),(ROW(A1) 또는 COLUMN(A1))))

- **수식 의미** : $B$2:$B$12=0과 $C$2:$C$12=G$1은 조건이며 조건은 모두 곱하여 1과 0이 나오게 배열을 만들고, 그 결과를 ROW($B$2:$B$12)−1로 나눠 즉 1부터 전체 개수만큼의 수로 나누면 참인 값의 숫자가 클수록 작은 값을 반환하는 내림차순 배열을 취하고, LARGE 함수는 큰 순으로 추출하므로 배열에 앞쪽부터 값을 취하고 1을 이 값들로 나누면 소수가 정수로 바뀌면서 번호(n)를 얻게 되고 [A2:A12]에서 n번째 값을 차례대로 나열하게 됩니다.
- 수식 내용 중간에 INDEX는 2인수를 배열화하기 위한 장치.
- 이 패턴 수식의 결과 오류 값(#DIV/0!)을 빈 문자로 반환 하려면 IFERROR까지 넣어서 다음 수식으로 완성합니다.
  =IFERROR(INDEX($A$2:$A$12,1/LARGE(INDEX(($B$2:$B$12=0) * ($C$2:$C$12=G$1)/(ROW($B$2:$B$12)−1),),ROW(A1))),"")
- G1 셀이 바뀌면 A열에 해당 셀이 녹색이 되는데 이것은 조건부 서식 때문입니다. [A2:A12]을 선택하고 《홈》 탭 → 《스타일》 그룹에 《조건부 서식》 → 《규칙 관리》를 보세요.

8부
엑셀 119 긴급 사태

엑셀 작업 중에 돌발 상황 발생했을 때의 해결법을 다룹니다.
분류는 이름순으로 나열했습니다.

Chapter 01 | 기타
Chapter 02 | 리본 메뉴의 단추
Chapter 03 | 셀
Chapter 04 | 수식
Chapter 05 | 시트
Chapter 06 | 인쇄
Chapter 07 | 처리 속도나 리소스
Chapter 08 | 통합 문서
Chapter 09 | 피벗 테이블
Chapter 10 | 행/열

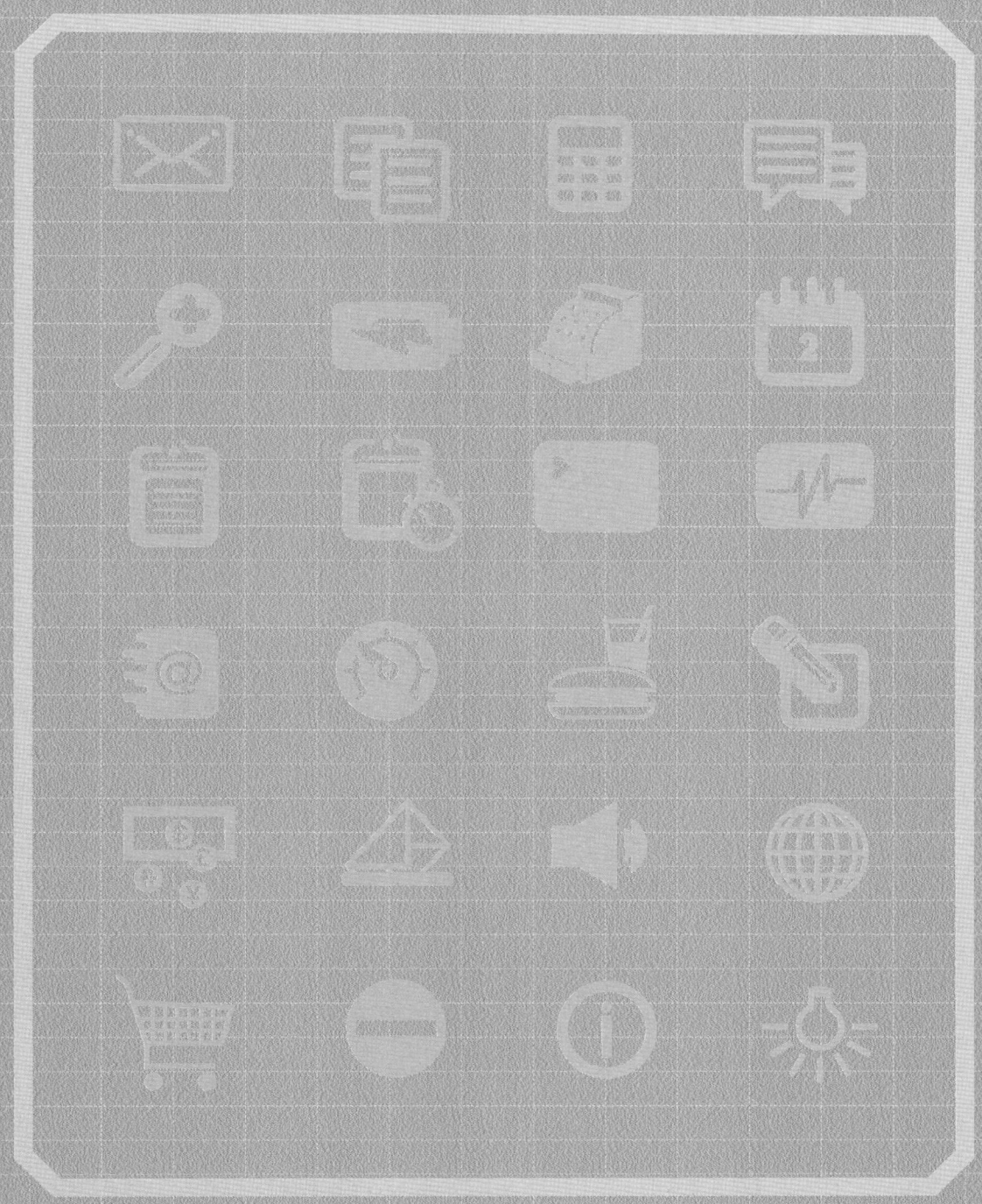

01 CHAPTER 기타

UNIT 01 그림이나 도형 등이 모두 사라진 경우
시트에 삽입한 여러 도형이나 그림 등이 어느 순간 사라져 버렸다면

■ 원인
`Ctrl` + `6` 을 누른 경우

■ 해결법
- `Ctrl` + `6` 을 한 번 더 누름
- 《파일》 탭(엑셀 2007은 동그란 Office 단추) → (엑셀 2007은 Excel) 옵션 → 고급 → 이 통합 문서의 표시 옵션 →《개체 표시》란에《모두》

UNIT 02 윈도우 탐색기에 물결표(~) 파일명이 생기는 경우
통합 문서를 열면 탐색기에 ~파일 항목이 생기고 문서를 닫아도 그대로 남아있는 경우

■ 원인
엑셀 오류로 파일이 열린 상태에서 닫혔거나 제대로 지워지지 않거나 기타 이유

■ 해결법
- 탐색기에서 `F5`를 눌러 새로 고침하거나 물결표 파일을 지웁니다.

UNIT 03 우측에《리서치》창이 계속 나온다면

■ 원인
`Alt` 를 누른 채 셀 클릭

■ 해결법
- `Alt` 한번 누른 다음, 그 창 닫기

CHAPTER 02 리본 메뉴의 단추

UNIT 01 《삽입》 탭에 그림, 도형, 차트 등의 단추가 비활성화

특정 파일에서 리본 메뉴의 《삽입》 탭에 특정 단추들을 누를 수 없게 되는 상황

■ 원인
Ctrl + 6 을 누른 경우

■ 해결법
- Ctrl + 6 을 한 번 더 누름
- 《파일》 탭(엑셀 2007은 동그란 Office 단추) → (엑셀 2007은 Excel) 옵션 → 고급 → 이 통합 문서의 표시 옵션 → 《개체 표시》란에 《모두》

UNIT 02 리본 메뉴에 많은 단추들이 비활성화

■ 원인
현재 셀에 입력 상태로서 엑셀 하단의 《상태 표시줄》 좌측에 《입력》으로 나오는 경우

■ 해결법
- Enter 로 입력을 완료하거나 Esc 를 눌러 취소
- 열 머리글 바로 위의 《수식 입력줄》 좌측에 체크(입력)단추나 X(취소)단추 클릭

CHAPTER 03 셀

UNIT 01 셀 값이 《####》으로 나온다면
특정 파일에서 리본 메뉴의 《삽입》 탭에 특정 단추들을 누를 수 없게 되는 상황

■ 원인
1. 열 너비가 좁은 경우
2. 음수 시간이나 날짜
3. 셀 서식의 표시 형식. 예) 셀 값은 20160315인데, 표시 형식은 yyyy-mm-dd

■ 해결법
- 열 너비를 넓힘. 날짜나 시간은 음수가 될 수 없으므로 텍스트로 표시하여 앞에 음수 부호(-) 추가

UNIT 02 셀에 글자 사이가 많이 떨어져서 입력 (글자 간격)
《korea》가 《ｋｏｒｅａ》 이런 식으로 입력되는 현상으로서 숫자는 입력 중에만 사이가 떨어지는 경우

■ 원인
잘못 키를 누른 경우로서 Alt + = 를 눌러서 전자로 바뀐 문제

■ 해결법
Alt + = 를 눌러 반자로 설정합니다.
- 즉, 이 단축키는 누를 때마다 전자/반자로 변합니다.
- 영어뿐만 아니라 숫자도 마찬가지로 적용되지만 한글은 제외

UNIT 03 셀 값에 《(주)》를 포함하면 기호, 《㈜》로 바뀐다.

업체명으로 주식회사의 약자를 보통 (주)로 입력하는데 이때 기호, ㈜로 바뀌는 현상

■ 원인
한/영 자동 고침과 같이 자동 고침에 그 문자가 바뀌도록 등록이 되어있기 때문

■ 해결법
[Ctrl]+[A]를 눌러《자동 고침》창을 띄우고《입력》란에《(주)》를 넣고《삭제》클릭
-《자동 고침》창은 [Alt]+[T], [O]로《Excel 옵션》창 →《언어 교정》으로도 접근 가능

UNIT 04 셀에 《(r)》을 입력하고 [Enter] 치니 《®》로 바뀐다.

기본적으로 셀 값을《(r)》로 입력하면 기호《®》로 바뀌어 입력됩니다.

■ 원인
한/영 자동 고침과 같이 자동 고침에 그 문자가 바뀌도록 등록이 되어있기 때문

■ 해결법
[Alt]+[T], [A]를 눌러《자동 고침》창을 띄우고《입력》란에《(r)》을 넣고《삭제》클릭
-《자동 고침》창은 [Alt]+[T], [O]로《Excel 옵션》창 →《언어 교정》으로도 접근 가능

UNIT 05 〈화살표〉 키로 셀 이동 없이 화면만 이동한다면

셀 선택 시 예컨대 [↓]를 누르고 있으면 셀 선택도 바뀌면서 화면이 아래로 내려가야 하는데 화면만 움직인다면

■ 원인
키보드에 [Scroll lock] 또는 [ScrLk] 키가 눌린 경우에 엑셀《상태 표시줄》에 기본적으로 [Scroll lock]으로 표시됩니다.

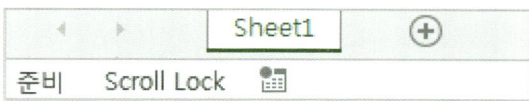

- 만일 이 글자가 표시되지 않는다면《상태 표시줄》에 마우스 우측 버튼 → [Scroll lock] 체크

■ 해결법

키보드에 [Scroll lock] 또는 [ScrLk] 키를 누름. 즉, 누를 때마다 바뀌는 토글키

UNIT 06 셀 스타일에 이상한 스타일이 매우 많다면

《홈》 탭 →《스타일》 그룹에 《셀 스타일》을 누르면 여러 스타일이 보이는 데 이상한 스타일이 매우 많아 한 번에 지우고 싶은 경우입니다. 기본 스타일만 남기고 사용자 지정 셀 스타일 모두 지우기가 가능합니다. 이것을 매크로로 자동화할 수는 없으므로 꼭 수동 작업하세요.

■ 원인

다른 파일에 임의의 시트를 복사하거나 이동 시 생길 수 있습니다.

■ 해결법

파일을 닫고 파일의 확장자를 《zip》으로 수정 → 이 zip 압축 파일을 한 폴더에 풀기 → 폴더 3개와 파일 1개가 생기고, 《xl》폴더에 《styles.xml》 파일을 윈도우 메모장 프로그램으로 열기 → 메모장에서 [Ctrl]+[F] 하고 《〈cellStyles〉》을 찾고 또 《〈/cellStyles〉》 이것도 찾아서 《〈cellStyles〉》부터 《〈/cellStyles〉》 까지를 모두 지움 → 폴더 3개와 파일 1개를 zip으로 압축 → 그 파일의 확장자를 원래 확장자로 되돌립니다.
- 확장자 수정 툴은 다음 웹페이지에 프로그램을 다운로드 및 설치하세요.
  http://cafe.naver.com/xlwhy/4586

– 메모장에서 《cellStyles》와 《/cellStyles》 등을 찾아서 그 범위를 선택하는 것이 어려운데, 쉽게 하려면 먼저 《cellStyles》을 찾고 이 앞에 내용을 모두 잘라내기하여 새 메모장(x)에 넣어놓고 그 다음 《/cellStyles》을 찾아서 이 뒤에 내용을 잘라내기하여 그 x에 붙여넣고 기존 메모장은 Ctrl + A 로 모두 선택하여 지우고 x에 모든 내용을 선택하고 복사해서 기존 메모장에 붙이면 됩니다.

UNIT 07 채우기 핸들링이나 복사 후에 작은 단추가 안 나오는 경우

셀에 채우기 핸들을 끌거나 복사하고 나서 작은 단추가 생기지 않는 현상

■ 원인
《Excel 옵션》 설정

■ 해결법
- Alt + T , O 로 《Excel 옵션》 창을 열고 《고급》 → 《잘라내기/복사/붙여넣기》 범주에 《콘텐츠를 붙여넣을 때 붙여넣기 옵션 단추 표시》 체크
- 엑셀2007은 이름이 조금 다름 : 《붙여넣기 옵션 단추 표시》

UNIT 08 셀 눈금선이 사라진 경우

셀 범위의 일부 셀에 회색 눈금선이 사라진 현상 또는 모든 셀에 눈금선이 없을 때

■ 원인
셀 색을 흰색으로 설정

■ 해결법
셀 범위 선택하고 Ctrl + 1 → 《채우기》에 《색 없음》
– 모든 셀 눈금선이 안 보인다면 흰색과는 무관하고 《보기》 탭 → 《표시》 그룹에 《눈금선》 체크

UNIT 09 《선택하여 붙여넣기》할 때에 메뉴 이상

A문서에서 B문서로 셀을 복사할 때 일반적인 메뉴가 안 뜬다면

■ 원인
엑셀 인스턴스가 두 개 열린 경우, 즉 A문서를 열고 B문서는 새 엑셀을 열어 그곳에 B를 띄운 경우

■ 해결법
- 엑셀 인스턴스를 한 개만 열고 그 안에 여러 문서를 띄움

UNIT 10 《붙여넣기》하면 수식이 사라짐

A문서에서 B문서로 셀을 복사할 때 수식은 복사가 안되고 값만 복사되는 현상

■ 원인
엑셀 인스턴스가 두 개 열린 경우, 즉 A문서를 열고 B문서는 새 엑셀을 열어 그곳에 B를 띄운 경우

■ 해결법
- 엑셀 인스턴스를 한 개만 열고 그 안에 여러 문서를 띄움

UNIT 11 불연속 셀 복사 시, 그 사이 것도 들어감

A문서에서 B문서로 서로 떨어진 셀 들(예: A1 셀, C1 셀, G1 셀)을 선택하고 그것을 복사할 때 그 사이 셀도 같이 복사되는 현상

■ 원인
엑셀 인스턴스가 두 개 열린 경우, 즉 A문서를 열고 B문서는 새 엑셀을 열어 그곳에 B를 띄운 경우

■ 해결법
- 엑셀 인스턴스를 한 개만 열고 그 안에 여러 문서를 띄움
- 자세한 관련 웹페이지 : http://cafe.naver.com/xlwhy/31449

UNIT 12 셀 범위에 그림이나 도형이 복사되지 않음

A문서에서 B문서로 셀 범위를 복사할 때 그 안에 그림이나 도형은 복사가 안 되는 현상

원인

엑셀 인스턴스가 두 개 열린 경우, 즉 A문서를 열고 B문서는 새 엑셀을 열어 그곳에 B를 띄운 경우

해결법

- 엑셀 인스턴스를 한 개만 열고 그 안에 여러 문서를 띄움

UNIT 13 셀에 문자 입력 시 작은따옴표(')가 생기는 경우

엑셀2010에서 관찰한 것인데 셀에 문자를 넣으면 문자열 맨 앞에 작은따옴표(')가 자동 생성되는 경우

원인

원인 불명

해결법

- 그 셀을 선택 → 《홈》 탭 → 《편집》 그룹에 《지우기》 → 《서식 지우기》 클릭

UNIT 14 셀 값이 실제 값보다 잘려서 보인다면

예를 들면 셀에 값이 7.25인데 7만 보이는 경우가 있습니다.

원인

셀 서식과 열 너비

해결법

- 그 셀의 열 너비를 늘립니다. 또는 Ctrl + 1 로 셀 서식 창을 열어 《일반》으로 변경

UNIT 15 셀 서식이나 수식이 자동 입력

예를 들면 Shift + F11 로 새 시트를 삽입하고 [A2:A4] 범위에 각각 22%, 33%, 55%를 입력하고 A5 셀에 숫자만 입력하고 Enter 치면 %가 자동 입력됩니다. 떨어진 A8 셀에 숫자만 입력해도 동일한 현상이 발생합니다.

원인
Alt + T , O 로 《Excel 옵션》 창을 열고 《고급》 → 《데이터 범위의 서식과 수식을 확장》 체크 때문.
 – 보통 3개 이상의 셀에 같은 서식으로 입력하면 그 후로 자동 서식 입력됩니다.

UNIT 16 《서식 복사》 더블 클릭 문제

《홈》 탭 → 《클립보드》 그룹에 서식 복사(빗자루) 단추를 더블 클릭하고 대상 셀을 선택하면 한 번 밖에 안되고 풀리는 현상

원인
윈도우 《마우스》에 《두 번 클릭 속도》 문제

해결법
윈도우 제어판의 하드웨어 부분에 《마우스》에 《두 번 클릭 속도》를 좀 더 느리게 지정

UNIT 17 《셀 서식이 너무 많습니다.》

이 메시지와 함께 문서가 열리지 않거나, 작업 시 이 메시지가 나오는 현상

원인
셀 서식의 표시 형식(사용자 지정)이 매우 많거나 셀 스타일 때문, 또는 매크로 바이러스 감염

해결법
1. **사용자 지정 표시 형식 모두 지우기** : 셀 서식 창을 열고 《표시 형식》 → 《사용자 지정》 누르고 우측 리스트에 임의 항목 클릭하고 End → Alt + D 로 삭제 → 또 End → Alt + D 이것을 반복합니다.
2. 원인이 바이러스라면 Alt + F11 로 VBE 창을 열고 좌측 탐색기에 이상한 파일이 없나 보세요. 엑셀 실행 시 자동 실행되는 파일의 경로는 VBE 창에서 Ctrl + G 하고 다음 두 문장을 입력하고 Enter 치면 나옵니다. ① ?Application.StartupPath, ② ?Application.UserLibraryPath ①번은 개인용 매크로 통합 문서가 저장되는 위치고 ②번은 애드인(추가 기능) 파일이 있는 폴더입니다. 백신을 돌려도 문서를 새로 만들어야 할지 모릅니다.
※ 다음의 MS 자료도 보세요. https://support.microsoft.com/ko-kr/help/601085
※ 인터넷에서 《XLStylesTool》을 검색하여 이 프로그램으로도 처리해보세요. 셀 스타일이나 이름 등을 정리해줍니다.

CHAPTER 04 수식

UNIT 01 셀에 수식 입력 시 수식이 그대로 나온다면
수식을 넣으면 수식이 그대로 보이는 현상

■ 원인
셀 서식의 표시 형식이 《텍스트》인 경우

■ 해결법
- 셀에 마우스 우측 버튼 → 《셀 서식》 → 《표시 형식》을 《일반》으로 하고 《데이터》 탭 → 《데이터 도구》 그룹에 《텍스트 나누기》 → 바로 《마침》

UNIT 02 셀에 수식 입력 시 수식이 그대로 나온다면2
다른 시트와 달리 열 너비도 커져있고 일반 시트와 틀린 현상

■ 원인
Ctrl + F11 로 매크로 시트를 삽입
- 시트 탭에 마우스 우측 버튼 → 삽입 → 《MS Excel 4.0 매크로》
- 엑셀2010 이하 버전은 이 이름이 《MS Excel 4.0 Macro》

■ 해결법
- 시트를 삭제하고 다시 시트 삽입 Shift + F11

UNIT 03 셀 너비가 커지고 숫자가 왼쪽 맞춤되며 수식 내용이 보입니다.
그 외에 셀에 문자 입력 시 셀의 너비를 넘쳐도 내용이 모두 보이는데 잘리는 현상

🟩 원인

Ctrl + ~ 을 누른 경우

🟩 해결법

- Ctrl + ~ 을 한 번 더 누름
- 《수식》 탭 → 《수식 분석》 그룹에 《수식 표시》
- Alt + T, O 로 《Excel 옵션》 창을 열고 《고급》 → 《이 워크시트의 표시 옵션》 → 《계산 결과 대신 수식을 셀에 표시》

UNIT 04 셀에 수식이 자동 갱신되지 않는다면

수식에서 참조된 셀 값을 바꾸었을 때 수식 셀에 모든 값이 일괄 갱신되지 않는 현상

🟩 원인

《수식》 탭 → 《계산》 그룹에 《계산 옵션》 → 《수동》

🟩 해결법

《수식》 탭 → 《계산》 그룹에 《계산 옵션》 → 《자동》

UNIT 05 수식은 정확한데 값이 오류가 난다면

8부\숫자와문자.xlsx

VLOOKUP 함수의 결과가 #N/A 이 나올 때

🟩 원인

데이터 형식 문제

- 숫자 셀과 문자 셀은 엄연히 다른 자료
- D5 셀 수식 : =A4=E2 근데 결과는 FALSE 이므로 둘은 서로 다름

🟩 해결법

- E2 셀 선택 → 《데이터》 탭 → 《데이터 도구》 그룹에 《텍스트 나누기》 → 《구분 기호로 분리됨》하고 《다음》 → 모든 선택을 해제하고 《다음》 → 3단계에서 《텍스트》 선택하고 《마침》
- 이 데이터 형식 이슈는 실전 엑셀에서 매우 중요하므로 꼭 짚고 넘어갈 것

UNIT 06 수식은 정확한데 값이 오류가 난다면2

ㄱ시트에는 카드 사용 자료가 있고, ㄴ시트에서 특정 계정과목(예: 복리후생비)의 3월 금액 합을 가져오기 위해 SUMIFS 함수를 사용 했지만 합산 금액이 틀린 경우

■ 원인

데이터 입력 문제

- ㄱ시트에서《복리후생비》만 필터했을 때 특정 셀 값 끝에 공백문자가 있습니다.
- 필터란 ㄱ시트의 데이터를《홈》탭 →《편집》그룹에《정렬 및 필터》→《필터》하고《계정과목》열에《복리후생비》값을 필터하여 그 표의 행 번호가 파란색으로 나온 상태를 뜻합니다.

■ 해결법

- ㄱ시트의 빈 열(H열)에 TRIM 함수로 공백을 모두 제거한 값을 나열하고 다른 빈 열(G열)에서 H열과 실제 필드 열(B열)이 같은지를 비교하도록 수식을 넣습니다.
- 그림에 G열에서 FALSE가 나온 셀(예: G333 셀)에 공백문자가 있는 것입니다.

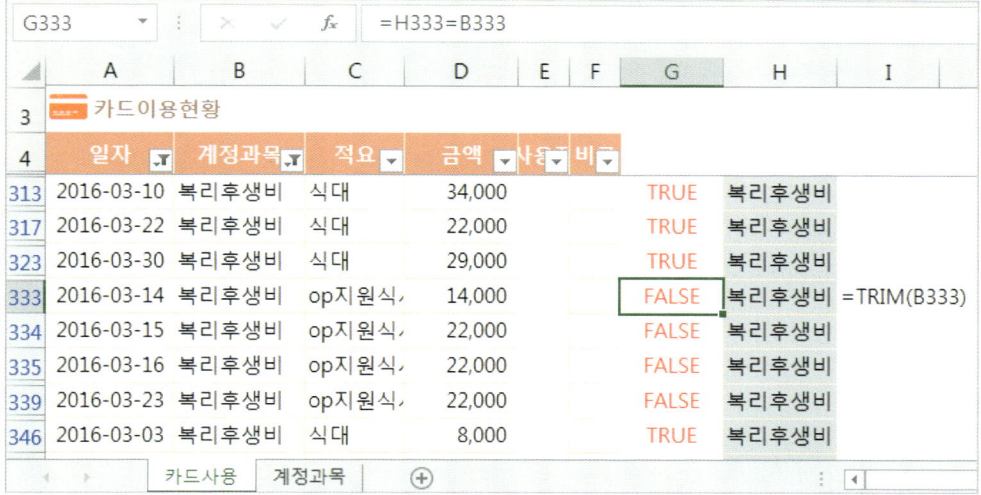

- 셀 값의 끝에 공백문자 확인법 : B333 셀에서 F2 를 누르면 커서가《비》바로 다음이 아닌《비 》이렇게 "비+공백문자" 다음에서 깜박입니다.
- 만일 셀 값의 맨 앞을 확인하려면 F2 를 누르고 Home 키를 누르세요.

이 데이터 입력 오류는 실전에서 매우 빈번하게 발생합니다. 셀 값 끝에 공백문자는 특히 많은데 셀에 데이터 입력을 마치면 Spacebar 를 누르지 않도록 주의하세요.

05 CHAPTER 시트

UNIT 01 시트 복사나 이동 시 이름 충돌 메시지가 끊임없이 뜬다면

시트를 복사하면 이상한 이름이 있다고 메시지 창이 상당히 많이 뜨고 《예》를 눌러야만 메시지 창이 사라지는 현상

■ 원인
이유를 알기 힘든 이름 버그 현상

■ 해결법

```
Sub 이상한_이름_모두삭제()
Dim na As Name
On Error Resume Next
For Each na In ActiveWorkbook.Names
    If na.Visible = False Then na.Delete '이름 삭제
Next
End Sub
```

- **실행법** : 해당 엑셀 문서에서 [Alt]+[F11] →《삽입》→《모듈》하고 이 매크로를 복사해서 넣고 커서를 이 매크로 안에 위치한 뒤 [F5]로 실행
- 책 맨 뒤에 색인에서 《이름 충돌》을 찾으세요.

UNIT 02 엑셀2010 이하 버전에서 시트 《이동/복사》 불가

A문서의 해당 시트 탭에 마우스 우측 버튼 →《이동/복사》하면 대상 통합 문서 란에 B문서가 보이지 않는 경우

■ 원인

엑셀 인스턴스가 두 개 열린 경우, 즉 A문서를 열고 B문서는 새 엑셀을 열어 그곳에 B를 띄운 경우

■ 해결법

- 엑셀 인스턴스를 한 개만 열고 그 엑셀 안에 여러 통합 문서를 띄움

UNIT 03 시트에 내용이 보이지 않는다면

화면에 빈 셀만 덩그러니 있는 상태, 이때 스크롤바의 막대가 오른쪽이나 아래쪽으로 치우쳐 있는 경우

■ 원인

화면을 우측이나 아래쪽으로 많이 이동

■ 해결법

- [Home]이나 [Ctrl]+[Home] 누르기

UNIT 04 시트에 +/− 윤곽 기호가 사라진다면

《데이터》 탭 →《윤곽선》 그룹에《그룹》 작업이 되어있는 시트에서 윤곽 기호가 안 보이는 경우

■ 원인

[Ctrl]+[8]을 누름

■ 해결법

- [Ctrl]+[8]을 다시 누름
- [Alt]+[T], [O]로《Excel 옵션》 창을 열고《고급》→《이 워크시트의 표시 옵션》→《윤곽을 설정한 경우 윤곽 기호 표시》체크

06 CHAPTER 인쇄

UNIT 01 인쇄 미리보기 페이지가 여러 장으로 나오는 오류

■ 원인
프린터기 문제

■ 해결법
제어판에서 프린터 드라이버를 새로 설치하거나 다른 프린터에 연결
– **참고 웹페이지** : https://support.microsoft.com/ko-kr/kb/2728632)

UNIT 04 인쇄가 컴퓨터마다 다르게 출력된다면

■ 원인
프린터기 문제

■ 해결법
제어판에서 프린터 드라이버를 새로 설치하거나 다른 프린터에 연결

07 CHAPTER 처리 속도나 리소스

UNIT 01 파일 용량이 크고 속도가 저하된다면
파일에 별 내용이 없는데도 속도가 느려지고 무거워지는 현상

원인
특정 시트에 보이지 않는 개체(보통 도형이나 그림)가 매우 많은 경우

해결법
- 각 시트에서 F5 → Alt + S → B → Enter 를 쳐서 모든 개체를 선택하고 Tab 을 누르면서 확인
- 개체가 없는 경우에는 개체를 찾을 수 없다는 메시지 박스가 뜸

UNIT 02 파일 용량이 크고 속도가 저하된다면2
파일에 별 내용이 없는데도 속도가 느려지고 무거워지는 현상

원인
특정 시트에 스크롤바를 관찰하여 스크롤 박스가 매우 작아짐
- 아니면 시트에서 Ctrl + End 를 눌렀을 때 맨 아래 셀이나 우측 셀로 이동

해결법
- 해당 시트에서 무의미한 행/열을 삭제하고 저장

UNIT 03 특정 시트에서 속도가 저하된다면
특정 시트에서 작업 시 매우 느려지는 현상

원인

그 시트에 조건부 서식이 다량 있는 경우
- 《홈》 탭 → 《스타일》 그룹에 《조건부 서식》 → 《규칙 관리》 → 《서식 규칙 표시》란의 《현재 워크시트》 확인 가능

해결법

- 해당 시트에서 《홈》 탭 → 《스타일》 그룹에 《조건부 서식》 → 《규칙 지우기》 → 《시트 전체에서 규칙 지우기》

UNIT 04 그림이 커서 잘린다거나 리소스 부족 메시지 창이 뜬다면

행이나 열 전체 또는 시트의 모든 셀을 복사하면 《그림이 너무 커서 그림의 일부분이 잘립니다.》 그림도 없는데 이런 메시지가 뜨거나 《리소스가 부족하여 이 작업을 완료할 수 없습니다. 데이터를 더 적게 선택하거나 다른 응용 프로그램을 닫으십시오.》가 뜨는 경우.

원인

실행중인 프로그램이 많은 경우에 나타납니다.

해결법

복사할 셀 범위만 선택하기 위해 A1 셀 선택하고 Ctrl + Shift + End 를 눌러 실행 중인 다른 프로그램을 닫습니다. 보통 실행중인 원격제어 프로그램을 종료하거나 덩치가 큰 한글 파일을 닫으면 이 메시지가 뜨지 않습니다.

통합 문서

UNIT 01 　다른 파일에 셀을 복사해서 붙이면 셀 색이 달라지는 경우

다른 통합 문서에 색깔이 들어간 셀을 현재 통합 문서의 셀에 복사하면 색깔이 바뀌는 경우

■ 원인
상이한 엑셀 버전 간 테마 때문인데, 예컨대 엑셀2010 이하 버전(ㄱ)에서 만든 문서에 셀을 엑셀2013 이상 버전(ㄴ)에서 열어 복사하고《ㄴ》에 붙여넣기한 경우. 그 반대도 마찬가지.

■ 해결법
- 《ㄱ》을《ㄴ》에서 열었을 때 :《페이지 레이아웃》탭 →《테마》그룹에《색》을《Office 2007 – 2010》으로 바꾸면《ㄱ》대로 나옵니다.
- 《ㄴ》을《ㄱ》에서 열었을 때 :《페이지 레이아웃》탭 →《테마》그룹에《색》을《Office《로 바꾸면《ㄱ》기본 테마대로 나옵니다.
- 참고로 테마는 통합 문서 단위로 일괄 적용됩니다.

UNIT 02 　인터넷에 엑셀 파일을 다운로드하거나 바로 열었을 때 입력 불가

이것은 엑셀2010 이상 버전에서 발생하는데, 인터넷에서 엑셀 파일을 바로 열거나 다운로드하고 열었을 때 셀에 입력이 안 되는 현상으로서 엑셀 상단에 표시줄이 생깁니다.

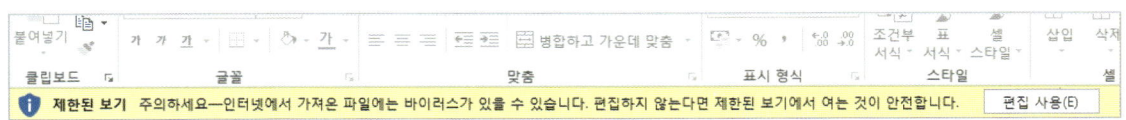

■ 원인
엑셀에 제한된 보기 기능이 작동하기 때문

🔲 해결법

- 상단에 "주의하세요—인터넷에서~" 부분을 클릭 →《제한된 보기 설정》→《보안 센터》창이 뜨고 우측에《인터넷에서 가져온 파일에 대해 제한된 보기 사용》체크 해제.

UNIT 03 행/열 머리글이나 글꼴, 열 너비 등이 일반적이지 않다면

보통의 셀 글꼴이나 셀 크기 등 보이는 모양이 보통의 시트와 다른 현상

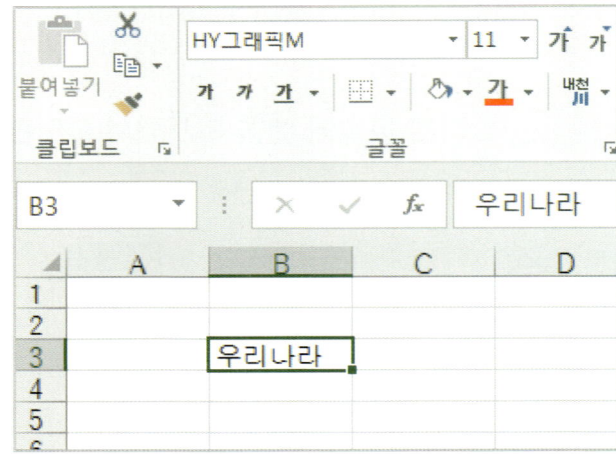

🔲 원인

테마를 적용한 경우

🔲 해결법

《페이지 레이아웃》탭 →《테마》그룹에《테마》나《글꼴》등을 변경
- 이 테마는 통합 문서 단위로 저장됩니다.

UNIT 04 저장 시 "개인 정보가 문서에 포함" 되어있다는 메시지

통합 문서를 저장할 때마다《주의하세요! 문서 검사로 제거할 수 없는 개인 정보가 문서에 포함되어 있는 경우도 있습니다.》라고 뜨는 경우
- 엑셀2010 이하는 메시지가 다음과 같이 다릅니다.

《이 문서에는 매크로, ActiveX 컨트롤, XML 확장 팩 정보, 웹 구성 요소가 있습니다. 문서 검사에서 제거할 수 없는 개인 정보가 포함되어 있을 수 있습니다.》

🔲 원인

예전에는 윈도우 탐색기에 빈 공간에서 마우스 우측 버튼 →《새로 만들기》→《Microsoft Excel 워크시트》로 하면 그랬지만 요즘은 또 그렇지 않으므로 원인 불명

해결법

- 《파일》 탭(엑셀 2007은 동그란 Office 단추) → (엑셀 2007은 Excel) 옵션 → 보안 센터 → 보안 센터 설정 →《개인 정보 옵션》→《저장 시 파일 속성의 개인 정보 제거》 체크 해제

UNIT 05 엑셀2007에서 매크로《보안 경고》 메시지 표시줄이 계속 뜬다면

매크로가 포함된 문서를 엑셀2007에서 열면 상단에 메시지 표시줄이 계속 생깁니다.
– 엑셀2010 이상 버전도 그 표시줄이 생기지만 끝에《콘텐츠 사용》을 한 번 누르면 이후로는 그 문서에 한해서 그 표시줄은 뜨지 않습니다.

해결법

- [Alt]+[T], [O] 로《Excel 옵션》 창을 열고《보안 센터》 →《보안 센터 설정》 →《매크로 설정》 → 우측에《모든 매크로 포함》 체크
  이렇게 하면 매크로가 포함된 문서는 모두 일반 문서 열리듯이 조용히 열립니다.

UNIT 06 엑셀2007 매크로 문서,《보안 경고》 창에《이 콘텐츠 사용》이 없는 경우

매크로가 포함된 파일을 엑셀2007에서 열 때 메시지 표시줄에《옵션》 누르면《보안 경고》 창이 뜨는데《이 콘텐츠 사용》이 없어서 매크로 허용을 못하는 현상

원인

파일 열기 암호가 있습니다.

해결법

- 파일을 열고나서 [F12] →《도구》→《일반 옵션》→ 열기 암호 해제
- 아니면 레지스트리를 수정해야 합니다. 그러면 열기 암호 있어도 무방.
– 관련 웹페이지 : http://cafe.naver.com/xlwhy/31302

UNIT 07 엑셀2007에서 파일에 문제가 생긴 듯하면

특정 문서를 열면 시스템 오류가 발생했다는 메시지나 기타 문제가 발생한 경우

원인

원인 불명

해결법

- 동그란 Office 단추 → Excel 옵션 → 리소스 → 진단

UNIT 08 새 통합 문서를 만들 때 엑셀2003 형식으로 열린다면

Ctrl + N 을 누르거나 《파일》 탭(엑셀 2007은 동그란 Office 단추)의 《새로 만들기》 눌렀을 때 행과 열의 개수가 65536, 256인 경우

■ 원인
《파일》 탭(엑셀 2007은 동그란 Office 단추) → (엑셀 2007은 Excel) 옵션 → 저장 → 《다음 형식으로 파일 저장》 → 《Excel 97 – 2003 통합 문서》

■ 해결법
- 《파일》 탭(엑셀 2007은 동그란 Office 단추) → (엑셀 2007은 Excel) 옵션 → 저장 → 《다음 형식 으로 파일 저장》 → 《Excel 통합 문서》

UNIT 09 엑셀 파일을 열었는데 엑셀만 열린다면

윈도우 탐색기에 통합 문서 파일을 열었을 때 엑셀만 열리는 현상

■ 원인
DDE(동적 데이터 교환) 응용 프로그램 무시

■ 해결법
- 《파일》 탭(엑셀 2007은 동그란 Office 단추) → (엑셀 2007은 Excel) 옵션 → 고급 → 일반 → 《DDE(동적 데이터 교환)를 사용하는 다른 응용 프로그램 무시》 체크 해제

UNIT 10 엑셀 파일을 열었는데 보이지 않는다면

엑셀2010 이하 버전에서 보통 발생

■ 원인
통합 문서가 《창 복원》 Ctrl + F10 상태인 경우

■ 해결법
- 《보기》 탭 → 《창》 그룹에 《모두 정렬》 → 확인

UNIT 11 엑셀 파일을 열었는데 보이지 않는다면2

■ 원인
문서를 숨긴 상태

🟩 해결법

- 《보기》 탭 → 《창》 그룹에 《숨기기 취소》

UNIT 12 파일 열면 업데이트 여부를 묻는 메시지 상자

특정 파일을 열 때마다 뜨는 업데이트 메시지 상자

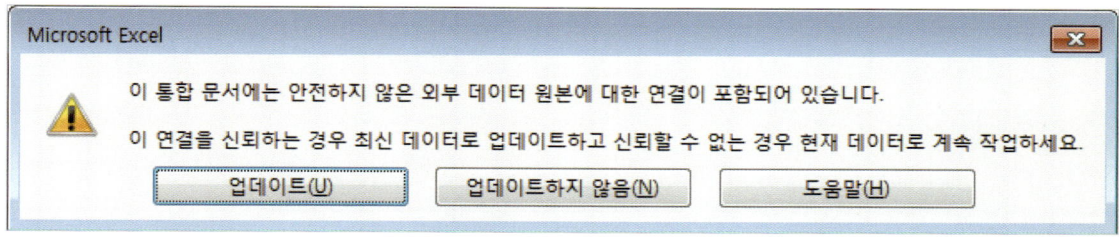

🟩 원인

다른 파일에 연결된 내용이 있는 경우

🟩 해결법

- 《파일》 탭(엑셀 2007은 동그란 Office 단추) → (엑셀 2007은 Excel) 옵션 → 고급 → 일반 → 《자동 연결 업데이트 확인》 체크 해제
- 이렇게 하면 이전 그림의 창은 뜨지 않고 다음 그림의 창이 뜹니다. 이 체크를 해제하지 않고 이전 그림의 창에서 《업데이트》를 누르면 다음 그림의 창이 뜨는 것입니다.

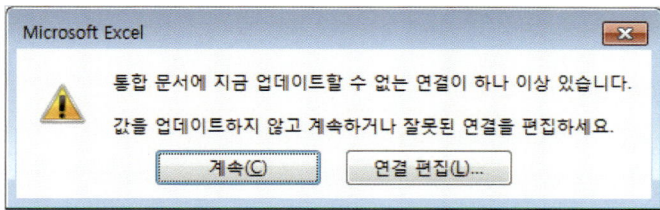

UNIT 13 파일 열면 《링크의 자동 업데이트를~~》 메시지 표시줄

특정 파일을 열면 리본 메뉴 아래에 업데이트 관련 메시지 표시줄이 생김

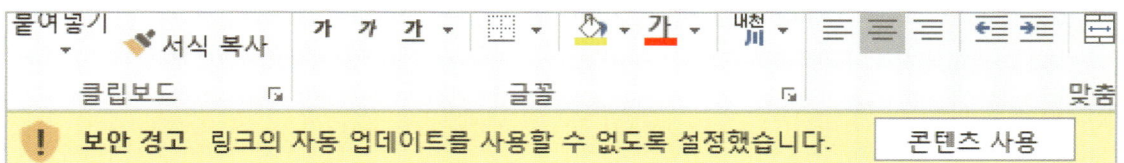

🔲 원인
다른 파일에 연결된 내용이 있는 경우

확인 : 《데이터》 탭 → 《연결》 그룹에 《연결 편집》

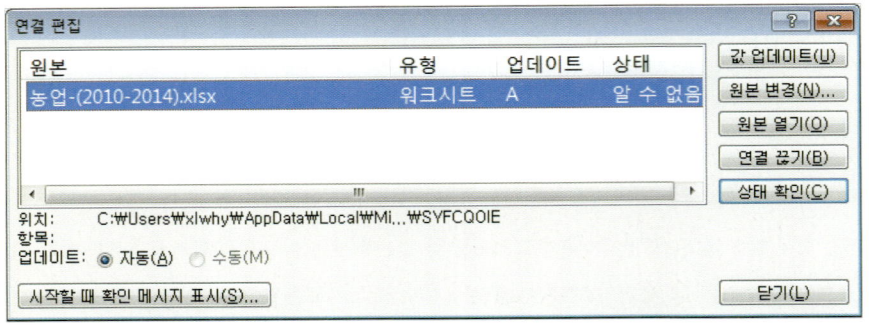

🔲 해결법

의심1. 이름 즉, 《수식》 탭 → 《정의된 이름》 그룹에 《이름 관리자》에 《참조 대상》에 다른 파일 연결을 확인

의심2. 셀에 수식 즉, Ctrl + F 로 찾기를 하는 데 이 창에 《옵션》 → 《범위》를 《통합 문서》로 하고 《찾는 위치》는 《수식》으로 찾으면 모든 시트에서 해당 문구를 찾을 수 있음
- 여기서 찾을 문구는 《데이터》 탭 → 《연결》 그룹에 《연결 편집》에 《원본》에 있는 특정 내용

의심3. 시트에 피벗 테이블이 있다면 원본 데이터를 확인
- 방법은 피벗 테이블의 임의의 한 셀 선택 후, 《분석》(엑셀2010 이하는 《옵션》) 탭 → 《데이터》 그룹에 《데이터 원본 변경》으로 다른 파일 참조 유무 확인

의심4. 시트에 차트가 있다면 원본 데이터를 확인
- 방법은 차트에 마우스 우측 버튼 → 《데이터 선택》으로 다른 파일 참조 유무 확인

의심5. 시트에 조건부 서식이 있다면 원본 데이터를 확인
- 방법은 《홈》 탭 → 《스타일》 그룹에 《조건부 서식》 → 《규칙 관리》 → 서식 규칙 표시 옆에 세모 단추를 눌러 모든 시트를 선택하고 《규칙 편집》 → 《수식을 사용하여 서식을 지정할 셀 결정》이 있다면 다른 파일 참조 유무 체크

의심6. 시트에 양식컨트롤의 단추(예: 콤보 상자)나 도형 등에 참조를 확인
- 방법은 해당 개체에 마우스 우측 버튼 → 컨트롤 서식 → 컨트롤
- 또는 해당 개체에 마우스 우측 버튼 → 매크로 지정

09 피벗 테이블

CHAPTER 09장

UNIT 01 날짜 필드 값이 《m월d일》로 나오는 현상

날짜 값의 표시 형식을 《yyyy-mm-dd》 이렇게 했는데도 예컨대 《3월7일》 이렇게 나온다면

■ 원인
피벗 테이블 버그

■ 해결법
피벗 테이블 선택 → 〈Delete〉로 지우고 다시 만듦
- **피벗 테이블 선택법** : 《분석》 탭(엑셀2010 이하는 《옵션》 탭) → 《동작》 그룹에 《선택》 → 《전체 피벗 테이블》

UNIT 02 날짜를 그룹으로 묶을 수 없음

날짜 필드의 값을 월이나 분기 등으로 《그룹》 시킬 때 《선택 범위를 그룹으로 묶을 수 없습니다》 메시지 창이 뜨는 경우

■ 원인
피벗 테이블 버그

■ 해결법
《피벗 테이블 필드》에 해당 날짜 필드를 영역에서 제거하고 피벗 테이블 《새로 고침》한 후, 다시 해당 영역에 그 필드를 추가합니다.
- 이래도 안 되면 피벗 테이블 선택 → Delete 로 지우고 다시 만듦

UNIT 03 필드에 필터 단추 클릭 시 데이터에 없는 항목 존재

임의의 필터 단추를 누르면 목록 중에 원본 데이터에 없는 항목 존재

■ 원인
이것은 과거 데이터가 잔재하는 경우

■ 해결법
피벗 테이블, 임의의 셀에 마우스 우측 버튼 → 《피벗 테이블 옵션》 → 《데이터》 → 《각 필드에 유지할 항목 수》를 《없음》 → 《확인》 → 마우스 우측 버튼 → 《새로 고침》

UNIT 04 《피벗 테이블 필드》 창이 보이지 않는다면

피벗 테이블 안에 셀을 선택하면 우측에 기본적으로 《피벗 테이블 필드》(엑셀2010 이하버전은 《피벗 테이블 필드 목록》) 창이 생기는데 안 보이는 경우

■ 원인
《피벗 테이블 필드》 창의 우측 상단에 X 단추를 눌렀을 가능성

■ 해결법
피벗 테이블의 임의의 셀에 마우스 우측 버튼 → 《필드 목록 표시》

UNIT 05 《피벗 테이블 필드》 목록이 데이터 필드명과 다르다면

《피벗 테이블 필드》에 원본 데이터의 필드명이 나열되는데 원본 데이터의 필드명 수정 전 내용이 있는 경우

■ 원인
피벗 테이블 잔재

■ 해결법
− 피벗 테이블의 임의의 셀 선택 후, Alt + F5

CHAPTER 10 행/열

UNIT 01 숨긴 행/열이 안 풀린다면

행의 《틀 고정》 후에는 검은 가로 선이 맨 오른쪽 셀까지 그어져 있으며, 열도 마찬가지로 맨 아래 셀까지 그어지는데 그 사이에 행/열이 숨어서 풀리지 않는 경우

원인

틀 고정 시 화면 상에 1행, 2행, A열, B열 등이 처음부터 보이지 않은 상태에서 했기 때문

해결법

- 먼저 《보기》 탭 → 《창》 그룹에 《틀 고정》 → 《틀 고정 취소》 후에 A1 셀이 화면에 보이는 상태에서 다시 《틀 고정》

UNIT 02 열 머리글이 숫자로 보이는 현상

원인

옵션 설정

해결법

- 《파일》 탭(엑셀 2007은 동그란 Office 단추) → (엑셀 2007은 Excel) 옵션 → 수식 → 《수식 작업》 범주에 《R1C1 참조 스타일》 체크 해제

9부

부록

Chapter 01 | 기호
Chapter 02 | 키보드 주요 키 이름
Chapter 03 | 아스키코드 (ASCII)
Chapter 04 | 셀의 작은 단추들
Chapter 05 | 엑셀 단축키
Chapter 06 | 오피스365의 엑셀 2016 함수 목록
Chapter 07 | 빠르게 작동하는 엑셀 2003 단축키 목록

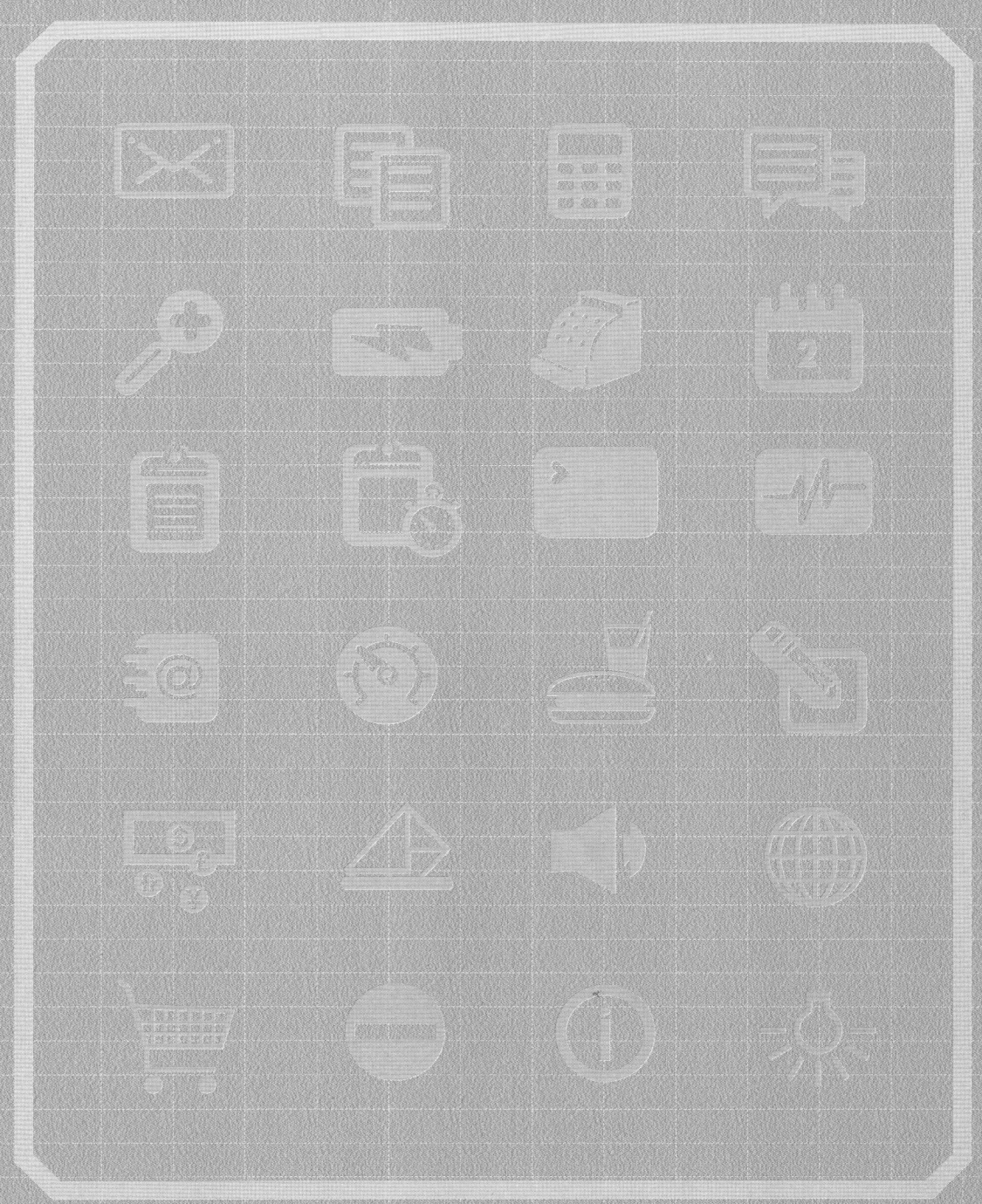

01 기호

1장
CHAPTER

셀에 자음을 입력 후, [한자] 키를 누르고 [Tab] 키로 모두 보면서 선택 입력할 수 있습니다.

ㄱ	ㄴ	ㄷ		ㄹ			ㅁ			ㅂ			ㅅ			ㅇ			
	~	"	+	√	$	fm	nV	nF	#	◁	👁	─	┴	┬	㉠	㉺	�자	ⓐ	ⓩ	(j)	(9)
!	´	(	-	∽	%	nm	μV	μF	&	◀	👁	│	┼	┬	㉡	㉻	㈔	ⓑ	①	(k)	(10)
'	˜	)	<	∝	₩	μm	nW	mol	*	▷	¶	┌	├	┬	㉢	㉼	㈕	ⓒ	②	(l)	(11)
,	ˇ	[	=	∴	F	mm	μW	cd	@	▶	†	┐	┤	┬	㉣	㉠	㈖	ⓓ	③	(m)	(12)
.	˘	]	>	∫	´	cm	MV	rad	§	♤	‡	┘	┴	┴	㉤	㉡	㈗	ⓔ	④	(n)	(13)
/	"	{	±	∬	"	km	pA	rad/s	※	♠	↕	└	├	┴	㉥	㉢	㈘	ⓕ	⑤	(o)	(14)
:	°	}	×	∈	℃	mm²	nA	rad/s²	☆	♡	↗	├	┤	┼	㉦	㉣	㈙	ⓖ	⑥	(p)	(15)
;	´	`	÷	∋	Å	cm²	μA	sr	★	♥	↙	┬	┴	┼	㉧	㉤	㈚	ⓗ	⑦	(q)	
?	˛	'	≠	⊆	¢	m²	mA	Pa	○	♧	↖	┴	┬	┼	㉨	㉥	㈛	ⓘ	⑧	(r)	
^	⋅	"	≤	⊇	£	km²	kA	kPa	●	♣	↘	┬	┴	┼	㉩	㉦	㈜	ⓙ	⑨	(s)	
_	¡	"	≥	⊂	¥	ha	pW	MPa	◎	⊙	♭	┬	┴	┼	㉪	㉧	㈝	ⓚ	⑩	(t)	
`	¿	[	∞	⊃	¤	μg	nW	GPa	◇	◆	♪	─	└	┼	㉫	㉨		ⓛ	⑪	(u)	
|	:	]	∴	∪	°F	mg	μW	Wb	◆	■	♪	│	└	┼	㉬	㉩		ⓜ	⑫	(v)	
─		<	♂	∩	‰	kg	mW	lm	□	◐	♬	┌	├	┼	㉭	㉪		ⓝ	⑬	(w)	
∣		>	♀	∧	€	kt	kW	lx	■	◑	✆	┐	┤	┼	㉮	㉫		ⓞ	⑭	(x)	
°		⟨	∠	∨	μℓ	cal	MW	Bq	△	▦	✉	┘	┴	┼	㉯	㉬		ⓟ	⑮	(y)	
.		⟩	⊥	¬	mℓ	kcal	Hz	Gy	▲	☰	№	└	├	┼	㉰	㉬		ⓠ	(a)	(z)	
··		⌈	⌢	⇒	dℓ	dB	kHz	Sv	▽	▥	Co.	├	┤	┼	㉱	㈎		ⓡ	(b)	(1)	
...		⌉	∂	⇔	ℓ	m/s	MHz	C/kg	▼	▨	™	┬	┴	┼	㉲	㈏		ⓢ	(c)	(2)	
¨		⌊	∇	∀	kℓ	m/s²	GHz		→	▩	a.m.	┤	┤		㉳	㈐		ⓣ	(d)	(3)	
"		⌋	≡	∃	cc	ps	THz		←	▤	p.m.	┴	┴		㉴	㈑		ⓤ	(e)	(4)	
-		〔	≒	∅	mm³	ns	Ω		↑	▧	TEL	┼	┼		㉵	㈒		ⓥ	(f)	(5)	
─		〕	≪	∑	cm³	μs	kΩ		↓	♨	®	├	┤		㉶	㈓		ⓦ	(g)	(6)	
∥			≫	∏	m³	ms	MΩ		↔	✈	ª	┬	┴		㉷	㈔		ⓧ	(h)	(7)	
\					km³	pV	pF		=	☎	º	┴	┬		㉸	㈕		ⓨ	(i)	(8)	
									□												

	ㅈ	ㅊ	ㅋ		ㅌ		ㅍ		ㅎ			ㄲ		ㅆ	
0	VI	½	ㄱ	ㅊ	ㄴㄴ	ㅆ	A	Z	A	β	Æ	ŋ	A	Ш	p
1	VII	⅓	ㄲ	ㅋ	ㄴㄷ	ㅿ	B	a	Б	γ	Đ	ʼn	Б	Щ	c
2	VIII	⅔	ㄳ	ㅌ	ㄴㅅ	ᅇ	C	b	Г	δ	Ħ		В	Ъ	т
3	IX	¼	ㄴ	ㅍ	ㄴㅿ	ㅇ	D	c	Δ	ε	IJ		Г	Ы	у
4	X	¾	ㄵ	ㅎ	ㄹㄱ	ㅆㅇ	E	d	E	ζ	Ŀ		Д	Ь	ф
5		⅛	ㄶ	ㅏ	ㄹㄷ	ᅀᅀ	F	e	Z	η	Ł		Е	Э	x
6		⅜	ㄷ	ㅐ	ㄹㅃ	풍	G	f	H	θ	Ø		Ё	Ю	ц
7		⅝	ㄸ	ㅑ	ㄹㅿ	ㅎㅎ	H	g	Θ	ι	Œ		Ж	Я	ч
8		⅞	ㄹ	ㅒ	ㄹㆆ	ㆆ	I	h	I	κ	Þ		З	a	ш
9		1	ㄺ	ㅓ	ㅁㅐ	ㅄㅅ	J	i	K	λ	Ŧ		И	б	щ
i		2	ㄻ	ㅔ	ㅁㅅ	ㅙ	K	j	Λ	μ	Ŋ		Й	в	ъ
ii		3	ㄼ	ㅕ	ㅁㅿ	ㅚ	L	k	M	ν	æ		К	г	ы
iii		4	ㄽ	ㅖ	뭉	ㅟㅔ	M	l	N	ξ	đ		Л	д	ь
iv		ㆆ	ㄾ	ㅗ	ㅂㄹ	ㅞ	N	m	Ξ	o	ð		М	e	э
v		1	ㄿ	ㅘ	ㅂㄷ	ㅠ	O	n	O	π	ħ		Н	ё	ю
vi		2	ㄸ	ㅙ	ㅂㅃ	·	P	o	Π	ρ	ı		О	ж	я
vii		3	ㅁ	ㅚ	ㅂㅅ	·ㅣ	Q	p	P	σ	ij		П	з	
viii		4	ㅂ	ㅛ	ㅂㅈ		R	q	Σ	τ	κ		Р	и	
ix			ㅃ	ㅜ	ㅂㅌ		S	r	T	u	ŀ		С	й	
x			ㅄ	ㅝ	병		T	s	Υ	φ	ł		Т	к	
I			ㅅ	ㅞ	뼝		U	t	Φ	χ	ø		У	л	
II			ㅆ	ㅠ	ㅅㄱ		V	u	X	ψ	œ		Ф	м	
III			ㅇ	ㅡ	ㅅㄴ		W	v	Ψ	ω	ß		Х	н	
IV			ㅈ	ㅢ	ㅅㄷ		X	w	Ω		þ		Ц	о	
V			ㅉ	ㅣ	ㅅㅂ		Y	y	α		ŧ		Ч	п	
								z							

※ 일본어를 나오게 하는 자음은 다음과 같습니다.

ㄸ : 히라가나

ㅃ : 가타가나

02 CHAPTER 키보드 주요 키 이름

키	설명			
(	(소)괄호	parenthesis		
{	중괄호	brace		
[	대괄호	bracket		
:	쌍점	colon	콜론	
;	쌍반점	semi colon	세미콜론	
~	물결표	tilde	틸드	
#	샵	hash	해시 기호	
&	앰퍼샌드	ampersand	앤드 기호	
*	별표	asterisk		
?	물음표	question mark		
!	느낌표	exclamation mark		
_	밑줄	underscore	언더바	
'	(작은)따옴표	quotation	아포스트로피(apostrophe)	
"	큰따옴표	double quotation		
/	빗금	slash	슬래시	₩는 역슬래시
-	붙임표	hyphen	하이픈	dash는 좀더 긴 기호
^	삿갓	caret	캐럿	
.	점	dot	다트	
@	앳	at sign	골뱅이	
,	쉼표	comma		
`	억음 악센트	grave accent		<Tab> 바로 위에 키

아스키코드 (ASCII)

컴퓨터는 문자나 숫자를 모두 숫자화하죠. 아스키코드는 숫자, 문자 등을 숫자(정수) 코드로 약속한 것입니다. 예컨대 《A》의 아스키코드가 65고, 《0》은 48, 《줄 바꿈 문자》는 10이죠.
- ASCII : American Standard Code for Information Interchange

- 엑셀에서 아스키코드를 알려면 CODE 함수를 이용합니다. 즉 =CODE("A")하면 65가 나오죠. 이 반대는 CHAR 함수고, =CHAR(65) 하면 《A》를 반환하죠. CHAR 함수의 결과는 모두 문자형입니다.
- 아스키코드는 0부터 127까지 총 128개입니다.

0	null	21	⊥	42	*	63	?	84	T	105	i
1	┌	22	┬	43	+	64	@	85	U	106	j
2	┐	23	┤	44	,	65	A	86	V	107	k
3	└	24	↑	45	-	66	B	87	W	108	l
4	┘	25	├	46	.	67	C	88	X	109	m
5	│	26	→	47	/	68	D	89	Y	110	n
6	─	27	←	48	0	69	E	90	Z	111	o
7	•	28		49	1	70	F	91	[	112	p
8	▯	29		50	2	71	G	92	₩	113	q
9		30		51	3	72	H	93	]	114	r
10	라인피드	31		52	4	73	I	94	^	115	s
11	♂	32	공백문자	53	5	74	J	95	_	116	t
12	♀	33	!	54	6	75	K	96	`	117	u
13	캐리지리턴	34	"	55	7	76	L	97	a	118	v
14	♫	35	#	56	8	77	M	98	b	119	w
15	☼	36	$	57	9	78	N	99	c	120	x
16	↟	37	%	58	:	79	O	100	d	121	y
17	◀	38	&	59	;	80	P	101	e	122	z
18	↕	39	'	60	<	81	Q	102	f	123	{
19	‼	40	(	61	=	82	R	103	g	124		
20	¶	41	)	62	>	83	S	104	h	125	}
										126	~
										127	▯

04 CHAPTER 셀의 작은 단추들

🔳 붙여넣기 옵션 단추

- **발생** : 복사한 셀을 대상 셀에 붙여넣은 뒤에 생기는 단추
- **위치** : [Alt]+[T], [O]로《Excel 옵션》창 열고《고급》→《잘라내기/복사/붙여넣기》범주에《콘텐츠를 붙여넣을 때 붙여넣기 옵션 단추 표시》체크로 나타납니다.
– 엑셀2007은 이 체크박스 이름이《붙여넣기 옵션 단추 표시》

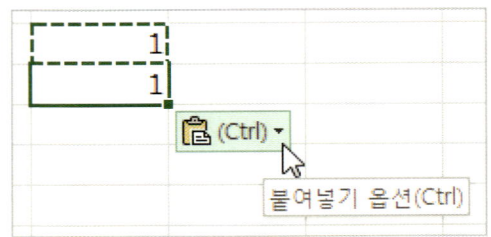

🔳 자동 채우기 옵션 단추

- **발생** : 채우기 핸들을 끌고 난 뒤 생김
- **위치** : [Alt]+[T], [O]로《Excel 옵션》창 열고《고급》→《잘라내기/복사/붙여넣기》범주에《콘텐츠를 붙여넣을 때 붙여넣기 옵션 단추 표시》체크로 나타납니다.
– 엑셀2007은 이 체크박스 이름이《붙여넣기 옵션 단추 표시》

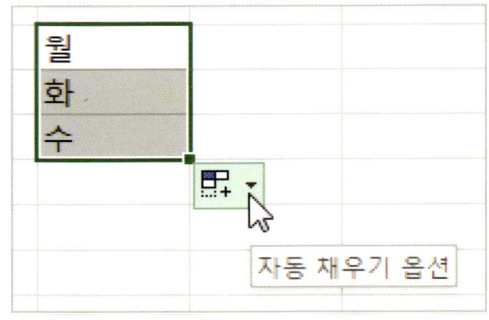

🔳 오류 단추

- **발생** : 셀 좌 상단 꼭지점에 녹색 세모가 있고 그 셀 선택 시 생김
- **위치** : [Alt]+[T], [O]로《Excel 옵션》창 열고《수식》→《오류 검사》범주에《다른 작업을 수행하면서 오류 검사》체크로 나타납니다.

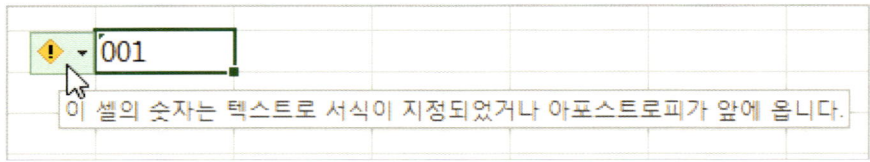

삽입 옵션 단추

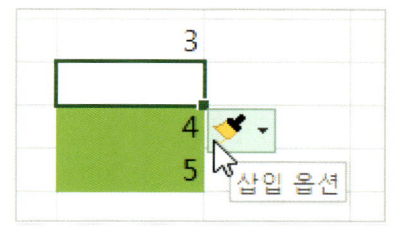

- **발생** : 셀 삽입 시 생김
- **위치** : Alt + T , O 로 《Excel 옵션》 창 열고 《고급》 → 《잘라내기/복사/붙여넣기》 범주에 《삽입 옵션 단추 표시》 체크로 나타납니다.
- 셀 삽입 후, 이 단추를 눌러 나오는 항목 중 세 번째 《서식 지우기》를 누르면 근처 셀의 서식이 복사되지 않고 그야말로 빈 셀만 삽입 됩니다.

자동 고침 옵션 단추

- **발생** : 셀에 하이퍼링크 설정이나 《Excel표》에서 새로운 행/열 포함이나 빈 열의 한 셀에 수식을 입력할 때 생깁니다.
- **위치** : Alt + T , A 로 《자동 고침》 창을 열고 《입력할 때 자동 서식》에 세 가지 항목 체크로 나타납니다.

05 엑셀 단축키

엑셀에는 많은 단축키가 있고 그것으로 신속 정확하게 처리할 수 있습니다.
– Ctrl + E, Ctrl + J, Ctrl + M 은 단축키를 할당한 기능이 없습니다.
단축키 누르는 방법은 + 앞에 키를 누른 채 + 뒤에 키를 누르고 쉼표(,)가 나오면 손을 다 떼는 겁니다.
예) Alt + D , L : Alt 키를 누른 채 《D》를 누른 뒤, 손을 다 떼고 《L》 누르기.
다음에 나열한 단축키는 이름순으로 정렬되어 있습니다.

■ Excel 옵션
Alt + T , O

■ Excel표 만들기
Ctrl + L 또는 Ctrl + T

■ Office 단추 (엑셀2007 버전)
Alt + F
– 엑셀2010 이상 버전에는 《파일》 탭이 있는데 동일합니다.

■ VBE(Visual Basic Editor) 활성화/해제
Alt + F11

■ 개체 숨기기/해제
Ctrl + 6
– 여기서 개체는 차트, 도형, 그림, 필터 세모 단추, 데이터 유효성검사 세모 단추, 양식 컨트롤의 단추 등.

■ 개체 이동
〈화살표〉 키
– 엑셀2013 이상 버전은 이 키를 누르고 있으면 가속도가 생겨서 점점 빨리 이동.
– 엑셀2007 버전에서 이 매크로 기록은 안 됩니다.

■ 개체 크기 조정 (엑셀2010 이상)
Shift + 〈화살표〉 키
– 엑셀2010 이상 버전에서 작동하며, Ctrl 도 같이 누르면 미세한 조정이 가능.
– 크기를 늘리는 것은 Shift + → 또는 Shift + ↑
– 특이하게도 매크로 기록은 안 됩니다.

■ 개체 회전 (엑셀2010 이상)
Alt + → 또는 Alt + ←
– Ctrl 도 같이 누르면 미세한 조정이 가능하며 1도씩 회전.
– 시계 방향 회전은 Alt + → 이며 15도씩 회전

하므로 한 바퀴 돌리려면 24번을 눌러야 합니다.

◘ 겹쳐쓰기

[Insert]

- 사용법 : 만일 셀에 《우리나라》가 입력되어 있을 때, 그 셀에서 [F2] 누르고 커서를 《나》 앞에 두고 이 키를 누르면 《나》를 선택하고 《친구》를 입력하면 《나라》를 이 글자로 덮어 버립니다.
- 엑셀 하단의 《상태 표시줄》에 마우스 우측 버튼 → 《겹쳐쓰기 모드》를 체크하고 셀에 [F2] 누르고 이 키를 누르면 상태 표시줄에 《겹쳐쓰기》로 나옵니다.

◘ 고급 필터

[Alt]+[A], [Q]

◘ 고유 목록

[Alt]+[↓]

- 한 열에 데이터가 있을 때 그 열에서 계속 입력 시 셀을 선택하고 이 키를 누르면 고유 목록이 펼쳐지고 선택 입력이 가능. 마우스로 하려면 셀에 마우스 우측 버튼 → 《드롭다운 목록에서 선택》.

◘ 그룹 설정/해제

- 그룹 설정 : [Alt]+[Shift]+[→]
- 그룹 해제 : [Alt]+[Shift]+[←]
- 셀 범위를 선택 후, 실행

◘ 글꼴 (셀 서식 창의 글꼴 탭 활성화)

[Ctrl]+[Shift]+[P] 또는 [Ctrl]+[Shift]+[F]

◘ 글꼴 굵게/해제

[Ctrl]+[B] 또는 [Ctrl]+[2]

◘ 글꼴 기울임/해제

[Ctrl]+[I] 또는 [Ctrl]+[3]

◘ 글꼴 밑줄/해제

[Ctrl]+[U] 또는 [Ctrl]+[4]

◘ 글꼴 취소선/해제

[Ctrl]+[5]

◘ 기호 삽입

[Alt]+[I], [S]

◘ 내용 지우기

[Delete]

◘ 다른 이름으로 저장

[F12] 또는 [Alt]+[F2]

◘ 데이터 유효성 검사

[Alt]+[D], [L]

◘ 데이터 유효성 검사 목록 펼치기

[Alt]+[↓]

- 데이터 유효성 검사에 《제한 대상》을 《목록》으로 하고 셀 선택 시 보이는 세모 단추 누른 효과.

◘ 동의어 사전

[Shift]+[F7]

◘ 동일 열에서 활성 셀과 값이 다른 셀 선택

[Ctrl]+[Shift]+[₩]

- **동일 행에서 활성 셀과 값이 다른 셀 선택**
  Ctrl + ₩

- **레코드 관리 (표에 행 단위로 레코드 표시)**
  Alt + D, O

- **리본 메뉴 축소/확장**
  Ctrl + F1

- **리본 메뉴에 단축키 접근**
  Alt 또는 F10 또는 /
  - 이 키를 누르고 〈화살표〉 키나 〈알파벳〉, 〈숫자〉 등을 눌러서 접근 가능. 빠른 실행 도구 모음이나 그룹 아이콘 등에도 접근 가능.

- **리본 메뉴에 특정 탭 선택 (해제는 〈Esc〉)**
  Alt + →

- **리서치**
  Alt + 셀클릭

- **마지막 데이터 셀 선택 (시트에서 사용된 부분 중)**
  Ctrl + End

- **맞춤법 검사**
  F7

- **매크로 기록**
  Alt + T, M, R

  - 리본 메뉴에 《개발 도구》 탭이 있으면
    Alt + L, R

- **매크로 보기**
  Alt + F8

- **매크로 편집기**
  Alt + F11

- **메모 삽입**
  Shift + F2

- **메모 셀 모두 선택**
  Alt + Shift + O

- **모두 지우기 (셀 내용과 서식, 메모, 유효성검사, 하이퍼링크 등 모두 지움)**
  Alt + E, A, A

- **목표값 찾기**
  Alt + T, G

- **바꾸기**
  Ctrl + H

- **복사**
  Ctrl + C 또는 Ctrl + Insert

- **부분합**
  Alt + D, B

- **붙여넣기**
  Ctrl + V 또는 Shift + Insert

- ■ 빠른 분석 (엑셀2013 이상)

  `Ctrl` + `Q`

- ■ 새 이름

  `Ctrl` + `Alt` + `F3`

- ■ 새 통합 문서 열기

  `Ctrl` + `N`

- ■ 선택 영역에서 이름 만들기

  `Ctrl` + `Shift` + `F3`

- ■ 선택하여 붙여넣기 (복사 상태에서 가능)

  `Ctrl` + `Alt` + `V` 또는 `Alt` + `E`, `S`

- ■ 셀 삭제

  `Ctrl` + `-`

- ■ 셀 삽입

  `Ctrl` + `Shift` + `+`

- ■ 셀 서식

  `Ctrl` + `1`

- ■ 셀 서식 창의 《글꼴》 탭

  `Ctrl` + `Shift` + `P` 또는 `Ctrl` + `Shift` + `F`

- ■ 셀 선택 범위에서 양 끝 셀 활성화

  `Ctrl` + `.`

- ■ 셀 선택 범위에서 활성 셀만 선택

  `Shift` + `Backspace`

- ■ 선택한 셀 범위에서 활성 셀의 값 또는 수식만 선택 범위에 복사

  `Ctrl` + `Enter`

  – 사용법 : 셀 범위에서 `Enter` 나 `Tab` 을 눌러 활성 셀을 만들고 `F2` 를 눌러 커서를 깜박이게 한 뒤, 이 키를 눌러 활성 셀에 값 또는 수식을 나머지 셀에 복사.

- ■ 셀 선택 범위 확장 (상태 표시줄을 보면서 실행, 해제는 `Esc`)

  `F8` 누르고 〈화살표〉 키

- ■ 셀 선택 추가 (상태 표시줄을 보면서 실행, 해제는 `Esc`)

  `Shift` + `F8` 누르고 〈화살표〉 키

- ■ 셀 선택을 한 화면 우측 / 좌측으로 이동

  `Alt` + `PageDown` / `PageUp`

- ■ 복사한 순수 내용을 셀에 넣기

  `Backspace` 누르고 `Ctrl` + `V`

- ■ 셀에 커서를 깜박이게 하기

  `F2`

- ■ 셀에 입력 시 커서가 깜박일 때 셀 포인터 유지

  `Ctrl` + `Enter`

- ■ 수식 입력줄 확장 / 축소

  `Ctrl` + `Shift` + `U`

- **수식 표시 (《수식》 탭 → 《수식 분석》 그룹에 《수식 표시》)**
  `Ctrl` + `~`

- **스타일 창**
  `Alt` + `'`

- **시나리오 관리자**
  `Alt` + `T`, `E`

- **시트 계산 (현재 시트만 수식 계산)**
  `Shift` + `F9`

- **시트 다음 / 이전 다중 선택**
  `Ctrl` + `Shift` + `PageDown` / `PageUp`

- **시트 다음 / 이전 선택**
  `Ctrl` + `PageDown` / `PageUp`

- **시트 보호 / 해제**
  `Alt` + `T`, `P`, `P`

- **시트 삭제**
  `Alt` + `E`, `L`

- **시트 삽입 (워크시트)**
  `Shift` + `F11` 또는 `Alt` + `Shift` + `F1`

- **시트 삽입 (차트시트)**
  `F11`
  – 원본 데이터를 선택하고 누르세요.

- **시트 삽입 (Excel 4.0 매크로 시트)**
  `Ctrl` + `F11`

- **시트 숨기기 / 숨기기 취소**
  `Alt` + `O`, `H`, `H` / `U`

- **시트 이동 / 복사**
  `Alt` + `E`, `M`

- **시트 이름 바꾸기**
  `Alt` + `O`, `H`, `R`

- **시트 탭 색**
  `Alt` + `O`, `H`, `T`

- **시트에 입력된 모든 셀의 수식 보기 / 해제**
  `Ctrl` + `~`

- **시트의 코드 보기 (리본 메뉴에 《개발 도구》 탭이 있어야 동작)**
  `Alt` + `L`, `C`

- **실행 반복**
  `F4` 또는 `Ctrl` + `Y`
  최근 작업을 다시 실행하는 중요한 단축키.
  – 예를 들어 셀 삭제 후, 다른 셀 선택하여 누르면 또 삭제.
  – 예를 들어 셀에 노랑 설정 후, 다른 셀 선택하여 누르면 또 노랑.

- **실행 취소**
  `Ctrl` + `Z`

- **엑셀 종료**
  `Alt` + `F4`

🟩 **연속 데이터 채우기 (채우기 핸들 끌기 효과)**

[Alt]+[E], [I], [S]

– 데이터가 있는 셀부터 위나 오른쪽으로 선택하고 실행.

🟩 **오늘날짜**

[Ctrl]+[;]

🟩 **윗 셀 값과 표시 형식 복사**

[Ctrl]+[Shift]+[']

🟩 **윗 셀의 실제 값 복사 (수식이면 동일 수식 복사)**

[Ctrl]+[']

🟩 **윗주 편집 (《홈》 탭 → 《글꼴》 그룹에 《내천川》 단추)**

[Alt]+[Shift]+[↑]

– 텍스트 데이터가 있는 셀에서 실행 가능.

🟩 **윤곽 숨기기/표시**

[Ctrl]+[8]

🟩 **이동**

[F5] 또는 [Ctrl]+[G]

🟩 **이동 옵션**

[F5]나 [Ctrl]+[G] 한 후, [Alt]+[S].

🟩 **이름 관리자**

[Ctrl]+[F3]

🟩 **이름 붙여넣기**

[F3]

– 데이터 유효성 검사 창에서 《제한 대상》을 《목록》으로 하고 《원본》 입력란을 선택하고 이 키를 눌러 이름 붙일 때 유용.

🟩 **인쇄 미리보기**

[Ctrl]+[F2]

– 엑셀2010 이상은 이 단축키와 《인쇄 창》의 그것이 같습니다.

🟩 **인쇄 창**

[Ctrl]+[P] 또는 [Ctrl]+[Shift]+[F12]

🟩 **자동 고침**

[Alt]+[T], [A]

🟩 **자동 합계**

[Alt]+[H], [U], [Enter]

🟩 **작은 단추(오류, 자동 채우기 옵션, 삽입 옵션 등) 클릭**

[Alt]+[☰] 또는 [Alt]+[Shift]+[F10]

🟩 **잘라내기**

[Ctrl]+[X] 또는 [Shift]+[Delete]

🟩 **전체화면 보기**

[Alt]+[V], [U] 해제는 [Esc]

🟩 **정렬**

[Alt]+[D], [S]

🟩 **조건부 서식**

[Alt]+[O], [D]

◼ 줄 바꿈 입력

[Alt]+[Enter]

– 셀에 입력 시 커서를 한 줄 내릴 때 사용.

◼ 지금 계산 (열린 모든 문서의 수식 계산)

[F9]

◼ 차트 생성

[Alt]+[F1]

– 셀 데이터 범위나 한 셀을 선택하고 누르세요.

◼ 참조되는 셀 (수식 셀 선택 후 누르면 참조 셀 선택)

[Ctrl]+[[]

– 다시 수식 셀 선택은 [F5] → [Enter].
– 간접 참조 셀까지 선택하려면 [Ctrl]+[Shift]+[[].

◼ 참조하는 셀

[Ctrl]+[]]

– 간접 참조하는 셀까지 선택하려면 [Ctrl]+[Shift]+[]].

◼ 창 간 이동1 (여기서 창은 보통은 통합 문서를 뜻함)

[Ctrl]+[Tab] 또는 [Ctrl]+[F6]

– 거꾸로 이동하려면 [Ctrl]+[Shift]+[Tab] 또는 [Ctrl]+[Shift]+[F6].
※ 윈도우 프로그램 창 간 이동인 [Alt]+[Tab]도 꼭 기억하세요.

◼ 창 간 이동2 (여기서 창은 프레임을 뜻함)

[Shift]+[F6]을 통해 피벗 테이블 필드 목록 창으로 이동하고, 그 안에 특정 위치로 가려면 [Tab] 키를 누릅니다.
예를 들어 [Alt]+[E], [B]를 눌러 클립보드 창을 띄우고 시트에 임의 셀을 클릭하고 [Shift]+[F6]을 누를 때마다 리본 메뉴, 상태 표시줄, 클립보드, 피벗 테이블 필드 목록 창으로 각각 올 수 있습니다. 해당 창으로 이동 후 [Tab]이나 〈화살표〉 키를 눌러 원하는 항목을 클릭할 수 있습니다.

◼ 창 닫기

[Ctrl]+[W] 또는 [Ctrl]+[F4]

◼ 창 메뉴 보기

[Alt]+[Spacebar]

– 엑셀2010 이하에서 [Ctrl]+[F5]로 창 복원하고 [Alt]+[-] 누르면 문서 창 메뉴가 나옵니다.

◼ 창 복원/최대화

[Ctrl]+[F10]

– 엑셀2010 이하에서 창이 [Ctrl]+[F5]로 복원 상태라면 문서 창이 대상.
– 창 복원만 가능한 것은 [Ctrl]+[F5].

◼ 창 이동과 창 크기조정

– 엑셀2010 이하 버전은 먼저 조건이 있는데 문서 창이 최대화 상태라면 [Ctrl]+[F10]을 눌러 창 복원 상태로 만들고 난 후, 다음 단축키로 가능합니다.
1. **창 이동** : [Ctrl]+[F7] 후에 〈화살표〉 키로 핸들링. 마침은 [Enter].

2. **창 크기조정** : `Ctrl`+`F8` 후에 〈화살표〉 키로 핸들링. 마침은 `Enter`.
- 버전과 상관없이 엑셀 창을 핸들링하려면 `Alt`+`Spacebar`, `M`으로 창 이동(Move)이 가능하고, `Alt`+`Spacebar`, `S`로 크기(Size)조정이 가능합니다.
- 엑셀2010 이하 버전에서 창 복원 상태라면 `Alt`+`-`, `M`이나 `Alt`+`-`, `S`로 문서 창을 이동시키거나 크기조정을 할 수 있습니다.

■ 창 정렬
`Alt`+`W`, `A`
- 새 창은 `Alt`+`W`, `N`.
- 새 창을 만들고 창 정렬에서 《현재 통합 문서 창》을 체크하면 한 문서를 두 개 창으로 나눌 수 있습니다.

■ 창 최소화
`Ctrl`+`F9`
- 이 상태에서 엑셀2010 이하는 `Ctrl`+`F10`을 누르면 최대화되고 `Ctrl`+`F5`를 누르면 복원됩니다.
- 엑셀2013 이상 버전은 최소화되면 마우스로 윈도우 작업 표시줄의 엑셀을 클릭하거나, 단축키 `Alt`+`Tab`으로 크게 합니다.

■ 찾기
`Ctrl`+`F` 또는 `Shift`+`F5`

■ 찾기 다음 (최근 검색어로 찾기)
`Shift`+`F4`

■ 찾기 이전 (최근 검색어로 찾기)
`Ctrl`+`Shift`+`F4`

■ 채우기, 아래로
`Ctrl`+`D`
- 실행하면 윗 셀이 현재 셀로 복사.
- 세로 셀 범위 선택 후, 실행하면 맨 윗 셀을 아래로 모두 복사.

■ 채우기, 오른쪽으로
`Ctrl`+`R`
- 실행하면 왼쪽 셀이 현재 셀로 복사.
- 가로 셀 범위 선택 후, 실행하면 맨 왼쪽 셀을 우측으로 모두 복사.

■ 추가 기능 창 열기
`Alt`+`T`, `I`

■ 클립보드 작업창 열기
`Alt`+`E`, `B`
- 이 창의 《옵션》에서 설정을 하면 `Ctrl`+`C`+`C`로도 가능.
- 이 창 닫기는 `Esc` → `Alt`+`E`, `B`

■ 키보드 창
`Ctrl`+`Alt`+`F10`

■ 테두리 외곽선 (검정, 실선, 기본 두께)
`Ctrl`+`Shift`+`&`

■ 테두리 지우기 (대각선 제외)
`Ctrl`+`Shift`+`-`

■ 텍스트 나누기
`Alt`+`D`, `E`

◼ 통합

`Alt`+`D`, `N`

◼ 통합 문서 보호/해제

`Alt`+`T`, `P`, `W`

◼ 틀 고정/해제

`Alt`+`W`, `F`, `F`

◼ 파일 탭

`Alt`+`F`

— 엑셀2007에는 《Office 단추》가 있는데 동일합니다.

◼ 파일 열기

`Ctrl`+`O` 또는 `Ctrl`+`F12`

◼ 파일 저장

`Ctrl`+`S` 또는 `Shift`+`F12` 또는 `Alt`+`Shift`+`F2`

◼ 팝업 메뉴

키보드 맨 아래 줄 오른쪽에 ☰, 이 키가 없는 키보드라면 `Shift`+`F10`.

— 셀이나 개체 선택 후, 실행.

◼ 페이지 나누기 미리 보기

`Alt`+`V`, `P`

— 기본 보기는 `Alt`+`V`, `N`
— 페이지 레이아웃 보기는 `Alt`+`V`, `H`

◼ 표시 형식

일반 (실제 형식은 G/표준) :
`Ctrl`+`Shift`+`~` (중요)

정수 (실제 형식은 #,##0) :
`Ctrl`+`Shift`+`!` (중요)
시간 (실제 형식은 h:mm AM/PM) :
`Ctrl`+`Shift`+`@`
날짜 (실제 형식은 yyyy-mm-dd) :
`Ctrl`+`Shift`+`#` (중요)
통화 (실제 형식은 ₩#,##0;[빨강]-₩#,##0) :
`Ctrl`+`Shift`+`$`
정수형 백분율 (실제 형식은 0%) :
`Ctrl`+`Shift`+`%`
지수 (실제 형식은 0.00E+00) :
`Ctrl`+`Shift`+`^`

◼ 피벗 테이블의 원본 데이터 선택

`Alt`+`D`, `P`, `Alt`+`B`

◼ 필터, 특정 셀 값으로 하기

필터를 원하는 한 셀을 선택 후, ☰, `E`, `V`
— 정렬도 이런 식으로 ☰를 쓸 수 있습니다.

◼ 필터 생성/해제

`Ctrl`+`Shift`+`L` 또는 `Alt`+`D`, `F`, `F`
— 데이터 셀 범위의 한 셀 선택 후, 실행.

◼ 하이퍼링크

`Ctrl`+`K`

◼ 한글/한자 변환

`Ctrl`+`Alt`+`F7`

◼ 함수 인수 창 열기

`Ctrl`+`A`
— 《=함수명()》 또는 《=함수명》 입력 후, 실행.

함수 인수명 완성

`Ctrl` + `Shift` + `A`

- 《=함수명(》 또는 《=함수명》 입력 후, 실행.

행 높이 자동 맞춤 / 열 너비 자동 맞춤

`Alt` + `O`, `R`, `A` / `Alt` + `O`, `C`, `A`

행 높이 조정 / 열 너비 조정

`Alt` + `O`, `R`, `E` / `Alt` + `O`, `C`, `W`

행 삽입 / 열 삽입

`Alt` + `I`, `R` / `Alt` + `I`, `C`

행 선택 / 열 선택

`Shift` + `Spacebar` / `Ctrl` + `Spacebar`

행 숨기기 / 열 숨기기

`Ctrl` + `9` / `Ctrl` + `0`

행 숨기기 취소 / 열 숨기기 취소

`Ctrl` + `Shift` + `9` / `Ctrl` + `Shift` + `0`

- 숨긴 행/열 근처 셀을 포함해서 선택하고 실행하면 됩니다.

※ 열 숨기기 단축키가 작동하지 않는다면 `⊞` + `R` → 《intl.cpl》 → 《키보드 및 언어》 → 《키보드 변경》 → 《고급 키 설정》 → 《자판 배열 전환》에 《할당되지 않음》을 선택합니다. 참고 사이트는 http://cafe.naver.com/xlwhy/31044

현재 셀이 있는 배열

`Ctrl` + `/`

- 활성 셀과 같은 다중 셀 배열수식 셀을 모두 선택.

현재 셀이 있는 영역 (인접 범위 모두 선택)

`Ctrl` + `A` 또는 `Ctrl` + `Shift` + `*` 또는 `Ctrl` + `Shift` + `Spacebar`

- `Ctrl` + `A` + `A` 하면 모든 셀 선택.

현재시간

`Ctrl` + `Shift` + `:`

화면 배율, 100%

`Alt` + `V`, `Z`, `1`, `Enter`

화면에 보이는 셀만 선택

`Alt` + `;`

- 숨긴 행/열 제외 또는 부분합에서 소계 행만 선택할 때 유용.

오피스365의 엑셀 2016 함수 목록

오피스365 버전에 엑셀 2016 함수는 총 478 개이며, ABC 순으로 함수명을 나열했습니다.

- ABS
- ACCRINT
- ACCRINTM
- ACOS
- ACOSH
- ACOT
- ACOTH
- AGGREGATE
- ADDRESS
- AMORDEGRC
- AMORLINC
- AND
- ARABIC
- AREAS
- ASC
- ASIN
- ASINH
- ATAN
- ATAN2
- ATANH
- AVEDEV
- AVERAGE
- AVERAGEA
- AVERAGEIF
- AVERAGEIFS
- BAHTTEXT
- BASE
- BESSELI
- BESSELJ
- BESSELK
- BESSELY
- BETADIST
- BETA.DIST
- BETAINV
- BETA.INV
- BIN2DEC
- BIN2HEX
- BIN2OCT
- BINOMDIST
- BINOM.DIST
- BINOM.DIST.RANGE
- BINOM.INV
- BITAND
- BITLSHIFT
- BITOR
- BITRSHIFT
- BITXOR
- CALL
- CEILING
- CEILING.MATH
- CEILING.PRECISE
- CELL
- CHAR
- CHIDIST
- CHIINV
- CHITEST
- CHISQ.DIST
- CHISQ.DIST.RT
- CHISQ.INV
- CHISQ.INV.RT
- CHISQ.TEST
- CHOOSE
- CLEAN
- CODE
- COLUMN
- COLUMNS
- COMBIN
- COMBINA
- COMPLEX
- CONCAT
- CONCATENATE
- CONFIDENCE
- CONFIDENCE.NORM
- CONFIDENCE.T
- CONVERT

- CORREL
- COS
- COSH
- COT
- COTH
- COUNT
- COUNTA
- COUNTBLANK
- COUNTIF
- COUNTIFS
- COUPDAYBS
- COUPDAYS
- COUPDAYSNC
- COUPNCD
- COUPNUM
- COUPPCD
- COVAR
- COVARIANCE.P
- COVARIANCE.S
- CRITBINOM
- CSC
- CSCH
- CUBEKPIMEMBER
- CUBEMEMBER
- CUBEMEMBERPROPERTY
- CUBERANKEDMEMBER
- CUBESET
- CUBESETCOUNT
- CUBEVALUE
- CUMIPMT
- CUMPRINC
- DATE
- DATEDIF
- DATEVALUE
- DAVERAGE
- DAY
- DAYS
- DAYS360
- DB
- DBCS
- DCOUNT
- DCOUNTA
- DDB
- DEC2BIN
- DEC2HEX
- DEC2OCT
- DECIMAL
- DEGREES
- DELTA
- DEVSQ
- DGET
- DISC
- DMAX
- DMIN
- DOLLAR
- DOLLARDE
- DOLLARFR
- DPRODUCT
- DSTDEV
- DSTDEVP
- DSUM
- DURATION
- DVAR
- DVARP
- EDATE
- EFFECT
- ENCODEURL
- EOMONTH
- ERF
- ERF.PRECISE
- ERFC
- ERFC.PRECISE
- ERROR.TYPE
- EUROCONVERT
- EVEN
- EXACT
- EXP
- EXPON.DIST
- EXPONDIST
- FACT
- FACTDOUBLE
- FALSE
- F.DIST
- FDIST
- F.DIST.RT
- FILTERXML
- FIND
- FINDB
- F.INV
- F.INV.RT
- FINV
- FISHER
- FISHERINV
- FIXED
- FLOOR
- FLOOR.MATH
- FLOOR.PRECISE
- FORECAST
- FORECAST.ETS
- FORECAST.ETS.CONFINT
- FORECAST.ETS.SEASONALITY
- FORECAST.ETS.STAT
- FORECAST.LINEAR
- FORMULATEXT
- FREQUENCY

- F.TEST
- FTEST
- FV
- FVSCHEDULE
- GAMMA
- GAMMA.DIST
- GAMMADIST
- GAMMA.INV
- GAMMAINV
- GAMMALN
- GAMMALN.PRECISE
- GAUSS
- GCD
- GEOMEAN
- GESTEP
- GETPIVOTDATA
- GROWTH
- HARMEAN
- HEX2BIN
- HEX2DEC
- HEX2OCT
- HLOOKUP
- HOUR
- HYPERLINK
- HYPGEOM.DIST
- HYPGEOMDIST
- IF
- IFERROR
- IFNA
- IFS
- IMABS
- IMAGINARY
- IMARGUMENT
- IMCONJUGATE
- IMCOS
- IMCOSH
- IMCOT
- IMCSC
- IMCSCH
- IMDIV
- IMEXP
- IMLN
- IMLOG10
- IMLOG2
- IMPOWER
- IMPRODUCT
- IMREAL
- IMSEC
- IMSECH
- IMSIN
- IMSINH
- IMSQRT
- IMSUB
- IMSUM
- IMTAN
- INDEX
- INDIRECT
- INFO
- INT
- INTERCEPT
- INTRATE
- IPMT
- IRR
- ISBLANK
- ISERR
- ISERROR
- ISEVEN
- ISFORMULA
- ISLOGICAL
- ISNA
- ISNONTEXT
- ISNUMBER
- ISODD
- ISREF
- ISTEXT
- ISO.CEILING
- ISOWEEKNUM
- ISPMT
- JIS
- KURT
- LARGE
- LCM
- LEFT
- LEFTB
- LEN
- LENB
- LINEST
- LN
- LOG
- LOG10
- LOGEST
- LOGINV
- LOGNORM.DIST
- LOGNORMDIST
- LOGNORM.INV
- LOOKUP
- LOWER
- MATCH
- MAX
- MAXA
- MAXIFS
- MDETERM
- MDURATION
- MEDIAN
- MID

- MIDB
- MIN
- MINIFS
- MINA
- MINUTE
- MINVERSE
- MIRR
- MMULT
- MOD
- MODE
- MODE.MULT
- MODE.SNGL
- MONTH
- MROUND
- MULTINOMIAL
- MUNIT
- N
- NA
- NEGBINOM.DIST
- NEGBINOMDIST
- NETWORKDAYS
- NETWORKDAYS.INTL
- NOMINAL
- NORM.DIST
- NORMDIST
- NORMINV
- NORM.INV
- NORM.S.DIST
- NORMSDIST
- NORM.S.INV
- NORMSINV
- NOT
- NOW
- NPER
- NPV
- NUMBERVALUE
- OCT2BIN
- OCT2DEC
- OCT2HEX
- ODD
- ODDFPRICE
- ODDFYIELD
- ODDLPRICE
- ODDLYIELD
- OFFSET
- OR
- PDURATION
- PEARSON
- PERCENTILE.EXC
- PERCENTILE.INC
- PERCENTILE
- PERCENTRANK.EXC
- PERCENTRANK.INC
- PERCENTRANK
- PERMUT
- PERMUTATIONA
- PHI
- PHONETIC
- PI
- PMT
- POISSON.DIST
- POISSON
- POWER
- PPMT
- PRICE
- PRICEDISC
- PRICEMAT
- PROB
- PRODUCT
- PROPER
- PV
- QUARTILE
- QUARTILE.EXC
- QUARTILE.INC
- QUOTIENT
- RADIANS
- RAND
- RANDBETWEEN
- RANK.AVG
- RANK.EQ
- RANK
- RATE
- RECEIVED
- REGISTER.ID
- REPLACE
- REPLACEB
- REPT
- RIGHT
- RIGHTB
- ROMAN
- ROUND
- ROUNDDOWN
- ROUNDUP
- ROW
- ROWS
- RRI
- RSQ
- RTD
- SEARCH
- SEARCHB
- SEC
- SECH
- SECOND
- SERIESSUM
- SHEET

- SHEETS
- SIGN
- SIN
- SINH
- SKEW
- SKEW.P
- SLN
- SLOPE
- SMALL
- SQL.REQUEST
- SQRT
- SQRTPI
- STANDARDIZE
- STDEV
- STDEV.P
- STDEV.S
- STDEVA
- STDEVP
- STDEVPA
- STEYX
- SUBSTITUTE
- SUBTOTAL
- SUM
- SUMIF
- SUMIFS
- SUMPRODUCT
- SUMSQ
- SUMX2MY2
- SUMX2PY2
- SUMXMY2
- SWITCH
- SYD
- T
- TAN
- TANH
- TBILLEQ
- TBILLPRICE
- TBILLYIELD
- T.DIST
- T.DIST.2T
- T.DIST.RT
- TDIST
- TEXT
- TEXTJOIN
- TIME
- TIMEVALUE
- T.INV
- T.INV.2T
- TINV
- TODAY
- TRANSPOSE
- TREND
- TRIM
- TRIMMEAN
- TRUE
- TRUNC
- T.TEST
- TTEST
- TYPE
- UNICHAR
- UNICODE
- UPPER
- VALUE
- VAR
- VAR.P
- VAR.S
- VARA
- VARP
- VARPA
- VDB
- VLOOKUP
- WEBSERVICE
- WEEKDAY
- WEEKNUM
- WEIBULL
- WEIBULL.DIST
- WORKDAY
- WORKDAY.INTL
- XIRR
- XNPV
- XOR
- YEAR
- YEARFRAC
- YIELD
- YIELDDISC
- YIELDMAT
- Z.TEST
- ZTEST

빠르게 작동하는 엑셀 2003 단축키 목록

07장 CHAPTER

엑셀2007 이상 버전에서 Alt 키를 선두로 단축키를 실행하려면 엑셀2003 버전에 빠른 메뉴 접근 방식을 사용할 수 있습니다.

예컨대, 저자는 시트 탭을 더블 클릭한 상태로 만들기 위해 Alt + O , H , R 을 씁니다. 이것의 특징은 키의 반응 속도가 빠른 데에 있습니다. 물론 엑셀2007 이상에서도 Alt 키를 선두로 단축키가 있지만 반응 속도가 조금 느립니다.

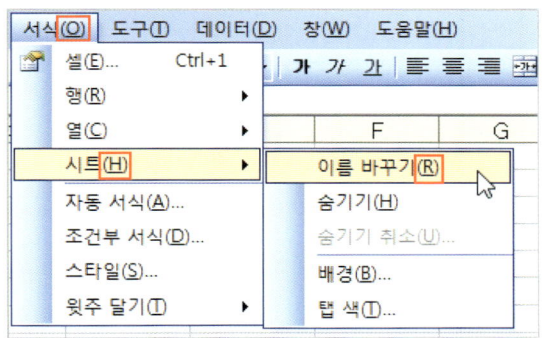

▲ 메뉴명 옆에 알파벳 Alt + O , H , R 로 시트명 바꾸기

리본 메뉴 접근 경로 : 《홈》 탭 → 《셀》 그룹에 《서식》 → 《시트 이름 바꾸기》

자, 이제 2003의 모든 메뉴를 보여드리니 기억하여 필요할 때 적절히 사용하시기 바랍니다. 단, 파일 메뉴는 엑셀2007은 Office 단추, 엑셀2010 이상은 파일 탭으로 대체되었으므로 제외했습니다.

편집 메뉴

리본 메뉴 접근 경로 : 《홈》 탭 → 《편집》
그룹에 《채우기》 → 《계열》

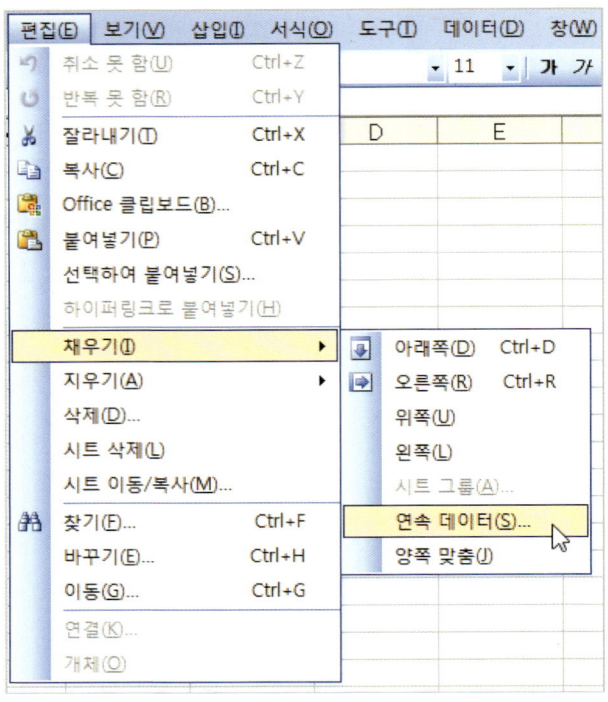

▲ [Alt]+[E], [I], [S] 《연속 데이터》 창 띄우기

리본 메뉴 접근 경로 : 《홈》 탭 → 《편집》 그룹에
《지우기》 → 《모두 지우기》

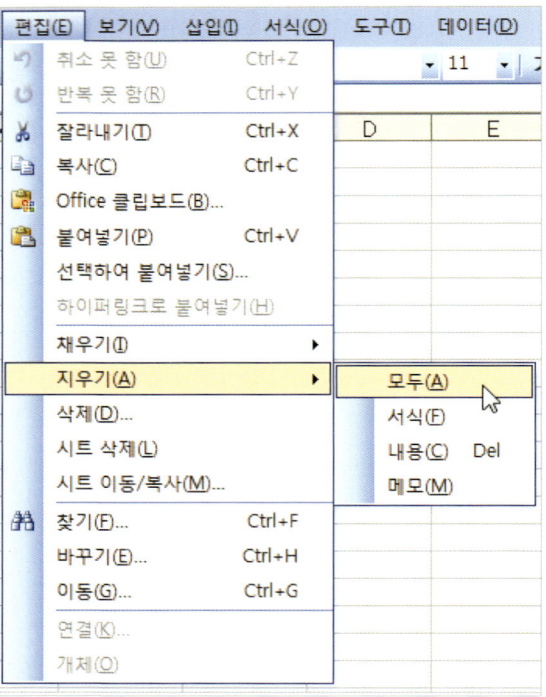

▲ [Alt]+[E], [A], [A] 셀 값은 물론이고 서식, 메모까지 완전히 지우기

보기 메뉴

리본 메뉴 접근 경로 : 《보기》 탭 → 《통합 문서 보기》 그룹에 《페이지 나누기 미리보기》

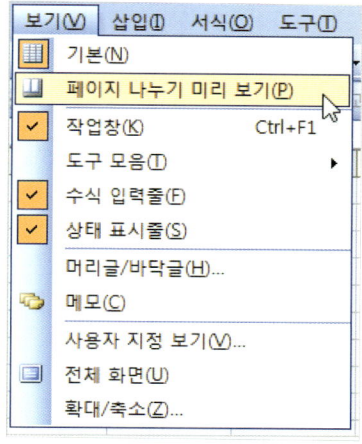

▲ Alt + V , P 선택한 시트를 모두 페이지 나눈 상태로 보기

삽입 메뉴

리본 메뉴 접근 경로 : 《수식》 탭 → 《정의된 이름》 그룹에 《이름 관리자》, 현재는 Ctrl + F3 을 사용합니다.

※ 참고로 《삽입》에 《이름》 → 《레이블》은 저자의 경우 셀이나 범위의 주소를 받을 때 유용하게 썼는데, 엑셀2007 버전부터 사라져서 직접 매크로VBA로 만들어 주소를 받고 있습니다.

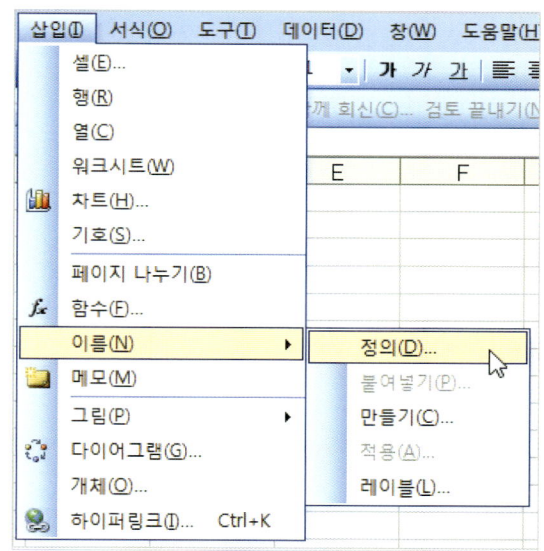

▲ Alt + I , N , D 《이름 관리자》 창 띄우기.

리본 메뉴 접근 경로 : 《삽입》 탭 → 《일러스트레이션》 그룹에 《그림》

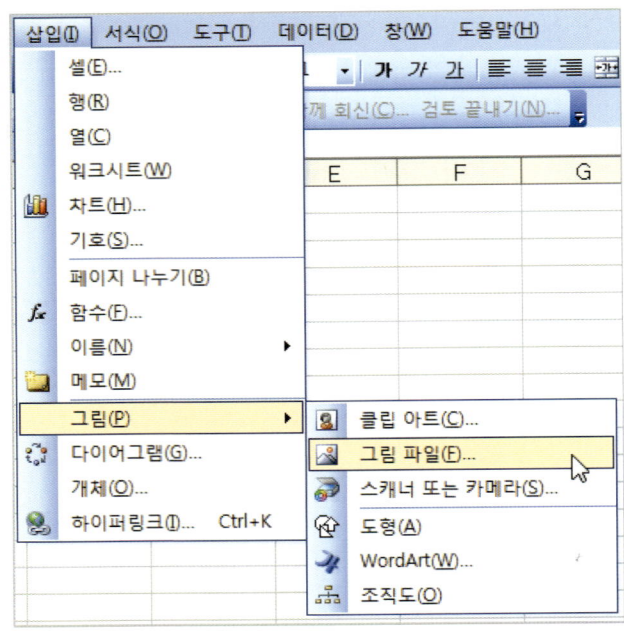

▲ [Alt]+[I], [P], [F] 《그림 삽입》 창 띄우기.

■ 서식 메뉴

리본 메뉴 접근 경로 : 《홈》 탭 → 《셀》 그룹에 《서식》 → 《행 높이 자동 맞춤》

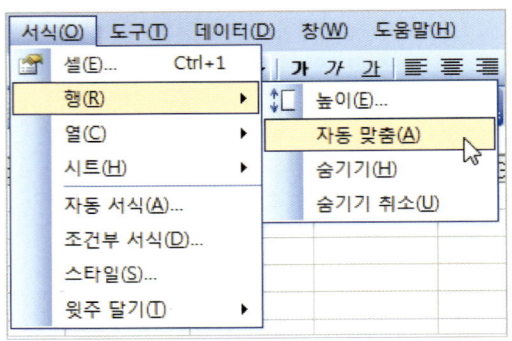

▲ [Alt]+[O], [R], [A] 행 높이 자동 맞춤

리본 메뉴 접근 경로 : 《홈》 탭 → 《셀》 그룹에 《서식》 → 《열 너비 자동 맞춤》

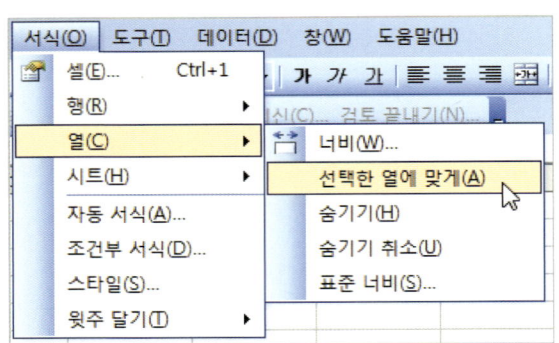

▲ [Alt]+[O], [C], [A] 열 너비 자동 맞춤

리본 메뉴 접근 경로 : 《홈》 탭 → 《셀》 그룹에 《서식》 → 《시트 이름 바꾸기》

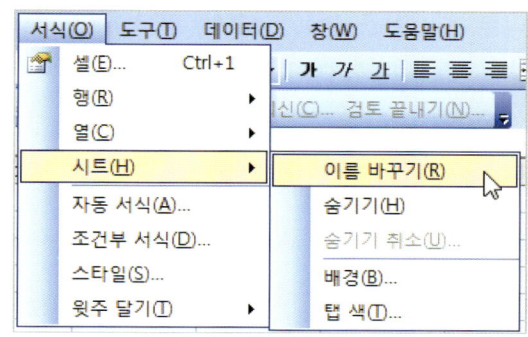

▲ Alt + O , H , R 시트명을 변경하도록 시트 탭을 선택

리본 메뉴 접근 경로 : 《홈》 탭 → 《글꼴》 그룹에 《내천》 단추 → 《윗주 설정》

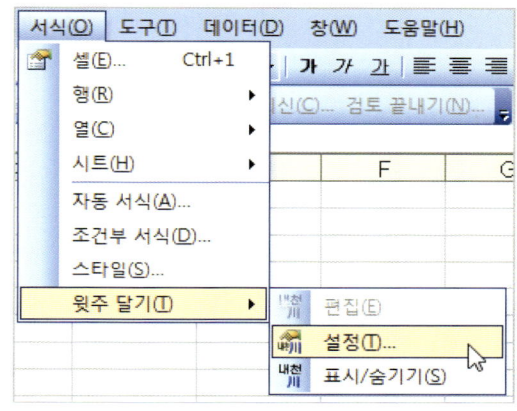

▲ Alt + O , T , T 셀에 《윗주 속성》 창 띄우기.

도구 메뉴

리본 메뉴 접근 경로 : 《검토》 탭 → 《변경 내용》 그룹에 《시트 보호》

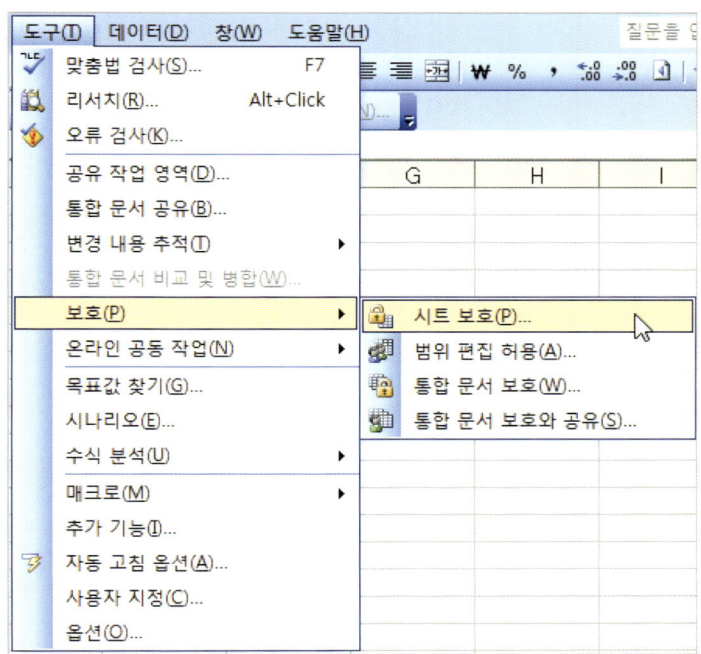

▲ Alt + T , P , P 《시트 보호》 창 띄우기.

리본 메뉴 접근 경로 : 《수식》 탭 → 《수식 분석》 그룹에 《참조되는 셀 추적》

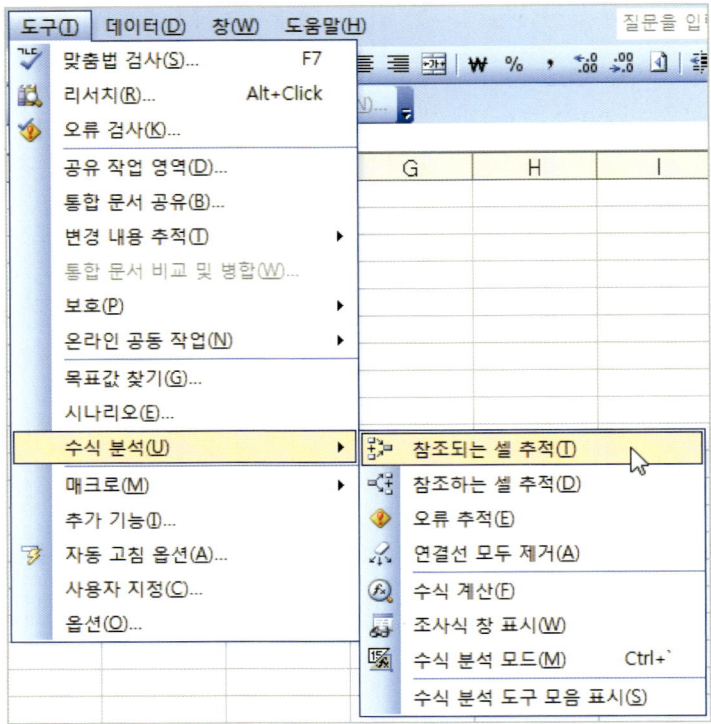

▲ Alt + T , U , T 수식 셀에서 참조되는 셀을 파란 연결선으로 가리킴.

리본 메뉴 접근 경로 : 《보기》 탭 → 《매크로》 그룹에 《매크로》 역삼각형 화살표 → 《매크로 기록》

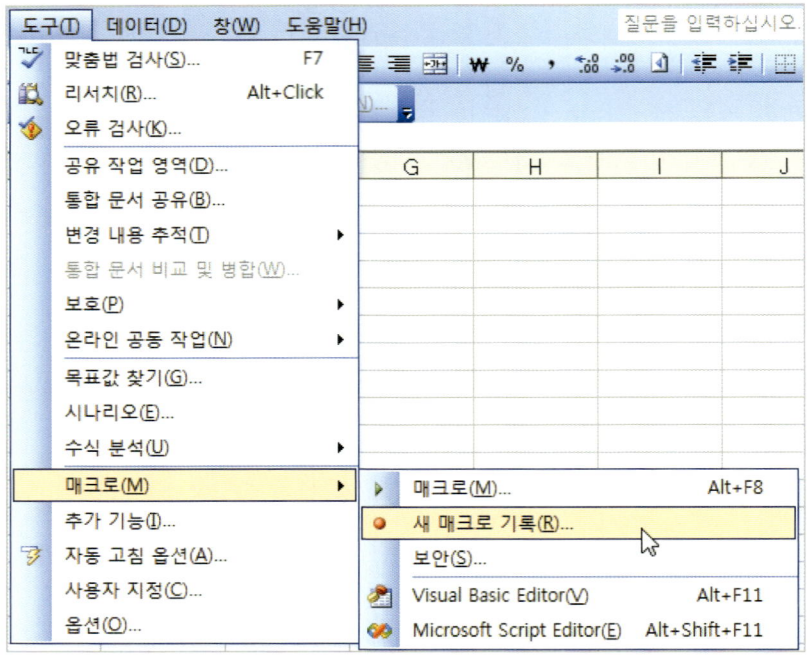

▲ Alt + T , M , R 《매크로 기록》 창 띄우기.

📋 데이터 메뉴

리본 메뉴 접근 경로 : 《데이터》 탭 → 《정렬 및 필터》 그룹에 《고급》

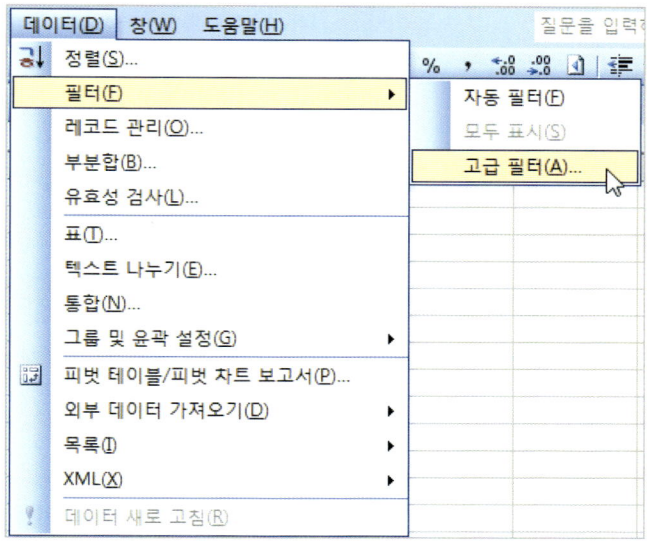

▲ Alt + T , P , P 《시트 보호》 창 띄우기.

리본 메뉴 접근 경로 : 《데이터》 탭 → 《윤곽선》 그룹에 《그룹 해제》 → 《윤곽 지우기》

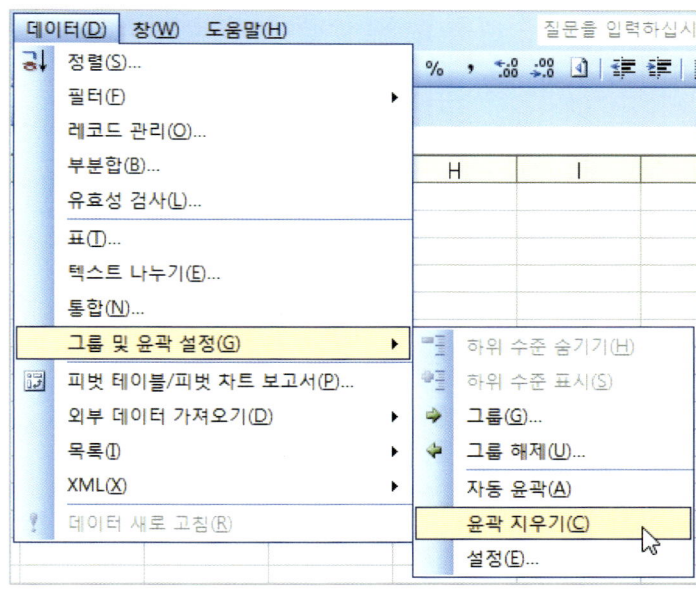

▲ Alt + D , G , C 그룹 윤곽 지우기

리본 메뉴 접근 경로 : 《데이터》 탭 → 《외부 데이터 가져오기》 그룹에 《웹》

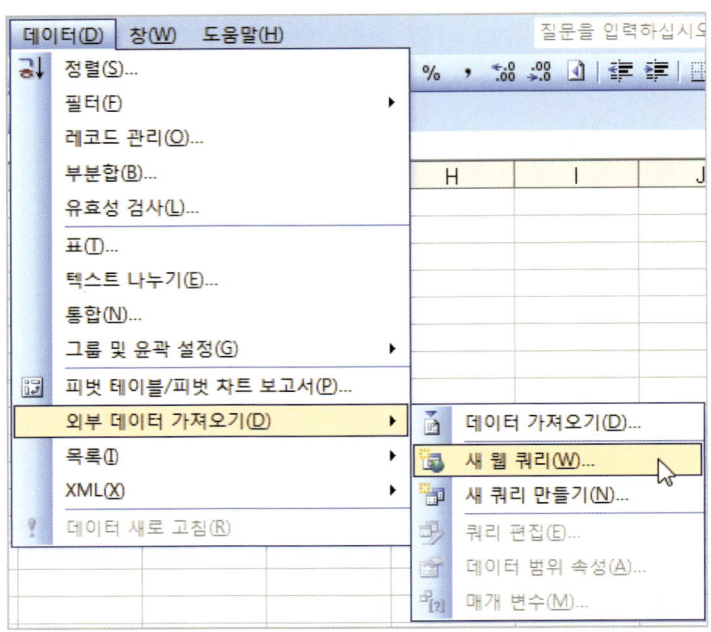

▲ Alt + D , D , W 《새 웹 쿼리》 창 띄우기.

리본 메뉴 접근 경로 : 《삽입》 탭 → 《표》 그룹에 《표》, 현재는 Ctrl + T 나 Ctrl + L 을 사용합니다.

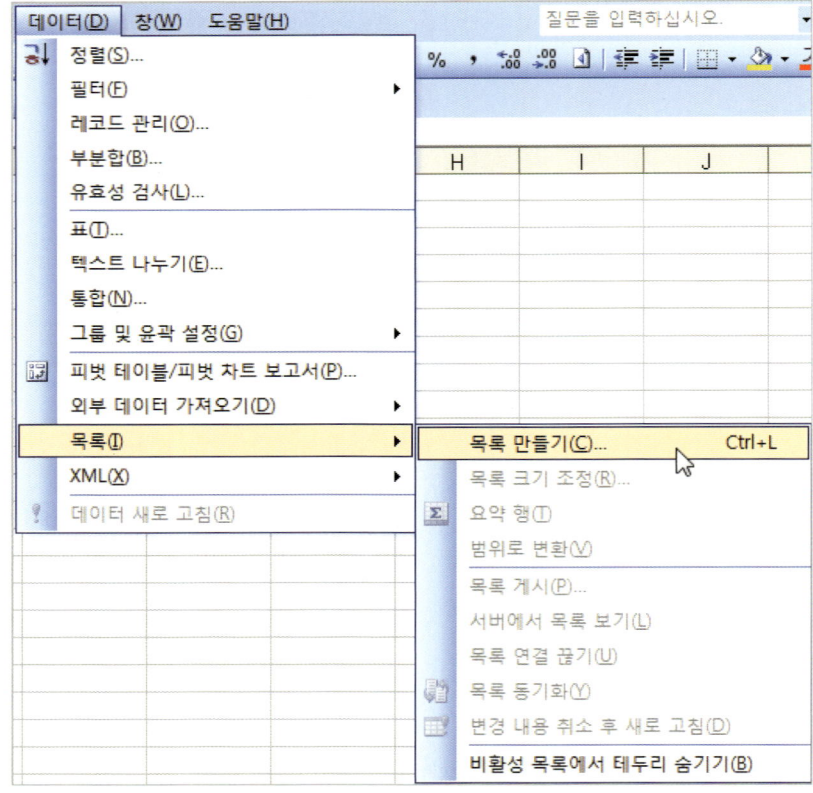

▲ Alt + D , I , C Excel 표 생성

리본 메뉴 접근 경로 : 우선 《개발 도구》 탭을 추가해야 하며, 《개발 도구》 탭 → 《XML》 그룹에 《가져오기》

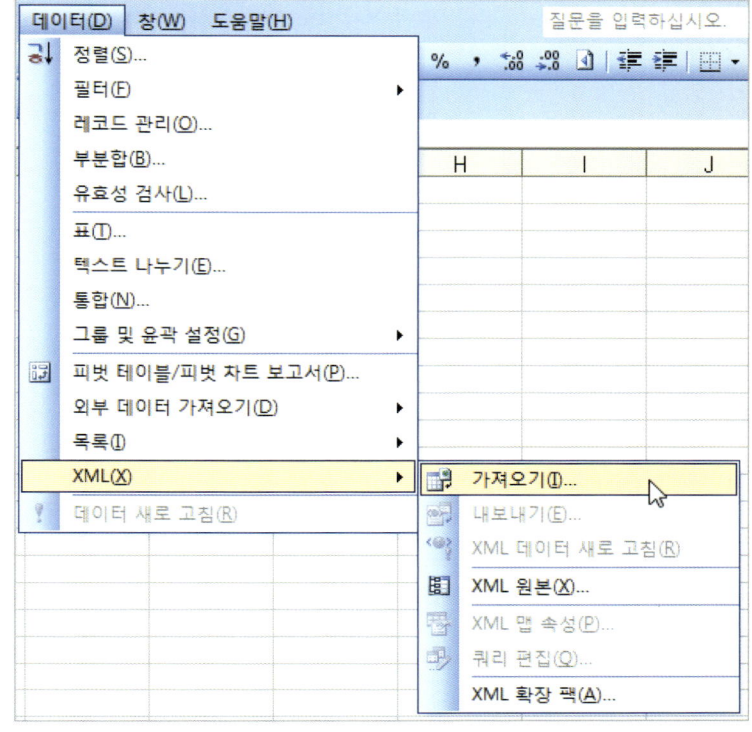

▲ Alt + D , X , I 《XML 가져오기》 창 띄우기.

리본 메뉴 접근 경로 : 《보기》 탭 → 《창》 그룹에 《숨기기》

※ 숨긴 창을 다시 보려면 《보기》 탭 → 《창》 그룹에 《숨기기 취소》

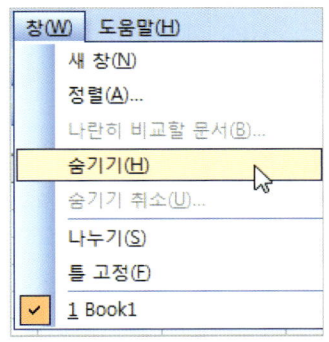

▲ Alt + W , H 현재 창을 숨기기

INDEX

특수기호	
#DIV/0!	430
#N/A	430
#NAME?	431
#NULL!	431
#NUM!	431
#REF!	432
#VALUE!	432
&	441
(주)	581
* (검색어: 와일드카드)	255
? (검색어: 와일드카드)	255
~ (검색어: 와일드카드)	255
〈Ctrl '〉	253
〈Ctrl D〉	123, 252
〈Ctrl Enter〉	227, 252
〈Ctrl J〉	316
〈Ctrl Shift '〉	253
〈F4〉	211, 254, 434
〈F8〉	171, 241
〈F9〉	408, 425

숫자	
0 안보이게	363
0 표시	410
0값 없애기	79
15자리	38, 245, 506
2개 창 열기	411
3개 값 비교 (검색어: 세 개의 셀 값)	439

A	
ABS	474
ADDRESS	474
AGGREGATE	475
AND	476
ASC	476
AVERAGE	477
AVERAGEIF	477
AVERAGEIFS	478

B	
Backstage	18, 30

C	
CEILING	478
CELL	479
CHAR	480
CHOOSE	480
CODE	481
COLUMN	481
COLUMNS	481
CONCAT	481
CONCATENATE	482

COUNT	483
COUNTA	483
COUNTBLANK	483
COUNTIF	484
COUNTIFS	484
Criteria	267
CSV	331

D

DATE	485
DATEDIF	486
DAY	486
DB 구조	298, 556
DEC2BIN	487
DEGREES	487

E

EDATE	488
EOMONTH	488
EXACT	488
Excel 4.0 함수	460
Excel표〈Ctrl T〉 또는 〈Ctrl L〉	343
Extract	267

F

FIND	488
FLOOR	489
FORECAST	489
FORMULATEXT	490
FREQUENCY	490

H

HLOOKUP	490
HOUR	491

I

IF	491
IFERROR	492
IFS	493
IME 모드	153, 200
INDEX	493
INDIRECT	494
INT	495
ISERROR	495
ISFORMULA	495
ISNUMBER	495
ISODD	496

J

JUNJA	496

L

LARGE	496
LEFT	497
LEN	497
LENB	497
LOOKUP	498
LOWER	499

M

MATCH	499
MAX	500
MAXIFS	500
Microsoft Excel 보안 알림	393
Microsoft Office에 잠재적인 보안 문제	393
MID	501
MIN	501
MINIFS	501
MINUTE	502
MOD	502
MONTH	503

N

N	503
NETWORKDAYS	504
NOT	504
NOW	505
NUMBERSTRING	503
NUMBERVALUE	504

O

OFFSET	505
OR	505

P

PDF	133, 395, 404, 408
PHONETIC	506
PI	506
POWER	507
Print_Area	267
Print_Titles	267
PRODUCT	507
PROPER	507

R

R1C1 스타일	436, 475, 494
RADIANS	508
RAND	508
RANDBETWEEN	508
RANK	509
Refresh	191, 334, 363
REPLACE	509

INDEX

REPT	509
RIGHT	510
ROUND	510
ROUNDDOWN	510
ROUNDUP	511
ROW	511
ROWS	511

S

SEARCH	512
SECOND	512
SharePoint	193
SHEET	512
SHEETS	513
SIGN	513
SIN	513
SMALL	514
SQRT	514
SUBSTITUTE	514
SUBTOTAL	515
SUM	515
SUMIF	515
SUMIFS	516
SUMPRODUCT	516
SWITCH	517

T

T	517
TEXT	517
TEXTJOIN	518
TIME	518
TODAY	519
TRANSPOSE	519
TRIM	519
TRIMMEAN	520
True일 경우 중지	282
TRUNC	520

U ~ V

UPPER	520
VALUE	521
VBE	210, 463, 612
VLOOKUP	521

W

WEEKDAY	523
WEEKNUM	523
WORKDAY	524

Y

| YEAR | 524 |

ㄱ

가변성 함수 (검색어: 휘발성 함수) · · · · · 451
가중치 · · · · · · · · · · · · · · · · · · 554
간단하게 인쇄 · · · · · · · · · · · · · · · 83
값 붙여넣기 (검색어: 값만 복사) · · · · · 236
같음 · 439
개발 도구 탭 · · · · · · · · · · · · · · · 208
개인 정보 · · · · · · · · · · · · · · · · · 596
개체 · · · · · · · · · · · · · · · · · 29, 127
개체 선택 · · · · · · · · · · · · · · · · · 127
거듭제곱 (^) · · · · · · · · · · · · · · · 444
결합 연산자 · · · · · · · · · · · · · 441, 446
계산 필드 · · · · · · · · · · · · · · · · · 381
계산 항목 · · · · · · · · · · · · · · · · · 382
고급 필터 · · · · · · · · · · · · · · · · · 174
고유 · 289
고정 폰트 · · · · · · · · · · · · · · · · · 274
곱하기 (*) · · · · · · · · · · · · · · · · · 443
공백문자 · · · · · · · · · 410, 445, 450, 519, 589
국가 코드 · · · · · · · · · · · · · · · · · 361
균등 분할 · · · · · · · · · · · · · · · 76, 479
그룹 아이콘 · · · · · · · · · · · · · · · · 29
그림 복사 · · · · · · · · · · · · · · · · · 114
그림으로 복사 · · · · · · · · · · 114, 299, 409
그림이 너무 커서 그림의 일부분이 잘립니다. · 594
그림파일로 저장 · · · · · · · · · · · · · · 410
근사값 · · · · · · · · · · · · · · 498, 551, 552
근속 기간 · · · · · · · · · · · · · · · · · 486
글자 간격 · · · · · · · · · · · · · 476, 496, 580
깔때기 · · · · · · · · · · · · · · · · 131, 150
꼭짓점 · · · · · · · · · · · · · · · · 169, 241
끝에 공백제거 · · · · · · · · · · · · · · · 572

ㄴ

나누기 (/) · · · · · · · · · · · · · · · · · 444
내림 · · · · · · · · · · · · · · · 489, 510, 520
내어쓰기 · · · · · · · · · · · · · · · · · 118
녹색 세모 · · · · · · · · · · · · · · · · · 189
논리 값 · · · · · · · · · · · · · · 244, 275, 426
눈금선 · · · · · · · · · · · · · · · · 167, 271

ㄷ

다른 이름으로 저장〈F12〉 · · · · · 21, 403, 583
다른 파일 참조 · · · · · · · · · · · · · · · 600
다름 · 439
다중 셀 배열 수식 · · · · · · · · · 127, 157, 260
대/소문자 · · · · · · · · · · · · 265, 276, 387, 488
대각선 · · · · · · · · · · · · · · 60, 250, 260, 619
대소수 · · · · · · · · · · · · · · · · · · · 356
데이터 막대 · · · · · · · · · · · · · · · · 288

INDEX

데이터 원본 변경	371, 600
데이터 형식	243
데이터베이스 함수	533
도장	187
도형에 셀 연결	411
드롭다운 (데이터 유효성 검사)	196
들여쓰기	118
떨어진 셀 (검색어: 불연속)	132, 136, 201, 241

ㄹ

랜덤	251
리본 메뉴	26
리소스	593
리소스가 부족	594
링크의 자동 업데이트	599

ㅁ

만 나이	543
말풍선	30, 34, 164
매크로	29, 71, 208
메모	216
메모 내용을 찾습니다	317
메모장	222
모달	314
모달리스	314
모두 선택〈Ctrl A〉	26
모든 셀 선택〈Ctrl A, A〉	26
모든 시트에 접근	165
모서리	34
무작위	242
문자열 식	462
미니 도구 모음	30
미리 보기〈Ctrl F2〉	268

ㅂ

바꾸기	219
바이트	476
반각 문자	476, 496
반올림 (ROUND)	510
반자	317, 420, 476, 580
배경	136
배열	465
배열 상수	446, 466
배열 수식	284, 467, 469
백분율 (%)	244, 356, 428
백스테이지	18, 30
백업	404
변수	208
변하지 않음	185, 231
병합	225

보고서 레이아웃	378	생년월일	542
부동 소수점 오류	455	서식 복사	226, 236
부분합	232	서식과 수식을 확장	586
분석 도구	308	선버스트	50, 310
불연속	132, 136, 201, 241	선택하여 붙여넣기	235
붙여넣기 옵션 단추	610	세 개의 셀 값 비교	439
비율 (검색어: 백분율)	356, 357, 441, 444	센티미터	167, 270
빈 문자 ("")	30, 300, 518	셀	580
빗자루	116	셀 고정	438
빠른 실행 도구 모음	31, 206	셀 내용 또는 수식 그대로 복사	230
빠른 채우기	325	셀 서식이 너무 많습니다	586

ㅅ

사선	250	셀 선택	240
사용자 정의 함수	37, 463	셀 스타일 모두 지우기	582
사용자 지정 목록	132, 278, 322	셀 포인터	31
사진 가져오기	538	소수점 위치	249
삽입 옵션 단추	611	소수점 자동 삽입	249
상대 주소	434	수동	144
상수	440, 442	수식 그대로 복사	230
상자 수염	51, 312	수식 보기 (검색어: 수식 표시)	588
상태 표시줄	26, 32, 136	수식 셀 보호	84
색깔 참조	460	수식 입력줄	26
색깔 합계	460	수식 표시	588
색조	288	수식에 표 이름 사용	347
		수식에서 인접한 셀 생략	192
		수식은 지우고 값만 남기	408

INDEX

순소수 · · · · · · · · · · · · · · · · 356	엑셀 문서나 외부 문서 삽입 · · · · · · · · 134
순환 참조 · · · · · · · · · · · · · · 143	엑셀 창 두 개 열기 · · · · · · · · · · · 411
숫자만 입력 · · · · · · · · · · · · · 197	엑셀2016 분류 · · · · · · · · · · · · · 17
쉼표 스타일 · · · · · · · · · · · · · · 63	여러 줄 입력 · · · · · · · · · · · · · 221
슬라이서 · · · · · · · 43, 132, 344, 373	연결 · · · · · · · · · · · · · · · · · 427
시트 · · · · · · · · · · · · · · · · · 590	연결된 그림 · · · · · · · · · · · · · 539
시트 보호 · · · · · · · · · · · · · · 165	연산자 · · · · · · · · 439, 441, 443, 445
시트 복사 · · · · · · · · · · · · 84, 267	연산자 우선순위 · · · · · · · · · · · · 446
시트 삽입〈Shift F11〉 · · · · · · · · · 121	연속된 구분 기호를 하나로 처리 · · · 330, 331
시트 이름 바꾸기(시트명 불가글자) · · · 122	열 숨기기 · · · · · · · · · · · · · · · 400
시트를 빠르게 선택 · · · · · · · · · · 407	영어버전 엑셀 · · · · · · · · · · · · · 405
시트명 받기 · · · · · · · · · · · · · · 547	예측 함수 · · · · · · · · · · · · · · · 489
시트명 앞뒤에 따옴표 · · · · · · · · · · 428	오늘 날짜〈Ctrl ;〉 · · · · · · · · · 245, 519
실수 · · · · · · · · · · · · · · · · · 194	오류 값 · · · · · · · · · · · 244, 266, 288
	오류 단추 · · · · · · · · · · · · · 189, 610
ㅇ	오전 · · · · · · · · · · · · · · · · · 362
아스키코드 · · · · · · · · · · · · 543, 611	오피스 단추 (Office 단추) · · · · · · 16, 208
아이콘 집합 · · · · · · · · · · · · · · 288	오피스365 · · · · · · · · · · · · · 17, 46
아포스트로피 · · · · · 189, 326, 358, 428, 559	오후 · · · · · · · · · · · · · · · · · 362
애드인 · · · · · · · · · · · · · · · · 586	올림 (ROUNDUP, CEILING) · · · · · 478, 511
앰퍼샌드 (&) · · · · · · · · · · · · · · 441	와일드카드 문자 · · · · · · · · · · · · 255
양식마다 순번 생성 · · · · · · · · · · 564	요일 · · · · · · · · 246, 361, 523, 524, 526
업데이트 시 셀 서식 유지 · · · · · · · · 372	워터마크 · · · · · · · · · · · · · 35, 273
업데이트 시 열 자동 맞춤 · · · · · · · · 372	원문자 · · · · · · · · · · · · · · · · 248
엑셀 구매 · · · · · · · · · · · · · · · · 55	원본 테마 · · · · · · · · · · · · · · · 237
엑셀 구조 · · · · · · · · · · · · · 298, 384	원숫자 · · · · · · · · · · · · · · · · 248

위치만 변함	185	일괄 행 삽입	399
위치와 크기 변함	185	일부 글자	43, 122
윈도우 작업 표시줄	411	일치하지 않는 수식	192
윈도우 탐색기〈윈도우 E〉	19		
윗주	248, 506	**ㅈ**	
유령문자	221, 276, 410	자동	144
유틸리티	12	자동 고침 옵션 단추	611
응용프로그램	12	자동 고침 옵션〈Alt T, A〉	396
이 문서에는 매크로, ActiveX~~	596	자동 완성	249, 415
이동	256	자동 채우기 옵션	321
이동 옵션	258	자동 채우기 옵션 단추	610
이동/복사〈Alt E, M〉	122, 165, 590	자동 필터	387
이름	264	자동 합계〈Alt H, U, Enter〉	123, 159, 420
이름 상자	26	자료형	176
이름 충돌	67, 590	작은따옴표	189, 326, 358, 428, 559
이메일	325, 396	잘라내기	228, 437
이중 그래프	302	전각 문자	476, 496
이중 유효성 검사	88, 202	전자	317, 476, 496, 580
이중 차트	302	전체 병합	118
인쇄	268	절대 주소	434
인쇄 미리 보기〈Ctrl F2〉	268	정렬	275
인수	422	정렬 경고	278
인스턴스	13, 411, 584, 585, 591	정수	34, 194
인터넷과 네트워크 경로를 하이퍼링크로 설정	396	제곱	444, 446, 507
일괄 변경	223	제곱근	431, 514

INDEX

주민등록번호	223, 542
주소 표시줄〈Alt D〉	21
주차	526
줄 바꿈	221, 248, 543
줄 바꿈 문자	248, 543, 611
중복	289
중복된 항목 제거	152, 253, 289, 290
지금 계산	144, 479

ㅊ

참조 스타일 (A1, R1C1)	265, 436, 475
참조 유형 (상대, 절대, 혼합)	434
참조되는 셀	128, 143, 437
창 2개 열기	411
창 나누기	405
창 복원	598, 618
찾기	314
채우기 핸들	32, 320
최대화	618
최소화	619
추가 기능	205, 586, 619

ㅋ

카메라	115
콤보 차트	302
크기 조정 핸들	346

클립보드	21, 32, 405, 618

ㅌ

탭 문자	333
테두리 지우기	117, 619
테마	16, 135, 230
텍스트 나누기	328
텍스트 입력 불가	197
텍스트 한정자	330
텍스트 형식으로 저장된 숫자	191
토글(Toggle)	35, 317, 425
토큰(Token)	35, 541
통합	337
통합 문서	595
툴팁 (검색어: 말풍선)	30, 34, 164
트리맵	50, 310
특수 문자	29, 33, 122
틀 고정	169, 342

ㅍ

파레토	51, 312
파일 암호	403
파일 자동 저장 단위	404
파일 형식	33
팝업 메뉴〈Shift F10〉	30
팝업키	35

INDEX

퍼센트 (%)	356, 444
페이지 나누기 미리보기	136, 269, 273
페이지 번호	166, 269, 270
페이지 설정 복사	231
포함 함수	536
폭포	52, 131, 313
표 구조	297, 384, 546
표 〈Ctrl T〉 또는 〈Ctrl L〉	343
표시 형식	350
풍수지탄	247
피벗 테이블	366
피벗 테이블 스타일 새로 만들기	69
필드값	27
필드명	27
필터	385
필터링	385

행/열	398
행/열 바꿈	61, 239, 402
헤더	27, 28
호환 모드	411
호환성	141, 479
혼합 주소	434
활성 셀	33, 127, 240, 252
휘발성	411
휘발성 함수	451, 452
흑백으로	83, 271
히스토그램	51, 308, 311

ㅎ

하이퍼링크	391
한 화면	168, 169
한/영 자동 고침	253, 581
함수 마법사	26, 123, 140
합계나 최대값/최소값 바로 알기	406
합치기	441, 550
행 높이 복사	402
행 삽입(일괄)	399

┌─────────┐
│ 저자협의 │
│ 인지생략 │
└─────────┘

엑셀장인의
엑셀 2016
마스터링 북

1판 1쇄 인쇄 2017년 4월 5일
1판 1쇄 발행 2017년 4월 10일

지 은 이 장기영
발 행 인 이미옥
발 행 처 디지털북스
정   가 28,000원
등 록 일 1999년 9월 3일
등록번호 220-90-18139
주   소 (04987)서울 광진구 능동로 32길 159
전화번호 (02)447-3157~8
팩스번호 (02)447-3159

ISBN 978-89-6088-203-4 (13000)
D-17-09
Copyright ⓒ 2017 Digital Books Publishing Co,. Ltd

www.digitalbooks.co.kr